用于国家职业技能鉴定

国家职业资格培训教程

理财规划师基础知识

（第四版）

中国就业培训技术指导中心　组织编写

中国财政经济出版社

图书在版编目（CIP）数据

理财规划师基础知识/中国就业培训技术指导中心组织编写．—4 版．—北京：中国财政经济出版社，2011.1

用于国家职业技能鉴定．国家职业资格培训教程

ISBN 978－7－5095－2688－0

Ⅰ.①理…　Ⅱ.①中…　Ⅲ.①投资－职业技能鉴定－教材　Ⅳ.①F830.59

中国版本图书馆 CIP 数据核字（2010）第 254256 号

中国财政经济出版社出版

URL：http：//www.cfeph.cn

E－mail：cfeph @ cfeph.cn

社址：北京市海淀区阜成路甲 28 号　邮政编码：100142

发行处电话：88190406　财经书店电话：64033436

北京财经印刷厂印刷　　各地新华书店经销

787×1092 毫米　16 开　34.25 印张　638 000 字

2011 年 2 月第 4 版　2011 年 4 月北京第 2 次印刷

印数：5 001—10 000　定价：78.00 元

ISBN 978－7－5095－2688－0/F·2288

（图书出现印装问题，本社负责调换）

本社质量投诉电话：010－88190744

国家职业资格培训教程

理财规划师基础知识
（第四版）

编撰人员

主　　编：陈雨露　刘彦斌

编　　者：北京东方华尔金融咨询有限责任公司
理财规划师国家职业资格培训教程编写组

一版序一

原中国银行业监督管理委员会副主席 唐双宁
光大集团董事长

2004年岁末的一天，开会回来，发现案头摆放着一封由萧灼基、陈雨露二位教授联合的来函，代表“国家职业技能鉴定专家委员会”，“诚恳邀请”我为理财规划师培训教材——《理财规划师基础知识》和《理财规划师专业能力》“撰写序言”，并先“表示诚挚的感谢”。阅毕来信，顿有一种受宠若惊、诚惶诚恐之感。二位的来信，岂是我等受用得了的？萧灼基教授已然七十有二，是德高望重的学术界泰斗；陈雨露教授，虽尚未达不惑之年，却亦非等闲之辈，在学术界颇有盛名。还有两事不得不先提及，一是20世纪80年代中期，我在沈阳建行任副行长。记得那时我大学刚刚毕业不久，沈阳市金融学会邀请萧灼基老做了一场学术报告，我参与了部分接待工作。由于在读书期间久仰萧老大名，那次能近距离接触萧老并“平等”地交谈几句，顿感不胜荣幸之至——毕竟是小地方长大，没见过这样的世面。这些，可能萧老至今全然不知。还有一事是1978年恢复高考，我第一志愿报考的是刚刚恢复的中国人民大学。据后来所知，我当时的考分是完全可以迈进这所学校的门槛的，但这所大学却偏偏没有录取我。对此，我一直“耿耿于怀”。今天，身为中国人民大学财政金融学院院长的陈雨露教授礼贤下士，拉着大名鼎鼎的萧灼基教授，共同邀我作序，尽管我连自己这点儿薪水“财”都理不好，我还是不揣浅陋，慨然应允。

理财规划师，按人力资源和社会保障部（原劳动和社会保障部）制定的国家职业标准，其定义为：运用理财规划的原理、技术和方法，针对个人、家庭以及中小企业、机构的理财目标提供综合性理财咨询服务的人员。我翻阅资料，现编现卖，发现现代意义上的理财规划于20世纪70年代首先出现在美国，当时主要侧重于财务顾问业务。后来，随着世界经济的发展和人们物质生活水平的提高，为个人、家庭及中小企业、机构提供理财服务已然成为一种职业；接下来，人们对理财的原理、技术和方法不断总结，理财的水平也不断提高，“理财规划”也就成了一个“行业”；再接下来，伴随着经济全球化和金融国际化，理财规划业务又跨越国界，还于1990年专门成立了国际理财规划师理事会。目前，全球已有19个国家有了“理财规划师”这种职业。可以预见，理财规划师将是继律师、会计师等职业之后的又一个新兴的热门职业。

在我国，过去，人们温饱问题尚不能解决，更谈不上“为他人做嫁衣裳”，替别人“规划理财”了。改革开放以来，随着经济的发展和人们物质生活水平的提高，以及个人收入的增加，理财问题开始提上了个人和家庭的“议事日程”，“理财规划”也就渐入佳境。与此同时，据我初步了解，近年我国商业银行的人民币理财业务也快速发展，在商业银行理财业务快速发展的同时，对其监管也摆上了监管部门的“桌面”。

从理财的人才建设方面讲，2003年，人力资源和社会保障部（原劳动和社会保障部）正式设立理财规划师职业，颁布了《理财规划师国家职业标准》，并于2004年5月成立了国家职业技能鉴定专家委员会理财规划师专业委员会。委员会由陈雨露教授担任主任，委员由来自学术界、商业银行、证券公司和保险公司的专家和专业人士组成。两年来，专家委员会潜心研究理财规划的国际惯例，并与中国实际相结合，立足中国的金融、税收、法律、社会保障体系和投资环境，大力推动理财规划师的本土化，确定了理财规划师培训和认证的指导原则和具体内容。为了更多更好地培养理财规划人才，专家委员会还牵头编写了理财规划师国家职业资格培训教材，并对招商银行个人银行业务部的业务骨干进行了试用性培训，得到较好的评价。

理财规划师作为一个具有广阔发展前景的新兴职业，对从业人员有着很高的要求，而目前我国市场上这方面成熟的教材和培训却不尽如人意。在这种情况下，本套教材坚持国际化与本土化并重的原则，从理论到实践，全面阐述了理财规划的内涵与外延，详细描述了理财规划的技术和方法，不啻于为既有广阔发展前景又嗷嗷待哺的理财规划行业雪中送炭。我相信，由我们的专家和学者投入了大量的精力和心血编写的这套教材，会对有志于投身理财规划的人们产生相当大的吸引力。能否洛阳纸贵，我将拭目以待。“千金散尽还复来。”最后，我谨祝“理财规划”事业在我国健康发展，祝投身到理财规划师行列的人才越来越多。是为序。

2004 年 12 月 25 日

一版序二

中国保险监督管理委员会副主席　李克穆

改革开放以来，随着国民收入的增加，人民生活水平的提高，逐渐富裕起来的中国人更加重视人身、资产、财富的安全和保障，保险业的发展空间越来越大。目前，我国保险业蓬勃发展，是国民经济中发展最快的行业之一，在“促进改革、保障经济、稳定社会、造福人民”等方面发挥着日益重要的作用。十六大提出，全面建设小康社会，不断完善社会主义市场经济体制，这一宏伟目标对保险业的发展提出了更高的要求，同时也带来了我国保险业的发展良机。随着经济发展和社会进步，中国人的思想观念、生产形式和生活方式都发生了深刻的变化，人们更加追求经济的高效益、工作的快节奏和生活的高质量，因此也更加需要保险业提供全方位、多层次的风险保障和理财服务。顺应这种要求，保险业必须跟上实践的发展，提高保险从业人员的素质，为个人、家庭和企业提供有针对性的专业服务。

保险业作为现代金融业的三个支柱之一，与银行业一样，负债经营是基本特征，保险作为一种服务商品，其有形载体仅是一份保险合同，相对于一般商品而言，具有无形性、复杂性、长期性等特点，从某种意义上说，保险公司经营的产品实际上是一种以信用为基础、以法律为保障的承诺。从目前市场的情况来看，保险公司在大力普及“保障型”产品的同时，推出“投资型”产品，并且受到市场的追捧。由于保险产品纷繁复杂，对于个体家庭而言，无论是“保障型”产品还是“投资型”产品，都需要根据自身的实际情况，进行合理的统筹安排，这就需要专业的理财规划师出现。

长期以来，在我国保险市场上，推销保险产品，特别是寿险产品主要依靠以佣金为收入来源的寿险代理人。一些专业知识欠缺的寿险代理人误导客户则是保险市场存在的主要问题之一。目前，很多保险公司都表现出了对个人理财规划的关注，提出从业人员的身份转变，即以销售保险产品为中心的保险代理人向以客户需求为中心的理财顾问转变。新的个人理财顾问营销方式，通过个人理财建议书等理财工具，从合理分配资产、防范风险、合理避税等方面为保险客户提供全面的财务分析和理财建议。理财规划师职业的推出，对于提高我国保险业的密度和深度，促进保险产品的销售，提升保险服务水平，都是有所助益的。

需要引起注意的是，理财规划师不是公司自封的，需要通过专业机构的认证，达到标准后才能为客户提供服务。一个合格的理财规划师，需要有全方位的系统的金融知识，包括经济学、货币银行学、投资学、保险学和会计学等方面；需要有相当的法律基础，对民法、合同法、民事诉讼法要有一定了解；此外还要掌握国家的各项政策，特别是税收政策和遗产政策等关系客户财产额度变化的政策。保险业的特点要求保险业必须兼顾更多的社会责任，因此理财规划师在进行保险方面的理财规划时必须具有相应的专业知识，并应通过国家职业资格认证，只有经过规范专业的培训才能使大批的保险从业人员符合这些要求。

理财规划师职业资格培训教材的诞生，为打造中国保险业理财服务的精英奠定了基础。相信该套教材的出版，对中国保险业人才的专业素质和理财服务将有极大的推动作用。

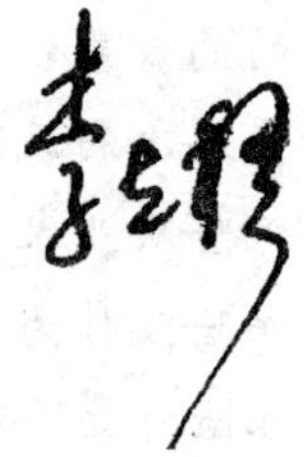

2004 年 10 月 25 日

前　言

改革开放以来，中国人创造出了令全球侧目的经济奇迹。目前国内已进入财富管理时代，全民都需要学会重视长期理财规划。纵览各发达国家经验，随着经济和金融的持续发展，仅仅依靠个人知识和经验的积累，及其对财富管理配置的时间和精力来管理财富这样的传统方式，已经很难确保其选择与配置的效率和效益，因而提供专业、全面理财服务的理财规划师便应运而生，并在经济和社会发展中日益彰显其重要作用。

理财规划师是运用理财规划的原理、方法和工具，为客户提供理财规划服务的专业人员。2003年初，借鉴成熟市场经济国家该行业的相关经验，并结合我国经济发展实际，人力资源和社会保障部（原劳动和社会保障部）颁布了《理财规划师国家职业标准》（以下简称“职业标准”），将理财规划师职业作为正式职业，并为此成立了国家职业技能鉴定专家委员会理财规划师专业委员会（以下简称“专家委员会”）。委员均为来自国内著名高等院校和金融机构的杰出学者和专家。

经过几年的探索，人力资源和社会保障部（原劳动和社会保障部）从我国国情出发，组织专家对职业标准进行了大幅修订。鉴于职业标准的指导意义，我们相应对理财规划师国家职业资格培训教程（以下简称“教程”）作出调整。我们希望该教程在立足本土获得生命力的基础上，凭借其对职业标准忠实而深刻的理解、对理财规划师职业国际化和前瞻性的把握，使得理财规划师这个职业能够伴随中国经济的持续发展和居民财富的稳步增长而蓬勃茁壮地迅速成长。

当前社会正处于转型期，社会经济环境及其政策法规都处于不断完善之中，加之金融业是个资本和智力密集的行业，监管规则、金融工具和金融产品不断推陈出新，并影响和改变着金融业的整体发展，因此，这在客观上要求我们的教程必须与现实生活保持协调一致，及时进行补充修订。理财规划师业务涉及会计与财务、证券投资、保险、税收、商事法律等较多的专业领域，而相关的政策法规、产品工具、市场环境始终处于不断变化之中，在较短的时间内，理财规划所涉及的相关内容已经发生了较大变化。为了使理财规划师的职业标准充分体现理论性与实操性相结合、国际化和本土化相结合、理论总结与实务前瞻相结合的原则，适应理财规划师这一新兴职业和市场对高素质理财规划师的要求，2010 年，我们在原版教程的基础上进行了修订。

与上版相比，新版教程主要修订了以下几个方面：在《理财规划师基础知识》当中，我们重点修订了宏观经济，在这章内容中，我们增加了总需求总供给曲线、凯恩斯总供给总需求分析以及从国民收入角度看总供给总需求这几部分内容，着重强调了财务、宏观经济以及理财计算等基础性技能的理论体系与理财规划实务工作的逻辑联系，凸显了税收、法律等相关领域的重要地位，并通过大量例题、案例对相关知识点进行了较为详尽的阐述；在《理财规划师专业能力》当中，新版教程根据一年来国家政策、法规及理财产品、工具的变化，调整、更新、补充了原版教程的内容，并提出了相应的能力要求，提示了相应的有关知识，使具体的理财规划工作能够与时俱进，便于理财规划师更好地开展工作。

鉴于近几年来国家税收政策的更新，在新版教程中，我们更新了相关税收法规，修订了新的税率，扩充了与个人理财息息相关的税收内容，比如：房产税、契税、保险收益税以及投资相关税收等。根据最新的相关法规，如《物权法》、《公司法》、《合伙企业法》、《破产法》、《信托公司管理办法》、《信托公司集合资金信托计划管理办法》和《新保险法》等一系列法律法规，修订了教程中的法律基础、保险规划的相关内容；此外，针对上版教程中投资规划部门内容陈旧、投资工具更新等问题，新版教程中弥补了这一缺憾，加强了证券产品以及投资组合等的分析，特别是对于股票估值，以及债券估值等内容强化了公式推导，结合相关案例来讲解，较上一版教程具有一定的科学性。同时较上一版教程相比，丰富了投资组合理论、资产配置等内容。总之，新修订的教程对相应政策规则、产品工具、市场环境给予高度关注，在理论和实务两个层面上，从理财工作的角度出发，及时进行了更新，维护了国家标准的权威性，更好地保持了理财规划师这一新兴职业的生命力。

通过教程体例，我们强调了通常所理解的投资管理仅仅是理财规划工作八大规划中的一个方面。另外，任何财富管理工作，都无法脱离其所处的具体法律制度环境。而具体的法律制度不仅需要本土化，还要求全面性，在教程中则表现为与我国现行的法律法规制度紧密结合，并在很多理论阐述与案例分析中更多地体现了我国各项具体的法律法规，而不是单纯的经济金融原理。

当今知识经济时代，社会发展日新月异，这要求对知识的追求必须跟上时代发展的步伐，惟其如此，方能在日趋激烈的市场竞争中掌握安身立命和克敌制胜的法宝。

最后，新版教程保持了我们一贯所追求的与国际接轨的优良做法。毕竟我国的市场经济发展才短短30多年，居民个人财富的积累和水平与成熟市场经济国家的实际状况还相去甚远，在经济与金融市场环境的建设方面尚处于起步发展阶段。因此，在立足于本土化的基础上，在从我国现实的法律制度环境出发的前提下，我们还要严格坚持“国际化规格与本土化内容相结合”的原则，充分借鉴和吸取发达国家的有益经验，发挥后发优势。

本版教程适用于所有参加理财规划师职业资格认证考试并立志从事理财规划师职业的人，是目前国家理财规划师职业资格培训和鉴定推荐用书，也可以作为高等院校财经类专业“理财规划”课程的教学用书。全套教程包括：《理财规划师基础知识》、《助理理财规划师专业能力（三级）》、《理财规划师专业能力（二级）》、《高级理财规划师专业能力（一级）》，其中三个等级共用一本《理财规划师基础知识》。

本套教程由原中国人民大学副校长、博士生导师、国家职业技能鉴定专家委员会理财规划师专业委员会主任陈雨露教授和国家职业技能鉴定专家委员会理财规划师专业委员会秘书长、北京东方华尔金融咨询有限责任公司总裁刘彦斌担任主编。

在本套教程编写过程中，得到了北京东方华尔金融咨询有限责任公司的大力支持，在此一并致谢！

理财规划师职业资格培训教程编写组

2010年11月

目　录

第一章

理财规划基础

学习目标

通过本章学习，理解什么是理财及理财规划，理财对于人生的意义，制定与不同的生命周期阶段相对应的理财规划方案。了解理财规划的目标和原则，在此基础上掌握理财规划的内容和流程并认识理财规划师这个职业及所应遵循的职业道德。同时，要了解理财规划职业的发展概况和未来前景。

本章结构

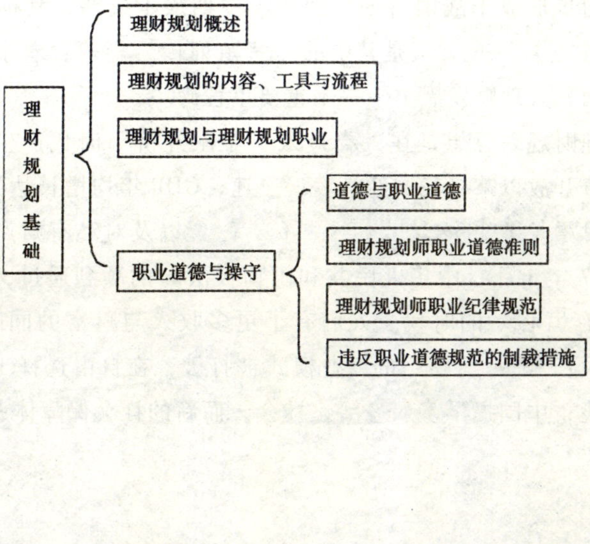

本章重点与难点

重点：

1. 生命周期理论与家庭模型
2. 理财规划的目标与原则
3. 理财规划的主要工具、内容与流程
4. 理财规划师的道德准则

难点：

1. 生命周期理论与家庭模型
2. 理财规划的主要工具

谋无主则困，事无备则废。——庄子

请略道当世千里之中，贤人所以富者，令后世得以观择焉。——司马迁

为未来做准备的最好方式是筹划它，理财不仅是筹划未来，更重要的是购买未来。

——博多·舍费尔

“理财”一词，在我国最早可以追溯到《易经·系辞》：“理财正辞、禁民为非曰义。”这里的“理财”，重在理国之财，但也包含了理家之财。《史记》中提倡“上则富国，下则富家”，写范蠡“既已施之国，吾欲用之家”，则进一步说明了这一点。纵观我国数千年的历史长河，先贤提出了许多值得我们当代人认真研究的理财思想，从管子的“仓廪实而知礼节”到王安石的“聚天下之人，不可以无财；理天下之财，不可以无义”，再到经典著作《尚书》、《大学》等，无不体现了古人对理财的重视，以及源远流长的理财思想。一般认为，我国以家庭或个人致富为基本目标的古代私人理财思想萌芽于春秋时期，初步形成于战国时期，到西汉中期臻于成熟，其标志是司马迁所著《史记》的问世。《史记》——尤其是其中的《货殖列传》篇蕴含着丰富的中国古代私人理财思想，是中国私人理财发展史上一个重要里程碑。

现代意义上的理财规划思想是在人类进入“金融经济”时代产生的，并在近年来得以迅速发展。改革开放以来，我国经济发展迅速，GDP 年均增长达到 9.5%，国民收入在一代人的时间里增长了 50 多倍。如今，私有财产以及对私有财产的尊重和保护已经写入了宪法。2007 年 3 月《中华人民共和国物权法》的顺利通过，标志着中国真正进入了“有恒产者有恒心”的时代。人们有了更多收入与财富的同时，面临的生活、工作压力也越来越大：“从一而终”的就业模式被打破，在自由选择工作的同时不得不承受更大的失业风险；中国提早步入老龄化社会，而新的社会保障体系尚待完善；购置

房产、赡养双亲、子女教育等问题更多要靠自己来解决；高端人群则更关注财产保护与传承等安全性需求……可见，理财已经成为影响国民生活质量不可或缺的元素。

伴随宏观经济和金融市场的快速发展，股票、共同基金、债券、保险、外汇和投资信托等金融产品已经成为日常生活的一部分，“藏富于民”的盛世景象及个人对理财的重视为金融机构开展个人业务奠定了坚实的基础。同时，理财市场的发展也在悄然改变金融机构的发展轨迹，理财业务既是成熟金融市场的表现，也在不断推动金融产品的销售模式和渠道的改变。在传统模式下，银行金融产品的创新能力有限，证券公司的交易模式单一，基金公司客户开发能力较弱，保险公司营销管理粗放，而个人理财业务的发展使得各金融机构间必须加强合作，取长补短，这也进一步促进了理财业务的发展，使理财产品与服务层出不穷，并且日益呈现专业化与复杂化的趋势。

以往人们在谈到理财时，一般是指公司理财或企业财务策划，而很少论及个人理财规划，近年来，个人理财规划已经成为与公司理财并列的理财学分支，并在现代社会经济生活中扮演着越来越重要的角色。本教程中的理财规划主要是针对个人而言的。

第一节　理财规划概述

一、理财视角中的人生

人的一生，在一定意义上是一个不断满足自身各种物质和精神需求，追求整个生命阶段效用最大化的过程。“衣食足而知荣辱”，尽管人一生当中会面临多种多样的需求，但是一般而言，人们在转向较高层次的需求之前，总是先尽力满足较低层次的需求。正是基于这一社会现象，马斯洛提出了著名的需求层次理论，即人们的需求可从低到高分为：生理需求、安全需求、社交需求、尊重需求和自我实现需求。尽管对人生的探讨是个精神层面的话题，但生活毕竟是现实、具体的。在不断追求满足更高层次需求的过程当中，财产的获取、保护和运用是一个无法回避的问题，因而个人对财产的管理不可或缺。

对食物、水、住房等的需求是人最基本的生理需求，但它也在不断发生变化。千百年来中国人一直追求“丰衣足食”，而现在人们要求的不仅仅是吃饱穿暖，还要吃得健康，穿着得体；在住房上，人们不仅仅要求有“广厦千万间”，还对地理位置、小区环境、容积率提出要求。每个人的人生目标都不仅仅只是为了满足由生到死的基本生活需求，人们还要追求更高品质的生活，因而我们需要通过理财使有限的财务资源发挥最大的效用，满足我们的生活目标。

“人生世上风波险，一日风波十二时。”人生道路充满了不确定性，这种不确定性增加了人们对安全的渴望。它既包括个人自身规避风险的需要，又包括对国家提供安全环境的要求。就个人规避风险这一需求而言，它需要充分的风险管理与保障，如完备的社会保险、商业保险和退休福利等，只有未雨绸缪，才能抵御不期而至的风险。当人们要求国家提供安全的社会环境及其他社会服务时，就会涉及向国家公共部门支付费用的问题，因而导致税收的出现。尽管在人的一生中纳税不可避免，但如果税负过重，纳税人的节税愿望就会更加强烈，希望通过税收筹划，达到合法、合理地减少税收负担的目的。

当生理需求和安全需求得到满足后，社交需求就会凸显出来，进而产生激励作用。社交需求包括对友谊、爱情以及隶属关系的需求。尽管理财不会直接满足社交需求，但财富水平会在很大程度上决定一个人的社交范围。

人生是一个追求生命满足感的过程，也是一个自我实现的过程。这种“实现”包含两方面的内容：一是实现自我的经济价值，即努力满足自己的物质需要，并且创造的价值要赢得社会的尊重和认可，为了实现这一价值，个人需要努力“开源”，在提高工作收入的同时善用各种理财工具增加自己的财富；二是实现自我的社会价值，即个人对社会的贡献和创造，这种价值的实现（它不仅仅是结果，也包含过程）将给人们带来成就感与满足感。中国有乐善好施的传统，《易经》坤卦有言“积善之家必有余庆”。《史记》中记载范蠡“十九年中三致千金，再分散与贫交疏困弟”，民间也把范蠡称为“财神”。在现实生活中，随着个人财富的积累，个人的社会责任感也不断增强，富裕人士希望通过捐赠体现自己的社会价值。但是由于现实存在的种种原因，捐助者往往担心自己的捐赠无法完全实现捐资目的，这种担心在一定程度上阻碍了我国慈善事业的发展，实际上这种担心完全可以借助理财当中的相关工具得以消解。

叔本华认为，人生是一种不简单的重复。尽管就个体而言每个人的生命过程各不相同，但人生最终是要在一个无法确定的时间里走向一个确定的终点——死亡。死亡不可避免，因此财产传承几乎是每个人都要面对的问题。借助理财规划相关工具，可以延伸个人意志，在家族成员间妥善分配财产，并能够保存家族中的财富，打破“富不过三代”的怪圈，实现财富的代际相传。

综上所述，在人的一生中，人们希望能够满足各个层次的需求：人们在满足温饱的前提下，追求的是安全无虞；当基本的生活条件获得满足之后，则要求得到社会的尊重，并进一步追求人生的最终目标——自我实现。而这一切，无不与理财密切相关。理财的目的，就在于追求更加丰富多彩的人生；个人理财的终极命题，就是如何有效地安排个人有限的财务资源，实现其一生生命满足感的最大化。

二、理财规划的内涵

近年来，“理财”一词频繁见诸报端，各金融机构推出新的产品也往往高举“理财”大旗，但实际上人们对“理财”的理解往往并不科学。科学的理财远远超出投资、保险等范畴，它是指个人或专业人士及机构根据生命周期理论，依据个人（家庭）财务及非财务状况，运用规范的、科学的方法并遵循一定和特定的程序制定的切合实际、可操作的某一方面或一系列相互协调的规划方案，最终实现个人（家庭）终身的财务安全与财务自由。

理财规划（Financial Planning），是根据客户财务与非财务状况，运用规范的方法并遵循一定程序为客户制定切合实际、可操作的某一方面或一系列相互协调的规划方案，包括现金规划、消费支出规划、教育规划、风险管理与保险规划、税收筹划、投资规划、退休养老规划、财产分配与传承规划等。个人理财规划基于人的生命周期，是一个长期的过程，一个努力达到终生（身）的财务安全、自主、自由和自在的过程；同时，理财规划又是一项综合服务，它由专业理财人员通过明确个人客户的理财目标，分析客户的生活、财务状况，从而帮助客户制定出可行的理财方案。

理财规划的定义强调以下几点：

1. 理财规划是全方位的综合性服务，而不是简单的金融产品销售。它不局限于提供某种单一的金融产品，而是针对客户不同阶段的各种理财目标进行的全方位、多层次、个性化的财务服务。

2. 理财规划强调个性化。每个客户都有自己独特的财务与非财务状况，并且往往差异巨大，这就决定了理财规划服务不可能有一成不变的模式，而是因客户具体情况而异。

3. 尽管理财规划经常以短期规划方案的形式表现，但就生命周期而言，理财规划是一项长期规划，它贯穿人的一生，而不是针对某一阶段的规划。

4. 理财规划通常由专业人士提供。

三、理财规划的目标

（一）理财规划的总体目标

人生的目标多种多样，个人理财规划主要解决的是在个人财务资源约束的情况下，在财务方面实现个人生活目标的问题，即理财目标的实现。每个人的理财目标千差万别，同一个人在不同阶段的理财目标也不相同，但从一般角度而言，理财规划的目标可以归结为两个层次：实现财务安全和追求财务自由。

保障财务安全是个人理财规划要解决的首要问题，只有实现财务安全，才能达到人生各阶段收入支出的基本平衡。所谓财务安全，是指个人或家庭对自己的财务现状有充分的信心，认为现有的财富足以应对未来的财务支出和其他生活目标的实现，不会出现大的财务危机。一般来说，衡量一个人或家庭的财务安全，主要有以下内容：（1）是否有稳定、充足的收入；（2）个人是否有发展的潜力；（3）是否有充足的现金准备；（4）是否有适当的住房；（5）是否购买了适当的财产和人身保险；（6）是否有适当、收益稳定的投资；（7）是否享受社会保障；（8）是否有额外的养老保障计划。当然，前述衡量标准仅仅是参考性的，具体的安全标准要根据每个客户的实际情况而定。

理财规划是一个一生的财务计划，它是一种良好的理财习惯，是理性的价值观和科学的理财计划的综合体现。同时，理财规划又是动态的，不是一成不变的，通过不断调整计划来实现人生财务目标的过程，也就是追求财务自由的过程。所谓财务自由，是指个人或家庭的收入主要来源于主动投资而不是被动工作。财务自由主要体现在投资收入可以完全覆盖个人或家庭发生的各项支出，个人从被迫工作的压力中解放出来，已有财富成为创造更多财富的工具。这时，个人或家庭的生活目标相比财务安全层次下有了更强大的经济保障。

为了进一步了解财务安全、财务自由和客户个人（家庭）收入之间的关系，我们将收入划分为投资收入、工薪类收入，将个人（家庭）发生的各项支出统一叫做“支出”。实际生活中，伴随着子女的出生、成长、独立生活，个人（家庭）支出趋势应该是随时间先增长再下降的，投资收入、工薪类收入也不会是简单增长或一成不变。但是，我们为了把问题简单化，假定在图 1－1 所代表的时间内：（1）工薪类收入与个人（家庭）支出是固定不变的；（2）工薪类收入不能满足支出总额；（3）投资收入随时间增长。这样，我们可以用图 1－1 来表示三者之间的关系。其中：L 代表工薪类收入线；C 代表支出线；I 代表投资类收入；T 代表总收入，是投资收入与工薪类收入的总和。

从图 1－1 中可以看出，在 A 点以前，支出已经超出总收入，个人可能要靠借债度日，这时还谈不上财务安全，更不用说财务自由了；当支出在总收入以下但在投资收入以上（A 与 B 之间）时，总收入完全能够弥补支出，我们说这时达到了财务安全但没有达到财务自由；只有当投资收入涵盖了全部支出（从 B 点以后）时，这时才是达到了财务自由。当达到财务自由时，个人不再为赚取生活费用而工作，投资收入将成为个人（家庭）收入的主要来源。

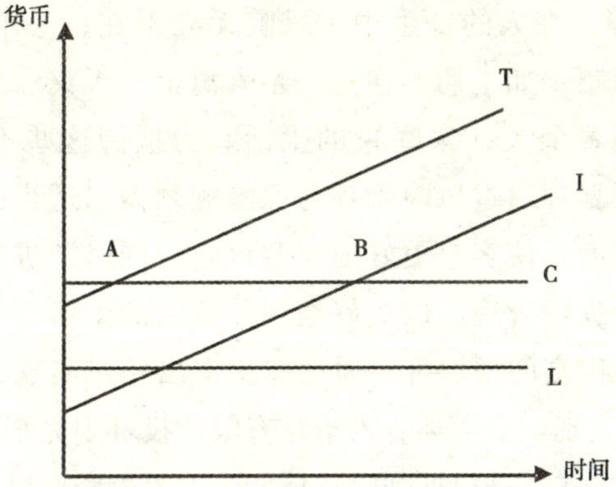

图 1－1 总收入、工薪类收入、投资收入与支出

（二）理财规划的具体目标

在理财规划实际工作中，财务安全和财务自由目标在现金规划、消费支出规划、教育规划、风险管理与保险规划、税收筹划、投资规划、退休养老规划、财产分配与传承规划八个具体规划当中体现，集中表现为以下八个方面：

1. 必要的资产流动性。为了满足日常开支、预防突发事件，个人有必要持有流动性较强的资产，以保证有足够的资金来支付短期内计划中和计划外的费用。但个人又不能无限地持有现金类资产，因为过强的流动性会降低资产的收益能力。长期以来，国人持有现金类资产的比重普遍偏高，这充分说明我国公众尚未形成有效的现金管理理念。理财规划师进行理财规划时，既要保证客户资金的流动性，又要考虑现金的持有成本，通过现金规划使短期需求可用手头现金来满足，预期的现金支出通过各种储蓄或短期投资工具来满足。

2. 合理的消费支出。个人理财的首要目的并非个人理财价值最大化，而是使个人财务状况稳健合理。在实际生活中，减少个人开支有时比寻求高投资收益更容易达成理财目标。个人（家庭）大额消费支出如购房、购车往往对家庭生活影响较大，甚至成为家庭一定时期内最沉重的负担，有人还因此沦为债务负担沉重的"房奴"，巨大的还贷压力严重影响了家庭生活质量，这与缺乏有效的消费支出规划不无关系。

3. 实现教育期望。随着市场对优质人力资源的需求增大，接受良好的教育成为提高自身本领和适应市场变化的重要条件，因此，人们对接受教育程度要求越来越高。近年来，教育费用持续上升，教育开支的比重占家庭总支出的比重越来越大。同时，教育规划本身又缺乏时间和费用弹性，因此，人们理应及早对教育费用进行规划。通过合理的财务计划，理财规划师可以确保客户将来有能力合理支付自身及其子女的教育费用，充分达到个人（家庭）的教育期望。

4. 完备的风险保障。在人的一生中，风险无处不在，一个人在日常生活中经常会遇到一些意料不到的问题，如生病、伤残、亲人离世、天灾、失窃、失业等，这些意外事件都不同程度地影响着个人（家庭）的生活。为抵御这些不测与灾害，必须进行科学的理财规划。理财规划师通过风险管理与保险规划做出适当的财务安排，将意外事件带来的损失降到最低限度，使客户更好地规避风险。同时，进行理财规划的过程中还应注重对非保险类的风险进行管理，以更好地保护我们的生活。

5. 积累财富。个人财富的增加可以通过减少支出相对实现，但个人财富的绝对增加最终要通过增加收入来实现。薪金类收入毕竟有限，投资则完全具有主动争取更高收益的特质。正确的财富积累方式，是根据理财目标、个人可投资额以及风险承受能力进行资产配置，确定有效的投资方案，使投资收入占家庭总收入的比重逐渐提高，带给个人或家庭的财富越来越多，并逐步成为个人或家庭收入的主要来源，最终达到财务自由。

6. 合理的纳税安排。“税”和每个人的生活息息相关，而纳税是每个公民的法定义务，但纳税人往往希望将自己的税负降到最小。合理的纳税安排是指纳税人在法律允许的范围内，通过对纳税主体的经营、投资等经济活动的事先筹划和安排，充分利用政策优惠和差别待遇，适当减少或延缓税负支出，达到整体税后收入最大化。

7. 安享晚年。据统计，到2050年，我国60岁和65岁以上的老龄人口总数将分别达到4.5亿人和3.35亿人，这意味着每3个人中就有1个老人。人口老龄化对社会保障覆盖面、现行的家庭养老模式、中国的养老金支付能力都提出了严峻挑战。传统的社会保障与家庭养老模式已被打破，所以有必要在青壮年时期进行财务规划，使人们到晚年能过上“老有所养，老有所终，老有所乐”的有尊严、自立的老年生活。

8. 有效的财产分配与传承。家庭关系是最重要的社会关系，但近20年来，全国法院审理婚姻家庭、继承纠纷一审案件总量逐年增长，其中很多是由于财产问题而引发的。通过理财规划可以对相关财产事先约定，规避家庭财务风险减少财产分配过程中的支出，协助客户对财产进行合理分配，满足家庭成员在家庭发展的不同阶段产生的各种需要，避免财产分配过程中可能发生的纠纷，促进家庭关系的和谐。伴随个人和家庭财富的积累，个人财产如何传承备受关注，理财规划师要选择适当的遗产管理工具和制定遗产分配方案，确保在客户去世或丧失行为能力时其个人意志能够得以实现，使家庭财产代代相传。

四、理财规划的原则

一名合格的理财规划师需要较高的专业背景，具备较强的综合能力。理财规划师在为客户提供理财服务的过程中，要注意应遵循一定的原则。概括起来，主要有以下几个方面：

（一）整体规划

整体规划原则既包含规划思想的整体性，也包含理财方案的整体性。整体由部分组成，影响客户财务状况的各个方面相互密切相关，一个方面出现了变化，必然会对其相关部分产生影响。作为理财规划师不仅要综合考虑客户的财务状况，而且要关注客户非财务状况及其变化，进而提出符合客户实际和目标预期的财务规划，这是理财规划师开展工作的基本原则之一。理财规划师的主要职责是为客户提供全方位的专业理财服务，其表现形式往往是出具完整的理财方案。理财方案通常不会是一个单一性规划，而是一个包括现金规划、投资规划、税收规划、退休规划、风险管理以及遗产规划等单项规划在内的综合性规划。每个单项规划可以针对某一方面的具体问题提供解决方案，但仅仅依靠单项规划并不能全面实现客户的理财目标，因此，理财规划必须是一个全面综合的整体性解决方案。

（二）提早规划

货币经过一段时间的投资和再投资可以进一步增值，即货币的复利现象，由于货币具有这样的特性，所以理财规划应尽早开始，理财方案应尽早制定。提早规划一方面可以尽量利用复利的"钱生钱"的功效，另一方面由于准备期长，可以减轻各期的经济压力。很多人以为诸如消费支出规划、投资规划、退休养老规划等到中年开始考虑即可，或者认为这都是有钱人的事，其实，所有的规划越早进行就越能够承担风险，各期的经济压力也越小，并可以经过漫长时间的复利作用来积累财富。事实上，能否通过理财规划达到预期的财务目标，与金钱多少的关联度并没有通常人们想象的那么大，却与时间长短有很直接的关系，因此理财规划师要与客户充分沟通，让客户了解早作规划的好处。

（三）现金保障优先

根据专业理财规划的基本要求，为客户建立一个能够帮助客户家庭在出现失业、大病、灾难等意外事件的情况下也能安然度过危机的现金保障系统十分关键，也是理财规划师进行任何理财规划前应首先考虑和重点安排的，只有建立了完备的现金保障，才能考虑将客户家庭的其他资产进行专项安排。一般来说，家庭建立现金储备要包括日常生活消费储备和意外现金储备：

1. 日常生活消费储备。对于多数家庭而言，一旦家庭主要经济收入创造者因为失业或者其他原因失去劳动能力，或失去收入来源，往往会对整个家庭生活质量造成严重影响。为了应对这一风险，理财规划师需要为客户建立日常生活消费储备，保障家庭的正常生活。

2. 意外现金储备。意外现金储备是为了应对客户家庭因为重大疾病、意外灾难、突发事件等发生的计划外开支而作的准备，用以预防可能发生的重大事故对家庭经济短期的冲击，比如车祸或重大疾病需临时垫资。受传统生活方式和价值观的影响，家族观念对于中国人一直有着或多或少的影响，在理财方面也不例外，意外现金储备中某些情况下也包含了应对客户家族的亲友出现生产、生活、教育、疾病等重大事件需要紧急支援的准备。

（四）风险管理优于追求收益

理财规划首先应该考虑的因素是风险，而非收益。风险是指事物发展的不确定性而引起的期望结果发生变化的可能性；或者说是在特定的时间和客观情况下，某种收益或损失发生的不确定性。理财规划旨在通过财务安排和合理运作来实现个人、家庭或企业财富的保值增值，最终使生活更加舒适、快乐。保值是增值的前提，理财规划师必须评估可能出现的各种风险，合理利用理财规划工具规避风险，并采取措施应对这些风险。追求收益最大化应基于风险管理基础之上，因此理财规划师应根据不同客户的不同生命周期阶段及风险承受能力制定不同的理财方案。

（五）消费、投资与收入相匹配

消费支出通常用于满足短期需求，投资则具有追求将来更高收益的特质，收入无疑是二者的源头活水。在收入一定的前提下，消费与投资支出往往此消彼长。理财规划应该正确处理消费、资本投入与收入之间的矛盾，形成资产的动态平衡，确保在投资达到预期目的的同时保证生活质量的提高。在现实中，应特别注意使消费与收入相匹配，如在购房规划中要充分考虑月供与还贷能力，在使用信用卡时要谨防成为“卡奴”；投资规模也应与收入相匹配，将风险控制在自己的承受能力之内。此外，还应注意投资和消费支出安排要与现金流状况相匹配。

（六）家庭类型与理财策略相匹配

基本的家庭模型有青年家庭、中年家庭和老年家庭三种。不同的家庭形态，财务收支状况、风险承受能力各不相同，理财需求和具体理财规划内容也不尽相同。根据不同家庭形态的特点，理财规划师要分别制定不同的理财规划策略。一般来说，青年家庭的风险承受能力比较高，理财规划的核心策略为进攻型；中年家庭的风险承受能力中等，理财规划的核心策略为攻守兼备型；老年家庭的风险承受能力比较低，因此理财规划核心策略为防守型。

第二节 理财规划的内容、工具与流程

个人理财规划是理财规划工作的重中之重，是针对客户整个人生而不是某个阶段的

规划，人在不同的生命阶段有不同的财务状况、不同的资金需求，这决定着客户各个阶段选择理财工具的种类、数量和理财目标也要有所区别，因而针对不同客户个人或家庭资产需进行不同的配置。理财规划师之所以应划分客户的生命周期，其目的在于划分客户所处的生命阶段，分析其在不同阶段的不同财务状况与理财目标，从而有效地对其进行个人理财规划设计。可以说，生命周期理论是整个理财规划的基础。

根据理财规划的定义，个人理财规划的具体内容包括现金规划、消费支出规划、教育规划、风险管理与保险规划、税收筹划、投资规划、退休养老规划、财产分配与传承规划等八个方面，本节将对其主要内容进行简单介绍，并分别阐述理财规划过程中可能运用的各种理财工具。

在理财规划师执业的过程中，为了保证服务的专业水准和职业道德要求，客观上需要一个标准的程序对个人理财工作进行规范，并且标准的理财规划流程应该具有合理的实施步骤。

一、生命周期理论与家庭模型概述

每个客户的家庭情况、财务状况和性格特征各不相同，因而并不存在一个放之四海而皆准的标准理财方案。我们说理财规划必须是一项强调个性的服务，但这并不意味着客户情况无规律可循。透过诸多个性化的差异，我们会发现客户特征也存在着很多共同的地方，其中最主要的一点就是生命周期现象：处于相同生命周期阶段的客户往往面临相似的理财目标、收入状况和风险承受能力。一般而言，个人理财规划是基于人的生命周期而存在的，理财规划师必须为不同的客户在不同的阶段设计有针对性的策略，来帮助他们实现自己的生活目标。

理财规划师首先要对客户进行市场细分，而市场细分主要解决的问题就是确定市场的细分变量，如客户的年龄、性别、地域、偏好、职业、受教育程度、收入、资产等相关的个人（家庭）信息，实施有效的市场定位，然后对处在不同生命周期的客户提供适合他们需求的理财规划方案。我们借鉴国际上的成熟的理论和经验，结合国内的实际情况，总结了以下生命周期理论与家庭模型。

（一）生命周期理论

人从出生到死亡会经历婴儿、童年、少年、青年、中年和老年六个时期。由于婴儿期、童年期、少年期没有独立的经济来源，通常也不必承担经济责任，因此这三个时期并不是理财规划的重要时期。而青年期、中年期和老年期则是进行理财规划的三个重要时期。将理财规划的重要时期进一步细分，可分为五个时期，即单身期、家庭与事业形成期、家庭与事业成长期、退休前期和退休期。

1. 单身期。指从参加工作至结婚的这段时期，一般为 2～8 年，这时客户的年龄一般为 22～30 岁之间。在这个时期，个人刚刚迈入社会开始工作，经济收入比较低且花销大，但这个时期又往往是家庭资金的原始积累期。这个时期个人的人生目标应该是积极寻找高薪职位并努力工作，此外，也要广开财源，尽量每月能有部分结余，进行小额投资，一方面尽可能多地获得财富，另一方面也为今后的理财积累经验。

2. 家庭与事业形成期。指从结婚到新生儿诞生的这段时期，一般为 1～3 年。在这个时期，个人组建了家庭，伴随子女的出生，经济负担加重。对于双薪家庭，经济收入有了一定的增加而且生活开始走向稳定。在这个阶段，尽管家庭财力仍不是很强大，但呈现蒸蒸日上之势。此时家庭最大的支出一般为购房支出，对此应进行仔细规划，使月供负担在自己的经济承受范围之内。另外，此时应开始考虑高等教育费用的准备，以减轻子女未来接受高等教育时的资金压力。

3. 家庭与事业成长期。指子女出生到子女完成大学教育的这段时期，一般为 18～22 年。在这个时期，家庭成员不再增加，整个家庭成员年龄都在增长，经济收入增加的同时花费也随之增加，生活已经基本稳定。但子女上大学后，由于高等教育支出的增加，家庭支出会有较大幅度上升。对处于这一时期的家庭而言，应设法提高家庭资产中投资资产的比重，逐年累积净资产。

4. 退休前期。指子女参加工作到个人退休之前的这段时期，一般为 10～15 年左右。在这个时期，家庭已经完全稳定，子女也已经经济独立，家庭收入增加，支出减少，资产逐渐增加，负债逐渐减少。此时个人的事业一般处于巅峰状态，但身体状况开始下滑。这一时期，最重要的应该是准备退休金，并在资产组合中适当降低风险高的金融资产的比重，获取更加稳健的收益。

5. 退休期。指退休后的这段时期。进入退休期，客户肩负的家庭责任减轻，锻炼身体、休闲娱乐是生活的主要内容，收支情况表现为收入减少，而休闲、医疗费用增加，其他费用降低。此时，客户风险承受能力下降，对资金安全性的要求远远高于收益性，所以在资产配置上要进一步降低风险。在这一时期个人（家庭）最主要的目标就是安度晚年，享受夕阳红，并开始有计划地安排身后事。

（二）家庭模型

基本的家庭模型有三种：青年家庭、中年家庭和老年家庭。根据家庭收入主导者的生命周期而定，家庭收入主导者的生理年龄在 35 周岁以下的家庭为青年家庭，家庭收入主导者的生理年龄在 55 周岁以上的家庭为老年家庭，介于这两个界限之间的为中年家庭。

二、不同生命周期、不同家庭模型下的理财规划

理财规划必须和不同的生命周期、不同的家庭模型相结合才能产生最佳的实践效果。表 1－1 具体说明了理财规划在不同的生命周期阶段，在不同的家庭模型中的应用。

表 1－1　　不同生命周期、不同家庭模型下的理财规划

<table>
<tr><th>生命周期</th><th>家庭模型</th><th>理财需求分析</th><th>理财规划</th></tr>
<tr><td>单身期</td><td rowspan="2">青年家庭</td><td>1. 租赁房屋
2. 满足日常支出
3. 偿还教育贷款
4. 储蓄
5. 小额投资积累经验</td><td>1. 现金规划
2. 消费支出规划
3. 投资规划</td></tr>
<tr><td>家庭与事业形成期</td><td>1. 购买房屋
2. 子女出生和养育
3. 建立应急基金
4. 增加收入
5. 风险保障
6. 储蓄和投资
7. 建立退休资金</td><td>1. 消费支出规划
2. 现金规划
3. 风险管理规划
4. 投资规划
5. 税收筹划
6. 子女教育规划
7. 退休养老规划</td></tr>
<tr><td>家庭与事业成长期</td><td rowspan="2">中年家庭</td><td>1. 购买房屋、汽车
2. 子女教育费用
3. 增加收入
4. 风险保障
5. 储蓄和投资
6. 养老金储备</td><td>1. 子女教育规划
2. 风险管理规划
3. 投资规划
4. 退休养老规划
5. 现金规划
6. 税收筹划</td></tr>
<tr><td>退休前期</td><td>1. 提高投资收益的稳定性
2. 养老金储备
3. 财产传承</td><td>1. 退休养老规划
2. 投资规划
3. 税收筹划
4. 现金规划
5. 财产传承规划</td></tr>
<tr><td>退休期</td><td>老年家庭</td><td>1. 保障财务安全
2. 遗嘱
3. 建立信托
4. 准备善后费用</td><td>1. 财产传承规划
2. 现金规划
3. 投资规划</td></tr>
</table>

三、理财规划的主要内容

根据以上的生命周期理论与家庭模型，我们把客户在整个生命周期中的理财规划内容简要介绍如下：

（一）现金规划

现金规划的基本内容是对家庭或者个人日常的、日复一日的现金及现金等价物的管理。现金规划的核心是建立应急基金，保障个人和家庭生活质量和状态的持续性稳定。现金规划在整个理财规划中居于十分重要的地位，现金规划是否科学合理将影响其他规划能否实现。因此，做好现金规划是理财规划的必备基础。

（二）消费支出规划

消费支出规划主要是基于一定的财务资源下，对家庭消费水平和消费结构进行规划，以达到适度消费，稳步提高生活质量的目标。家庭消费支出规划主要包括住房消费规划、汽车消费规划以及信用卡与个人信贷消费规划等。影响家庭财富增长的重要原则是"开源节流"，在收入一定的情况下，如何做好消费支出规划对一个家庭整个财务状况具有重要的影响。

（三）教育规划

对于大多数家庭而言，教育支出是一项重要支出项目，而且是最不容忽视且数额愈来愈大的一笔支出，所以提前做好子女的家庭教育规划显得尤为重要。所谓教育规划就是指在收集客户的教育需求信息、分析教育费用的变动趋势并估算教育费用的基础上，为客户选择适当的教育费用准备方式及工具，制订并根据因素变化调整教育规划方案。

（四）风险管理与保险规划

风险管理是客户用以降低风险负面影响的决策过程；而风险管理与保险规划则是指客户通过对风险的识别、衡量和评价，并在此基础上选择与优化组合各种风险管理技术，对风险实施有效控制和妥善处理风险所致损失的后果，以尽量小的成本去争取最大的安全保障和经济利益的行为。"天有不测风云"，所以人们需要对自己的家庭及个人进行风险管理规划，如购买保险来满足自己的安全需要。现代社会金融创新层出不穷，保险品种纷繁复杂。理财规划师进行风险管理规划的服务旨在通过对客户经济状况和保障需求的深入分析，帮助客户选择最合适的风险管理措施规避风险。

（五）税收筹划

出于对自身利益的考虑，纳税人往往希望将自己的税负减到最小，在合法的前提下尽量减少税负是每个纳税人十分关注的问题。个人税收筹划是指在纳税行为发生前，在法律允许的范围内，通过对纳税主体的经营、投资、理财等经济活动的事先筹划和安排，充分利用税法提供的优惠和差别待遇，以减轻税负，达到整体税后利润最大化的过程。

（六）投资规划

投资规划是根据客户投资理财目标和风险承受能力，为客户指定合理的资产配置方案，构建投资组合来帮助实现理财目标的过程。为客户制定合适的投资规划是理财规划师个人水平的充分体现，但并不是单纯的投资规划收益越高，理财规划师的水平就越高，合适的投资规划是为不同客户或同一客户不同时期的理财目标而设计的，不同的理财目标要借助于不同的投资产品来实现。

（七）退休养老规划

退休养老规划是为保证客户在将来有一个自立、尊严、高品质的退休生活，而从现在开始积极实施的规划方案。合理而有效的退休养老规划不但可以满足退休后漫长生活发生的需要，保障自己的生活品质，抵御通货膨胀的影响，而且可以显著提高个人的净财富。退休规划核心在于进行退休需求的分析和退休规划工具的选择。退休规划的工具具体来说包括社会养老保险、企业年金、商业养老保险以及其他储蓄和投资方式。

（八）财产分配与传承规划

财产分配规划是指为了家庭财产在家庭成员之间进行合理分配而制订的财务规划。理财规划师要协助客户对财产进行合理分配，以满足家庭成员在家庭发展的不同阶段产生的各种需要。财产传承规划是指当事人在其健在时通过选择遗产管理工具和制定遗产分配方案，将拥有或控制的各种资产或负债进行安排，确保在自己去世或丧失行为能力时能够实现家庭财产的代际相传或安全让渡等特定的目标。理财规划师在进行财产传承规划时，主要是帮助客户设计遗产传承的方式，以及在必要时帮助客户管理遗产，并将遗产顺利地传承到受益人的手中。

四、理财规划的主要工具

由于理财规划本身专业性极强，涉及多方主体和诸多因素，涵盖保险、投资、税收、现金、消费、教育、养老、财产分配与传承等各项规划，因此理财规划运用的主要工具也极其全面与广泛。理财规划主要工具有：

（一）共同基金

共同基金，即公募基金，是指通过公开发行基金单位的方式，集中投资者的资金，由基金托管人托管，由基金管理人管理和运用资金，从事证券投资。共同基金将众多投资者的资金集中起来，委托基金管理人进行共同投资，因此表现出集合理财的特点，即具有专业化、大众化、相对低风险、高收益等特点，相对于其他投资工具来说，共同基金投资起点低，比较适合大众投资者。根据投资对象不同，共同基金分为不同类型，每种类型的基金收益和风险特征各不相同，因此在进行基金投资时，应根据自己的情况，确定适合自己的基金进行投资。

（二）商业保险

“天有不测风云，人有旦夕祸福。”人生总是面临着各种各样的风险与意外。但如果能够事先早做安排，就很有可能将意外事件带来的损失降到最低程度，从而达到规避风险、保障生活的目的。保险是风险管理中传统有效的财务转移机制，人们通过保险将自行承担的风险进行转移，以小额固定的保费支出来换取对未来不确定的、巨大风险损失的经济保障，使风险的损害后果得以减轻或消化。在所有理财工具中，保险的防御性最强，因此，保险是财务安全规划的主要工具之一。

（三）固定收益证券

固定收益证券，也称“固定收入证券”，它是一种要求发行者按照发行时规定的时间和方式向投资者支付利息和偿还本金的有价证券。从存量来看，债券构成了我国固定收益证券的主体，因此，很多人将固定收益证券等同于债券。其实，按照固定收益证券的定义，中央银行票据、结构化产品、资产支持证券、优先股也属于固定收益证券的范畴。由于固定收益证券未来的现金流发生的时间和金额都预先有规定，因此，其风险较低，收益也较稳定，适合保守型的投资者需要，同时，也被广泛应用于各种风险程度的资产配置当中。

（四）股票

作为交易对象和质押品，股票已成为金融市场上主要的、长期的信用工具。但实质上，股票只是代表股份资本所有权的证书，它本身并没有任何价值，而是一种独立于实际资本之外的虚拟资本。股票一经认购，持有者不能以任何理由要求退还股本，只能通过证券市场将股票转让或出售。股票投资的收益来自于上市公司的分红和买卖价差，但我国上市公司分红很少，因此进行股票投资的投资者应具备较强的经济实力、专业能力及良好的心理素质。在以股票作为投资工具时，投资者还应注意通过投资组合来降低风险。

（五）期货

期货是交易双方按约定价格在未来某一期间完成特定资产的交易行为。期货交易的最终目的并不是商品所有权的转移，而是通过买卖期货合约，回避现货价格风险。按照交易标的期货可以划分为商品期货和金融期货。前者是期货交易的起源品种，主要包括农产品期货、有色金属期货和能源期货等。后者是指以金融工具作为标的物的期货合约，主要包括外汇期货、利率期货和股票指数期货等。目前我国三大商品期货交易所分别是上海商品期货交易所、大连商品期货交易所和郑州商品期货交易所。2006 年 9 月在上海成立了中国金融期货交易所，且《期货交易管理条例》已于2007 年4 月15 日开始实施，这意味着我国即将有本土的金融期货产品推出。由于期货实行保证金交易制度，交易的损失远不止保证金的数额，因此，投资期货产品风险比较大。

（六）对冲基金

关于对冲基金的定义，国内并没有权威的解释，国际货币基金组织（IMF）的定义是“对冲基金是私人投资组合，常离岸设立，以充分利用税收和管制的好处”。著名的美国先锋对冲基金国际顾问公司 VHFA 的定义是：“采取私人合伙公司或有限责任公司的形式，主要投资于公开发行的证券或金融衍生品。”一般认为，对冲基金，是指在运作中使用做空、套期和套利等方法对风险进行对冲的投资基金。对冲基金通过非公开方式发行，面向少数机构投资者和富有个人投资者募集资金，投资于证券市场，其投资目标更具有针对性，并能够根据客户的特殊需求量身定做。对冲基金的操作手法多样，经营机制灵活，没有短期的利润指标和确定的资金投向限制，在投资工具、财务杠杆、投资策略等各个方面也没有过多限制，这样，基金经理就能在范围更广的投资领域选择投资战略，以获取长期的高额利润；在信息披露方面，对冲基金不必像共同投资基金那样定期公开披露详细的投资组合，并每个工作日对外公布基金净值，通常只需要向投资者定时或按约定披露基金的相关信息即可。随着我国做空机制的逐步完善，一旦我国的证券投资集合资金信托计划引入做空机制，将意味着我国目前存在的证券投资集合资金信托计划也将在一定的程度上转型为对冲基金。

（七）私募股权基金

私募股权基金是指非公开募集资金并投资于未公开上市公司股权的投资基金。一般来讲，私募股权基金的投资起点、要求的回报都较高，投资风险较大，且面向特定投资者以非公开方式发行。根据投资方式和操作风格的不同，通常将私募股权基金分为风险投资基金、成长型基金和收购基金三种，其中，成长型基金即狭义的私募股权基金。在世界范围内，私募股权基金的组织形式有三种：（1）公司型；（2）有限合伙型；（3）信托型。由于我国有限合伙法律及其配套制度尚未健全，因此有限合伙型短期内还不能成为我国私募股权基金的主流模式。而公司型基金则存在较为明显的代理人道德风险和双重课税问题。随着信托相关法律法规的出台与完善，信托型私募股权投资基金在我国具有广阔的发展空间。

（八）外汇

就金融投资而言，世界上最大的投资市场分别为外汇、债券和股票市场。其中外汇交易市场，以其每月高达约 1 兆 5 千亿美元的交易量而称雄。受各个宏观、微观因素及自然原因的影响，一个国家的货币兑换另一国家货币的比值（汇率）都是不断上下浮动的。一般来讲，一个经济前景看好、政局稳定的国家的货币相对一个经济发展减速或经济倒退、政局动荡的国家的货币来说，其价值（汇率）会不断走高，反之则下降。因此，在外汇市场进行投资也正是利用汇率本身的变动，进行低买高卖或高卖低买，通过其中的差额来获取利益。随着外汇形成机制的改革，浮动的范围扩大，以及炒汇手段的多样化，越来越多的人投入到炒汇当中。外汇的汇率随着市场而波动，所以需要投资者有敏锐的洞察力和相对及时的信息来源。

（九）黄金

近年来，国际金价稳步上扬，黄金的保值、增值功能凸显。尽管很少有人把黄金作为最主要的投资产品，但黄金作为理财规划的工具具有非常重要的意义：以黄金作为理财组合中的一个重要部分与其他投资产品进行资产配置，可以获取相对稳健的理财收益。黄金投资一般分为实物黄金投资和纸黄金投资，实物黄金通常包括金条、金币和黄金饰品。实物黄金交易对象直观，但缺点是兑现难，交易成本高，而纸黄金通常报价参考国际黄金报价，即通过即时的汇率折算成人民币后再报价，具有交割方便的特点。目前很多商业银行都推出了纸黄金的交易业务。

（十）法律

理财规划师的工作除了要运用大量的金融知识，还需要法律知识的积累。没有税法知识，税收筹划显然无从谈起；婚姻法、继承法、收养法等相关法律知识的缺失，往往会使客户面临财产无法得以有效配置、传承的尴尬；不了解公司法、合伙企业法，理财规划师就难以充分理解经营风险对客户及其家庭的潜在影响；其他民事法在理财规划中同样有广泛的应用。此外，掌握必要的法律知识也是理财规划师在提供理财规划服务时有效规避风险、与客户建立良好关系、保障自己的合法利益不受侵犯的有效手段。

（十一）个人信托

共同基金、对冲基金、私募股权基金是信托在投资领域的具体表现形式，除了公众熟悉的投资功用之外，信托还可以在非增值财产管理领域内发挥重要作用，个人信托即是此类工具的代表：在教育规划领域，子女教育信托或子女激励信托的运用可以起到保全子女教育资金、鼓励子女发展等作用；在税收筹划领域，信托一直是全球范围内最为通用的税收筹划工具之一，尤其对于高端个人客户而言，可以采用信托对税收负担进行巧妙筹划；在退休养老规划领域，高龄人士随着智力水平和健康状况的每况愈下，其财产管理能力也随之变弱，其财产难以得到有效管理，因而针对老年人养老的信托服务将会发挥极为重要的作用；在财产分配传承领域，信托相对其他工具具有更大的优势，通过信托对婚姻家庭财产的隔离保护，可以有效实现财产的分配与传承保护。

（十二）其他

在理财规划工作中，有时会运用上述规划工具以外的其他工具，如银行理财产品、权证、券商集合理财产品、房地产投资信托（REITs）等，有关它们的详细介绍参见本套教程各相关章节。

五、理财规划的流程

在个人理财规划实务中，为了保证专业服务的质量，客观上需要一个标准的程序对个人理财规划工作进行规范。理财规划的标准流程可以分为六步：建立客户关系、收集客户信息、分析客户财务状况、制定理财计划、实施理财计划、持续理财服务。

第一步：建立客户关系

作为理财规划整个工作流程的第一个环节，“建立客户关系”成功与否直接决定了理财规划业务是否可以得到开展。建立客户关系的方式多种多样，包括但不限于电话交谈、互联网沟通、书面交流和面对面会谈等。需要特别注意的是，在建立客户关系的过程中，理财规划师的沟通技巧显得尤为重要。除了语言沟通技巧以外，理财规划师还要懂得运用各种非语言的沟通技巧，包括眼神、面部表情、身体姿势、手势等等。此外，理财规划师作为专业人士，在与客户交谈时要尽量使用专业化的语言。而在涉及投资回报率等财务指标方面，则不应该给出过于确定的承诺，避免因达不到目标而承担不必要的法律责任。

第二步：收集客户信息

理财规划师为客户制订的理财方案是否适合客户的实际情况，关键取决于理财规划师是否对客户的财务信息、与理财相关的非财务信息和客户的期望目标有充分的了解。而客户理财目标的形成，须在充分掌握客户财务信息和非财务信息的基础上，由理财规划师和客户经过充分的沟通共同确定。收集、整理和分析客户的财务信息和与理财有关的非财务信息，是制订理财方案的关键一步。如果无法收集到准确的财务数据，理财规划师就无法准确了解客户的财务状况和理财目标，也就不可能针对不同客户提出切实可行的理财方案。所以，各国的理财规划师协会或理财规划师职业资格认证机构在制定职业资格标准时，都将收集客户信息作为理财规划的基础，并将其视为理财规划的必要程序之一。

第三步：分析客户财务状况

客户现行的财务状况是达到未来财务目标的基础，理财规划师在提出具体的理财计划之前必须客观地分析客户的现行财务状况并对客户未来的财务状况进行预测。理财规划师对客户现行财务状况的分析主要包括客户家庭资产负债表分析、客户家庭现金流量表分析以及财务比率分析等。其中资产负债表分析主要是分析客户家庭资产和负债在某一时点上的基本情况。现金流量表分析是指理财规划师可以对客户在某一时期的收入和支出进行归纳汇总，为进一步的财务现状分析与理财目标设计提供基础资料。需要分析的基本的财务比率包括：结余比率、投资与净资产比率、清偿比率、负债比率、即付比率、负债收入比率和流动性比率等。

第四步：制定理财方案

理财规划师在进行理财规划时，要综合考虑每一具体项目的规划，运用掌握的专业知识，结合客户的实际情况，最后形成整体理财方案。因此，理财规划师要确保已经掌握客户的所有相关信息，弄清客户的理财目标和要求，保证客户当前的财务安全。在此基础上，理财规划师才能针对客户具体的理财目标提出理财方案。

第五步：执行理财方案

一份书面的理财计划本身是没有意义的，只有通过执行理财计划才能让客户的财务目标成为现实。为了确保理财计划的执行效果，理财规划师应遵循三个原则：准确性、有效性、及时性。理财计划要真正得到顺利执行还需要理财规划师制定一个详细的实施计划。在这个实施计划中，理财规划师首先要确定理财计划的实施步骤，然后根据理财计划的要求确定匹配资金的来源，最后理财规划师还需要列出理财计划实施的时间表。在执行理财计划这一步骤中，理财规划师还需要注意以下的一些问题：（1）不论是在实施计划制定的过程中，还是在完成之后，都应当积极主动的与客户进行沟通和交流，让客户亲自参与到实施计划的制定和修改过程中来。（2）执行理财计划必须首先获得客户的执行授权。（3）妥善保管理财计划的执行记录。理财方案本身也不是一成不变的，执行理财方案过程中当理财方案的假设前提发生变化或者客户的财务情况发生重大变化时，理财方案需要随时调整，因此，理财方案的制订和执行都是一个动态的过程。

第六步：持续理财服务

理财服务并不是一次性完成的。未来的预估不可能完全准确，客观环境会不断发生变化，客户个人的经济条件、理财目标也会发生变动，如果理财规划方案不相应变化，会导致方案的最终效果与当初的预定目标产生较大的差异。因此在完成方案后很长时期内，仍需要理财规划师根据新情况来不断地调整方案，帮助客户更好地适应环境，达到预定的理财目标。持续理财服务包括定期对理财方案进行评估以及不定期的信息服务和方案调整。

第三节 理财规划与理财规划职业

一、理财规划职业发展概况

现代意义上的理财规划业务首先出现在美国，其发展经历了初创期、扩张期、成熟稳定期三个阶段。

（一）初创期

理财规划思想早在欧洲的贵族私人银行就有所体现，但一般认为现代理财规划起源于20世纪30年代美国保险业。在1929年10月股票暴跌引发的经济危机中，保险的“社会稳定器”功能使得保险公司的地位得到了空前提高，同时“大危机”使人们开始萌生了对个人生活的综合规划和资产配置的需求，在这一背景下，保险推销员在推销保险产品的同时，也提供一些生活规划和资产运用的咨询服务，当时这些保险营销员被称为“经济理财员”，尽管其主要目的是推销保险产品，但却成为现代理财规划的萌芽，并显现出很强的生命力。

（二）扩张期

第二次世界大战结束后，经济的复苏和社会财富的积累使美国个人理财规划进入了起飞阶段。社会、经济环境的变化逐渐使富裕阶层和普通消费者无法凭借个人的知识和技能，通过运用各种财务资源来实现自己短期和长期的生活及财务目标。因此，消费者开始主动寻求称职的、客观公允的、以追求客户利益最大化为己任的专业理财规划人员咨询问题并获取帮助。这一时期，个人理财规划业得到了加速发展，从业人员不断增加。

1969年是现代理财业发展的标志性年份，当时一批来自不同领域的金融服务专业人士在美国芝加哥机场附近一家咖啡馆的聚会上，有感于金融产品的日益丰富与社会公众对自身及家庭理财逐渐力不从心的现实需要，提出“关注客户的需求和目标比关注单一金融产品销售更重要”的服务理念和专业精神，开始推广涉及客户生活方方面面的“理财规划”的概念和方法，并在随后创立了首家理财团体机构IAFP——第一家以普及理财知识、促进理财发展为目的的社会团体。

（三）成熟稳定发展期

美国的理财规划师职业认证对美国乃至全球个人理财规划行业的发展起到了关键的推动作用，使理财规划业务逐渐发展成为一个独立的金融服务行业，并出现了以客观、公允为执业准则的专业技术人员——理财规划师。他们的主要业务不再是从销售金融产品及服务中获取佣金，而是帮助客户实现其生活、财务目标进行专业咨询，并通过一个规范的个人理财服务流程来实施理财建议从而防止客户利益受到侵害。

随着金融市场的日益发展成熟及理财业内人士的大力推动，1990 年国际注册理财规划师协会正式成立，标志着理财规划服务有了国际统一的职业道德、胜任能力以及实务操作标准，这使得理财规划师职业得以在全球迅速推广。目前，经济全球化趋势日益明显，随着拉美、亚洲尤其是中国等新兴市场的崛起，全球个人财富迅速增长，理财规划职业在各国受到越来越广泛的关注和重视，各个国家纷纷推动符合本国国情的理财规划职业认证资格的发展，如我国劳动和社会保障部推行的理财规划师职业认证资格。

二、个人理财服务的发展

（一）个人理财服务的三个层次

一般而言，个人金融服务体系分为三个层次：大众银行大众理财、富裕银行贵宾理财和私人银行财富管理。在这三个服务层次中，不同类别的产品和服务的利润水平差异显著，从前往后呈现出逐步升高的趋势，私人银行业务居于顶端。

由于一般金融机构面对的个人理财通常是中低端的普通客户，因而我们常说的“个人理财”往往也被称为“大众理财”。这一层次的服务对象主要为银行存款平均数额不高，收入中等以下的客户。一般来说，这部分客户要占到银行个人账户总数的 80% 以上。对于个人理财客户来说，投资管理、现金管理、风险保障通常是其需求的重点，客户对于投资增值的需求尤其处于重心地位。金融机构为这类人群提供的服务通常仅限于传统的银行产品和服务，如现金业务、存款业务、货币市场业务、保管业务等，提供的产品多为保险产品、投资产品、银行理财产品。银行为这类客户准备的多为普及性的大众化个人理财业务，很少提供个性化的理财服务。

富裕银行贵宾理财通常面向的对象是该金融机构的 VIP 客户，其家庭收入在社会群体中一般居于前 15% ~20%，在银行个人账户总数中的比例约占 10%。其可获得的服务主要包括可获得较高的信用额度，同时享有特约商户的优惠消费折扣、热销商品的购买权，理财专柜、理财窗口或贵宾室可优先办理业务，享受贷款等业务的优先办理和审批等。所有的银行网点和理财工作室，VIP 客户均可享有优先服务权，银行卡可免收年费，VIP 客户汇款可少收手续费，甚至免费。

私人银行（Private Banking）财富管理服务，私人银行业务是一项高端金融服务，其业务基础是高净值财富（HNWW，High Net Worth Wealth），服务对象是拥有高净增财富的个人（HNWI，High Net Worth Individual），目的是以客户需求为核心提供个性化金融服务。私人银行业务在西方国家的发展已经有数百年历史，成为与存款商业银行业务、投资银行业务并驾齐驱的主要银行服务体系之一。海外具有高净值财富的客户在银行账户总数中所占的比例只有1%上下。这一客户群体的人数很少，但手中掌握的财富十分可观。因此，为了能减少这部分高端客户的流失，商业银行通常专门成立私人银行部，由私人银行家向客户提供全方位、个性化的理财业务。私人银行力求为HNWI人士提供一站式金融服务，服务项目非常广泛，如投资管理、现金管理、家族股权管理、税收筹划、财产传承、财产保护与分配乃至继承人教育等等，财富管理服务的核心内容是：财产保护、积累和传承。

（二）国内商业银行理财服务发展现状

改革开放以来，中国的GDP年均增长的速度非常快，快速的财富增长，必然会伴随对财富管理与理财需求的增加。如此巨大的市场潜力，吸引了大量金融机构对个人理财与财富管理市场的关注。在各类金融机构中，银行理财业务发展速度相对较快，因而我们可以通过国内商业银行开展的理财业务来了解我国理财服务发展的现状。

1. 大众银行个人理财服务发展现状。长期以来，商业银行个人理财业务的范围单一，仅包括储蓄业务和十分有限的托收代理业务。1995年，招商银行推出集本外币、定活期存款集中管理及代理收付功能为一体的“一卡通”，国内首度出现以客户为中心的个人理财产品。近年来，国内居民收入不断提高，金融产品日益丰富，个人理财市场需求日渐突显。随着国内金融市场的发展和个人金融需求的多样化，银行个人理财业务的范围逐步拓宽，除向客户提供传统的银行业务外，通过与券商、保险公司、基金管理公司、信托公司等非银行金融机构合作，国内银行已经逐步为客户提供包括证券、保险、信托、基金、黄金买卖等金融服务、各类支付结算业务以及理财规划等综合服务。由于服务对象收入水平及该类理财尚处于起步阶段等因素影响，目前各大商业银行提供的个人理财产品有限，创新机制不足，理财服务趋同现象严重。

2. 富裕银行贵宾理财服务发展现状。根据意大利经济学家帕累托的“二八法则”，在个人理财业务中，银行80%的利润源自20%的优质客户。基于对个人理财业务重要性的认识，以及对个人金融服务市场需求快速变化的感受，国内各银行都在这一领域进行了各不相同的探索和尝试，纷纷推出各自的个人理财品牌，使得整个市场呈现出空前的繁荣景象。但是，尽管目前国内各大银行纷纷建立自己的贵宾理财工作室，推出各自的理财产品与理财服务，但各个金融机构提供的服务通常局限于专人服务、专属场所、优先服务、亲情服务等，提供的产品也多为相似的投资、保险产品。近乎相同的产品、相似的服务无法满足高端客户私密性、个性化的服务要求，产品创新机制不足在很大程度上制约了国内财富管理业务的发展，真正为高端人士提供的财富管理服务还十分鲜见。

3. 私人银行财富管理服务发展现状。私人银行由于业务的关系，对财富向来十分敏感。近年来财富在国内富裕阶层迅速累积，使国际各大私人银行纷纷将目光转向中国，并先后在中国开设代表处，揭开了中外银行针对中国私人银行市场的争夺。

三、理财规划职业在中国的发展

理财规划业务在发达国家已经相当成熟，专门从事理财规划业务的从业人员称为理财规划师，是受人尊敬的职业。理财规划师忠实、客观地为客户长期服务，在很多家庭往往享有准家庭成员的地位。

随着中国经济的快速发展，中产阶级和富裕阶层正在迅速形成，并有相当一部分人的理财观念从激进投资和财富快速积累阶段逐步向稳健保守投资、财务安全和综合理财方向发展，因而对能够提供客观、全面理财服务的理财师的要求迅猛增长，中国已经成为全球个人金融业务增长最快的国家之一。

目前，理财规划的概念在金融行业已经逐渐为人所知，尤其是在保险公司和商业银行，很多保险公司和商业银行已经设立了专门的个人理财工作室或理财部，为客户提供相应的理财服务。而由于国际理财规划师如 ChFC、CFP、IFA 等认证考试是基于发达国家的国情和当地个人财务状况而制定的，一定程度上与我国的国情和个人财务状况不相符，目前也没有得到中国政府的认可。因此，鉴于社会对理财规划师的强烈需求和理财规划师国家标准的缺位，国家职业鉴定中心组织有关专家根据我国国情制定了《理财规划师国家职业标准》，并于 2003 年 1 月 23 日开始施行，从而将理财规划正式确定为一门职业。

第四节　职业道德与操守

第一单元　道德与职业道德

人生在世，最重要的有两件事：一是学做人，一是学做事。

每一个人从出生就开始学做事了，社会教育我们做事要认真踏实，但“做事”与“做人”是两回事，做好了“事”，并不等于做好了“人”。很多人在事业上有一时的成就，而在做人上一塌糊涂，最终难成大器。

那么，怎样做人呢？最重要的就是以德为先，做有德的人。道德是做人的根本，古今中外，凡有所成就、受人尊重的人，都是有德的人，所谓“德者，才之帅也”。道德是灵魂的力量、精神的支柱、事业成功的基础。

一、道德与职业道德

（一）道德

道德是一定社会经济、政治、文化和自然环境等诸要素及其相互关系的客观反映。由于人们认识世界的立场、观点和方法有所不同，对道德也赋予了种种不同的涵义。

1. 天人合德。我国古代著作《易经》认为顺应天道就是最高道德，要求人们为了生存和发展，应当共同适应环境要求，遵从事物运行规律；要求人们爱护山川大地、资源大气、花草树木、鸟兽虫鱼，并做到顺应天时、注意地利、友爱人和。这里并不是说对各种资源不应利用，而是要求开发、采掘、砍伐、采摘、捕杀不能超过环境本身所能承受的程度，否则必然造成严重后果。

2. 伦理道德。伦理道德是我国传统美德，是道德的核心，也是做人的基础。针对当前我国社会和经济情况，很多人认为：孝、悌、忠、信、礼、义、廉、耻以及仁、和还是应当提倡。孝是指孝敬父母，也含尊敬师长；悌是指敬爱兄长；忠是指忠于祖国；信是指真诚守信，交友、处事、待人都应以“诚信”为本，即所谓“民无信不立”；礼是指遵守法律、礼数；义是指仁义待人，为国家可舍生取义，为人民应见义勇为；廉是指廉洁奉公，不贪污受贿；耻是指不作令人羞耻之事；仁是指待人之道，即所谓“仁者爱人”，不做损害他人利益的事；和是指“和为贵”，和谐共事是为人处世、治家、交友之道。

3. 社会公德。人们在社会生活中由于从事生产和生活目的不同，相互之间既有共同利益，又有不同要求。为了维护社会秩序，保证社会稳定、健康、持续发展，就需要确立一些共同遵守的规范，由此逐步形成社会公德。在 2001 年 9 月中共中央发布的《公民道德建设实施纲要》中，提出爱国守法、明礼诚信、团结友爱、勤俭自强、敬业奉献为社会公德的基本要求。这一规定的出台对维持社会秩序、维护各方利益、安定人民生活、促进经济发展起到了重要作用。

4. 职业道德。职业道德是道德体系的重要组成部分，是规范从业人员的行为、维护生产生活正常进行、促进社会发展的重要行为规范和准则。职业道德是伴随着社会分工而形成并发展起来的，因此也就形成了多种不同的职业道德规范。在社会主义社会中，虽然还有社会分工的区别，但各种职业利益在根本上是一致的。应把为人民服务、热爱本职工作、正确处理个人、团体（单位）和国家三者的利益关系，作为职业道德的共同要求。

（二）职业道德

职业道德是一个行业从业人员所应恪守的道德标准，或者说是人们在其职业活动中应当遵循的行为规范和准则。正如道德与法律的区别一样，职业道德不是法律规范，因此不具有法律上的强制约束力。一般说来，职业道德规范的实行，依靠的是从业人员的自觉和集体约束行为，不是由国家机关依靠国家强制力来保证实施的。因此，职业道德规范并非从法律责任的角度界定一个行业的执业标准，而是通过行业自律机制确立一个行业的道德准则。

职业道德一般包括爱国守法、正直诚信、客观公正、勤学上进、公平合理、严守秘密、团结合作、勤勉尽责等。一个行业的职业道德是该行业的基本要求。对于理财规划师职业而言，除遵守法律关于该行业的强制性规范以外，还须遵守该行业的职业道德规范。

二、理财规划师职业道德的意义

理财规划师与律师、注册会计师等从业人员一样，均属于专业服务人员。作为从事中介服务的个人或机构，“受人之托，忠人之事”是必须恪守的准则。如果受人之托，而不忠人之事，整个社会将对理财规划行业失去信心，理财规划师职业也就失去了存在的基础。

在理财规划专业服务中，理财规划师是委托人的受托人，受托人又称“受任人”，即“被信任之人”，因此理财规划师往往被委托人和社会公众置于“信任”或“信心”的地位，而社会公众的“信任”或“信心”最终来源于理财规划师的职业操守。

因此，职业道德规范对理财规划师职业的生存和发展具有至关重要的意义，是理财规划行业生存和发展的根本保证之一。

三、理财规划师职业道德规范的构成

一般说来，一个国家的法律对于一个专业服务行业的职业道德规范并不做出具体规定，而通常以“积极要求的法律规范”的形式原则性地规定该行业的从业人员应当遵守该行业的职业道德规范，至于该行业具体的职业道德规范则一般是由该行业的行业自律机构发布实施。以律师行业为例，律师职业道德和执业纪律规范由律师协会发布，全体执业律师必须遵守。

理财规划师为社会提供专业化服务，因此一般的专业服务行业的职业道德规范对理财规划行业可以适用。鉴于我国尚未有关于理财规划师职业道德的成文规范，我们在阐述理财规划师职业道德规范时主要参考欧美、中国香港特区、中国台湾地区等国家和地区的理财规划行业的相关文件，结合境内的实际，归纳和提出适用于我国理财规划行业的一般职业道德规范。

理财规划师的职业道德规范由两部分组成：职业道德准则和执业纪律规范。

职业道德准则是以原则性的语言表述该行业的从业道德和理念，是每一个理财规划师所应秉持的基本准则。因此，职业道德准则虽在很大程度上体现出的是倡议性，但却是理财规划师执业纪律的基本渊源和根据。

相对于职业道德准则而言，执业纪律规范是具体的行为规则，是理财规划师办理具体业务时所应体现的道德和专业负责精神。所以，理财规划师执业纪律规范在语言上不同于职业道德准则，很多方面体现的是“积极要求”或“禁止性”的内容，而非倡议性。

第二单元 理财规划师职业道德准则

各行各业都必须遵守职业道德。同样，理财规划师不但要具备常规的基础知识和工作经验，遵守实务操作守则，还应遵守职业道德准则。一般来说，职业道德准则主要包括两部分：一般原则和具体规范。一般原则包括：正直诚信原则、客观公正原则、勤勉谨慎原则、专业尽责原则、严守秘密原则、团队合作原则，这些原则体现了理财规划师对于公众、客户、同行以及雇主的责任。具体规范则是一般原则的具体化。

一、正直诚信原则及相关具体规范

理财规划师应当以正直和诚实信用的精神提供理财规划专业服务。因此，理财规划师职业操守的核心原则就是个人诚信。“正直诚信”要求理财规划师诚实不欺，不能为个人的利益而损害委托人的利益。如果理财规划师并非由于主观故意而导致错误，或者与客户存在意见分歧，且该分歧并不违反法律，则此种情形与正直诚信的职业道德准则并不违背。但是，正直诚信的原则决不容忍欺诈或对做人理念的歪曲。正直诚信原则要求理财规划师不仅要遵循职业道德准则的文字，更重要的是把握职业道德准则的理念和灵魂。

二、客观公正原则及相关具体规范

理财规划师在向客户提供专业服务时，应秉承客观公正的原则。所谓“客观”，是指理财规划师以自己的专业知识进行判断，坚持客观性，不带感情色彩。当然，客观是任何专业人士均应具备的、不可或缺的品质。无论理财规划师在具体业务中提供何种服务，或以何种身份行事，理财规划师均应确保公正，坚持客观性，避免自己的判断受到不正常因素的左右。所谓“公正”，是指理财规划师在执业过程中应对客户、委托人、合伙人或所在机构持公正合理的态度，对于执业过程中发生的或可能发生的利益冲突应随时向有关各方进行披露。因此，理财规划师应摒弃个人情感、偏见和欲望，以确保在存在利益冲突时做到公正合理。理财规划师在处理客户、委托人和所在机构之间关系时，应以自己期望别人对待自己的方式对待有关各方，这也是任何提供专业服务的行业对从业人员的基本要求。

三、勤勉谨慎原则及相关具体规范

理财规划师在执业过程中，应恪尽职守，勤勉谨慎，全心全意为客户提供专业服务。勤勉谨慎原则，要求理财规划师在提供专业服务时，工作要及时、彻底、不拖拖拉拉，在理财规划业务中务必保持谨慎的工作态度。勤勉谨慎，是对理财规划师工作全过程的要求，不仅包括理财计划的制定过程，还包括理财计划的执行及其监督过程。具体来说，勤勉就是理财规划师在工作中要做到干练与细心，对于提供的专业服务，在事前要进行充分的准备与计划，在事后要进行合理的跟踪与监控；谨慎就是要在提供理财规划服务过程中，从委托人的角度出发，始终保持严谨、审慎、注意细节，忠于职守，在合法的前提下最大限度地维护客户的利益。

四、专业尽责原则及相关具体规范

理财规划是一个需要较高专业背景及资深经验的职业。作为一名合格的尽责的理财规划师，必须具备资深的专业素养，每年保证一定时间的继续教育，及时储备知识，以保持最佳的知识结构。由于理财规划师提供服务的重要性，理财规划师有义务在提供服务的过程中，既要做到专业，同时又要尽责，秉承严谨、诚实、信用、有效的职业素养，用专业的眼光和方法去帮助委托人实现理财目标。具体来说，在与客户沟通过程中，要对客户及相关职业者保持尊严与礼貌；在实务操作中，必须保持严谨的工作态度，谨守业内规章，从专业的角度进行审慎判断；并且理财规划师有责任与客户充分沟通，以尽责敬业的职业态度，维护和提高理财规划师的声誉和公众形象。

五、严守秘密原则及相关具体规范

理财规划师不得泄漏在执业过程中知悉的客户信息，除非取得客户明确同意，或在适当的司法程序中，理财规划师被司法机关要求必须提供所知悉的相关信息。这里的信息主要是指客户的个人隐私和商业秘密。具体规范包括客户为取得理财规划专业服务，愿意与理财规划师建立个人信任关系，这种个人信任关系的建立，是基于客户相信提供给理财规划师的秘密信息不会被理财规划师随意披露。所以，理财规划师必须恪守严守秘密的职业道德准则，确保客户信息的保密性和安全性。理财规划师在执业过程中，如果知悉客户违法或犯罪的事实，是否仍须严守秘密而不予举报呢？关于这个问题，目前尚无确定的法律规范可资参考。本书编委认为，在严守秘密方面，理财规划师与律师有类似之处，可以参考律师保守秘密的规定。一般说来，律师在接受当事人委托后，即使发现当事人有违法犯罪行为，或发现所辩护的犯罪嫌疑人有司法机关未指控的其他犯罪行为，律师也不得向司法机关揭露委托人的犯罪行为。所以，我们认为，为确保理财规划师与客户之间的信任，理财规划师同样不得披露在执业过程中知悉的客户涉嫌违法犯罪的事实，至少没有义务向司法机关举报。当然，对于理财规划师的严守秘密义务是否及于执业过程中知悉的客户的违法犯罪行为，还须法律或行政法规做出明确规定。

六、团队合作及相关具体规范

理财规划业务涉及客户的现金规划、消费支出规划、风险管理规划、教育规划、税务筹划、投资规划、退休养老规划及家庭财产分配与传承规划，贯穿个人与家庭的一生，因此，理财规划业务是一个系统的过程。对理财规划师来说，所掌握的知识、经验有限，必须要与各个领域的专业人士合作，团队合作，这样才能为客户制订最佳的理财规划方案，实现最终的理财规划目标。所谓团队，就是由具有互补技能组成的，为达成共同的目标，愿意在认同的程序下工作的团体。团队合作，就是理财规划师要及时认识到自身所掌握知识和技能的局限，对于自己不熟悉的领域，理财规划师请教咨询该领域的专业机构，或及时将业务交给自己所在机构的其他具备该专业知识的理财规划师办理。理财规划师要集思广益，融合保险、投资、税务、法律、财务等各领域专家的建议，针对客户的理财规划目标，制订最合适的理财规划方案。反过来，理财规划师也要积极协助其他同行开展相关的业务，这是一个相互合作的过程。

第三单元　理财规划师执业纪律规范

理财规划师职业道德准则是关于理财规划师职业的原则性规范，适用于全体执业理财规划师和非执业理财规划师。理财规划师针对客户提供理财规划服务，而客户的实际情况又千差万别，导致理财规划师在不同的案例中所提供的具体服务内容和服务方式不尽相同。所以，原则性的职业道德准则对于理财规划师而言是远远不够的，还需要有具体的规范来约束理财规划师的执业行为，这种规范就是理财规划师执业纪律规范。当然，执业纪律规范主要是对执业理财规划师的行为进行约束。理财规划师执业纪律规范的主要内容包括：

一、理财规划师不得利用提供服务的契机从事或帮助客户从事违法行为

遵纪守法是每一个公民应尽的义务，理财规划师也不例外。所以，理财规划师不得利用提供理财规划服务的契机从事或帮助他人从事违法犯罪活动。

理财规划师为客户提供专业服务，受人之托，履人之嘱，必须全心全意地维护客户的利益。但是，客户的利益必须是归其合法拥有的，违法的利益不受法律保护。如果客户委托理财规划师设计违法的理财方案，或者客户的理财需求或目标违反法律的规定，理财规划师应拒绝客户的委托，不得明知客户的要求违法仍然接受客户的委托，为其违法目的或需求提供服务。如果理财规划师在办理业务的过程中发现客户所委托的事项违法，理财规划师应向客户说明，并停止办理委托事务。

二、理财规划师不得以虚假的信息或广告欺骗或误导客户

理财规划师在执业过程中，不得以不诚实、欺诈或虚假陈述的方式故意向客户、所在机构、政府或行业自律机构或其他任何人提供虚假或误导性信息。理财规划师不得夸大自己或所在机构的业务量、业务范围和业务能力，从而骗取客户的信任和委托。在业务推介活动中，理财规划师不得向社会公众传递虚假或误导性的信息，或者对理财规划服务的结果做出明显不合理的预期，也不得向客户做出回报或收益承诺。业务推介的形式，包括但不限于演讲、访谈、书刊杂志、研讨会、广播电视节目和光碟等。

理财规划师如果作出前述行为，不仅违反了理财规划师职业道德准则关于正直诚信的规范，亦可能构成民法上的欺诈，从而可能被客户追究侵权责任。

三、理财规划师在执业过程中不得侵占或窃取客户的财产

理财规划师在办理业务的过程中，可能会受客户之托保管或处置客户的财产。在这种情况下，理财规划师应严格遵守相关的授权文件的规定，不得超出客户的授权随意处置客户的财产。而且，理财规划师应当备置完整的记录，确保客户的财产与自己或所在机构的财产区分清楚。对于客户之间的财产，也应保持完整的记录，以便区分。在客户要求退回或移交财产的情况下，理财规划师应按照相关授权文件或相关法律的规定，及时移交客户委托保管或处分的财产。

理财规划师受托保管或处分客户的财产，应尽善良管理人的注意义务，应以与保管

或处分自己财产相同的谨慎和勤勉程度来操作。

四、理财规划师应以客观公正的态度维护客户的利益

理财规划师在向客户提供专业服务时，应用尽合理与谨慎的精神进行判断。当然，是否用尽合理与谨慎的精神，并无整齐划一的标准，须依具体案例进行分析。但是，无论如何，理财规划师的行为必须以维护客户合法利益为核心，脱离这个基础，客观公正将无从谈起。

五、理财规划师应随时向客户披露存在或可能产生的利益冲突

理财规划师在接受委托前和办理业务的过程中，应向客户披露可能影响理财规划师公正判断的任何情形。在与客户洽谈业务过程中，如果发现客户的委托可能与自己所策划的另一事务存在冲突，或与自己所在机构或受雇的其他机构的利益可能存在冲突时，理财规划师须向客户披露，以便客户决定是否仍然委托其提供理财规划服务。在为客户办理委托事务的过程中，理财规划师必须随时向客户披露存在或可能存在与客户利益冲突的情形。尤其是，理财规划师在理财方案中向客户推荐购买某一个或某一类金融产品时，必须向客户说明自己是否受雇于销售该金融产品的公司或行业，或是否从销售中获得利益等情况。

在提供专业服务的过程中，客户可随时要求理财规划师披露是否存在利益冲突，理财规划师应当随时向客户作出说明。

六、理财规划师不得随意公开或使用客户的秘密信息

理财规划师对客户的个人隐私和商业秘密负有保密义务，未经客户同意或司法机关依据法律规定要求，理财规划师不得公开和使用客户的个人隐私和商业秘密。理财规划师对客户的保密义务，同样及于理财规划师所在机构、理财规划师的合伙人及同事。

七、理财规划师应维护行业整体形象，禁止任何形式的不正当竞争

理财规划师不得从事任何损害或有可能损害理财规划行业整体形象的任何行为，不得采用任何方式贬损或攻击其他理财规划师。不得为争揽客户，而向客户作出不合理的承诺，或向客户提供自己并无资格提供的服务，不得有其他损害竞争秩序的行为。

八、理财规划师应勤勉尽责，严格履行对客户的承诺

在签订理财规划服务合同前，理财规划师应认真分析客户的需求和目标，掌握足够

的信息，确保自己或自己与他人共同合作能够处理客户的事务。在签订理财规划服务合同后，应认真履行合同约定的义务，进行充分的调查研究，作出合理、谨慎的判断并制定出适合客户具体情况的理财方案。

第四单元　违反职业道德规范的制裁措施

如前所述，理财规划师职业道德规范一般由行业自律机构颁布并监督执行。如果理财规划师违反职业道德准则和执业纪律规范，理财规划师将受到行业自律协会的制裁。如果其违反职业道德准则和执业纪律规范的行为触犯了法律的相关规定，理财规划师还会被追究相应的法律责任。

一、行业自律机构的制裁措施

对于违反职业道德准则和执业纪律规范的行为，行业自律机构根据具体情节的不同，会给予不同的制裁。应当说明的是，在区分执业会员和非执业会员的制度中，执业会员和非执业会员的制裁措施应有所不同。原因很简单，非执业理财规划师因不执业，一般不会出现欺诈、误导客户等行为，所以关于吊销执照等适用于执业理财规划师的制裁措施不适用于非执业理财规划师。

一般说来，非执业理财规划师如果违反职业道德规范，通常的制裁措施是取消其理财规划师资格，严重者可能终生无法再次参加理财规划师职业资格考试，或终生无法执业。

对于执业理财规划师而言，通常的制裁措施主要包括：警告、暂停执业、罚款和吊销执照等措施。警告适用于情节轻微的行为。暂停执业、罚款一般适用于情节较为严重，但尚未给客户造成重大损失的情形。吊销执照一般适用于情节严重且造成较大损失的行为，通常该行为也触犯了法律的规定。

二、法律责任

理财规划师违反执业纪律规范的行为，如同时触犯法律，则将承担相应的法律责任。法律责任有民事法律责任、行政法律责任和刑事法律责任。

民事法律责任主要表现为违约责任和侵权责任。如理财规划师不按照合同约定提供承诺的服务，则客户可要求理财规划师所在机构承担违约责任。所在机构承担责任后，再追究理财规划师的责任。如理财规划师向客户提供虚假或误导性信息，给客户造成损害的，理财规划师所在机构将承担侵权责任。所在机构承担责任后，可以追究理财规划师的责任。如理财规划师故意贬损其他理财规划师的形象，进行不正当竞争，则理财规划师本人将被要求承担侵权责任。

行政法律责任，主要表现为罚款、吊销执照或停业整顿等。在以行业自律为主的国家和地区，行政机关对行业的管理是宏观的，不具体管理，所以行政制裁措施通常由行业自律机构实施。

刑事法律责任，是理财规划师的行为触犯刑法后所应承担的法律责任。在理财规划师侵占或窃取客户或其所在机构财产，情节严重的情况下，理财规划师将被追究刑事责任。

本章总结

本章主要概括性地介绍理财规划的基础，包括理财规划的目标、理财规划的生命周期理论与家庭模型、理财规划的内容，以及如何认识理财规划师以及理财规划师的职业道德。本章是理财规划的基础，作为一名合格的理财规划师，必须要很好地掌握本章的核心思想，从整体上把握理财规划的运作方法。

第二章

财务与会计

学习目标

财务会计知识是理财规划师从业必备的工具。通过本章的学习，考生要熟悉会计基础知识，掌握财务管理基础知识，熟悉个人及家庭财务与企业财务的区别，为从业过程中对投资对象的分析以及个人及家庭财务报表的编制及分析做理论准备。

本章结构

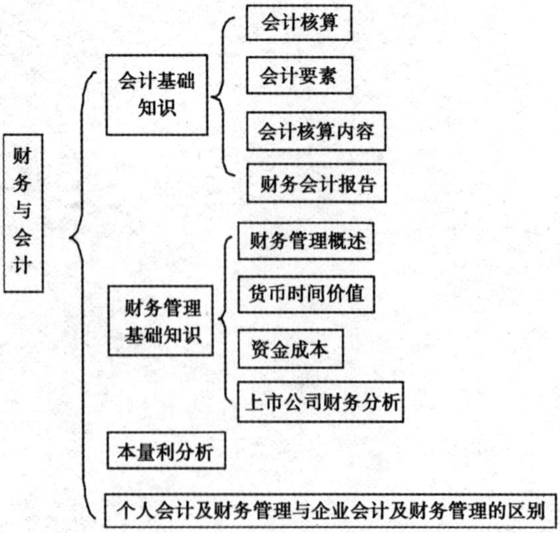

本章重点与难点

重点：

1. 熟悉各会计要素的内容及特征
2. 掌握资金成本的计算
3. 掌握财务指标的分析
4. 掌握本量利分析方法
5. 掌握个人财务与企业财务的区别

难点：

1. 会计要素的分类
2. 财务报表的关系
3. 财务指标的分析

会计是经济的语言。会计通过一系列的确认、计量和报告程序，为政府、投资人、债权人等提供有关单位财务状况、经营成果和现金流量的重要信息。对于理财规划师来说，会计既是获得信息的渠道，又是进行分析的工具。

首先，理财规划师在选择投资对象的时候，要通过会计报告及其附注和其他有关会计信息，来了解投资对象的经营状况和财务情况。只有对会计有深入的了解，才可能通过会计信息，透视企业经营的实际情况。有时候，通过一些分析手段，甚至可以发现会计报告中的疑点和问题，防止投资的失误。

其次，为了向客户提出有说服力的理财建议，需要对客户的财务情况进行系统分析。会计报告的方法也为理财规划师提供了分析工具。理财规划师可以根据客户的资产状况、收入状况和支出状况，按照会计的基本方法，为客户建立个人资产负债表和现金流量表，并以这些报表为基础进行分析和判断。

第一节 会计基础知识

第一单元 会 计 核 算

一、会计核算的基本前提

会计核算的基本前提是对会计核算所处的时间、空间环境所作的合理设定。按照2006年新颁布的《企业会计准则——基本准则》的规定，会计核算的基本前提包括：

（一）会计主体

会计主体又称为“会计实体”、“会计个体”，是指会计信息所反映的特定单位或者组织，它规范了会计工作的空间范围。会计反映特定对象的信息。只有明确规定会计核算的对象，将会计所要反映的对象与其他经济实体区别开来，才能保证会计核算工作的正常开展。一般的企业会计中，企业是会计主体，而对于个人理财的需要，我们可以将个人或家庭的财务收支作为核算对象，将个人或家庭作为会计主体。

（二）持续经营

就企业而言，持续经营是指在可以预见的将来，企业将会按当前的规模和状态继续经营下去，不会停业，也不会大规模削减业务。除非有反面例证，否则就能够认为企业的经营活动将无限地经营下去。只有在这一前提下，企业的再生产过程才得以进行，企业资本才能正常循环周转，会计才能以历史成本来确认、计量资产要素，所有资产才能按照预定的目标在正常的生产经营过程中被消耗、售卖等等。就个人而言，就需要假定个人的财务收支活动是一个持续不断的过程，这样才有进行规划的必要。

（三）会计分期

同样，对于企业而言，会计分期是指可以将企业不断的经营活动分割为若干个较短时期，据以结算账目和编制会计报表，提供有关财务状况、经营成果的会计信息。会计分期假设本身是对持续经营假设的一种补充，它存在的原因与会计管理职能直接相联系。计算期间损益，定期编制会计报表，找出存在的问题，以利于下个周期的生产经营。会计期间通常为一年，称为“会计年度”。会计年度可以与日历年度一致，也可以不一致。在我国会计实务中，通常以日历年度作为企业的会计年度，即从公历1月1日起至12月31日止为一个会计年度。此外，企业还需要按季度、月份结算账目并编制会计报表，所以季度和月份也是会计期间的一种形式。对于个人理财也是如此，通过分期可以进行阶段性总结，将长期规划细化，使其更具有可操作性。

（四）货币计量

货币计量，是指会计主体在会计核算过程中采用货币作为计量单位，计量、记录和报告会计主体的生产经营活动。货币计量的前提还包括币值不变这一假定，即假定企业在不同时期的每一单位货币或同量货币具有完全相同的价值。这样，不同时期取得的不同性质、不同价值的资产或负债就可以分类相加；不同时期发生的收入和费用也可以相抵以确定盈亏。但在现实的市场经济社会，币值变动时有发生，甚至在一些国家的某个时期货币价值还会发生急剧变化，出现恶性通货膨胀，这时就有必要实施专门的通货膨胀会计。不过在这种情况下，货币计量仍然是会计核算的基本前提。在我国会计实务中，企业会计核算应该以人民币为记账本位币，业务收支以外币为主的企业，也可以选择某种外币作为记账本位币，但编制的会计报表应当折算为人民币反映。这是对货币计量前提的具体规定。

（五）记账制度

按照规定，企业应当以权责发生制为基础进行会计确认、计量和报告。所谓权责发生制，是指凡是当期已经实现的收入和已经发生或应当负担的费用，不论款项是否收付都应作为当期的收入和费用处理；凡不属于当期的收入和费用，即使款项在当期收付都不应作为当期的收入和费用处理。权责发生制原则的核心是根据权责关系的实际发生和影响期间来确认会计期间的收支和损益。需要注意的是，还有一种与权责发生制并存的会计基础，这就是收付实现制。所谓收付实现制，是指完全以款项的实际收付日期为基础来确定收入和费用的归属期，又称“现金制”。两者在会计确认方面是截然不同的（以表 2－1 为例）。

表 2－1　　两种记账基础的比较　　单位：元

事项	权责发生制		收付实现制	
	收入	支出	收入	支出
销售货物 5000 元，货款尚未收到	5000		—	
收到前期货款 8000 元	—		8000	
年初支付全年订阅报刊费 1200 元		100		1200
预提银行借款利息 1000 元		1000		—

与收付实现制相比，权责发生制能够更加准确地反映特定会计期间真实的财务状况

和经营成果。目前，我国企业的资产负债表和利润表是以权责发生制为基础编制的，现金流量表则是以收付实现制为基础编制的。

为简便起见，个人及家庭收支流量大多以收付实现制计算，对照初期与末期的现金，看记账时有无漏记之处。比照企业会计的权责发生制，每笔交易都做借贷分录来记账，是正确、科学的记账方式，但由于个人家庭财务报表并不复杂，因此很少使用。

二、会计信息质量要求

在会计的发展历程中，人们逐步建立了各种规则和惯例，并使它们成为财务会计理论及实务工作的基础。这些规则和惯例被通称为会计原则。准确地说，会计原则是指确认和计量会计事项所依据的规范和规则，它对于会计人员选择会计程序和方法具有重要指导作用。会计原则大多是从经验中归纳而来的，与经济环境关系密切。因社会经济环境处于不断变化之中，所以会计原则也在进行修正和补充。作为理财规划师而言，并不需要直接对企业会计业务进行处理，但在帮助客户进行投资决策的过程中，需要了解企业会计核算的一般规范，同时，在进行个人理财规划时，也需要利用这些原则对个人理财活动中的收支进行相应的确认及计量。主要的会计原则如下：

1. 真实性原则，也可以称为“客观性原则”。该原则要求会计核算应当以实际发生的交易或者事项为依据进行会计确认、计量和报告，如实反映符合确认和计量要求的各项会计要素及其他相关信息，保证会计信息真实可靠、内容完整。

2. 相关性原则。相关性原则要求会计主体提供的会计信息应当与财务会计报告使用者的经济决策需要相关，有助于财务会计报告使用者对企业过去、现在或者未来的情况作出评价或者预测。如会计信息没有满足使用者的需要，对使用者的决策没有什么作用，就不具有相关性。

3. 明晰性原则。明晰性原则是指会计记录和会计报告要做到清晰完整，简明扼要，便于理解和利用。会计信息的目的在于使用，只有清楚地反映经济活动的各种比例关系，反映经济业务的来龙去脉，才能有助于会计信息使用者获得必要的会计信息，以便作出正确的经济决策。

4. 可比性原则。可比性原则要求会计主体的会计核算按照规定的会计处理方法进行，会计指标应当口径一致、相互可比。只要是相同的交易或事项，就应当采用相同的会计处理方法。

5. 实质重于形式原则。实质重于形式原则中的“实质”指的是业务的经济实质，“形式”指的是业务的法律形式。实质重于形式原则要求企业应当按照交易或事项为经济实质进行会计核算，而不应当仅仅将它们的法律形式作为会计核算的依据。

6. 重要性原则。重要性原则是指在会计核算过程中，对经济业务或会计事项应区别其重要程度，采用不同的会计处理方法和程序。具体来说，对于那些对企业的经济活动或会计信息的使用者相对重要的会计事项应分别核算，分项反映，力求准确，并在会计报告中作重点说明；而对于那些次要的会计事项，在不影响会计信息真实性的情况下，则可适当简化会计核算手续，采用简便的会计处理方法进行处理，合并反映。

7. 谨慎性原则。谨慎性原则是指企业在处理不确定的经济业务时应持谨慎态度，凡是可以预见的损失或费用应当合理预计并予以记录和确认，而对难以确定的收入则不能提前予以入账。

8. 及时性原则。此原则要求会计核算对于已经发生的交易或者事项，应当及时进行会计确认、计量和报告，不得提前或者延后。

需要说明的是，以上会计核算的原则是以企业的会计核算作为主体的，作为理财规划师的基础知识应该很好把握。但如果将会计主体界定为个人的时候，一些原则的使用可能不是很经常。如谨慎性原则、重要性原则、实质重于形式原则等，在企业会计核算中，这些原则的运用往往对会计信息产生较大的影响，但在个人理财中则运用得较少。

第二单元　会 计 要 素

一、会计对象

会计对象是指会计工作所要核算和监督的内容。具体来说，会计对象是指会计主体在日常经营活动或业务活动中所表现出的资金运动，即资金运动构成了会计核算和会计监督的内容。

资金运动是客观的。企业的资金都要经过资金的投入、运用和退出这样一个运动过程，这个过程不因企业所处的国家或地区的不同而不同。个人的资金运动也符合同样的原理。

资金运动是抽象的。在会计实务中，任何经济活动所引起的资金运动都必须要具体化直至量化，若仅有“资金运动”这样一个抽象的概念，那么会计核算的对象是无法落到实处的。这就需要对抽象的资金运动作进一步的分类，于是就有了会计要素。

二、会计要素

会计要素是对会计对象所做的基本分类，是会计核算对象的具体化，是用于反映会计主体财务状况和经营成果的基本单位。由于会计要素是对会计对象的分类，所以会计要素是主观的，也就是说，不同的国家可以有不同的会计要素。我国《企业会计准则》将会计要素界定为六个，即资产、负债、所有者权益、收入、费用和利润。

1. 资产。资产是指过去的交易、事项形成并由企业拥有或控制的资源。对该资源的预期会给企业带来经济利益。资产应该包括以下一些特征：

（1）资产的实质是经济资源。资产作为一种经济资源，必须有益于企业生产经营者，是企业生产经营的基本条件和基础。

（2）资产的目的是在未来为某个会计主体带来经济利益。之所以把资产叫作经济资源，原因是由于通过对它的有效作用，能够为会计主体提供未来的经济利益，未来不能为企业带来经济利益的东西不能作为企业的资产报告出现在资产负债表中。

（3）资产必须是企业拥有或能够加以控制的经济资源。一项经济资源要成为某个企业的资产，必须是该企业拥有或能够加以支配的，否则就不能成为企业的资产。

（4）资产是可以用货币来计量的。不能用货币计量的人力资源，还不能作为企业资产入账。

在理解这一定义时，我们要注意：（1）未来交易或事项可能形成的资产不能确认，如或有资产；（2）企业对资产负债表中的资产并不都拥有所有权，如融资租入的固定资产；（3）不能给企业带来未来经济利益的资产则不能作为资产加以确认。

2. 负债。负债是指过去的交易、事项形成的现时义务，履行该义务预期会导致经济利益流出企业。

负债的特点主要表现在：

（1）负债是过去或目前的会计事项所构成的现时义务。

（2）负债是企业未来经济利益的牺牲。

（3）负债必须能以货币计量，是可以确定或估计的。

在理解这一定义时，我们要注意：（1）未来交易或事项可能产生的负债不能确认，但或有负债在符合条件时则应该确认；（2）负债需要通过转移资产或提供劳务加以清偿，或者借新债还旧债。

3. 所有者权益。所有者权益是指所有者在企业资产中享有的经济利益，其金额为资产减负债后的余额。

所有者权益的来源包括所有者投入的资本、直接计入所有者权益的利得和损失、留存收益等。这里，直接计入所有者权益的利得和损失，是指不应计入当期损益、会导致所有者权益发生增减变动的、与所有者投入资本或者向所有者分配利润无关的利得或者损失；利得是指由企业非日常活动所形成的、会导致所有者权益增加的、与所有者投入资本无关的经济利益的流入；损失则是指由企业非日常活动所发生的、会导致所有者权益减少的、与向所有者分配利润无关的经济利益的流出。

所有者权益金额取决于资产和负债的计量。所有者权益项目应当列入资产负债表。

在理解这一定义时要注意：（1）所有者权益是表明企业产权关系的会计要素；（2）所有者权益与负债有着本质的不同，负债需要定期偿还，但所有者的投资则不能随便抽走。

4. 收入。收入是指企业在销售商品、提供劳务及让渡资产使用权等日常活动中所形成的经济利益的总流入。

收入的特点主要表现在：

（1）收入反映企业在一定时期所取得的成就。

（2）收入能引起企业资产的增加，或负债的减少，或二者兼而有之。

（3）收入能导致企业所有者权益的增加。

在理解这一定义时要注意：（1）收入的来源包括三个方面，即销售商品、提供劳务和让渡资产使用权，但对外投资的收益则不包括在收入要素中；（2）收入应该是企业在日常经营活动中形成的，所以营业外收入不包括在收入要素中。投资收益和营业外收入在我国应该属于利润要素。

5. 费用。费用是企业在销售商品、提供劳务等日常活动中所发生的经济利益的流出。

企业在一定会计期间发生的所有费用分为制造成本和期间费用。制造成本包括直接制造费用和间接制造费用。直接制造费用直接计入产品的制造成本；间接制造费用运用一定的方法和程序分配计入产品的制造成本。期间费用又分为管理费用、营业费用和财务费用。

费用只有在经济利益很可能流出从而导致企业资产减少或者负债增加，且经济利益的流出额能够可靠计量时才能予以确认。

企业为生产产品、提供劳务等发生的可归属于产品成本、劳务成本等的费用，应当在确认产品销售收入、劳务收入等时，将已销售产品、已提供劳务的成本等计入当期损益。企业发生的支出不产生经济利益的，或者即使能够产生经济利益但不符合或者不再符合资产确认条件的，应当在发生时确认为费用，计入当期损益。企业发生的交易或者事项导致其承担了一项负债而又不确认为一项资产的，应当在发生时确认为费用，计入当期损益。

在理解这一定义时要注意：（1）费用和收入之间存在配比关系；（2）费用中能够对象化的部分形成产品的制造成本，不能够对象化的部分则形成期间费用。所以，一项费用要么是产品成本，要么是期间费用。

6. 利润。利润是企业在一定会计期间的经营成果，其金额表现为收入减费用后的差额。利润金额取决于收入和费用、直接计入当期利润的利得和损失金额的计量。

在理解这一定义时要注意：（1）作为反映企业经营成果的要素，利润应该是指企业的净利润，即利润总额减所得税之后的差额；（2）利润总额由四部分组成，即营业利润、投资净收益、补贴收入和营业外收支净额；（3）利润是反映企业经营成果的最终要素。

但就个人及家庭理财而言，会计要素就不需要太复杂。根据个人理财的特点，可以将其会计要素分为资产、负债、净资产、收入和支出五大类，并以此来编制个人财务报表。

三、会计等式

会计等式也叫“会计平衡式”或“会计方程式”。基于会计要素的资产、负债和所有者权益三者的增减变化，期间的相互联系有一定的规律可循，形成了会计的基本方程式，即会计等式。

任何一个会计主体都拥有一定数额的资产，这就必然存在相等数额的负债和所有者权益。有一定的资产，就必定有相应的资金来源（负债和权益）；有一定的资金来源（负债和权益），也必定以某种资产的形式占用或存在。资产和资金来源（负债和权益）是同一资金的两个不同方面。它们二者始终保持平衡，所以存在会计的基本平衡式：

资产 = 负债 + 所有者权益

企业开展经营活动，在一定期间内实现了收入，但同时要付出一定的代价，即成本费用，两者相抵后，形成企业的损益。如果收入大于成本费用，则产生了利润；如果收入小于成本费用，则形成亏损。所以出现了第二个会计等式：

收入 - 费用 = 利润

如果收入大于费用，利润就为正，企业有盈利；如果收入小于费用，利润为负，企业亏损。

四、记账方向

简单的个人及家庭会计和财务管理一般不需要通过会计分录来进行详细的财务处理，但是要进行个人及家庭财务报表分析就需要对会计复式记账法中的基本借贷观念有最起码的了解。

企业的会计科目可分为资产、负债、所有者权益、成本和损益等五类。在复式记账法的借贷记账法中，会计分录左边是借方，右边是贷方，遵循“有借必有贷，借贷必相等”的基本准则。资产、成本与费用的增加列在借方，减少列在贷方；负债、所有者权益、收入及利润的增加则列在贷方，减少列在借方。个人及家庭会计的会计科目可大致分为资产、负债、净资产、收入和支出，也要遵循“借贷必相等”的基本原则。例如，个人及家庭借钱投资，一方面是投资形成的资产增加，记入借方，另外一方面，负债也会等额增加，记入贷方。又比如，用自己本年末的年终奖金购买汽车，对于企业会计而言，收入的增加要记入贷方，同时借方记入已经增加的现金或银行存款（如果存入银行的话）。下一步，购买汽车，则借记“固定资产”，贷记“银行存款”。但是对于个人或家庭财务会计来说，由于分录不需要这么严格，所以，可以直接借记“资产”（资产增加），贷记“收入”（收入增加）。我们当然还可以举出其他一些例子：比如有了收入的家庭马上消费，应该是收入与支出的等额增加；借钱消费则是负债与支出的等额增加。表2－2说明了个人及家庭财务报表中各个科目变动时应记的方向。

表2－2　　复式记账法中的借方与贷方

企业会计科目	家庭会计科目	借方（左方）	贷方（右方）
资产	资产	增加	减少
负债	负债	减少	增加
所有者权益	净资产	减少	增加
成本	—	增加	减少
收入	收入	减少	增加
费用	支出	增加	减少

注：收入与费用在企业会计中合并为损益类。

第三单元　会计核算内容

会计核算的内容就是要对企业发生的这些事项，也就是对影响企业资产、负债、所有者权益、收入、费用和利润这六项要素变动的事项进行确认、计量、记录和报告。在过去，我们把会计简称为“记账”、“算账”和“报账”。现在我国会计已逐渐与国际会计惯例接轨，会计的国际语言是会计确认、会计计量、会计记录和会计报告。

一、会计确认

会计确认是财务会计的一项重要程序。它是指交易、事项（会计业务）中的一个项目应否和应在何时、如何当作一项要素加以记录和计入会计报表内容的过程。

广义的确认包括在记录中的初始确认和在报表中的最终确认。狭义的确认仅指在报表中的确认，因为记录时的确认仍是为在报表中的确认服务，不进入财务报表，不能成为最有用的会计信息。

确认的定义表明，确认需要解决“应否确认”、“何时确认”和“如何确认”三个问题，其中关键的是“应否”与“何时”。如果一项会计业务应该确认而未经会计确认，就可能造成企业资产的流失、会计信息的失真，使会计信息的有用性受影响，进而影响会计信息使用者作出正确的决策。

二、会计计量

会计计量也是财务会计的一项程序，它指的是用数量（主要是金额）对财务报表要素进行描述，即指入账的资产应按什么样的金额予以记录和报告。计量是一个模式，它由两个要素构成：一是计量单位，二是计量属性。

计量单位通常采用名义货币，即不考虑货币购买力的变动（通货膨胀的影响），一律按不同时期同种货币的面值为计量单位。在物价剧烈变动时，也可以采用一般物价水平或不变购买力作为计量单位。

计量属性是指会计要素（主要是资产）可用货币计量的各种特征，如历史成本、重置成本、可变现净值、未来现金流量的现值和公允价值。

1. 历史成本。在历史成本计量下，资产按照购置时支付的现金或者现金等价物的金额，或者按照购置资产时所付出的对价的公允价值计量。负债按照因承担现时义务而实际收到的款项或者资产的金额，或者承担现时义务的合同金额，或者按照日常活动中为偿还负债预期需要支付的现金或者现金等价物的金额计量。

2. 重置成本。在重置成本计量下，资产按照现在购买相同或者相似资产所需支付的现金或者现金等价物的金额计量。负债按照现在偿付该项债务所需支付的现金或者现金等价物的金额计量。

3. 可变现净值。在可变现净值计量下，资产按照其正常对外销售所能收到现金或者现金等价物的金额扣减该资产至完工时估计将要发生的成本、估计的销售费用以及相关税费后的金额计量。

4. 现值。在现值计量下，资产按照预计从其持续使用和最终处置中所产生的未来净现金流入量的折现金额计量。负债按照预计期限内需要偿还的未来净现金流出量的折现金额计量。

5. 公允价值。在公允价值计量下，资产和负债按照在公平交易中，熟悉情况的交易双方自愿进行资产交换或者债务清偿的金额计量。

企业在对会计要素进行计量时，一般应当采用历史成本。采用重置成本、可变现净值、现值、公允价值计量的，应当保证所确定的会计要素金额能够取得并可靠计量。个人财务报表与企业不同，多采用市值记账，这样可以正确显示家庭财富的当前市值。

三、会计记录

会计记录指把已确认和已计量的企业资产、负债、所有者权益、收入、费用和利润以会计凭证为依据，正式地记录在会计账簿中的过程。

四、会计报告

会计报告是指以恰当的形式汇总日常确认、计量、记录的结果（会计账簿记录的结果）进行再次确认，定期地向会计信息使用者通报企业的财务状况、经营成果和现金流量情况的过程。会计报告是会计信息使用者使用的主要会计信息，一般包括资产负债表、利润表和现金流量表以及报表附注。

第四单元　财务会计报告

一、财务会计报告的概念和内容

财务会计报告是以日常核算的资料为主要依据，总括反映会计主体在一定时期内的财务状况和经营成果的报告文件。它包括会计报表、会计报表附注和财务情况说明书。

根据核算主体的不同，可将会计报表分为企业会计报表、行政事业单位会计报表和个人（家庭）会计报表等几种。

企业对外提供的财务会计报告的内容、会计报表种类和格式、会计报表附注的主要内容等，由国家统一的会计制度规定；企业内部管理需要的会计报表（如成本报表、内部责任中心业绩考核报表等）由企业自行规定。

为了减轻企业编制财务会计报告的负担，一般仅要求在年度和半年度的会计报告中包括会计报表附注和财务情况说明书，而季度、月度财务会计报告则通常仅指会计报表，国家统一的会计制度另有规定的除外。

半年度中期财务会计报告中的会计报表附注至少应当披露所有重大的事项。

二、财务会计报告的作用

财务会计报告本身并非财务会计的目的，而是借助于财务会计报告提供财务信息给使用者，以便他们作出各自的决策。为此，先要明确财务会计报告的目标。财务会计报告的目标要通过其作用体现出来。概括而言，财务会计报告的具体作用包括以下几方面：

1. 财务会计报告能够提供有助于投资者、债权人进行合理决策的信息。

2. 财务会计报告能够提供管理当局受托经管责任的履行情况的信息。

3. 财务会计报告能够为外部用户提供评价和预测企业将来的财务趋势、现金流量等信息。

4. 财务会计报告能够为政府管理部门进行宏观调控和管理提供信息。

企业会计报表是经过整理之后的反映企业经营状况的一系列表格和数据。

在企业日常的会计核算中，企业所发生的各项经济业务都已按照一定的会计程序，在有关的账簿中进行全面、连续、分类、汇总地记录和计算。企业在一定日期的财务状况和一定时期内的经营成果，在日常会计记录里已经得到反映。但是，这些日常核算资料数量太多，而且比较分散，不能集中地、概括地反映企业的财务状况与经营成果。绝大多数人无法直接使用这些比较分散的会计记录，来分析评价企业的财务状况和经营成果。为此，就有必要定期地将日常会计核算资料加以分类调整、汇总，按照一定的表格形式编制会计报表，总括、综合地反映企业的经济活动过程和结果。理财规划师可以通过企业会计报表所提供的信息，为客户制定有关的投资决策。

三、企业主要的会计报表

企业的财务报表包括资产负债表、损益表和现金流量表，也包括一些附表。根据我国现行的企业会计制度，主要的报表见表 2－3 至表 2－6。

表 2－3　　我国企业会计制度规定的报表

编　号	会计报表名称	编报期
会企 01 表	资产负债表	中期；年度
会企 02 表	利润表	中期；年度
会企 03 表	现金流量表	（至少）年度
会企 01 表附表 1	资产减值准备明细表	年度
会企 01 表附表 2	股东权益增减变动表	年度
会企 01 表附表 3	应交增值税明细表	中期；年度
会企 02 表附表 1	利润分配表	年度
会企 02 表附表 2	分部报表（业务分部）	年度
会企 02 表附表 3	分部报表（地区分部）	年度

资料来源：《2001 企业会计制度》。

表 2－4　　　　　　　　**资产负债表**

编制单位：　　　　　　　　2010 年 12 月 31 日　　　　　　　　单位：千元

资　　产	期初数	本期数	负债及权益	期初数	期末数
流动资产：			流动负债：		
货币资金			短期借款		
交易性金融资产			交易性金融负债		
应收票据			应付票据		
应收账款			应付账款		
预付款项			预收款项		
应收利息			应付职工薪酬		
应收股利			应交税费		
其他应收款			应付利息		
存货			应付股利		
一年内到期的非流动资产			其他应付款		
其他流动资产			一年内到期的非流动负债		
流动资产合计			其他流动负债		
非流动资产：			流动负债合计		
可供出售金融资产			非流动负债：		
持有至到期投资			长期借款		
长期应收款			应付债券		
长期股权投资			长期应付款		
投资性房地产			专项应付款		
固定资产			预计负债		
在建工程			递延所得税		
工程物资			其他非流动负债		
固定资产清理			非流动负债合计		
生产性生物资产			负债合计		
油气资产			权益：		
无形资产			股本		
开发支出			资本公积		
商誉			减：库存股		
长期待摊费用			盈余公积		
递延所得税资产			未分配利润		
其他非流动资产			权益合计		
非流动资产合计			负债和权益总计		
资产总计					

如果将会计系统的核算主体定位到个人或家庭，我们也可以获得以个人的财产状况和收支情况为反映对象的会计报表。这种以个人或家庭为主体的报表在理财行业之外很难看到，但却是理财规划师系统地了解和分析个人客户财务状况，并进行理财决策的重要工具。

表 2－5 　　　　**利　润　表**

编制单位：　　　　2010 年度　　　　单位：千元

项　目	上年数	本年数
一、营业收入		
减：营业成本		
营业税金及附加		
营业费用		
管理费用		
财务费用		
资产减值损失		
加：公允价值变动收益（损失以“－”号填列）		
投资收益（损失以“－”号填列）		
其中：对联营企业和合营企业的投资收益		
二、营业利润（亏损以“－”号填列）		
加：营业外收入		
减：营业外支出		
其中：非流动资产处置损失		
三、利润总额（亏损总额以“－”号填列）		
减：所得税费用		
四、净利润（净亏损以“－”号填列）		
五、每股收益：		
（一）基本每股收益		
（二）稀释每股收益		

表 2 – 6

现 金 流 量 表

编制单位：　　　　2010 年度　　　　单位：千元

项　　目	金　额
一、经营活动产生的现金流量：	
销售商品、提供劳务收到的现金	
收到的税费返还	
收到的其他与经营活动有关的现金	
现金流入小计	
购买商品、接受劳务支付的现金	
支付职工以及为职工支付的现金	
支付的各项税费	
支付的其他与经营活动有关的现金	
现金流出小计	
经营活动产生的现金流量净额	
二、投资活动产生的现金流量：	
收回投资所收到的现金	
取得投资收益所收到的现金	
处置固定资产、无形资产和其他长期资产收回的现金净额	
处置子公司及其他营业单位收到的现金净额	
收到其他与投资活动有关的现金	
投资活动现金流入小计	
购建固定资产、无形资产和其他长期资产所支付的现金投资所支付的现金	
取得子公司及其他营业单位支付的现金净额	
支付其他与投资活动有关的现金	
投资活动现金流出小计	
投资活动产生的现金流量净额	
三、筹资活动产生的现金流量：	
吸收投资所收到的现金	
取得借款所收到的现金	
收到的其他与筹资活动有关的现金	
筹资活动现金流入小计	
偿还债务所支付的现金	
分配股利、利润或偿付利息所支付的现金	
支付的其他与筹资活动有关的现金	
筹资活动现金流出小计	
筹资活动产生的现金流量净额	
四、汇率变动对现金及现金等价物的影响	
五、现金及现金等价物净增加额	
加：期初现金及现金等价物余额	
六、期末现金及现金等价物余额	

第二节　财务管理基础知识

第一单元　财务管理概述

一、财务管理的目标

财务管理是对财务活动的管理，是组织企业财务活动、处理企业与各有关方面经济关系的一项经济管理工作。企业财务管理目标是指企业财务管理人员通过企业财务管理活动所要达到的预期效果和目的。目前国内外财务管理学者对财务管理目标的倾向性观点是股东财富最大化。股东财富最大化是西方财务管理理论的代表性观点。股东财富最大化，指财务管理的目标是为股东创造最多的财富。股东财富最大化，也就是股票市价最高化或企业价值最大化。股价越高，股东财富越大；企业价值越大，股东财富也越大。以企业价值或股东财富或企业股价最大化作为财务管理目标，其优点表现在：

1. 该指标考虑了资金的时间价值和投资的风险价值；

2. 反映了对企业资产保值增值的要求；

3. 有利于克服经营管理上的片面性和短期化行为；

4. 有利于社会资源的合理配置，有利于实现社会效益最大化。除了“股东财富最大化”财务管理目标观以外，还有“企业利润最大化”财务管理目标、“每股收益最大化”财务管理目标等，这里不再赘述。

事实上“股东财富最大化”只能作为财务管理的总体目标，财务管理应该有其具体的目标。

二、财务管理的原则

财务管理的原则是企业组织财务活动、处理财务关系的准则，它是从企业财务管理的实践经验中概括出来的、体现理财活动规律性的行为规范，是对财务管理的基本要求。这些原则对于个人理财具有指导作用。

（一）资金合理配置原则

企业财务管理是对企业全部资金的管理，而资金运用的结果则形成企业各种各样的物质资源。各种物质资源要有一定的比例关系，所谓资金合理配置，就是要通过资金活动的组织和调节来保证各项物质资源具有最优化的结构比例关系。在财务活动这个系统中，资金配置合理，从而资源构成比例适当，就能保证生产经营活动顺畅运行，并由此取得最佳的经济效益；否则就会危及购、产、销活动的协调，甚至影响企业的兴衰。因此，资金合理配置是企业持续、高效经营必不可少的条件。

个人和家庭往往要面临如何在财务资源有限的前提下合理安排资金、如何平衡诸多理财目标之间的关系等问题，这要求个人对自己的资金能够合理配置，这种配置包括时间上的配置和空间上的配置。比如：某客户的理财目标中包括家庭成员的保险规划，包括购房、购车规划，还要对子女教育、退休养老等进行规划，但其财务资源又十分有限，这时，理财规划师应对客户的资源进行合理配置，优先满足必须实现的理财目标，再来考虑期望实现的理财目标。如果资金紧张，也可以考虑适当推迟期望目标的准备时间。

（二）收支积极平衡原则

在财务管理中，不仅要保持各种资金存量的协调平衡，而且要经常关注资金流量的动态协调平衡。所谓收支积极平衡，就是要求资金收支不仅在一定期间总量上求得平衡，而且在每一个时点上协调平衡。资金收支在每一时点上的平衡性是资金循环过程得以周而复始进行的条件。

资金收支平衡不能采用消极的办法来实现，而要采用积极的办法解决收支中存在的矛盾。要做到收支平衡，首先要开源节流，增收节支。其次，在发达的金融市场条件下，还应当通过短期筹资和投资来调剂资金的余缺。在组织资金收支平衡问题上，既要量入为出，根据现有的财力来安排各项开支，又要量出为入，对于关键性的生产经营支出要开辟财源并积极予以支持，这样，才能取得理想的经济效益。

收支积极平衡原则不仅适用于现金收支计划的编制，它对于证券投资决策、筹资决策等也都有重要的指导意义。收支积极平衡原则贯穿于个人理财规划的始终，“开源”与“节流”是个人理财规划的两大主题，理财规划就是要通过收支的积极平衡来达到终生的财务安全与最终的财务自由。

（三）成本效益原则

在财务管理中，要关心资金的存量和流量，更要关心资金的增量。企业资金的增量，即资金的增值额，是由营业利润或投资收益形成的。因此，对于形成资金增量的成本与收益这两方面的因素必须认真进行分析和权衡。成本效益原则就是要对经济活动中的所费与所得进行分析比较，对经济行为的得失进行衡量，使成本与收益得到最优的结合，以求获取最多的盈利。成本效益原则作为一种价值判断原则在财务管理中具有广泛的应用价值，也是进行个人理财规划的基本原则之一。

（四）风险收益均衡原则

风险收益均衡原则要求无论企业还是个人都应全面分析每一项财务活动的收益性和安全性，按照收益和风险适当均衡的要求来决定采取何种行动方案，在实践中趋利避害，提高收益。在市场经济的激烈竞争中，进行财务活动不可避免地要遇到风险。财务活动中的风险是指获得预期财务成果的不确定性。企业要想获得收益就不能回避风险，可以说风险中包含收益，挑战中存在机遇。企业进行财务管理不能只顾追求收益，不考虑发生损失的可能。

在个人理财规划中，运用风险收益均衡这一原则应注意以下几点：

1. 收益与风险是正相关的，在财务活动中，低风险一般只能获得低收益，高收益则往往伴随着高风险。无论市场的状况是繁荣还是衰落，无论人们的心理状态是稳健还是进取，都应当对决策项目的风险和收益作出全面分析和权衡，以便选择最有利的方案。如子女教育规划、退休后养老金的使用就不适合选择投资风险高的项目。

2. 处于不同生命周期的客户，其风险承受能力不同，所选择的投资工具也各不相同。

3. 要注意进行资产配置，把风险大、收益高的项目同风险小、收益低的项目适当地搭配起来，分散风险，使风险与收益平衡。

（五）利益关系协调原则

企业财务管理要组织资金的活动，因而同各方面的经济利益都有非常密切的联系。实行利益关系协调原则就是在财务管理中应当利用经济手段协调国家、投资者、债权人、购销方、经营者、劳动者、企业内部各部门各单位的经济利益关系，维护有关各方的合法权益。有关各方利益关系的协调是理财目标顺利实现必不可少的条件。

第二单元　货币时间价值

一、货币时间价值的概念

首先来看一个普遍的经济现象：若银行存款年利率为4%，将100元存入银行，一年后可得到104元。由此可以看出，现在的100元和一年后的100元是不一样的，现在的100元和一年后的104元是等值的。可以得到如下的结论：（1）相同量的资金在不同的时点上反映的价值量是不同的；（2）等量的资金随时间推移而增值，越靠前的资金价值量越高；(3) 时间对资金产生重大影响。

可以说，资金的时间价值，是资金在使用过程中随时间推移而发生的增值。

资金随时间推移而产生的增值并非是节省出来的，如果将100元现金放到抽屉里，过一年之后，拿出来，则还是100元，没有产生增值。因此，时间价值的产生是有条件的。只有当资金进入社会资金流通过程中，如存入银行、进行生产投资或证券投资，参与到社会生产过程中，资金才会随时间的推移而增值。

在货币时间价值的学习中有三点应该注意：

1. 时间价值产生于生产领域和流通领域，消费领域不产生时间价值，因此企业应将更多的资金或资源投入生产领域和流通领域而非消费领域。

2. 时间价值产生于资金运动之中，只有运动着的资金才能产生时间价值，凡处于停顿状态的资金（从资金增值的自然属性讲已不是资金）不会产生时间价值，因此企业应尽量减少资金的停顿时间和数量。

3. 时间价值的大小取决于资金周转速度的快慢，时间价值与资金周转速度成正比，因此企业应采取各种有效措施加速资金周转，提高资金使用效率。

资金时间价值是经济活动中一个重要概念，也是资金使用中必须认真考虑的一个标准。如果银行贷款的年利率为10%，而企业某项经营活动的年息税前资金利润率低于10%，那么这项经营活动将被认为是不合算的。在这里，银行的利息就成为企业资金利润率的最低界限。

资金的时间价值是进行理财规划需要关注的重要问题，也是理财规划师进行分析和决策所必须运用的原理。

在市场经济条件下，资金的借贷行为作为市场经济中一种普遍的经济关系而存在，货币的时间价值通过利息这种人们看得见的形式表现出来。

货币的时间价值一般用相对数表示，也可用绝对数表示。实际生活中，人们通常用银行存贷款利率或国债的利率来表示货币的时间价值，因为在通货膨胀率较低的情况下，银行的存贷款或国债利率可近似地看作全社会平均的资金无风险报酬率，至于选择几年期的利率则视具体情况而定。

二、货币的时间价值的计算

有关货币的时间价值的具体计算参见本教程第七章。

第三单元 资金成本

一、资金成本的概念和作用

（一）资金成本的概念

资金成本指的是企业筹集和使用资金必须支付的各种费用。具体包括：

1. 用资费用，是指企业在使用资金中所支付的费用，如股利、利息等，其金额与使用资金数额多少及时间长短成正比，它是资金成本的主要内容；

2. 筹资费用，是指企业在筹集资金中所支付的费用，如借款手续费、证券发行费等，其金额与资金筹措有关而与使用资金的数额多少及时间长短无关。

由于存在筹资费用，企业计划筹资额与实际筹资额是不相等的，实际筹资额等于计划筹资额减筹资费用，因此企业使用资金的实际代价大于名义代价。如果不考虑所得税因素，资金成本应按下列公式计算：

资金成本＝每年的用资费用÷（筹资数额－筹资费用）

（二）资金成本的作用

1. 资金成本在企业筹资决策中的作用。资金成本是企业选择资金来源、拟定筹资方案的依据。这种影响主要表现在四个方面：资金成本是影响企业筹资总额的重要因素；资金成本是企业选择资金来源的基本依据；资金成本是企业选用筹资方式的参考标准；资金成本是确定最优资本结构的主要参数。

2. 资金成本在企业投资决策中的作用。当采用净现值指标决策时常以资金成本作为折现率，此时净现值为正则投资项目可行，否则不可行；当以内部收益率指标决策时，资金成本是决定项目取舍的一个重要标准。只有当项目的内部收益率高于资金成本时，项目才可能被接受否则就必须放弃。

二、个别资金成本的计算

个别资金成本是指各种筹资方式的资金成本，其计算是加权平均（综合）资金成本计算及相关决策的重要依据。

（一）债券成本

债券成本中的利息在税前支付，具有减税效应。债券成本计算公式为：

$K_b = I \times (1-T) / [B_0 \times (1-f)] = B \times i \times (1-T) / [B_0 \times (1-f)]$

式中：K_b——债券成本；

I——债券每年支付的利息；

T——所得税税率；

B——债券面值；

i——债券票面利息率；

B_0——债券筹资额，按发行价格确定；

f——债券筹资费率。

（二）银行借款成本

银行借款成本的计算与债券基本一致，其计算公式为：

$K_i = I \times (1-T) / [L \times (1-f)] = L \times i \times (1-T) / [L \times (1-f)]$

式中：K_i——银行借款成本；

I——银行借款年利息；

L——银行借款筹资总额；

T——所得税税率；

i——银行借款利息率；

f——银行借款筹资费率。

（三）优先股成本

优先股的成本由筹资费用和股利构成，其股利在税后支付。优先股成本的计算公式为：

$K_p = D / [P_0 \times (1-f)]$

式中：K_p——优先股成本；

D——优先股每年的股利；

P_0——发行优先股总额；

f——优先股筹资费率。

（四）普通股成本

普通股成本的计算存在多种不同方法，其主要方法为估价法。这种方法是利用普通股现值的估价公式来计算普通股成本的一种方法。但由于计算比较复杂，因此，在许多公司股利不断增加的情况下，假设年增长率为 g，则普通股成本的计算公式可简化为：

$K_S = D_1 / [V_0 \times (1-f)] + g$

式中：K_S——普通股成本；

D_1——第二年的股利；

f——普通股筹资费率。

（五）留存收益成本

留存收益成本的计算与普通股基本相同，但不用考虑筹资费用。其计算公式为：

$K_S = D/V_0$

股利不断增加的企业，其公式为：

$K_e = D_1/V_0 + g$

式中：K_e——留存收益成本；

V_0——发行普通股总额。

三、加权平均资金成本的计算

企业的筹资方式往往不是单一的，因此企业总的资金成本应是各类资金成本的加权平均即综合资金成本。加权平均资金成本是以各类资金在全部资金中所占的比重为权数，对各类资金的成本进行加权平均后形成的，其计算公式为：

$K_W = \sum_{j=1}^{n} K_j W_j$

式中：K_W——加权平均资金成本；

K_j——第 j 类个别资金成本；

W_j——第 j 类个别资金占全部资金的比重。

【例 2－1】某公司资金总量为 1000 万元，其中长期借款 200 万元，年息 20 万元，手续费忽略不计；企业发行总面额为 100 万元的 3 年期债券，票面利率为 12%，由于票面利率高于市场利率，故该批债券溢价 10% 出售，发行费率为 5%；此外公司发行普通股 500 万元，预计第 1 年的股息率为 15%，以后每年增长 1%，筹资费率为 2%；发行优先股 150 万元，股利率固定为 20%，筹资费率也是 2%；公司未分配利润总额为 58.5 万元，该公司所得税率为 40%。求该公司加权平均资金成本。

（1）长期借款成本为：

$K_i = I \times (1-T) / [L \times (1-f)]$

$= 20 \times (1-40\%) \div 200$

$= 6\%$

（2）长期债券成本为：

$K_b = I \times (1-T) / [B_0 \times (1-f)]$

$= 12\% \times 100 \times (1-40\%) \div [100 \times (1+10\%) \times (1-5\%)]$

$= 6.89\%$

（3）普通股成本为：

$K_S = D_1 / [V_0 \times (1-f)] + g$

$= [500 \times 15\% \div 500 \times (1-2\%)] + 1\%$

$= 16.31\%$

（4）优先股成本为：

$K_p = D / [P_0 \times (1-f)]$

$= 150 \times 20\% \div 150 \times (1-2\%)$

$= 20.41\%$

（5）留存收益成本为：

$K_e = D_1 / V_0 + g$

$= 58.5 \times 15\% \div 58.5 + 1\%$

$= 16\%$

（6）加权平均资金成本为：

$K_W = \sum_{j=1}^{n} K_j W_j$

$= 6\% \times (200 \div 1000) + 6.89\% \times (104.5 \div 1000) + 16.31\% \times (490 \div 1000) + 20.41\% \times (147 \div 1000) + 16\% \times (58.5 \div 1000)$

$= 1.2\% + 0.72\% + 7.99\% + 3\% + 0.936\%$

$= 13.846\%$

第四单元　上市公司财务分析

一、财务分析概述

（一）财务分析的含义

财务分析是根据企业会计部门提供的会计报表等资料，按照一定的程序，运用一定的方法，计算出一系列评价指标并据以评价企业财务状况和经营成果的过程。财务分析的起点是财务报表，分析使用的数据大部分为公开发布的财务报表。因此，财务分析的前提是正确理解财务报表。财务报表分析的结果是对企业的偿债能力、盈利能力和抵抗风险的能力进行评价，或找出存在的问题。

（二）财务分析的目的

财务分析的目的在于对企业过去的财务状况和经营成果进行总结性分析和评价、对企业当前财务运作进行调整和控制、预测未来企业财务运作的方向及其影响。由于对外发布的财务报表，是根据全体使用人的一般要求设计的，并不适合特定报表使用人的选定要求，所以投资者要从中选择自己需要的信息，重新排列，并研究其相互关系，使之符合自己的特定要求。

由于财务分析涉及债权人、股东、经营者和政府职能部门等不同的分析主体，各分析主体在利益上存在差异，关心的问题不同，对财务分析也就有着不同的目的。

1. 债权人

（1）心态：关心贷款的安全性，不关心企业是否盈利。只有与贷款安全性有关时，才关心企业是否盈利。

（2）短期债权人关心当前财务状况，如资产的流动性和变现能力；长期债权人更关心资本结构和长期盈利能力。

（3）报表分析是为了回答：企业为什么需要额外筹资？企业还本付息所需资金的可能来源是什么？企业对以前的短期及长期贷款是否按期归还？企业将来在哪些方面还需要借款？

2. 投资者

（1）心态：只要影响财富积累的都很关心，如偿债能力、盈利能力、风险控制等。

（2）既关心公司的当前状况，也关心公司的未来发展。

（3）报表分析是为了回答：企业当前和未来收益水平的高低及易受哪些重大变动因素的影响？企业目前的财务状况及由资本结构决定的风险和收益如何？与其他竞争者相比，企业处于何种地位？

3. 企业管理层

（1）心态：由于委托代理形成的各种契约关系和解雇与收购的威胁，对契约约定事项十分关注。

（2）关心企业的财务状况、盈利能力、发展潜力等重大方面，他们往往从外部使用人的角度对待和分析企业。

（3）报表分析是为了回答：企业业绩如何？与契约约定有哪些差异？改善企业业绩可以采取哪些方法和手段从而使债权人和投资人满意？

4. 政府监管部门及其他人士

（1）心态：企业在法律规定范围内以满足社会发展为目标从事生产经营活动。

（2）关心企业的盈利和长远发展能力，履行监管职责。

（3）报表分析是为了回答：企业是否在法律规定范围内从事生产经营活动？企业盈利能力和长远发展能力可能会受到哪些损害以及原因？可以采取哪些措施增强企业的盈利能力和长远发展能力？综合起来看，财务分析主要包括如下内容：偿债能力评价、营运能力评价、盈利能力评价、财务状况综合评价。

（三）财务分析的基本方法

财务分析的方法一般分为定量分析方法和定性分析方法两类。定量分析方法是指分析者根据经济活动的内在联系，采用一定的数学方法对所收集的数据资料进行加工、计算，对企业的财务状况和经营成果进行的定量分析。定性分析方法是指分析者运用所掌握的情况和资料，凭借其经验，对企业的财务状况和经营成果进行的定性分析。财务分析的过程实际上是定量分析和定性分析相结合的过程。

财务分析的基本方法主要有以下几种：

1. 比较分析法。比较分析法是指将不同时间或不同空间的被评价指标进行比较，以确定差异的方法。没有比较，分析就无法开始。比较分析法往往采用不同的比较对象进行比较分析，主要有以下几种：

（1）与本企业历史比，即与不同时期指标相比，如本期实际与上期（或历史水平）实际比较，也称"趋势分析"；

（2）与计划预算比，即实际执行结果与本期计划（或目标）比较，也称"差异分析"；

（3）与同类企业比，即与行业平均数或竞争对手比较，可以本期实际与国内外同行业先进企业水平比较，也称"横向比较"。

在比较中，往往可以采用以下两种比较形式：

（1）绝对数比较。表示数额差异，借以了解被评价指标的金额变动情况。

（2）相对数比较。表示百分比差异，借以了解被评价指标的变动程度。运用比较分析法必须注意被评价指标的可比性。只有排除一些不可比因素的影响，才能做出准确的财务分析。

2. 百分比分析法。百分比分析法分为结构百分比分析法和变动百分比分析法。

（1）结构百分比分析法。结构百分比分析法是指通过计算某一项目的各构成部分在项目中所占比重揭示项目内部整体结构的分析方法。主要的结构百分比有：资产结构百分比、资本结构百分比、所有者权益结构百分比、资本金结构百分比、利润结构百分比、利润分配结构百分比和收入支出结构百分比等。

通过结构百分比可使项目各个组成部分的相对重要性明显地表示出来，从而揭示会计报表中各个项目的相对地位和总体结构关系，有助于研究判断企业财务状况、揭示财务问题、优化企业资源结构等。

（2）变动百分比分析法。变动百分比分析法是指将某一财务指标不同时期的数额相互对比，反映变化趋势和变化程度的分析、评价方法。变动百分比法分为定比分析法和环比分析法两种。

用定比分析法计算不同时期会计报表项目的变动百分比，是以某一固定时期会计报表（一般为最初时期的会计报表）项目数额作为比较的基础进行计算的。

用环比分析法计算不同时期会计报表项目的变动百分比，是以某一时期会计报表某个项目数额与其前一期相同项目数额进行比较，以此确定变动百分比。

通过变动百分比可以从较长的时期观察企业财务指标的变化和发展趋势，便于会计报表使用者预测未来的经营前景，只有通过若干期间会计报表的纵向分析才能将企业的资金来源与运用揭示清楚。

3. 比率分析法。比率分析法是指将企业某个时期会计报表中不同类别但具有一定关系的有关项目及数据进行对比，以计算出来的比率反映各项目之间的内在联系，据此分析企业的财务状况和经营成果的方法。

比率分析法是最简便但揭示能力最强的评价方法。其突出的特点在于它能将现金流量表同资产负债表和利润表有机地联系在一起。因此，为综合分析各个会计报表项目的内在联系及其数值对财务状况与经营成果的影响程度，就必须使用比率分析法。

4. 趋势分析法。趋势分析法是运用若干期的会计报表资料，对比有关项目各期的增减方向和幅度，揭示有关财务状况和经营状况的变化及其趋势的方法。观察研究连续数期的会计报表，比单看一期的会计报表了解的情况更多，对企业财务状况分析更准确。

5. 因素分析法。又称“连环替代法”，是将某一综合经济指标分解为若干具有内在联系的因素并计算每一因素对综合经济指标变动影响程度的一种分析方法。

因素分析法的具体计算程序是：以基数或计划数为基础，确定相互联系的各个因素的替代顺序，将各个因素的基数或计划数依次替换为实际数，每次替换计算的结果与替换前的结果相比较，以确定该替换因素（即变动因素）的变动对综合经济指标变动差异的影响方向和影响程度。该过程可重复进行，直到各影响因素都替换为实际数为止。

二、会计报表的一般分析

会计报表是反映企业一定时期财务状况与经营成果的总结性书面文件，包括会计报表体系和财务状况说明书。会计报表体系主要由资产负债表、利润表、现金流量表等三张主要报表构成。

（一）资产负债表

1. 资产负债表的特点。资产负债表是总括反映企业在一定日期（如年末、季末、月末）的全部资产、负债和所有者权益的会计报表，其基本特点有：（1）反映一定时点的财务状况（月报、年报），因此有被修饰的可能；（2）按权责发生制填制，对未来的反映有一定程度的影响；（3）反映资产与负债、所有者权益之间的关系，即资产 = 负债 + 所有者权益；（4）反映资产、负债、所有者权益的存量及其结构等信息。

2. 资产总额的评价。在对资产总额进行评价时应注意以下几点：（1）反映企业生产经营规模的大小及能力的强弱；（2）资产并不代表盈利能力和偿债能力，只代表拥有或控制的经济资源；（3）资产金额受会计确认、计量、报告和披露规则的约束；（4）注意资产总额的变动。

3. 注意实物资产和非实物资产。实物资产包括货币资金、存货、长期投资（直接投资）、固定资产等，其特点是未来创造价值并能保留现金流量，因此，在通货膨胀时持有实物资产较为有利。

非实物资产包括无形资产、长期待摊费用等，其特点是未来创造价值的能力很小（无形资产除外），但能保留现金流量，因此，在通货膨胀时持有非实物资产未必有利。

4. 注意虚资产的存在和影响。虚资产即价值有水分的资产，其存在影响对企业财务状况、经营成果的正确判断。其形成原因有理论上的缺陷、实务上的操作等。可利用财务估值的方法挤去水分。

5. 注意流动资产与非流动资产的比例。流动资产与非流动资产的比例思考，实际是对流动性、收益性、风险性的思考，两者存在相对稳定的比例关系，但却因企业而异。

6. 固定资产、长期投资的评价。评价时应注意固定资产净值占原值的比重、新增固定资产增长率、投资总额的分布及增减情况。

7. 负债与所有者权益的一般评价。评价时应注意：（1）负债与所有者权益之比；（2）流动负债与长期负债之比；（3）所有者权益各项目构成之比。

8. 资产与负债的一般分析。评价时应注意：（1）流动资产与流动负债分析；（2）长期资产与长期负债分析。

（二）利润表

1. 利润表的特点。利润表是总括反映企业在某一会计期间内（年度、季度、月份等）经营成果的一种会计报表，其基本特点有：（1）反映一定期间经营成果；（2）按权责发生制填制；（3）反映利润的构成及实现，有利于管理者了解本期取得的收入和发生的产品成本、期间费用及税金，了解盈利总水平和各项利润的形成来源及其构成。

2. 利润表分析的基本思路。利润表的内部项目有主营业务收入、主营业务成本、主营业务税金及附加、主营业务利润、其他业务利润、投资收益、利润总额、净利润等。利润表分析的基本内容包括：

（1）利润总额及其增减变动的方向和数额。

（2）利润总额的构成、各构成部分增减变动的方向和数额、增减变动的原因。

（3）主营业务利润的构成、增减变动的方向和数额、增减变动的原因。

（4）各种利润和收益之间的结构，如主营业务利润与其他业务利润、投资收益的比例。通过分析盈利结构可以了解公司经营和利润来源的真实情况。如果一家生产性公司投资收益比主营业务利润大出几倍，那么即使公司的净利润让人满意，也要对公司经营情况提出疑问，这些投资收益是怎样获得的？在下一年度还能保持这么多的投资收益吗？

（5）各种利润与收入间的结构，如主营业务利润占主营业务收入的比重、净利润占主营业务收入的比重。通过分析利润与收入间的结构可以了解公司的收益率。

（6）成本与收入间的结构，如主营业务成本占主营业务收入的比重。通过分析成本率可以了解公司为取得收益而付出的成本水平。

（7）其他项目间的结构，如管理费用占主营业务收入的比重等。

（三）现金流量表

1. 现金流量表的特点。现金流量表是以现金为基础编制的反映企业一定期间内由于经营、投资、筹资活动所形成的现金流量情况的会计报表，其基本特点有：（1）反映一定期间现金流动的情况和结果；（2）按收付实现制填制，能够在很大程度上真实反映企业对未来资源的掌握。

2. 现金流量表分析要点

（1）一定期间净现金流量变动并与利润表的利润额比较，分析差额产生的可能情况。主要从以下三方面分析：①本期现金从何处来；②本期现金用到何处；③现金余额有什么变化。

（2）三大部分现金流入、流出的数量规模。

（3）三部分间的关系。一般来说，经营现金净流量为正，投资活动现金净流量为负，筹资活动现金净流量随前两部分比较的结果而定。

3. 现金流量分析的作用：

（1）对现金获取能力作出评价；

（2）对偿债和支付能力作出评价；

（3）对收益质量作出评价；

（4）对投资和筹资活动作出评价。

三、财务分析中应注意的问题

（一）财务报表本身的局限性

财务报表是按照会计准则进行编制的，有特定的假设前提，执行统一的会计规范，但并不能认为财务报表揭示了企业的全部实际情况。

财务报表的局限性体现在：

1. 以历史成本报告资产，不代表其现行成本或现行价值。财务报告倾向于反映企业过去的财务状况与经营成果，而不是对未来财务状况的预测。

2. 假设币值不变，未按通货膨胀或物价水平进行调整。

3. 稳健性原则要求预计损失而不预计收益，有可能夸大费用，少计收益和资产。

4. 会计处理过程中会依赖于一些主观估计，如无形资产的摊销、固定资产折旧的计提，而这些估计未必正确。

5. 会计报告一般均为按年度进行分期报告，只报告了短期信息，不能提供反映长期潜力的信息。

（二）报表的真实性问题

应当说，只有根据真实的财务报表，才有可能得出正确的分析结论。

财务分析通常假定报表是真实可靠的。报表的真实性问题，要靠审计来解决。财务分析本身不能解决报表的真实性问题，但进行财务分析时通常要注意以下几点：

1. 要注意财务报告是否规范。不规范的财务报告，其真实性也应受到怀疑。

2. 要注意财务报告是否有遗漏。遗漏是违背充分披露原则的，遗漏很可能是在不想讲真话、也不能说假话的情况下形成的。

3. 要注意分析数据的反常现象。如无合理的反常原则，则要考虑数据的真实性和一贯性是否有问题。

4. 要注意审计报告的意见及出具审计报告的会计师事务所及注册会计师的信誉。

（三）上市公司会计政策的不同选择影响可比性

对同一会计事项的账务处理，会计准则允许使用几种不同的规划和程序，企业可以自行选择。如存货的计价方法、折旧方法、所得税费用的确认方法、对外投资收益的确认方法等。虽然财务报表附注对会计政策的选择有一定的表述，但投资者未必能够完成可比性的调整工作。

（四）比较基础问题

在比较分析时，必须选择比较的基础，作为评价本企业实际数量的参照标准，包括同业数据、本企业历史数据和计划预算数据。

一般采用同业数据进行横向比较。同业的平均数，只起一般性的指导作用，不一定有代表性，不是合理性的标志。通常，不如选一组有代表性的企业求其平均数，作为同业标准，可能比整个行业的平均数更好。近年来，更重视以竞争对手的数据作为分析基础。有的企业实行多种经营，没有明确的行业归属，同业对比就更困难。

趋势分析以本企业历史数据作比较基础。历史数据代表过去，并不代表合理性。经营的环境是变化的，今年比去年利润提高了，不一定说明已经达到了该达到的水平，甚至不一定说明管理有了改进。

实际与计划的差异分析，以计划预算数据做比较基础。实际和预算的差异，有时是预算不合理造成的，而不是执行中有了什么问题。

总之，对比较基础本身要准确理解，并且要在限定意义上使用分析结论，避免简单化和绝对化。

（五）公司增资行为对财务结构的影响

公司的增资行为一般会改变负债和所有者权益在公司资本总额中的相对比重，因此，公司的资产负债表和权益负债比率会相应地受到影响。

1. 股票发行增资对财务结构的影响

（1）配股增资对财务结构的影响。公司通过配股融资后，由于净资产增加，而负债总额和负债结构都不会发生变化，因此，公司的资产负债率和权益负债比率将降低，减少了债权人承担的风险，而股东所承担的风险将增加。

（2）增发新股对财务结构的影响。增发新股后，公司净资产增加，负债总额以及负债结构都不会发生变化，因此，公司的资产负债率和权益负债比率将降低。

2. 债券发行增资对财务结构的影响。发行债券后，公司的负债总额将增加，同时总资产也增加，资产负债率将提高。此外，公司发行不同期限的债券，也将影响到公司的财务结构。

3. 其他增资行为对财务结构的影响。除了对股权融资和发行债券外，公司其他的增资方式还有向外借款筹资等，如果公司向银行等金融机构以及向其他单位借款，则形成了公司的负债，公司的权益负债比率和资产负债率都将提高。

（六）注重阅读会计报表附注

会计报表中所规定的内容具有一定的固定性和规定性，只能提供定量的会计信息。会计报表附注是对会计报表的补充，主要对会计报表不能包括的内容或者披露不详尽的内容作进一步的解释说明。通过详尽地阅读会计报表附注，能更深地理解和使用会计信息。会计报表附注主要包括以下内容：基本会计假设、会计政策和会计估计的说明、重要会计政策和会计估计变更的说明、或有事项的说明、资产负债表日后事项的说明、会计报表重要项目的说明等。其中，存货流转假设、损失准备计提方法和比例、长期投资核算方法、固定资产折旧方法、收入确认方法、或有事项的存在、关联方交易等因素会在一定程度上影响公司各项财务比率的客观反映，因此，投资者在进行公司财务分析时，一般应特别关注以下财务报表附注内容：

1. 重要会计政策变动，包括报表合并范围的变化，折旧方法及其他资产返销政策的变更，长期、重大供销合同利润的确认，特别收入事项的确认等等。

2. 关联方交易的性质与金额，包括与关联方之间的应收款项或应付款项。这一附注信息往往能在一定程度上反映出大股东非正常占用上市公司资金的问题，揭示关联风险。

3. 分析性附表。附表所反映的是财务报表中某一项目的明细信息，包括项目构成情况及年度内的增减来源及金额。投资者一般可从应收账款账龄表、主营收入明细表、营业外收支明细表等重要附表中判断公司相关业务的稳定与持续与否，从而对公司收益的质量作出判断。

（七）注意分析会计政策变化和税收政策变化

1. 会计政策的变化及其对上市公司的影响。会计政策是指企业在会计核算时所遵循的具体原则以及企业所采纳的具体会计处理方法。企业基本上是在会计准则所允许的范围内选择适合企业实际情况的会计政策，当会计制度发生变更，或企业根据实际情况认为需要变更会计政策时，企业可以变更会计政策。企业的会计政策发生变更将影响到公司年末的资产负债表和利润表。如果采用追溯调整法进行会计处理，则会计政策的变更将影响公司年初及以前年度的利润、所有者权益、未分配利润等数据。

2007 年 1 月 1 日开始，由一项基本准则和 38 项具体准则组成的新《企业会计准则》在上市公司率先实施。新会计准则体系规范的交易和事项的内容比较全面，对上市公司产生的影响是多方面的，这需要我们有清楚的认识。

（1）多项新准则影响企业利润。旧的会计准则对债务重组中获得豁免或少偿还的负债只能计入资本公积，而新准则规定，以现金或非现金资产及债转股等方式偿还债务，其原债务的账面价值与实际支付公允价值之间的差额，确认为债务重组利得，计入当期损益。

（2）压缩会计估计和会计政策的选择空间。新会计准则较多地压缩了会计估计和会计政策的选择项目、限定了企业利润调节的空间范围，规范和控制企业对利润的人为操纵、粉饰经营业绩，提高会计信息质量。

①存货发出计价，取消“后进先出法”，一律采用“先进先出法”。对于原本采用“后进先出法”的企业而言，转换记账方法，至少会引起毛利率的波动。而具体的影

响，则还取决于其存货周转情况、原材料价格波动等因素。当存货的价格上涨时，采用后进先出法，将使得当期的成本费用上升，当期利润减少；而采用先进先出法，企业当期的成本费用下降，利润增加。当存货的价格下降时，则作用相反。以往企业通过变更对存货的计价方法就可以达到调节当期利润水平的目的。由于后进先出法不能真实地反映存货的流转，新准则与国际准则保持一致，取消了后进先出的存货计价方法。这项准则变动将使得企业无法再将变更存货计价方法作为利润调节手段，促使企业的存货真实的反映实际的历史成本，减少人为操纵的因素。

②计提的资产减值准备不得转回，只允许在资产处置时，再进行会计处理。进行资产减值准备的计提和冲回是企业进行利润操纵的惯用手段。企业在亏损会计期间通过转回前期所计提的资产减值准备，可以达到减少当期费用，增加当期利润的目的；在盈利会计期间，进行反向操纵，大幅计提减值准备，增加当期费用，降低当期利润，以便以后期间利润下降时再予以转回。

（3）抑制关联方操纵。关联方操纵是企业进行盈余管理的途径之一，新会计准则对其的抑制作用主要体现在以下几个方面：

①加大对关联交易的披露。企业在利润操纵中往往倾向于利用缺乏公允性的关联交易，将利润从一方转移到另一方，从而达到操纵利润的目的。根据实质重于形式的原则，新准则对关联方的定义做出了明确的扩展，包括了一系列对企业具有控制、共同控制和重大影响的三大类。且无论是否发生关联方交易，存在控制关系的关联方企业都应当在报表附注中披露母子公司的关系，明确指出需要披露的层次，具体包括母公司、最终控制方、对外公开提供财务报表的最低中间控股公司。此外，关联方发生交易，取消金额或比例的披露选择，要求企业必须披露交易金额，重大交易须同时披露交易金额和交易额占该类总交易额的比例；对未结算项目要求披露详细信息及金额；强调只有在提供充分证据的情况下，企业才能披露关联方交易采用了与公平交易相同的条款。新准则一方面加大了关联交易披露的范围和内容；另一方面将以往较为概括的要求明确化和具体化，增强了关联交易的透明度。

②扩大了合并报表范围。新准则规定凡是母公司所能控制的子公司都要纳入合并报表范围，而不以股权比例作为衡量标准。此外，新准则中规定，合并财务报表的种类不仅包括旧准则中规定的合并资产负债表、合并利润表和合并利润分配表，而且还包括合并现金流量表、合并所有者权益增减变动表和附注三个部分，其中，对合并现金流量表编制的规范及时有效地填补了现行实务当中的理论空白。这一规则的变革遵循了实质性会计原则，使得合并报表是对由母公司和子公司所构成的企业集团经营成果和财务状况信息的真实反映，阻断了一些企业利用分离若干子公司、缩小持股比例，将经营状况不

好的业务从合并范围中剔除，从而粉饰企业集团整体业绩的惯用伎俩。综上所述，除极少数事项外，新会计准则体系已与国际财务报告准则实现了趋同。显然，新会计准则提高了会计信息质量、对上市公司将产生重要影响，同时也对会计信息的使用者提供有益的帮助。

2. 税收政策的变化及其对上市公司的影响。税收政策的变更对上市公司的业绩产生直接影响。税法以课税为目的，根据一定的原则，依据有关税收法规，确定一定时期内企业应缴纳的税额。从所得税角度考虑，主要确定企业的应税所得，以对企业的经营所得及其他所得进行征税；如果企业经营过程中还涉及应征增值税、消费税或其他税种，则应按税法规定缴纳相关税费。可见，税法的相关变动，会直接影响企业收入、费用、利润，进而影响企业的财务状况与现金流量。

如增值税的出口退税。增值税作为价外税，其出口退税是指销售时免征增值税，同时，将购进时支付的增值税进项税额退还给企业，这就意味着产品是以不含税的价格进入国际市场的，因此，从价格上提高了企业在国际市场上的竞争能力。对于出口比重较大的上市公司来说，这一政策对经营会产生明显有利的影响。由于增值税的出口退税额作为一种收益只计入会计利润而不计入应纳税所得额，因而不需要征收企业所得税。因此，一方面，出口退税会使现金流量表有一个明显改观，使“经营活动产生的现金流量净额”有一个正增加；另一方面，使利润表中的“主营业务收入”增加，主要是由于退税额的再投入，解决了企业资金不足、运转不灵的困难，使出口业务扩大，销售收入增加。

2007 年 3 月，全国人大审议通过新《企业所得税法》，新《企业所得税法》及实施条例于2008 年 1 月 1 日实施，内外资企业所得税法合并，“一税两法”的时代终于结束。税制改革将减轻部分上市公司的税负。

新税法将法定税率水平确定在 25%，对外资企业的过渡期设定在 3—5 年。这将使内资企业整体实际税负将有所下降、外资企业整体实际税负上升。此外，新税法将实行对企业真实合理工资支出据实扣除；企业研发费用按实际发生额的 150% 扣除；广告费支出不超过当年销售收入 15% 的部分，可据实扣除，超过比例的部分可结转到以后年度扣除。由于新税法扩大了税前扣除标准，缩小了税基，新税法实施后，企业的实际税负将明显低于名义税率。

从行业角度而言，目前，所得税率普遍高于 25% 的公司主要集中在石油天然气、煤炭、钢铁、电力、交通基础设施、零售、食品饮料、医药、建材等行业，进一步考虑到工资税前抵扣、减值准备税前抵扣等与减轻税赋相关的可能手段，将使得这些行业的相关企业（特别是银行）有效税率有所下降，资本回报上升。

（八）关注上市公司发布的临时公告

上市公司发布的临时报告虽然包括许多非财务信息，但大部分信息具有财务性质或与财务有关，有些公告会在很大程度上影响上市公司的股票价格，因此，非常值得投资者加以关注。临时公告包括重大事件公告和公司收购公告。

1. 重大事件公告。所谓“重大事件”，是说事件的发生对上市公司原有的财务状况和经营或将要产生较大影响，并影响到上市公司的股票市价。对于这些重大事件，上市公司应该立即报告证券交易所和证监会，并向社会公布说明事件性质。

“重大事件”一般包括：公司的经营方针和经营范围的重大变化；公司订立重要合同，而该合同可能对公司的财务状况和经营成果产生重要影响；发生重大债务和未能清偿到期重大债务的违约情况；发生重大亏损或遭受超过净资产的10%以上的重大损失；减资、合并、分立、解散及申请破产；涉及公司的重大诉讼，以及法院依法撤销股东大会、董事会决议等。

对于未作规定但确属可能对公司股票价格产生重大影响的事件也应当视为重大事件。最常见的重大事件公告是“公司股份变动公告”和“配股说明书”。

2. 公司收购公告。按《证券法》规定，通过证券交易所的证券交易，投资者持有一个上市公司已发行股份的5%时，应当向证监会和证券交易所做出书面报告，通知该上市公司，并予以公告。投资者在持有一个上市公司已发行股份的5%之后，通过证券交易所的证券交易，其持股比例每增减5%，应当再进行报告和公告。

通过证券交易所的证券交易，投资人持有一个上市公司已发行股份的30%时，继续进行收购的，收购人要向证监会提出收购报告书，然后向该上市公司所有股东发出收购要约。收购报告和收购要约的主要内容包括收购目的、预定收购的股份数、收购的期限和价格、收购的需要资金额及资金保证，以及开始收购时收购人所持有的股份比例。

四、基本财务比率分析

就理财规划师而言，为了给客户投资提供更好的决策建议，必须能够客观、准确地分析企业的财务报表，从中得出相关的信息。因为从财务报表的众多原始数据出发，可以计算出一系列反映企业经营状况的比率数据。这些比率数据在一定程度上可以反映企业的偿债能力、运营效率、盈利能力等。同时，通过计算比率对企业进行财务分析，十分简单和直接，因此，这也成为日常工作中最常用的财务分析方法。

企业财务比率分析的常用指标主要包括以下一些内容：

（一）反映偿债能力的指标

1. 流动比率。流动比率是流动资产除以流动负债的比值，其计算公式如下：

流动比率 = 流动资产/流动负债

流动比率在一定程度上反映了企业偿还短期债务的能力。企业能否偿还短期债务，要看有多少短期债务，以及有多少可变现的资产。流动资产变现能力较强，流动资产越多，短期债务越少，则偿债能力越强。而且，流动比率是流动资产和流动负债的比值，排除了不同企业之间规模相异的影响，适合企业之间以及本企业每历史时期的比较。

一般认为，生产企业合理的流动比率为2。但是，计算出来的流动比率，只有和同行业平均流动比率、本企业历史的流动比率进行比较，才有参考意义。不同行业和不同企业的数据有一定差异。一般情况下，营业周期、流动资产中的应收账款和存货的周转速度是影响流动比率的主要因素。

【例2-2】 ABC公司2010年年中的流动资产是411301.3万元，流动负债是631715.8万元，2010年年中流动比率 = 411301.3 ÷ 631715.8 = 0.65

ABC公司2009年年末的流动资产是352582.3万元，流动负债是602147.6万元，2009年流动比率 = 352582.3 ÷ 602147.6 = 0.58

从上述数字可以看出，ABC公司2010年年中与2009年年末相比，流动比率有所上升，说明公司偿还短期债务能力比同期有所提高。但并不能因此认为该公司的流动比率偏高，因为只有和同行业平均流动比率再次比较后才能知道这个比率的高低。

2. 速动比率。速动比率是从流动资产当中扣除存货部分，再除以流动负债的比值。速动比率的计算公式为：

速动比率 = （流动资产 - 存货）/流动负债

速动比率是更进一步反映企业偿债能力的指标。为什么在计算速动比率中要把存货从流动资产中扣除呢？其主要原因为：

（1）在流动资产中，存货的变现速度最慢。

（2）由于某些原因，部分存货可能已损失报废还没作处理。

（3）部分存货可能已抵押给债权人。

（4）存货估价还存在着成本与合理市价相差悬殊的问题。所以，将存货扣除所得到的数字，对企业偿债能力的反映更为准确。影响速动比率可信度的主要因素是应收账款的变现能力。根据不同行业的具体情况，在计算速动比率时，除了扣除存货以外，还可以从流动资产中去掉其他一些可能与当期现金流量无关的项目（如待摊费用等），以更进一步计算变现能力。如采用超速动比率，计算公式如下：

超速动比率 = （现金 + 短期证券 + 应收账款净额）/流动负债

【例2-3】 ABC公司2009年年中的流动资产是352582.3万元，流动负债是602147.6万元，存货是148840.1万元。2009年速动比率 = （352582.3 - 148840.1） ÷

602147.6 = 0.34

ABC 公司 2010 年年中的流动资产是 411301.3 万元，流动负债是 631715.8 万元，存货是 163904.8 万元。2010 年年中速动比率 = （411301.3 - 163904.8） ÷ 631715.8 = 0.39

从上述数字可以看出，ABC 公司 2010 年年中与 2009 年相比，速动比率没有显著提高。通常认为正常的速动比率为 1，低于 1 的速动比率认为是短期偿债能力偏低。但这仅是一般的看法，因为行业不同，速动比率会有很大差别，没有统一标准。

3. 现金比率。现金比率是指企业的现金与流动负债的比例，计算公式为：

现金比率 = 现金余额/流动负债

由于现金是流动性最强的资产，这一比率最能直接反映企业的短期偿债能力。现金同时也是盈利能力最低的资产，所以，过高的现金比率会降低企业的获利能力。例如，刚上市的新股由于融得大量资金现金比率很高，偿债能力自然没问题，但如果很长一段时间内都保持过高的现金比率则意味着资金没有很好的投入到新项目中，企业获利能力值得怀疑。这一比率通常与流动比率和速动比率结合起来进行分析。

【例 2 - 4】 ABC 公司 2010 年年中现金余额是 52900.3 万元，流动负债是 631715.8 万元。

现金比率 = 52900.3 ÷ 631715.8 = 0.08

结合流动比率和速动比率来看，该集团偿还短期债务能力过低。

4. 经营净现金比率。经营净现金比率是指经营活动的净现金流量与流动负债或总负债的比率，用来反映企业获得现金来偿还债务的能力。计算公式为：

经营净现金比率（短期债务） = 经营活动的净现金流量/流动负债

经营净现金比率（全部债务） = 经营活动的净现金流量/总负债

企业为了偿还即将到期的流动负债，固然可以通过出售投资、长期资产等取得投资活动现金流入，或者靠筹资活动来解决，但最安全可靠的办法还是利用企业自身经营活动取得现金流量。前一公式反映的是企业的短期偿债能力，后一公式反映的是偿付全部负债的能力。

5. 资产负债率。资产负债率又称负债比率，是企业负债总额对资产总额的比率。它表明企业资产总额中，债权人提供资金所占的比重，以及企业资产对债权人权益的保障程度。计算公式是：

资产负债率 = 负债总额/资产总额

这一比率越小，表明企业的长期偿债能力越强。如果该比率较大，从企业所有者来说，不仅扩大了生产经营规模，而且在经营状况良好的情况下，还可以利用财务杠杆的作用，获得更多的投资利润。但如果这一比率过大，则表明企业的债务负担过重，企业的资金实力不强，不仅对债权人不利，而且企业也有会出现资不抵债的窘境。

【例 2－5】ABC 公司 2010 年年中的负债总额是 706507.2 万元，资产总额是 1017893.7万元，资产负债率＝706507.2÷1017893.7＝69.4%。从债权人的立场看，他们最关心的是贷款安全，也就是能否按时收回本金。如果资产负债率过高，股东提供的资本比例很低，则企业有不能及时偿债的风险。资产负债率越低，企业偿债越有保证，贷款越安全。从股东的立场看，借债是“双刃剑”，一方面股东希望通过举债增加资金在经营中发挥作用，在全部资本（股东提供的资金和贷款）回报率超过借款利率的情况下，超额的回报属于股东，因此，举债会增加股东的利润。但是，由于经营的不确定性，借款后可能出现实际回报率低于借款利率的情况，此时借入资本的多余利息要用股东所得的利润分额来弥补，会使股东的利润减少。因此，投资者在选择购买公司股票时，应该对此有所考虑。

6. 已获利息倍数。已获利息倍数是指企业息税前利润与利息支出的比率，它可以反映获利能力对债务偿付的保证程度。计算公式是：

已获利息倍数＝息税前利润/利息支出

息税前利润是指未扣除利息和所得税前的正常业务经营利润，不包括非正常项目。该指标不仅反映了企业获利能力的大小，还反映了获利能力对偿还到期债务的保证程度。它既是企业举债经营的前提依据，也是衡量企业长期偿债能力大小的重要标志。由此可以得出这样的启示：若要维持正常的偿债能力，从长期看，已获利息倍数至少应当大于 1，且比值越高，企业长期偿债能力一般也就越强。如果已获利息倍数过小，企业将面临亏损、偿债的安全性与稳定性下降的风险。究竟企业已获利息倍数应是利息的多少倍，才算偿付能力强，这要根据往年经验结合行业特点来判断。从稳健的角度出发，最好比较本企业连续几年的该项指标，并选择最低年度的数据作为标准。这是因为，企业在经营好的年头要偿债，而在经营不好的年头也要偿还大约同量的债务。

（二）反映资产管理能力的指标

资产管理比率是用来衡量公司在资产管理方面的效率的财务比率。通常包括：应收账款周转率、存货周转率、流动资产周转率和总资产周转率。资产管理比率又称营运效率比率。

1. 应收账款周转率。它是一定时期内商品或产品销售收入净额与应收账款平均余额的比值，是反映应收账款周转速度的指标。其计算公式为：

应收账款周转率＝销售收入/平均应收账款

应收账款周转天数 = 平均应收账款 ×360/销售收入

= 360/应收账款周转次数

应收账款周转率反映了企业应收账款变现速度的快慢及管理效率的高低，周转率高表明企业收账迅速，账龄较短；企业资产流动性强；短期偿债能力强；企业可以减少收账费用和坏账损失，从而相对增加企业流动资产的投资收益。同时借助应收账款周转期与企业信用期限的比较，还可以评价购买单位的信用程度，以及企业原定的信用条件是否适当。

【例 2-6】 销售收入来自利润表，ABC 公司 2010 年年中的销售收入是 177394.8 万元，平均应收账款来自资产负债表，它是“应收账款”和“应收票据”的期初、期末金额的平均数之和，ABC 公司 2010 年上半年的平均应收账款是 45958.6 万元。2010 年上半年 ABC 公司的应收账款周转率 = 177394.8 ÷ 45958.6 = 3.86；应收账款周转天数 = 360 ÷ 3.86 = 93.26。一般来说，应收账款周转率越高，平均收现期越短，说明应收账款的收回越快。否则，企业的营运资金会过多地呆滞在应收账款上，影响资金的正常周转。财务报表的外部使用人可以将计算出的指标与该企业前期指标、行业平均水平或其他类似企业的指标相比较，从而判断企业该指标的高低，然后结合其他指标分析原因。

2. 存货周转率和存货周转天数。在流动资产中，存货所占的比重较大。存货的流动性，将直接影响企业的流动比率，因此，必须特别重视对存货的分析。存货的流动性，一般用存货的周转速度指标来反映，即存货周转率或存货周转天数。

存货周转率是衡量和评价企业购入存货、投入生产、销售收回等各环节管理状况的综合性指标。它是销售成本被平均存货所除而得到的比率，或叫存货的周转次数。用时间表示的存货周转率就是存货周转天数。计算公式为：

存货周转率 = 销货成本/平均存货

存货周转天数 = 360/存货周转率 = 360/（销货成本/平均存货）

= （平均存货 ×360）/销货成本

公式中的销货成本数据来自损益表，平均存货来自资产负债表中的“期初存货”与“期末存货”的平均数。

一般来说，存货周转次数越多，周转天数越少，存货周转速度越快，存货的占用越低，流动性就越强，存货转换为现金或应收账款的速度越快，存货管理的业绩就好，显示出良好的短期偿债能力和盈利能力。但是，不能绝对认为存货周转率越快越好，因为存货批量因素会对存货周转率产生较大影响。在存货批量（包括材料采购批量、商品进货批量和产品生产批量等）很小的情况下，存货会很快的转换，批量过小，订货成本或生产准备成本便会上升，甚至造成缺货成本，反而使总成本增大，产生负效应。存货周转分析的目的就是从不同的角度和环节上找出存货管理中的问题，使存货管理在保证生产经营连续性的同时，尽可能少占用经营资金，提高资金的使用效率，增强企业短期偿债能力，促进企业管理水平的提高。所以，在分析存货周转率时，要与本企业历史资料、与其他企业或行业平均水平比较来作出判断。

【例2-7】 ABC公司2010年上半年销售成本来自利润表是131144.6万元，平均存货来自资产负债表是156372.5万元，存货周转率=131144.6÷156372.5=0.84；存货周转天数=180÷0.84=214.29。存货周转率（存货周转天数）指标的好坏反映存货管理水平，它不仅影响企业的短期偿债能力，也是整个企业的管理的重要内容。

3. 固定资产周转率。固定资产周转率也称固定资产利用率，是企业销售收入与固定资产净值的比率。计算公式为：

固定资产周转率=销售收入/固定资产净值

固定资产周转率主要用于分析对厂房、设备等固定资产的利用效率，比率越高，说明利用率越高，管理水平越好。如果固定资产周转率与同行业平均水平相比偏低，则说明企业对固定资产的利用率较低，可能会影响企业的获利能力。

4. 总资产周转率。总资产周转率是销售收入与平均资产总额的比率。

总资产周转率=销售收入/平均资产总额

平均资产总额=（年初资产总额+年末资产总额）÷2

该项指标反映资产总额的周转速度。周转越快，反映利用效果越好，销售能力越强，进而反映出企业的偿债能力和盈利能力令人满意。企业可以通过薄利多销的办法，加速资产的周转，带来利润绝对额的增加。

5. 股东权益周转率。股东权益周转率是销售收入与平均股东权益的比值。其计算公式为：

股东权益周转率=销售收入/平均股东权益

平均股东权益=（期初股东权益+期末股东权益）÷2

该指标说明公司运用所有者资产的效率。该比率越高，表明所有者资产的运用效率高，营运能力强。

（三）反映盈利能力的指标

1. 销售毛利率。销售毛利率是毛利占销售收入的百分比，其中，毛利是销售收入与销售成本的差，也简称为毛利率。其计算公式为：

销售毛利率=［（销售收入－销售成本）/销售收入］×100%

销售毛利率表示每一元销售收入扣除销售产品或商品成本后，有多少钱可以用于各项期间费用和形成盈利。毛利率是企业销售净利率的最初基础，没有足够大的毛利率便不能盈利。

【例2－8】 ABC公司2010年上半年销售收入是177394.8万元，销售成本是131144.6万元：

2010年上半年ABC公司销售毛利率＝［（177394.8－131144.6）/177394.8×100%＝26%

2. 销售净利率。销售净利率是指净利与销售收入的百分比，其计算公式为：

销售净利率＝（净利/销售收入）×100%

该指标反映每一元销售收入带来的净利润的多少，表示销售收入的收益水平。从销售净利率的指标关系看，净利额与销售净利率成正比关系，而销售收入额与销售净利率成反比关系。企业在增加销售收入额的同时，必须相应地获得更多的净利润，才能使销售净利润保持不变或有所提高。通过分析销售净利率的升降变动，可以促使企业在扩大销售的同时，注意改进经营管理，提高盈利水平。

销售利润率能够分解成为销售毛利率、销售税金率、销售成本率、销售期间费用率，可以作进一步分析。

3. 资产收益率。资产收益率是企业净利润与平均资产总额的百分比。资产收益率计算公式为：

资产收益率＝（净利润/平均资产总额）×100%

平均资产总额＝（期初资产总额＋期末资产总额）÷2

把企业一定期间的净利与企业的资产相比较，表明企业资产利用的综合效果。指标越高，表明资产的利用效率越高，说明企业在增加收入和节约资金使用等方面取得了良好的效果；否则则相反。

企业的资产是由投资人投入或举债形成的。收益的多少与企业资产的多少、资产的结构、经营管理水平有着密切的关系。资产收益率是一个综合指标，为了正确评价企业经济效益的高低，挖掘提高利润水平的潜力，可以用该项指标与本企业前期、与计划、与本行业平均水平和本行业内先进企业进行对比，找出形成差异的原因。影响资产收益率高低的因素主要有：产品的价格、单位成本的高低、产品的产量和销售的数量、资金占用量的大小等。

可以利用资产收益率来分析经营中存在的问题，提高销售利润率，加速资金周转。

4. 股东权益收益率。股东权益收益率是净利润与平均股东权益的百分比。其计算公式为：

股东权益收益率＝（净利润/平均股东权益）×100%

该指标反映股东权益的收益水平，指标值越高，说明投资带来的收益越高。

5. 主营业务利润率。主营业务利润率是主营业务利润与主营业务收入的百分比，其计算公式为：

主营业务利润率 =（主营业务利润/主营业务收入）×100%

该指标反映公司的主营业务获利水平，只有当公司主营业务突出，即主营业务利润率较高的情况下，才能在竞争中占据优势地位。

（四）反映投资收益的指标

1. 普通股每股净收益。普通股每股净收益是本年盈余与普通股流通股数的比值。其计算公式一般为：

普通股每股净收益 =（净利 - 优先股股息）/发行在外的加权平均普通股股数

由于我国《公司法》没有关于发行优先股的规定，所以，普通股每股净收益等于净利除以发行在外的股份总数。该指标反映普通股的获利水平。

使用每股收益分析盈利性应注意的问题：

（1）每股收益不反映股票所含有的风险。例如，假设 A 公司原来生产经营日用品，最近转向房地产投资，公司的经营风险增大了许多，但每股收益可能不变或提高，并没有反映风险增加的不利变化。

（2）股票是一个“份额”概念，不同股票的每一股在经济上不等量，它们所含有的净资产和市价不同，即换取每股收益的投入量不同，在进行每股收益的公司间比较时要注意到这一点。

（3）每股收益多，不一定意味着多分红，还要看公司股利分配政策。

2. 市盈率。市盈率是每股市价与每股盈利的比率，亦称本益比或本利比。其计算公式为：

市盈率 = 每股市价/每股收益

公式中的每股市价是指普通股每股在证券市场上的买卖价格。

市盈率是衡量股份制企业盈利能力的重要指标，用每股盈余与股价进行比较，反映投资者对每元利润所愿支付的价格。这一比率越高，意味着公司未来成长的潜力越大。一般说来，市盈率越高，说明公众对该股票的评价越高。

使用市盈率指标时应注意以下问题：

（1）该项指标不能用于不同行业公司间的比较，充满扩张机会的新兴行业市盈率普遍较高，而成熟工业的市盈率普遍较低，这并不说明后者的股票没有投资价值。

（2）在每股收益很小或亏损时，市盈率往往非常高，此时的市盈率不说明任何问题。

（3）市盈率的高低受净利润的影响较大，存在利润操纵现象时，该指标也就失去了意义。

（4）市盈率高低受市价的影响，而市价变动的影响因素很多，因此，观察市盈率的长期趋势很重要。由于一般的期望报酬率为5%～20%，所以，理论上市盈率为5～20倍较为适宜。

【例2-9】 ABC公司2010年6月30日每股市价为22.28元，每股收益为0.26元，2010年6月30日ABC公司市盈率＝22.28÷0.26＝85.7

3. 股票获利率。股票获利率是指每股股利与期末普通股股份总数之比，用公式表示为：

股票获利率＝（普通股每股股利/普通股每股市价）×100%

该指标反映股利和股价的比例关系。股票持有人取得收益的来源有两个：一是取得股利；二是取得股价上涨的收益。只有股票持有人认为股价将上升，才会接受较低的股票获利率；如果预期股价不能上升，股票获利率就成了衡量股票投资价值的主要依据。

使用该指标的限制因素，在于公司如果采用非常稳健的股利政策，留存大量的净利润用以扩充，股票获利率就仅仅是股票投资价值非常保守的估计，分析股价的未来趋势成为评价股票投资价值的主要依据。

4. 股利支付率。股利支付率是每股股利与每股收益的百分比，计算公式为：

股利支付率＝（普通股每股股利/普通股每股收益）×100%

该比率反映股东从每股的全部盈余中分到手的部分有多少，就普通投资者而言，这比每股收益更直接体现当前利益。

5. 股利保障倍数。股利支付率的倒数称为股利保障倍数，这一数值越大，支付股利的能力越强。其计算公式为：

股利保障倍数＝普通股每股收益÷普通股每股股利

股利保障倍数是一种安全性指标，可以看出净利润减少到什么程度公司仍能按目前水平支付股利。

6. 每股净资产。每股净资产是期末净资产与总股本的比值，也称为每股账面价值或每股权益。计算公式为：

每股净资产＝年末股东权益/总股本

投资者还应特别注意另一个重要的指标——调整后的每股净资产。

调整后的每股净资产＝（年末股东权益－三年以上的应收账款－待摊费用－待处理（流动、固定）资产净损失－开办费－长期待摊费用）/年末股本总数

一般来说，调整后的每股净资产稍低于每股净资产，但如果调整后的每股净资产远

远低于每股净资产的话，说明该公司的资产质量差，潜亏巨大，随时可能发生较大的账面亏损，投资者应警惕。

五、杜邦财务分析体系

杜邦财务分析体系，简称“杜邦体系”，是利用各财务指标间的内在关系，对企业综合经营理财及经济效益进行系统分析评价的方法。因其最初由美国杜邦公司创立并成功运用而得名。杜邦财务分析体系的基本结构如图 2－1 所示。

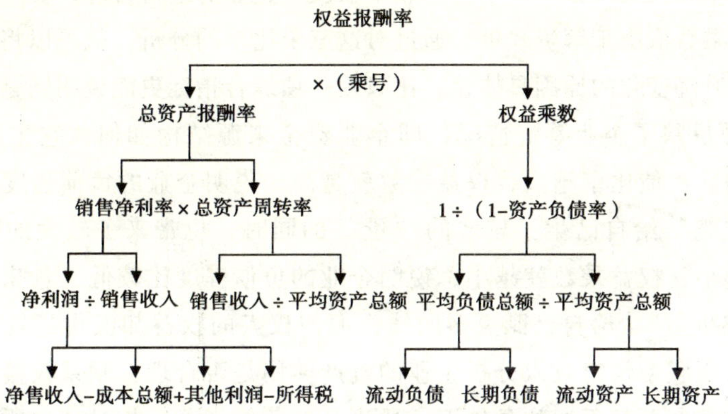

图 2－1 杜邦财务分析体系基本结构

（一）杜邦财务分析中的主要指标

杜邦财务分析体系基本结构图中，包括以下几种主要的指标关系：

权益报酬率＝资产净利率×权益乘数

权益乘数＝1÷（1－资产负债率）

总资产报酬率＝销售净利率×总资产周转率

销售净利率＝净利润÷销售收入

总资产周转率＝销售收入÷平均资产总额

资产负债率＝平均负债总额÷平均资产总额

（二）杜邦财务分析的主要作用

通过杜邦体系自上而下地分析，不仅可以揭示出企业各项财务指标间的结构关系，查明各项主要指标变动的影响因素，而且为决策者优化经营理财状况，提高企业经营效益提供了思路。提高权益资本净利率的根本在于提高产品质量、扩大产品品种、拓展销售渠道，控制成本费用、加速资金周转、优化资金结构、利用负债经营等。杜邦分析法以权益净利率为主线，将企业在某一时期的销售成果以及资产营运状况全面联系在一起，层层分解，逐步深入，构成一个完整的分析体系。对于投资者而言，它能较好地帮助投资者发现企业财务和经营管理中存在的问题。

1. 权益报酬率是一个综合性最强、最具有代表性的财务分析指标，是杜邦分析体系的龙头指标。投资者最关心的是自己每一元钱的投资，经过企业经营之后，每年能带来多少钱的收益。而权益报酬率恰好可反映企业所有者投入资本的获利能力，说明企业筹资、投资、资产营运等各项财务及其管理活动的效率，所以，不断提高权益报酬率是使所有者收益最大化的基本保证。从杜邦图可看到，企业获利能力的驱动器有三个发动机：销售净利率、资产周转率和权益乘数。而销售净利率取决于企业的经营管理；资产周转率取决于投资管理；权益乘数取决于筹资政策。通过对这三个比率的分析，就可以将权益报酬率这一综合指标发生升降变化的原因具体化，比只用一项综合指标更能说明问题。

2. 权益乘数反映了企业筹资情况，即企业资金来源结构如何。它主要是受资产负债率指标的影响。负债比率越大，权益乘数就越高，说明企业的负债程度比较高。企业在利用别人的“鸡”给自己生了较多的“蛋”的同时，也带来了较大的财务风险。反之，负债比率越小，权益乘数就越小，说明企业的负债程度比较低，意味着企业没能积极地利用“借鸡生蛋”，给自己赚更多的钱，但债权人的权益却能得到较大的保障。对权益乘数的分析要联系销售收入分析企业的资产使用是否合理，联系权益结构分析企业的偿债能力。在资产总额不变的条件下，适当开展负债经营，相对减少所有者权益所占的份额，从而达到提高所有者权益报酬率的目的。

3. 总资产报酬率也是一个重要的财务比率，综合性也较强。它是销售净利率和资产周转率的乘积，可以反映企业的销售和资产管理情况。对它进行分析，须从销售成果和资产运营两方面着手。

4. 销售净利率反映企业利润与销售收入的关系，其高低能敏感地反映企业经营管理水平的高低。影响销售净利率的主要因素为销售收入与成本费用，因此，提高销售净利率有两个主要途径：一是要扩大销售收入，二是要降低成本费用。即所谓的“开源节流”。扩大销售收入既有利于提高销售净利率，又可提高总资产周转率。降低成本费用是提高销售净利率的一个重要因素，又可提高总资产周转率。降低成本费用是提高销售净利率的一个重要因素，也可反映企业对成本费用的管理控制力度。从图 2－1 中还可以看出，提高销售净利率的另一途径是提高其他利润，想办法增加其他业务利润，适时适量进行投资取得收益，千方百计降低营业外支出等。

5. 杜邦财务分析图可以分析成本费用的基本结构是否合理，还可以分析各项费用对利润的影响程度。因此，可利用该图进行成本费用分析，找出降低成本费用的途径，加强成本费用控制。若企业财务费用支出过高，就要进一步分析其负债比率是否过高；若是管理费用过高，就要进一步分析其资产周转情况等等。杜邦分析对利息费用分析更为重视，因为利息费用与权益乘数存在着密切的关系。如果利息费用高，就应该考虑企业的权益乘数或负债比率是否合理，也就是企业资本结构是否合理，若不合理，就会影响所有者的利益。

6. 资产周转率是反映运用资产以产生销售收入能力的指标。对资产周转率的分析，则须对影响资产周转的各因素进行分析。除了对资产的各构成部分从占用量上是否合理进行分析外，还可以通过流动资产周转率、存货周转率、应收账款周转率等有关各资产组成部分使用效率的分析，以判明影响资产周转的主要问题出在哪里。

7. 杜邦财务分析图还可以反映流动资产和长期资产的结构状况，用以分析其结果是否合理。一般来说，流动资产直接体现企业的偿债能力和变现能力，而长期资产则体现企业的经营规模、发展潜力，两者之间有一个合理的比率关系。如果企业流动资产过多，或固定资产过多，都会影响企业资产的周转速度，从而影响资产的利用效果。同样，流动资产内部也有一个合理比例问题。如果企业持有的货币资金超过业务需要，就会影响企业的盈利能力；如果企业占有过多的存货和应收账款，既会影响获利能力，又会影响偿债能力，则要分析企业是否存在产销不对路、或者生产周期过长、或者收款不力的现象，并进一步找出原因，采取相应的改进措施。

需要注意的是，杜邦分析是一种分解财务比率（因素）的分析方法，而不是另外建立新的财务指标。它可以用于各种财务比率的分解分析。以上分析是通过总资产净利率的分解来说明问题的。当然也可以通过分解利润总额和全部资产的比率来分析问题。为了显示正常的盈利能力，还可以使用非经常项目前的净利润和总资产的比率分解来说明问题，或者使用营业利润和经营资产的比率分析来说明问题。总之，杜邦分析方法和其他财务分析方法一样，关键不在于指标的计算，而在于指标的理解和运用。作为理财规划师在运用的过程中还需灵活掌握。

（三）杜邦财务分析法实例分析

杜邦财务分析法可以解释指标变动的原因和变动趋势，以及为采取措施指明方向。下面以某上市公司为例，说明杜邦分析法的运用。

某上市公司的基本财务数据如表 2－7。

表 2－7　　某上市公司的基本财务数据　　单位：万元

项目＼年度	净利润	销售收入	资产总额	负债总额	全部成本
2007	10284.04	411224.01	306222.94	205677.07	403967.43
2008	12653.92	757613.81	330580.21	215659.54	737045.24

该公司 2007 ~2008 年财务比率见表 2 -8：

表 2 -8

年　度	2007 年	2008 年
权益净利率	0.097	0.112
权益乘数	3.049	2.874
资产负债率	0.672	0.652
资产净利率	0.032	0.039
销售净利率	0.025	0.017
总资产周转率	1.34	2.29

1. 对权益净利率的分析

权益净利率指标是衡量企业利用资产获取利润能力的指标。权益净利率充分考虑了筹资方式对企业获利能力的影响，因此，它所反映的获利能力是企业经营能力、财务决策和筹资方式等多种因素综合作用的结果。

该公司的权益净利率在 2007 ~2008 年间出现了一定程度的好转，分别从 2007 年的 0.097 增加至 2008 年的 0.112，企业的投资者在很大程度上依据这个指标来判断是否投资或是否转让股份，考察经营者业绩和决定股利分配政策。这些指标对公司的管理者也至关重要。

公司经理们为改善财务决策而进行财务分析，他们可以将权益净利率分解为权益乘数和资产净利率，以找到问题产生的原因。表 2 -9 为权益净利率分析表。

表 2 -9　　权益净利率分析表

某上市公司权益净利率 = 权益乘数 × 资产净利率	
2007 年	0.097 = 3.049 × 0.032
2008 年	0.112 = 2.874 × 0.039

通过分解可以明显地看出，该公司权益净利率的变动在于资本结构（权益乘数）变动和资产利用效果（资产净利率）变动两方面共同作用的结果。而该公司的资产净

利率太低，显示出很差的资产利用效果。

2. 分解分析过程

权益净利率＝资产净利率×权益乘数	
2007 年	0. 097＝0. 032×3. 049
2008 年	0. 112＝0. 039×2. 874

经过分解表明，权益净利率的改变是由于资本结构的改变（权益乘数下降），同时资产利用和成本控制出现变动（资产净利率也有改变）。那么，我们继续对资产净利率进行分解：

资产净利率＝销售净利率×总资产周转率	
2007 年	0. 032≈0. 025×1. 34
2008 年	0. 039＝0. 017×2. 29

通过分解可以看出 2008 年的总资产周转率有所提高，说明资产的利用得到了比较好的控制，显示出比前一年较好的效果，表明该公司利用其总资产产生销售收入的效率在增加。总资产周转率提高的同时销售净利率的减少阻碍了资产净利率的增加，我们接着对销售净利率进行分解：

销售净利率＝净利润÷销售收入	
2007 年	0. 025＝10284. 04÷411224. 01
2008 年	0. 017＝12653. 92÷757613. 81

该公司 2008 年大幅度提高了销售收入，但是净利润的提高幅度却很小，分析其原因是成本费用增多，全部成本从 2007 年的 403967. 43 万元增加到 2008 年的 736747. 24 万元，与销售收入的增加幅度大致相当。下面是对全部成本进行的分解：

全部成本＝制造成本＋销售费用＋管理费用＋财务费用	
2007 年	403967. 43＝373534. 53＋10203. 05＋18667. 77＋1562. 08
2008 年	737045. 24＝684559. 91＋21740. 962＋25718. 20＋5026. 17

通过分解可以看出杜邦财务分析法有效解释了指标变动的原因和趋势，为采取应对

措施指明了方向。

在本例中，导致权益利润率小的主要原因是全部成本过大。也正是因为全部成本的大幅度提高导致了净利润提高幅度不大，而销售收入大幅度增加，就引起了销售净利率的减少，显示出该公司销售盈利能力的降低。资产净利率的提高应当归功于总资产周转率的提高，销售净利率的减少却起到了阻碍的作用。

该公司下降的权益乘数，说明他们的资本结构在2007～2008年发生了变动，2008年的权益乘数较2007年有所减小。权益乘数越小，企业负债程度越低，偿还债务能力越强，财务风险程度越低。这个指标同时也反映了财务杠杆对利润水平的影响。财务杠杆具有正反两方面的作用。在收益较好的年度，它可以使股东获得的潜在报酬增加，但股东要承担因负债增加而引起的风险；在收益不好的年度，则可能使股东潜在的报酬下降。该公司的权益乘数一直处于2～5之间，也即负债率在50%～80%之间，属于激进战略型企业。管理者应该准确把握公司所处的环境，准确预测利润，合理控制负债带来的风险。

因此，对于该上市公司，当前最为重要的就是要努力减少各项成本，在控制成本上下力气。同时要保持自己高的总资产周转率。这样，可以使销售利润率得到提高，进而使资产净利率有大的提高。

六、现金流量分析

一个公司的现金流量比账面利润重要得多，它在很大程度上决定着企业的生存和发展。即使公司有账面利润，但若现金周转不畅，调度不灵，将严重影响公司的发展，甚至影响到企业的生存。所以，在公司理财领域，对现金流量十分重视，我们也有必要对现金流量分析进行介绍。通过现金流量分析，了解公司营运资金管理能力，能够正确评价公司当前及以前各期所取得利润的质量，发现财务方面存在的问题，对未来公司的财务状况做出科学预测。

（一）现金流量的结构分析

现金流量结构分析是指同一时期现金流量表中不同项目间的比较与分析，以揭示各项数据在企业现金流量中的相对意义。分析建立在现金流量表有关数据的基础上，进一步明确现金收入的构成、现金支出的构成及现金余额是如何形成的。现金流量的结构分析可以分为流入结构分析、流出结构分析和流入流出比三个方面。

现金收入结构分析是反映企业的各项业务活动现金收入，如经营活动的现金收入、投资活动的现金收入、筹资活动的现金收入等在全部现金收入中的比重以及各项业务活动现金收入中具体项目的构成情况。同样，现金支出结构分析则反映企业的现金用在哪些方面。现金余额结构是指企业的各项业务，包括经营活动、投资活动、筹资活动，其现金收支净额占全部现金余额的百分比，它反映企业的现金余额是如何形成的。

1. 流入结构分析。流入结构分析分为总流入结构和三项（经营、投资和筹资）活动流入的内部结构分析。

2. 流出结构分析。流出结构分析分为总流出结构和三项活动现金流出的内部结构分析。

3. 流入流出比分析。此比值越大，表明公司经营越好。一般来说，公司发展时期，此比值小，而衰退或缺少投资机会时此比值大。

流入流出结构的历史比较和同业比较，往往可以得到更有意义的信息。

对于一个健康的成长的公司来说，经营活动现金净流量应该是正数，投资活动的现金流量是负数，筹资活动的现金流量是正负相间的。

（二）盈利质量分析

盈利质量分析是指根据经营活动现金净流量与净利润、资本支出等之间的关系，揭示企业保持现有经营水平，创造未来盈利能力的一种分析方法。盈利质量分析主要包含以下两个指标：

1. 盈利现金比率。盈利现金比率＝经营现金净流量/净利润

这一比率反映企业本期经营活动产生的现金净流量与净利润之间的比率关系。在一般情况下，比率越大，企业盈利质量就越高。如果比率小于1，说明本期净利中存在尚未实现现金的收入。在这种情况下，即使企业盈利，也可能发生现金短缺，严重时会导致企业破产。在分析时，还应结合企业的折旧政策，分析其对经营现金净流量的影响。

2. 再投资比率。再投资比率＝经营现金净流量/资本性支出

这一比率反映企业当期经营现金净流量是否足以支付资本性支出（固定资产投资）所需要的现金。比率越高，企业扩大生产规模、创造未来现金流量或利润的能力就越强。如果比率小于1，说明企业资本性支出所需现金，除经营活动提供外，还包括外部筹措的现金。

（三）筹资与支付能力分析

筹资与支付能力分析是通过现金流量表有关项目之间的比较，反映企业在金融市场上的筹资能力以及偿付债务或费用的能力。企业筹资与支付能力分析主要包含以下几个指标：

1. 外部融资比率

外部融资比率＝[经营性应付项目增(减)净额＋筹资现金流入量]/现金流入量总额

这一比率反映企业在金融市场筹措资金的能力，或经营发展对外部资金的依赖程

度，这一比率越大，说明企业的筹资能力越强。

2. 强制性现金支付比率。强制性现金支付比率 = 现金流入总额/（经营现金流出量 + 偿还债务本息付现）

这一比率反映企业是否有足够的现金偿还债务、支付经营费用等。在持续不断的经营过程中，公司的现金流入量至少应满足强制性目的的支付，即用于经营活动支出和偿还债务。这一比率越大，其现金支付能力就越强。

3. 到期债务本息偿付比率。到期债务本息偿付比率 = 经营活动现金净流量/（本期到期债务本金 + 现金利息支出）

这一比率用来衡量企业到期债务本金及利息可由经营活动创造现金支付的程度。比率越大，说明企业偿付到期债务的能力就越强，如果比率小于1，说明企业经营活动产生的现金不足以偿付到期债务本息，企业必须对外筹资或出售资产才能偿还债务。

4. 现金偿债比率。现金偿债比率 = 经营现金净流量/长期债务总额

这一比率反映企业按照当前经营活动提供的现金偿还长期债务的能力。虽然企业可以用从投资或筹资活动中产生的现金来偿还债务，但从经营活动中所获得的现金应该是企业长期现金的主要来源。一般来说，这一比率越高，企业偿还债务的能力就越强。

5. 现金股利支付率或利润分配率。现金股利支付率 = 现金股利或分配的利润/经营现金净流量

这一比率反映本期经营现金净流量与现金股利（或向投资者分配利润）之间的关系，比率越低，企业支付现金股利的能力就越强。传统的股利支付率（应付股利/净利润，假设不考虑优先股）反映的是支付股利与净利润的关系，而按现金净流量反映的股利支付率更能体现支付股利的现金来源及其可靠程度。

在分析中，企业还可将现金和现金等价物与流动资产或流动负债进行比较。一般来说，现金和现金等价物占流动资产或流动负债的比率越高，其支付能力就越强；但现金是非盈利资产，比率越高，其持有现金的机会成本亦越高。

以上是根据现金流量表，利用比率法分析企业的财务状况。为全面了解企业在一定期间的现金流动状况及其他信息，还可将现金流量表与其他财务报表提供的信息联系起来，将本企业的财务比率与同行业平均水平或标准比率，或本企业历史水平进行比较分析，以便为财务决策提供真实可靠的财务信息。

需要特别说明的是，财务分析是投资分析的重要工具和手段，作为理财规划师而言，要密切关注相关的财务会计制度的变化以及对投资对象的影响，这样才能作出切合实际的判断。与企业财务相比，个人的财务指标分析要相对简单，但在个人理财规划中同样十分重要。具体内容将在实务部分作详细介绍。

第三节 本量利分析

一、本量利分析的意义

本量利分析，即数量、成本、利润分析，也称为损益平衡分析，是企业经营管理中用于预测目标利润，确定目标成本，规划生产经营的一种现代技术方法。企业经营的目的在于获得最大的资本增值。本量利分析的主要作用就在于通过损益平衡计算找出并确定一个损益平衡点或保本点，以及进一步突破此点后增加销售数量，控制成本，提高利润的可能性。本量利分析还有助于发现和确定企业增加利润的潜在能力，以及各有关因素变动对成本、利润的影响程度。

损益平衡分析的前提，要求先将产品销售成本划分为固定成本和变动成本两部分。然后根据产品销售价格，计算出产品销售量达到何种程度时，产品销售收入正好等于产品销售成本。这就是损益平衡点，或保本点。

二、损益平衡点的计算方法

销售量、成本与利润的关系如下：

利润 = 销售收入 - 固定成本总额 - 变动成本总额

$r = px - a - bx$

式中：r——利润；

p——单价；

x——销量；

a——固定成本总额；

b——单位变动成本。

当 r 为 0 时，则损益平衡点或保本销售量为：$x = a/(p - b)$

三、损益平衡分析的扩展应用

损益平衡分析是从损益平衡点计算开始，然后在此基础上，进一步分析目标利润的测定方法。损益平衡分析的主要目的在于寻找企业控制成本，提高利润的潜在能力和途径。一般说来，影响企业目标利润的因素有：产品销售数量、产品销售价格、单位产品变动成本、固定成本总额等。这些因素是经常发生变动的，尤其是在市场经济条件下，因竞争的激烈，各种因素即使在短期内也会发生变动。各因素的变动尽管很小，也会对企业目标成本、目标利润产生影响。

通过对各因素变动情况的分析，有助于理解其影响程度，能够正确计算损益平衡点，测定目标利润，控制目标成本。当企业的目标利润确定后，分析各因素变化对实现目标利润的影响。本量利分析在个人理财规划中同样可以得到借鉴，诸如证券投资、保险投资等方面都可以应用其原理进行筹划。

【例 2－10】假定某企业生产 A 产品，单位变动成本为 10 元，单位销售价格为 15 元，固定成本总额为 15000 元。根据资料，可以首先计算出保本点。保本点＝15000÷（15－10）＝3000（件）之后，给出目标利润，可以分析各个因素的变动情况。

1. 销售量。如果目标利润为 10000 元，销售量应该是多少？销售量＝（15000＋10000）/（15－10）＝5000（件）

2. 销售价格。销售数量在 4000 件的情况下，要实现目标利润 10000 元，销售价格应该是多少？销售价格＝（15000＋10000）/4000＋10＝16.25（元）

3. 单位变动成本。销售数量在 4000 件的情况下，价格仍为 15 元，要实现目标利润 10000 元，单位变动成本应该降到多少？单位变动成本＝15－（15000＋10000）/4000＝8.75（元）

4. 固定成本。销售数量在 4000 件的情况下，价格仍为 15 元，单位变动成本仍为 10 元，要实现目标利润 10000 元，固定成本应该降到多少？固定成本＝15×4000－10×4000－10000＝10000（元）

第四节 个人会计及财务管理与企业会计及财务管理的区别

一般而言，企业财务会计的主要目标是向外部投资者、债权人、内部经营管理者以及政府部门或监管当局提供有关企业可以利用的经济资源、外部要求、各类交易的发生和变动，以及财务成果（利润及其构成）等各方面的信息，从而帮助各方了解企业的财务状况和经营成果，据以作出投资和信贷决策，为政府部门的宏观经济管理以及企业的内部经营管理提供决策的信息依据。

作为理财规划师来说，掌握企业财务会计理论与知识，对帮助客户规划投资、进行决策等方面是很重要的；同时，理财规划师的主要业务是要针对个人及家庭进行理财规划服务，因此，就必须要明确个人财务会计管理与企业之间的区别，有针对性的开展工作。

一、个人（家庭）财务报表

（一）个人（家庭）资产负债表

个人资产负债表反映的是客户个人资产和负债在某一时点上的基本情况。在理财规划活动中，由于客户情况千差万别，需要关注的重点也各不相同，所以一般不对个人资产负债表的格式做具体规定，理财规划师可根据客户的家庭情况和工作习惯进行具体的格式设计。在这一点上，个人理财规划与公司理财显然大不相同。

在实际工作中，理财规划师依据客户数据调查表中与此相关的资料，加以必要的分析调整，便可编制出该客户的个人资产负债表，我们以表2－10为例说明客户资产负债表通常包括的内容。

表2－10　　资产负债表

日期			姓名
资产			金额
金融资产	现金与现金等价物	现金	
		活期存款	
		定期存款	
		其他类型银行存款	
		货币市场基金	
		人寿保险金收入	
	现金与现金等价物小计		
	其他金融资产	债券	
		股票及权证	
		基金	
		期货	
		外汇实盘投资	
		人民币（美元港币）理财产品	
		保险理财产品	
		证券理财产品	
		信托理财产品	
		其他	
	其他金融资产小计		
金融资产小计			

续表

日期		姓名	
资　　产			金额
实物资产	自住房		
	投资的房地产		
	机动车		
	家具和家用电器类		
	珠宝和收藏品类		
	其他个人资产		
实物资产小计			
资产总计			
负　　债			
负债	信用卡透支		
	消费贷款（含助学贷款）		
	创业贷款		
	汽车贷款		
	住房贷款		
	其他负债		
负债总计			
净资产（总资产－总负债）			

（二）个人（家庭）收入支出表

收入支出表同样是一个重要的财务分析工具，对于帮助理财规划师了解客户的收入支出信息很有意义。通过收入支出表的编制，理财规划师可以对客户在某一时期的收入和支出进行归纳汇总，为进一步的财务现状分析与理财目标设计提供基础资料。

通常情况下，客户的个人收入支出表分为三栏：收入、支出和结余（或超支）。收入支出表一般以 12 个月为一个编制周期。理财规划师可以通过对数据调查表的相关资料进行分析调整进而编制收入支出表。表 2－11 显示了客户收入支出表通常包括的内容。

表 2－11　　　　收 入 支 出 表

日期：			姓名：
一、收入			
		数量	占总收入比例
工资和薪金	姓名		
	姓名		
自雇收入（稿费及其他非薪金收入）			
奖金和佣金			
养老金和年金			
投资收入	利息和分红 资本利得 租金收入 其他		
其他收入			
（I）总收入			
二、支出			
		数量	占总支出比例
房子	①租金（抵押贷款）支付（包括保险和纳税）		
	②修理、维护和装饰		
家电、家具和其他大件消费购买和维修汽车	①贷款支付		
	②汽油及维护费用		
	③保险费、养路费、车船税等		
	④过路与停车费等		
日常生活开支	①水电气等费用		
	②通讯费		
	③交通费		
	④日常生活用品		
	⑤外出就餐		
	⑥其他		
购买衣物开支	衣服、鞋子及附件		
个人护理支出	化妆品、头发护理、美容、健身		
休闲和娱乐	①休闲		
	②其他娱乐和休闲		

续表

日期：			姓名：
二、支出			
		数量	占总收入比例
商业保险费用	①人身保险		
	②财产保险		
	③责任保险		
医疗费用	医疗费用		
其他项目			
（II）总支出			
现金结余（或超支）［（I）－（II）］			

二、个人（家庭）财务报表比率分析

理财规划师在分析客户财务状况过程中经常运用的财务比率，通常可以利用客户资产负债表和收入支出表中相关数据计算得到。这些比率从不同方面反映了客户的财务状况及相关信息，理财规划时可以透过这些比率对客户的行为方式和心理特征进行分析，这对于保证理财方案的科学性和合理性具有十分重要的意义。常见的比率主要有以下几种：

（一）结余比率

结余比率是客户一定时期内（通常为一年）结余和收入的比值，它主要反映客户提高其净资产水平的能力。就客户个人而言，只有税后收入才是真正可支配的收入，所以，在测算结余比率时，应采用客户税后收入作为计算标准。

其计算公式如下：

结余比率＝结余/税后收入

如某客户上年共取得税后收入500000元，年终结余200000元，则其结余比率为200000/500000＝0.4。这意味着该客户在支出之余留存了40%的税后收入，这一部分可被用于投资或是储蓄，均可增加该客户的净资产规模。我国具有偏重储蓄的传统，国内客户的结余比率一般会比国外客户高。

与此相关的一个比率是月结余比率，即每月收支结余与月收入的比率，这一比率是通过衡量每月现金流状况而细致反映客户的财务状况。月结余比率的参考数值一般是0.3左右。由于不同客户家庭财务状况不同，结余比率在不同城市，家庭分化比较明显，但一般认为保持在0.3较为适宜。其计算公式为：

月结余比率＝（月收入－月支出）/月收入

（二）投资与净资产比率

投资与净资产比率是投资资产与净资产的比值，它反映客户通过投资提高净资产规模的能力。其计算公式如下：

投资与净资产比率 = 投资资产/净资产

客户的投资资产包括资产负债表中"其他金融资产"的全部项目和"实物资产"中的房地产方面的投资及客户以投资为目的储存的黄金和其他收藏品等。

除收支结余外，投资收益是提高净资产水平的另一条重要途径，甚至是主要途径。然而，投资必然伴随着风险，投资规模越大，面临的资产损失风险就会越高，因此，投资与净资产比率必须保持在一个合理的水平，既不能过高也不能偏低。有研究认为，投资与净资产比率保持在 0.5 或稍高是较为适宜的水平，既可以保持合适的增长率，又不至于面临过多的风险。就年轻客户而言，其投资规模受制于自身较低的投资能力，因此，其投资与净资产比率也相对较低，一般在 0.2 左右就属正常。

如某客户的投资资产数额为 480000 元，其净资产为 960000 元，则其投资与净资产比率为 480000/960000 = 0.5，这表明该客户的净资产中有一半是由投资组成，且投资比率适宜。

（三）清偿比率

清偿比率是客户净资产与总资产的比值，这一比率反映客户综合偿债能力的高低。其计算公式如下：

清偿比率 = 净资产/总资产

显然，清偿比率的数值变化范围在 0 ~ 1 之间。一般来说，客户的清偿比率应该高于 0.5，保持在 0.6 ~ 0.7 较为适宜。如果客户的清偿比率太低，就说明对外债务是其拥有资产的主体，甚至其日常开支也依靠借债来解决。就该客户而言，一旦出现债务到期或收入水平下降的情况，他就很容易面临损失资产甚至资不抵债的困境，严重时便会迅速破产。从另一方面看，清偿比率也不宜过高，过高的清偿比率意味着客户负债很少或几乎没有负债，这说明客户没有合理利用其应债能力提高个人资产规模，其财务结构需要进一步优化。由于我国居民大多仍不习惯负债消费或理财，因此，国内客户的清偿比率一般较高（但在部分发达城市，居民清偿比率已呈现逐步降低趋势）。如果某客户的净资产为 750000 元，总资产为 1000000 元，可知其清偿比率为 750000/1000000 = 0.75。这说明该客户总资产中净资产所占比例较高，即使他面临较大的还债压力，该客户也有足够的能力通过变现资产来偿还债务。

（四）负债比率

负债比率是客户负债总额与总资产的比值，显然这一比率与清偿比率密切相关，同样可以用来衡量客户的综合偿债能力。其计算公式为：

负债比率 = 负债总额/总资产

由于负债总额与净资产之和同总资产相等，所以负债比率与清偿比率为互补关系，其和为1。负债比率的数值变化范围同样也在0～1之间。由清偿比率相关分析可推知，理财规划师应该建议客户将负债比率控制在0.5以下，但也不应低至接近0的程度。仍以上面客户为例，其负债比率 = （1000000 - 750000）/1000000 = 0.25

（五）负债收入比率

这一比率亦称为债务偿还收入比率（Debt - IncomeRatio），是到期需支付的债务本息与同期收入的比值。它是反映客户在一定时期（如一年）财务状况良好程度的指标。在西方发达国家，债务偿还通常是在纳税之前进行的，所以，在计算该比率时，其收入数值采用的是税前收入额。而在我国，目前尚无个人税前还债的相关规定，因此，在计算这一比率时，应采用税后收入额。

负债收入比率 = 负债/税后收入

对于负债收入比率来说，选定测算周期是一个重要步骤，这需要根据客户的具体情况进行判断。对于收入和债务支出都相对稳定的客户来说，选用一年作为测算周期更有助于反映其财务状况；而对于收入与债务数额变动较大的客户来说，选用较短的测算周期（如月、季）则更能准确反映其财务状况。

至于负债收入比率处于什么水平较为适宜，这需要理财规划师根据客户的资产结构、信誉水平等因素进行具体判定。有专家认为，0.4是负债收入比率的临界点，过高则容易发生财务危机。

（六）流动性比率

流动性比率是流动资产与月支出的比值，它反映客户支出能力的强弱。资产流动性是指资产在保持价值不受损失的前提下变现的能力。流动性强的资产能够迅速变现而价值不受减损，现金与现金等价物是流动性最强的资产；流动性弱的资产不易变现或在变现过程中不可避免地要损失一部分价值，日常用品类资产的流动性显然较弱。其计算公式如下：

流动性比率 = 流动资产/每月支出

其中，流动资产通常为资产负债表中“现金与现金等价物”项目。

资产的流动性与收益性通常成反比，即流动性较强的资产收益性较低，而收益性较高的资产其流动性则往往欠佳。因此，应根据客户的具体情况，兼顾考虑资产流动性与收益性两个方面，进而提出有价值的理财建议。对于工作稳定、收入有保障的客户来说，资产的流动性并非其首先要考虑的因素，因此，可以保持较低的资产流动性比率，而将更多的流动性资产用于扩大投资，从而取得更高的收益。而对于那些工作缺乏稳定性、收入无保障的客户来说，资产收益性的重要性倒在其次，因此，理财规划师应建议此类客户保持较高的资产流动性比率。通常情况下，流动性比率应保持在3左右。

（七）即付比率

即付比率反映客户利用可随时变现资产偿还债务的能力。一般说来，这一指标应保持在0.7左右。

即付比率＝（现金＋现金等价物）／（流动负债－预收款－预提费用－6个月以上的短期借款）

即付比率偏低，意味着当经济形势出现较大的不利变化时，客户无法迅速减轻负债以规避风险，偏高则是过于注重流动资产，综合收益率低，财务结构不合理。

三、个人与企业会计及财务管理的区别

通常，个人及家庭财务没有大多数企业财务那么复杂，而且，它们之间存在的区别是很明显的。具体区别主要表现在以下几个方面：

1. 制作个人及家庭财务报表的主要目标是为了家庭财务管理，这些信息大部分情况下都不需要对外公开。如果需要对外公开，一般主要有两种情况：一是个人及家庭的个人财务规划师或理财师、保险顾问、税务顾问、律师等为了帮助个人及家庭进行个人财务、个人风险管理和保险规划、个人税务筹划或遗产、事业继承规划，往往需要用到这些资料和数据。二是一些贷款人为了对个人及家庭的资产和偿付能力进行评估从而据此作出贷款或者授信决策，需要对个人及家庭资产负债表和损益表中的一些他们所关注的内容，比如总债务水平、房产和汽车价值、其他金融资产或生息资产的价值，进行了解，但他们一般不会使用全部个人及家庭资产负债表和损益表的内容。

2. 由于个人及家庭的财务报表不需要定期对外报告，所以一般不用受到严格的会计准则或国家会计、财务制度的约束。对于个人及家庭的财务报表，没有任何广泛接受的会计准则的要求。个人及家庭完全可以根据自己的需要来编制。我们在本章中所提供的范例不代表任何财务准则或会计制度，读者可以自行设计适合自己的报表，也可以创造性地提出其他财务指标对报表进行分析。

3. 个人及家庭的财务报表没有计提减值准备的严格要求。在企业的会计和财务管理中，为了审慎的计量企业的资产，会计的谨慎原则要求对各种资产项目计提减值准备，比如对应收账款和其他应收款要计提坏账准备，对短期股票投资和短期债券投资要计提短期投资跌价准备，对库存商品原材料要计提存货跌价准备，对长期股权投资、长期债权投资要计提长期投资减值准备、对企业拥有的房屋、建筑物、机器设备要计提固

定资产减值准备，对企业拥有的专利权、商标权要计提无形资产减值准备；另外对于在建工程和委托贷款也都要计提减值准备。这些减值或跌价准备作为对相应资产项目的备抵科目，必须列在资产负债表中，作为相应资产的减项。而对于个人及家庭的财务报表就没有这么严格的要求。一方面，以上列举的很多会计科目都不是个人及家庭资产负债表的内容。即使对于那些个人及家庭资产负债表中的主要资产项目，比如住宅、汽车、股票投资或债券投资，减值准备也是可列可不列的。完全视个人及家庭的需要和编制会计报表时的经济环境而定。一般而言，只有宏观经济十分萧条，金融市场交易特别清淡的时候，谨慎起见，才需根据房产（包括自用住宅和商用、投掷住宅）或金融资产或生息资产可能贬值的情况，对这些项目计提减值准备，列入个人及家庭资产负债表作为减项。

四、个人及家庭财务报表并不严格要求对固定资产计提折旧

企业会计严格要求对固定资产计提折旧，国家根据企业的不同类型规定其计提折旧的政策。对于个人及家庭会计报表而言，尽管家庭的自用住宅、商用（投资）住宅和汽车也有折旧的问题，尤其是家用汽车，3～5年就可能折旧光。但是很多时候，也不一定把折旧列入个人及家庭资产负债表。

五、企业资产负债表与损益表中所必需的对应关系在个人及家庭财务报表中就显得不是那么重要

这种对应关系意味着损益表中的每一项都是与资产负债表相对应，例如，如果企业的一项资产价值增加，其增加的价值将最终进入利润及利润分配表中，同时，资产负债表中的所有者权益和资产也会增加。但是，如果个人及家庭的自用住宅价值增加，一般就只需要在其资产负债表中直接记入已经增加的价值额，而不会把它列为收入而记入净资产。因为个人及家庭还会在这里住很长时间，不会立即转手卖掉，增加的价值不会形成当期收益，而会被个人及家庭慢慢消费掉。当然，如果是自用住宅之外的投资性房产（比如用于商用或出租）价值增值，就另当别论了。

六、在个人及家庭的财务管理中，我们倾向于处理现金而不是将来会有的收入

也就是说，个人及家庭的财务会计中几乎不进行收入或费用的资本化。比如个人投资于某学历或职业培训会，由于增加了的人力资本价值从而增加其未来收入。企业可以将这项支出资本化从而递延到未来分期摊消，而个人及家庭的财务管理一般就只把它视为一项生活支出，而不是投资性支出。

案例分析

G银河财务造假案分析

G银河于2006年1月完成股权分置改革方案，紧接着就被揭露其财务造假行为，于是成为股改后第一个被挖出造假事件的上市公司。

一、案例简介

1. 基本情况。G银河全称为北海银河高科技产业股份有限公司，股票代码为000806，系1993年4月经广西壮族自治区经济体制改革委员会批准、以定向募集方式设立的股份有限公司。经中国证券监督管理委员会批准，公司于1998年2月18日向社会公开募集公众股2100万股，并于1998年4月16日获准在深圳证券交易所挂牌上市；根据2000年1月27日召开的2000年第一次临时股东大会决议，公司将原名称“北海银河股份有限公司”更名为“北海银河高科技产业股份有限公司”，股票简称由“北海银河”改为“银河科技”。公司注册资本为348951454.00元。2006年1月9日，股权分置改革方案完成。

2. 股权变更情况。2002年10月29日，公告称公司第一大股东东北海通台经济发展有限公司（持有公司股份26872560股，占总股份的8.86%），实际控制人变更为广西银河集团有限公司。通台公司为银河集团的成员企业之一，银河集团现持有通台公司52.17%的股权。之后于2004年1月以3.92元/股协议受让部分股东持有的38050645股，2005年10月，以3.7元/股的价格受让北海市高昂建设有限责任公司持有本公司5922960股的非流通股，三次受让后，银河集团共持有公司境内法人股95516982股，占总股本的22.81%。

3. 公司经营范围。电子元器件生产与销售，电力系统自动化软件及高低压开关设备、变压器设备的开发、生产、销售，计算机软件开发、技术咨询及技术服务，科技产品开发；企业自产机电产品、成套设备及相关技术的出口、本企业生产、科研所需的原辅材料、机械设备、仪器仪表、备品备件、零配件及技术的进出口（国家实行核定公司经营的商品除外），开展本企业中外合资经营、合作生产及“三来一补”业务。

4. 募资情况。1998年2月14日，新股发行募集资金11818.2万元，2002年3月21日，增发募集资金58500万元。2002年3月，公司实施公募增发5000万股A股，发行日为2002年3月6日，上市日为2002年3月22日。

二、舞弊手法

G银河的现今第一大股东银河集团于2002年10月登上了此次资本运作的舞台。2006年1月10日，《上海证券报》独家报道了G银河2003年的财务造假。其实，早在2004年8~10月，财政部广西专员办就对公司的财务会计信息质量进行了专项检查。

北海银河高科技产业股份有限公司涉嫌的舞弊事件有：

1. 虚增收入和利润。2002年、2003年公司大股东广西银河集团有限公司以现金出资为公司包装了经营业绩，公司通过将与大股东及其关联企业的资金往来确认为收入的方法，虚增销售收入2.63亿元（不含税收入2.25亿元）、虚增净利润4300万元。

2. 大股东占用资金及银行贷款余额账实不符。2003年，银河集团经营规模迅速扩张，资金需求较大。考虑到大股东长期以来对公司的支持，公司在不影响正常经营的情况下与大股东发生了资金往来。2003年，大股东占用公司资金累计3.93亿元，其中，包括未披露的银行贷款2.7亿元，另1.23亿元计入其他应收款科目。

3. 虚假披露与隐瞒。据银河科技2004年年报显示，该上市公司合并报表的子公司有12家，四川永星电子有限公司是其中一家不大的子公司。经过华寅会计师事务所审计的年报数据显示，该公司2004年的净利润为2002.18万元人民币。但是，严义明通过调查获得了盖有四川永星电子有限公司公章的财务报表显示，四川永星电子有限公司2004年度的净利润应为751.1696万元人民币。两个数据相比，仅这一家公司的虚增利润额就高达1250.484万元。

4. 现金流异常。上海国家会计学院财务舞弊研究中心则发现，银河科技近年来现金流存在异动。

随后发现该公司2004年突然出现了2.5亿多元的其他与经营活动有关的现金支出，比上一年增加了近2亿元，在这个大额支出之后，当年的经营现金净流量是-7000多万元。到了2005年，问题在继续，截至第三季度其他与经营活动有关的现金支出已高达2.47亿元。由于这个项目在会计报表上相当隐蔽，所以，到底是什么重大支出不得而知。

三、财务造假情况简析

G银河的财务造假公布后不久，财政部2005年对华寅会计师事务所有限责任公司给予了警告的行政处罚，理由是该所在对银河科技2003年度会计报表进行审计时，未对该公司的银行账户、应收账款有效实施函证及必要的替代审计程序，在未获取充分适当的审计证据的情况下，对该公司虚增销售收入2.63亿元、隐瞒银行借款2.7亿元的报表数据予以确认，发表了不恰当的审计意见。负责公司2005年审计工作的事务所也换成了南方民和。但是，令人遗憾的是迄今为止虚增的2.63亿元收入尚未作任何追溯调整。

从公司的年报中可以看到2003年公司的销售收入及净利润分别是9.59亿元、12336.93万元，减去虚增的销售收入及净利润，实际销售收入及净利润分别为6.96亿元、8036.93万元。出具重大会计差错更正后，公司账面将出现5.33亿元的巨额窟窿。公司为什么选在这个时候对业绩进行包装呢？这就让人联想到，银河科技于2002年3月通过增发融资5.54亿元，10月银河集团成为公司第一大股东，持股8.86%。银河集团的掌控人潘琦持在银河科技融资不到一年，2003年3月初，银河集团就成功收购了长征电器（上市公司），出价1.44亿元。此时，正是银河科技获得大股东资助，包装报表的时期。2004年5月，股权过户正式完成，此时银河集团持有长征电器27%的股份，潘理所当然成为长征电器的董事长。公司公告声称2003年大股东银河集团规模扩张迅速，资金需要较大，此时对长征电器的收购恐怕就是其中举足轻重的一项。据公告披露，银河集团占用上市公司3.93亿元，从这一点来看，银河集团的资金有相当一部分来自于对银河科技的资金占用。从以上分析可以看出，银河集团通过对上市公司的包装，增发融资，又占用上市公司资金来发展业务，完成更多的收购，为自己提供一个更大的融资及资本运作的平台。为银河科技多年提供年报审计服务的华寅会计师事务所曾被评为全国百强会计师事务所，承担了16家上市公司的报表审计。就是这样一家事务所由于银河科技事件受到了财政部的警告处分，对于2002年、2003年银河科技的虚增利润及重大未披露问题，华寅视若无睹，依然出具了无保留意见审计书。留给我们的思考：财务透明化是对上市公司最基本的要求，是对广泛投资者利益的保护，但是，很难避免上市公司的财务舞弊行为。在我们呼唤对上市公司规范管理的同时，投资者也应具备一定的专业知识，从而具有一定的分析能力和判断能力，才能恰当地投资适合自己的上市公司股票。

本章总结

本章主要介绍了会计与财务管理的基础知识，并分析了个人财务与企业财务的区别。内容难度不是太大，但在理财规划师的从业过程中是非常重要的知识准备，考生应该系统全面地加以掌握。

第三章

宏观经济分析

学习目标

宏观经济学是以整个国民经济活动作为研究对象，研究经济总量的决定以及相关经济指标的相互关系。在本章中，理财规划师需要掌握：宏观经济分析的意义和内容；财政政策和货币政策的基本理论；经济周期理论的基本知识及产业政策和行业分析的基本理论。

本章结构

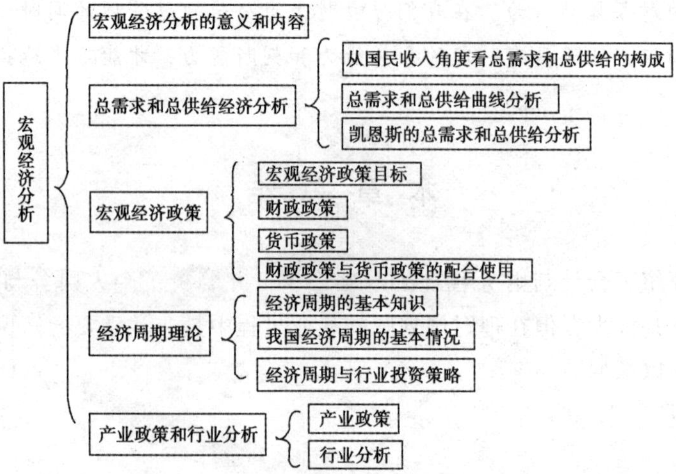

本章重点与难点

重点：

1. 财政政策和货币政策
2. 经济周期的理论性解释
3. 经济周期与投资策略
4. 行业发展与投资策略选择

难点：

1. GDP 的计算方法
2. 供需分析理论
3. 经济周期的理论性解释
4. 行业发展与投资策略选择

宏观经济和理财是密切相关的，或者说理财要看宏观经济的“脸色”。人们的理财活动总是处在一定的大环境之下，最高层次的环境就是国际经济形势，然后是国内经济形势和产业经济的形势。首先要熟悉不同层次的经济环境，然后了解个人的理财活动在整个经济活动中的地位，熟悉不同层面的宏观经济形势、宏观经济政策和个人理财的关系，进一步为个人的理财活动提供依据。具体来说，就要了解 GDP、物价指数、汇率、利率、财政政策、货币政策和产业等术语，还要了解这些术语背后千丝万缕的联系，而不仅仅是了解术语本身。在此基础上，了解上述诸因素的相互关系会对个人理财产生什么影响。证券投资是理财中投资规划的重要组成部分，在股海中浮沉，讲求的是顺势而为。何谓顺势而为？顺势而为即把握大势，把握市场的大方向。根据大方向，适时制定相应的投资策略。要准确理解大盘的趋势需要，知悉经济的短期和中长期走势，如股票市场中的牛市常常产生于宏观经济形势好的时候，而熊市往往产生在经济不景气的时候，投资者必须判断目前的经济形势，及其中长期的走势。不仅如此，还需判断利率、汇率和国家政策变化对股票市场的影响。因此，把握大势者，必须站得高、看得远，理财规划师从事理财行业必须从认识宏观经济开始。

第一节　宏观经济分析的意义和内容

一、宏观经济分析的意义

作为一个开放经济体，宏观经济运行涉及居民、企业、政府和对外贸易企业四个部门。宏观经济分析就是结合四大部门的运行来揭示一国经济的总产出、价格水平、就业水平和利率等宏观变量变动情况。理财规划师必须对国家的宏观经济有一定的认识，能够较为清楚地分析当前的国民经济运行状况，理解国家的宏观政策导向和未来变动趋势，才能准确判断投资组合收益与风险变动方向。

二、宏观经济分析的内容

（一）国民经济总体指标

1. 国内生产总值（GDP）。国内生产总值是指一个国家在某一时期（通常为一年）内所产生的所有最终产品和服务的价值总和，是衡量宏观经济运行规模的最重要指标。

理解这一概念应注意以下几点：（1）GDP是一个市场价值的概念。各种最终产品的市场价值就是用这些最终产品的价格乘以相应的产量然后加总。（2）GDP所给出的是最终产品的价值，中间产品价值不计入GDP，否则会造成重复计算。（3）GDP是一定时期内所生产的，而不是所销售掉的最终产品价值。（4）GDP是计算期内生产的最终产品价值，因而是流量而不是存量。（5）GDP一般指市场活动所导致的价值，诸如家务劳动、自给自足生产等非市场活动不计入GDP。

GDP的变动可能是由于价格变动，也可能是由于数量变动。因此，需要区分名义GDP和实际GDP。名义GDP是用生产物品和劳务的当年价格计算的全部最终产品的市场价值。实际GDP是用从前某一年作为基础的价格计算出来的全部最终产品的市场价值。

人们可以从三个角度来计量GDP：第一是从生产角度出发，把一个国家在一定时期内所生产的全部物品和劳务的价值总和减去生产过程中所使用的中间产品的价值总和。这种方法被称为生产法。第二是从收入角度出发，因为所有产出都是通过货币计量的，并构成各生产单位所雇佣的各种生产要素的收入。这种方法被称为收入法。第三是从支出的角度出发，因为所有最终产品都是提供给市场的，市场上的需求者购买这些最终产品时就会有等量的支出发生。这种方法被称为支出法。从理论上讲，用生产法、收入法和支出法计算出的GDP应该是一致的。下面说明衡量GDP的支出法。

用支出法核算GDP，就是通过核算在一定时期内整个社会购买最终产品的总支出来计量GDP。谁是最终产品的购买者呢？在实际生活中，对最终产品的购买（或需求）包括四个部分：即居民消费、企业投资、政府购买和净出口。

消费支出是指本国居民对最终产品的购买。在宏观经济学中，通常用字母C代表消费。消费支出可以进一步分为耐用消费品（如空调器、小汽车等）的支出、非耐用品（如食物、衣服等）的支出和劳务（如医疗、旅游等）支出。

投资包括固定资产投资和存货投资两类。固定资产投资指新厂房、新设备、新商业用房以及新住宅的增加。存货投资是企业掌握的存货（或称库存）的增加（或减少）。它可能是正值，也可能是负值。从国民经济统计的角度看，生产出来但没有卖出的产品只能作为企业的存货投资处理，这样就使从生产角度统计的 GDP 和从支出角度统计的 GDP 相一致。我们通常用字母 I 表示投资支出。

政府购买是指各级政府购买物品和劳务的支出，用字母 G 表示。政府购买是政府支出的一部分，政府支出的另一部分包括政府转移支付、公债利息等。在宏观经济学中，通常是将政府转移支付放到消费支出上来处理的。

净出口是指一国出口额与进口额的差额。出口是指一个国家的物品和劳务输出到国外，由国外的居民、企业和政府形成对这些物品和劳务购买。进口是指本国居民、企业和政府对外国生产的物品和劳务的购买。用 X 表示出口，M 表示进口，净出口为（X－M）。显然，当一国出口额大于进口额时，净出口为正值；反之，当一国的出口额小于进口额时，净出口为负值。

于是，按照支出法得出：

国内生产总值（GDP）$=C+I+G+(X-M)$

由于用于购买最终产品的每一项支出都意味着销售者同一货币额的收入，因而通过计算要素所有者收入，即运用收入法计算的 GDP 值，在理论上自然应该同运用支出法计算的结果相同。

与国内生产总值类似的一个指标是国民生产总值。国民生产总值（GNP）是指经济社会（即一国或一地区）在一定时期内运用生产要素所生产的全部最终产品（物品和劳务）的市场价值。GDP 和 GNP 作为国民收入核算的两个指标，反映了统计上的两种原则。GDP 是与所谓国土原则联系在一起的。按照这一原则，凡是在本国领土上创造的收入，不管是不是本国国民所创造的，都被计入本国 GDP。特别地，外国公司在某一国子公司的利润应计入该国的国内生产总值，而该国企业在国外子公司的利润就不应被计入。GNP 是与所谓国民原则联系在一起的。按照这一原则，凡是本国国民（包括本国公民以及常住外国但未加入外国国籍的居民）所创造的收入，不管生产要素是否在国内，都被计入本国 GNP。特别地，一国企业在国外子公司的利润收入应计入该国的国民生产总值，而外国公司在该国子公司的利润收入则不应被计入该国的国民生产总值。

GDP 变动是一国经济成就的根本反映，GDP 的持续上升表明国民经济良性发展，制约经济的各种矛盾趋于或达到协调，人们有理由对未来经济产生好的预期；相反，如果 GDP 处于不稳定的非均衡增长状态，暂时的高产出水平并不表明一个好的经济形势，不均衡的发展可能激发各种矛盾，从而孕育一个深的经济衰退。证券市场作为经济的“晴雨表”如何对GDP的变动作出反应呢？必须将GDP与经济形势结合起来进行考察，不能简单地以为GDP增长，证券市场就将伴之以上升的走势，实际上有时恰恰相反，关键是看GDP的变动是否将导致各种经济因素（或经济条件）的恶化。下面对几种基本情况进行阐述：

（1）持续、稳定、高速的GDP增长。在这种情况下，社会总需求与总供给协调增长，经济结构逐步合理，趋于平衡，经济增长来源于需求刺激并使得闲置的或利用率不高的资源得以更充分的利用，从而表明经济发展的良好势头，这时证券市场将基于下述原因而呈现上升走势。

①伴随总体经济增长，上市公司利润持续上升，股息和红利不断增长，企业经营环境不断改善，产销两旺，投资风险也越来越小，从而公司的股票和债券得到全面升值，促使价格上扬。

②人们对经济形势形成了良好的预期，投资积极性得以提高，从而增加了对证券的需求，促使证券价格上涨。

③随着GDP的持续增长，国民收入和个人收入不断提高，收入增加也将增加证券投资的需求，从而证券价格上涨。

（2）高通胀下GDP增长。当经济处于严重失衡下的高速增长时，总需求大大超过总供给，这将表现为高的通货膨胀率，这是经济形势恶化的征兆，如不采取调控措施，必将导致未来的“滞胀”（通货膨胀与增长停滞并存）。这时经济中的矛盾会突出地表现出来，企业经营将面临困境，居民实际收入也将降低，因而，失衡的经济增长必将导致证券市场下跌。

（3）宏观调控下的GDP减速增长。当GDP呈失衡的高速增长时，政府可能采用宏观调控措施以维持经济的稳定增长，这样必然减缓GDP的增长速度。如果调控目标得以顺利实现，而GDP仍以适当的速度增长，而未导致GDP的负增长或低增长，说明宏观调控措施十分有效，经济矛盾逐步得以缓解，为进一步增长创造了有利条件，这时证券市场亦将反映这种好的形势而呈平稳渐升的态势。

（4）转折性的GDP变动。如果GDP一定时期以来呈负增长，当负增长逐渐减缓并呈现向正增长转变的趋势时，表明恶化的经济环境逐步得到改善，证券市场走势也将由下跌转为上升。当GDP由低速增长转向高速增长时，表明低速增长中，经济结构得到调整，经济的瓶颈制约得以改善，新一轮经济高速增长已经来临，证券市场亦将伴之以快速上涨之势。证券市场一般提前对GDP的变动作出反应，也就是说它是反映预期的GDP变动，而GDP的实际变动被公布时，证券市场只反映实际变动与预期变动的差别，因而在证券投资中进行 GDP 变动分析时必须着眼于未来，这是最基本的原则。

GDP 就像一把尺子、一面镜子，是衡量一国经济发展和生活富裕程度的重要指标，但越来越多的人包括非常著名的学者，对 GDP 衡量经济增长的重要性发生了怀疑。斯蒂格利茨曾经指出，如果一对夫妇留在家中打扫卫生和做饭，这将不会被列入 GDP 的统计之内，假如这对夫妇外出工作，另外雇人做清洁和烹调工作，那么这对夫妇和佣人的经济活动都会被计入 GDP。说得更明白一些，如果一名男士雇佣一名保姆，保姆的工资也将计入 GDP。如果这位男士与保姆结婚，不给保姆发工资了，GDP 就会减少。

德国学者厄恩斯特和两位美国学者艾墨里·洛文斯，L. 亨特·洛文斯在他们合著的《四倍跃进》中对 GDP 在衡量经济增长中的作用更是提出了诘难，他们生动地写道："乡间小路上，两辆汽车静静驶过，一切平安无事，它们对 GDP 的贡献几乎为零。但是，其中一个司机由于疏忽，突然将车开向路的另一侧，连同到达的第三辆汽车，造成了一起恶性交通事故。'好极了'，GDP 说。因为，随之而来的是：救护车、医生、护士，意外事故服务中心、汽车修理或买新车、法律诉讼、亲属探视伤者、损失赔偿、保险代理、新闻报道等等，所有这些都被看作正式的职业行为，都是有偿服务。即使任何参与方都没有因此而提高生活水平，甚至有些还蒙受了巨大损失，但我们的'财富'——所谓的 GDP 依然在增加"。1998 年，湖北发了大水，遭了大灾，湖北的经济增长速度却提高到了 13%。基于以上的分析，三位学者深刻地指出："凭心而论，GDP 并没有定义成度量财富或福利的指标，而只是用来衡量那些易于度量的经济活动的营业额"。

需要进一步指出的是，国内生产总值其中所包括的外资企业虽然在我们境内从统计学的意义上给我们创造了 GDP，但利润却是汇回他们自己的国家的。一句话，他们把 GDP 留给了我们，把利润转回了自己的国家，这就如同在天津打工的安徽民工把 GDP 留给了天津，把挣的钱汇回了安徽一样。看来 GDP 只是一个"营业额"，不能反映环境污染的程度，不能反映资源的浪费程度，看不出支撑 GDP 的"物质"内容。在当今中国，资源浪费的亮点工程，半截子工程、都可以算在 GDP 中，都可以增加 GDP。

尽管 GDP 存在着种种缺陷，但这个世界上本来就不存在一种包罗万象、反映一切的经济指标，在我们现在使用的所有描述和衡量一国经济发展状况的指标体系中，GDP 无疑是最重要的一个指标。正因为有这些作用，所以说，GDP 不是万能的，但没有 GDP 是万万不能的。

从上文不难看出，目前在评价经济状况经济增长趋势及社会财富的表现时，使用最为广泛的国民经济核算所提供的 GDP 指标，不能完全反映自然与环境之间的平衡，不能完全反映经济增长的质量。这些缺陷使传统的国民经济核算体系不仅无法衡量环境污染和生态破坏导致的经济损失，相反还助长了一些部门和地区为追求高的 GDP 增长而破坏环境、耗竭式使用自然资源的行为。可以肯定的是，目前 GDP 数字里有相当一部分是靠牺牲后代的资源来获得的。有些 GDP 的增量用科学的发展观去衡量和评价，不但不是业绩，反而是一种破坏。我们要加快发展、加速发展，但不能盲目发展。

从 GDP 的含义到它的计算方法不难看出，GDP 仅仅用来衡量那些易于度量的经济活动的营业额，不能全面反映经济增长的质量。美国罗伯特·肯尼迪（美国总统约翰·肯尼迪之弟）“GDP 衡理一切，但并不包括使我们的生活有意义的东西”。这句话就是他在竞选总统的演说中对 GDP 这个经济指标的批评。他不是经济学家，但他的这段话颇受经济学家的重视。

2. 工业增加值。工业增加值是指工业企业在报告期内以货币形式表现的工业生产活动的最终成果。它是企业全部生产活动的总成果扣除了在生产过程中消耗或转移的物质产品和劳务价值后的余额，是企业生产过程中新增加的价值。

工业增加值有两种计算方法：

（1）生产法，即从工业生产过程中产品和劳务价值形成的角度入手，剔除生产环节中间投入的价值，从而得到新增价值的方法。其计算公式为：

工业增加值 = 工业总产值 - 工业中间投入 + 本期应交增值税

工业总产值是指以货币表现的工业企业在报告期内生产的工业产品总量。

工业总产值按“工厂法”计算，即以工业企业作为一个整体，按企业工业生产活动的最终成果计算。企业内部不允许重复计算，不能把企业内部各个车间生产的成果相加。但在企业之间、行业之间、地区之间存在着重复计算。

（2）收入法，即从工业生产过程中创造的原始收入初次分配的角度，对工业生产活动最终成果进行核算的一种方法。其计算公式为：

工业增加值 = 固定资产折旧 + 劳动者报酬 + 生产税净额 + 营业盈余

劳动者报酬是指劳动者因从事生产活动所获得的全部报酬。包括劳动者获得的各种形式的工资、奖金和津贴，既包括货币形式的，也包括实物形式的，还包括劳动者所享受的公费医疗和医药卫生费、上下班交通补贴、单位支付的社会保险费、住房公积金等。对于个体经济来说，其所有者所获得的劳动报酬和经营利润不易区分，这两部分统一作为劳动者报酬处理。

生产税净额是指生产税减生产补贴后的余额。生产税指政府对生产单位从事生产、销售和经营活动以及因从事生产活动使用某些生产要素（如固定资产、土地、劳动力）所征收的各种税、附加费和规费。生产补贴与生产税相反，指政府对生产单位的单方面转移支出，因此，视为负生产税，包括政策亏损补贴、价格补贴等。

固定资产折旧是指一定时期内为弥补固定资产损耗按照规定的固定资产折旧率提取的固定资产折旧，或按国民经济核算统一规定的折旧率虚拟计算的固定资产折旧。它反映了固定资产在当期生产中的转移价值。各类企业和企业化管理的事业单位的固定资产折旧是指实际计提的折旧费；不计提折旧的政府机关、非企业化管理的事业单位和居民住房的固定资产折旧是按照统一规定的折旧率和固定资产原值计算的虚拟折旧。原则上，固定资产折旧应按固定资产当期的重置价值计算，但是，目前我国尚不具备对全社会固定资产进行重估价的基础，所以暂时只能采用上述办法。

营业盈余是指常住单位创造的增加值扣除劳动者报酬、生产税净额和固定资产折旧后的余额。它相当于企业的营业利润加上生产补贴，但要扣除从利润中开支的工资和福利等。

工业增加值的变化可以影响证券市场。工业增加值增长，意味着工业企业的盈利增加，工业企业的相关证券价格也会随之上涨。所以，当工业增加值增长时，我们应该选择工业企业的相关证券产品进行投资，如该企业的股票等。反之，当工业增加值下降时，我们应该规避投资相关工业企业的证券产品。

3. 失业率。一个社会的失业状况通常是用失业率来描述的。为了定义失业率，首先得定义劳动力。一般来说，劳动力被定义为年龄在 16 岁以上的正在工作，或者正在失业的人的全体。若用 N 表示正在工作的人（即就业者）总数，U 表示失业者总数，L 表示劳动力，则有：

$$L = N + U$$

于是，失业率被定义为，在劳动力中，失业人数所占的百分比，或者说失业人数与劳动力总数之比，若用 u 表示失业率，则：

$$u = U/L$$

由失业率的定义可知，若失业率已知，则就业率即为 1 减去失业率。

自然失业率是指经济社会在正常情况下的失业率。宏观经济学认为，由于某些难以避免的原因，经济中总存在着一定比率的失业人口，在经济的动态变化过程中是不可避免的。诸如经济中由于正常的劳动力流动而引起的失业；人们不满意现有的工作，辞职去寻找更理想的工作所造成的失业；由于技术进步所引起的失业；由于产业结构变化，人们的技能与工作机会不相适应所引起的失业，都是这方面失业的例子。

与自然失业率相联系的一个重要概念是潜在就业量。潜在就业量是指在现有激励条件下所有愿意工作的人都参加生产时所达到的就业量。从前面的论述中可知，当就业量等于潜在就业量时，失业率并不为零，它就是上面所讲的自然失业率。因此，潜在就业量又可以说成是与自然失业率相对应的就业量。与潜在就业量相对应的状态又被称为充分就业状态。在宏观经济分析中，潜在就业量是一个外生变量，即它不取决于产量、消费、投资和价格水平等宏观经济变量。但另一方面，潜在就业量又不是固定不变的，它随着人口的增长而稳定增长。

从上面的讨论可知，GDP是从总产出角度描述一国总体经济活动的。一般情况下，决定总产出的因素主要包括：可从事劳动的人数和他们的生产率；设备、建筑物、土地和其他形式的资本的数量；技术水平。因此，在短期内，在现有资本和技术水平等因素没有发生变化或变化不大的条件下，就业人数便成为决定总产出的主要因素。所谓潜在产量是指在现有资本和技术水平条件下，经济社会的潜在就业量所能生产的产量。由于潜在就业量是不取决于价格水平等因素的外生变量，因此，潜在产量（或称为充分就业的产量）也是一个不受价格水平或其他因素影响的一个外生变量。

实际GDP是衡量一定时期内经济社会实际物品和劳务的产出的指标。因此，实际GDP下降时，意味着经济中生产的东西在减少。而产出减少时，使用的劳动投入也就比较少。这表明，产出与就业之间有密切的关系。为了揭示这一关系，美国经济学家奥肯根据美国的经验数据发现，如果失业率高于自然失业率1%，则实际产出低于潜在产出3%。奥肯所描述的产出增长与失业率下降的具体比率虽然只适用于美国，但这一产出与就业之间的经验关系已为宏观经济学所接受，并称之为奥肯定律，其具体内容可表述为：高的产出增长与失业率的减少相联系，反之，低的产出增长则与失业率的增加相联系。

目前，我国统计部门公布的失业率为城镇登记失业率，即城镇登记失业人数占城镇从业人数与城镇登记失业人数之和的百分比。城镇登记失业人数是指拥有非农业户口，在一定的劳动年龄内，有劳动能力，无业而要求就业，并在当地就业服务机构进行求职登记的人员数。

失业率与理财投资关系紧密，因为美国在世界经济中的主导地位，所以其失业率的高低是世界经济走势的一个判断指标。美国失业率较高时，说明世界经济形势恶化，世界金融市场步入熊市；反之美国失业率很低时，说明世界经济形势向好，世界金融市场步入牛市。具体到各国，失业率与理财的关系如下：

（1）当一国失业率很高时，说明该国的经济前景堪忧，因为很多人没有了工作，必将使GDP下降，所以，其金融市场的发展也是令人担忧的。熊市往往会在这时来临。这时的投资策略应该选择放弃投资股票、偏股型基金等风险较大的理财产品，应该选择债券、货币基金等保本型风险较低的理财产品，资金较大的客户可以选择投资黄金等经济萧条期可以保值的理财产品。

(2) 当一国失业率很低时，这说明了该国的经济前景很好，因为大多数的人都有自己的工作，GDP 将会上升，该国的金融市场发展将会向好。牛市往往会在这时来临。这时的理财策略为选择投资股票、偏股型基金等风险和收益较大的理财产品，减少债券、货币基金等保本型风险收益较低的理财产品。

4. 通货膨胀。通货膨胀是指用某种价格指数衡量的一般价格水平的持续、普遍、明显地上涨。本章仅对通货膨胀作简要介绍，更详细的论述参见金融基础部分。

对通货膨胀的衡量可以通过居民消费价格指数、城市居民消费价格指数、农村居民消费价格指数、商品零售价格指数、农业生产资料价格指数、农产品生产价格指数、工业品出厂价格指数、原材料、燃料和动力购进价格指数、固定资产投资价格指数和房地产价格指数等来进行衡量，且不同指标从不同角度反映了通货膨胀的情况。

居民消费价格指数是反映一定时期内城乡居民所购买的生活消费品价格和服务项目价格变动趋势和程度的相对数，是对城市居民消费价格指数和农村居民消费价格指数进行综合汇总计算的结果。该指数可以观察和分析消费品的零售价格和服务价格变动对城乡居民实际生活费支出的影响程度。

城市居民消费价格指数是反映一定时期内城市居民家庭所购买的生活消费品价格和服务项目价格变动趋势和程度的相对数。该指数可以观察和分析消费品的零售价格和服务项目价格变动对城镇职工货币工资的影响，作为研究职工生活和确定工资政策的依据。

农村居民消费价格指数是反映一定时期内农村居民家庭所购买的生活消费品价格和服务项目价格变动趋势和程度的相对数。该指数可以观察农村消费品的零售价格和服务项目价格变动对农村居民生活消费支出的影响，直接反映农民生活水平的实际变化情况，为分析和研究农村居民生活问题提供依据。

商品零售价格指数是反映一定时期内城乡商品零售价格变动趋势和程度的相对数。商品零售价格的变动直接影响到城乡居民的生活支出和国家的财政收入，影响居民购买力和市场供需的平衡，影响到消费与积累的比例关系。因此，该指数可以从一个侧面对上述经济活动进行观察和分析。

农业生产资料价格指数指反映一定时期内农业生产资料价格变动趋势和程度的相对数。农业生产资料价格指数分为小农具、饲料、产品畜、役畜、半机械化农具、机械化农具、化学肥料、农药及农药机械、农机用油、其他农业生产资料十大类。其编制目的是了解农业生产中物质资料投入价格的变动状况，服务于国民经济核算。1994 年以前，农业生产资料价格指数仅仅是商品零售价格指数的一个类别，此后，从商品零售价格指数中分离出来，单独编制。

农产品生产价格指数是反映一定时期内，农产品生产者出售农产品价格水平变动趋势及幅度的相对数。该指数可以客观反映全国农产品生产价格水平和结构变动情况，满足农业与国民经济核算需要。其中，某代表品生产价格指数是通过对全部有出售该产品行为的调查单位的个体指数进行几何平均求得的，类价格指数是通过对其所属的类（或代表品）的价格指数进行加权平均求得的。季度累计价格指数的计算方法与分季指数的计算方法相同。

工业品出厂价格指数是反映一定时期内全部工业产品出厂价格总水平的变动趋势和程度的相对数，包括工业企业售给本企业以外所有单位的各种产品和直接售给居民用于生活消费的产品。该指数可以观察出厂价格变动对工业总产值及增加值的影响。

原材料、燃料和动力购进价格指数是反映工业企业作为生产投入，而从物资交易市场和能源、原材料生产企业购买原材料、燃料和动力产品时，所支付的价格水平变动趋势和程度的统计指标，是扣除工业企业物质消耗成本中的价格变动影响的重要依据。目前，我国编制的原材料、燃料和动力购进价格指数所调查的产品包括燃料动力、黑色金属、有色金属、化工、建材等九大类的近1800种产品。

固定资产投资价格指数是反映一定时期内固定资产投资品及项目的价格变动趋势和程度的相对数。固定资产投资额是由建筑安装工程投资完成额、设备工器具购置投资完成额和其他费用投资完成额三部分组成的。编制固定资产投资价格指数应首先分别编制上述三部分投资的价格指数，然后采用加权算术平均法求出固定资产投资价格总指数。该指数可以准确地反映固定资产投资中涉及的各类投资品和取费项目价格变动趋势和变动幅度，消除按现价计算的固定资产投资指标中的价格变动因素，真实地反映固定资产投资的规模、速度、结构和效益，为国家科学地制定、检查固定资产投资计划并提高宏观调控水平，为完善国民经济核算体系提供科学的、可靠的依据。

房地产价格指数是反映一定时期内房地产价格变动趋势和程度的相对数，包括房屋销售价格指数、房屋租赁价格指数、土地交易价格指数和物业管理价格指数。这四套指数的计算方法相似，均采用由下到上逐级汇总的方法。

通货膨胀可以影响证券市场，进而影响个人或家庭的理财行为，下面进一步分析通货膨胀和通货紧缩对证券市场的影响。

通货膨胀对证券市场特别是个股的影响，没有普遍的规律可循，完全可能产生相反方向的影响，应具体情况具体分析。因此，对这些影响进行分析和比较必须从该时期通货膨胀的原因、程度，配合当时的经济结构和形势、政府可能采取的干预措施等方面的分析入手。以下是几个一般性的原则：

（1）温和的、稳定的通货膨胀对股价的影响较小。通货膨胀提高了债券的必要收益率，从而引起债券价格的下降。

（2）如果通货膨胀在一定可容忍的范围内持续，而在经济处于景气阶段，产量和就业都持续增长，那么股价也将持续增长。

（3）严重的通货膨胀是很危险的，经济将被严重扭曲，货币加速贬值，这时人们就会囤积商品、购买房屋等进行保值。这可能从两个方面影响证券价格：①资金流出证券市场，引起股价和债券价格的下降。②经济扭曲和失去效率，企业筹不到必需的生产资金；同时，原材料、劳务成本等价格飞涨，使企业经营严重受挫，盈利水平下降，甚至倒闭。

（4）政府往往不会长期容忍通货膨胀的存在，因而，必然会使用某些宏观经济政策工具来抑制通货膨胀，这些政策必然对经济运行造成影响，进而影响证券市场。

（5）通货膨胀时期，并不是所有价格和工资都按同一比率变动，而使相对价格发生变化。这种相对价格的变动引起财富和收入的再分配，因而，某些公司可能从中获利，而另一些公司可能蒙受损失。

（6）通货膨胀不仅产生经济影响，还可能产生社会影响，并影响投资者的心理和预期，从而对股价产生影响。

（7）通货膨胀使得各种商品价格具有更大的不确定性，也使得企业未来经营状况具有更大的不确定性，从而增加证券投资的风险。

通货紧缩与通货膨胀相反，是指在现行价格下，一般商品和劳务的供给超过需求，货币数量比商品劳务少，货币价值高而物价水平下跌。通货紧缩将损坏消费者和投资者的积极性，造成经济衰退和经济萧条，与通货膨胀一样不利于币值稳定和经济增长。通货紧缩甚至被认为是导致经济衰退的“杀手”。从消费者的角度而言，通货紧缩持续下去，会使消费者对物价的预期值下降，更愿意推迟购买。对投资者来说，通货紧缩将使投资产出的产品未来价格低于当前预期，这会促使投资者更加谨慎，或推迟原有投资计划。消费和投资的下降减少了总需求，使物价继续下降，从而步入恶性循环。

5. 国际收支

国际收支是一个国家在一定时期，从国外收进的全部货币资金和向国外支付的全部货币资金之间的对比关系。收支相等称为国际收支平衡，否则为不平衡。收入总额大于支出总额称为国际收支顺差，或称国际收支盈余；支出总额大于收入总额称为国际收支逆差，或称国际收支赤字。逆差表示对外负债，一般要用外汇或黄金偿付。

全球统一的国际收支制度是国际货币基金组织成立后着手建立的。国际货币基金组织于1948年首次颁布了《国际收支手册》第一版，以后又先后于1950年、1961年、1977年和1993年修改了手册，不断地补充了新的内容。目前，基金组织各成员国大都采用基金组织1977年第四版的国际收支概念和分类，并着手按新制定的第五版的分类和要求修改和充实本国的国际收支统计体系。编制和提供国际收支平衡表已成为国际货币基金组织成员国的一项义务，并成为参与其他国际经济组织活动的一项重要内容。

国际收支平衡表是一个国家对一定时期（如一年、半年或一个季度）内，该国与他国居民之间所进行的一些经济活动进行系统记录的一种统计表，按复式簿记原理编制。一些收入项目或负债增加、资产减少的项目都列为贷方，一些支出项目或资产增加、负债减少的项目都列为借方。每笔经济交易同时分记有关的借贷两方，金额相等。因此，原则上国际收支平衡表全部项目的借方总额与贷方总额相等，其净差额为零。但是，在现实中，国际收支平衡表中某一具体项目的借方与贷方经常是不平衡的，收支相抵后，总会出现差额。具体项目上出现的差额称为局部差额。收入大于支出，称为顺差，支出大于收入，称为逆差。各项局部差额的总和便是国际收支总差额，称为国际收支顺差或逆差，亦称国际收支盈余或赤字。根据国际货币基金组织规定的方法和内容，国际收支平衡表包括经常项目、资本项目、错误和遗漏几大项。

（二）投资指标

固定资产投资是社会固定资产再生产的主要手段。通过建造和购置固定资产的活动，国民经济不断采用先进技术装备，建立新兴部门，进一步调整经济结构和生产力的地区分布，增强经济实力。

固定资产投资额是以货币表现的建造和购置固定资产活动的工作量，它是反映固定资产投资规模、速度、比例关系和使用方向的综合性指标。

根据固定资产投资的资金来源不同，分为国家预算内资金、国内贷款、利用外资、自筹资金和其他资金几类。

1. 国家预算内资金：分为财政拨款和财政安排的贷款两部分。包括中央财政的基本建设基金（分经营性基金和非经营性基金两部分）、专项支出（如煤代油专项等）、收回再贷、贴息资金，财政安排的挖潜改造和新产品试制支出、城建支出、商业部门简易建筑支出、不发达地区发展基金等资金中用于固定资产投资的资金；地方财政中由国家统筹安排的资金等。

2. 国内贷款：指报告期固定资产投资单位向银行及非银行金融机构借入的用于固定资产投资的各种国内借款，包括银行利用自有资金及吸收的存款发放的贷款、上级主管部门拨入的国内贷款、国家专项贷款（包括煤代油贷款、劳改煤矿专项贷款等）、地方财政专项资金安排的贷款、国内储备贷款、周转贷款等。

3. 利用外资：指报告期收到的用于固定资产建造和购置的国外资金（包括设备、材料、技术在内）。包括对外借款（外国政府、国际金融组织贷款、出口信贷、外国银行商业贷款、对外发行债券和股票）、外商直接投资及外商其他投资。不包括我国自有外汇资金（国家外汇、地方外汇、留成外汇、调剂外汇和中国银行自有资金发行的外汇贷款等）。计算利用外资时，需要折算成人民币，折算中所使用的外汇汇率按现汇计算，即按使用外汇时的汇率计算。

4. 自筹资金：指固定资产投资单位报告期收到的，由各地区、各部门及企、事业单位筹集用于固定资产投资的预算外资金，包括中央各部门、各级地方和企、事业单位的自筹资金。

5. 其他资金：指在报告期收到的除以上各种资金之外其他用于固定资产投资的资金，包括企业或金融机构通过发行各种债券筹集到的资金、群众集资、个人资金、无偿捐赠的资金及其他单位拨入的资金等。

除上述分类方法外，全社会固定资产投资按经济类型可分为国有、集体、个体、联营、股份制、外商、港澳台商、其他等。按照管理渠道，全社会固定资产投资总额分为基本建设、更新改造、房地产开发投资和其他固定资产投资四个部分。

（三）消费指标

1. 社会消费品零售总额。自 1994 年起，国家统计制度规定以社会消费品零售总额指标来反映各种商品流通渠道向居民和社会集团供应生活消费品，以满足他们生活需要的状况。它是研究人民生活、社会消费品购买力、货币流通等问题的重要指标。

社会消费品零售总额所计量的是各种经济类型的商业、餐饮业、制造业、其他行业及各类农贸市场售给城乡居民用于生活消费的商品；售给机关、人民团体、部队、学校、企业和事业单位用公款购买的用作非生产经营用的消费品的总和。

2. 城乡居民储蓄存款余额。城乡居民储蓄存款余额是指某一时点城乡居民存入银行及农村信用社的储蓄金额，包括城镇居民储蓄存款和农民个人储蓄存款，不包括居民的手存现金和工矿企业、部队、机关、团体等单位存款。

（四）金融指标

金融指标中有总量指标、利率和汇率等指标。本章着重论述货币供给量、金融机构各项存贷款余额和金融资产总量等总量指标，对利率和汇率的论述将着重在金融基础部分予以讲述。

1. 货币供给量。货币供给量即一个国家流通中的货币总额，是该国家一定时点的除中央政府或财政部、中央银行或商业银行以外的非银行大众所持有的货币量。它是一个存量概念，而不是一个流量概念。即它是一个时点的变量，而不是一个一定时期的变量。通常情况下，各个国家按货币的流动性程度将货币划分为不同的货币层次，作为其对货币的度量和管理的依据。因为不同层次的货币对各国经济产生影响的程度不同；一个国家的货币供给量总量影响着商品价格、就业和经济活动水平，以及货币本身的价值。货币供给量的变化是由中央银行和商业银行等金融机构的行为引起的。一般来说，货币是由中央银行发行的，中央银行垄断了货币发行权，它发行的货币具有无限清偿能力，在一切交易中可以无限制使用。商业银行的活期存款占货币供给量的绝大部分，它包括原始存款和派生存款。原始存款是居民个人和企业在商业银行的现金存款，它只是将现金变为活期存款，不会引起货币供给量总量的变化。派生存款是商业银行通过发放贷款、投资等资产业务创造的存款，派生存款增加着货币供给量总量。中央银行通过对存款准备率的规定来影响存款货币的创造。货币供给量不仅是一个重要的货币理论问题，也是一个涉及货币控制和管理政策的重大实践问题，世界各国对货币供给量都给予高度重视。

2. 金融机构各项存贷款余额。金融机构各项存贷款余额是指某一时点金融机构存款金额与金融机构贷款金额。其中，金融机构主要包括商业银行、政策性银行、非银行金融机构和保险公司。

3. 金融资产总量。金融资产总量是指手持现金、银行存款、有价证券、保险等其他资产的总量。

私人家庭的金融资产包括现款、储蓄存款、股票、债券、投资基金和人寿保险权利等。我国居民的金融资产中，银行储蓄存款占绝大部分，而有价证券和其他金融资产所占的比例很小。

金融资产的多样化是社会融资方式变化发展的标志。改革开放以来，中国金融资产由单一的银行资产向市场化、多元化方向发展。非银行金融机构提供的其他各种类型的金融资产比重相对上升，同时，银行贷款形式的金融资产比重相对下降，被证券化的金融资产开始不断涌现。

（五）财政指标

1. 财政收入。我国的财政收入包括预算收入和预算外收入两部分。根据《预算法》第十九条的规定，预算收入包括税收收入、依照规定应当上缴的国有资产收益、专项收入和其他收入。除预算收入外，还包括政府性基金（含土地出让收入）、社会保险基金收入、纳入财政专户管理的预算外资金、国有资本经营预算收入等，全部项目一般统称政府收入，按照我国财政管理体制的规定，各地方、部门、各单位的这部分收入不纳入国家预算，这些财政性资金也称预算外资金。这些基金是国家预算资金的补充，是国家财政资金来源的重要组成部分，也是国家的财政收入。

2. 财政支出。我国财政支出也包括预算支出和预算外支出两部分。根据我国《预算法》第十九条规定，预算支出包括：经济建设支出；教育、科学、文化、卫生、体育等事业发展支出；国家管理费用支出；国防支出；各项补贴支出和其他支出。预算外支出是指财政性预算外资金的支出，如地方、各部门、各单位自行管理使用的、不纳入国家预算的那部分财政性资金的支出。

理论上说，财政收支平衡是财政的最佳情况，在现实中就是财政收支相抵或略有节余。财政赤字，是指国家当年财政支出大于财政收入的经济现象。而财政结余是财政收入大于财政支出的经济现象。财政赤字在一定限度内，可以刺激经济增长。当居民消费不足的情况下，政府通常的做法就是加大政府投资，以拉动经济的增长。

当财政支出大于财政收入的时候，中央政府不可避免地要发行公债。公债是中央政府为筹集财政资金而发行的一种政府债券，是中央政府向投资者出具的、承诺在一定时期支付利息和到期偿还本金的债权债务凭证。公债是国家信用的主要形式。中央政府发行公债的目的往往是弥补国家财政赤字，或者为一些耗资巨大的建设项目以及某些特殊经济政策乃至为战争筹措资金。由于公债以中央政府的税收作为还本付息的保证。因此风险小、流动性强，利率也较其他债券低。

新中国成立后至今，我国公债的发展可以分为两个主要阶段：第一个阶段（1950～1958 年）：新中国成立后于 1950 年发行了“人民胜利折实公债”，成为新中国历史上第一种公债。在此后的“一五”计划期间，又于 1954～1958 年间每年发行了一期“国家经济建设公债”，发行总额为 35.44 亿元，相当于同期国家预算经济建设支出总额 862.24 亿元的 4.11%。1958 年后，由于历史原因，公债的发行被终止。第二个阶段（1981 年至今）：我国于 1981 年恢复了公债发行，其后发行规模越来越大。

3. 公债。公债是指的是政府为筹措财政资金，凭其信誉按照一定程序向投资者出具的，承诺在一定时期支付利息和到期偿还本金的一种格式化的债权债务凭证。

公债是各级政府借债的统称，由于我国地方政府无权以自身名义发行债务，故人们常将公债与国债等同起来。公债具有有偿性和自愿性特点。除特定时期的某些强制性公债外，公众在是否认购、认购多少等方面，拥有完全自主的权利。公债也是政府信用或财政信用的主要形式。政府信用是指，政府按照有借有还的商业信用原则，以债务人身份来取得收入、或以债权人身份来安排支出，或称为财政信用。公债只是财政信用的一种形式。财政信用的其他形式包括：政府向银行借款、财政支农周转金、以及财政部门直接发放的财政性贷款等。

公债体现了债权人（公债认购者）与债务人（政府）之间的债权债务关系。公债在发行期间是由认购者提供其闲置资金，在偿付阶段是由政府主要以税收收入进行还本付息。公债资本与其他资本存在的区别在于公债资本（用于非生产性开支）并不是现实资本，而只是一种虚拟的资本。用于生产性开支的公债则表现为不能提取的公共设施等国家的现实资本。由于公债的发行是政府运用信用方式将一部分已作分配、并已有归宿的国民收入集中起来，政府将这些集中起来的资金，通过财政支出的形式进行再分配，因此，从一定意义上讲，公债是对国民收入的再分配。

从财政角度看，公债是财政收入的补充形式，是弥补赤字、解决财政困难的有效手段。当国家财政一时支出大于收入、遇有临时急需时，发行公债比较简捷，可以解决紧急财务需求。从长远看，公债还是筹集建设资金的较好形式。一些投资大、建设周期长、见效慢的项目，如能源、交通等重点建设，往往需要政府积极介入。

第二节　总需求和总供给经济分析

总需求是指：给定价格、收入和其他经济变量，消费者、企业和政府想要支出的总额。因此，总需求反应的是经济社会中不同经济体的总支出，包括消费者购买食品，政府购买武器，企业购买机器设备等等。影响总需求的因素有价格水平，居民收入，对未来的预期，以及税收、政府支出、货币供给等政策变量。

总供给是指：给定现行的价格、生产能力和成本，所有企业想要生产并出售的产品总量。企业一般都打算在潜在生产能力上多生产，但是，如果价格不如人意，企业就会在潜在水平之下进行生产，反之价格比较高时，需求很旺盛时，企业很可能在高于潜在产出的水平进行生产。影响总供给的因素有生产资源的数量，生产资源的利用效率，即社会的技术。劳动力的增加、资本的积累和技术进步将推动潜在产出水平的提高。

第一单元　从国民收入角度看总需求和总供给的构成

从国民收入的角度来看，总需求和总支出的构成因素：

总需求 = 总支出 = 消费需求 + 投资需求 + 政府的需求 + 国外的需求 = 消费支出 + 投资支出 + 政府的支出 + 国外的支出 = C + I + G + X − M

总供给的构成因素：在既定的价格水平下，生活的总供给由消费、储蓄和税收三部分构成：$AS = C + S + T$。宏观经济的均衡条件：四部门、三部门和两部门经济国民收入均衡的条件是总供给 = 总需求。

在四部门经济中，宏观经济的均衡条件是：$S + T + M = I + G + X$；在三部门经济中，宏观经济的均衡条件是：$S + T = I + G$；在两部门经济中，宏观经济的均衡条件是：$S = I$。

传统经济学认为，总需求和总供给中的投资来源于储蓄，所以，储蓄与投资相等，但凯恩斯认为未必是这样，因为储蓄和投资是不同利益集团出自不同目的而进行的活动，所以，储蓄与投资并不必然相等。

决定居民户进行储蓄的动机是多种多样的，有些人进行储蓄是为了防老，有些人是为日后的某项开支或者为了应付意外开支，有些人希望给子孙留下遗产，有些人是为储蓄而储蓄。

决定投资的因素也是多种多样的，可以把这些因素分为外在因素与内在因素。外在因素包括技术、政治、心理、政府政策、资源、人口等；内在因素主要是投资者预期从事投资所能得到的利润率与利息率之间的关系。

总之，由于储蓄与投资者从事投机的动机不一致，因而，储蓄不一定能转化为投资，两者并不必然相等。

为了防止这一现象，金融机构（银行）就有义务把居民的储蓄再转化为投资，注入国民收入循环的过程中，所以，银行的重要作用就是把储蓄转化为投资，只有如此，收入循环，金融发展才能可持续进行下去。

简单的国民收入决定理论是指仅包括产品市场的分析。经济中的均衡国民收入由社会的总支出与总收入均等时所决定。在社会总收入既定的条件下，当社会总需求变动时，会引起产量变动。经济社会的产量或国民收入决定于总支出或总需求，总需求决定的产出就是均衡产出。当产出水平等于总需求水平时，企业生产就会稳定下来。

进一步假定经济社会只有两部门。在两部门经济中，总支出（或总需求）由消费和投资构成，若用：AE 表示总支出，y 表示收入，C 和 I 分别表示消费和投资，则均衡产出可用公式表示为：$AE = C + I$。在两部门经济中，总收入又可由消费和储蓄构成，即有：$Y = C + S$。因此，收入与支出相等的均衡条件可以表示为：$AE = Y$，即：$I = S$。由此可见，投资等于储蓄是均衡条件的基本形式。

国民收入变动的机制是靠经济中的企业部门调整其产量来实现的，若社会的收入超过需求，企业的产品就会出现积压，从而导致库存增加。为了适应市场，企业就会减少生产。反之，若社会总收入低于社会总需求，企业的库存就会减少，从而企业增加生产。因此，企业根据社会总需求来安排生产，最终将导致社会处于总收入等于总支出的均衡状态。

案例分析

一国经济的理想状态

当总供给大于总需求时，人们都愿意把钱存在银行，不管政府怎样刺激，老百姓就是不花钱。这时经济的平衡需要用降价的手段来实现。企业要想卖出过剩的产品，就得降价卖，原材料厂家要想卖掉他过剩的原材料也必须便宜卖，便宜人家都不买，就采取赊账。当生产厂家把商品送到超市时，超市也不马上付账。这种总需求大于总供给的结果，必然就会导致物价指数只能下降。

当各种商品价格上升时，我们就知道了经济开始回暖，总需求超过了总供给，通货开始膨胀了（钱就不值钱）；当物价指数向下时，你应该知道经济开始变冷了，这时总供给超过总需求，通货开始紧缩了。我们每个人都能观察到一个时期是总需求与总供给是否平衡，如果总需求小于总供给，物价指数下降，钱值钱叫通货紧缩；总需求大于总供给物价指数上升，钱不值钱叫通货膨胀；如果物价指数平稳，国家的宏观经济平衡。

一国经济理想状态是总需求与总供给相等，但在现实的经济中总需求与总供给总是不平衡的，这正是政府对宏观经济调控的依据。政府对宏观经济的调控，就是在总需求和总供给上做文章。不是刺激总需求就是增加总供给。政府刺激总需求的办法是刺激消费，刺激投资，增加出口，这还是比较容易的；但增加总供给不那么容易做到。如果想增加一个钢厂，就必须考虑原材料铁厂、矿厂等能不能满足钢厂的需要，还要增加工人，再进行生产，它需要很长一段时间，需要有一个周期。因此，一个政府在短期内调整的是总需求，在长期内调整的才是总供给。

第二单元 总需求和总供给曲线分析

一、总需求曲线

（一）总需求曲线的形状

总需求曲线表示在一系列价格总水平下经济社会的均衡的总支出水平。总需求函数可以表示为：Y = AD（P）（P 为价格）。总需求曲线阐述了在物价水平既定时经济中需求的所有物品与劳务量，如图 3 - 1 所示，总需求曲线向右下倾斜，这表示在其他条件不变的情况下，经济的物价总水平与经济中物品与劳务的需求总量呈反向移动关系。

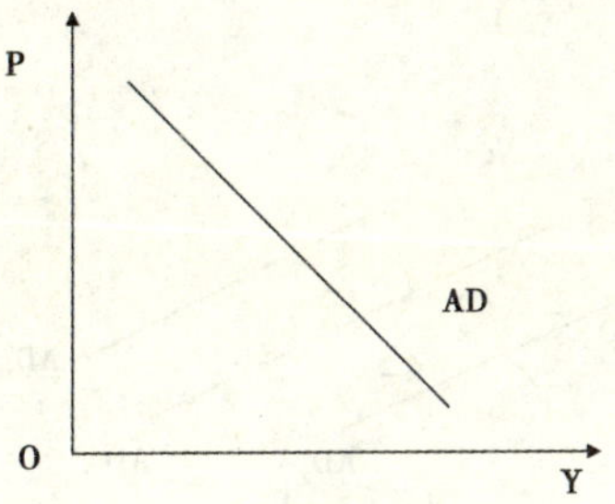

图 3 - 1　总需求曲线

在图 3 - 1 上，总需求曲线是一条斜率为负、向右下方倾斜的曲线。总需求曲线这样的情况原因为：首先考察价格总水平对消费支出的影响。在既定的收入条件下，价格总水平提高使得个人持有的财富可以购买到的消费品数量下降，从而消费减少。反之，当价格总水平下降时，人们所持有财富的实际价值升高，人们会变得较为富有，从而增加消费。总之，价格总水平与经济中的消费支出成反方向变动关系。

其次，考察价格总水平对投资支出的影响。随着价格总水平的提高，利息率上升。而利息率上升会使得投资减少，即价格水平提高使得投资支出减少。相反，当价格总水平下降时，实际货币供给量增加，从而利息率下降，引起厂商的投资增加，即价格总水平下降使得经济中的投资支出增加。因此，价格总水平与投资支出成反方向变动关系。

最后，我们应该考虑到外国产品的替代。假如其他情况不变，一国的价格水平提高，本国货物变得相对国外的货物要贵，于是，外国对本国出口产品的需求量将减少，而本国对外国进口产品的需求量增加。从而，对本国产品的总需求下降。

（二）总需求曲线的移动

总需求曲线描述了既定物价水平时经济中物品与劳务的需求量，当物价水平下降时，总需求会沿总需求曲线增加，物价水平上升时总需求就会沿总需求曲线减少。但是，除了物价水平的影响外，其他因素发生变化会如何影响总需求呢？

首先，在其他条件不变的情况下，消费者的需求增加，设想国民经济进入健康的可持续性发展阶段，人们对未来的经济形势持乐观态度，这个时候人们可能变得不太热衷于储蓄，相反人们可能更倾向于增加当前的消费，这意味着价格水平没变而每一价格总水平对应的总需求增加，从而总需求曲线向右上方移动；如图 3－2 所示，总需求曲线由 AD 移动至 AD_1。

反之，需求减少，总需求曲线向左下方移动。AD 移动至 AD_2。

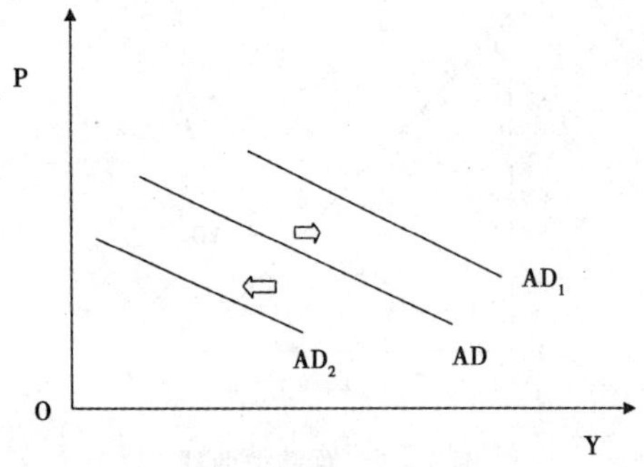

图 3－2　总需求曲线的移动

其次，投资增加导致总支出增加，从而使得总需求曲线向右上方移动；反之，投资减少，总需求曲线向左下方移动。

最后，政府购买增加，经济中的总需求曲线向右上方移动；政府购买减少，总需求曲线向左下方移动。

二、总供给曲线

总供给曲线表示一系列价格总水平下经济提供的产出量，总供给函数 AS 可以表示为：Y＝AS（P）。总供给曲线的形状是宏观经济学家争论较多的地方。多数学者认为，长期供给曲线是垂直的，短期供给曲线向右上方倾斜。

（一）短期总供给曲线

由于短期内工资等要素价格保持不变，当需求增加，企业将提高产出水平以满足增加的需求。随着产出水平的提高，企业需要启用更多的机器设备和雇佣更多的工人和要求现有的工人加班工作并支付加班工资，所有这一些都意味着产量增加，单位产品的成本趋于增加。所以，即使在短期内许多投入要素的价格不变（如劳动合同规定的工资、租金等），由于企业只有以较高的价格出售产品时才愿意增加产量。相反，当总需求减少时，企业将削减产量，企业家将解雇工作效率较低的工人，停用生产效率低的机器设备，这将导致单位生产成本下降，所以，产品的价格也会随之下降。短期总供给曲线如图 3－3 所示：

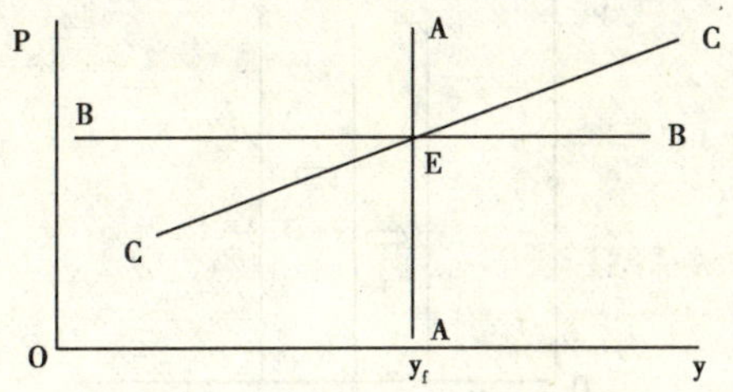

图 3－3　短期总供给曲线

（二）长期总供给曲线

长期总供给曲线是一条垂直的直线。不论价格水平如何，产出水平即供给水平总是等于潜在国民产出。长期总供给曲线之所以是垂直的，是因为，以长期看，所有投入品和产出品的价格都是灵活变动的。投入品的价格（如工资率等）随着产品价格的上升而上升，成本增长率等于价格增长率。尽管需求增加，企业因无利可图所以没有增产的动力。所以，总供给不受价格水平变动的影响，它决定于技术、生产资源的供给和生产资源的正常利用率，这样，长期总供给的曲线就是潜在国民产出水平上的一条垂直线，如图 3－4 所示：

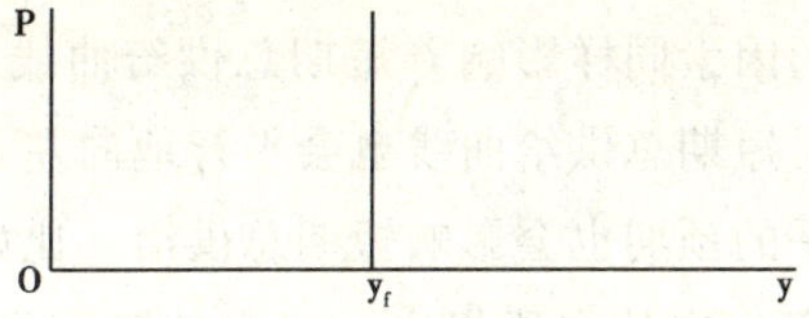

图 3－4　长期总供给曲线

（三）总供给曲线的移动

由于长期总供给取决于技术、生产资源的供给与利用率，因此，我们可以从劳动力、资本、自然资源和技术知识来分析长期总供给的移动。

1. 劳动力因素的影响。我们假设一国的移民增加了，移民的增加导致劳动力供给的增加，由于劳动力供给的增加从而增加了物品与劳务的供给量，长期总供给曲线向右移动，相反，如果劳动力减少则会导致长期供给曲线向左移动，具体移动如图 3－5 所示。

2. 资本因素的影响。经济中资本总量的增加会引起企业投资的增加从而增加经济中的总物品与劳务的供给，这使得长期总供给曲线向右移动，反之资本存量的减少则会使长期总供给曲线向左移动。

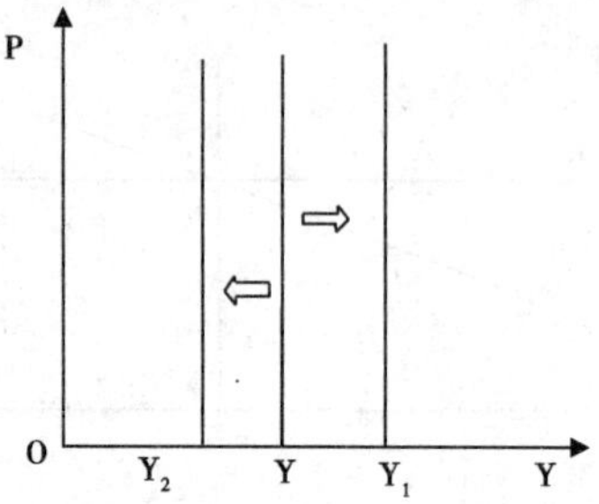

图 3－5　长期总供给曲线的移动

3. 自然资源的因素。经济生产需要自然资源的消耗，因此，自然资源的供给影响着国民经济的产出影响着长期总供给曲线，例如，世界范围的石油危机就曾导致经济总产出的减少，长期总供给曲线的左移。一般来说，新矿藏的发现使得长期总供给曲线右移，而自然灾难、原材料的涨价都会导致长期总供给曲线的左移。

4. 技术知识的因素。每一项新的技术知识的发明和应用都会为我们的生产效率带来提高，即使我们面对既定的劳动力，资本甚至自然资源，单单依靠科技的发展就会增加我们的总产出，提高我们所能提供的物品与劳务总和。因此，技术的进步会使得长期总供给曲线向右移动。

影响长期总供给曲线的因素同样影响着短期总供给曲线，与长期总供给曲线相同，当上述几项因素发生变化时短期总供给曲线也会平行地向左或者向右移动。除了这几个因素之外，人们对物价水平的预期也会影响短期总供给，比如，当人们预期的物价水平上升了，工人就会要求工资相应的有所提高，工人的工资增加会提高企业的成本，因此，当预期物价水平升高而实际物价水平既定时企业就会减少生产从而使短期总供给曲线左移，相反，当预期物价水平下降时短期总供给曲线就会向右移动。

（四）经济的长期均衡

我们介绍了总需求曲线与总供给曲线，利用总需求与总供给作为分析工具我们可以就经济活动展开分析。假设开始时总需求等于长期总供给，我们称此时为：经济长期均衡状态。如图 3－6 所示。长期均衡的产量与物价水平由总需求曲线与长期总供给曲线的交点决定，均衡点位于图中的 A。当经济处于长期均衡状态时，工资，价格和预期都会作出相应的调整从而使得短期总供给曲线也经过这一点。

1. 总需求曲线移动的影响。假设人们的消费需求减少了，总需求曲线向左移动，如图 3－7 所示，AD 移动至 AD_1，表示人们愿意购买的物品与劳务总量减少。这时在短期中，新的总需求与短期总供给曲线形成新的短期均衡点 B，这时物价水平从 P_1 降至

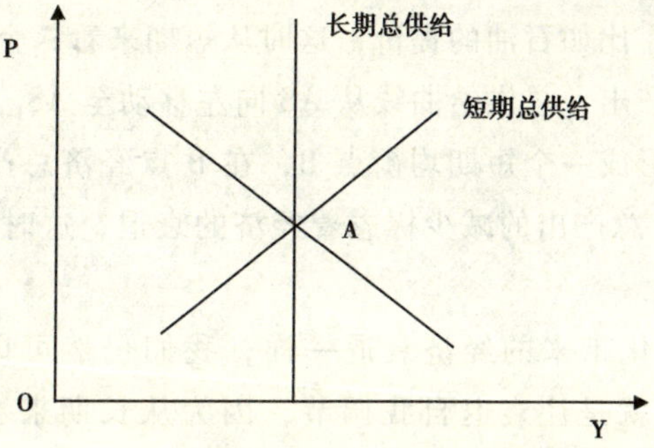

图 3-6　经济的长期均衡

P_2，企业作出应对，减少生产，产量也从 Y 降低至 Y_1，总产量的下降表明经济处于衰退，失业率上升。但是，从长期来看，衰退会进行自我调整，由于经济衰退，人们开始调整物价预期，工人工资、价格也分别作出调整，企业成本降低，因此，产量开始增加，短期总供给曲线向右移动至 AS_1，这时总需求曲线、长期总供给曲线、短期总供给曲线形成新的长期均衡点 C，产量回归到 Y，物价水平下降至 P_3。除了通过上述的衰退的自我调整来走出衰退外，一国的央行或者财政部门还可以通过一系列的措施来增加总需求，从而使经济走出衰退，例如，当人们的消费需求减少时，决策者察觉到这种减少，并且主动地增加政府支出，和增加货币供给，政府支持与货币供应的增加都会使总需求曲线 AD_1 右移回归到 AD，从而经济回归到长期均衡点 A。

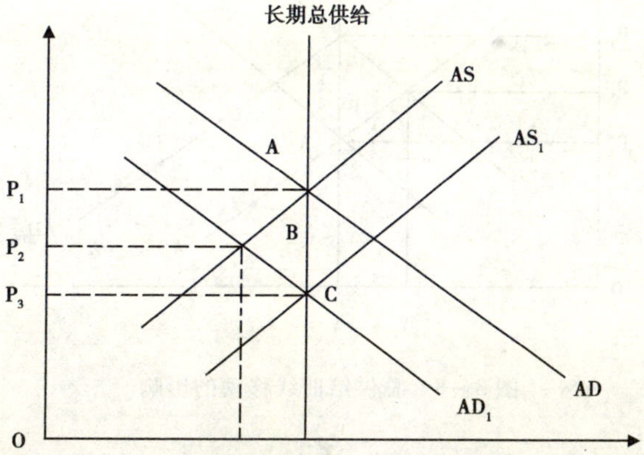

图 3-7　总需求曲线移动的影响

2. 总供给曲线移动的影响。还是假设开始时经济处于长期总均衡状态，这是企业的生产成本突然增加了，比如石油的提价，这时从短期来看，企业生产成本增加预期利润减少，于是企业减少产出，总供给曲线从 AS 向左移动至 AS_1，如图 3－8 所示，于是在短期内与总需求曲线形成一个短期均衡点 B，在 B 点经济总产出从 Y 降低到 Y_1，物价水平从 P_1 上升到 P_2。总产出的减少标志着经济的衰退，这时经济衰退与通货膨胀共存。

与总需求曲线的变化带来的经济衰退一样，我们仍然可以采取两种策略让经济走出衰退。第一种措施就是让衰退自我调节，因为从长期来看，经济衰退会降低人们的预期物价，工人的预期工资要求也会降低，另外，由于大量失业的存在也会使得工人工资成下降趋势，随着物价预期，工资的下降，企业成本也会下降，这时总供给曲线会从 AS_1 回归到 AS，总产量也会从 Y_1 回升到 Y，从而经济回归到原来的长期均衡点 A。

另外一种措施是央行或者财政部门通过调整总需求曲线来抵消短期总供给减少的不利影响。具体做法为：决策者增加政府支出，货币供给使得总需求曲线右移至 AD_1，这时 AD_1 与 AS_1，长期总供给形成了新的长期均衡点 C，这时总产出回归到原来的 Y，物价水平上升到 P_3。

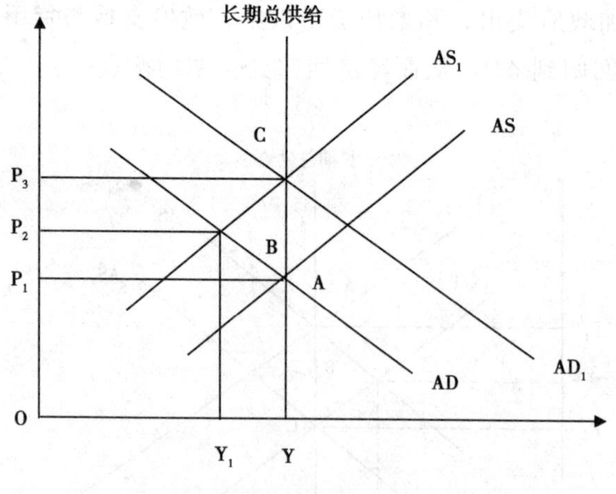

图 3－8　总供给曲线移动的影响

第三单元　凯恩斯的总需求和总供给分析

关于总需求和总供给分析，最具有代表性的理论是凯恩斯总需求和总供给分析。

凯恩斯最重要的著作《通论》出版于1936年；那时，整个西方世界多处于严重的大萧条时期，社会经济存在着大量的失业人口和生产能力。《通论》基本上是针对这种状态而撰写的，此外，该书也提出了货币工资具有“刚性”的假设，即假设由于种种原因，货币工资不会轻易的变动。

在刚性工资的假设下，当时的事实表明，当国民产量增加时，价格和货币工资均不会发生变化。因此，凯恩斯认为总供给曲线是一条水平线。

凯恩斯理论利用三大心理规律对萧条作出的解释以及政策对策是：边际消费倾向递减、流动偏好和预期收益不足是导致总需求不足从而经济萧条的病因。为使经济走出萧条，应采取的政策对策是扩大总需求。

按照凯恩斯的理论，在资本主义经济中，国民收入主要取决于社会的总需求，而社会的总需求由消费和投资构成。正是消费和投资的不足导致在总供给和总需求达到均衡状态时的社会需求不足，即有效需求不足。对于消费不足和投资不足，凯恩斯运用三个基本规律，即边际消费倾向递减规律、资本边际效率递减规律以及流动性偏好来加以解释。

1. 边际消费倾向递减规律，是指人们的消费虽然随收入的增加而增加，但在所增加的收入中用于增加消费的部分越来越少，凯恩斯认为边际消费倾向递减规律是由人类的天性所决定的。由于这一规律的作用，出现消费不足。

2. 资本的边际效率递减规律。资本的边际效率是使得预期收益现值之和等于资本品价格的贴现率，它反映了厂商增加投资的预期利润率。资本的边际效率递减意味着厂商增加投资时预期利润率递减。凯恩斯认为，投资需求取决于资本边际效率与利率的对比关系。对应于既定的利息率，只有当资本边际效率高于这一利息率时才会有投资。但是，在凯恩斯看来，由于资本边际效率在长期中是递减的，除非利息率可以足够低，否则会导致经济社会中投资需求不足。

引起资本边际效率递减的原因主要有两个：（1）投资的不断增加必然会引起资本品供给价格的上升，而资本品供给价格的上升意味着成本增加，从而会使投资的预期利润率下降；（2）投资的不断增加。会使所生产出来的产品数量增加，而产品数量增加会使其市场价格下降，从而投资的预期利润率也会下降。资本边际效率的递减使资本家往往对未来缺乏信心，从而引起投资需求的不足。

3. 流动偏好。流动偏好是指人们持有货币的心理偏好，凯恩斯认为人们之所以产生对货币的偏好，是由于货币是流动性或者说灵活性最大的资产，货币可随时作交易之用，可随时用于应付不测，可随时用来投机，因而人们有持有货币的偏好。当利息率降低到一定程度之后，人们预计有价证券的价格已经达到最大，从而持有货币，以至于对货币的需求趋向于无穷大。结果，无论货币供给有多大，货币市场的利息率都不会再下降。

由于这种心理规律的作用，利息率居高不下。当预期利润率低于或接近利息率时，厂商就不愿意进行投资，从而也导致投资需求不足。

从以上三个心理规律中可以看到，是有效需求的不足导致了资本主义社会出现经济危机的关键，由此，凯恩斯主张，为保持充分就业，需要用国家消费和国家投资来弥补社会中私人消费和私人投资的不足，刺激有效需求，因此，在政策上政府应通过财政手段，如举债、增加政府购买支出、增加转移支出、减少税收等措施来刺激有效需求。

第三节 宏观经济政策

本节主要介绍了宏观经济政策的目标、财政政策、货币政策和两者的搭配问题。在学习本节的过程中，理财规划师应当结合宏观经济政策的理论与现实问题，思考国家如何根据宏观经济形势制定宏观经济政策的问题以及宏观经济政策如何影响宏观经济，进而影响个人或家庭的理财行为问题。

第一单元 宏观经济政策目标

一、宏观经济政策目标

宏观经济政策是国家或政府为了增进社会经济福利而制定的解决经济问题的指导原则和措施，是政府为了达到一定的经济目标而对经济事务所作的有意识的干预。宏观经济政策是根据一定的经济目标制定出来的，宏观经济政策的目标有充分就业、物价稳定、经济持续稳定增长和国际收支平衡四种。宏观经济政策就是为达到这些目标而制定的手段和措施。

（一）充分就业

一般来说，充分就业是指一切生产要素（包括劳动）都有机会以自己意愿的报酬参与生产的状态。由于测量各种经济资源参与生产的程度十分困难，因此，经济学家通常以失业与否作为衡量充分就业与否的尺度。

由于失业会给社会及失业者本人和家庭带来损失，因此，降低失业率，实现充分就业，常常成为制定宏观经济政策时所要考虑的首要的或重要的目标。那么，什么是充分就业呢？所谓充分就业，是指除了摩擦性失业和自愿性失业以外所有愿意参加工作的人都能按他们愿意接受的工资找到职业的一种状况。值得注意的是，充分就业并不是百分之百就业，它并不排除像摩擦性失业这样的情况存在。目前，大多数经济学家认为，4%～6%的失业率是正常的失业率。

（二）物价稳定

这里所说的物价稳定是指价格总水平的稳定。由于通货膨胀对经济有不良影响，所以物价稳定也是国家宏观经济政策的重要目标之一。需要指出的是，在市场经济条件下，由于各种经济因素和非经济因素的影响，物价不可能是一直不变的，物价稳定也不是指每种商品的价格固定不变，而是指物价指数相对稳定，经济保持低而稳定的通胀率。国家一般把轻微的通货膨胀的存在，看作基本正常的经济现象。

（三）经济持续稳定增长

经济增长是指一个特定时期内经济社会所生产的人均产量和人均收入的持续增长，通常用一定时期内实际国民生产总值年均增长率来衡量。经济增长和失业常常是相互关联的，如何维持较高的增长率以实现充分就业，是国家宏观经济政策追求的目标之一。尽管经济增长会增加社会福利，缓解失业压力，但也有可能诱发通货膨胀，因而并不是经济增长越快越好，经济增长率的高低要与具体情况相符合。

（四）国际收支平衡

随着国际经济交往的增多，如何平衡国际收支也成为一国宏观经济政策的重要目标之一。国际收支对现代开放性经济国家是至关重要的。经济学家认为，一国的国际收支状况不仅反映了这个国家的对外经济交往情况，还反映出该国经济的稳定程度。当一国国际收支处于失衡状态时，就必然会对国内经济形成冲击，从而影响该国国内就业水平、价格水平及经济增长。

二、宏观经济政策目标之间的关系

在实际经济活动中，上述经济政策目标之间并不总是一致的，而是存在着各种各样的矛盾。分析和认识这些矛盾有利于宏观经济政策的制定和运用。

充分就业与物价稳定之间的矛盾体现在菲利普斯曲线所表明的这两者间的交替关系上。这是因为充分就业时货币工资增长快，而货币工资增长快就会引起工资成本推动的通货膨胀，在实际决策中，要维持充分就业就要采取扩张性财政政策与货币政策，而这种扩张政策必然引起通货膨胀。所以说，充分就业以通货膨胀为代价，物价稳定以存在失业为代价，充分就业与通货膨胀难以两全其美。

经济增长与物价稳定之间也存在着矛盾。当资源未得到充分利用时，经济增长不会引起严重的通货膨胀，但当资源接近充分利用时，或某种资源处于制约整个经济的“瓶颈”状态时，经济增长就会使生产要素价格上升，从而导致通货膨胀。正因为如此，一些国家在经济增长较为迅速时，往往会出现不同程度的通货膨胀。

国际收支平衡与充分就业、物价稳定这些国内经济目标之间也存在矛盾。国内充分就业与物价稳定被称为内在均衡，国际收支均衡被称为外在均衡。内在均衡与外在均衡之间往往并不一致。在国内充分就业的情况下，工资与收入水平上升，这就引起对商品需求增长和短期资本输出增加，从而使国际收支状况恶化。国际收支状况改善使外汇增加，国内货币量增加，从而不利于物价稳定。同时，消除失业的扩张性政策和制止通货膨胀的紧缩性政策都会破坏原来的外在均衡：在前一种情况下，是国际收支赤字增加；在后一种情况下，是国际收支盈余的增加。两者都不是国际收支的均衡。

充分就业与经济增长之间的一致性是较大的，因为随着经济增长，会提供更多的就业机会。但它们之间也并非没有矛盾，经济增长并非一定能自然解决就业问题。在现代社会中，经济增长以技术进步为前提，而技术进步采取资本密集型生产方式，又会引起技术性失业。再者，经济增长率越提高、经济结构的变动越大，造成结构性失业的可能性也就越大。

一般认为，要实现既定的经济政策目标，政府运用的各种政策手段必须相互配合，协调一致。如果财政当局与货币当局的政策手段和目标发生冲突，就达不到理想的经济效果，甚至可能偏离政策目标更远。其次，政府在制定目标时，不能追求单一目标，而应当综合考虑各种目标，否则会带来经济上和政治上的副作用。因为经济政策目标相互之间不但会存在互补性，也存在一定的冲突，如充分就业与物价稳定之间的两难选择。此外，还要考虑政策本身的协调和时机把握问题。上述这些都影响政策的有效性，即关系到政府经济目标实现的可能性和实现的程度。因此，政府在制定经济目标和经济政策时应作整体上的宏观考虑和安排。国家一般以使整个社会福利最大化为宗旨。这样，在确定政策目标时就不是使每项政策目标都达到最优化，而是使各种政策目标的总和能带来社会福利的最大化。人们认为，政府在选择某一目标时可能是以另一目标为代价的，这就要求选择这一目标时，收益最大且另一目标的代价最小。

第二单元 财政政策

财政政策是国家干预经济的主要政策之一。经济学者一般把财政政策定义为对政府支出、税收和借债水平所进行的选择，或对政府收入和支出水平所作出的决策。财政政策对经济的干预是通过财政制度的自动稳定器功能和斟酌使用的财政政策进行的。

一、财政制度的自动稳定器功能

自动稳定器也叫内在稳定器，是指经济系统本身具有的一种减少各种对国民收入冲击的机制，能够在经济繁荣时期自动抑制膨胀，在经济衰退时期自动减轻萧条。经济学者认为，现代财政制度本身就具有自动稳定经济的功能。在经济出现衰退，国民收入降低时，财政制度会自动引起政府支出的增加和税收的减少，从而阻止经济进一步衰退；反之，在经济繁荣，国民收入增加时，它会自动引起政府支出的减少和税收的增加，从而避免出现经济的过度膨胀。

财政制度这种内在稳定经济的功能主要表现在以下几个方面：

（一）税收的自动变化

在实行累进税的情况下，经济衰退使纳税人的收入自动进入较低的纳税档次，税收下降幅度也会超过收入下降幅度，从而可起到抑制衰退的作用。反之，当经济繁荣时，纳税人收入自动进入较高档次，政府税收上升的幅度会超过收入上升的幅度，从而起到抑制总需求扩张和经济过热的作用。税收这种因经济变动而自动发生变化的内在机制具有减轻经济波动和稳定经济的作用。

（二）政府支出的自动变化

这里主要是指政府转移支付的变化。政府的转移支付主要是指政府在失业救济和其他福利方面的支出。同税收的作用一样，政府转移支付有助于稳定可支配收入。当经济出现衰退与萧条时，失业增加，符合救济条件的人数增加。失业救济和其他福利开支相应增加，这样就可抑制人们收入特别是可支配收入的下降，进而抑制消费需求的下降。当经济繁荣时，失业人数减少，失业救济和其他福利费支出也自然减少，从而抑制可支配收入和消费的增长。

（三）保持农产品物价稳定的政策

经济萧条时，国民收入下降，农产品价格下降，政府按照农产品价格保护制度，按保护价格收购农产品，可使农民收入和消费保持在一定水平上；经济繁荣时，国民收入水平上升，农产品价格上升，政府减少对农产品的收购并抛售农产品，限制其价格上升，就可抑制农民收入的增长，从而减少总需求的增加量。

经济学认为，自动稳定器是政府稳定经济和缓和周期波动的第一道防线。它对轻微的经济波动能起到良好的抑制作用，但其作用是有局限性和辅助性的，它并不能完全消除波动。

二、斟酌使用的财政政策

财政政策的自动稳定器在稳定经济中能起到一定作用，但其作用毕竟有限，特别是对剧烈的经济波动，自动稳定器更难发挥较大作用。因此，经济学者认为，要确保经济稳定，政府要审时度势，主动采取一些财政措施，即变动政府支出、税收或公债发行规模以稳定总需求水平，使之接近物价稳定的充分就业水平。当出现经济衰退，总需求非常低时，政府应通过削减税收、增发公债和增加支出的措施以刺激总需求。当总需求过多，出现通货膨胀时，政府应采取增加税收、减少公债发行规模和削减政府支出的措施以抑制总需求。前者称为扩张性财政政策，后者称为紧缩性财政政策。究竟什么时候采取什么政策，要对经济发展的形势加以分析并斟酌使用。

财政政策工具是财政当局为实现既定的政策目标所选择的操作手段，主要是变动政府支出、变动税收和公债发行规模。

政府支出又包括购买性支出和转移性支出。购买性支出是决定国民收入大小的主要因素之一，其规模直接影响到社会总需求的增减。当总需求水平过低，经济衰退时，政府可以提高购买水平，如举办公共工程，刺激经济回升；当总需求水平过高时，政府可减少对商品和劳务的需求，降低购买水平，抑制通货膨胀。

转移性支出也是一项重要的财政政策工具。在经济衰退、失业增加时，政府应增加社会福利费用，提高转移性支出的水平，从而增加人们的可支配收入和消费支出，刺激经济回升；反之，总需求水平过高，政府应减少转移性支出，从而减少人们的可支配收入和消费支出。

税收既是国家财政收入的主要来源，也是实施财政政策的重要手段。一般来说，降低税率，减少税收，可引致社会总需求增长和国民收入增加；提高税率，增加税收会导致社会总需求下降。因此，在需求不足时，可采取减税政策抑制经济衰退，在需求膨胀时，可采取增税措施抑制通货膨胀。

公债也是财政政策的工具之一。公债的发行，既可以筹措财政资金，弥补财政赤字，又可以通过公债发行与在其资金市场上的流动来影响货币的供求，从而调节社会的总需求水平，对经济产生扩张或抑制效应。

1997 年，亚洲金融危机爆发波及中国，使中国出口增长减缓，出口增幅下降，实际利用外资下滑，引发国内投资下降和消费需求减少进而形成对整个经济的冲击。在国内外双重紧缩性因素影响下，使经济增长形势十分严峻，为避免经济增长陷入收缩期，中央决定实施以增发公债、增加财政支出为主要内容的宏观调控政策，即积极财政政策，以带动民间投资、促进社会消费和扩大出口潜力。1998 年 8 月正式启动了积极财政政策。当年增发1000亿元长期公债并配套1000亿元银行贷款用以加强基础建设，主要用于农林水利、交通通信、城市基础设施、城乡电网、国家直属储备粮库建设等。通过增加社会保障、救灾和科教支出，支持国有企业改革。当年国家财政赤字规模相应扩大到1673亿元。同时，调整税收政策，分批提高了一些大宗出口产品的退税率以刺激出口扩大，并对国家鼓励发展的外资项目及国内投资项目的先进设备进口减免关税和进口环节增值税以吸引外资和引进先进技术设备。1999年，国家分两次增发公债共1100亿元，用于各项固定资产投资，另发行期限为30年的2700亿元特别公债充实国有商业银行资本金，以防范金融风险。同时，调整部分税种税率，进一步提高出口退税率以鼓励出口，通过降低固定资产投资方向调节税和国产设备投资部分抵免（40%）企业所得税以鼓励固定资产投资；通过征收个人存款所得税来调节个人收入差距和鼓励消费，通过增加预算单位职工工资、提高下岗职工等低收入人员的最低生活保障水平和企业离退休人员待遇等措施共增加了支出540多亿元，这些措施在一定程度上刺激了消费。2000年，全年共安排了1500亿元长期建设公债。主要用于基础设施建设、国有企业技术改造、西部大开发、生态环境建设及科教事业发展，停征固定资产投资方向调节税，继续推进税费改革，对负债过重而产品尚有前景的部分大中型国有企业的银行债权转为股权，降低其资产负债率，进一步加快社会保障体系建设步伐。由于加大了税收征管和支出控制力度，当年赤字只增加了129亿元，扩张力度明显减弱。2001年，继续增发1000亿元建设公债和500亿元支持西部开发的特种公债，通过提高预算部门职工工资和离退休人员养老金，进一步完善收入分配政策。2001年初的预算赤字虽然继续有所增加，但执行结果却比上年减少了22亿元，表明积极财政政策已经表现出了淡出痕迹。2002年，维持积极财政政策的连续性，继续发行公债1500亿元，重点在于调整公债资金支出方向和结构，降低关税、证券交易印花税和金融保险营业税率等，提高社会保障程度，继续支持农村税费改革，减轻农民负担，加大科教投入。2003年，积极财政政策开始进入收缩阶段，全年公债安排使用1400亿元，同时，继续调整公债支出结构，加大公共支出。2004年，积极财政政策开始转型，全年只安排1100亿元（后调减为900亿元），同时，减少生产性固定资产投资支出和加大公共社会保障方面的支出。虽然全国财政收入比上年大幅上升，但国家把预算中已经确定的建设性支出往后推，以将全国基本建设支出控制在预算管理范围之内，1～10月，全国基本建设支出同比有较大幅度的减少。实施积极财政政策的7年间共发行长期建设公债约9000亿元，同期银行发放公债项目配套贷款2万多亿元，直接拉动投资约4万亿元。

三、财政政策与证券市场

一般来讲，财政政策分为扩张性的财政政策和紧缩性的财政政策。实施紧缩性的财政政策时，政府财政在保证各种行政与国防开支外，并不从事大规模的投资。而实施扩张性的财政政策时，政府积极投资于能源、交通、住宅等建设，从而刺激相关产业如水泥、钢材、机械等行业的发展。如果政府以发行公债方式增加投资的话，对经济的影响就更为深远。总地来说，紧缩性的财政政策使得过热的经济受到控制，证券市场也将走弱，因为这预示着未来经济将减速增长或走向衰退；而扩张性的财政政策将刺激经济发展，证券市场将走强，因为这预示着未来经济将加速增长或进入繁荣阶段。

在实际理财操作中，当政府实行扩张性财政政策时，因为经济会向好，证券市场会走强，投资者应该选择股票、偏股型基金等风险和收益都较大的理财产品。反之，当政府实行紧缩性的财政政策时，经济下滑，证券市场会走弱，投资者应该选择债券、货币基金等风险和收益都较小的理财产品。

（一）实施扩张性的财政政策对证券市场的影响

1. 降低税率，减少税收，扩大减免税范围。其政策的经济效应是：增加微观经济主体的收入，以刺激经济主体的投资需求和消费需求。对证券市场的影响是促进股票和债券价格的上扬。

2. 扩大财政支出，加大财政赤字。其政策效应是：扩大社会总需求，从而刺激投资，扩大就业。政府通过购买和公共支出增加对商品和劳务需求，激励企业增加投入，提高产出水平，于是企业利润增加，经营风险降低，将使得股票和债券价格上扬。同时，居民在经济复苏中增加了收入，持有货币增加，经济景气的趋势更增加了投资者的信心，证券市场趋于活跃，价格自然上扬。特别是与政府购买和支出增加相关企业将最先、最直接从财政政策中获益，这些企业的股票价格和债券价格率先上涨，所以，在实际操作中，在扩张性财政政策时投资者应该多购入该类公司的股票。但过度使用此项政策，财政收支出现巨额赤字时，虽然进一步扩大了需求，但是，也增加了经济的不稳定因素，通货膨胀加剧，物价上涨，有可能使投资者对经济的预期不乐观，反而造成股价下跌。

3. 增加财政补贴。财政补贴本质是财政支出的一种形式，增加财政补贴使财政支出扩大，其政策效应是扩大社会总需求和刺激总供给，从而使整个证券市场的总体水平趋于上涨。

（二）紧缩性财政政策对证券市场的影响

紧缩性的财政政策的经济效应及其对证券市场的影响与上述情况相反。财政政策对证券市场的影响是十分深刻的，也是十分复杂的。正确运用财政政策来为证券投资决策服务，应把握以下几个方面：

1. 关注有关统计资料信息，认识经济形势。

2. 从各种媒体中了解经济界人士对当前经济形势的看法，关心政府有关部门主要负责人的发言，分析其经济观点、主张，从而预见政府可能采取的经济措施和采取措施的时机。

3. 分析过去类似形势下的政府行为及其经济影响，据此预期政策倾向和相应的政策影响。

4. 关注年度财政预算，从而把握财政收支总量的变化趋势。更重要的是对财政收支结构及其重点作出分析，以便了解政府的财政投资重点和倾斜政策。一般而言，受倾斜的行业业绩较有保障，该行业平均股价因而存在上涨空间。

5. 在预见和分析财政政策的基础上，进一步分析相应政策对经济形势的综合影响（比如通货膨胀、利率等），结合行业分析和公司分析作出投资选择。通常，与政府采购密切相关的行业和公司对财政政策反应较为明显。

第三单元　货币政策

中央银行通过控制货币供给量以及通过货币供给量来调节利率，进而影响投资和整个经济以达到一定经济目标的行为就是货币政策。经济学家认为，货币政策和财政政策一样，都是调节宏观经济的重要政策，两者不同之处在于，财政政策直接影响总需求的规模，这种直接作用是没有中间变量的，而货币政策则是通过利率的变动来对总需求发生影响，是间接发挥作用的。所以，一般来说财政政策见效快，而货币政策见效慢。

一、货币政策及其主要工具

货币政策也分为扩张性的货币政策和紧缩性的货币政策。扩张性的货币政策通过增加货币供给量来带动货币总需求增长。货币供给增加时，利率会降低，取得信贷更为容易，投资增加，因此，经济萧条时多采用扩张性货币政策；紧缩性的货币政策通过削减货币供给的增长来降低总需求水平，在这种情况下，利率提高，取得信贷成本上升，投资减少。所以，在通货膨胀严重时，多采用紧缩性货币政策。中央银行主要通过以下工具来变动货币供给量：

1. 调整再贴现率。再贴现是商业银行与中央银行之间的贴现行为。再贴现率是中央银行对商业银行及其他金融机构的放款利率。商业银行将它接受的贴现票据到中央银行请求再贴现，也可以将自己的票据拿到中央银行贴现。中央银行挂牌的贴现率，可以高于也可以低于市场贴现率（即市场利率）。中央银行通过变动给商业银行及其他存款机构的贷款利率来调节货币供给量。如果中央银行贴现率提高，商业银行通过贴现得到的资金必然要付出较大的成本，进而商业银行贴现的积极性降低，货币供给量减少；如果中央银行的贴现率降低，商业银行感到有利可图，就会积极到中央银行要求贴现，从而使货币供给量扩大。实际上，贴现率政策对货币供给量的影响比较有限。一方面，中央银行在确定贴现率的时候，也要视市场其他利率的情况而定。如美国的联邦储备从不把贴现率提高到一种“惩罚性”的高水平上，总是把贴现率保持在稍低于联邦基金率（即美国商业银行同业日拆借资金的利息率）的水平上。另一方面，银行和其他存款机构也尽量避免去中央银行贴现，只将它作为紧急求援手段，平时少加利用，以免被人误认为自己的财务状况有问题。因而再贴现政策往往作为补充手段和公开市场业务政策结合使用。另外，再贴现政策也往往缺乏主动性。

2. 变动法定存款准备金率。在当代国家，为了防止商业银行为追求利润而使其保存的现金过少从而导致挤兑风波，也为了控制银行贷款的速度和数量，从而控制货币供给量，各国中央银行对商业银行和金融机构吸收的存款，规定一个必须备有的准备金，称为法定存款准备金。法定存款准备金与银行全部存款的比率叫法定存款准备金率。中央银行有权决定商业银行和其他存款机构的法定存款准备金率。如果中央银行认为需要增加货币供给，就可以降低法定存款准备金率，使所有存款机构对每一客户的存款只要留出更少的准备金即可，或者说使每单位的准备金可支撑更多的存款。如果中央银行认为需要减少货币供给则可以提高法定存款准备金率，使银行减少可创造的货币。从理论上讲，变动法定存款准备金率是中央银行调整货币供给量的最简单的办法，然而，中央银行一般不轻易使用这一手段，因为变动法定存款准备金率的作用十分猛烈。变动法定存款准备金率会使货币供给量成倍地变化，不利于货币供给和经济稳定。同时，中央银行如果频繁地改变法定存款准备金率也不利于它对银行的管理，会使商业银行和所有金融机构因其正常信贷业务受到干扰而感到无所适从。所以，变动法定存款准备金率是一个强有力但又不常用的货币政策工具。

3. 公开市场业务。这是目前中央银行控制货币供给量最重要也是最常用的工具。公开市场业务是指中央银行在金融市场上公开买卖政府债券以控制货币供给和利率的政策行为。在美国，货币政策包括公开市场业务是由联邦储备系统中的公开市场委员会决定，由公开市场办公室具体实施的。政府债券是政府为筹措弥补财政赤字资金而发行的支付利息的国库券或债券。这些被初次卖出的证券，在普通居民、厂商、银行、养老基金等单位中反复不断被买卖。联储可以参加这种交易并通过这种交易扩大和收缩货币供给。当联储认为市场上货币供给量过多，出现通货膨胀时，便在公开市场上出售政府债券。承购政府债券的既可能是商业银行和其他金融机构，也可能是私人或企业。当商业银行购买政府债券后，存款准备金会减少，可以贷款的数量也减少，整个社会的货币供给量会成倍减少。反之，如果出现通货紧缩，联储可以通过公开市场业务操作买进债券，商业银行和其他金融机构的准备金会因之增加，私人通过这种购买也会将现金存入银行。这样，商业银行的准备金增加了，其贷款能力相应扩大，整个市场的货币供给量会成倍增加。

公开市场业务有如下几个方面的优点：（1）中央银行可通过买卖政府债券把银行准备金控制在自己愿望的规模内。（2）这种手段具有主动性，中央银行可根据自己的意愿进行。（3）这种手段具有灵活性。中央银行可以灵活地改变货币供给变动的方向，可以大量或少量地买进或卖出政府债券，从而主动增加或减少货币供给。即使中央银行有时出现政策失误，也可以及时进行纠正。最后，这一手段具有可测性，即这一业务对货币供给的影响可以比较准确地预测出来。如，买进一定数量金额的证券，就可以大体上按货币乘数估计出货币供给增加了多少。

在多数发达国家，公开市场操作是中央银行吞吐基础货币，调节市场流动性的主要货币政策工具，通过中央银行与指定交易商进行有价证券和外汇交易，实现货币政策调控目标。中国公开市场操作包括人民币操作和外汇操作两部分。外汇公开市场操作自1994年3月启动，人民币公开市场操作自1998年5月26日恢复交易，规模逐步扩大。1999年以来，公开市场操作已成为中国人民银行货币政策日常操作的重要工具，对于调控货币供给量，调节商业银行流动性水平，引导货币市场利率走势发挥了积极的作用。

中国人民银行从1998年开始建立公开市场业务一级交易商制度，选择了一批能够承担大额债券交易的商业银行作为公开市场业务的交易对象，目前，公开市场业务一级交易商共包括40家商业银行。这些交易商可以运用公债、政策性金融债券等作为交易工具与中国人民银行开展公开市场业务。从交易品种看，中国人民银行公开市场业务债券交易主要包括回购交易、现券交易和发行中央银行票据。其中，回购交易分为正回购和逆回购两种，正回购为中国人民银行向一级交易商卖出有价证券，并约定在未来特定日期买回有价证券的交易行为，正回购为央行从市场收回流动性的操作，正回购到期则为央行向市场投放流动性的操作；逆回购为中国人民银行向一级交易商购买有价证券，并约定在未来特定日期将有价证券卖给一级交易商的交易行为，逆回购为央行向市场上投放流动性的操作，逆回购到期则为央行从市场收回流动性的操作。现券交易分为现券买断和现券卖断两种，前者为央行直接从二级市场买入债券，一次性地投放基础货币；后者为央行直接卖出持有债券，一次性地回笼基础货币。中央银行票据即中国人民银行发行的短期债券，央行通过发行央行票据可以回笼基础货币，央行票据到期则体现为投放基础货币。

除了以上三种货币政策工具外，我国还有几项特殊的货币政策工具，包括中央银行再贷款政策、利率政策和汇率政策。

从再贷款政策来看，我国2003年12月27日修正后的《中华人民共和国中国人民银行法》有如下规定："中国人民银行根据执行货币政策的需要，可以决定对商业银行贷款的数额、期限、利率和方式，但贷款的期限不得超过一年。"

从利率政策来看，利率政策是我国货币政策的重要组成部分，也是货币政策实施的主要手段之一。中国人民银行根据货币政策实施的需要，适时运用利率工具，对利率水平和利率结构进行调整，进而影响社会资金供求状况，实现货币政策的既定目标。目前，中国人民银行采用的利率工具主要有：（1）调整中央银行基准利率。（2）调整金融机构法定存贷款利率。（3）制定金融机构存贷款利率的浮动范围。（4）制定相关政策对各类利率结构和档次进行调整等。近年来，中国人民银行加强了对利率工具的运用。利率调整逐年频繁，利率调控方式更为灵活，调控机制日趋完善。随着利率市场化改革的逐步推进，作为货币政策主要手段之一的利率政策将逐步从对利率的直接调控向间接调控转化。利率作为重要的经济杠杆，在国家宏观调控体系中将发挥更加重要的作用。

从汇率政策来看，自2005年7月21日起，我国开始实行以市场供求为基础、参考一篮子货币进行调节、有管理的浮动汇率制度。人民币汇率不再盯住单一美元，形成更富弹性的人民币汇率机制。中国人民银行将根据市场发育状况和经济金融形势，适时调整汇率浮动区间。同时，中国人民银行负责根据国内外经济金融形势，以市场供求为基础，参考一篮子货币汇率变动，对人民币汇率进行管理和调节，维护人民币汇率的正常浮动，保持人民币汇率在合理、均衡水平上的基本稳定，促进国际收支基本平衡，维护宏观经济和金融市场的稳定。

二、货币政策的其他工具

货币政策除以上主要工具外，还有一些其他工具作为辅助性措施。这些措施主要有以下几点：

1. 道义劝告。即中央银行运用自己在金融体系中的特殊地位和威望，通过对商业银行及其他金融机构的劝告，影响其贷款和投资方向，以达到控制信用的目的。如在经济衰退时期，鼓励银行扩大贷款；在通货膨胀时期，劝阻商业银行不要任意扩大信用，也往往收到一定的效果，但这种道义上的说服方法没有可靠的法律地位，因而，并不是强有力的控制措施。

2. 调整法定保证金限额。国家的证券交易所，对有价证券交易，是可以凭信用买空卖空的。政府为了稳定金融市场和物价，规定购买证券必须支付一定比例的现款，谓之法定保证金。很明显，法定保证金愈高，所需现款愈多，就会压低证券价格，提高利率；反之，如果保证金限额降低，所需现款减少，就会促使证券价格上升，利率下降。

3. 规定抵押贷款利率的上限和下限。抵押贷款是用于购买房屋、土地等不动产的。这种贷款利息率提高，就会限制对房屋等不动产的购买，从而压低社会有效需求；反之，这种贷款利率降低，就会刺激对不动产的购买，提高社会有效需求。因此，政府规定抵押贷款利率的上限和下限，在一定程度上有助于对需求的管理。

三、货币政策与证券市场

中央银行的货币政策对证券市场的影响，可以从以下四个方面加以分析：

1. 利率。中央银行调节基准利率的高低，对证券价格产生影响。一般来说，利率下降时，股票价格就上升；而利率上升时，股票价格就下降。之所以产生上述现象，就是因为有以下几个机制在起作用：（1）利率是计算股票内在价值的重要依据之一。当利率上升时，同一股票的内在价值下降，从而导致股票价格下跌；反之，则股票价格上升。对于债券，也会产生同样的影响。（2）利率水平的变动直接影响到公司的融资成本，从而影响股票价格。利率低，可以降低公司的利息负担，增加公司盈利，股票价格也随之上升；反之，利率上升，股票价格下跌。（3）利率降低，部分投资者将把储蓄投资转成股票投资，需求增加，促使股价上升；反之，若利率上升，一部分资金将会从证券市场转向银行存款，致使股价下降。

利率对股票价格的影响比较明显，反映也比较迅速。因此，要把握住股票价格走势，首先要对利率的变化趋势进行全面掌握。有必要指出的是，利率政策本身是中央银行货币政策的一个组成内容，但利率的变动同时也受到其他货币政策的影响。如果货币供应量增加、中央银行贴现率降低、中央银行所要求的银行存款准备金比率下降，就表明中央银行在放松银根，利率呈下降趋势；反之，则表示利率总的趋势在上升。上述利率与股价运动呈反方向的变动关系，不能将此绝对化，股价和利率并不是呈现绝对的负相关的关系。

利率与股市之间有着明显的“杠杆效应”，下面选择了我国从1993年至2006年若干次加息后股市的反应来说明加息对股市的影响。1993年5月15日：各档次定期存款年利率平均提高2.18个百分点，各项贷款利率平均提高0.82个百分点。首日反应：1993年5月17日，周一上证指数开盘1162点（跳空低开5点，开盘点位即是全天最高点），最高1162点，最低1097点，收报1140点，跌27点，跌幅为2.35%。1993年7月11日：一年期定期存款利率由1993年5月15日的9.18%上调到10.98%。首日反应：1993年7月12日，周一上证指数开盘855点（跳空低开13点，开盘点位即是全天最高点）最高855点，最低828点，收报845点，跌23点，跌幅为2.65%。其后走势：以上两次加息，使得上证指数在随后3个月时间里从1392点迅速下跌到777点，跌幅达到44.2%。2004年10月29日：一年期存、贷款利率均上调0.27个百分点。首日反应：上证指数跳空低开25点，收盘下跌21点，跌幅为1.58%。其后走势：市场虽有所反复，但仍然没能改变下跌的趋势，2005年2月跌到1187点。2006年4月28日：金融机构贷款利率上调0.27个百分点。首日反应：上证指数低开14点，但收盘却以1440点报收，上涨23.49点，涨幅为1.66%。其后走势：市场维持上涨势头，并在5月份展开了一波历史上少见的逼空行情，到2006年7月5日最高摸至1757点。2006年8月18日：一年期存贷款利率上调0.27个百分点。首日反应：8月21日，上证指数跳空低开33点，但当天逐波走高，最终以阳线报收，收盘指数为1601.15点，上涨3.13点，涨幅为0.20%。其后走势：沪深股市一路大涨，最高一度突破了3000点大关。

从1993年以来历次加息后股市的走势来看，涨多跌少，仅仅是1993年的两次连续加息，股市才下跌，其他几次加息过后股市都会上涨。所以，加息后股市上涨的概率很大。从理论上来说，加息恰恰是央行认为经济好转，回笼货币的表现。在经济好转的预期下，即使是加息，投资者就会认为股市会上涨。所以只要加息，且当年预期不会连续加息和世界经济形势不是太糟糕，理财的产品应该选择股票、偏股型基金等收益较高的产品。适当配置黄金等保值理财产品。

2. 中央银行的公开市场业务对证券价格的影响。当政府倾向于实施较为宽松的货币政策时，中央银行就会大量的购进有价证券，从而促使市场上货币供给量增加。这会推动利率下调，资金成本降低，从而企业和个人的投资和消费热情高涨，生产扩张，利润增加，进而推动股票价格上涨；反之，股票价格将下跌。同时，之所以强调公开市场业务对证券市场的影响，还在于中央银行公开市场业务的运作是直接以公债为操作对象，从而直接关系到公债市场的供求变动，影响到公债市场的波动。

3. 调节货币供应量对证券市场的影响。中央银行可以通过存款准备金率和再贴现率政策调节货币供应量，从而影响货币市场和资本市场的资金供求，进而影响证券市场。如果中央银行提高存款准备金率，这在很大程度上限制了商业银行体系创造派生存款的能力，就等于冻结了一部分商业银行的超额准备金。由于法定存款准备金率对应数额庞大的存款总量，并通过货币乘数的作用，使货币供给量更大幅度减少，证券市场价格趋于下降。同样，如果中央银行提高再贴现率，对再贴现资格加以严格审查，商业银行资金成本增加，市场贴现利率上升，社会信用收缩，证券市场的资金供应减少，使证券市场行情走势趋软。反之，如果中央银行降低存款准备金率或降低再贴现率，通常都会导致证券市场行情上扬。

4. 货币政策的其他工具对证券市场的影响。为了实现国家的产业政策和区域经济政策，我国对不同行业和区域采取区别对待的方针，一般来说，该项政策会对证券市场总体走势产生影响，而且，还会因为板块效应对证券市场产生结构性影响。当采取一些选择性的货币政策工具指导降低贷款限额、压缩信用规模时，从紧的货币政策使证券市场行情呈下跌走势。但如果在从紧的货币政策前提下，实行总量控制，同时对不同行业进行区别对待，紧中有松，那么，一些优先发展的产业、国家支柱产业以及农业、能源、交通、通信等基础产业及优先发展的地区证券价格可能不受影响，反而可能逆市而上。总地来说，此时，贷款流向反映当时的产业政策及区域政策并引起证券市场价格的比价关系对此作出结构性调整。

第四单元　财政政策与货币政策的配合使用

由前面的分析可知，财政政策和货币政策都各有其特点，又有其局限性。政府在进行需求管理时，应根据宏观经济活动状态的客观要求和各项政策的特点相机决定和选择某项或几项政策手段。

一、财政政策和货币政策的特点

财政政策与货币政策各有其特点：首先，它们的猛烈程度不同。政府增加支出和调整法定准备率对经济的影响比较猛烈，而政府税收的改变与公开市场业务操作的影响就比较缓和；其次，政策效应“时滞”不同。财政政策内在时滞长，外在时滞短，货币政策外在时滞长，内在时滞短。再次，政策发生影响的范围不同。每项政策手段都有其发挥作用的领域。例如，政府支出政策影响面大一些，公开市场业务影响面则小一些。最后，政策阻力因素不同。如增税与减少政府支出的阻力较大，而货币政策一般来说遇到的阻力较小。

二、财政政策和货币政策的配合使用

财政政策和货币政策的搭配对产量和利率会有不同的政策效果，如表 3－1 所示。

表 3－1　　财政政策和货币政策混合使用的政策效应

序号	政策混合	产量	利率
1	扩张性的财政政策和紧缩性的货币政策	不确定	上升
2	紧缩性的财政政策和紧缩性的货币政策	减少	不确定
3	紧缩性的财政政策和扩张性的货币政策	不确定	下降
4	扩张性的财政政策和扩张性的货币政策	增加	不确定

政府可以根据具体情况和不同目标，选择不同的政策组合。同时，需要说明的是，财政政策和货币政策中的具体手段也往往有不同的效果。因此，在配合使用两种政策时，也要根据经济状况，选择相应的手段。比如，如果是要刺激总需求，还要看是刺激总需求中的哪一部分。如果是刺激私人投资，最好采用财政政策中的投资补贴，如果是要刺激投资中的住房建设，就要采用货币政策。如果要刺激消费，则可以增加转移支付和降低所得税。因此，在选择具体政策手段时，也要根据具体的情况，对症下药，政策才能收到最大的效果。政策的选择还要考虑具体的政治情况。因为政策的后果往往影响到不同的社会群体的利益及不同的经济部门。例如，增加政府军事购买有利于军工部门，减少个人所得税有利于一般公众，增加转移支付有利于穷人，而投资补贴有利于资本所有者。

三、宏观经济政策实施中的实际问题

宏观经济政策在实施中还会遇到各种问题，主要有以下两个方面：首先是时滞。经济政策发挥作用需要一个过程，在这个过程中，经济情况有可能会发生变化。因为政策的出台往往是以理论分析为根据，往往是从当前的经济情况出发的，但实际经济生活中有很多不确定性，而且，将来的情况也往往难以准确预料。其次是预期的影响。政策的效果如何，还要受到公众对政策本身和经济形势预期的影响。如果公众认为政策的变动只是暂时的，从而不对政策作出反应，那么，政策就很难达到预期的目标。例如，如果公众认为某次减税只是暂时的、一次性的，那么，他们就不会由于这次减税而增加消费和投资，从而减税也起不到刺激总需求的作用。只有公众认为政策是长期的，并与政府有大致相近的经济预期时，才会配合政策，使政策发挥作用，达到预期的效应。但这往往有一定的难度。当政策得不到公众配合时，政策就难以达到预期的目标。

第四节　经济周期理论

本节主要介绍经济周期的基本理论知识、我国经济周期的基本情况及经济周期和行业投资策略的关系问题。个人和家庭的理财行为总是处在一定经济形势之中，而经济形势又处在不断的变化之中，因此，通过本节的学习，理财规划师应当了解经济周期如何对个人和家庭的理财行为产生影响，以及知悉如何利用经济周期的基本知识指导个人和家庭的理财行为。

第一单元 经济周期的基本知识

一、经济周期的定义、阶段和类型

（一）经济周期的定义

所谓经济周期（又称商业循环），是指经济活动沿着经济发展的总体趋势所经历的有规律的扩张和收缩。

（二）经济周期的四个阶段

由于经济在总体上保持着或多或少的增长，所以，经济增长的长期趋势是正斜率的。经济周期大体上经历周期性的四个阶段：繁荣、衰退、萧条和复苏。

按照经济学的说法，假定开始时，经济处于繁荣阶段，这时经济活动处于高水平的时期，就业增加，产量扩大，社会总产出逐渐达到最高水平。繁荣阶段不可能总是长期维持下去，当消费增长放慢，投资减少时，经济就会开始下滑，使经济处于衰退阶段。在衰退阶段初期，由于需求首先是消费需求与生产能力的偏离，使投资增加的势头受到抑制，随着投资减少，生产下降，失业增加，另一方面，消费减少，产品滞销，价格下降，进而使企业利润减少，致使企业的投资进一步减少，相应地，收入亦不断减少，最终会使经济跌落到萧条阶段。萧条阶段是指经济活动处于最低水平的时期。在这一阶段存在大量的失业，大批生产能力闲置，工厂亏损，甚至倒闭。萧条时期也不可能无限延长。随着时间的推移，随着现有设备的不断损耗，以及由消费引起的企业存货的减少，致使企业考虑增加投资，使就业开始增加，产量逐渐扩大，经济进入复苏阶段。复苏阶段是指经济走出萧条阶段并转向上升的阶段。在这一阶段，生产和销售回涨，就业增加，价格也有所提高，整个经济呈现上升的势头。随着生产和就业继续扩大，价格上升，整个经济又逐步走向繁荣阶段。然后开始经济的又一个循环。

（三）经济周期的类型

经济学家根据一个周期的长短将经济周期分为长周期、中周期和短周期。

长周期又称长波，这种周期长度平均为50年左右。这一划分是由原苏联经济学家康德拉耶夫于1926年发表的《经济生活中的长波》一文中首先提出的，故长周期又称康德拉耶夫周期。

中周期又称中波，指一个周期平均长度为8年到10年。关于中周期的研究较早。1860年，法国经济学家朱格拉在其《论法国、英国和美国的商业危机及其发生周期》一书中系统地分析了这种周期，故又名朱格拉周期。

短周期又称短波，指一个周期平均长度约为 40 个月。它由美国经济学家基钦于 1923 年提出，故又称基钦周期。

二、经济周期的成因

关于经济周期形成的原因，存在着许多的理论解释。下面列举了几种理论：

（一）外部因素理论

外部因素理论认为，经济周期的根源在于经济制度之外的某些事物的波动——如太阳黑子、星象、战争、革命、政治事件、金矿的发现、人口和移民的增长、新疆域和新资源的发现、科学发明和技术进步等等。如，太阳黑子论认为太阳黑子周期性地造成恶劣的气候，使农业收成不好，影响了工商业，从而使整个经济周期性地出现衰退。

（二）纯货币理论

这种理论认为，经济周期纯粹是一种货币现象，货币数量的增减是经济发生波动的唯一原因。所有具有现代银行体系的国家，其货币供给都是有弹性的，可以膨胀和收缩。经济周期波动是银行体系交替地扩张和紧缩信用所造成的。当银行体系降低利率、放宽信贷时就会引起生产的扩张与收入的增加，这又会进一步促进信用扩大。但是信用不能无限地扩大，当高涨阶段后期银行体系被迫紧缩信用时，就会引起生产下降，危机爆发，并继之出现累积性衰退。即使没有其他原因存在，货币供给的变动也足以形成经济周期。

（三）投资过度理论

这种理论主要强调了经济周期的根源在于生产结构的不平衡，尤其是资本品和消费品生产之间的不平衡。人们把当期收入分成储蓄和消费两部分。消费的部分直接购买消费品，储蓄的部分则进入资本市场，通过银行、保险公司、证券等各种金融机构到达各企业经营者手中，被投入到资本品购买和生产之中，这一过程就是投资。如果利率政策有利于投资，则投资的增加首先引起对资本品需求的增加以及资本品价格的上升，这样就更加刺激了投资的增加，形成了繁荣。但是这种资本品生产的增长要以消费品生产下降为代价，从而导致生产结构的失调。当经济扩张发展到一定程度之后，整个生产结构已处于严重的头重脚轻状态，于是经济衰退不可避免地发生了。

（四）消费不足理论

消费不足理论一直被用来解释经济周期的收缩阶段，即衰退或萧条的重复发生。这种理论把萧条产生的原因归结为消费不足，认为经济中出现萧条是因为社会对消费品的需求赶不上消费品的增长。强调消费不足是由于人们过度储蓄从而使其对消费品的需求大大减少。当储蓄投资于生产过程时，不管数量大还是小，迟早总要引起麻烦，带来经济的崩溃和萧条。消费不足理论的一个重要结论是，一个国家生产力的增长率应当同消费者收入的增长率保持一致，以保证人们能够购买那些将要生产出来的更多的商品。这一思想对于当今国家的财政货币政策仍然有影响。

（五）心理理论

这种理论强调心理预期对经济周期各个阶段形成的决定作用。在经济周期的扩张阶段，人们受盲目乐观情绪支配，往往过高地估计了产品的需求、价格和利润，而生产成本，包括工资和利息则往往被低估了。并且人们之间存在着一种互相影响决策的倾向，如某企业经营者因对未来的乐观预期会增加与他对有关的货物和服务的需求，于是带动其他企业经营者也相应增加需求，从而导致了过多的投资。根据心理理论，经济周期扩张阶段的持续期间和强度取决于酝酿期间的长短，即决定生产到新产品投入市场所需的时间。当这种过度乐观的情绪所造成的错误在酝酿期结束时显现出来后，扩张就到了尽头，衰退开始了。企业经营者认识到他们对形势的预测是错误的，乐观开始让位于悲观。随着经济转而向下滑动，悲观情绪产生并蔓延，由此导致萧条。

（六）创新理论

创新理论是由熊彼特提出来的。熊彼特关于经济周期的解释是建立在创新的投资活动是不断重复发生的，而经济正是通过这些来运转的基础上的。但这个过程基本上是不平衡、不连续并且是不和谐的。熊彼特理论的核心有三个变化过程：发明、创新和模仿。发明是指一种新产品或者新的生产过程的发现，或者是改变现存产品的生产过程。熊彼特假设发明或多或少总是不断地出现，但是它们并不一定同时在经济上得到应用。创新被定义为，一种新发明的首次应用，或者是改进了现有产品和工艺过程，使其适应不同的市场需求。在熊彼特看来，企业家之所以进行创新活动，是因为创新能给他带来盈利的机会。假设某个企业家决定生产一种新产品，他愿意冒风险并对所需的厂房和设备进行投资。如果他的决策正确，他将会获得超额利润。应用前面的心理理论，投资支出在经济的其他领域也会开始增加。然而更为重要的是，他的成功带来了一大批模仿者，他们都想要分享这一超额利润。发明、创新和模仿过程的最终结果是对厂房设备的投资支出的不断累积的增加、较高的收入、更大的消费支出等等。随着这个过程的继续，经济又一次变得过度扩张了，由于产量的不断增加，最终产品的价格开始下降，劳动力、设备、原材料和利息的成本开始增加。最后出现的是，削减投资支出、解雇工人、收入和消费支出减少，经济开始进入周期的收缩阶段。随之而来的是对变化了的经济环境进行调整的过程，在这一期间，使经济进入下一个复苏的物质力量渐渐形成，企业家又开始创新，于是开始了下一轮周期。

（七）政治周期理论

政治周期理论认为，政府交替执行扩张性政策和紧缩性政策的结果，造成了扩张和衰退的交替出现。政府企图保持经济稳定，实际上却在制造不稳定。为了充分就业，政府实行扩张性财政和货币政策。但是，在政治上，财政赤字和通货膨胀会遭到反对。于是，政府又不得不转而实行紧缩性政策，这就人为地制造经济衰退。这是政府干预经济所造成的新型的经济周期，其原因在于充分就业和价格水平稳定之间存在着矛盾。

三、经济指标

预测宏观经济走强还是衰退，是决定资产配置决策的重要因素。如果预测与市场的看法不一致，就会对投资策略产生很大的影响。经济周期具有循环特征，所以在某种程度上周期是可以预测的。为了预测和判别经济的波动，理财规划师可以运用各种指标来进行分析。这些指标由于具有与经济周期平行变化的一致性，因此，能够反映出总体经济活动的转折点与周期波动的特点。这些指标按照与经济周期变动先后之间的关系可分为三类：先行指标、同步指标和滞后指标。

（一）先行指标

先行指标是指那些在经济活动中预先上升或下降的经济指标。这一组指标主要与经济未来的生产和就业需求有关，主要包括货币供给量、股票价格指数、生产工人平均工作时数、房屋建筑许可的批准数量、机器和设备订货单的数量以及消费者预期指数等。

先行指标对经济周期波动较为敏感，因此，可以先于其他经济指标反映出短期的、不稳定的波动。当许多先行指标都显现下降趋势时，预示着衰退将会来临；反之，当许多先行指标都显现上升趋势时，预示着经济扩张即将来临。

（二）同步指标

同步指标是指那些与经济活动同步变化的经济指标。这组指标到达其峰顶与谷底的时间几乎与经济周期相同，它们既不超前也不落后于总体经济周期，而是与总体经济周期变动几乎一致。主要的同步指标包括国内生产总值（GDP）、工业生产指数、个人收入、非农业在职人员总数以及制造业和贸易销售额等。

同步指标可以用来验证预测的准确性。如果在先行指标已经下降的情况下，同步指标也在下降，人们就有把握相信衰退已经来临；如果先行指标已经下降了，而同步指标并没有下降，那么就要考虑先行指标是否受到了某些干扰，经济是否真正进入衰退阶段。

（三）滞后指标

滞后指标是指那些滞后于经济活动变化的经济指标。这些指标的峰顶与谷底总是在经济周期的峰顶与谷底之后出现。这些指标主要包括生产成本、物价指数、失业的平均期限、商业与工业贷款的未偿付余额、制造与贸易库存与销售量的比率等。滞后指标反映了经济波动的程度，也可以用来验证预测的准确性。

在运用先行指标、同步指标和滞后指标进行经济周期预测时，还要综合考虑运用其他的信息工具。只有对经济现象和各种指标进行全面的观察，并结合经验进行判断才能得到较好的预测效果。

四、经济周期与证券投资

证券市场素有“经济晴雨表”之称。经济情况从来不是静止不动的，某个时期产出、价格、利率、就业不断上升直至某个高峰——繁荣。之后可能是经济的衰退，产出、产品销售、利率、就业开始下降，直至某个低谷——萧条，此阶段的明显特征是需求严重不足，生产相对严重过剩，销售量下降，价格低落，企业盈利水平极低，生产萎缩，出现大量破产倒闭，失业率增大。接下来则是经济重新复苏，进入一个新的经济周期。而证券市场综合了人们对于经济形势的预期，这种预期较全面地反映了有关经济发展过程中表现出的有关信息，特别是经济中的人的切身感受。这种预期又必然反映到投资者的投资行为中，从而影响证券市场的价格。既然股价反映的是对经济形势的预期，因而其表现必定领先于经济的实际表现（除非预期出现偏差，经济形势本身才对股价产生纠错反应）。当经济持续衰退至尾声——萧条时期，百业不振，投资者已远离股票市场，每日成交寥寥无几，此时，那些有眼光，而且在不停搜集和分析有关经济形势并作出合理判断的投资者已在默默吸纳股票，股价已缓缓上升，当各种媒介开始传播萧条已去，经济日渐复苏时，股价实际上已经升至一定水平。随着人们普遍认同以及投资者自身的境遇亦在不断改善，股市日渐活跃，需求不断扩大，股价不停地攀升，更有大户和做市商借经济形势的大“利好”进行哄抬，普通投资者在利欲和乐观从众心理的驱使下极力“捧场”，股价屡创新高。而那些有识之士在综合分析经济形势的基础上，认为经济将不会再创热潮时，已悄然抛出股票。股价虽然还在上涨，但供需力量逐渐发生转变，当经济形势逐渐被更多的投资者所认识，供求趋于平衡直至供大于求时，股价便开始下跌。当经济形势发展按照人们的预期走向衰退时，与上述相反的情况便会发生。

上面实际上描绘了股价波动与经济周期相互关联的一个总体轮廓，这个轮廓告诉我们以下几点启示：

1. 经济总是处在周期性运动中。股价伴随经济相应地波动，但股价的波动超前于经济运动，股市的低迷和高涨不是永恒的。

2. 收集有关宏观经济资料和政策信息，随时注意动向。正确把握当前经济发展处于经济周期的何种阶段，对未来作出正确判断，切忌盲目从众，否则极有可能成为别人的“盘中餐”。

3. 把握经济周期，认清经济形势。不要被股价的“小涨”、“小跌”驱使而追逐小利或回避小失（这一点对中长期投资者尤为重要）。对于经济周期的认识，须提请注意的是周期的任何阶段往往也是波浪式完成的，或者说大周期中有小周期，参照何种周期，投资者就要根据自己的投资目标作出适当的选择。不同行业受经济周期的影响程度是不一样的，对具体某种股票的行情分析，应深入细致地探究该波周期的起因。政府控制经济周期采取的政策措施，结合行业特征及发行公司的“公司分析”综合地进行。一般来说经济的景气与不景气对不同行业的相对影响程度在同一波周期中是对称的，因而下面的现象是常见的。

4. 经济的景气来临之时首当其冲上涨的股票往往在衰退之时首当其冲下跌。典型的情况是，能源、设备等股票在上涨初期将有优异表现，但其抗跌能力差；反之，公用事业股、消费弹性较小的日常消费品部门的股票则在下跌末期发挥较强的抗跌能力。

第二单元　我国经济周期的基本情况

一、我国经济周期的概况

经过10个五年计划的发展，我国经济平稳地进入了“十二五”计划时期，经济的快速增长，伴随而来的是经济的周期式波动，将每一次经济波动的数量变化以及结构特征进行比较分析，找出经济运行的规律性，有利于我们制定宏观经济政策的基本思路和原则。在经济周期波动中，以经济变量的年度增长率作为考查指标比较适宜，故在研究我国的经济周期波动中，以国内生产总值（GDP）的增长率作为相应的考察指标。由于1953～1977年当时我国还没有GDP的统计资料，只有国民收入的资料，后来的统计资料中才有GDP的数据，但二者相差很小，不影响下文的分析。

我国的经济学界将从1953年到2004年这51年中我国经济增长率的波动分为9个完整的周期，其中把1999年作为第9个经济周期的结束年份。

在这9个完整的周期中，波长最长的是第9个周期，达到了9年；波长最短的周期有3个，分别是第4、第5和第8个周期，都为4年，新中国成立以来我国的经济周期波动分为两个阶段，第一阶段是从1953年到1976年共经历了5次波动；第二阶段从1977年到2004年共经历了4次完整的波动，还有从2000年开始进行的是第10个经济周期，现在还没有结束。改革前周期的平均长度为5年，改革后平均长度为5.75年，这两个阶段经济周期波动的原因、环境有较大的差异，特征变化也较大。1978年以前，我国处在计划经济体制之下，各种非经济的因素对经济波动影响较大。1978年以后，我国经济运行机制发生了深刻的变化，引起短期经济波动的原因来自经济运行本身特有的规律和相应的经济环境及宏观经济政策，非经济因素的作用和影响正在逐步减小，已经过去的四次经济循环，每一次经济循环都对应于20年经济体制改革所经历的几个重要历史阶段，这就为把握经济循环波动的一般特征提供了可能。

二、改革前后我国经济周期波动的比较分析

新中国成立以来，我国经济周期波动可以分为改革前和改革后两大阶段，改革前经历了5个周期，改革后经历了4个周期，改革开放前我国经济周期波动的特征是“大起大落”，改革开放后的总特征是“高位—平缓”，即我国经济增长速度处于较高水平，但经济波动的幅度已经减缓。下面从五个方面考察改革前后我国经济周期波动在状态特征上所发生的变化。

（一）波动的幅度

波动的幅度是指每个周期内经济增长率上下波动的差，表明每个经济周期内经济增长高低起伏的剧烈程度，其最直接、最直观的计算方法是计算每个周期内经济增长率波峰与波谷的落差，根据落差的大小，将波动分为三种类型：（1）落差大于或等于10个百分点的为强幅型。（2）落差大于或等于5个百分点，而小于10个百分点的为中幅型。（3）落差小于5个百分点的为低幅型。

改革前的5个周期的波动幅度均在10个百分点以上，特别是第2个周期的波动幅度高达51.7个百分点，平均波动幅度为21.98个百分点。改革后的4个周期，波动幅度均在8个百分点以下，平均为6.95个百分点，比改革前下降了15.03个百分点，下降极为显著，表明我国经济波动的幅度在减弱，由高幅型向低幅型转变，且经济增长的稳定性在逐步增强。

（二）波动的高度

波动高度是指每个周期内波峰年份的经济增长率，它表明每个周期经济扩张的强度，反映经济增长力的强弱，根据各周期波峰年份经济增长率的高低，可以分为三种类型，即波峰年份经济增长率大于或等于15%的高峰型，波峰年份经济增长率小于10%的低峰型和处于二者之间的中峰型。改革前5个周期的高度平均为16.66%，改革后平均为13.18%，下降了3.49个百分点，改革前各周期以高峰型为主，总体上呈现为高峰型；改革后以中峰型为主，总体上呈现为中峰型，这表明我国经济的增长在一定程度上减少了盲目扩张性，有利于经济增长的稳定性。

（三）波动的深度

波动深度是指每个周期内波谷年份的经济增长率，它表明每个经济周期收缩的

力度，按照波谷年份经济增长率的正负可以分为古典型和增长型，即波谷年份经济增长率为负的古典型和正的增长型。改革前5个周期的深度平均为-5.23%，改革后平均为6.23%，上升了11.46个百分点，可见谷位的上升极为显著，表明我国经济的增长有了较强的抗衰退力，改革前的周期波动以古典型为主，改革后均为增长型。

（四）波动的平均位势

波动的平均位势是指每个周期内各年度平均的经济增长率。改革前5个周期的波位平均为6.51%（1953~1977年）；改革后平均为9.39%（1978~1999年），上升了2.88个百分点，表明在克服经济增长的“大起大落”中，总体增长水平有了显著提高。

（五）波动的扩张长度

波动的扩张长度是指每个周期内扩张的时间长度，它表明每个周期内经济扩张的持续性。改革后的平均扩张长度比改革前延长了，表明我国经济的增长由短扩张型向长扩张型转变，在扩张期有了更强的持续性。综上所述，改革前经济波动状态的特征可以概括为：振幅大、峰位高、谷位深、平均位势低和扩张长度短；而改革后经济波动状态的特征可以概括为：振幅减小、峰位下降、谷位上升、平均位势提高和扩张长度延长。这些变化充分表明，我国经济周期波动在改革之后进入了一个新阶段，对改革后第4个周期做进一步的分析，可以得出两个特点：一是振幅最小，二是谷位最高，其主要原因是在宏观调控中的峰位控制得好，从扩张阶段到收缩阶段的转折点，中央所采取的“适度从紧”的宏观调控政策，在方向上掌握得正确，在力度上把握得恰当，控制住了峰位，就取得了收缩的主动权，整个周期的振幅缩小与谷位提高就有了保证。在新一轮周期中，经济波动的回升过程不会像过去那样表现为急促式、陡峭型、为期较短的上升，而是表现为稳健式、平缓型、时期更长的上升。这就说明今后的经济周期波动有可能会出现一种新的变化趋势，即与过去那种起伏明显和“峰谷”落差较大的周期形态不同，而表现为缓升缓降、振幅更趋缩小的高位稳定型的新形态，也即经济周期波动有可能呈现出一种“微波”化的变动趋势。

第三单元 经济周期与行业投资策略

结合经济周期的不同阶段确定相应的行业投资策略，是规避投资风险、稳定投资收益非常有效的途径。理财规划师应该通过行业的运作能力与整体经济的关系来确定行业的特征，进而分析经济周期与行业业绩之间的内在联系。

一、增长型行业、周期型行业和防守型行业

各行业变动时，往往呈现出明显的、可测的增长或衰退的格局。这些变动与国民经济总体的周期变动是有关系的，但关系的密切程度又不一样。据此，可以将行业分为三类。

（一）增长型行业

增长型行业的运动状态与经济活动总水平的周期及其振幅无关。这些行业收入增加速率相对于经济周期的变动来说，并未出现同步影响，因为它们主要依靠技术的进步、新产品推出及更优质的服务，从而使其经常呈现出增长形态。在过去的几十年内，计算机和复印机行业表现了这种形态，投资者对高增长的行业十分感兴趣，主要是因为这些行业对周期性波动来说，提供了一种财富“套期保值”的手段。然而，这种行业增长的形态却使得投资者难以把握精确的购买时机，因为这些行业的股票价格不会随着经济周期的变化而变化。

（二）周期型行业

周期型行业的运动状态直接与经济周期相关。当经济处于上升时期，这些行业会紧随其扩张；当经济衰退时，这些行业也相应跌落。产生这种现象的原因是，当经济上升时，对这些行业相关产品的购买被延迟到经济改善之后。例如，日用品制造业就属于典型的周期型行业。

（三）防守型行业

还有一些行业被称之为防守型行业。这些行业运动形态的存在是因为其行业的产品需求相对稳定，并不受经济周期衰退的影响。有时候，在经济衰退时，防守型行业或许会有实际增加，例如，食品业和公用事业属于防守型行业，这些公司的收入相对稳定。

二、投资策略的选择

结合经济周期性的波动，行业投资策略选择的关键在于依据对经济周期各阶段的预测，当对经济前景持乐观态度时，选择周期型行业，以获取更大的回报率；而当对经济前景持悲观态度时，选择投资防守型行业以稳定投资收益；同时，选择一些增长型的行业加以投资。

第五节　产业政策和行业分析

前三节的内容主要是论述宏观经济的基本情况，而本节则侧重于论述中观的情况，

即产业和行业的基本情况。理财规划师应当学会运用产业政策和行业分析的知识框架去分析实际中的情况，为个人和家庭的理财行为提供决策依据。

第一单元　产 业 政 策

一、产业及产业政策

所谓产业，简单地说是指在社会分工的条件下，进行同类生产（或提供同类服务）的企业（单位）的集合体。所谓同类生产（同类服务）是指产品（服务）的经济用途相同，或者所使用的原材料相同，或者工艺技术性质相同。

产业政策是政府为弥补“市场失灵”，或为了在某些领域赶超国际先进水平，增强国内产业竞争力，而采取的有限的干预政策的总称。

二、产业政策的手段

（一）间接干预手段

一般意义上的间接干预手段，通常是指政府通过财政、金融等经济杠杆对企业活动的引导作用，对有关经济环节乃至整个经济活动进行干预。产业政策对经济活动的间接干预手段，除了这种意义上的间接干预手段之外，还包括通过政府所掌握或者政府控制的信息传递，广泛地对有关产业和企业活动实施诱导。

（二）直接干预手段

产业政策的直接干预手段主要是指依照有关产业发展的法律或具有法律效应的各种规章制度，对产业活动进行行政干预。

三、产业政策体系

（一）产业结构政策

所谓产业结构政策，通常是指政府制定的通过影响并推进产业结构转换而促进经济增长的产业政策。众所周知，结构决定系统功能是现代控制论的基本观点。而对各国现代经济增长过程的观察分析也表明，结构变换不仅是现代经济增长的首要特征，而且具体结构变换的能力、速度和效率，也是决定经济增长速度的主要原因之一。

产业结构政策的核心内容便是所谓产业发展的重点顺序选择问题。即首先依照一定的基准，确定若干优先发展的产业，再施以政府的各种支持，使之得到较为迅速有效的发展，进而推动经济增长。一般而言，这种重点发展产业的选择范围，大致包括：

1. 支柱产业。指那些在当前和未来经济发展过程中，在国民生产总值和工业总产值中占有举足轻重地位的产业部门，由于其通常对国民生产总值和工业总产值增长的贡献率较大，因此在产出意义上处于整个国民经济的支柱地位。不过，由于支柱产业通常已经有了相当规模并已处于较为成熟的发展阶段，政府的支持对其进一步发展似乎已影响不大。因此大凡能够成为政府产业结构政策重点支持发展的支柱产业，还需要具有较大的增长潜力。

2. 主导产业。指那些在当前和未来工业发展过程，具有比一般产业更多的后向联系或前向联系的产业部门。主导产业产品的收入弹性通常较高，全要素生产率上升幅度较大，对纵向联系部门的增长带动效应十分显著。如果选择这样的产业部门给予优先发展，势必直接推动其他产业部门的发展。

3. 瓶颈产业。这些产业的所有前向联系部门需要由该产业提供的投入品远远多于该产业的最大生产能力，或者该产业的最大加工转换能力远远小于其所有后向联系部门所提供的投入品。在瓶颈产业中，能够成为重点发展产业的，一般是那些不能通过进口来弥补其有效供给不足，而应该主要依赖于国内市场解决的产业。

政府重点产业发展顺序的安排，一般以瓶颈产业为先，而后再是主导产业和支柱产业。并且，无论是重点发展产业还是发展顺序的选择，一般都随着经济增长和结构变动而呈现出特定的时限性。

（二）产业组织政策

产业组织政策是指政府为了获得理想的市场效果，所制定的干预和调整市场结构和市场行为的产业政策，其核心即是通过协调竞争与规模经济的关系，既试图缓解垄断对市场经济运行造成的弊端，又维护一定的规模经济水平。从政策手段来看，产业组织政策基本分为三个方面：（1）市场结构控制政策。即对各个产业的市场结构演变实行监测、控制和协调，通过适当调整市场集中度、减少不合理的产品差别化状况以及降低进入壁垒等方式，以维护某种合理的市场结构；（2）市场行为调整政策，即对企业市场行为进行监督、控制和协调，使企业的价格行为、产品和技术开发政策以及组织调整行为等企业市场行为符合一定的规范；（3）直接改善不合理的资源配置，这主要是针对某些产业所存在的资源分配的市场缺陷而言的。

（三）产业技术政策

产业技术政策是指政府所制定的用以引导和干预产业技术进步的政策。从经济学的角度来看，产业技术进步也是一个较为独立的范畴，其本身具有相当的复杂性和不确定性。经济学意义上的技术进步概念，一般是作为一种供给现象，技术进步之所以显得如此重要，在于其所带来的经济性。

从政府干预产业技术进步的角度来看，产业技术政策主要包括：

1. 产业技术进步的指导性政策。主要是由政府通过各种途径对产业技术进步的目标和各技术进步主体的行为进行指导。包括：（1）颁布国家科学技术指南等一系列指导性文件，就国家科学技术进步的目标、战略和亟待解决的课题提出规划，以指导各企业和研究机构的技术进步工作；（2）提出有关产业或产品的技术进步战略，规划有关产业及产品的技术进步目标及主要途径。其涉及的产业主要是指那些产业结构政策所规定的重点发展产业。总体而言，这类政策属于宏观纲领性的产业技术政策，也是各国产业技术政策的一大共同点所在。

2. 产业技术进步的组织政策。主要通过由政府主持或者参与的各种组织形式推进产业技术进步，乃至加速有关产业或者产品的技术进步进程。包括：（1）建立并强化政府研究机构，使其成为产业技术进步的重要力量，乃至在有关产业或者产品的技术进步过程中担当核心作用；（2）通过国家立项形式，委托民间科研机构或企业承担有关产业或产品的技术开发和研究工作，以便更有针对性地促进产业技术进步；（3）协调那些通常需要跨产业、跨部门进行横向协作研究的重大的技术进步课题；（4）建立官方与民间共同参与的技术研究与开发组织，专门从事某项技术的研究与开发工作；（5）建立必要的政府科技管理部门，以协调和管理官方和民间的研究开发工作的技术引进和消化吸收工作，使之进一步有利于技术进步和经济发展。

3. 产业技术进步的激励性政策。主要是通过政府直接或者间接的经济刺激，对民间科研机构、企业的研究开发与技术引进工作进行诱导。包括：（1）健全和完善有关知识产权保护和交易制度，充分保障研究人员和研制单位的经济权益，从而激发其从事技术进步的积极性；（2）增加国家对科技进步的资金投入，特别是增加对有关基础研究的资金投入，从而为产业技术进步创造一个坚实的物质基础；（3）利用各种经济杠杆，刺激有关产业或产品的技术研制与开发工作，以及有关国外先进技术的引进和消化吸收工作；（4）通过国家直接和间接的干预措施，为本国有关高新技术产业的发展提供保护。并通过由国家订购的形式，进一步刺激有关高新技术产业的成长。

（四）产业布局政策

产业布局主要研究产业在地域和空间上的分布与组合，以及这种分布与组合对经济增长和社会福利的影响。一般而言，影响产业布局的基本因素主要是其在不同空间所发生的生产成本的变化，而这种生产成本的变化又主要取决于产品及原材料的运输成本、特定地域市场的劳动力费用和所谓的产业集聚效益。同时，由于企业生产上的外部性，因此随着经济发展，政府对企业外部性的管制也成为影响产业布局的一个重要因素。这三个因素对产业布局的影响又往往因具体产业的技术经济特点的不同而各有侧重。有必要强调的是，作为市场自由选择的结果，任何意义上的产业布局决策似乎都必须首先考虑如何利用或者取得产业的集聚效益这一问题，因为一定规模的产业集中不仅可以取得生产协作上和市场营销上的有利性，大大提高有关产业发展基础设施的规模经济效益，而且也往往会由此而使经济取得更快更有效率的增长。这也是为什么一部工业史往往同样也是一部城市化史的主要原因。

而从政策目标来看，产业布局政策往往与特定的国家经济发展程度相关联。也就是说，在经济较不发达阶段，政府往往更强调产业布局的非均衡性。此时政府往往强调优先发展某些地区经济，通过这些地区经济的超常增长，带动其他地区以及整个国家经济的增长。并且，政府也往往倾向于以建立开发区或在某些地区实行特殊经济政策的方式，将某些在政府经济发展战略中负有重要功能的产业（如出口加工业）和高新技术产业相对集中，以令其有较快的增长，进而提高其对经济增长的贡献度。而当经济较为发达之后，政府则从维护经济公平和社会稳定等目标出发，偏重于强调地区经济的均衡性。因此，除了个别特殊产业（如对环境保护有较大妨碍的产业）之外，政府已不倾向于通过重点扶持某一地区经济的发展来带动国民经济增长，而往往对不发达地区经济给予较多的支持，甚至在某些经济发达地区或产业高度集中地区实行一定程度的限制进入政策。

第二单元 行 业 分 析

一、行业的含义、划分方法及行业分析的意义

（一）行业的含义

行业是指具有某些相同特征的企业群体。在这个群体中，各成员企业由于其产品形态在很大程度上可相互替代而处于一种紧密联系的状态，并由于产品可替代性的差异而与其他企业群体相区别。在经济发展过程中，各行业的发展是不平衡的，随着技术、政策、环境等因素的变迁，一些行业蒸蒸日上，一些行业则日薄西山。理财规划师要选择适当的行业进行投资，就有必要对行业进行有效的分类和研究。

从严格意义上讲，行业与产业有差别，主要是适用范围不一样。产业作为经济学的专门术语，有更严格的使用条件。产业一般具有三个特点：（1）规模性，即产业中企业数量、产品或服务的产出量达到一定规模；（2）职业化，即形成了专门从事这一产业活动的职业人员；（3）社会功能性，即这一产业在社会经济活动中承担一定的角色，而且是不可缺少的。行业虽然也拥有职业人员，也具有特定的社会功能，但一般没有规模上的约定。比如，国家机关和党政机关行业就不构成一个产业。理财规划师关注的往

往是具有相当规模的行业，特别是含有上市公司的行业，所以在业内一直约定俗成地把行业分析与产业分析视为同位语。

（二）行业的划分方法

为了掌握和分析社会经济结构，系统地搜集整理有关统计资料，需要对社会经济进行分类，根据不同的分析意图和标准，可以有不同的分类方法。

中国证监会于2001年4月4日公布了《上市公司行业分类指引》，将上市公司分为18个大类：A. 农林牧渔业；B. 采掘业；C. 制造业；D. 电力煤气及水的生产和供应业；E. 建筑业；F. 交通运输仓储业；G. 信息技术业；H. 批发和零售贸易；I. 金融保险业；J. 房地产业；K. 社会服务业；L. 传播与文化产业；M. 综合类等18个行业。

一些金融机构或证券交易所为了方便、完整地发布信息，常对上市的股票或其样本进行简要的行业分类。2003年上海证券交易所参照摩根士丹利和标准普尔公司联合发布的全球行业分类标准和中国证监会发布的分类指引将上市公司分为10大类，分别是：A. 能源；B. 原材料；C. 工业；D. 可选消费；E. 主要消费；F. 健康护理；G. 金融；H. 信息技术；I. 电讯；J. 公共事业等10大类。

（三）行业分析的意义

行业分析的主要任务包括：解释本行业所处的发展阶段及其在国民经济中的地位，分析影响行业发展的各种因素以及判断对行业影响的力度，预测并引导行业的未来发展趋势，判断行业投资价值，解释行业投资风险，进而为政府部门、投资者及其他机构提供决策依据或投资依据。

行业经济是宏观经济的构成部分，宏观经济活动是行业经济活动的总和。行业经济活动是介于宏观经济活动和微观经济活动之间的经济层面，是中观经济分析的主要对象之一。宏观经济分析主要分析社会经济的总体状况，但没有对总体经济活动的各组成部分进行具体分析。宏观经济的发展水平反映了各组成部分的平均水平和速度，但各个组成部分的发展却有很大的差别，并非都和总体水平一致。实际上，总是有些行业的增长快于宏观经济的增长，而有些行业总是慢于宏观经济的增长。

从投资分析的角度看，宏观经济分析是为了掌握投资的宏观环境，把握市场的总体走势。但宏观经济分析并不能提供具体的投资领域和投资对象的建议。面对只能投资于国内行业的投资者，理财规划师除了提供宏观经济分析外，更需要提供深入的行业分析。当然，随着投资全球化的趋势，在不同国家进行投资的投资者越来越需要对各国的宏观经济进行分析从而确定不同的投资比例。

行业有自己特定的生命周期，处在生命周期不同发展阶段的行业其投资价值也不一样。而在国民经济中具有不同地位的行业，其投资价值也不一样。公司的投资价值可能会由于所处的不同行业而有明显的差异。因此，行业是决定公司投资价值的重要因素之一。

二、行业的一般特征分析

（一）行业的市场结构分析

根据各行业中企业的数量、产品的属性和价格控制程度等因素，可将行业分成四种类型：完全竞争、不完全竞争、寡头垄断或完全垄断。

1. 完全竞争。完全竞争的特点是企业的产品没有差别而不能控制价格，产品的价格和企业利润完全取决于供需关系。完全竞争行业的各个企业生产的产品具有同一性的特征，相互之间没有根本的差别。由于企业的数量很多，单个企业很难控制或影响产品价格，企业的利润主要取决于市场供需关系。由于受市场条件和其他客观环境的影响较大，这类行业的企业经营业绩波动较大，利润往往很不稳定，证券价格容易受到影响，投资风险比较大。如小麦就是一种同质产品。如果风调雨顺，小麦生长良好，产量大幅度提高，而需求没有相应增加时，小麦价格会因供应增加而下降；如果天气条件恶劣，小麦价格就会提高。

2. 不完全竞争。不完全竞争的主要特点是企业生产的产品有一定差别，这种差别可以是现实的差别，也可以仅仅是消费者观念上或消费习惯上的差别。由于企业数量仍然很多，产品之间替代性很强，单个企业无法控制产品的价格，只能在价格水平大致相同的条件下在一定范围内决定本企业的产品价格。价格和利润仍受市场供求关系决定，但产品品牌、特征、质量在一定程度上会对价格产生影响。如不同品牌的啤酒、服装、鞋类、家用电器、快餐业等都属于这一类。

3. 寡头垄断。寡头垄断的特征是企业家数很少，产品具有同性或只有微小差别、相互间替代性很强，个别企业对产品价格的控制程度较高。这类行业基本上是资本密集型或技术密集型的，由于需要巨额资本、高新的技术水平和复杂的生产工艺而限制了大量新企业进入这一行业，如汽车制造、飞机制造、钢铁冶炼等等。

4. 完全垄断。完全垄断的特征是由单独的一家企业生产某种没有相似及可以替代的产品。产品价格和市场被这唯一的一家企业控制。这类行业主要是公用事业，如自来水公司、煤气公司、电力公司。由于这类行业供应的产品是生产、生活不可缺少的，又是高度垄断的，政府一般对其价格的决定和提高有所控制。通常政府允许它们的价格足以弥补成本支出并能得到一定的利润作为将来扩大再生产的基础，但又限制它们乱涨价，从而保证其他企业和居民的正常消费。

实际上，大多数行业处于完全竞争和完全垄断这两种极端情况之间，往往既有不完全竞争的特征，又有寡头垄断的特征，而且很多行业的产品都有替代品，当一种产品的价格过高时，消费者就会转向价格较低的产品。通常，竞争程度越高的行业，其产品价格和企业利润受供求关系影响越大，因此该行业的证券投资风险越大；而垄断程度越高的行业，其产品价格和企业利润受控制程度越大，投资该行业证券的风险相对较小。

案例分析

洛克菲勒和他的石油托拉斯

数年前，世界首富电脑大王盖茨的微软公司被美国联邦法院裁定为违反垄断法，即其他公司根本不可能和他竞争，使他雄霸了整个美国的电脑市场。试想，能够独占市场，人人都要购买你的产品，利润将有多少？这简直是一个天文数字。不过，美国立国200多年来，联邦法院这样的判决只有两次：一次发生在盖茨身上，另一次发生在世界石油大王洛克菲勒身上。洛克菲勒是比盖茨出道早近百年的世界首富。时至今日，他的子孙在美国的政坛上、经济上、文化上、科技上，仍然扮演着重要的角色。洛克菲勒和其他大部分的富豪一样，当初只是凭着自己的信念、经营手法、人际网络及商场上所有竞争对手都认为是可怕的战略，从而奠定他当时在美国首富的地位和企业前无古人的成就。洛克菲勒的外号是“石油大王”，他曾经完全垄断了美国石油的供应量和售价，他的收入每分钟都以过万美元计算，可谓是天文数字。从1910～1937年，洛克菲勒死前一天，他一直是美国以及这个世界最富有的人。因为完全垄断石油业，所以美国各大媒体几乎每天攻击他。最后美国联邦法院1911年宣布他的公司形成严重垄断，强迫洛克菲勒把公司分成34个小公司（现在美国最大的几个石油公司几乎全是那时候分出来的）。其实洛克菲勒把公司卖了反而更有钱了，因为原来只是持有股份，并不是拿在手里的钱。洛克菲勒死前的财产达到了14亿美元（1937年的14亿美元差不多相当于现在的2000亿美元左右）。而且他还捐过无数钱给慈善事业，比如1900年捐了8000万美元给芝加哥大学，使芝加哥大学从一个很小的学院一跃成为世界超一流大学。还有他自己建立的洛克菲勒大学（一共出过23个诺贝尔奖获奖者），1918年他用5亿多美元创立了洛克菲勒基金会。

（二）行业的竞争结构分析

美国哈佛商学院教授迈克尔·波特认为，一个行业内激烈竞争的局面源于其内在的竞争结构。一个行业内存在着五种基本竞争力量，即潜在进入者、替代品、供给方、需求方以及行业内现有的竞争者。

从静态角度看，这五种基本竞争力量的状况及其综合强度决定着行业内竞争的激烈程度，决定着行业内的企业可能获得利润的最终潜力。从动态角度看，这五种竞争力量抗衡的结果，共同决定着行业的发展方向，决定着行业竞争的强度和获利能力。但是，各种力量的作用是不同的，常常是最强的某个力量或几个力量处在支配地位，起着决定性的作用。

（三）行业的生命周期分析

通常，行业的生命周期可以分为创业阶段、成长阶段、成熟阶段和衰退阶段。

1. 创业阶段。创业阶段又称开拓阶段。新技术的出现、消费者偏好的转变等原因常常创造出新的行业。在新行业的初创期里，由于新行业刚刚诞生不久，因而只有为数不多的创业公司投资于这个新兴行业。在新行业创立之前，创业者投入大量资金研制和开发新产品、购置厂房、生产设备等。在新产品生产出来以后，由于消费者对新产品缺乏了解，创业者还需要投入大量资金对新产品作必要的宣传、介绍和推广等。因此，在创业阶段，企业的投资大于销售额，不仅没有盈利，反而会亏损。较高的生产成本和较低的市场需求量，常常会使创业者面临着较高的投资风险。如果生产状况和市场销售情况长期得不到好转，新行业就有被扼杀在摇篮里的危险。但是，一旦新产品为大多数消费者所接受，产品价格和市场需求量就会迅速上升、生产成本也会随生产规模的扩大而降低，盈利不断增加，创业者将会面临另外一种前景。

2. 成长阶段。成长阶段又称扩展阶段。新行业经历了创业阶段的艰难跋涉之后，由于自身的优势，新产品逐渐赢得广大消费者的欢迎和信赖，市场需求上升，新行业也随之繁荣起来，进入成长阶段。成长阶段与创业阶段相比，新行业发生了以下三方面的变化：（1）由于需求量增加，价格稳步上升，产品销售量扩大，该行业的平均利润率高于其他行业，吸引各种生产要素向该行业流动，进入新行业的企业数增加，投资规模也不断扩大。（2）适应市场需求的变化，原有企业在扩大生产规模的同时，增加花色品种，改进产品质量；新进入该行业的企业也尾随其后，推陈出新，开发新产品。这样，新行业的产品逐步从单一、低质、高价向多样、优质、低价方向发展。（3）随着生产厂家的不断增加，各企业在产品价格、生产成本、质量和花色品种等方面展开激烈竞争。一些财力较弱、技术水平落后、经营管理不善的企业被兼并或淘汰，只有那些具有较强竞争力的企业得以在新行业中继续生存。经历了成长阶段以后，新行业里的生产厂家的数目稳定下来。由于市场需求趋于饱和，产品销售量的增长势头减缓，该行业的平均利润与其他行业相差无几，整个行业步入成熟阶段。

3. 成熟阶段。行业的成熟阶段是一个相对较长的时期。与成长阶段相比，进入成熟阶段的行业又呈现出以下特点：（1）经过成长阶段的激烈竞争以后，在竞争中生存下来的少数大企业垄断了整个行业的市场，每个企业都占有一定比例的市场份额。各企业由于彼此势均力敌，市场份额发生变化的程度较小。（2）企业之间的竞争手段发生了变化。在成长阶段，各企业之间的竞争以价格竞争为主，通过降低产品的生产成本，从而降低产品的销售价格，以期在市场竞争中获得胜利。进入成熟阶段以后，进一步降低生产成本和销售价格的潜力不大，而且大企业之间展开价格竞争也要冒很大的风险。因此，各企业之间的竞争以非价格手段为主，如改进产品质量，提高产品性能，加强售后服务等。（3）新企业加入该行业的可能性不大。一方面，在市场需求和价格稳定以后，该行业只能获得与社会平均利润率相当的利润，新企业加入该行业的动机减弱；另一方面，原有企业经过长期发展，积聚大量人力、物力、财力，实力雄厚，新企业难以与之竞争。同时，该行业的市场已被几家大企业分割，要想立足于该行业，必须承担较大的投资风险，即使有些企业盲目进入，往往也会由于大量创业投资无法很快得到补偿，或因产品销售不畅、资金周转不灵而倒闭或转产。这种状态持续一段时间以后，该行业从成熟阶段进入衰退阶段。

4. 衰退阶段。经过较长时期的稳定发展以后，社会上又会有新的技术和新的行业出现，消费者偏好逐渐转移，原行业的市场需求量逐渐减少，产品的销售量也因替代品的出现而减少，价格下降，利润额也会低于其他行业的平均水平。此时，一些企业开始向其他更有利可图的行业转移资金，原行业出现了企业数目减少、利润下降的萧条景象。至此，整个行业进入了生命周期的最后阶段。在衰退阶段里，厂商数目逐渐减少，市场不断萎缩，利润额下降。当正常利润无法维持时，或者当现有投资折旧回收之后，整个行业便逐渐解体。

总之，行业生命周期的不同阶段会表现出不同特点。在初创期，行业内企业家数很少，产品价格很高，利润很少甚至亏损，风险很大；在成长阶段，企业数量增加，产品价格急速下降，利润大幅增加，但由于竞争剧烈，风险很大；在成熟阶段，企业多数由于淘汰兼并而减少，产品价格稳定，销售量和利润都很高，风险降低；在衰退阶段，企业数量进一步减少，销售和利润下降，甚至出现亏损，风险增大。

行业生命周期分析并非适用于所有行业。有的行业是生活和生产不可缺少的必需品，它有很长的生命周期，有的行业则由于高科技含量高，需要高额成本、专利权和高深的知识而阻碍其他公司参与竞争，但行业生命周期分析仍适用于大部分行业。

（四）影响行业兴衰的主要因素

1. 技术进步。当前正是科学技术日新月异的时代，不仅新兴学科不断涌现，而且理论科学向实用技术的转化过程也被大大缩短。技术进步对行业的影响是巨大的，它往往催生了一个新的行业，同时迫使一个旧的行业加速进入衰退期。当然，新旧行业并存是未来全球行业发展的基本规律和特点，大部分行业都是国民经济不可缺少的。多数行业都会在竞争中发生变化，以新的增长方式为自己找到生存空间。

2. 政府的产业政策。政府对于行业的管理和调控主要是通过产业政策来实施的。

产业政策是国家干预或参与经济的一种形式，是国家（政府）系统设计的有关产业发展的政策目标和政策措施的总和。

从具体政策内容来看，产业政策在实际执行过程中大致可分为产业结构政策、产业组织政策、产业技术政策和产业布局政策等四大类，其共同构成了产业政策的基本体系。

3. 相关行业的变动。相关行业变动的影响一般表现在下面这些方面：

（1）如果相关行业的产品是该行业产品的替代产品，那么若相关行业产品价格上涨，就会提高对该行业产品的市场需求，从而使市场销售量增加，公司盈利也因此提高，行业发展空间增大；反之则相反。如茶叶价格上升，可能对经营咖啡制品的行业产生有利影响。

（2）如果相关行业的产品与该行业生产的产品是互补关系，那么相关行业产品价格上升，对该行业发展起到好的作用。如 1973 年石油危机爆发后，美国消费者开始偏爱节油型汽车，对美国汽车制造业形成相当大的打击，行业发展空间缩小。

（3）如果相关行业的产品是该行业生产的投入品，那么相关行业产品价格上升，就会造成该行业生产成本增加，利润下降，对行业发展起到不利的影响；反之则相反。如钢材价格上涨，就会对汽车生产行业不利。

4. 社会习惯的改变。随着人们生活水平和受教育水平的提高，消费心理、消费习惯、文明程度和社会责任感会逐渐改变，这又会引起对某些商品的需求变化并进一步影响行业的兴衰。在基本温饱解决以后，人们更注意生活的质量，不受污染的天然食品和纺织品倍受人们青睐；对健康投资从注重营养保健品转向健身器材；在物质生活丰富后，注重智力投资和丰富的精神生活，旅游、音响等等成了新的消费热点；快节奏的现代生活使人们更偏好便捷的交通和通讯工具；高度的工业化和生活现代化又使人们认识到保护生存环境免受污染的重要。所有这些社会观念、社会习惯、社会趋势的变化都足以使一些不再适应社会需要的行业衰退而又激发新兴行业的发展。

本章总结

一个优秀的理财规划师必须具备扎实的经济学基础，并能用所学知识对现行的经济制度、政策、规律进行分析，逐步培养自己的经济敏感性。在本章中，基本都是理论知识，所以，考生要自己进行系统归纳和整理。本章首先对经济学研究的基本内容进行了概述分析，然后阐释了财政政策与货币政策的理论与运用工具，最后再通过运用前面所学的知识进行了经济周期、行业发展与投资策略的分析。考生需要从整体上把握本章的脉络，有效地掌握宏观经济学的重要知识。

第四章

金融基础

学习目标

在经济金融全球化不断发展的背景下，金融日益成为现代经济的核心，在国民经济的稳定与发展中扮演着越来越重要的角色。通过本章的学习，考生可以掌握有关金融学的理论知识和实践知识，比较系统地了解和掌握现代货币金融领域的基本概念、基本原理以及当前国内外货币金融领域的新问题、新现象和新发展。

本章主要包括三个部分：基础理论部分主要包括货币与信用、利率、外汇及汇率；金融理论部分主要包括金融机构、金融市场、金融工具与金融监管；国际金融部分主要包括国际收支、国际资本流动、国际资本市场、跨国公司与国际直接投资等内容。

通过本章的学习，要求考生能掌握金融学科的基本架构，了解国内外金融市场的运作规律和主要金融工具，理解金融政策与金融监管体制，紧密结合我国国情，使所学知识具有系统性和实用性。

本章结构

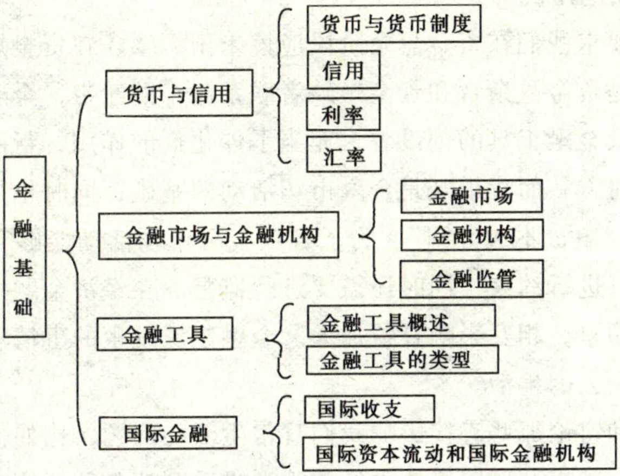

本章重点与难点

重点：

1. 掌握货币的形式、特征、层次和货币本位制度
2. 存款货币与信用创造
3. 理解通货膨胀的成因、影响和治理手段
4. 掌握利率体系以及影响因素
5. 了解汇率的决定因素及我国的汇率制度
6. 掌握商业银行的主要业务
7. 了解各种非银行金融机构的主要业务
8. 理解金融市场的结构
9. 熟悉各种金融工具
10. 了解混业与分业两种基本的金融监管模式
11. 熟悉金融监管的发展趋势及当前我国的金融监管体制
12. 了解国际收支的基本内容
13. 熟悉国际资本流动及国际直接投资

难点：

1. 存款货币与信用创造
2. 汇率的决定与汇率制度的选择

3. 各种金融工具的原理、联系与区别

4. 金融监管模式对金融市场及金融创新的影响

5. 国际直接投资的动因

正确的理财方式要求我们在资金盈余阶段应该未雨绸缪，在资金短缺阶段可以按揭人生。而金融市场则是资金盈余者和资金短缺者联系起来的纽带，金融机构作为金融市场的主要参与者，以及金融工具的创设者，充当了催化剂的作用，帮助资金盈余者和资金短缺者更快地找到对方；而货币既是金融市场活动的基础，同时也是国家调控的主要手段，我们常说“无规矩，不成方圆”，为了各项金融市场活动能够有序地开展，因此需要用制度对金融市场进行约束，同时还需要进行监督。在经济金融全球化的今天，各国间的金融活动日益频繁，相互影响日益加大。金融领域发生的事情不仅影响着企业的决策，同时还影响着个人的生活。

我们不仅要学习和讨论那些直接影响我们日常生活的问题，比如住房贷款利率、存款利率等等，还要学会分析在新闻媒体中经常听到或看到的各种经济现象，如果你刚刚从新闻里听到央行将存款准备金率上调 50 个基点的消息，那么你利用银行汽车贷款购买了一辆运动车，你的贷款利率将会受到什么影响？对于手上持有大量股票的你来说是好消息还是坏消息？当听说美国发生次级债券危机时，你认为会对中国市场产生什么影响？

本章将通过探讨货币在经济中的作用、通过考察金融机构和金融市场以及通过对国际金融市场的了解来回答上述问题。

第一节 货币与信用

货币供应量、利率、汇率是经济中受关注较多的几个经济变量，新闻媒体几乎每天都对它们的变动加以报道，而且它们与我们的日常生活息息相关，影响着诸如消费时机的选择、购买债券还是将钱存入银行、出国旅游费用的准备等个人决策，并对经济的健康发展产生重大影响。

那么这些经济变量的变动到底会产生多大的影响，这些影响是如何产生的，为什么会产生这些影响等等都是本节需要解决的问题。

第一单元 货币与货币制度

有人将货币等同于钱，其实这个说法是错误的。所谓货币，通常被认为是在商品劳务交易中或债务清偿中被社会普遍接受，充当一般等价物的东西，是价值尺度和流通手段的统一。也就是说，凡具有普遍的接受性而作为支付工具的东西就是货币。

一、货币的职能与分类

（一）货币的职能

1. 交换媒介。货币作为交换媒介的功能，是将以物易物的交换行为，分成了两种交易行为。第一步是将物品换成货币，第二步再以货币换成物品。例如，你想要获取别人手上的大米，而你手上只有小麦，偏偏对方不需要小麦，而是需要玉米。这时你就可以将小麦先转化成货币，再用货币去购买大米，否则你要先寻求第三方换取玉米，再用玉米换取大米。从这个例子可以看出，以货币为交换媒介的交易大大降低了交易成本，促进了市场和分工的发展。货币制度是经济发展中的最基本也是最重要的基础制度之一。

2. 价值尺度。作为测定价值标准的货币，其单价是衡量所有可交换物品价值的尺度。在经济生活中，与千米、公斤、升等测定物品物理性质的衡量尺度相比，货币作为价值的尺度可以使所有具有价值的物品转化成货币单位进行运算。例如，我们在商场看到一件商品的价格是1200元人民币，这个时候货币是在执行价值尺度的职能，这个标价牌并不代表实质的货币，因此，在某种意义上，没有货币的价值尺度功能，也就不可能有会计及现代工商业的发展。

3. 储藏手段。货币作为储藏手段的功能是指货币保持其购买力的能力，这取决于币值的稳定程度，在现代信用货币制度下，人们持有货币作为储藏手段会受到通货膨胀风险的影响。相对而言，贵金属货币在保持购买力方面具有更大的优势。

4. 延期支付或将来支付的标准。货币除了可以用来进行即期的支付，充当交换的媒介，也可以用来进行借贷并作为各种融资行为的计量标准。如任何形式的金融工具、债权债务基本上都是以某种特定的货币单位作为计量基础。币值变化的风险是金融风险最基本的来源之一。货币的交换媒介和价值尺度功能是货币的基本功能，后两个职能是由基本职能衍生而来的附加功能。

（二）货币的分类

1. 实质货币。实质货币通常称为商品货币，是最简单也是最基本的货币形式。实质货币本身具有价值，其用作货币与用作非货币的价值相等，即货币面值等于其价值。大多数早期的商品货币，如牛、米、皮革等用于非货币用途的价值，就与用于货币用途的价值一样。而金属货币如金币、银元等也属于实质货币。实质货币在很多国家的货币制度中曾占有重要地位，铸造原料多为黄金、白银。

实质货币价值要保持与其非货币价值相等，通常以两种流动来平衡。如果市场上实质货币价值大于面值，则铸币将溶化而成为商品。反之，如果实质货币价值小于面值，则金属将流入铸币厂被铸成金币，由于通常铸币是自由铸造的，因此无限的自由铸造将造成流通中货币供给增加，铸币面值与其实际价值最终将相等。

2. 代表实质货币。由于实质货币本身难以携带，且受到币材产量的限制，如金矿、银矿分布及开采量的限制，工业革命后经济迅速发展，流通中所需货币数量急剧增加，这时实质货币币材的增长量远不能满足流通的需要。在这种情况下，银行或政府为缓解货币供应的不足，克服大额交易携带不便的困难，发行一种代替实质铸币的纸币或等值存单以代替实质货币，这种纸币或等值存单被称为代表实质货币。

代表实质货币可以随时向发行人——银行或政府兑换贵金属，如美国在1933年以前联邦储备委员会发行的钞票及国库金券，可以随时兑换成等值黄金。

3. 信用货币。20世纪30年代后，实质货币在市面上已经被禁止使用，银行或政府所发行的钞票也不能兑换贵金属，现代国家流通的货币都是信用货币。所谓信用货币是指其面值高于其实质的货币，现行信用货币的主要形式有：纸币、劣金属铸币，以及银行的支票存款。

（1）纸币。纸币是信用货币的基本形式，绝大多数国家所使用的纸币是由中央银行发行的。自各国放弃贵金属本位的货币制度后，中央银行发行的纸币是一种不兑换纸币，由法律赋予其法偿性的地位而成为一国的本位货币，无兑换实质货币（贵金属）的义务。

（2）劣金属铸币及辅币。除具有无限法偿能力的信用纸币外，为流通和支付的方便，各国都发行了一定数量的劣金属铸币和小面值的辅币。例如我们现在所使用的一角、五角硬币。其中劣金属铸币的面值通常都大于其币材的价值，不允许自由铸造，可以自由兑换成其他货币。

（3）使用支票的活期存款。存款人在银行的活期存款，如果可以使用支票来执行支付功能，则银行存款的信用就被“货币化”了，这种货币被称为存款货币，或银行货币。在银行或信用发达的国家，如美国、英国、加拿大、法国等国，代表存款货币的支票是流通中最重要的支付工具，尤其是大额支付的交易，通常都用存款货币支付，其流通数量占一国货币存量的3/4，现钞货币仅占1/4。

除支票外，凡是可以将活期存款转变为支付手段的工具都可以被视为存款货币，如银行卡、各种形式的单用途借记卡。

存款货币作为经济社会中主要的货币形态，具有以下优点：①无论支付数额大小，支付人与被支付人相隔多远，凭支票支付，非常方便迅捷；②支票凭签字印鉴签发，不易仿造；③支票可以按照支付额划账支出，不需要找零和清点；④现代银行信用管理体系和法律法规的完善，可以较好地控制“空头支票”和利用支票的欺诈行为；⑤银行存款以支票的方式被货币化，增加了社会支付手段，不仅有利于减少银行对现金的需求，也大大方便了大额交易的进行，促进了流通和分工的发展。

4. 准货币。前面所说的各种货币，如纸币、铸币、使用支票的存款货币等，在清偿债务及购买货物时，均按面额接受，最具有流动性，是最基本的货币形式。但是，许多经济学家认为上述货币形态尚不足以涵盖所有具有货币性的资产。如银行存款（包括邮局的转存款）中的定期存款（包括可转让定期存单）、通知存款，虽然不能凭票支付，但一般也可以提前支取变现，构成现实的支付能力。这些金融资产，由于很容易变现，可以视为近似货币或准货币。

短期政府债券、具有现金价值的人寿保险单、外币存款、外汇信托资金及外币定期存单，甚至在证券市场上流通的股票、长期债券等都可以很快地货币化，也可以看作准货币。

另外，现代社会信用货币制度下黄金作为实质货币已经退出了历史舞台，但黄金的非货币化并不彻底。黄金本身价值高、易于储存和分割等货币特性使其尽管退出了流通领域，失去了流通手段和价值尺度的功能，但其储藏手段和最终支付手段的功能并没有完全丧失，黄金仍然是各国政府重要的储备资产。因此，黄金也可以看成是一种准货币。表 4 - 1 列出了货币的主要形式和特征。

表 4 - 1　　货币的主要形式和特征

形式	特征或性质
流通中的现金	直接用于支付，即期、实时结算，流动性最强，不记名，人们普遍接受，以国家法律为发行保证，中央银行信用，无收益或收益较低
活期存款	流动性次于现金，记名，商业银行为付款人，能灵活支取，可转账，但需要一定的程序，收益较低，安全性较高
支票	属于即期支付的范畴，流动性较强，购物时通常从银行账户上借记后才能取货，支票本身不是货币，支票存款才是货币。支票付款人是商业银行，支票可以提现或转账，可记名也可不记名；支票收益低，除银行支票外，还有商业支票，但后者具有一定的风险
银行卡（借记卡）	记名，银行卡本身不是货币，银行卡项下的存款是货币，属于即期，实时支付；可以提现或转账，收益低，风险小

续表

形式	特征或性质
单用途借记卡	如电话卡（磁卡）、饭卡、交通卡，类似现金，不记名，无收益，丢失后有被别人使用的风险
旅行支票	集汇票、本票、支票的功能于一身
信用卡	具有小额消费信贷功能
定期存款	流动性差，具有潜在的购买力，支取需要一定的程序，记名，银行为付款人，有一定的收益，安全性较强
汇票	无条件支付命令，可以开出即期和远期两种，可以作为存款的凭证，即用于转账结算，有汇款的功能，有记名和不记名之分。远期汇票经承兑可以贴现融资
本票	无条件支付承诺，有即期和远期两种，可用于融资、抵押和贴现。银行本票通常安全性较高
有价证券	国库券、企业债券、人寿保单、股票、基金等，可记名也可不记名，变现需要一定的程序，比银行存款收益高，在一般情况下除国库券外其他债券有一定的风险
外汇	外汇现钞：无收益，境内无法使用；外汇有价证券：有收益，但也有风险，兑现需要一定的程序；外汇票据：无收益或低收益，可调动存款账户，远期票据可以进行贴现融资；外汇存款：收益较低，安全性较高
黄金	买卖需要一定的金融市场

二、货币层次

（一）我国对货币层次的规定

货币是引起经济变动的重要因素，随着经济的发展，货币与经济的联系日益密切，货币供应的变化对国民经济的各方面产生着重大影响。因此，调控货币供应量，使其适应经济发展的需要，已成为各国中央银行的重要任务。可见，货币供应量层次的划分具有重大意义。

1. 对货币供应量层次的科学划分，能够为中央银行的宏观金融决策提供一个清晰的货币流通结构图，有助于中央银行分别了解不同货币领域的问题，采取不同的措施加以控制。根据不同流动性划分货币供应量层次，中央银行就可以掌握货币政策将怎样在不同流动性的货币层次中传递，将主要对哪一层次的货币量产生影响，将以怎样的方式和程度影响经济。通过货币层次之间的数量变化，中央银行还可以分析市场动向和经济变化趋势，正确估计前期货币政策的效果，做出选择今后货币政策的决策。

2. 按流动性对货币供应量层次的科学划分，有助于中央银行分析经济的动态变化。因为经济活动的任何变化都最先反映在市场供求和物价变化上。具体来说，每一层次的货币量，都有特定范围的经济活动和商品流通与之对应。通过对货币供应量层次的划分和观察，可以掌握生产、交换、分配、消费与再生产各个环节的变化，摸清不同层次的经济活动的脉搏，预测它们的发展趋势。只有在对货币层次进行科学划分的基础上，才能真正把握经济增长、物价、投资、国际收支等整个经济状况。由于各个国家的信用化程度不同，金融资产的种类也不尽相同。因此，各个国家货币层次的划分及其各个层次内容也不完全一样。我国对货币层次的研究起步较晚，按照国际货币基金组织的口径，现阶段我国货币划分为以下四个层次：

（1） M0 = 流通中的现金

（2） M1 = M0 + 企业、机关团体、部队的活期存款 + 农村活期存款 + 其他活期存款

（3） M2 = M1 + 城乡储蓄存款 + 企业、机关团体、部队的定期存款

（4） M3 = M2 + 财政金库存款 + 银行汇兑在途资金 + 其他非银行金融机构存款

其中，M1 到 M3 都具有高度的货币性质。M1 通常被称为狭义货币，M2 通常被称为广义货币。理财规划师要关注中央银行定期公布的各层次的货币供应量，因为货币供应量的多少与一个国家的物价水平、投资、消费和经济增长关系极为密切。

（二）流动性

“流动性”一词被用于各种情况，涵义极为宽泛，常见的用到“流动性”这一概念的情况主要有：金融市场的流动性，指在几乎不影响价格的情况下迅速达成大宗交易的能力；商业银行的流动性，通常指银行为资产的增加而融资及在债务到期时履约的能力；银行体系流动性，即存款性金融机构在中央银行的存款，主要包括法定准备金和超额准备金；而在这里我们要谈到的是整个宏观层面的流动性。整个宏观经济的流动性是指在经济体系中货币的投放量的多少。通俗点说，流动性就是资金面的情况。

综上来看，流动性有三个层面的内涵，从小到大，依次是央行所面对的流动性、银行体系的流动性和金融体系的流动性。而我国间接融资比重占 80% 以上，银行体系的流动性基本上能反映全社会的流动性，因此，人们谈论的流动性大多是指银行体系的流

动性。而所谓流动性过剩就是指有过多的货币投放量，这些多余的资金需要寻找投资出路，于是就有了投资（经济）过热现象，以及通货膨胀危险。而流动性不足则是指货币投放量过少，货币投放量不能满足市场的需求，容易发生经济下滑以及通货紧缩风险。

判断流动性过剩还是流动性不足，通常用广义货币的增长速度与经济增长的速度加上通货膨胀率之和进行对比。如果广义货币的增长速度大于经济增长的速度加上通货膨胀率之和，就认为存在流动性过剩，反之，称为流动性不足。改革开放以来，以 M2 衡量的货币增长速度经常超过经济增长速度与通货膨胀率之和，人们称之为流动性过剩。

其实，在国内外，对于判断货币供给是多是少，都是把自己论证的货币需求理论模型作为标准，如果货币供给多于根据这个货币需求函数所计算出来的量，意味着有了超额货币，流动性过剩；如果货币供给少于这个量，则意味着相应的货币“失踪”，流动性不足。

（三）货币供给量对经济的影响

货币供给是一定时期内由中央银行和存款货币银行提供的各种货币形式的总量。通常基础货币的投放取决于中央银行或政府的行为，而信用货币则是存款货币银行等金融中介通过借贷行为创造出来的，但无论是基础货币投放还是信贷货币创造都是通过一定货币金融机制的作用而实现的。由于货币的流通会影响宏观经济的运行，货币供给通过金融机制的作用也会对宏观经济产生影响；并且，在不同的金融机制下，货币供给影响宏观经济的效果也会有所不同。

货币供给基本理论可以解释为货币供给的变动对社会经济产出总水平、社会就业总量、利率水平、社会商品总体价格的影响。同时作为货币政策的一部分，该理论也解释了货币生产部门与实体经济部门的联系，货币供给对以上经济指标的影响不是直接的，而是通过复杂的传递过程后最终作用于宏观经济的，一般通过如下过程：

1. 中央银行根据当前社会经济发展状况制定货币政策目标（如：经济增长、充分就业、币值与金融秩序稳定、国际收支平衡）。

2. 运用适度的货币政策手段如法定存款准备金比率、再贷款和再贴现比率、公开市场业务等，改变当前经济中的基础货币数量。

3. 金融中介机构通过存款创造在货币乘数的作用下改变宏观经济中的广义货币总量。

4. 在货币市场广义货币供给总量改变的情况下，作为货币市场价格的利率随之改变。

5. 利率这一作为借贷成本和储蓄成本的主要参照指标的改变，引起经济中投资和消费意愿变化，进而改变社会投资总量和社会总需求。

6. 社会经济投资总量和总需求的改变，势必造成就业水平增减以及价格总水平的变化。

7. 就业水平、物价水平的变动带来国民生产总值的变化。

通过上述过程，我们一方面可以看出货币供给对经济增长的拉动不是绝对的，在不同的经济条件下货币供给的改变可能转为代表物价水平的价格的变化，而不是代表经济增长的产出的变化；另一方面，不难发现存款货币银行等金融中介对基础货币的信用传导作用以及投资者对利率传导敏感程度也至关重要。

三、货币的价值

货币的价值有对内价值和对外价值之分，一般认为的货币价值都是指货币的对内价值。

（一）货币的对内价值

货币的对内价值是指货币的交换价值，即货币的购买力，也就是一个国家货币对一切商品、劳务的购买力。货币购买力与物价水平呈负相关关系，即物价水平越高，货币购买力则越低。这是很好理解的，例如原先1件物品1元钱，则10元钱可以买10件这样的物品。当这件物品涨价到两元钱，则10元钱就只能买5件这样的物品了。需要注意的是，这里所说的物价水平，不是单指某个商品的价格，因为在某一个时点上，肉类价格都上涨了，但是纺织类商品以及建筑类产品的价格下跌了，那我们不能说整个社会的价格水品上涨或下跌了。而是综合考虑整个社会流通的商品的价格，通常指一个社会总的价格水平一般用物价指数来表示。所谓物价指数，是统计学上用以衡量物价水平变动的方法，就是将某一时期市场上各类重要商品和劳务的价格加在一起，得到这一时期的平均数或合计数，然后再与指定年用上述同样方法所求的平均数或合计数进行比较。如果以基年为100，指定年与基年的百分比便是这一时期的物价指数。

物价指数是为了反映货币的购买力，理论上应包括市场上所有商品和劳务的价格，但由于商品和劳务种类数以万计，因此编制物价指数时通常需要选用具有代表的商品和劳务价格。物价指数主要分两类：一是批发价格指数，以批发价格为准进行编制；二是消费者价格指数，以零售价格为准进行编制，反映物价上涨对工薪收入阶层的影响程度。

另外，编入指数的商品和劳务种类较多，但每种商品或劳务对经济的重要性不同，有些商品或劳务的交易量大，在居民消费支出中的比重较高。这时应对不同的商品或劳务价格根据重要性赋予权重，因而计算得到的物价指数是加权平均数。物价指数与货币购买力的表达关系式如下：

货币购买力指数 = 1/物价指数

从以上表达式中可以看出，物价指数越高，货币的购买力越低，货币的对内价值也就越低。

（二）货币的对外价值

货币的对外价值是指一国货币的汇率水平。汇率是两国货币的兑换比率，是用一国货币表示的另一国货币的“价格”。对外价值与对内价值互为基础，互相传导，互相影响。通常货币的对内价值是对外价值的基础，但货币对外价值的变动具有其自身的一些特点。对于货币对外价值——汇率，我们将在本节第四单元进行详细介绍。

四、货币本位制度

（一）货币本位制度的意义与特点

在现代经济社会，各国货币通常都是纸币、铸币和存款货币三者同时流通，前两者总称为通货。有各种货币依据等价关系所构成的体系与秩序，成为一国的货币制度。货币制度的核心是货币的标准和计量单位，即所谓的货币本位。在多种货币并存的情况下，充当计算单位或基本单位的货币，被称为本位货币，即标准货币。一个国家需要通过法律形式对本位货币的名称（如我国的元、英国的英镑、美国的美元）、种类、法偿性、价值或等价关系作出规定。

本位货币具有两个特点：

1. 具有无限的法偿性。所谓法偿性是法律赋予本位货币的一种属性，是法律赋予的强制流通的能力，无论支付额大小，任何人不得拒绝接收。其他货币，如辅币或支票作为支付手段，接受者可以拒绝。

2. 是一切交易行为最后的支付工具。市场上的交易，以本位货币作为最后支付的工具，任何人均不得要求改以其他货币支付。在一些情况下，虽然其他货币可以在市面上流通，但接受者可以要求以本位货币支付。

概括来讲，一国的本位制度，是指国家以法律形式确定其本位货币的价值，赋予其在市场上强制流通的能力，并将本位货币作为商品、劳务交换、债务债权清偿及会计核算的计量单位的一种货币制度安排。如果一国本位制度中规定货币单位受等量金属或他国货币等价的约束，则称为规范本位制。如果以纸币为币材，其价值由法律所赋予，不与一定金属保持等价关系，则称为自由本位制度。

（二）金属本位制

金属本位制是本位货币与一定量的贵金属保持等价关系的本位制度。根据贵金属的种类，可以分为金本位制、银本位制、复本位制（同时采用金银两种本位）。金本位制是本位货币与黄金保持一定比价关系的本位制度，又可细分为金币本位、金块本位、金汇兑本位三种基本形态。银本位制是本位货币与白银保持一定比较关系的本位制度。而复本位制度则是同时采取两种货币作为本位货币，实行复本位制的国家，往往是黄金产量不足以满足货币供应，而以白银作为补充的国家。

（三）不兑换纸币本位制

不兑换纸币本位制是指不与任何金属保持固定的比价关系，而以纸币为本位货币的制度。这种货币由政府授权中央银行发行，通过法律赋予其无限法偿性。因为不与一定金属保持等价关系，因此货币供应量不受金、银产量的约束，具有较大的供应弹性。但正是因为其货币供应由国家控制，可以无限制扩大，因而在不兑换纸币本位制度下更易发生通货膨胀。

五、通货膨胀

通货膨胀是指由于货币供应过多而引起货币贬值，物价水平持续而普遍上涨的货币现象。通货膨胀和货币供求关系有着密切的联系。需要注意的是，流通中货币量的增加不一定就引起通货膨胀。因为随着生产的发展和商品价值的增加，客观上需要货币量同步增长。此外，随着商品流通范围的扩大或货币流通速度的减慢，也需要相应地增加货币供给。

（一）通货膨胀的分类

1. 根据物价上涨的速度，通货膨胀可分为缓行的通货膨胀、疾驰的通货膨胀和恶性循环的通货膨胀三类。

（1）缓行的或温和的通货膨胀是指物价水平缓慢地上涨，每年上涨率约为2%～3%，货币价值每年下降很少，不容易感到物价上涨的压力。一般来说，当消费者物价指数（CPI）增幅大于3%时，称为通货膨胀，我们也通常把CPI增幅是否达到3%作为通货膨胀的预警线。

一般认为，温和的通货膨胀对于经济增长是有利的，并可以增加就业。但通货膨胀无疑是财富的天敌，其对现金或存款形式的财富威胁最大，也将侵蚀储蓄和债券这些消极投资的购买力。当发生温和的通货膨胀时，投资者此时更应关注资产类市场。此时，资产类市场的价格总体上呈现上涨趋势。一方面，温和通货膨胀往往伴随着经济的高增长，经济的高增长有效地支撑了资产类市场的价格；另一方面，投资者在温和通胀时，投资成本增加，就客观上需要提高预期收益，以平衡成本增加；再有，通货膨胀也就意味着很多商品价格提高，从而推升了资产类市场的价格。

（2）疾驰的或飞奔的通货膨胀是指通货膨胀加速，政府已不易控制，居民对货币的信心逐渐消失，认为物价将日益上涨，纷纷抢购商品，结果导致物价上涨更快。此时，通货膨胀处在加速之中，通货膨胀已对经济产生不利影响，但还不至于引起金融崩溃和经济生活混乱。

疾驰的通货膨胀对人民生活、国家经济发展影响巨大。因此，政府通常设定通货膨胀预警线，超过预警线政府通常会采取政策来进行治理，一旦通货膨胀加速，到了疾驰的通货膨胀阶段，那么政府再想控制就不容易了。

（3）超级或恶性循环的通货膨胀是指物价上涨迅速，货币价值不断下降，人们完全丧失了对货币的信心，开始抢购物资和外币，货币基本丧失了作为交换媒介和价值标准的功能。

德国 1920 ~ 1923 年发生了恶性通货膨胀，如果 1922 年 1 月的物价指数为 1，那么 1923 年 11 月的物价指数为 100 亿。如果一个人在 1922 年初持有 3 亿马克债券，两年后，这些债券的票面价值早已买不到一片口香糖了。我国 1949 年 5 月同 1937 年 6 月相比，纸币的发行额增加了 1768 亿倍，同期上海的物价上涨了 138842 亿倍。1949 年 5 月 10 日，国民党新疆省银行发行的钞票面额为 60 亿元，堪称世界之最，这张 60 亿元的钞票在上海市场上的实际购买力大约是 77 粒大米。

2. 按通货膨胀的原因，通货膨胀可划分为：需求拉动型、成本推动型、输入型、结构型四类。

（1）需求拉动型通货膨胀是指在一定时期内，消费需求和投资需求的增加超过了商品与劳务供给量的增加，导致商品与劳务供不应求，物价上涨。总需求过度增长表现为由于投资膨胀和消费膨胀，所导致货币持续供应量超过社会商品可供量增长，因而又称过量需求通货膨胀。这种类型的通货膨胀又被形象地描述为“过多的货币追逐过少的商品”。在过去的一年多时间中，经常提到的流动性过剩的问题，它的最一般的表现就是货币供给过多，超过了经济运行实际的需求。可见流动性过剩也能够造成需求拉动型通货膨胀。

（2）成本推动型通货膨胀是指由于原材料、燃料等投入品价格和工资等成本上升，而生产效率不变引发的物价上涨。成本推动型的通货膨胀的动因主要有两个：一是资源性产品，如煤、石油、铁矿石的供给垄断或供给不足引发的价格上升；二是由于货币幻觉和模仿效应造成的工资和物价的螺旋式上升。

我国上游产品（资源性产品）的价格有两个主要的统计数字：一个是国家统计局发布的投资品价格指数；另一个是中国人民银行发布的企业商品价格指数。如果上游产品价格的上涨，必然会向下游产品价格传导，问题是传导的方式、传导的程度，以及传导的滞后时间。无论如何，总是要传导的。这就是构成成本推动的通货膨胀压力的第一个动因。

第二个动因很简单，就是由于社会各种因素导致的物价上涨的压力致使工资的增长压力一直存在。人们是很乐意看到工资的增长的，而相对不能容忍工资水平的长期保持不变，哪怕货币的实际购买力在上升。这就是由于所谓“货币幻觉”造成的，“货币幻觉”一词是美国经济学家欧文·费雪于1928年提出来的，它是指人们只是对货币的名义价值做出反应，而忽视其实际购买力变化的一种心理错觉。而一个部门工资的上涨又很容易造成攀比效应，从而导致全社会的工资的上涨。而工资上涨又必然导致物价的上涨，这样周而复始形成的螺旋式上升。

(3) 输入型通货膨胀是指在开放经济中，由于一国经济与国际市场密切相关，当国际市场上存在通货膨胀、价格上涨的现象时，这种价格上涨就会通过该国与国际市场的传导途径传播到国内从而引起该国国内价格普遍、持续上涨的现象。如德国发生通货膨胀，法国汽车在德国的售价上涨后，法国汽车制造商根据在德国的售价调整其产品在本国的售价，结果会导致法国市场上汽车价格的上涨。

引起输入型通货膨胀的条件主要有四个：一是国际市场上存在通货膨胀或价格上涨现象；二是该国经济与国际市场高度相关；三是该国存在着比较有效的国际传导途径，从而国外的市场价格能够比较容易地通过这些传导途径传播到国内，引起国内价格的变动；四是国内经济中存在一些容易导致输入型通货膨胀发生的隐患，这些隐患在受到输入型通货膨胀的因素影响时，能够有效地引起国内价格普遍、持续地上涨，从而导致国内发生通货膨胀。

(4) 结构型通货膨胀是指在总需求和总供给大体均衡的状态下，由社会经济结构方面的因素引起的通货膨胀。结构型通货膨胀主要有以下几种情况：①需求结构转移型通货膨胀，即在总需求不变的情况下，某个部门的一部分需求转移至其他部门，而劳动力及其他生产要素却不能及时转移，这时，需求增加了的部门的工资和产品价格上涨，而需求减少了的部门的产品价格却未必相应下降，结果导致物价总水平的上升。②部门差异型通货膨胀。在一国的经济生活中，总有一些部门的劳动生产率增长快于另一些部门，但它们的工资增长率却相同，由此所导致的整体物价水平的持续上升就称为部门差异型通货膨胀。当先进部门的工资由于劳动生产率提高而上升时，落后部门的工资和成本也会相应上升，进而推动物价总水平的持续上升，形成了部门差异型通货膨胀。劳动生产增长率不同的两部门却有相同的倾向工资增长率，希克斯提出了劳动力供给的合同理论。劳动供求关系的变动不能立即影响工资。而是由落后部门的工人追求公平的工资造成的。③斯堪的纳维亚型通货膨胀。斯堪的纳维亚型通货膨胀是部门差异型通货膨胀的一种，但由于其典型性和特殊性，一些学者将其划为一种独立的通货膨胀类型。这种通货膨胀主要发生在“小国”，将小国的经济部门划分为两大部门，一是开放经济部门，二是非开放经济部门，因此，当发生世界性通货膨胀时，小国开放部门的成本和价格将会上升，在货币工资增长率的刚性作用下，非开放部门的工资和价格也会上升，结果该国的整体物价水平上升，引起通货膨胀。

（二）通货膨胀的效应

在通货膨胀的初始阶段，通常表现为短暂的经济繁荣，但经过一段时间的传导，通货膨胀的恶果就开始显露出来。从长期来看，通货膨胀对经济的危害性极大，对生产、流通、分配和消费都有破坏性作用。

1. 关于通货膨胀对经济增长的影响有不同的观点，其中，促进论认为通货膨胀可以促进经济增长，政府可以通过向中央银行借款扩大财政投资，并采取措施保证私人部门的投资不减少，则会因总投资的增加而促进经济增长。在通货膨胀的情况下，产品价格的上涨速度一般总是快于名义工资的提高速度，因此企业利润会增加，又会促进企业扩大投资，促进经济增长。通货膨胀是一种有利于富裕阶层的收入再分配，富裕阶层的边际储蓄倾向比较高，因此，通货膨胀会通过提高储蓄率促进经济增长。

促退论者认为通货膨胀与经济增长负相关，不仅不会促进经济增长，还会损害经济的发展。较长期的通货膨胀会增加生产性投资的风险和经营成本，导致生产性投资下降。通货膨胀会降低投资成本，诱发过度的投资需求，从而迫使金融机构加强信贷配额，降低金融体系的效率。持续的通货膨胀最终可能迫使政府采用全面的价格管制措施，降低竞争性和经济活力。

而中性论者认为人们对通货膨胀的预期最终会中和它对经济的各种效应，正负效应会相互抵消。

2. 通货膨胀对就业的影响。通货膨胀和失业在短期内存在交替关系，而在长期中，通货膨胀对失业基本没有影响。凯恩斯理论认为，通货膨胀和失业不会同时并存，两者之间有替代关系，这一关系即菲利普斯曲线，反映了通货膨胀与失业之间的此消彼长。

但是，20 世纪 70 年代美国等发达国家爆发了石油危机，通货膨胀的同时经济衰退、失业率增加，形成了经济衰退、失业增加和通货膨胀同时发生的局面，这种情况被称为“滞胀”。滞胀的出现使人们对以需求管理为主的凯恩斯主义丧失了信心，导致了 20 世纪 90 年代以来经济学新自由主义的复兴。

3. 通货膨胀对收入和财富再分配的影响。

首先，通货膨胀改变了社会成员间原有的收入和财富占有的比例。在通货膨胀条件下，社会各成员的收入水平增长速度不一样，导致原有的收入分配比例被改变。由于物价上涨先于工资的增长，依靠固定工资收入生活的社会成员成为受害者，而那些在流通领域哄抬物价的不法单位和个人反而得到了好处；此外，社会成员的财富占有比例也会因通货膨胀而改变。以实物资产保存财富的社会成员，如果资产的物价上涨率大，则他将成为受益者，反之将成为受害者。而以货币形式保存财富的社会成员将因货币贬值而成为通货膨胀的受害者。对于那些原来以货币形式负债的人，却由于币值下降减少了他的实际债务而成为受益者。当通货膨胀时，社会财富的一部分会从债权人手中转移到债务人手中，即通货膨胀使债权人的部分财富流失，而使债务人的财富相应增加，从而形成财富的再分配效应。比如，你借给别人 1000 元钱，并商定对方债务人于一年后偿还 1050 元，但是，如果一年后价格水平上涨了 10%，那么这 1050 元的购买力还不如现在的 1000 元。在通货膨胀期间，通常固定收入者的收入调整滞后于物价水平，实际收入会因通货膨胀而减少；而非固定收入者能够及时调整预期收入，从而可能从物价上涨中获益。在通货膨胀初期企业主会因产品价格上涨、利润增加而获益。通货膨胀的最大收益者是政府。在累进所得税制度下，名义收入的增长使纳税人所适用的边际税率提高，应纳税额的增长高于名义收入增长。

其次，通货膨胀还使国民收入的初次分配和再分配无法顺利完成。从企业为主的初次分配看，币值的降低使企业的销售收入不真实，企业据此支付工资、提取折旧、企业留利中就有一部分无法换得相应的生活资料和生产资料，影响企业再生产的顺利进行；从财政再分配来看，由于物价上涨，财政分配的货币资金不足以转化为实际物资，财政分配不能在实物形态上得到最终实现，而追加的财政支出又给财政平衡带来困难；从银行融资来看，物价的上涨使银行存款实际利率下降，存款者便减少存款，增加现金的持有。同时企业为保证生产又不断增加对银行贷款的需求，这就使银行信贷资金供需矛盾加剧，严重时甚至可能出现信用危机。

4. 通货膨胀削弱了市场机制对经济的调节功能。在市场经济中，价格是商品生产的调节器。由于各种生产要素、商品、劳务的相对价格随之发生不稳定的变化，致使资源分配被扭曲。

从货币制度的角度分析，现代不兑换纸币制度下的通货膨胀不仅意味着物价的波动，也从根本上影响了本位货币作为价值尺度的功能，因此破坏了正常的经济秩序、经济活动规则和经济核算的有效性。

（三）通货膨胀的治理

通货膨胀对经济发展有诸多不利影响，对社会再生产的顺利进行有破坏性作用，因此，一旦发生了通货膨胀，必须下决心及时治理。这种治理应该是多方面综合进行的。

1. 控制货币供应量。由于通货膨胀形成的直接原因是货币供应过多，因此，治理通货膨胀的一个最基本的对策就是控制货币供应量，使之与货币需求量相适应，稳定币值以稳定物价。而要控制货币供应量，必须实行适度从紧的货币政策，控制货币投放，保持适度的信贷规模，由中央银行运用各种货币政策工具灵活有效地调控货币信用总量，将货币供应量控制在与客观需求量相适应的水平上。

2. 调节和控制社会总需求。治理通货膨胀仅仅控制货币供应量是不够的，还必须根据各次通货膨胀的深层原因对症下药。对于需求拉上型通货膨胀，调节和控制社会总需求是个关键。各国对于社会总需求的调节和控制，主要是通过制定和实施正确的财政政策和货币政策来实现。

在财政政策方面，主要是大力压缩财政支出，努力增加财政收入，坚持收支平衡，不搞赤字财政。在货币政策方面，主要采取紧缩信贷，控制货币投放，减少货币供应总量的措施。采用财政政策和货币政策相配合，综合治理通货膨胀，两条很重要的途径是：控制固定资产投资规模和控制消费基金过快增长，以此来实现控制社会总需求的目的。

3. 增加商品的有效供给，调整经济结构。治理通货膨胀必须从两个方面同时入手：一方面控制总需求；另一方面增加总供给。两者不可偏废。若一味控制总需求而不着力于增加总供给，将影响经济增长，只能在低水平上实现均衡，最终可能因加大了治理通货膨胀的代价而前功尽弃。因此，在控制需求的同时，还必须增加商品的有效供给。

一般来说，增加有效供给的主要手段是降低成本，减少消耗，提高经济效益。提高投入产出的比例，同时，调整产业和产品结构，支持短缺商品的生产。

4. 医治通货膨胀的其他政策。除了控制需求，增加供给。调整结构之外，还有一些诸如限价、减税、指数化等其他的治理通货膨胀的政策。

总之，通货膨胀是一个十分复杂的经济现象，其产生的原因是多方面的，需要我们有针对性地根据原因采取不同的治理对策，对症下药。这种对症下药，并不是简单地根据原因分析一一对应，也不能机械僵化地照搬别人或自己以往的经验。而且对症下药也要以某一方案为主或优先，同时结合其他治理方案综合进行。也就是说，治理通货膨胀是一项系统工程，各治理方案相互配合才能取得理想的效果。

六、通货紧缩

通货紧缩与通货膨胀相反，是指在现行价格下，一般商品和劳务的供给超过需求，货币数量比商品劳务少，货币价值高而物价水平下跌。

通货紧缩通常与经济衰退伴随，表现为投资的边际收益下降和投资机会相对减少，信贷增长乏力，消费和投资需求减少，企业普遍开工不足，非自愿失业相对增加，收入增加速度持续缓慢，各个市场普遍低迷。

（一）通货紧缩的原因

1. 紧缩的财政货币政策。其内容是减少政府支出，增加政府税收。减少政府支出，包括减少公共工程的开支，减少政府对物品和劳务的购买，减少政府对个人的转移性支出。这样，一方面可使社会总需求中的政府开支部分降低，从而直接减少总需求。另一方面，也可抑制私人消费和投资，间接减少总需求。而且，在政府支出乘数的作用下，减少政府支出还可以引起国民收入一轮又一轮的减少。国民收入的减少额可以达到政府支出额的数倍。为此，政府执行紧缩性的财政政策，减少政府支出，造成国民收入减少，压缩了社会总需求，达到了抑制通货膨胀的目的。增加政府税收，包括提高税率，设置新税，其结果可以缩小总需求。这是因为，增加个人所得税，可以减少个人的可支配收入，从而减少消费；增加公司所得税，可以减少厂商税后利润，从而减少投资；增加各种对商品和劳务课征的间接税，也通过商品和劳务价格提高减少可支配收入的实际价值，从而抑制消费和投资。而且，在税收乘数的作用下，增加税收还可引起国民收入一轮又一轮的减少。国民收入的减少额可以达到政府税收增加额的数倍。而央行采取的紧缩的货币政策包括：上调商业银行存款准备金率、加大央行票据发行力度以及劝导市场减少信贷等，同样有类似的效果，可以达到紧缩通货的目的。

2. 经济周期的变化。经济周期是指总体经济活动的扩张和收缩交替反复出现的过程，也称经济波动。每一个经济周期都可以分为上升和下降两个阶段。上升阶段也称为繁荣，最高点称为顶峰。然而，顶峰也是经济由盛转衰的转折点，此后经济就进入下降阶段，即衰退。衰退严重则经济进入萧条，衰退的最低点称为谷底。当然，谷底也是经济由衰转盛的一个转折点，此后经济进入上升阶段。经济从一个顶峰到另一个顶峰，或者从一个谷底到另一个谷底，就是一次完整的经济周期。经济周期波动的扩张阶段，是宏观经济环境和市场环境日益活跃的季节。这时，市场需求旺盛，订货饱满，商品畅销，生产趋升，资金周转灵便。企业的供、产、销和人、财、物都比较好安排。企业处于较为宽松有利的外部环境中。经济周期波动的收缩阶段，是宏观经济环境和市场环境日趋紧缩的季节。这时，市场需求疲软，订货不足，商品滞销，生产下降，资金周转不畅。企业在供、产、销和人、财、物方面都会遇到很多困难。企业处于较恶劣的外部环境中。可见经济周期的变化有可能在收缩阶段造成通货紧缩。

3. 投资和消费的有效需求不足。在消费需求增长缓慢的情况下，为保证既定的需求水平，投资必须要以更快的速度增长，以弥补消费需求增长缓慢所带来的需求不足缺口。但如果经济运行的状态是投资需求的增长速度也在下降，则经济运行就会出现总需求不足问题。通货紧缩就由此产生了。

可见一旦产品供给大于需求，大量产品销不出去，就会造成通货紧缩的发生。一些国家的经济尚未从根本上摆脱生产过剩的制约，以至于一旦出现问题，就会面临通货紧缩的风险。因受到股市低迷、投资减少的制约等负面因素影响，消费物价指数与以往相比有所下降，这也是通货紧缩产生的一个重要因素。有效需求不足和生产过剩互为因果。正如一个胃病患者，说自己“消化不良”（需求不足）或“吃得太胀”（供给过剩）是一回事一样。

4. 结构失调。结构失调通常是指由于一国的部门结构、产业结构或比例结构之间不协调。这类通货紧缩出现的直接原因，就是商品供求总量与供求结构严重失衡，商品供给大于需求，供给结构不适应需求结构，导致潜在的社会总需求与社会总供给结构错位较大，大量的潜在的产品供给得不到实现而沦为无效供给，造成商品价格水平较长时期处于低位徘徊的局面。

（二）通货紧缩的影响

1. 导致总需求不足。通货紧缩会造成居民消费信心的下降，在很大程度上反映着居民对于现期消费的即时愿望不高，对于消费支出抱着谨慎的态度。这样的消费心理必然会制约消费需求的增长，从而导致社会总需求的不足。居民消费支出增长缓慢必然伴随着社会消费品零售额增长速度的降低。如果价格水平下降及未来价格走低，则意味着货币升值，人们的实际收入水平相对增加。这种收入增加对消费的影响是：（1）如果只是当前价格下降，人们就会增加对商品和劳务的购买，并且为获得价格下降带来的利益，一些未来的消费也会被提前实现，从而刺激目前消费水平的提高。（2）如果预期价格持续下降，人们手中的货币就会进一步升值。握有手中的货币会带来更大的价值，人们就会尽量推迟目前的消费，等待未来价格更低时进行消费支出。因此，预期的价格持续下降会减少对商品和劳务的购买，抑制当前的消费。这样就导致了恶性循环，社会总需求进一步降低。

2. 影响货币的正常运转。通货紧缩→价格下降→币值上升→实质债务加重→贷款人减少开支、出售资产→企业获利下降进而删减劳工成本、贷款人收入与资产价格下降→贷款人实质贷款增加、经济需求减少→进一步紧缩开始（恶性循环开始）。

由基本经济学原理分析，这就是通货紧缩对货币运行造成的损害。而且一旦和庞大的负债结合起来，必然造成严重的财政问题，而庞大的财政问题则又造成货币运行的进一步失衡，加剧着通货紧缩，从而给本已虚弱的经济复苏罩上阴影。

3. 社会动荡因素的增加。主要表现为：企业利润减少，个人预期收入降低，宏观经济悲观衰退，价格下降，币值上升，金融秩序混乱等。通货紧缩意味着消费者购买力增加，但持续下去会导致债务负担加重，企业投资收益下降，消费者消极消费，国家经济可能陷入价格下降与经济衰退相互影响、恶性循环的严峻局面。通缩的危害表现在：物价下降了，却在暗中让个人和企业的负债增加了，因为持有的资产实际价值缩水了，而对银行的抵押贷款却没有减少。比如人们按揭购房，通缩可能使购房人拥有房产的价值，远远低于他们所承担的债务。

（三）通货紧缩的治理

与通胀相比，通缩是一个更让各国经济政策制定者头痛的问题，因为它更加难以治理。物价持续下跌会导致投资者预期看淡，企业经营更加困难，民间投资亦不愿大幅增加，最终可能会导致经济大面积衰退，所以政府必须制定走出通货紧缩的政策，实施扩张的财政政策和宽松的货币政策，刺激投资，增加有效需求。解决通货紧缩的积极方法，应以提高国内有效需求为优先，再辅以政府配合扩大公共支出，才可望舒缓通货紧缩威胁。

治理通货紧缩，最重要的政策目标是要阻止商品供求失衡状态的进一步发展。实施扩张的财政政策，首先是扩大财政支出，通过增加国家预算和增加国债发行来扩大投资，用投资扩大来增加对投资品的购买，使投资通过乘数效应发挥作用，刺激国内需求，增加就业和居民收入，稳定居民消费倾向，刺激民间投资需求的增长，启动经济。

实施适度宽松的货币政策，中央银行应在稳定的体制中利用贴现率、准备金率、公开市场业务达到改变利率和货币供给量的目标。一是要稳定当前存款贷款水平，继续利用目前的低利息率来促进居民消费，刺激投资，减轻企业负担；二是加快国有银行向商业化改革，使商业银行成为自主经营、自负盈亏的经济实体，摆脱行政对银行经营的干预，真正实现银行投资资金与效率挂钩；三是积极支持非国有金融机构探索为中小企业服务的新途径。放宽商业银行贷款利率浮动范围，增强金融机构参与经济活动的能力，及时调整金融监管方针，使防范金融风险与加大对中小企业放款相结合，解决银行惜贷问题。

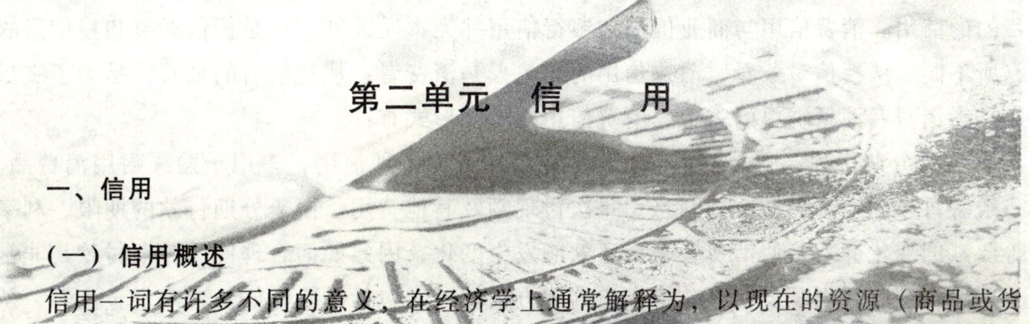

第二单元　信　用

一、信用

（一）信用概述

信用一词有许多不同的意义，在经济学上通常解释为，以现在的资源（商品或货币）回复将来支付的一种承诺。信用在经济活动中的基本形态表现为债权债务关系，任何信用交易都至少涉及两方，债权人即现在资源的拥有者和出借者，债务人即保障履行某种义务（通常包含着在未来偿还本金和支付一定数额增值）的资源借入者和使用者。债权债务关系并非一定都以货币为计量单位，但由于货币具有作为延期支付标准的功能，现代社会中通常以货币表示信用的数量，并对信用进行计算和测度。

信用对于现代经济社会的运行不可或缺，尤其是在专业化分工日益细密的情况下，信用实质上是资源配置和风险分担的基本工具，是金融业的核心和灵魂。

（二）信用的表现形式

表现信贷关系特征的形式称为信用形式，按照借贷关系中债权人与债务人的不同信用分为以下五种形式。

1. 商业信用是企业之间进行商品交易时，以延期支付或预付形式提供的信用。如：赊销商品、委托代销、分期付款、预付定金、预付货款及补偿贸易等，归纳起来主要是赊销和预付两大类。商业信用的特点如下：

（1）商业信用与特定商品买卖相关。如：赊销，当 A 企业向 B 企业赊销产品，买卖关系完成即商品所有权发生了转移，但货款没有支付，从而形成债权人和债务人。

（2）商业信用的双方当事人都是商品的经营者，由于是以商品形式提供的，不仅债务人是从事生产或流通的商品经营者，而且债权人也是。

（3）商业信用的供求受经济景气状态的影响。在经济繁荣时期，商业信用需求增加；在经济衰退时期，商业信用需求减少。

2. 银行信用是银行及其他金融机构通过存款、贷款等业务活动提供的以货币形式为主的信用。

3. 国家信用是以国家为债务人，从社会上筹措资金来解决财政需要的一种信用形式。国家信用的作用表现在国家信用可以调节财政收支的短期不平衡；可以弥补财政赤字；可以调节经济与货币供给。

4. 消费信用是指企业、银行和其他金融机构向消费者个人提供的、用于生活消费目的的信用。消费信用与商业信用和银行信用并无本质区别，只是授信对象和授信目的有所不同。从授信对象看，消费信用的债务人是消费者；从授信目的来看，是为了满足和扩大消费者消费资料的需求。消费信用的主要形式有：

（1）分期付款：它是销售单位提供给消费者的一种信用，多用于购买耐用消费品。一般签订合同，载明期限、利息、每次付现额及其他费用。由于分期付款的期限、利率等要素的变化会直接使消费者未来还款额发生变化，因此如何合理使用分期付款是非常重要的。理财规划师要全面分析客户的各方面情况，包括风险偏好、未来现金流等，从而为客户制定合理的分期付款计划。

（2）消费贷款：它是银行和其他金融机构直接以货币形式向消费者提供的以消费为目的的贷款，如住房贷款。

（3）信用卡：它是由发卡机构和零售商联合起来对消费者提供的一种延期支付的消费方式。

5. 国际信用，是国际间的借贷行为，它包括以赊销商品形式提供的国际商业信用，如来料加工和补偿贸易等；以银行借贷形式提供的银行信用，主要表现为出口信贷和进口信贷；政府间提供的相互信用。

6. 关于消费信用的案例分析。

案例：小王和小张使用的都是某银行的信用卡，而且两个人的信用卡都是每月的20日为银行记账日，而到期还款日为每月的15日。2007的2月20日那天，小王在逛街时发现了一双非常漂亮的鞋子，她非常喜欢，当场就买了下来，并用信用卡付了款。第二天，小王就穿着新买的鞋子去上班了，小张看见后也非常喜欢，于是下了班也去买了一双。过了几天，小王和小张都收到了某银行寄来的2月份信用卡对账单，小王的对账单上有那双鞋子款项的记录，并要求在3月15日还款，而小张的对账单上没有鞋子款项的记录。又过了一个月，当小张收到3月份的对账单时，才被要求在4月15日归还鞋子的款项。为什么会出现这种情况呢？

分析：由于对信用卡透支情况不了解，以前许多人都不愿意透支，其实这是一种不会理财的表现。因为信用卡透支是银行提供的一种优惠措施，如果不使用，实际上就是一种浪费。随着我国居民消费观念的转变和对透支认识的逐渐加深，越来越多的人开始使用信用卡来进行透支消费。但是要想充分发挥信用卡的理财功能，就需要学会一些小技巧。这个案例讲述的就是关于使用信用卡免息期的小技巧。因为客户刷卡消费的时间有先后，所以享有的免息期长短不同。小王是在2月20日刷的卡，而信用卡的记账日又是当天，所以鞋子的付款就被记入了2月的透支总额，因此她必须在下个月的15日，即3月15日还款，她所享有的免息期为23天；而小张2月21日刷卡，过了2月的记账日，所以鞋子的款项被记入了下个月的透支总额，即在3月20日的对账单上才有体现，最后还款日则在4月15日，所以小张享有54天的免息期。两人享有的免息期差了31天，就意味着小王比小张少了31天的利息收入。

此外，如果希望获得银行更多的免息待遇，除了需要设计自己的刷卡日期，争取享受到银行最长的免息期外，还要尽量获取较高的授信额度。信用卡的透支功能相当于信用消费贷款。授信额度的高低与持卡人的信用等级有关。因此如果想申请更高的授信额度，可以提供一些资产证明，如：房产证明、股票持有证明以及银行存款证明等，这都可以帮助你提高一定的信用额度。

二、信用创造

根据信用创造主体不同，可以分为商业银行的信用创造、政府的信用创造和非银行机构的信用创造。

（一）商业银行存款货币的信用创造

银行在调剂客户资金短缺和组织客户相互结算的基础上，发展了发行银行券和创造存款货币的功能，由于银行券的发行权已集中于中央银行，所以现代商业银行创造货币的功能集中体现为创造存款货币。

银行存款信用的创造过程是根据以下基本方式进行的：客户将资金存入银行，通常不会同时收回其存款，但是对于银行来说，任何一天，都会有若干客户到银行来提取现金，这样银行里客户的存款额将会因这些客户的提款而减少；同时也会有其他的客户往银行存入现金，这样客户的存款会使银行的存款额增加。这个现象，在几世纪以前英国金匠就发现了，他们注意到在同一时间，一部分人会来取走黄金，但同时另一部分又会存入黄金，因此保留一部分黄金就可以满足黄金提取的要求，其余的可以借出去赚取利息，这保留的部分，就成为后来的银行准备金。

1. 银行存款增加的两种方式：

（1）客户往银行存入现金将使得银行活期存款增加。所谓现金，包括纸币、铸币、票据、在其他银行的存款。从整个银行体系来看，这四项现金等于中央银行创造的各种现金总额减去市面上流通的现金的差额。因此某个银行存款的增加，是以流通中现金减少或其他银行存款减少为前提的，社会上现金总额并没有变化。客户往银行存入的这部分现金称为“原始存款”。

（2）银行获得“原始存款”后，会将原始存款再贷给客户或用于投资（如购买债券），此时获得现金的客户或原债权持有人在商业银行的活期存款，是由银行系统创造出来的，我们称之为“派生存款”。派生存款增加时，流通中现金和其他银行的活期存款并没有减少，因此货币总量增加了。这就是银行通过信用创造增加了存款货币的供给。

此外，中央银行与商业银行之间转账，如政府将存在中央银行的款项转存商业银行，商业银行的存款货币会大大增加。银行存款性质的变化，如定期存款转为支票活期存款，也可使存款货币增加。

2. 银行存款减少的两种方式。银行活期存款的减少，与上述创造或扩张的过程恰恰相反。

（1）由储户提取现金造成的流通中现金增加，使银行活期存款减少，但货币供给总量没有变化。如果从商业银行活期存款中提出的现金流入中央银行，等于退出流通，则相当于货币供给量减少。

（2）商业银行收回贷款或出售债券时，借款人或债券购买者需要用活期存款偿付银行，银行活期存款减少，除非银行获得一个新的等额存款人，否则货币供应量将相应减少。

3. 存款准备金与存款准备金率。存款准备金是商业银行在吸收存款后，以库存现金或在中央银行的存款的形式保留的，用于应付存款人随时提现的那部分流动资产储备。存款准备金比率就是存款准备金占银行吸收存款总量的比例。

为了对商业银行存款货币的创造加以适度限制，中央银行往往规定最低限度的存款准备率，又称法定准备率。银行保留的高于法定准备率的准备金我们称之为超额准备。超额准备可以分为借入准备和自由准备，前者是银行向中央银行短期借款形成的准备金，后者则是银行存入中央银行多余的短期资金。银行获得的存款，扣除存款准备金后的余额可以用来发放贷款或投资，创造存款货币。

根据偿付风险的不同，中央银行通常会对活期存款和定期存款规定不同的准备金比率。

4. 存款货币的多倍扩张。假设整个银行体系由一个中央银行和至少两家商业银行所构成；中央银行规定的法定存款准备金比率为20%；商业银行只有活期存款，而没有定期存款；商业银行并不保留超额准备金；银行的客户并不持有现金。

甲银行接受其客户存入的10000元现金，其资产负债表变化如表4－2所示：

表4－2　　甲银行资产负债表　　单位：元

资产	负债
准备金＋2000	存款＋10000
贷款＋8000	
总额＋10000	总额＋10000

甲银行贷出8000元，借款者将这笔款项支付乙银行客户并全部存入乙银行。乙银行的资产负债表变化如表4－3所示：

表4－3　　乙银行资产负债表　　单位：元

资产	负债
准备金＋1600	存款＋8000
贷款＋6400	
总额＋8000	总额＋8000

乙银行贷款6400元，借款人用于支付给丙银行的客户，从而使丙银行也取得存款6400元。丙银行也同样按照中央银行规定的法定存款准备金比率（20%），提取准备金1280元，并将余下的5120元用于贷放。这样，丙银行的资产负债表的变化如表4－4所示：

表4－4 **丙银行资产负债表** 单位：元

资产	负债
准备金＋1280	存款＋6400
贷款＋5120	
总额＋6400	总额＋6400

依次类推，得到存款货币多倍扩张的公式：

$$D=\frac{R}{r}=R\times\frac{1}{r}$$

其中，D表示存款总额，R表示商业银行的存款准备金，r表示中央银行所规定的法定存款准备金比率。存款货币的多倍紧缩是多倍扩张的反向过程。

5. 基础货币、货币乘数

（1）基础货币。从基础货币的来源来看，它是指货币当局的负债，即由货币当局投放并为货币当局所能直接控制的那部分货币。从基础货币的运用来看，它由两个部分构成：一是商业银行的存款准备金（包括商业银行的库存现金以及商业银行在中央银行的准备金存款）；二是流通于银行体系之外而为社会大众所持有的现金，即通常所谓的“通货”。

在货币乘数一定时，若基础货币增加，货币供给量将成倍地扩张；而若基础货币减少，则货币供给量将成倍地缩减。由于基础货币能为货币当局所直接控制，因此，在货币乘数不变的条件下，货币当局即可通过控制基础货币来控制整个货币供给量。

货币当局投放基础货币的渠道主要有如下三条：一是直接发行通货；二是变动黄金、外汇储备；三是实行货币政策（其中以公开市场业务为主）。

（2）货币乘数。货币乘数也称货币扩张系数，是用以说明货币供给总量与基础货币的倍数关系的一种系数。在基础货币一定的条件下，货币乘数决定了货币供给的总量。在基础货币一定的条件下，货币乘数与货币供给成正比。银行存款准备金率的倒数称为狭义的货币乘数，广义的货币乘数，我们可以根据乔顿货币乘数模型来进行计算：

$$M_1=B\cdot\frac{1+k}{r_d+r_t\cdot t+e+k}$$

式中，M_1 为货币存量；B 为基础货币；r_d 为活期存款的法定准备率；r_t 为定期存款的法定准备率；t 为定期存款比率；e 为超额准备金比率；k 为通货比率，即银行在扩张信用的过程中，一部分现金随放贷流出后，不再流回银行，而被人们持有。

【例 4-1】 如果基础货币为 10 亿元，活期存款的法定准备金率为 10%，定期存款的法定存款准备金率为 4%，定期存款比率为 2%，超额准备金率为 5%，通货比率为 15%，那么货币存量应为多少？

解： 根据乔顿货币乘数模型：

$$M_1 = B \cdot \frac{1+k}{r_d + r_t \cdot t + e + k}$$

$$= 10 \times \frac{1+0.15}{0.1+0.04 \times 0.02+0.05+0.15}$$

$$= 38.23\ (亿元)$$

因此，货币存量应为 38.23 亿元。乔顿货币乘数模型是货币供给决定的一般模型。根据该模型，货币供给决定于基础货币、活期存款的法定准备金比率、定期存款的法定准备金比率、超额准备金比率、定期存款比率及通货比率。其中，前三个因素由中央银行决定；超额准备金比率由商业银行决定，最后两个因素则由社会公众决定。

（二）政府的信用创造

如果把中央银行视为政府的一部分，那么在不兑换纸币制度下，中央银行发行的现钞是基础货币的重要组成部分，可以直接增加货币供给。除发行纸币外，政府也可以通过税收政策增加或减少居民的可支配收入，影响流通中货币的数量。

政府参与信用创造主要的途径是发行公债。根据发行对象的不同，对货币供应有不同的影响。如果政府公债的购买者是企业或居民，企业或居民用在商业银行的存款购买公债后，政府将获得的资金再存入商业银行，这相当于将社会公众的存款变为政府存款，对信用没有影响。如果政府将资金存入中央银行，则商业银行的存款减少，这将造成信用的紧缩。直到政府将资金通过安排支出的方式使用后，获得资金的企业或居民再存入商业银行，如果不考虑通货比率，货币供应将稳定。

如果由中央银行购买政府公债，这相当于货币发行增加，不仅创造了政府新的购买力，同时也增加商业银行的存款，这相当于政府向中央银行举债，容易引发通货膨胀。

（三）非银行金融机构的货币创造

货币的基本特性是具有高度的流动性。从流动性这一基本特性而言，货币与各种非货币的金融资产之间，实际上只有程度的不同，而没有本质的区别。于是，作为货币创造者的银行与作为非货币金融资产创造者的其他各种金融机构之间，也只有程度的不同，而没有本质的区别。因此，从货币供给的角度而言，货币的定义应该是广义的货币。而从金融控制的角度而言，中央银行不仅应该控制商业银行，而且也应该控制各种非银行的金融中介机构。

第三单元　利　　率

一、利息与利率

（一）利息与利率的含义

利息也叫“利金”或“子金”，是债权人因贷出货币资金而从债务人处获得的报酬，即多于本金的部分；从债务人的角度来看就是为取得货币资金的使用权所花费的代价，即比本金多还的部分。利率是借入者（或借方）为在一定期限内使用某种资源而付给借出者（贷方）价格的一种度量。由贷方让渡给借方的数额称为本金，对其使用而付出的价格通常表示为单位时间内（多以年付）一定本金百分比的形式，即利率。简单讲，利率就是借出者在借贷期内所获得的利息额与借贷资金的比率。

在传统理论中，利息被视为“等待”的报酬，也就是对资本借出者延期消费的补偿。在现代社会，利率作为货币资金的价格，是由对货币的需求和货币的供给决定的。人们之所以需要货币，是因为货币是一种具有充分流动性的资产。拥有流动性相当于拥有投资机会的选择权，如果某个人或企业对货币有需求，而手中没有货币，就必须付出相当的代价，借入别人的货币。这种代价，就是对拥有货币的人放弃流动性的补偿。

（二）利率与货币资本的供求

利率是货币资金的价格，按照传统的资本理论，一定时期某个经济体内部可供借贷资金的供求状况决定了利率的高低。如图 4－1 所示，曲线 D 代表资本的需求，S 代表供给。D 曲线向下倾斜，意味着随着利率升高，货币资金需求减少。在资本极度稀缺的情况下，其价格可以高达 12% 以上；随着资本的增多，如果劳动力、土地等其他生产要素不变，则资本的稀缺性下降，其价格逐渐下降。短期的平衡利率，是需求曲线 D 与短期供给曲线 S 的交点，这时社会上均衡利率维持在 8%，但从长期来看，由于利率仍然较高，这会鼓励人们继续增加储蓄扩大货币资本的供给，资本供给的持续增加，使长期资本供给曲线由 S 移至 S'，这时的均衡利率为 2%，人们没有意愿再增加储蓄，货币资本的供应保持了稳定。如果没有新的发明或社会因素的改变，利率将长期维持在这一均衡点。

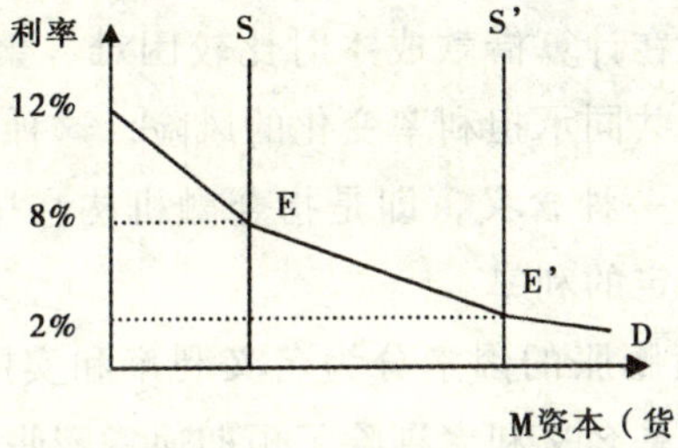

图 4-1 资本量与利率

二、利率的分类和体系

（一）利率的分类

1. 按计算利息的时间单位的不同，利率分为年利率、月利率和日利率。年利率一般按本金的百分之几表示；月利率是按本金的千分之几表示；日利率是按本金的万分之几表示。

2. 按利率是否随市场规律自由变动，利率分为市场利率和官方利率。市场利率是指由资金供求关系和风险收益等因素决定的利率。一般来说，当资金供给大于需求时，市场利率会下降；当资金供给小于需求时，市场利率会上升。当资金运用的收益较高而运用资金的风险也较大时，市场利率也会上升；反之，则相反。市场利率可能会大于、等于或小于实际利率，取决于家庭和企业预期一般物价水平的上升、不变或下跌。实际利率约等于市场利率和一般物价水平变动的差。官方利率是政府货币管理当局或中央银行确定发布的，各级金融机构都必须执行的各种利息率。由于在市场经济体制下，利率对资金活动的规模、趋势、效率等影响极大，甚至直接影响国家的货币金融政策的贯彻执行，因此成为一种调节经济活动的重要杠杆。例如中央银行的再贴现率就是典型的官方利率。

市场利率必然会受到官方利率的干预和影响，但是市场利率的变动主要还是取决于借贷资金的供求关系，这样市场利率和官方利率之间往往存在一定的差距，两者不可能完全保持一致。同时，中央银行在确定官方利率时，总是以市场利率作为重要依据。

3. 按利率在借贷期内是否调整，利率分为固定利率和浮动利率。固定利率是指利息率在整个借款期内固定不变，不随借贷资金的供求状况和市场利率的波动而发生变化。固定利率在借款期间不发生变化，因而它的主要优点是容易计算借款成本，简便易行，比较适宜于短期借款或市场利率变化不大的情况。浮动利率又称可变利率，是指利息率随着市场利率的波动而定期调整变化的利率。浮动利率在借款期内随着市场利率的变化而定期调整，因而借款人在计算借款成本时比较困难、繁杂，利息负担可能减轻，也可能加重。但借贷双方可以共同承担利率变化的风险，这种利率比较适宜于中长期贷款。在我国，浮动利率还有另一种含义，即是指金融机构在中央银行规定的浮动幅度内，以基准利率为基础自行确定的利率。

4. 按利率是否考虑了通货膨胀的因素分为名义利率和实际利率。名义利率是以名义货币表示的利率。实际利率是名义利率剔除了预期通货膨胀以后的真实利率。我国各大商业银行挂牌的存款利率和贷款利率都为名义利率。名义利率与实际利率的关系可以用公式表达：

$$1 + R_n = (1 + R_v)(1 + P_e)$$

其中，R_n 为名义利率，R_v 为实际利率，P_e 为预期通货膨胀率。这一公式被称为费雪方程式，整理可得出利率与实际利率之间的换算公式为：

$$R_n = (1 + R_v)(1 + P_e) - 1$$

这就是人们说的费雪效应。

不过我们通常认为，实际利率等于名义利率减去通货膨胀率。因此两者的关系可近似表示为：

$$R_r = R_n - P$$

【例 4-2】假设银行挂牌利率为一年期定期存款利率为 3.33%，而预期的通货膨胀率为 4.5%，那么银行 1 年期定期存款的实际利率的近似值为多少？

解：根据简化的费雪方程式：$R_r = R_n - P$

实际利率 = 3.33% - 4.5%

= -1.17%

5. 根据对不同的贷款对象执行不同利率水平的情况来划分，可划分为一般利率和优惠利率。一般利率就是按照正常标准执行的利率。优惠利率则是指对于需要给以重点扶持的贷款对象和贷款项目，执行低于正常标准的利率。由于享受优惠利率的贷款对象和贷款项目，一般都是在国家产业政策的优惠范围内的，因此，优惠利率大都是由得到政府财力支持的金融机构提供的。优惠利率通常都有一定的标准，如在国际借贷市场上，人们普遍将低于伦敦同业拆借利率的利率，视为优惠利率。

（二）利率体系

在任何时间内，市场上的利率不止一种，利率体系是指各类利率之间和各类利率内部存在的相互影响和制约的关系而构成有机整体。主要包括利率结构、利率间的传导机制和利率监管体系。在不同类型的融资中，有不同的利率水平，就存在着利率的结构问题。其中最典型的是利率的风险结构和利率的期限结构。到期期限相同而收益率不同的利率之间的相互关系称之为利率的风险结构。利率的期限结构指的是利率与到期期限之间的变化关系。一般来说，到期期限越长，利率越高。

从更为具体的角度分析，市场利率差异的产生是由信息不对称和金融市场结构导致的。不完善的信用市场会产生借贷双方对市场实际情况缺乏了解、少数金融中介机构垄断并操纵市场的情况，这都会妨碍资金的流动性，导致风险—报酬相同的项目有不同的利率。

即使在完全竞争的信用市场中，利率仍会有差异，其重要因素有：

1. 不同规模贷款项目的管理成本不同。管理成本通常是按贷款 1 元，期限 1 年应摊提的平均费用计算。如贷款申请人信用的调查费用、保管费用、收取本息费用等。一般而言，贷款规模越大，其平均管理成本越低，因而大银行的平均费用会比小银行低。

2. 债务的风险程度不同。债务的风险分为四种：

（1）资本风险，即债务人到期不能偿还本息的风险。资本风险根据融资项目和担保情况存在差异。

（2）市场风险，也称为利息风险，是指固定利率融资情况下，市场利率波动带来的风险。如市场利率上升，固定收益公司债的价格会下跌。一般而言，长期债务的市场风险大于短期债务。

（3）债务流动性的差异，由于债务本身的性质与市场结构不同，因此不同债务凭证的流动性不同，有些债务凭证，如短期国债在市场上很容易变现，且变现费用较低；而有些债务凭证，如工商企业之间的应收账款，则难以贴现转让。流动性和变现费用的高低对利率有较大的影响。

（4）债务的税负差异。许多国家的税法中对不同的债务凭证及其利息收益规定了不同的税收待遇，如对政府发行的债券免征所得税，这会影响到投资者的实际收益，因而税负重的债务应有较高的税前利率才能与其他债券的收益持平。相应地，名义利率可以分为两个组成部分，即无风险利率 if 和风险溢价 is，即 i = if + is。其中，无风险利率 if 是指不含任何风险的到期收益率，一般是以流动性强的短期国库券的利率为标准，如美国 90 天期国债。无风险利率又被称为基准利率，对于其他利率具有重要的影响。而风险溢价 is 则包含了对各种风险的补偿。一般来说，相同期限的金融工具，其违约风险越大，流动性越低，其要求的风险补偿就越高。

（三）我国当前的利率体系

1. 中央银行基准利率。这一层次主要包括存款准备金率、中央银行再贷款利率、再贴现利率等。

存款准备金是指金融机构为保证客户提取存款和资金清算需要而准备的在中央银行的存款，中央银行要求的存款准备金占其存款总额的比例就是存款准备金率。中央银行通过调整存款准备金率，可以影响金融机构的信贷扩张能力，从而间接调控货币供应量。我国目前流动性泛滥，推动了国内信贷和投资的增加，这种过热的信贷和投资不利于我国宏观经济的平稳发展，并增加了通货膨胀的压力。

中央银行再贷款利率是中央银行对金融机构贷款所实行的利率。再贴现就是银行把贴现所得的票据转向中央银行进行再贴现的行为。再贴现率，是中央银行对商业银行持有的贴现票据进行再贴现所规定的利率，它表现为再贴现票据金额的一定回扣率。

2. 银行间利率。银行间利率主要包括全国银行间拆借利率和银行间国债市场利率。

银行间同业拆借利率一般是由市场决定的，随时受到供求关系的影响而发生变化。我国的银行间同业拆借利率使用的是 Shibor，即上海银行间同业拆放利率。上海银行间同业拆放利率（简称 Shibor），以位于上海的全国银行间同业拆借中心为技术平台计算、发布并命名，是由信用等级较高的银行组成报价团自主报出的人民币同业拆出利率计算确定的算术平均利率，是单利、无担保、批发性利率。目前，对社会公布的 Shibor 品种包括隔夜、1 周、2 周、1 个月、3 个月、6 个月、9 个月及 1 年。Shibor 报价银行团现由 16 家商业银行组成。报价银行是公开市场一级交易商或外汇市场做市商，在中国货币市场上人民币交易相对活跃、信息披露比较充分的银行。中国人民银行成立 Shibor 工作小组，依据《上海银行间同业拆放利率实施准则》确定和调整报价银行团成员，监督和管理 Shibor 运行，规范报价行与指定发布人行为。全国银行间同业拆借中心受权 Shibor 的报价计算和信息发布。每个交易日根据各报价行的报价，剔除最高、最低各两家报价，对其余报价进行算术平均计算后，得出每一期限品种的 Shibor，并于 11：30 对外发布。

3. 商业银行等金融机构的存贷款利率。商业银行等金融机构存贷款利率的种类主要与商业银行所开展的各种存贷款业务相对应。在我国，商业银行主要开展以下 13 种存款业务，分别是活期储蓄存款、整存整取定期储蓄存款、零存整取定期储蓄存款、存本取息定期储蓄存款、整存零取定期储蓄存款、定活两便储蓄存款、大额可转让定期存款、邮政储蓄、通知存款、个人活期支票储蓄、住房储蓄、教育储蓄和外币储蓄存款。作为理财规划师，应掌握其中几个重要的标志性利率，如我国 1 年期存款基准利率、5 年期贷款基准利率等，这些都常常是被用来比较各种投资收益的基准。

4. 市场利率。市场利率即由市场来决定利率水平，与官方利率相对应。目前我国深沪证券交易所债券市场利率完全由市场供求决定，故与民间借贷利率一起称为市场利率。

三、利率的决定

（一）决定和影响利率变动的因素

1. 社会平均利润率。决定利息率高低的利润率不是单个企业的利润率，而是一定时期内一国的平均利润率。一般来说，平均利润率是利息率的最高界限，当然，在一般情况下，利率也不会低于零。如果利率低于零，就不会有人出借资金了。因此利率通常在平均利润率与零之间波动。

2. 借贷资金的供求状况。决定某一时期某一市场上利率水平高低的是借贷资金的供求关系。当借贷资金供大于求时，利率会下降；当借贷资金供小于求时，利率会上升，甚至高于平均利润率。

3. 央行的货币政策。自从 20 世纪 30 年代凯恩斯主义问世以来，各国政府都加强了对宏观经济的干预。政府干预经济最常用的手段是中央银行的货币政策。中央银行采用紧缩政策时，往往会提高再贴现率或其他由中央银行所控制的基准利率；而当中央银行实行扩张的货币政策时，又会降低基准利率。

4. 预期通货膨胀。在信用货币制度下，通货膨胀是一种特有的经济现象。通货膨胀会给债权人带来损失。为了弥补这种损失，债权人往往会在一定的预期通货膨胀率的基础上确定利率，以保证本金和实际利息额不受到损失。当预期通货膨胀率提高时，债权人会要求提高贷款利率；当预期通货膨胀率下降时，利率一般也会相应下调。

5. 国际利率水平及汇率。在开放的经济条件下，国际间的资本可以自由流动，国际利率水平会对国内利率水平产生重要的影响。当国内利率水平高于国际利率水平时，外国资本就会流入国内，使市场上资金供给增加而利率下降；当国内利率水平低于国际利率水平时，国内资金流向国外，市场上资金供给减少，利率上升。此外，政府有时为了实现一定的经济目标，也会根据国际利率水平来制定本国的利率水平。汇率的变动也会影响利率的变动。当外汇汇率上升，本币贬值时，国内居民对外汇的需求就会增加，同时，对本币的供给增加而需求减少，因此本币利率水平就会降低。

6. 微观因素：借贷期限、风险程度、担保品、借款人的信用等级、放款方式以及社会经济主体的预期行为等。

（二）利率的作用

利率之所以对国民经济活动发挥调节作用，是因为利率变动产生了成本效应、流动性效应和心理效应。

1. 利率对储蓄和消费的影响。当利率提高时，一方面资本的收益提高，居民会减少即期消费，增加储蓄；另一方面由于利率的提高，企业生产成本增加，企业生产规模减少，公众收入减少，消费减少。

2. 利率对投资的影响。投资与利率的高低有着密切的关系。利率对投资在规模和结构两方面都有着调节作用。企业进行投资单纯依靠自身积累往往是不足的，还须大量筹措资金。一般而言，利率下降，企业融资成本降低，社会投资扩大。

3. 利率与物价水平。如果一定时期内社会经济已经实现充分就业，这时投资和消费需求的增加只能导致物价上升而无法增加供给，这时提高利率可以抑制总需求，防止通货膨胀的发生。而当经济萧条时，降低利率能够刺激投资，防止通货紧缩和经济下滑。但是，根据发达国家的经验，投资的数量与利率的高低并没有密切的关系，因为投资主要取决于厂商对利润率的预期，利息支出只是投资成本的一部分。在经济低迷时，市场盈利预期悲观，利率下降对投资没有影响，这就是凯恩斯所说的“流动性陷阱”。

第四单元　汇　　率

一、外汇与汇率

（一）外汇的概念

外汇是以外币表示的用来清偿国际间债权债务关系的支付手段和工具。它包含两个方面：一方面，“外汇”是一个动态的概念，它表示了从一国货币兑换成另一国货币并以此来清偿彼此间债权债务关系的过程；另一方面，“外汇”又是一个静态的概念，它是贸易双方用来清偿债权债务关系所凭借的手段和工具。

在《中华人民共和国外汇管理条例》中，外汇包括以下几方面内容：（1）外国货币，包括纸币、铸币；（2）外币支付凭证，包括票据、银行存款凭证、邮政储蓄凭证等；（3）外币有价证券，包括政府债券、公司债券、股票等；（4）特别提款权；（5）其他外汇资产。金的集中储备也视为外汇。国际上可自由兑换货币主要有美元、欧元、英镑、日元、瑞士法郎、港币、加拿大元、新加坡元、瑞典克朗、丹麦克朗、澳大利亚元。理财规划师要指导客户认识到多国货币的存在，各国货币之间的转换，会花费交易成本，也有可能增加收益。

（二）外汇的标价方法

外汇的价格称为“汇价”或“汇率”，它是将一个国家的货币折算成另一个国家的货币时使用的比率，即以一种货币表示的另一种货币的价格。在国际汇兑中，外汇汇率具有双向表示的特点：它既可以用本币表示外币价格，又可以用外币表示本币价格。用本币表示外币的标价方法称为直接标价法，用外币表示本币的标价方法称为间接标价法。

1. 直接标价法，是指用一定单位的外国货币作为标准，折算成一定数量的本国货币表示的汇率。例如，中国银行外汇牌价中看到：美元/人民币 = 1/7.7251。这种标价方法就是直接标价法，从世界各国对汇率的标价方法来看，除美国、英国外，绝大多数国家都采用直接标价法，我国也不例外。人民币对外币的价格通常是由中国银行及其他商业银行挂牌对外公布的。

2. 间接标价法，是指以一定单位的本国货币作为标准，折算成一定数量的外国货币表示的汇率，例如：在纽约银行的外汇牌价中看到：美元/人民币 = 1/7.7251。这种标价方法就是间接标价法。

从上述两种标价方法中，我们可以看到，用直接标价法表示的汇率与用间接标价法表示的汇率之间呈倒数关系。

二、影响汇率的因素

1. 一国的经济增长速度。这是影响汇率波动的最基本因素。根据凯恩斯学派的宏观经济理论，国民总产值的增长会引起国民收入和支出的增长。收入增加会导致进口产品的需求扩张，继而扩大对外汇的需求，推动本币贬值。而支出的增长意味着社会投资和消费的增加，有利于促进生产的发展，提高产品的国际竞争力，刺激出口增加外汇供给。所以从长期来看，经济增长会引起本币升值。由此看来，经济增长对汇率的影响是复杂的。但如果考虑到货币保值的作用，汇兑心理学有另一种解释，即货币的价值取决于外汇供需双方对货币所作的主观评价，这种主观评价的对比就是汇率。而一国经济发展态势良好，则主观评价相对就高，该国货币坚挺。

2. 国际收支平衡的情况。这是影响汇率的最直接的一个因素。关于国际收支对汇率的作用，早在19世纪60年代，英国人葛逊就做出了详细的阐述，之后，资产组合说也有所提及。所谓国际收支，简单地说，就是商品、劳务的进出口以及资本的输入和输出。国际收支中如果出口大于进口，资金流入，意味着国际市场对该国货币的需求增加，则本币会上升。反之，若进口大于出口，资金流出，则国际市场对该国货币的需求下降，本币会贬值。

3. 物价水平和通货膨胀水平的差异。在纸币制度下，汇率从根本上来说是由货币所代表的实际价值所决定的。货币购买力的比价即货币汇率。如果一国的物价水平高，通货膨胀率就高，说明本币的购买力下降，会促使本币贬值。反之，就趋于升值。

4. 利率水平的差异。所有货币学派的理论对利率在汇率波动中的作用都有论及。但是阐述的最为明确的是20世纪70年代后兴起的利率评价说。该理论从中短期的角度很好地解释了汇率的变动。利率对汇率的影响主要是通过对套利资本流动的影响来实现的。温和的通货膨胀下，较高利率会吸引外国资金的流入，同时抑制国内需求，进口减少，使得本币升高。但在严重通货膨胀下，利率就与汇率成负相关的关系。

5. 人们的心理预期。这一因素在目前的国际金融市场上表现得尤为突出。汇兑心理学认为外汇汇率是外汇供求双方对货币主观心理评价的集中体现。评价高，信心强，则货币升值。这一理论在解释短线或极短线的汇率波动上起到了至关重要的作用。除此之外，影响汇率波动的因素还包括政府的货币和汇率政策、突发事件、国际投机的冲击、经济数据的公布甚至政府要员的言论等。这些因素之间也会相互加强或相互抵消。

三、汇率变动对经济的影响

国家对汇率的变动都十分重视，把汇率作为调节经济的主要杠杆，汇率的变化对于经济各方面的影响是不同的，下面我们将分别介绍。

1. 对国内经济的影响。

汇率的变动对于国内经济的影响首先是从物价水平开始的，从而影响到本国的宏观经济各部门及经济的稳定发展。

（1）对国内总供给的影响。外币汇率上升时，本币贬值，进口商品的价格将会上涨，抑制进口，刺激了国内相关替代产品的生产，使社会的总供应水平提高；同时本币的贬值导致出口商品的利润上升，促进了出口和相关产业的发展，增加了国家的外汇储备，运用这些外汇资金投入到生产中，将会进一步促进国内总供应量的提高。反之，有利于进口，不利于出口，导致国内生产的萎缩和外汇支出的增加，抑制了国内经济的发展。

（2）对产业结构的影响。本币贬值，一方面使出口商品在国外的相对价格较低，竞争力加强，容易占领市场，利润将增加，将带动国内其他行业向出口行业转移；另一方面，导致进口商品价格相对较高，进口替代产品的利润空间加大，激发了国内进口替代产品生产的积极性，使相关行业繁荣起来。

（3）对就业水平的影响。由于本币的贬值将使得本国商品相对外国商品的价格下降，增加本国产品的竞争力，促进总供给水平上升和相关产业的蓬勃发展，这就在一定程度上增加了就业机会，促进了整个国民经济的增长；反之，本币升值将使得本国商品相对于外国商品的价格上升，降低了本国商品的竞争力，将导致总供给水平下降和相关行业的衰落，不利于增加就业机会和国民收入水平的提高。

（4）对国民收入的影响。由于本币的贬值，一方面促进国内总供给水平的提高和相关产业的蓬勃发展，提高了就业水平；另一方面导致大量资本流入国内，这些都将促使国内生产规模的扩大、国民经济的扩张和国民收入的增长。

2. 对国际收支的影响。

（1）对贸易收支的影响。汇率变化一个最重要的影响就是对贸易的影响。一般来说，本币的贬值会有利于刺激出口，抑制进口，造成贸易顺差。但这有个前提条件，即一国货币汇率变动对贸易收支具备改善效应的条件是满足马歇尔—勒纳条件：当一国进出口需求弹性之和大于1，该国货币贬（升）值可使出口收入增加（减少），进口支出减少（增加），贸易收支逆差（顺差）减少，从而改善贸易收支。否则，当一国进口需求弹性和出口需求弹性之和小于或等于1时，该国货币汇率的变动对贸易收支不具备改善效应（会分别导致其贸易收支差额不变和贸易差额进一步扩大）。此外，即使马歇尔—勒纳条件是成立的，本币贬值能否改善一国贸易收支仍取决于其进出口数量的调整。由于贸易合同调整的时滞，贬值开始时，贸易收支有可能会恶化，贸易收支随时间的变化大致类似于字母J的形状，故被称为“J曲线”。J曲线效应理论描述的是这样一种现象：在固定汇率制下或联系汇率制下，货币贬值可以改善一国的国际收支（必须满足马歇尔—勒纳条件）。但一开始时，货币贬值会进一步导致经常项目恶化；6～12个月后，经常项目才渐渐得到改善；1年半至2年，经常项目的改善才达到峰值。此后经常项目的余额会不断下跌。

（2）对资本流动的影响。汇率变动对资本流动的影响是很直接的。当本币升值后，将导致本国资本的大量流出和外国资本流入的减少，当本币将升未升时，会引起外国资本的流入。我国目前的情况就比较典型，自2005年7月我国汇率制度改革以来，人民币不断升值，并且仍有不小的升值空间。因此外国资本不断流入，并转换为人民币资产，从而获取人民币升值所带来的收益。当本币贬值后，将导致外国资本的大量流入，但本币对外价值将贬未贬时，则会导致大量本国资本的外逃。

（3）对外汇储备的影响。世界各国通常采用多元化的外汇储备，这样汇率变化对外汇储备造成的影响也就变得多样化了。

3. 对国际经济关系的影响。

当一国为了促进出口、改善国际收支状况，使本币贬值，这样会使该国的贸易伙伴国的币值相对上升、产品的竞争力下降，损害了他们的经济利益，尤其是以外汇倾销为目的的本币贬值，必然会导致其他贸易相关国家的报复。这样一来，会加深国际经济关系的复杂化，但也会促进区域经济的发展。

四、中央银行的外汇管理

从狭义上讲，外汇管理是指一个国家对本国货币与外国货币的兑换加以限制的措施。从广义上讲是指一个国家为维持其国际收支的平衡和汇率的稳定，保证经济健康有序发展，授权国家某一部门制定相应的政策、法规、条例等，运用多种手段，包括法律的、经济的、行政的等措施，对在其境内和其管辖范围内的本国和外国的机关、企业、团体和个人外汇的收支、买卖、借贷、转移以及国际间结算、外汇汇率和外汇市场等采取限制性措施，实行控制和管制的行为。中央银行在决定货币政策时，不仅要考虑通货膨胀、充分就业和经济增长，而且还要考虑到国际收支平衡。而国际收支平衡就是中央银行外汇管理的主要目标。

（一）中央银行外汇管理的内容

不同的国家或是同一国家在不同的发展阶段，其外汇管理的内容是不同的，但总体来讲，可以概括为以下几个方面：

1. 贸易项目外汇管理。通过外汇管制，限制进口贸易外汇支出，以此来扭转贸易赤字的状况。贸易项目外汇管理一般包括对出口的管制和对进口的管制两个方面。

2. 非贸易项目外汇管理。所谓非贸易项目外汇收支，是指除贸易外汇收支和资本输出入外汇收支以外的各项外汇收支，包括运费、保险费、佣金、利润、版税、医疗费、驻外机构经费以及个人所需的旅费、留学生费用等。非贸易项目外汇管理目的也是为了以此来平衡国际收支状况。

3. 资本项目的管理。各个国家可以根据自身情况的不同，量身订造适合本国国情和经济发展的资本项目管理政策。

4. 汇率的管理。汇率的管理是指通过国家外汇当局制定法定汇率来代替自由浮动的汇率，机关、企业、团体和个人向指定银行买卖外汇时必须按照这一汇率进行折算，从而达到稳定本国币值的作用，同时可以利用本币的升值、贬值来改善该国的贸易及国际收支状况。对于汇率的管理，有直接管理和间接管理两种方式。直接管理是指中央银行规定汇率水平和汇率的调整幅度，并在必要时使用双重汇率或复汇率，达到改善本国国际收支状况的目的；间接管理是指中央银行建立外汇平准基金，运用基金进出市场买卖外汇，从而起到稳定本币汇率的作用。

（二）中央银行外汇市场干预的方式

中央银行对外汇市场进行干预主要有两种类型：非冲销干预和冲销干预。

1. 非冲销干预是指中央银行允许其买卖外汇而改变国内市场上的货币供应量。无论资本是否完全流动，货币供给量变化对经济的影响都是相同的。在浮动汇率制下，中央银行在外汇市场上进行非冲销干预达到调整汇率的目的是非常有效的。值得注意的是，资本流动相对于利率变化的弹性越高，利率下降引起的资本流出量就越大，货币的贬值幅度也就越大。而货币的贬值幅度越大，净出口额的增加就会越多，贸易顺差幅度就会进一步扩大，国民收入增长也会更加迅速。由此可见，资本的流动性越强，中央银行的非冲销政策就会越有效，对经济的促进作用也就会越显著。

2. 冲销干预是指中央银行在进行外汇买卖的同时，又通过公开市场操作对国内市场进行反向操作，达到本币供应量不变的目的。作为理财规划师，在学习经济理论的基础上，要更多地关注我国中央银行在外汇交易市场上对汇率变动所做的干预，也要了解发达国家中央银行干预外汇市场的目的和效力。要理解，有的时候不干预本身也是一种干预行为。理财规划师应当意识到，汇率对现代经济的深刻影响，当各种变量作用于外汇的供求时，必然会引起汇率的变化。掌握经济运行中的这些变量是理财规划师的基本功。汇率是影响一国经济走势以及国家财政、货币政策的重要经济指标，也是在进行外汇买卖中衡量保值收益和套汇收益最重要的依据，因此作为理财规划师应对汇率特别关注，尤其是美元、欧元、日元和港币的汇率。

五、我国汇率制度

（一）我国汇率制度的由来与现状

1. 新中国汇率制度的历史

（1）固定汇率制时期。在新中国初期，我国实行的是固定汇率制，基本是政府以国内外的物价水平为依据，调整人民币汇率，由于美国曾经一度对中国实施经济封锁，政府曾实施过钉住英镑、卢布的汇率制度，在布雷顿森林体系瓦解后改为钉住一揽子货币。

（2）汇率双轨制时期。从改革开放起，我国改为实施复汇率政策，在官方公布的汇率之外，还实行了贸易内部结算价格，以刺激国际贸易创汇，在这期间人民币对美元的汇率不断下调。

（3）有管理的浮动汇率制时期。1994 年 1 月 1 日汇率并轨以来，我国政府宣称实行以市场供求为基础的、有管理的浮动汇率制度。

2. 我国现行的汇率制度。现行人民币汇率制度具有以下特征：一是市场汇率，即由银行间外汇市场上的供求状况决定人民币汇率，而非官定汇率。二是单一汇率，即境内本外币交易均使用一种汇率，不存在与市场汇率并存的官方汇率。三是有管理的浮动汇率，即人民币汇率可以在规定的区间内浮动，中央银行依靠法律规范和市场手段，调控外汇供求关系，保持汇率基本稳定。

我国正在加快汇率市场化的进程，逐步开放人民币完全可兑换，但是这并不等于政府将逐步取消对汇率的控制。

我国央行，即中国人民银行，担负着对国内金融进行宏观调控的责任，这其中也包括了管理和调整人民币汇率。人民银行对汇率的调整措施主要有以下几种：调整存款准备金率、调整利率、发行中央银行票据和再贴现。这些措施都将直接或间接地影响人民币的汇率情况。此外，我国的国家外汇管理局也负责拟定外汇市场的管理办法，监督管理外汇市场的运作秩序，培育和发展外汇市场；分析和预测外汇市场的供需形势，向中国人民银行提供制定汇率政策的建议和依据。

（二）外汇市场

1. 中国外汇市场的特点。1994 年 1 月 1 日我国对外汇管理体制进行了改革，外汇交易市场无论从结构、组织形式、交易方式和交易内容都与国际规范化的外汇市场更加接近。我国外汇交易市场有以下几个特点：

（1）运用现代化的通讯网络和电子计算机联网为各金融机构提供外汇交易与清算服务。在交易方式和内容上，实行联网交易。外汇市场只进行人民币与美元、人民币与日元、人民币与港币之间的现汇交易。

（2）在市场结构上，可分为三个层次：一是客户与外汇指定银行之间的交易；二是银行间的外汇交易，包括外汇指定银行之间的交易和外汇指定银行与中央银行之间的交易。三是中国人民银行对外汇市场进行宏观调控和管理。央行主要运用货币政策进行干预。

在我国，同样值得注意的是，我国外汇市场上存在着两大板块，即人民币兑外汇市场和外币兑外币市场。人民币兑外币市场：这一市场因涉及人民币业务，对国内经济的冲击较大，存在着许多的交易限制。例如，目前只能从事人民币兑美元、港币、日元的即期交易；交易限制多等。外币兑外币市场：参与者不仅包括公司企业，还包括持有外汇的居民个人。市场发展得较为完善。随着开放型经济的发展，我国国内外汇市场融入国际外汇市场是必然的趋势，两大板块合二为一是必然的趋势。

2. 外汇市场的分类。从结构上看，外汇市场可分为零售市场、批发市场（银行间外汇市场）和中央银行与外汇指定银行间市场三个层次。机构和个人在零售市场上通过外汇指定银行买卖外汇，而银行、非银行金融机构以及非金融企业经批准成为银行间外汇市场的会员，进入批发市场交易。中国外汇交易中心作为中介组织，依托电子交易系统、信息系统为银行间外汇市场提供交易、信息、监管三大平台及相应的服务。因此，下面我们分别来介绍外汇零售市场、银行间外汇市场、中央银行与外汇指定银行间的市场。

（1）外汇零售市场，又称客户市场，是指银行与个人及公司客户之间进行的外汇买卖行为的场所。银行在与客户的外汇交易中起着中介作用，一方面从客户手中买入外汇，一方面又将外汇卖给客户，从中赚取外汇买卖差价，这是外汇市场存在的基础。交易客户主要是工商企事业单位、进出口商、个人等，由于国际贸易、国际投资以及其他方面的需要与银行进行外汇买卖，构成了外汇市场的基本业务。

(2) 批发市场，即银行间外汇市场。外汇指定银行在办理结售汇业务的过程中，会出现买超或卖超的现象，这时，外汇指定银行就可以通过银行间外汇市场进行外汇交易，平衡其外汇头寸。

(3) 中央银行与外汇指定银行间的市场，主要是央行可以适时以普通会员身份入市，进行市场干预，调节外汇供求，保持汇率相对稳定，这是中国人民银行对外汇市场进行调控和管理的有效途径。凡在中国境内营业的金融机构，相互之间的外汇交易，均应通过银行间外汇市场进行。

第二节 金融市场与金融机构

正确的理财方式是指我们在资金盈余阶段应该未雨绸缪，在资金短缺阶段可以按揭人生，而金融市场则是将这两者结合起来的桥梁，因此，金融市场对于理财规划的重要性可见一斑，我们有必要了解金融市场的特点以及功能。而金融机构作为金融市场的主要参与者，同时作为众多金融工具的创设者，我们也有必要对他们进行了解。常说“没有规矩，不成方圆”，金融机构和金融市场的活动都是在一定的金融监管之下进行的。因此，理财规划师为了更好地认识理财产品，就要熟悉金融市场和金融机构的基本情况，并对金融监管有清楚的认识。

第一单元 金融市场

一、金融市场概述

(一) 金融市场的含义与构成要素

金融市场是指货币资金融通和金融资产交换的场所。广义的金融市场包括货币市场、资本市场、外汇市场、黄金市场。狭义的金融市场仅包括货币市场和资本市场。市场必须具备交易的对象、交易的主体、交易的工具以及交易的价格这四个要素。金融市场也是如此。金融市场的交易对象是货币资金。与普通商品交易不同，金融市场中的交易大多只是表现为货币资金使用权的转移，而商品交易则表现为商品所有权和使用权的同时转移。金融市场的交易主体包括任何参与交易的个人、企业、各级政府和金融机构。其中，不专门从事金融活动的主体，包括个人、企业和政府部门，参与交易是为了自身在资金供求方面的需要，在他们之间发生的金融交易是直接金融，即资金从盈余部门向赤字部门的直接转移。专门从事金融活动的主体包括各类银行、保险公司、财务公司等，通过它们实现的金融交易称为间接金融，即资金从盈余部门向赤字部门的转移是以它们为媒介实现的。金融市场的交易“价格”是利率。各种金融市场均有自己的利率，不同的利率之间有密切的联系。

图 4－2 显示了金融市场运作流程图。

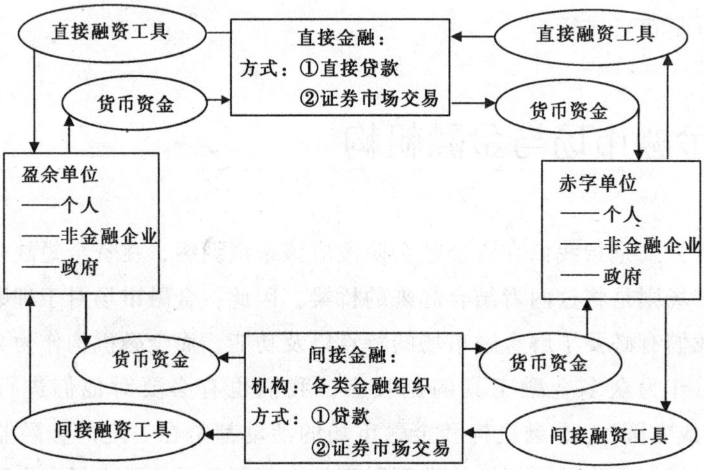

图 4－2　金融市场运作流程图

（二）金融市场的功能

金融市场具有以下功能：

1. 便利筹资和投资。为投资者的闲置资金找到兼顾安全性、流动性、收益性的投资工具；为筹资者提供灵活多样的融资可能。

2. 促进资本的部门集中，解决社会化大生产对于社会资金集中使用的要求。

3. 方便资金的灵活转换。使期限、金额、地域不同的资金能够根据不同需要在不同的主体之间转移。

4. 合理引导资金流向、流量，促进资本向高效益单位转移，合理配置社会资源、提高资源利用效率，使资本流动和社会生产实现均衡。

5. 有利于增强中央银行宏观调控的灵活性，为中央银行利用货币政策进行宏观调控提供操作基础。但是，如果要实现金融市场的这些功能，需要两个理想的条件：信息完整，而且价格完全由市场供求来决定。信息完整是指金融交易的买卖双方均可以迅速获得所需要的信息，以依据它们进行决策。价格完全由市场供求决定是指价格水平的形成只取决于资金供给方与需求方的竞争均衡，而不受任何其他力量的干预。

二、金融市场的类别

（一）按照金融资产的要求权划分，可以划分为债务市场和股权市场（如图4－3所示）

优先股是给予投资者固定收益的权益要求权，因此既有债务市场又有股权市场工具的特点，一般而言，债务工具和优先股被划分为固定收入市场，不包括优先股的股票市场成为普通股市场。

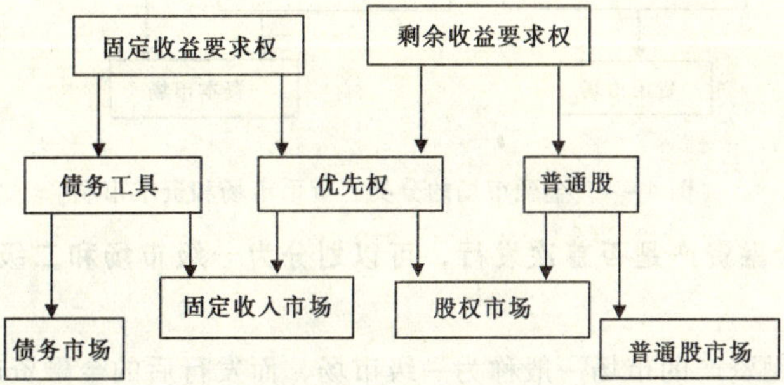

图4－3　金融市场的分类：债务市场和普通股市场

（二）按照金融资产的期限可以划分为货币市场和资本市场（如图4－4所示）

1. 货币市场。货币市场是期限在1年以内的短期金融资产交易的市场。交易工具是政府、银行和工商企业发行的短期信用工具，主要包括：国库券、商业票据、银行票据、可转让的大额定期存单、回购协议等。货币市场有下面三个主要特征：（1）交易期限短，金融资产的交易期限短的只有1天，长的也不超过1年，其中以3～6个月的居多；（2）交易的目的主要是短期资金周转的需要，一般是用来弥补流动资金的临时不足；（3）交易的金融工具流动性很强且风险小，可以在市场上随时出售兑现，具有“准货币”的特点。货币市场在金融市场中占有重要地位，体现在：（1）从货币市场的特点分析：交易期限短；满足短期资金的融通需求；交易工具有较强的流动性。（2）从各子市场的功能与作用分析：各个子市场的金融工具可以为不同的个人和机构投资者提供期限和风险不同的投融资途径。（3）从宏观金融调控的角度分析：中央银行可以利用回购等途径进行市场货币供应量的宏观调控。

2. 资本市场。资本市场是融资期限在1年以上的长期金融资产交易的市场，其交易对象主要是政府的中长期债券、公司债券、股票，以及直接从银行获得的中长期贷款。它的主要职能是为企业及政府筹集所需要的中长期资金以及为私人中长期投资活动提供场所及便利。资本市场具有三个主要特点：(1) 期限至少在1年以上；(2) 交易的目的主要是解决长期投资性资金供求矛盾；(3) 收益性与短期相比要高，但是流动性差，风险大。值得注意的是，由于权益工具一般都是永久性的，因此股权市场被认为是资本市场的一部分。

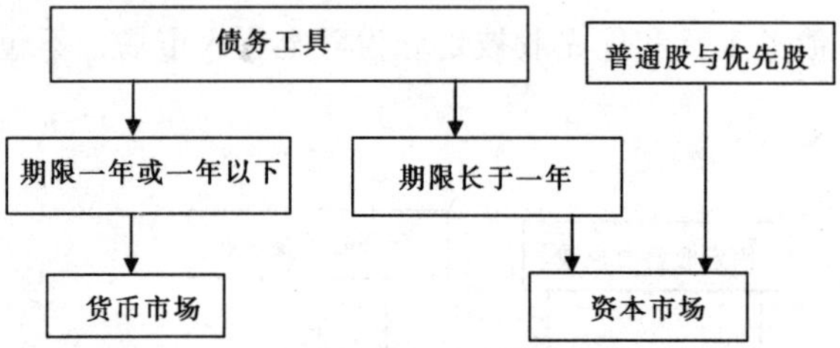

图4－4 金融市场的分类：货币市场和资本市场

（三）按照金融资产是否首次发行，可以划分为一级市场和二级市场（如图4－5所示）

首次发行金融资产的市场一般称为一级市场，而发行后的金融资产在投资者之间进行买卖的市场被称为二级市场。理财规划师必须了解金融市场的结构和各种特征，才能正确判断市场中出现的各种行为及其风险。

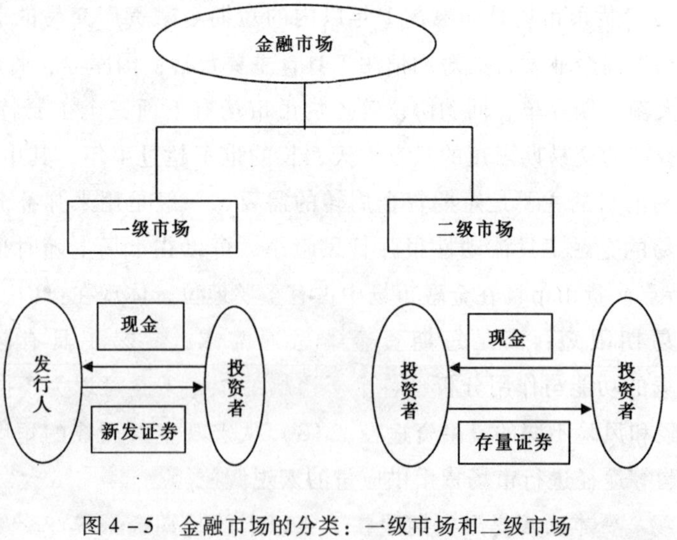

图4－5 金融市场的分类：一级市场和二级市场

第二单元 金融机构

金融市场的主体即金融市场的参与者，主要分为两大类：一类是金融机构，包括商业银行、政策性银行、非银行金融机构以及对金融体系实施监管的中央银行和其他监管机构；一类是参与金融市场的工商企业和居民。

一、中央银行

在各种金融机构中，中央银行虽然也被称为银行，但并非商业银行那种意义的“银行”。中央银行通常是政府或者政府机构，其主要职责是代表国家发行通货、制定与实施货币金融政策、组织国内的票据清算、处理国际性金融事务，在金融监管方面也发挥着重要的作用。也正因为如此，在各国的金融机构体系中，中央银行居于核心地位。

（一）中央银行的产生与发展

中央银行的产生和发展经过了一个漫长的过程，最早设立的中央银行是瑞典银行，它原是1656年由私人创办的欧洲第一家发行银行债券的银行，于1668年由政府出面改组为国家银行，对国会负责。但直到1897年才独占发行权，开始履行中央银行职责，成为真正的中央银行。其次是1694年成立的英格兰银行，它虽然晚于瑞典银行成立，但是被公认为是近代中央银行的鼻祖。英格兰银行的演变过程是典型的中央银行的演变过程。中央银行制度在世界各国日渐普及的同时，中央银行的各项职能也不断明确和完善。20世纪30年代大危机以后，各国开始强调政府对经济的干预作用，而货币政策与财政政策是政府干预经济的主要工具，中央银行作为货币制度的制定者和实施者，其地位也不断巩固和提高。与此对立的是政府对中央银行的控制也在加强，一些原来是私有股份制的中央银行被收归国有，中央银行的政府机构色彩浓厚起来，而不再是一般意义的银行了。

（二）中央银行的类型

中央银行制度随各国具体国情的不同而存在较大差异。根据中央银行组织形式和组织结构的不同，可以将中央银行制度大致分为四种类型：

1. 单一的中央银行制度。它是指国家设立专门的中央银行，使之与一般的商业银行业务相分离，而纯粹地行使各项中央银行职能。（1）一元制。它是指一国由独家中央银行及其众多的分支机构来执行中央银行职能。这种由总分行构成的中央银行的特点是：权力集中，职能齐全，分支机构众多。世界上大多数国家，如英国、日本、法国的中央银行都采取这种模式。我国自1984年明确由中国人民银行承担中央银行职能后也实行这种中央银行制度。（2）二元制。它是指中央银行由中央和地方两级组成，中央级机构是最高权力或管理机构，地方级机构在各自的辖区内有较大的独立性，在本区域内履行中央银行职能。实行联邦制的国家多采用这种中央银行制度，如美国、德国等。美国的联邦储备体系将全国划分为12个联邦储备区，每个区设立一家联邦储备银行作为该地区的中央银行。

2. 复合的中央银行制度。复合的中央银行制度是指在一国之内，不设立专门的中央银行，而是由一家大银行来扮演中央银行和商业银行两个角色，即"一身两任"。复合中央银行制度主要存在于过去的苏联和东欧国家。我国在1983年以前也是实行这种银行制度。

3. 跨国中央银行制度。跨国中央银行制度是指两个或两个以上的国家设立共同的中央银行。通常是由参加某一货币联盟的国家共同设立。在全球影响最为深远的是1998年7月成立的欧洲中央银行，这是一家由欧洲经济货币联盟成员国共同设立的中央银行，框架结构采用德国中央银行的二元制模式，其主要职能是发行统一的货币——欧元，并制定和实施欧元区的货币政策。

4. 准中央银行制度。准中央银行制度是指某些国家或地区没有建立通常意义的中央银行，而只设立类似中央银行的机构，或由政府授权某个或某几个商业银行行使部分中央银行职能的制度。例如，在新加坡，有两个类似于中央银行的机构，即金融管理局与货币发行局，由它们配合行使中央银行的职能。中国香港特区实行的也是准中央银行制度，金融管理局（1993年4月1日由香港外汇管理基金和银行监督处合并而成）是香港的金融监督机构，但不拥有发钞权，发钞权掌握在汇丰、渣打、中国银行和中银集团手中。

（三）中央银行的职能

中央银行的职能，一般被概括为发行的银行、银行的银行和政府的银行三大类。中央银行正是通过这些职能来影响货币供给量、利率等指标，发挥其对金融领域乃至整个经济的调节作用。

1. 发行的银行。中央银行是发行的银行，这具有两方面的含义：首先，它是指垄断纸币的发行权，是全国唯一的现钞发行机构；其次是指中央银行作为货币政策的最高决策机构，在决定一国的货币供应量方面具有至关重要的作用。

2. 银行的银行。银行的银行最能体现中央银行作为特殊金融机构的性质。这主要表现在：中央银行也像其他银行一样，办理存款、贷款等业务，只不过它的业务对象不是一般的企业和个人，而是商业银行和其他金融机构；中央银行各项业务活动的目的不仅在于为商业银行和其他金融机构提供服务以提高金融服务的效率，更在于对商业银行和其他金融机构的活动施加有效的影响。具体说来，这一职能主要包括：

(1) 集中存款准备。为了保证存款机构的清偿能力，也为了利于中央银行调节信用规模和控制货币供应量，各国的法律一般都要求存款机构必须对其存款保留一定比率的准备金，即法定准备金。这些准备金（包括一部分超额准备金），除小部分可以以库存现金的形式由存款机构持有外，大部分要交由中央银行保管，由存款机构在中央银行开立准备金账户，存入准备金。中央银行通过存款机构的准备金账户集中控制银行系统的保证金有两大好处：一是便于中央银行了解和掌握存款机构的准备金状况，为货币政策的制定和实施提供参考；二是方便中央银行组织全国的资金清算。

(2) 组织全国范围的资金清算。由于各个存款机构都在中央银行设有准备金账户，中央银行就可以通过借记或贷记它们的准备金账户来完成存款机构之间的款项支付。

(3) 最后贷款人。当某一金融机构面临资金困难，而其他金融机构又无力或不愿对其提供援助时，中央银行将扮演最后贷款人的角色。传统上，中央银行对商业银行贷款主要以再贴现方式进行，所以这种贷款又被笼统地称作再贴现贷款，其利率也被称为再贴现利率。通过变更再贴现率，中央银行可以对整个社会的资金供求状况和利率发生影响。当然，再贴现不是中央银行充当最后贷款人的唯一形式，除此之外，再抵押或直接取得贷款在某些情况下也是商业银行从中央银行融资的形式。

3. 政府的银行。所谓政府的银行，并非指中央银行一定归政府所有（尽管许多国家的中央银行确实是国有的），而是指它同政府有着密切的联系，包括为政府提供各种金融服务，代表政府执行金融管理职责等。

(1) 代理国库。即经办政府的财政预算收支，充当政府的出纳。政府的收入和支出都通过财政部在中央银行开设的各种账户进行。

(2) 充当政府的金融代理人，代办各种金融事务。例如，代理国债的发行和还本付息，代理政府保管黄金及外汇储备或代理政府黄金外汇的买卖业务；代表政府参加国际金融组织，出席国际会议，从事国际金融活动；充当政府顾问，提供有关金融方面的信息和建议等。

(3) 为政府提供资金融通，以弥补政府在特定时间的收支差额。其融资方式有两类，一是直接向财政部提供贷款或透支，二是在证券市场上购买国债。通常，中央银行对财政的直接贷款或透支在期限和数额上都受法律的严格限制，以避免中央银行变为弥补财政赤字的工具，导致货币发行失控。因此，政府弥补赤字的主要手段是发行国债。中央银行可以在一级市场或二级市场上买入国债。在二级市场买卖国债的行为即是所谓的公开市场业务，它是中央银行调控货币供给的重要方式。

(4) 作为国家的最高金融管理当局，制定并监督执行有关金融行政管理法律法规。主要包括：制定有关的金融政策和法规；对商业银行及其他金融机构进行监督管理等等。

二、商业银行

作为一名理财规划师，需要对商业银行的性质、职能、价值和主要业务等有充分的了解，才能给予客户合理的理财建议，提高对客户的服务质量。

（一）商业银行概述

1. 商业银行的性质。商业银行是经营金融资产和负债业务，以追求利润为经营目标、多功能、综合性的金融企业。（1）商业银行是企业。商业银行以获取最大限度的利润作为自己的经营目标，需要独立核算、自负盈亏。（2）商业银行是特殊的企业。商业银行与一般的工商企业不同，它是一种特殊的企业。其特殊性表现在：①商业银行经营的是金融资产和负债业务，经营的对象是特殊商品，是作为一般等价物的货币和货币资本。②商业银行的经营方式与一般工商企业不同。一般工商企业以采取买卖为主要经营方式；而商业银行则是以资金信贷作为主要经营方式。③商业银行对整个经济的影响要远远大于任何一个企业，同时商业银行受整个社会经济的影响也比任何一个企业明显。④商业银行的业务经营除了要对客户和股东负责外，还要对整个社会负责，这一点是任何一个工商企业所不能比的。（3）商业银行是特殊的金融企业。

2. 商业银行的职能。随着商品经济的发展，人们金融意识的提高，需要商业银行提供的金融服务就越来越多，所以商业银行不仅仅是经营货币的特殊企业，而且成为在金融和非金融领域提供各种优质服务的综合性、多功能的金融企业。（1）支付中介职能。以商业银行为中心，形成了经济社会的支付链条和债权债务关系。（2）信用中介职能。信用中介职能是商业银行最基本、也是最能反映其经营活动特征的职能。其实质就是商业银行通过负债业务把社会上的各种闲散资金集中起来，再通过商业银行的资产业务将资金投放到社会经济各部门中去，既实现了资本盈余与短缺之间的调剂，也实现了资金的融通。（3）信用创造职能。商业银行信用创造职能是在支付中介和信用中介职能基础上产生的。商业银行利用吸收的存款发放贷款，发放的贷款不以现金形式支付给客户，而是把贷款转到客户的存款账户上，在支票流通和转账结算的基础上，贷款转化成了派生存款，增加了银行的资金来源。影响商业银行信用创造能力的因素包括：商业银行信用创造要以原始存款为基础；商业银行信用创造受中央银行法定存款准备金率、商业银行自身的现金准备率以及客户存款提现率的制约，创造能力与其成反比；创造信用的前提是要有贷款需求。（4）金融服务职能。商业银行金融服务职能也是从支付中介和信用中介职能中派生出来的一个职能。商业银行提供的金融服务更加丰富，例如企业资金融通、财务咨询、财务管理、会计服务、投资服务以及个人金融服务等。金融服务已逐步成为商业银行的重要职能。

（二）商业银行的组织形式

从历史上看，商业银行的组织形式主要有四种：

1. 单元制。这种制度主要以美国为代表。其特点是法律禁止或者严格限制银行设立分支机构，银行业务由完全独立的各个银行分别办理。美国曾长期实行完全的单元银行制度，不许银行跨州经营和设立分支机构。美国实行联邦制，设立银行可向联邦政府注册，成为国民银行，也可向州政府注册，成立州银行。单元制虽然强化了银行与当地经济的联系，限制了银行垄断势力的发展，但它也人为地限制了银行的发展，影响了银行竞争力的提高。1997年后随着《跨州银行法案》的实施，银行设立分支机构已不存在实质性限制。

2. 总分行制。总分行制又被称为分支行制。它是指银行在大城市设立总行，并根据需要，在国内外广泛设立分支机构，分支行的业务和内部事务统一遵照总行的规章和要求办理。这种制度下的总行有的不再办理具体银行业务，而专司管理、协调之责，有的则继续办理银行业务，同时进行全面的管理。目前世界各国一般都采取这种银行组织形式，其中尤以英国、德国、日本等国为典型。一般认为，实行总分行制度，有助于银行实现规模经济效益，利于在一个较大的范围内实现资产等业务的分散经营，并可在不同分支机构之间灵活调度资金，统筹安排各项业务，化解银行风险，在满足大的资金需求方面也可达到更好的效果。另外，总分行制下，银行业务向为数不多的几家银行集中，这对中央银行货币政策的实施和传导可能有一定的积极作用。

3. 银行控股公司制。是指一家银行公司控制一家或多家银行和公司的股权的集团公司。从立法角度看，控股公司拥有银行，但是控股公司往往是由银行设立并受银行操纵的组织。银行控股公司制在美国最为流行。好处在于：（1）规避限制设立分支机构的法律；（2）借此进入非银行业务领域；（3）持股公司较之与其属企业有更高的资信，并可使用一些法律禁止商业银行使用的筹资工具，这对银行等金融机构降低筹资成本、扩大融资渠道有更大好处。金融控股公司可以进一步分为多家银行控股公司和单一银行控股公司。

4. 连锁银行制。两个以上商业银行受控于一个人或同一集团，但并没有股权公司存在。连锁银行成员多是形式上保持独立的小银行。

三、政策性银行

我国目前的政策性银行主要有三家，它们分别是国家开发银行、中国进出口银行、中国农业发展银行。国家开发银行：资金来源是发行国家政策性金融债券，资金运用于增强国力的项目。中国进出口银行：资金来源是发行国家政策性金融债券，同时也从国际金融市场上筹措资金，主要用于提供出口信贷。中国农业发展银行：资金来源是中国人民银行的再贷款，资金用于农业建设。

四、非银行金融机构

在各国的金融体系中，除商业银行以外，还有很多其他的非银行金融机构。目前我国的非银行金融机构主要包括：信托公司、基金管理公司、证券公司、保险公司、财务公司、金融租赁公司、典当行、汽车金融公司、信用社、基金公司、交易所、清算所、外汇交易中心等。

1. 信托公司。信托公司是指依照《中华人民共和国公司法》和《信托公司管理办法》设立的主要经营信托业务的金融机构。信托业务，是指信托公司以营业和收取报酬为目的，以受托人身份承诺信托和处理信托事务的经营行为。2007 年 3 月 1 日我国实施新的《信托公司管理办法》和《信托公司集合资金管理办法》，以下简称“新办法”。“新办法”实施前的信托投资公司在“新办法”实施后，如果条件符合，应当向银监会提出变更公司名称和业务范围等的申请，其他的信托投资公司实施过渡期安排。根据新办法的规定，我国目前信托公司的业务主要有：（1）资金信托；（2）动产信托；（3）不动产信托；（4）有价证券信托；（5）其他财产或财产权信托；（6）作为投资基金或者基金管理公司的发起人从事投资基金业务；（7）经营企业资产的重组、并购及项目融资、公司理财、财务顾问等业务；（8）受托经营国务院有关部门批准的证券承销业务；（9）办理居间、咨询、资信调查等业务；（10）代保管及保管箱业务；（11）法律法规规定或中国银行业监督管理委员会批准的其他业务。新办法的颁布实施，目的是推动信托公司从“融资平台”真正转变为“受人之托、代人理财”的专业化机构，促进信托公司根据市场需要和自身实际进行业务调整和创新，力争在 3 ~ 5 年内，使信托公司发展成为风险可控、守法合规、创新不断、具有核心竞争力的专业化金融机构。银监会积极鼓励信托投资公司加强竞争，实现信托资源的优化配置，推动行业的持续健康发展和安全运行。

2. 基金管理公司。基金公司的主要业务有发起设立基金、基金管理业务、受托资产管理业务和基金销售业务。基金管理业务是基金管理公司最基本的一项业务。作为基金管理人，基金管理公司最主要的职责就是组织投资专业人士，按照基金契约或基金章程的规定制定基金资产投资组合策略，选择投资对象，决定投资时机、数量和价格，运用基金资产进行有价证券的投资。向基金投资者及时披露基金管理运作的有关信息和定期分配投资收益。受托资产管理业务是指基金管理公司作为受托投资管理人根据有关法律、法规和投资委托人的投资意愿，与委托人签订受托投资管理合同，把委托人委托的资产在证券市场上从事股票、债券等有价证券的组合投资，以实现委托资产收益最大化的行为。随着机构投资者的不断增加，法律、监管的市场环境的逐渐完善，受托资产管理业务将逐渐成为基金管理公司的核心业务之一。

3. 证券公司。我国证券公司的业务范围一般有：代理证券发行业务；自营、代理证券买卖业务；代理证券还本付息和红利的支付；证券的代保管和签证；接受委托代收证券本息和红利；接受委托办理证券的登记和过户；证券抵押贷款；证券投资咨询业务等。

4. 保险公司。保险公司的资金来源主要是靠吸纳投保人的保费以及发行人寿保单的方式筹集资金。保险公司收入的保费，除支付赔偿给付和业务开支外，剩余的款项形成一笔巨额资金，在没有形成巨额赔款的支付之前，这笔资金比银行存款还稳定可靠，可以进行长期投资。所以保险公司一般主要以进行有价证券的投资为主，如购买政府债券、企业债券和股票，或发放不动产抵押贷款。保险公司有许多种类，大体可分为财产保险公司、人寿保险公司、火灾和事故保险公司、老年和伤残保险公司、信贷保险公司等。保险公司一方面通过出售保单吸收资金，另一方面又通过各种途径将其运用出去，因此具有了一定的信用中介功能。

5. 财务公司。我国的财务公司是由企业集团内部集资组建的，主要的业务包含：存款、贷款、结算、票据贴现、融资性租赁、投资、委托以及代理发行有价证券等。主要业务范围和服务是为企业集团提供财务支持。

6. 金融租赁公司。金融租赁公司的主要业务有：（1）用于生产科、教、文、卫、旅游、交通运输设备等动产、不动产的租赁、转租赁、回租租赁业务；（2）前述租赁业务所涉及的标的物的购买业务；（3）出租物和抵偿租金产品的处理业务；（4）向金融机构借款及其他融资业务；（5）吸收特定项目下的租赁存款；（6）租赁项目下的流动资金贷款业务；（7）外汇及其他业务。

7. 典当行。典当行是主要以财物作为质押而有偿有期借贷融资的，具有浓厚商业色彩的金融经营机构。

8. 汽车金融公司。汽车金融公司是指经中国银行业监督管理委员会依据有关法律、行政法规批准设立的，为中国境内的汽车购买者及销售者提供贷款的非银行金融企业法人。

第三单元 金融监管

一、金融监管概述

（一）金融监管的定义

金融监管属于管制理论范畴。管制一般是指国家以经济管理的名义进行干预。本书所说的金融监管，即金融监管机关通过制定市场准入、风险监管和市场退出等标准，对金融机构的经营进行干预，确保金融机构的安全稳健运行。金融监管是一种外部力量，因此，金融监管并不能保证金融机构不发生金融风险和损失。

（二）金融监管的意义

金融稳定与否，将对国民经济发展产生深刻影响。金融监管的作用主要体现在以下几个方面：

1. 维护信用、支付体系的稳定。金融是现代市场经济的核心，经济决定金融，金融反作用于经济，金融的发展影响着经济的发展。在市场经济中，金融机构作为信用中介、支付中介，发挥着间接融资和直接融资的作用，调节资金余缺，促进资源的合理配置。因此，对金融机构进行监督和管理，防范和化解金融体系的风险，维护金融体系的安全稳健运行，实际上也就是维护社会信用中介、支付中介制度和货币体系的良好运行，促进商品价值的实现，保障国民经济健康发展。

2. 保护存款人和投资者的利益。按照信息不对称原理，存款人和银行之间、证券投资者和经营者之间的信息存在差异。存款人和证券投资者对市场信息的了解程度可能差于银行机构和证券经营者。为了维护市场的公平和公正，客观上需要产生一个处于中间位置的监管者，以保证存款人、证券投资者获得足够的信息。金融监管制度设定了金融机构信息披露的各项规定和要求，使存款人和证券投资者可以全面了解金融机构的资本状况、资产运用、内部控制及管理状况，减少金融机构的过度投机行为，维护存款人和证券投资者的合法权益。

3. 保证金融机构依法经营。现代社会的经济活动包括金融活动，它是通过法律来加以规范和约束的。金融立法为金融活动提供了平等的法律基础，参与金融活动的各方必须按照相应的规则履行权利和义务，违反金融法律法规的行为必然给当事人造成损害。金融监管主体依照金融法律进行金融监管，可以约束金融机构按照国家法律、法规的规定合法经营。这样才能保证一国的各项金融法律法规得到遵守，促进宏观经济、金融政策的有效施行，维护金融活动各方的合法权益。

4. 促进金融机构之间的公平竞争。竞争是市场经济的重要特征之一。但竞争不是无序的，是在符合市场规则下的有序竞争。金融机构之间的无序竞争必然带来金融秩序混乱、金融市场的动荡，从而对整个经济活动产生不利影响。金融监管主体通过一系列的审慎监管法规，可以使金融机构在平等的条件下开展竞争，从而维护金融秩序、金融市场的稳定，促进金融业降低成本、提高效率，为社会公众提供高质量的金融服务。

二、分业经营与混业经营

根据银行经营的业务范围和金融机构分工程度的不同，金融业经营模式一般可以分为两类：一类是1999年以前以美国、日本、英国为代表的分业经营模式；另一类是以德国为代表的混业经营模式，也称“全能制”。

（一）分业经营模式的概念与特点

1. 分业经营模式的概念。所谓分业经营是指任何以吸收存款为主要资金来源的商业银行只能经营短期间接性资产业务、负债业务和中间业务，不能从事有价证券的买卖、中介、承销等证券投资业务，也不能从事保险公司经营范围内的各项业务活动；经营证券业务的投资银行不能开展除保险金以外的存款及任何形式的贷款业务（如透支等）；保险公司既不能利用沉淀资金自行开展信贷业务，也不能进行股票投资和其他类型的实业投资。同时各国一般还规定，任何商业银行、投资银行和保险公司不能以设立子公司的名义向对方的业务范围进行渗透。在这种制度下，商业银行和其他金融机构之间有着细致而严格的业务边界，各种金融机构在各自法定的业务界区内为社会提供专业化的金融服务，业务一般不允许交叉。实行分业经营的模式，主要包括两种：一种是以美国、日本为代表，在实行分业经营模式的时期，通过法律形式，明确规定投资银行业务与商业银行业务必须严格分离；另一种则是以英国为代表，在实行分业经营的阶段，通过金融机构的自我管理和自我约束来达到投资银行与商业银行分业经营的目的，也就是说，英国的金融服务业的这种职能分离不是依靠法律规定的，而是历史形成的。

2. 分业经营模式的特点。分业经营模式的主要特征包括：（1）银行业、证券业、保险业相互分离；（2）短期融资与长期融资分离；（3）政策性融资业务与商业性融资业务分离；（4）银行资本与产业资本关系松散。当然，分业经营模式的分业是相对的，而不是绝对的，分业模式下商业银行同样可以经营非银行业务。例如，美国虽然法律上规定银行业与证券业、保险业要实行分离，但在实际上却允许商业银行的信托部办理证券业务（即政府公债、国库券、部分地方政府公债以及一定限额内的股票和债券的买卖等）。同样，非银行金融机构也可以办理银行业务。例如，日本七家信托银行（三菱信托银行、住友信托银行、三井信托银行、安田信托银行、东洋信托银行、中央信托银行和日本信托银行）不仅经营信托业务，而且兼营银行业务和其他业务，信托业务大约占其业务总量的60%，银行业务约占30%，其他中间业务约占10%。可见，分业也是相对的。应当指出的是，分业经营把商业银行业务与证券业务、直接融资与间接融资相分离仅具理论意义。现实中，有时很难将某项业务界定为证券业务还是银行业务，属于直接融资还是间接融资。例如，银行以贷款为基础发行证券，即信贷资产证券化，就很难界定其是证券业务，还是银行业务。因为在金融创新冲击下，银行业与证券业之间、直接融资与间接融资之间的界线正趋于模糊。

（二）混业经营模式的概念与特点

1. 混业经营模式的概念。混业经营模式是当今国际金融机构采用最为普遍的经营模式，它是指一国的商业银行在业务范围上不受限制约束，业务多样化、经营多元化，可为社会提供全方位、综合性金融业务的经营模式。在这种模式下，包括投资银行业务与商业银行业务在内的许多金融业务都是被联合提供的。混业经营模式突出的制度特征表现为，国家对商业银行等金融机构的经营范围在短期信贷业务与长期信贷业务、直接融资业务与间接融资业务、银行业务与非银行业务、商业性业务与政策性业务之间不做或较少做法律限制。商业银行只要在现行的法律框架内合规守法经营，就可以在经营银行业务的同时，兼营证券、信托以及保险业务等，商业银行资本与工商产业资本可以相互融合。

2. 混业经营模式的特点。混业经营模式最早起源于19世纪末的德国、荷兰、卢森堡等国家，其中又以德国为典型代表。与美、英、日三国相比，德国的金融经营模式具有独特的特征：（1）商业银行的“全能化”或“综合化”，即商业银行没有业务范围的限制而可以全面地经营各种金融业务，如经营存放款、贴现、证券买卖、担保、投资信托、租赁储蓄等全方位商业银行及投资银行业务。（2）从来就没有独立的投资银行，证券市场相对落后。（3）银行与工商企业的关系十分密切，甚至对其具有压倒性的影响力。

（三）经营模式与金融监管

1. 评价经营模式的标准——风险性指标与效率性指标。风险性指标主要是反映金融制度在保证金融体系稳定、均衡以及协调运行等方面的能力。它主要表现为两个方面：

（1）在既定的框架下，能否通过金融监管提高金融组织体系的健全性和生存能力，使公众对其有信心，不至于产生金融恐慌和连锁反应；

（2）能否通过完善的金融法规和监管体系维持金融市场的稳定统一，规范各市场主体的行为，促使金融市场稳定协调发展并发挥其资源配置功能。

效率性指标主要是反映金融制度能否保证金融交易活动以相对低的成本顺利进行和促使储蓄向投资顺利转化。它也表现为两个方面：

①金融制度提供的交易规则和交易工具能否降低或节约交易费用；

②金融制度提供的激励机制能否促进金融活动主体为节约交易成本、满足市场需要而做出努力。

2. 金融监管与经营模式选择。一般而言，从风险性指标来看，在金融业发展的初期，分业经营相对于混业经营具有很大优势。对分业经营模式来说，由于银行业务与证券业务是相互分离的，银行系统的运行可以避免来自于证券市场的风险，如同中间产生了一道金融“防火墙”，因此风险传递性较小，有利于金融体系的稳定和安全。而进入金融业发展的高级阶段，各项条件都已成熟，防范和化解风险的能力都大大增强，此时的混业经营模式可以更好地发挥资产分散化和用多种投资组合进行风险管理的优势，相对混业经营则更具安全性。从效率性的指标来看，混业经营相对于分业经营的优势是显而易见的，在混业经营模式下，由于信息的可再用性，商业银行给企业提供贷款过程中获得有关企业的信息，这些信息可以在它为企业承销股票和债券时重新使用，这就避免了信息的搜寻成本；另外，混业经营模式下，商业银行更容易融资。因为商业银行的流动性的信贷资产可以为证券业务作抵押，而收费的证券业务获得的收入可以确保银行不会通过改变信贷资产的流动性来转移风险。对于整个金融行业而言，混业经营模式能够鼓励竞争，限制垄断。由于在混业经营模式下，商业银行的经营范围完全放开，银行与其他金融机构可以自由地参与整个金融市场的竞争，而竞争有利于优胜劣汰，有利于提高效率。在金融业发展的过程中，风险性指标和效率性指标存在着一定程度的矛盾，因此，要发挥混业经营在效率方面的优势，必须加强对金融风险的控制。一个国家选择怎样的经营模式是由该国金融发展水平和金融监管机构的监管能力决定的。

三、我国的金融监管体制及其改革

2003 年 3 月 10 日，党的十届全国人大一次会议第三次全体会议表决通过了十届全国人大一次会议关于国务院机构改革方案的决定。方案将中国人民银行对银行、资产管理公司、信托投资公司及其他存款类金融机构的监管职能分离出来，并与中央金融工委的相关职能进行整合，成立中国银行业监督管理委员会。由此，我国形成了银监会、证监会和保监会共同负责金融监管的格局。

1. 银监会的职能。根据国家法律和国务院的授权，银监会负责统一监督管理全国银行、金融资产管理公司、信托投资公司及其他存款类金融机构。

（1）制定有关银行业金融机构监管的规章制度和办法；

（2）审批银行业金融机构及其分支机构的设立、变更、终止及其业务范围；

（3）对银行业金融机构实行现场和非现场监管，依法对违法违规行为进行查处；

（4）审查银行业金融机构高级管理人员任职资格；

（5）负责统一编制全国银行数据、报表，并按照国家有关规定予以公布；

（6）负责国有重点银行业金融机构监事会的日常管理工作；

（7）会同有关部门提出存款类金融机构紧急风险处置的意见和建议；

（8）国务院规定的其他职责。

2. 证监会的职能。根据《中华人民共和国证券法》、《股票发行与交易管理暂行条例》、《期货交易管理暂行条例》和《国务院办公厅关于印发中国证券监督管理委员会职能配置、内设机构和人员编制规定的通知》的规定，证监会依法对全国证券、期货市场实行集中统一监督管理，履行如下职责：

（1）研究和拟定证券、期货市场的方针政策、发展规划；起草证券、期货市场的有关法律、行政法规；制定有关证券、期货市场监督管理的规章、规则，并依法行使审批权或核准权。

（2）依法监管股票、可转换债券、证券投资基金的发行、交易、托管和结算；批准企业债券的上市；监管上市国债和企业债券的交易活动。

（3）依法监管境内期货合约的上市、交易和清算；监管境内机构从事境外期货业务。

（4）依法对公开发行和上市交易证券的证券发行人，上市公司，证券、期货交易所，证券、期货经营机构，证券登记结算机构，期货结算机构，证券投资基金管理机构，证券、期货投资咨询机构，资信评估机构进行监管；依法对从事证券业务的律师事务所、会计师事务所、资产评估机构的证券业务活动以及从事证券投资基金资产托管业务的金融机构的托管业务活动进行监管。

（5）依法制定证券、期货经营机构，证券、期货投资咨询机构和证券投资基金管理机构从业人员资格、资质标准和高级管理人员的任职管理办法并组织实施；依法制定证券从业人员的资格、资质标准和行为准则并监督实施；按规定管理证券、期货交易所，证券登记结算机构和期货结算机构的从业人员和高级管理人员。

（6）依法监管境内企业直接或间接到境外发行股票、上市；监管境内机构到境外设立证券机构；监管境外机构到境内设立证券机构、从事证券业务。

（7）依法监督检查证券发行、交易的信息披露情况，监管证券、期货信息传播活动，负责证券、期货市场的统计与信息资源管理。

（8）依法对证券业协会、期货业协会的活动进行指导和监督。

（9）依法对违反证券、期货市场监督管理法律、法规和行政规章的行为进行调查、处罚。

（10）管理证券、期货行业的对外交往和国际合作事务。

（11）法律、行政法规和国务院规定的其他职责，办理国务院交办的有关事宜。

3. 保监会的主要职责。根据国家法律和国务院的授权，保监会统一监督管理全国保险市场，维护保险业的合法、稳健运行。

（1）拟定保险业发展的方针政策，制订行业发展战略和规划；起草保险业监管的法律、法规；制定业内规章。

（2）审批保险公司及其分支机构、保险集团公司、保险控股公司的设立；会同有关部门审批保险资产管理公司的设立；审批境外保险机构代表处的设立；审批保险代理公司、保险经纪公司、保险公估公司等保险中介机构及其分支机构的设立；审批境内保险机构和非保险机构在境外设立保险机构；审批保险机构的合并、分立、变更、解散，决定接管和指定接受；参与、组织保险公司的破产、清算。

（3）审查、认定各类保险机构高级管理人员的任职资格；制定保险从业人员的基本资格标准。

（4）审批关系社会公众利益的保险险种、依法实行强制保险的险种和新开发的人寿保险险种等的保险条款和保险费率，实施备案管理。

（5）依法监管保险公司的偿付能力和市场行为；负责保险保障资金的运用政策，制定有关规章制度，依法对保险公司的资金运用进行监管。

（6）对政策性保险和强制保险进行业务监管；对专属自保、相互保险等组织形式和业务活动进行监管。归口管理保险行业协会、保险学会等行业社团组织。

（7）依法对保险机构和保险从业人员的不正当竞争等违法、违规行为以及对非保险机构经营或变相经营保险业务进行调查、处罚。

（8）依法对境内保险及非保险机构在境外设立的保险机构进行监管。

（9）制定保险行业信息化标准；建立保险风险评价、预警和监控体系，跟踪分析、监测、预测保险市场运行状况，负责统一编制全国保险业的数据、报表，抄送中国人民银行，并按照国家有关规定予以发布。

（10）按照中央有关规定和干部管理权限，负责本系统党的建设、纪检和干部管理工作；负责国有保险公司监事会的日常工作。

（11）承办国务院交办的其他事项。

4. 对金融控股公司的监管。与金融控股公司相关的几个概念：

（1）金融集团：是指主要从事金融业务，并至少明显地从事银行、证券、保险中的两个或两个以上的经营活动的企业集团。

（2）银行控股公司：银行控股公司是指一家银行公司控制一家或多家银行或公司的股权的集团公司。其中，控制一家银行的控股公司称为单一银行控股公司；控制多家银行的称为多家银行控股公司。

（3）全能银行。全能银行是能同时直接从事存款业务、贷款业务、贴现业务、信托业务、证券业务、投资业务、担保业务、保险业务、汇兑业务、财务代理业务、金融租赁等所有金融业务的金融机构。全能银行有时也被称为综合银行。

（4）金融控股公司。如同控股公司一样，金融控股公司可以分为纯粹金融控股公司和混合金融控股公司。纯粹金融控股公司是指母公司只掌握子公司的股份，不同的子公司从事不同的金融业务，母公司通过控股权协调各类业务活动，并取得股权收益。控股母公司的主要职能是监督管理，没有具体的经营业务，但有投资功能，主要负责收购、兼并、转让子公司股权、协调内部资源共享、新领域投资等活动。混合金融控股公司是指母公司本身从事一种金融业务，同时又通过控股子公司从事其他类型金融业务。如果母公司本身从事着两种或两种以上的金融业务，则该类金融公司可以划入全能银行的范围。如果母子公司除了从事金融业务外还从事其他非金融业务，如工业、商业、不动产等，这类金融集团在欧洲还被称为混合型金融集团。对金融控股公司的监管坚持分业经营、分业监管的原则，对金融控股公司的集团公司依据其主要业务性质，归属相应的监管机构，对金融控股公司内相关机构、业务的监管，按照业务性质实施分业监管。

第三节　金 融 工 具

各种不同的金融工具是理财规划师为客户提供理财服务的主要手段和工具，因此理财规划师必须要了解每种金融工具的基本特征，根据客户的实际情况以及风险收益偏好，选择合适的金融工具。

第一单元　金融工具概述

金融工具，是在金融交易活动中产生的、能够证明金融交易金额、期限、价格的书面文件，是具有法律约束力的契约。综合来看，金融工具具有如下几个方面的特征：

一、期限性

期限性是指一般金融工具有规定的偿还期限（不包括权益性证券）。偿还期限是指债务人必须全部归还本金之前所经历的时间。如一张 3 个月后支付的汇票，偿还期为 3 个月；5 年期国债，偿还期为 5 年。对投资者来说，更有现实意义的是从持有金融工具起到该金融工具到期日为止这段时间的长短。比如某投资者 2006 年购入一张 1998 年发行的 10 年期债券，那么对于他来说，偿还期限是 2 年而不是 10 年，他将用这个时间来计算收益率。金融工具的偿还期限可以有零期限和无限期两种极端的情况。活期存款的期限可以看作零，而永久性债券和股票的偿还期则是无限的。对于权益性金融工具而言，某些权益实现的时间也是重要的指标。比如可转债的转换日、期权的到期日等等。

二、流动性

流动性是指金融工具在必要时迅速转变为现金而不致遭受损失的能力。活期存款是流动性最强的金融工具。一般而言，期限短、成本低的金融工具流动性较强；发行者资信状况越好，金融工具的流动性越强。流动性好的金融工具可以有效地躲避风险，因而收益性不高。在理财规划过程中，应保留一定量的高流动性的金融工具，以保证家庭或个人日常生活的需要。

三、风险性

风险性是指购买金融工具的本金和预定收益遭受损失的可能性大小。本金受损的风险有信用风险和市场风险两种。信用风险是债务人不履行合约、不按期归还本金的风险。这类风险与债务人的信誉、经营状况有关，也与金融工具的种类有关。

值得注意的是，债务人提前还贷同样是一种风险，因为这会影响债权人的利息收益。几乎任何一种金融工具都有信用风险，投资者需要认真审查投资对象，充分掌握信息。市场风险是由于金融工具市场价格下跌所带来的风险。金融工具的市场价格一般都是经常变化的。期限越长的金融工具价格波动越厉害，风险越大。不同的个人和家庭，对风险的承受能力不同，理财规划师还需要仔细分析客户的风险承受能力和风险偏好。

四、收益性

收益率是指持有金融工具所带来的收益与本金的比率。获取收益是投资的主要目的之一，收益率是投资人最关心的指标。但是高收益往往意味着高风险，因此，在给个人和家庭理财时不能只关注金融工具的收益性，而要把风险性、流动性与收益性结合起来分析，选择最合适的金融工具。

第二单元　金融工具的类型

一、存折和存单

存折和存单分别是活期存款和定期存款的存款凭证，是流动性很强的间接金融工具。活期存款可以随时取出，在国外一般不计利息，在我国活期存款的利息很低。做理财规划时往往不考虑其投资收益，而只将其当作家庭必备的流动性储备。定期存款流动性差一些，存单分为不可转让的和可转让的两种。不可转让的存单的原始持有人必须等待存单到期才能拿回现金。如果在尚未到期之前支取现金则会损失部分利息。可转让存单的持有人在存款到期之前的任意时刻都可以在公开市场卖出存单。可转让定期存单是银行发行的固定金额、期限和利率的可转让流通的存款凭证。20 世纪 60 年代起源于美国。可转让存单不记名，大部分存单期限在 1 年以内，一般面额越大，期限越长。可转让大额定期存单特点是面额大、利率高、不记名、可转让流通。它类似于有价债券，是一种新型的金融工具。在美国，存单的面额最低为 2.5 万美元，最高为 1000 万美元。在英国，最低面额为 5 万英镑。在我国，对个人发行的部分，其面额不得低于 500 元；对单位发行的部分，其面额不得超过 5 万元。我国中央银行规定，可转让大额定期存单的利率按基准利率上浮一定比率，下浮的幅度由发行单位自行确定。但由于我国的金融市场还不够完善，目前大额可转让定期存单在实践中已被限制取消。

二、商业票据

（一）商业票据的概念与性质

商业票据是一种短期无担保的在公开市场上发行的期票，它代表了发行公司应付的还债义务，是起源于商业信用的一种传统金融工具。商业票据的期限一般小于 270 天，贴现发行。典型的商业票据产生于商品交易中的延期支付，换言之，有商品交易的背景。但是商业票据只反映货币的债券债务关系，而不反映交易的内容，这叫做商业票据的抽象性和无因性。从商业票据的定义中我们可知，商业票据的签发即商业票据的一级市场是基于商品交易的延期支付，因而它是一种信用结算工具；而一旦商业票据进入金融市场后，它就成为了一种融资工具，原有的结算功能不复存在，即当商业票据市场成为货币市场的一个子市场时，商业票据只是金融市场的一种融资工具。随着商业票据市场的发展和不断创新，商业票据的抽象性得以强化，其签发不再基于商品交易的背景，更多地成为发行人融资的债务凭证，商业票据市场也成为完全意义上的金融市场的组成部分。

（二）商业票据的种类与特点

1. 本票和汇票。典型的商业票据有本票和汇票两种。本票是债务人向债权人发出的一种支付承诺书，承诺在约定期限内支付一定的款项给债权人。汇票是债权人向债务人发出的一种支付命令书，命令他在约定的期限内支付一定的款项给第三人或者持票人。汇票必须经过债务人承认才有效。债务人承认付款的手续叫做承兑。无论本票还是汇票，期限均不超过 1 年。在实务中应用最广泛的是银行发行的本票和银行承兑的汇票。银行发行的票据以银行信用为基础，风险小于一般企业发行的商业票据。本票和汇票具有以下特点：

（1）风险性：商业票据依靠的是发行公司的信誉，信誉不高的企业发行的商业票据存在着违约风险。

（2）收益性：由于风险、缴纳所得税和流动性等原因，商业票据的收益率要高于同期的国库券的利率。商业票据的投资者可能面临着发行人到期无法偿还借款的违约风险，因此货币市场对商业票据发行人的信用等级要求十分严格，必须在公司达到一定的信用级别之后，才能够发行商业票据。大约有75%的商业票据是由金融公司发行的，其中包括从事商业、储蓄和抵押银行业务、汽车抵押贷款、保理业务、金融租赁和其他商业借款、保险业务以及其他投资活动。其余25%的商业票据由非金融公司发行，如工业生产企业、公共项目等等。规模越大、信誉越好的企业发行的商业票据，违约风险越小，收益率也越低。

（3）流动性：商业票据的二级市场并不活跃，交易规模很小，流动性较差。因为：第一，商业票据的期限非常短；第二，典型的商业票据的投资者都是采用购买—持有的政策；第三，商业票据是高度异质性的票据，期限、面值、利率等条款均有所不同，交易中存在很多的不便。

2. 支票。支票是银行为付款人的即期汇票。具体说就是出票人（银行存款人）对银行（受票人）签发的，要求银行见票时立即付款的票据。出票人签发支票时，应在付款行存有不低于票面金额的存款。如存款不足，持票人提款会遭拒付，这种支票称为空头支票。开出空头支票的出票人要负法律责任。

3. 资产支持商业票据（简称ABCP）。资产支持商业票据是发行企业在商业票据基础上，将各种应收账款、分期付款等资产作抵押发行的一种中期的商业票据。在国外，中期票据的期限一般情况下都在两年之内。ABCP在国外的市场规模十分庞大，已经超过上万亿美元。花旗银行和荷兰银行在ABCP的发行市场上占据了主要的位置。

（三）商业票据的贴现

1. 贴现、转贴现与再贴现。贴现是票据持有者将未到期的票据交给银行，银行按票据面额扣除自贴现日到到期日利息后付款给票据持有人的行为。贴现市场的主要参与者是商业银行、贴现者和作为最后贷款人的中央银行。贴现的票据主要是银行承兑汇票和商业票据，此外还有国库券和短期债券。

转贴现是贴现银行需要资金时持未到期的票据向其他银行办理贴现的一种行为。双方都是商业银行。

再贴现是中央银行对商业银行贴现过的票据作抵押的一种放款行为，它体现了中央银行与商业银行之间的交换关系，又是中央银行调节货币供给量的手段之一。

2. 票据贴现的期限和贴现率

（1）票据贴现期限是指票据从贴现日起到票据到期日为止的时间。票据贴现的期限较短，一般为3～6个月，最长不超过9个月。再贴现的期限是从再贴现日起到票据到期日为止的时间，按现行规定再贴现的期限在6个月内。

（2）市场贴现率是指商业银行办理贴现预扣的利息与票面金额的比率。

（3）再贴现率是中央银行用来控制商业银行融资成本进而控制货币供应量的重要手段。通过提高再贴现率商业银行从央行融入资金的成本上升，从而使商业银行对再贴现的需求下降，商业银行的资金来源减少，放贷能力下降，货币供给相应紧缩；反之亦然。因此再贴现率是中央银行根据货币政策的目标来确定的，是一国利率体系中的基准利率。在实际操纵中，再贴现率一般低于商业银行的贴现率。转贴现率根据政策规定，由贴现双方议定，也可参照再贴现率执行。

3. 票据贴现的一般程序。下面以银行承兑汇票为例，简要介绍一下票据贴现的处理程序，如图4－6所示。

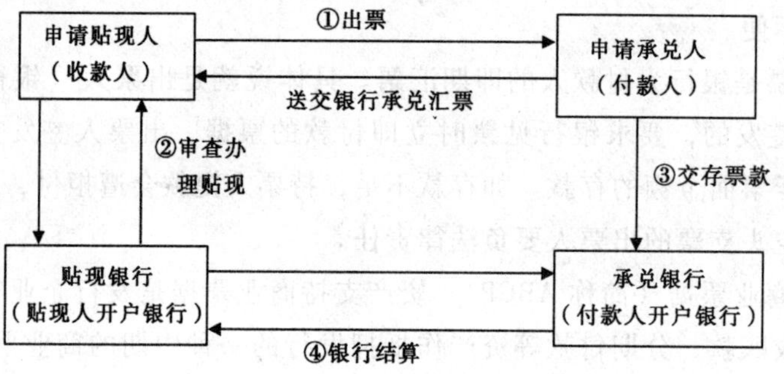

图4－6　银行承兑汇票的贴现程序

（1）申请贴现。贴现申请人根据未到期的银行汇票填制一式两联的贴现凭证。

（2）审查办理贴现。

（3）交存票款。付款人必须在票据到期前，将票款金额交存承兑银行，以使承兑银行到期及时支付票款。

（4）银行结算。贴现银行作为收款人可以直接向承兑银行发报单，承兑行接报单后支付票款。

三、回购协议

回购协议是指在货币市场上出售证券的同时，出售证券的一方同意在约定的时间按约定价格或约定利率重新购回该项证券的协议。回购协议是融资人为了解决一时的流动性不足而采取的措施，回购协议的期限一般都很短，其中期限为一天的称为隔夜回购协议。回购价格高于原始卖价。尽管回购协议涉及证券的买卖，但从性质上说，它相当于一笔以证券为抵押品的抵押贷款。由于期限很短，回购协议的利率一般低于同业拆借利率。尽管回购是一种高质量的抵押借款，但仍然具有一定的信用风险和利率风险。

第四节 国际金融

随着世界经济一体化进程的不断加快，世界各国的金融体系都已不再是相互封闭独立的了。国际收支不平衡以及国际资本流动产生的影响也越来越大。因此理财规划师必须要具备一定的国际金融知识，明白国际收支不平衡、国际资本流动、国际直接投资等现象所带来的影响，这样才能让自己的视野更加国际化。

第一单元 国际收支

一、经常项目与资本项目

（一）国际收支平衡表

国际收支是在一定时期内（通常为1年）一国居民与世界其他国家居民之间的全部经济交易的系统记录，进行国际收支统计的主要目的是使政府当局了解本国的国际债权债务地位，从而为制定货币政策提供信息。根据这一定义，国际收支的特点包括：

1. 国际收支记录的是对外往来账户，是居民与非居民的交易，并系统地记录了包括涉及货币收支的对外往来，也包括未涉及货币收支的对外往来。

2. 国际收支是一个流量的概念。流量是一定时期内发生的变量变动的数值。

3. 国际收支是个事后的概念，是对已发生事实进行的记录。

国际收支平衡表是按照复式簿记原理，以某一特定的货币为计量单位，总括地反映一个经济体（一般指一个国家或地区）在特定时期内与世界其他经济体间发生的全部经济交易的统计表格。所谓复式记账法，是指每一笔交易都是由两笔价值相等、方向相反的账目表示，即任何一笔交易发生均涉及借方和贷方。按照复式记账法，所有国际收支项目都可以分为资金来源项目和资金运用项目。资金来源项目的贷方表示资金来源（即收入）增加，借方表示资金减少。引进运用项目的贷方表示资金占用（即支出）减少，借方表示资金占用增加。凡是有利于国际收支顺差增加或逆差减少的资金来源增加或资金占用减少均记入贷方，凡是有利于国际收支逆差增加或顺差减少的资金占用增加或资金来源减少均记入借方。国际收支平衡表由三部分组成：一是经常项目；二是资本与金融项目；三是错误与遗漏项目，该项目是为了使国际收支平衡表借方和贷方平衡而人为设立的一种平衡项目。

（二）国际收支——经常项目

经常项目是指货物、服务、收入和经常转移，该项目在一国的国际收支中占据最基本、最重要的地位，包括居民和非居民间发生的所有涉及经济价值的交易，主要有商品、服务、收入和经常转移四个子项目。

1. 货物。

2. 服务：如运输、旅游、通讯服务、建筑服务、保险、信息等服务。

3. 收入：包括居民和非居民之间的两大交易：一是雇员报酬；二是投资收入。

4. 经常转移：如政府间的经济救助、捐赠、战争赔偿等。

（三）国际收支——资本和金融项目

1. 资本项目：资本项目反映资产在居民与非居民之间的转移，它由资本转移和非生产、非金融资产交易两部分组成。资本转移是指涉及固定资产所有权的变更及债权债务的减免等导致一方或双方资产存量发生变化的转移项目。

2. 金融项目：金融项目反映的是居民和非居民之间投资与借贷的增加变化，它由直接投资、证券投资、其他投资和储备资产等四部分构成。

二、国际收支平衡分析

在国际收支理论研究中，按发生的动机将所有的交易分为自主性交易和补偿性交易（或非自主性交易）。自主性交易是指个人和企业为某种自主性目的（如追逐利润、旅游、汇款赡养亲友等）而从事交易，它又称事前交易。补偿性交易是指为弥补国际收支不平衡而发生的交易，如为弥补国际收支逆差而向外国政府或金融机构借款，它又称为事后交易。国际收支差额指的就是自主性交易的差额。如果差额为零，则称为国际收支平衡；如差额为正，则称为国际收支顺差；如差额为负，则称为国际收支逆差。国际收支的差额通常由贸易收支的差额、经常项目收支差额、资本与金融项目差额和综合项目差额组成。

三、国际收支不平衡的影响

1. 国际收支逆差的影响。一国国际收支出现逆差，一般会引起该国货币汇率下降，如逆差严重，则会使该国货币汇率急剧下降。若该国货币当局不愿接受这样的后果，就会对外汇市场进行干预，如抛售外汇、购入本币等。这样一方面会消耗外汇储备，甚至造成外汇储备的枯竭，从而严重削弱其对外支付能力；另一方面，会形成国内的货币紧缩形势，促使利率水平上升，影响该国经济的增长，从而导致失业增加，国民收入增长率的相对或绝对下降。

2. 国际收支顺差的影响。一国国际收支出现顺差，当然会增大其外汇储备，加强其对外支付能力，但同时也会产生一些不利影响，主要包括：（1）国际收支顺差一般会使该国货币汇率上升，从而不利于其出口贸易的发展，加重国内的失业；（2）国际收支顺差将使该国货币供应量增加，加重通货膨胀；（3）国际收支顺差往往将加剧国际间摩擦；（4）国际间贸易收支顺差，意味着国内可供使用资源减少，从而不利于该国经济的发展。

四、国际收支的调节

（一）国际收支的自动调节机制

国际收支失衡会引起国内某些经济变量的变动，这些变动反过来又会影响国际收支。国际收支的自动调节，是由国际收支失衡引起的国内经济变量变动对国际收支的反作用过程。需要注意的是，国际收支的自动调节是在完全市场经济条件假设下才能发挥作用。

1. 货币—价格机制。货币—价格机制是英国经济学家大卫·休谟1752年最早提出的，其论述被称为“价格—现金流动体制”。“价格—现金流动体制”的表现形式是相对价格水平的变动影响国际收支。当一国国际收支出现逆差时，对外支出大于收入，对外币需求的增加使本国货币的汇率下降，由此引起本国出口商品价格相对下降、进口商品价格相对上升，从而出口增加、进口减少，贸易收支自动得到改善。

2. 收入机制。收入机制是指一国国际收入不平衡时，该国的国民收入、社会总需求会发生变动，这些变动反过来又会削弱国际收支的不平衡。当国际收支出现逆差时，表明国民收入水平下降，国民收入下降会引起社会总需求下降及进口需求下降，从而使国际收支得到改善。

3. 利率机制。利率机制是指一国国际收支不平衡时，该国的利率水平会发生变动，利率水平的变动反过来又会对国际收支不平衡起到一定的调节作用。当一国国际收支发生逆差时，该国的货币量（供应量）相对减少，利率上升；而利率上升，表明本国金融资产的收益率上升，从而对本国金融资产的需求相对上升，对外国金融资产的需求相对减少，资金外流减少或资金内流相对增加，资本与金融项目得到改善。同时，利率上升会减少社会总需求，进口减少，出口增加，贸易收支也会得到改善。

（二）国际收支失衡的政策调节

市场失灵时，国际收支的自动调节机制的作用将削弱或失效，需要政府对市场进行适当干预，以实现国际收支平衡。

1. 外汇平准基金。中央银行拨出一定数量的外汇储备，作为外汇平准基金。当国际收支发生短期不平衡时，通过中央银行在外汇市场买卖外汇来调节外汇供求，影响汇率，从而刺激出口，增加外汇收入和改善国际收支。

2. 财政政策。如当一国出现国际收支逆差时，政府可采用紧缩的财政政策，如削减政府开支，或提高税收，迫使投资和消费减少，物价相对下降，从而有利于扩大出口，抑制进口，改善贸易收支与国际收支。

3. 货币政策。货币政策的主要工具是公开市场业务、调整再贴现率以及法定准备金率。当一国出现国际收支逆差时，中央银行可提高再贴现率，市场利率也随之上升，投资和消费受到抑制，物价开始下降，从而有利于出口，压制进口，改善贸易收支。同时市场利率的提高，也有利于吸纳国外资本，从而改善国际收支。

4. 汇率政策。当一国发生国际收支逆差时，该国可使本国货币贬值，以增强本国商品在国际市场的竞争力，扩大出口；同时，国外商品的本币价格上升，竞争力下降，进口减少，国际收支逐步恢复平衡。

5. 直接管制政策。直接管制政策包括外汇管制、贸易管制、财政管制等手段，直接管制手段具有见效快的特点，但在执行的过程中也容易受到对方报复，此外，直接管制手段可能产生寻租行为，助长不正之风，如配额、许可证分配中经常出现权力和金钱的交换。

（1）外汇管制。①限制私人持有外汇，如规定出口商必须将全部或部分外汇收入按官方价格出售给国家；②限制私人购买外汇，如限制进口商购买外汇数量；③限制资本输出；④限制资本输入；⑤实行复汇率制，即针对国际结算的不同项目或不同商品分别为本国货币规定不同的汇率；⑥禁止黄金输出。

（2）贸易管制。主要指一国政府直接限制商品经出口数量的政策手段。各国常用的贸易管制手段包括：①进口配额制；②进口许可制；③规定苛刻的进口技术标准，包括卫生检疫条件、绿色环保要求、安全性能指标、技术性能规定、包装和标签条例等；④歧视性采购政策；⑤歧视性税收政策。

（3）财政管制。①进口关税政策；②出口补贴政策；③出口信贷政策。

目前，我国政府为了减少贸易顺差，所采取的政策有：对部分出口产品的出口退税率实施下调；限制高耗能、高污染和资源型产品的出口；鼓励进口先进设备和初级产品；加大从贸易顺差国进口的力度；大型展会增加进口功能；进一步简化进口手续；完善进口管理法规，规范进口市场秩序；建立进口促进服务体系等。

第二单元 国际资本流动和国际金融机构

投资者的对外投资行为造成资本在国际间的流动，经济全球化和一体化趋势日益加强的背景下，国际投资成为重要的投资者行为之一，而国际投资行为的结果正是国际间的资本流动。因此，本单元主要为理财规划师介绍国际资本流动的含义、类型和影响因素，以及发展中国家开发资本账户的利弊分析，这可以帮助学员更好地了解国际间投资行为，进行国际投资决策。

一、国际资本流动概述

国际资本流动是指一个国家（或地区）的政府、企业或个人与另外一个国家（或地区）的政府、企业或个人之间，以及国际金融组织之间资本的流入和流出。它是国际间经济交易的基本内容之一。国际资本流动不同于以所有权的转移为特征的商品交易，它是以使用权的转让为特征的，但一般仍以营利为目的。一国（或地区）的国际收支平衡表中的资本与金融账户，集中反映了该国（或地区）在一定时期内与他国（或地区）的资本流动的综合情况。

（一）国际资本流动的类型

基于不同的分类标准，国际资本流动可以有不同的分类，如按照资本跨国界流动的方向，国际资本流动可以分为资本流入和资本流出。按照资本跨国流动时间的长短期限，国际资本流动可以分为长期资本流动与短期资本流动。按照资本所有者的性质，可以分为官方和私人资本流动；按照投资方式，可以分为直接投资、间接投资和银行信贷等。这些分类是相互交叉的。

1. 长期资本流动。一年以上期限的资本流动为长期资本流动，包括直接投资、证券投资和国际贷款，其中直接投资是一国居民直接在另一国家进行的对企业的投资行为，从本质上说，直接投资是生产要素的国际流动。本部分主要介绍国际证券投资和国际贷款。

（1）国际证券投资：是指投资者在国际证券市场上购买中长期债券或在股票市场上买卖外国企业股票的投资活动。证券投资属于间接投资，与直接投资相比，证券投资者一般更关注债券和股票的价格变化和资本溢价，而非企业的实际经营活动。国际证券投资的主要投资工具是股票和债券，但随着金融市场的变化和金融创新的发展，证券投资的金融工具越来越多样化和复杂化。国际证券投资的意义，对于投资者而言，在于证券投资具有较大的流动性，并可以获得一定的收益。另外，在国际范围内实现投资分散化可以减少风险。对于国际证券的发行国而言，可以从中获得大量的国际资金，从而加速国内的资本形成，促进本国的经济发展进程。从更高的层次说，国际证券投资使资金在世界范围内得到合理配置，提高资本的边际生产力。

（2）国际贷款：主要指1年以上的政府贷款、国际金融机构贷款和国际银行贷款。

①政府贷款是一国政府利用国库资金向另一国政府提供的贷款，这种贷款大都具有援助的性质，利率较低，期限较长，一般都有采购限制或指定用于特定的领域，带有一定的政治倾向。

②国际金融机构贷款主要包括国际货币基金组织、世界银行、国际金融公司、国际开发协会等国际金融组织的贷款。国际货币基金组织的信贷主要有普通贷款、出口波动补偿贷款、缓冲库存贷款、石油贷款、中期贷款、信托贷款等不同类型的贷款。这些贷款主要用于帮助会员国克服国际收支的暂时不平衡，因此更像是周转性资金。各会员国的贷款额度根据各自在基金组织中的份额大小决定，贷款采取由会员国以本国货币申请向基金组织申请换购外汇的方式，还款时则以外汇买进本国货币。世界银行在扩大国际信贷和促进国际资本流动方面发挥很大的作用，其主要业务是向会员国的政府和私人企业提供长期贷款，贷款限于用在世界银行批准的专门项目，贷款额约占该专门项目所需资金的40%左右，其余的由受贷国政府或私人企业自行解决。

③国际银行的国际贷款是20世纪70年代国际金融市场上发展最快的业务之一，主要包括辛迪加贷款、联合贷款、项目贷款等。辛迪加贷款是由一家或者几家大银行牵头联系组织一批参加银行，按照共同的贷款条件对一个受贷方提供贷款，这种贷款金额大、专款专用，借款人大多为各国政府机构或者跨国公司，大部分贷款使用欧洲货币，贷款期限长，短则2~3年，长则5~7年，组织贷款也比较程序化。辛迪加贷款的利息一般是按所选择的基础利率（如伦敦银行间同业拆借利率、美国银行优惠放款利率等）加上一个差价来计算。联合贷款是70年代新兴的一种向发展中国家提供资金的贷款形式，它既有一般私人银行组织辛迪加贷款的特征，也有官方援助贷款的性质。联合贷款是由世界银行集团同商业银行共同筹集资金，提供给资金稀缺的发展中国家，这种贷款主要用于发展中国家高度优先的发展项目，它对发展中国家的经济发展具有重要意义。项目贷款是指国际银行、国际金融组织和外国政府或政府支持的有关信贷机构，向一些国家中的某一特定工程项目提供的贷款，债务由该工程项目未来的收益来清偿。对于借款国来说，这种方式的贷款，有助于扩大其借款能力，满足因新建项目而增加的外汇需求，并减轻直接的对外债务负担，但是，由于贷方银行对项目进行了全面的分析，并提

出周密的计划和有效的管理方法，因而有助于降低完成工程所耗的费用，提高项目的经济效益，并促进先进技术和管理方法的输入。对于贷方来说，一方面有助于银行开辟新的市场，另一方面具有未来收益的巨大吸引力，而且通过附加各种费用来增加贷款的收益。

2. 短期资本流动。在国际资本流动中，短期资本流动最受国际金融界和各国货币当局的关注，这主要是因为短期资本流动的规模巨大、速度很快，往往对世界经济造成深刻而广泛的影响。短期资本是指为期 1 年或者 1 年以下的借贷资金，短期资本的流动一般借助于各种信用工具的流通来进行。这些工具主要包括短期政府债券、可转让银行定期存单、商业票据、银行承兑汇票、银行活期存款凭证等。短期资本与长期资本的区别除了期限的长短不同之外，其对货币供应的影响也不一样。前者直接进入货币供应量的计算范围，而后者的影响则是很微弱的。短期资本流动一般同短期进出口贸易信用、银行资本短期拆借和调拨、套期保值和投机性交易等有关，因此短期资本流动按照动机不同可以分为贸易资金流动、银行资金流动、保值性资本流动以及投机性资本流动四类。

（1）贸易资金流动：是由于进行对外贸易而发生的短期资金融通，主要是指出口商给予进口商的资金融通政策。

（2）银行资金流动：在银行的经营过程中，由于经济形势的变化以及业务需要，经常要进行套汇、套利、掉期、头寸抵补、头寸调拨、短期拆放等，从而导致了资本的流动。

（3）保值性资本流动，又称为资本逃避的短期资本流动，这种资本流动通常与资本的安全性不能得到保证以及资本的价值不能得到稳定有关，如某一国家政局不稳从而发生资本外逃，或者由于某一国家的经济形势每况愈下、或由于通货膨胀率居高不下、由于对外贸易条件恶化而导致国际收支持续逆差等原因使得资本向货币稳定的国家转移；或者由于某国实行外汇管制，使得资本的运用受到限制等。

（4）投机性资本流动：是由于各国之间的利率和汇率水平存在差别从而使从一种货币转换为另一种货币或一国资本向另一国转移有利可图时发生的资本流动。这种形式的资本流动一般包括：

①由于各国经济形势不同，各国之间的利率水平可以存在差异，从而出现在没有外汇抵补交易下利率低的国家资本向利率高的国家流动。

②一国国际收支出现暂时不平衡，人们预期汇率水平不久会向相反方向变动，因此低价买入该种货币而在高价时卖出从而导致的资本流动。

③由于汇率的预期的临时性变动从而在贸易支付中出现的超前或者推后支付而导致

的资本流动。所谓超前或推后，是指人们认为币值即将调整而加速或延缓外汇支付的过程，如果预期某种货币将要升值，则需要该货币支付进口货款的进口商将加速以该种货币支付债务，即超前交易，如果预期某种货币即将贬值，则需要以该种货币支付进口货款的进口商将尽量延迟付款，即推后交易，通过这种方法，进出口商可以根据预期选择理想的付款机会，进行国际贸易投机。国际短期资本流动对世界经济产生了深刻的影响。

首先，它突破了各国金融市场的界限，消除了各国金融市场在利率、交易方式、交易条件等方面的差异，形成了世界市场统一的均衡利率和汇率，促进了资本在国际范围内的合理配置。

其次，它对世界经济产生了不可克服的扰乱性影响，这主要表现在：它加剧了外汇投机行为，短期资本在国际间的大规模游走可能会使一国货币汇率水平暂时出现过度反应，从而产生投机机会，这种游走的持续进行会加剧外汇投机。

再次，它加剧了国际信贷市场的波动，并在一定程度上削弱了各国货币政策的效力。

（二）国际资本流动的影响因素

1. 资本的需求与供给。资本需求是多方面的，但是发展中国家的资本需求是最为明显的。在发展中国家，由于国内储蓄不足以支持经济发展或起飞阶段所需要的投资需求，收入不足以支付进出口所需要的资金，为了开发本国资源、本国新产品、扩大生产能力以及引进先进技术和先进的管理经验，需要利用外资弥补经济发展的资金缺口，从而形成了对国际资本持续的需求。同时，国际投机者，尤其是以对冲基金为代表的机构投机者，在进行投机交易时，需要动用巨额资金，对国际资本的投机性需求也是非常大的。国际资本的供给方在追求利润和规避风险的权衡下在国际间进行资本流动。

2. 利率。利率水平的高低不仅制约着资本的收益率，而且也直接影响着资本流动的方向。各国之间的利率水平不同，因而存在利差，资本就会从利率较低的（可能资本比较充裕）的国家或地区流向利率较高（可能资本比较短缺）的国家或地区，直到利差消失为止，投资的利润在这个过程中达到最大化。

3. 汇率。汇率的高低和稳定与否也决定着资本的流动，尤其是短期资本的流动。如果一国汇率不稳定，本国资本所有者可能预期到所持的资本价值将发生贬值，就会把手中的资本或货币资产转换成另一种货币资产而存于国外，从而使资本向汇率较为稳定的国家或地区流动。目前，国际上有大量的短期资本通过一定的途径流入我国的原因就在于人民币的不断升值。这些短期资本流入我国后主要投资于房地产等资产，从而享受人民币升值所带来的收益。

4. 资产分散化。传统观点认为，资本在国际间流动是由于各国利率水平存在差异，资本由利率水平低的国家流向利率水平高的国家，资本流动导致各金融市场供需关系的变动，最终形成统一的世界利率水平。然而这种观点无法解释资本复合流动的现象，即资本在各国之间穿梭流动，这背后的动机就是资本分散化以减少风险的动机。

5. 财政赤字与通货膨胀。如果一国发生财政赤字，赤字又以发行纸币来弥补，这必然对通货膨胀造成压力。一旦发生严重通货膨胀，居民为避免持有的资产贬值，减少通货膨胀所带来的损失，就会把国内资产转化为外国债券。如果财政赤字是以出售债券或向外国借款来弥补，也可能导致国际资本流动。

6. 政府的经济政策。一国的国际资本流动与该国家的宏观经济政策有着很大的关系。例如，当一国采取金融自由化政策时，意味着对资本的流入流出不加过多干预，此时国际资本对该国的流出与流入往往比较频繁，规模也较大。

7. 政治、经济以及战争风险。政治风险是指由于一国的投资气候恶化而可能使投资者所持有的资本遭受损失。经济风险是指由于一国投资条件发生变化而可能给资本所有者招致的损失。战争风险，是指可能爆发或已经爆发的战争对资本造成的可能影响。

（三）国际资本流动对发展中国家的影响

1. 国际资本流动对发展中国家的影响。

自20世纪90年代以来，国际资本流动迅速增加，究其原因主要包括：资本输入国家投资回报率相对较高；发达国家和发展中国家都在努力促进国际资本流动的自由化；资本输入国家金融体系的发展成长和渐趋成熟；在工业化国家中，出现了为数众多而且拥有巨大资本的机构投资者。发展中国家在国际资本流动中受益匪浅，这主要表现在：本土企业和政府项目融资可以通过国际资本市场来弥补国内金融市场的不足，国际资本市场可以为本土投资者提供本国市场无力提供的资金。同时，国际金融市场使投资者得以通过国际市场进行更为多元化的投资从而提高预期回报和规避风险。通过这一渠道，投资者可以投资本国和本地区没有的项目。但是国际资本流动同样会带来汇率风险、国家风险、金融市场的内在不稳定性等不良影响。

2. 发展中国家开放资本账户的利弊。

一般而言，自由的资本流动有助于储蓄和各种资源在全球范围内得到更有效的配置，由此促进经济增长和福利提高。对资金的需求国来说，开放的资本账户会增加可利用资金的规模和渠道，给国内的企业和居民进入外国的资本市场提供机会。对资本相对富裕的国家来说，开放的资本账户不仅增加了投资机会，扩展了投资组合的可能性，并且由此提高了规避风险、提高收益的能力。但是，国际资本流动对宏观经济政策，银行业系统的健全和稳定性以及经济政治的发展水平高度敏感，快速的资本流出会导致金融危机（阿根廷、东南亚等国家的例子）。“热钱”（国际游资）的战略转移会给发展中国家的资本市场造成流动性危机。资本项目开放使经济更容易受到公众情绪波动的影响。因此，发展中国家资本账户开放的必要前提是稳定的宏观经济环境和健全的国内金融体系，以及政治稳定和社会安定等条件。

二、国际资本流动对世界经济的影响

当今世界经济一体化发展的趋势日益增强，国际资本流动作为世界经济发展中最活跃、最引人注目的因素，其规模也随着生产和流通的国际化发展而不断壮大，并在促进世界经济发展中发挥着越来越重要的作用。尤其是跨国公司对外直接投资的增长及其在国际生产、贸易、金融和技术转移等方面的活动，使跨国公司的作用比其以往任何时候更为广泛、更为重要，对全球经济发展产生了重大的影响。

1. 促使国际分工深化，推动世界经济增长

当代的国际资本流动，特别是发达国家之间的资本双向交流及相互渗透，大大推动了以发挥各自竞争优势为基础的国际分工。由于世界1/3的私人生产性资产控制在跨国公司手里，生产与分工的国际化便成为世界经济的核心特征。跨国公司将其基本生产过程分解成各个相对独立的部分，把各个不同的零部件加工乃至各个不同的工序转移到不同的国家，从而把国际分工和协作推向了一个更加广泛而深入的新水平。同时，资本要素超越国界的限制，在全球范围内寻求资本增值的有利场所，在客观上缓解或弥补了东道国（尤其是发展中国家）的储蓄与投资缺口，促进了当地资本形成，使其发挥出经济增长的潜能。不仅如此，资本流动还带动了其他生产要素的国际转移和重新配置，特别是带动了跨国公司优势要素在公司体系内的跨国流动和重组，也给东道国经济提供了一系列有形的和无形的综合资产，促进了技术进步、人力资源开发、贸易良性循环和生产效率提高，共同推动了各国经济的增长。据统计，世界产出中大约有1/3左右是跨国公司从事国际生产所创造的。

2. 促进国际贸易和技术转移

跨国公司对外直接投资不仅促进了商品贸易，而且推动了服务贸易，尤其是跨国公司的出现在一定程度上改变了服务的不可交易性，促使银行、保险、证券、航运、旅游、广告、咨询、工程建筑等三产业诸多部门迅速走向全球化。跨国公司不仅是当今技术创新和开发的主角，也是技术转移的重要载体和主要渠道。全世界约80%的技术转让费支付发生在跨国公司内部。跨国公司通过国际投资向位于不同国家的子公司进行技术转移。因此，许多高新技术首先伴随着对外直接投资而在公司范围内传播。跨国公司

硬件或软件技术的大量转移及其外溢效应，有助于东道国科技水平的提高和技术密集型制造业和服务业的成长。

3. 加速区域经济一体化和经济全球化

国际直接投资的增长将世界各国日益纳入跨国公司组织和管理多国生产与服务网络，从而加速了区域经济一体化的进程。同时，跨国公司的活动是一种全球行为，它凭借强大的经济和技术力量，打破了民族和国家对国内经济主体的严密控制和对国际经济活动的垄断，在全球范围内大规模组织企业的生产经营，用超国家的全球观念来指导和规范自己的市场行为，加快了全球经济一体化的发展。

尽管资本国际流动对世界经济具有积极的推动作用，但是，它也使世界范围内的各种经济矛盾更加错综复杂，特别是跨国公司的对外直接投资可能会带来某些消极的影响。有些跨国公司将高污染、高能耗企业搬至发展中国家，造成东道国环境严重污染，有的则使东道国经济结构畸轻畸重，导致失衡；有的外国企业直接投资集中在对东道国经济缺乏辐射、连锁作用的领域；有的凭借垄断力量压抑当地企业成长，造成市场竞争秩序紊乱和运行效率降低，等等。所有这些，显然不利于世界经济保持长期而又稳定的增长。然而，东道国对此并不是无能为力的，只要设计和制定正确、适当的政策，并予以积极地引导，东道国引进外资是有可能趋利避害、为己所用的。

三、国际资本市场的管理

银行业的国际化、金融工具多样化、金融管制自由化、国际资本市场证券化、市场运作自动化使国际资本市场更有效率、更富竞争性，他方便了国际资本的流动，使资本在国际间有效的分配，促进了世界经济的发展。但是，国际资本市场的发展，伴随了各种各样的风险的产生。而国际资本市场的风险的增加，威胁着国际资本市场的稳定，给世界经济的稳定发展造成巨大压力。

（一）国际资本市场管理的必要性

国际资本市场的不稳定性来自三个方面：融资证券化所带来的风险、金融业国际化所带来的风险和金融市场运作自动化所带来的风险。在国际资本市场上，发行证券免受有关准备金、存款保证金和资本比率法规的约束，存在无中央银行的保险和发行人资本不充足的风险。融资证券化趋势下，融资风险增加，证券价格波动和其连锁反应也加剧了风险。金融业务的国际化，使国际贷款和证券发行涉及大量的当事人，而且分散在不同的国家，受制于不同的法律，境外市场的违约、欺诈等风险因素更加难以控制。金融市场运作自动化，使银行监督部门难以衡量和控制银行的风险程度，这一切使得国际资本市场充满着风险和不稳定性。

（二）国际银行业的管理

20世纪70年代以来的金融国际化趋势，使得跨国银行和国际资本的规模及活动日益扩大；随之而来，金融风险的国际扩散威胁着各国的金融稳定。对于这些方面，各国金融监管当局大多有一些监管措施。但是，单单依靠各国管理当局的分别监管则难以对国际金融舞台加以规范。因而，要求国际合作。在这方面，首先推动的是对跨国银行的国际监管。1975年，由10国集团国家的中央银行行长建立了“巴塞尔银行监管委员会”。1987年通过“巴塞尔提议”。在该提议基础上，于1988年通过《关于统一国际银行的资本计算和资本标准的协议》，即有名的《巴塞尔协议》。《巴塞尔协议》的目的在于：

1. 制定银行的资本与其资产间的比例，制定出计算方法和标准，以加强国际银行体系的健康发展；

2. 制定统一的标准，以消除国际金融市场上各国银行之间的不平等竞争。《巴塞尔协议》的主要内容包括三个方面：一是定义资本的组成；二是订出风险度量标准和风险加权的计算；三是要求到1992年年底，银行的资本对风险加权化资产的标准比率为8%，其中核心资本至少为4%。这个协议的影响广泛而深远。不仅跨国银行的资本金监管需视协议规定的标准进行，就是各国国内，其货币当局也要求银行遵循这一准则。进入20世纪90年代中期以来，许多国家银行体系的弱点逐渐暴露，严重威胁世界的金融稳定。严格银行监管，强化各国金融体系，进一步成为国际上高度关注的焦点。1997年9月，巴塞尔银行监管委员会正式通过了《有效银行监管的核心原则》，为规范银行监管提出国际统一的准则。

这个原则确定了一个有效监管体系所必须具备的25项基本原则，共分7大类：（1）有效银行监管的先决条件；（2）发照和结构；（3）审慎法规和要求；（4）持续性银行监管手段；（5）信息要求；（6）正式监管权力；（7）跨国银行业。核心原则的主要内容，概括起来有：必须具备适当的银行监管法律、法规；监管机构要有明确的责任、目标和自主权；必须明确界定金融机构的业务范围，严格银行审批程序；重申《巴塞尔协议》关于资本充足率的规定；强调应建立起对风险进行独立评估、监测、管理等的政策和程序；必须建立和完善持续监控手段，监管者有权在必要时采取纠正措施，直至撤销银行执照；对跨国银行业的监管，母国监管当局与东道国监管当局必须建立联系，交换信息，密切配合。2001年1月16日，巴塞尔委员会公布了新资本协议草案第二稿。这一文件全面取代了1988年的《巴塞尔协议》，成为在新的国际金融环境下，各国银行进行风险管理的最新法则。新资本协议出台的背景：（1）在信用风险依然存在的情况下，市场风险和操作风险等对银行业的破坏力日趋显现。而《巴塞尔协议》主要考虑的是信用风险；同时，《巴塞尔协议》在其他方面也逐渐暴露出局限性。(2) 亚洲金融危机的爆发和危机蔓延所引发的金融动荡给予金融监管当局和国际银行业的警示。(3) 风险的衡量和定价方面的研究成果，在技术上为巴塞尔委员会重新制定新资本框架提供了可能性。新资本协议的三大支柱：最低资本要求、监管当局的监管、市场纪律。试图通过三大支柱的建设，来强化商业银行的风险管理。

(三) 国际证券市场的管理

国际银行业的发展、银行业务的综合化以及国际资本市场的证券化，使金融业中间职能更加模糊，国际社会对国际银行业的管理本质上只是对银行方面的管理，而没有深入到证券市场，而国际银行业的管理必须与国际证券市场的管理协调一致，合作行动，才能对国际资本市场的稳定发挥有效作用。对国际证券市场的管理可以分为三个层次：

1. 各国对证券市场的管理。不同国家对证券市场的管理从注重实质管理到注重公开原则，差别很大，从管理技术上说可以分为美国、英国和欧洲大陆三大系统，其中，美国系统对证券管理制定一个或一个以上的独立法律，并注重公开原则；英国系统则对交易所及其会员采取放任政策；而欧洲大陆系统则对证券管理采取实质管理原则。

2. 证券市场管理的双边协调。双边协调是指两国间货币监管当局为证券市场管理的一些问题进行协调和合作。

3. 证券市场管理的多边协调。多边协调是指在国际组织的支配下寻求协调方案并由参加该组织的成员国共同实施。国际证券市场管理和协调的目的是使国内和国际间证券市场管理和监督保持一致性，寻求对投资者实行保护的一般标准和方法，在此前提之下，各国对一般技术型问题的管理进行讨论和协调，如信息披露、交换和结算程序、保证金要求、交易规则、内幕交易等。其中讨论最集中的问题是如何减弱由价格变化所造成的风险，各国货币监管当局对市场参与者规定资本要求，这对于限制信用投机，加强机构和市场吸收价格波动能力具有关键意义。国际证券委员会组织（IOSCO）创建于1984年，国际证券委员会组织的一个明显特点是，允许自律性组织和其他国际组织作为联系成员或附属成员加入。

目前，几乎所有的有股票交易所的国家都已是其成员。国际证券委员会的宗旨是：

(1) 通过合作确保在国内和国际层次上实现更好的监管，以维持公平和有效的市场；

(2) 就各自的经验交换信息，以促进国内市场的发展；

(3) 共同努力，建立国际证券交易的标准和实现有效监管；

(4) 提供相互援助，通过严格采用和执行相关标准确保市场的一体化。国际证券委员会组织的提议是建议性的，对成员不具有法律约束力。当然，由于各国经济发展和证券市场发展程度各异，加之证券市场本身的复杂性，国际资本市场管理具有很高的难度，但从近些年的发展来看，国际金融组织和各国金融当局通过其努力，正在不断加强证券市场管理水平和协调能力。

（四）国际保险市场的管理

国际保险监管官联合会（IAIS）是一个推动各国保险监管国际协调的组织，成立于1994年。成员已过百。联合会的秘书处设在国际清算银行。国际保险监管官联合会的宗旨是通过合作来改善一国国内乃至国际层次上的保险监管，以此来促进保险市场的效率、公平、安全和稳定；统一制定供各成员国选择遵守的监管标准。

本章总结

货币金融理论是进行理财规划所必须掌握的基础知识，考生要对货币制度、信用的本质、存款货币的创造与货币乘数等理论知识有较为深入的认识；熟悉金融机构、金融市场、金融工具与金融监管的基本内容，掌握中央银行以及各种类型金融机构的主要职能，金融市场及主要金融工具的特征；最后要了解国际金融的基本知识。这部分内容宏观和理论方面的知识较多，难度较大，考生需要联系前面的宏观经济学加深理解。

第五章

税收基础

学习目标

通过本章学习，考生要理解税收的概念，掌握税种的分类和各相关税种的主要内容，着重掌握与理财有关的税收政策。

本章结构

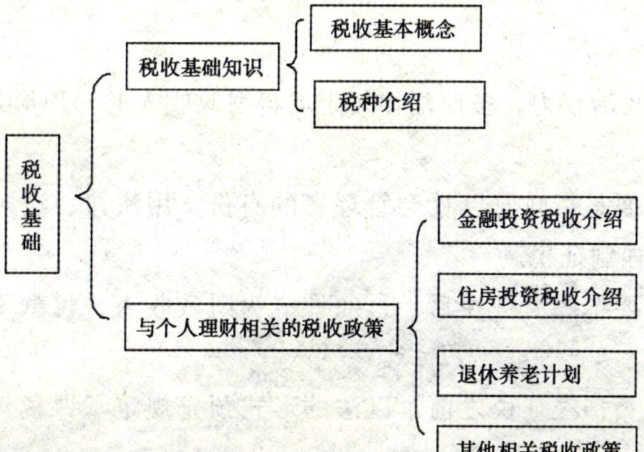

本章重点与难点

重点：

相关政策规定的具体内容

难点：

1. 了解与理财有关的所得税、流转税和其他税种

2. 了解各种政策的税务筹划空间

税收是由作为纳税人的个人或企业缴纳的，因此，税收就必然表现为个人或企业财富的负担，因此税收与个人和企业的理财活动是息息相关的。美国历史上著名的政治家富兰克林曾经说过，“人的一生有两件事是无法避免的，一件事是死亡，另一件事就是纳税”。因此，纳税不可避免。既然纳税不可避免，那么，如何按照税法的规定来进行纳税，就是纳税人首先要考虑的事情。另外，既然税法规定是事先存在的，税收又表现为个人和企业财富的减少项，那么能否在不违背税法的规定之下，通过预先的筹划和安排，减少个人所承担的税负呢？答案是肯定的。纳税是可以避免的，前提必须是合法的，减少税负，但是却违背了法律，就构成了“偷逃税”。因此，这就对纳税人了解国家的税收制度提出了更高的要求。本章首先对我国的税收制度作一个简单的介绍，在此基础上在理财规划师专业能力二级的教材中，还会对税收筹划的方法和原理作进一步的介绍。

第一节　税收基础知识

税收是国家借助政治权力，按照法律规定取得财政收入的一种形式。它的特征主要表现在三个方面：

1. 强制性。它主要是指政府以社会管理者的身份，用法律、法规等形式对征税加以规定，并依照法律强制征税。

2. 无偿性。它主要指政府征税后，税款即成为财政收入，税款不需要偿还，也不付出任何形式的报酬。

3. 固定性。它主要指在征税之前，以法的形式预先规定了课税对象、课税额度和课税方法等。

目前，我国财政收入的90%左右是通过税收取得的。政府向纳税人征税，虽然会直接减少纳税人的收入，但用税收收入提供的公共产品和公共服务，如国防、公共安

全、公共卫生、义务教育、公共道路等等，又会使企业和个人受益。从这个意义上说，纳税人缴纳税收既有“所失”，也有“所得”，他们实际上是用税款来换取从政府公共产品和服务中享受的利益。而从政府的角度看，如果没有税收，它的职能就无法履行，甚至连生存也失去了基础。所以，人们形象地把税收比喻为“政府的奶娘”。在一个法制健全的国家，纳税既是公民的一种义务，也是公民无法逃避的一种责任。表 5－1 反映了自 1996 年以来我国税收收入的增长情况。

表 5－1　　1996 年以来我国税收收入的增长情况　　单位：亿元

年份	1996 年	1997 年	1998 年	1999 年	2000 年	2001 年	2002 年
税收收入	7051	8226	9093	10315	12666	15166	16997
年份	2003 年	2004 年	2005 年	2006 年	2007 年	2008 年	2009 年
税收收入	20466	25718	30866	37636	49449	54219	59515

数据来源：国家税务总局网站 http：//www. chinatax. gov. cn/。

第一单元　税收基本概念

一、税收法律关系的构成：征纳双方、征税对象和他们之间的关系

国家征税与纳税人纳税表面上表现为利益分配的关系，但经法律明确其双方的权利与义务后，这种关系实质上已上升为一种特定的法律关系。

税收法律关系由权利主体、客体和法律关系内容三方面构成。

权利主体，即税收法律关系中享有权利和承担义务的当事人。在我国税收法律关系中，权利主体一方是代表国家行使征税职责的国家税务机关，包括国家各级税务机关、海关和财政机关；另一方是履行纳税义务的人，包括法人、自然人和其他组织，在华的外国企业、组织、外籍人、无国籍人，以及在华虽然没有机构、场所但有来源于中国境内所得的外国企业或组织。这种对税收法律关系中权利主体另一方的确定，在我国采取的是属地兼属人的原则。在税收法律关系中权利主体双方法律地位平等，只是因为主体双方是行政管理者与被管理者的关系，所以双方的权利与义务不对等。

权利客体，即税收法律关系的权利、义务所共同指向的对象，也就是征税对象。如所得税法律关系客体就是生产经营所得和其他所得；财产税法律关系客体即是财产；流转税法律关系客体就是货物销售收入或劳务收入。

税收法律关系的内容，就是权利主体所享有的权利和所应承担的义务，这是税收法律关系中最实质的东西，也就是税法的灵魂。国家税务主管机关的权利主要表现在依法进行征税、进行税务检查以及对违章者进行处罚；其义务主要是向纳税人宣传、咨询、辅导税法，及时把征收的税款解缴国库，依法受理纳税人对税收争议的申诉等。纳税义务人的权利主要有多缴税款申请退还权、延期纳税权、依法申请减免税权、申请复议和提起诉讼权等。其义务主要是按税法规定办理税务登记、进行纳税申报、接受税务检查、依法缴纳税款等。

二、税收制度的构成要素：如何来了解一种税

（一）纳税义务人——谁来纳税

纳税义务人是指一切履行纳税义务的法人、自然人及其他组织，也称纳税主体。

（二）征税对象——就什么来纳税

征税对象即税法规定必须征税的客观对象，指的是国家对什么样的标的物征税。它是区别不同类型税种的主要标志。不同的征税对象构成不同的税种。如企业所得税的征税对象是应税所得、增值税的征税对象是商品或劳务在生产和流通过程中的增值额。

（三）税目——税种下的再分类

税目是各个税种所规定的具体征税项目。它是征税对象的具体化。比如，消费税具体规定了烟、酒等税目。

（四）税率——征税的比例（额度）

税率是对征税对象的征收比例或征收额度。分为比例税率、定额税率、累进税率三种。

1. 比例税率。比例税率是对同一计税依据，不论数额大小，只规定统一的法定比例的税率。在我国，增值税、营业税、城市维护建设税、企业所得税等采用的是比例税率。比例税率可以分为统一比例税率和差别比例税率两类。

（1）统一比例税率，指一种税只设一个比例税率，所有纳税人都按同一税率纳税。

（2）差别比例税率，指一种税设两个或两个以上的比例税率，主要有：产品差别比例税率；行业差别比例税率；地区差别比例税率；幅度差别比例税率。

2. 定额税率。定额税率又称固定税额，是按征税对象的计量单位直接规定应缴纳税额的税率形式。由于采用定额税率的税收（简称“定额税”）只与课税对象的实物单位挂钩，所以它的负担不会随着商品的价格水平或人们的收入水平的提高而增加。目前，采用该种税率的是资源税、城镇土地使用税、车船税等。

3. 累进税率。累进税率是指征收比例随着计税依据数额增加而逐级提高的税率。即根据计税依据的数额或者相对比例设置若干级距，分别适用由低到高的不同税率。累

进税率的主要特点是：税收负担随着计税依据数额的增加而递增，能够较好地体现纳税人的税负水平与负税能力相适应的原则，可以更有效地调节纳税人的收入、财产等，正确处理税收负担公平问题，多在所得、财产课税中应用。

累进税率在实际运用中主要有全额累进税率和超额累进税率两种形式。

全额累进税率是指按照计税依据的全部数额累进征税的累进税率。即将计税依据（如所得税的应纳税所得额）分为若干个不同的征税级距，相应规定若干个由低到高的不同的适用税率，当计税依据数额由一个征税级距上升到另一个较高的征税级距时，全部计税依据都要按照上升以后的征税级距的适用税率计算征税。全额累进税率的优点是计算方法简单，累进幅度大，能够大幅度地调节纳税人的收入、财产。缺点是由于累进急剧，在累进分界点上下税负悬殊，甚至会出现增加的税额超过增加的计税依据数额的现象，不利于鼓励纳税人增加收入、财产。目前这种税率已经很少使用。

超额累进税率是指按照计税依据的不同部分分别累进征税的累进税率。即将计税依据（如所得税的应纳税所得额）分为若干个不同的征税级距，相应规定若干个由低到高的不同的适用税率，当计税依据数额由一个征税级距上升到另一个较高的征税级距时，仅就达到上一级距的部分按照上升以后的征税级距的适用税率计算征税。这种税率通常用于个人所得税、财产税、遗产税等税种。超额累进税率的优点是累进幅度比较缓和，税收负担较为合理。缺点是计算方法比较复杂，计税依据数量越大，级距越多，计算步骤越多；边际税率和平均税率不一致，税收负担的透明度较差。

（五）纳税环节——产生纳税义务的环节

纳税环节是指税法规定的征税对象在从生产到消费的流转过程中应该缴纳税款的环节。如流转税在生产和流通环节纳税，所得税在分配环节纳税等。

（六）纳税期限——纳税的时间限定

纳税期限是指纳税人按照税法规定缴纳税款的期限。如，营业税的纳税期限分别为5日、10日、15日、1个月或者1个季度，纳税人的具体纳税期限由主管税务机关根据纳税人应纳税额等大小分别核定，不能按照固定期限纳税的，可按次纳税。

（七）纳税地点——什么地点纳税

纳税地点指根据各个税种纳税对象的纳税环节和有利于对税款的源泉控制而规定的纳税人（包括代征、代扣、代缴义务人）的具体纳税地点。

（八）减税免税——能让人少缴税的条款

减税免税是对某些纳税人和征税对象采取减少征税或者免予征税的特殊规定。

1. 免征额。免征额是指课税对象中免于征税的金额。即当课税对象的数额超过免征额时，仅就其超过部分纳税，这样，纳税人的计税依据就会小于其课税对象的数额，从而有利于降低其税收负担。

2. 费用扣除。个人所得税法中通常都有费用扣除的规定。就像企业赚取利润要发生成本、费用一样，个人取得收入往往也要发生一些必要的开支，包括纳税人为了维持本人及其赡养对象的生存所必需的收入。国家在对个人收入征税时，应当允许个人将这部分成本费用从收入中扣除，免于征税。对于费用扣除，各国的做法不尽相同。有的国家规定纳税人要按费用类别据实扣除（各项费用通常规定有扣除上限）；有的国家则规定有标准扣除额，纳税人的费用扣除不需要实报实销，统一按该标准进行扣除；还有的国家允许纳税人在上述两种办法之间自由选择。我国采用的是按标准进行扣除的办法。例如，我国《个人所得税法》规定，自2008年3月1日起，纳税人每月工资、薪金所得的费用扣除标准为2000元（2008年前为1600元）；另外，在中国境内无住所而在中国境内取得工资、薪金所得的纳税人以及在中国境内有住所而在中国境外取得工资、薪金所得的纳税人，还可以享受每月2800元的附加减除费用。

3. 税收抵免。税收抵免是指允许纳税人用一些费用开支或已交纳的其他税款直接冲减其应纳税额的减免税措施。与费用扣除相比，这种减免税措施对纳税人来说优惠的力度更大。

三、税收征收管理范围划分：税款在政府机关内的分配

目前，我国的税收分别由财政、税务、海关等系统负责征收管理。

1. 国家税务局系统负责征收和管理的项目有：增值税，消费税，车辆购置税，铁道部门、各银行总行、各保险公司总公司集中缴纳的营业税、所得税、城市维护建设税，中央企业缴纳的所得税，中央与地方所属企业、事业单位组成的联营企业、股份制企业缴纳的所得税，地方银行、非银行金融企业缴纳的所得税，海洋石油企业缴纳的所得税、资源税，部分企业所得税，证券交易税（开征之前为对证券交易征收印花税），个人所得税中对储蓄存款利息所得征收的部分，中央税的滞纳金、补税、罚款。

2. 地方税务局系统负责征收和管理的项目有：营业税，城市维护建设税（不包括上述由国家税务局系统负责征收管理的部分）地方国有企业、集体企业、私营企业缴纳的所得税、个人所得税（不包括对银行储蓄存款利息所得税征收的部分）、资源税、城镇土地使用税、耕地占用税、土地增值税、房产税、车船税、印花税、契税、地方税的滞纳金、补税、罚款。

3. 中央政府与地方政府共享收入有：增值税（中央75%，地方25%），营业税（铁道部门、各银行总行、各保险公司总公司集中缴纳的部分归中央，其他部分归地方），企业所得税（铁道部门、各银行总行及海洋石油企业缴纳的部分归中央政府，其

余部分中央与地方政府按比例分享。分享比例为中央 60%，地方 40%），个人所得税（除储蓄存款利息所得的个人所得税外，其余部分的分享比例与企业所得税相同），资源税（海洋石油企业缴纳的部分归中央政府，其余的归地方政府），印花税（证券交易印花税收入的 94% 归中央政府，其余 6% 和其他印花税归地方政府）。

第二单元 税种介绍

对税收制度的分类可以按照不同的标志和依据进行，其中，以课税对象的性质为标志对税制进行分类是世界各国普遍采用的分类方式。就实体法而言，根据这一分类标志，我国的现行税制大致可以分为流转税类，所得税类，资源、财产税类，目的、行为税类和进出口关税。由于在这几大税类里，所得税尤其是个人所得税和个人理财的关系最为密切，因此，下面首先从所得税类开始讲起，并且着重介绍个人所得税。

一、所得税类

所得税类，是国家对法人和自然人在一定期间（法人通常为 1 个纳税年度）获取的所得额课征的税收。这里的所得额是指法人、自然人以及其他社会团体在一定时期内由于劳动、经营、投资、转让特许权或转让财产而取得的劳务报酬、利润、资本利得以及其他一切纯收益。由于所得税类的税款一般不容易向他人转嫁，纳税人缴纳税款往往直接负担税款，所以它属于直接税。

所得税类是世界各国普遍开征的税类，其具体税种也是许多国家的主体税种，经济发达国家的财政收入主要来源于所得税类。从世界各国看，所得税类主要包括对法人企业课征的企业所得税（也称公司所得税）、对自然人课征的个人所得税和社会保险税（也称工薪税）。目前我国只建立了企业所得税和个人所得税。

公司所得税是对法人企业的净收益课征的税收。净收益是指企业的经营收入扣除成本、费用、损失等法定扣除项目后的余额。公司所得税在课征方式上一般都采取综合所得税制的类型，即要对企业的全部所得加总起来按统一的税率征税。

个人所得税是对自然人取得的各类所得课征的税收。个人所得税制度按照课征方法的不同可以分为三大类：一是分类所得税制，即对各类所得分别规定不同的费用扣除方法和税率，分别计税，从而形成工薪所得税、财产收入所得税、利息所得税等个人所得税制度的子税种；二是综合所得税制，即对纳税人的所得不加区分，将其全部汇总以后按统一的免征额、费用扣除标准以及税率表进行计税；三是混合所得税制，即将纳税人的全部应税所得分成若干部分，每一部分可以包括一类或几类所得，各部分分别按不同的费用扣除标准和税率进行计税。分类所得税制度的优点是管理简便，适合于源泉征收，不需要纳税人普遍采用申报的方式纳税，但它的缺点是不够公平。综合所得税制度比较公平，但管理起来比较复杂，需要比较完善的法律环境，并要求纳税人具有良好的纳税意识和纳税服从习惯，同时也要求税务机关拥有很高的管理素质和管理能力。另外，政府为筹集社会保险基金而向雇主和雇员征收的社会保险税（或社会保险缴费），因其课税对象为雇员的工资薪金，所以也可以将其归入所得课税类。

目前，我国的所得税类包括个人所得税和企业所得税。

（一）个人所得税

个人所得税是对个人（自然人）取得的各项应税所得课征的一种税，纳税义务人包括中国公民、个体工商户以及在中国有所得的外籍人员和港澳台同胞。

纳税义务人依据住所和居住时间两个标准分为居民和非居民，分别承担不同的纳税义务。居民纳税人是指在中国境内有住所，或者无住所而在中国境内居住满 1 年的个人，负有无限纳税义务，应就其来源于中国境内及境外的全部所得缴纳个人所得税。在境内居住满 1 年是指在一个纳税年度（即公历 1 月 1 日起至 12 月 31 日止）内，在中国境内居住满 365 日，对临时离境应视同在华居住，不扣减其在华居住的天数。临时离境是指在一个纳税年度内，一次不超过 30 日或者多次累计不超过 90 日的离境。非居民纳税人，即不符合居民纳税义务人判定标准的纳税义务人，承担有限纳税义务，即仅就其来源于中国境内的所得，向中国缴纳个人所得税。

【例 5-1】一外籍人员从 2008 年 10 月起到中国境内公司任职，在 2009 年度内，曾于 3 月 7～12 日离境回国向总公司述职；12 月 23 日又离境回国欢度圣诞和元旦。

问该外籍人员在 2009 纳税年度内是否为中华人民共和国的居民纳税义务人？

答：由于此外籍人员在 2009 年度内离境时间一次不超过 30 日或者多次累计不超过 90 日，因此，此外籍人员在 2009 年度内为中华人民共和国的居民纳税义务人。

1. 个人所得税的征税范围

（1）在中国境内的公司企业、事业单位、机关、社会团体、部队、学校等单位或经济组织中任职、受雇而取得的工资薪金所得。

（2）在中国境内提供各种劳务而取得的劳务报酬所得。

（3）在中国境内的个体工商户从事生产、经营活动而取得的所得。

（4）对企事业单位承包经营、承租经营的所得。

（5）个人出租的财产，被承租人在中国境内使用而取得的财产租赁所得。

（6）转让中国境内的房屋、建筑物、土地使用权，以及在中国境内转让其他财产而取得的财产转让所得。

（7）提供在中国境内使用的专利权、专有技术、商标权、著作权以及其他各种特许权利而取得的特许权使用费所得。

（8）持有中国的各种债券、股票、股权而从中国境内的公司、企业或其他经济组织以及个人取得的利息、股息、红利所得。

（9）在中国境内参加各种竞赛活动取得名次的奖金所得；参加中国境内有关部门和单位组织的有奖活动而取得的中奖所得；购买中国境内有关部门和单位发行的彩票取得的中彩所得。

（10）在中国境内以图书、报刊方式出版、发表作品，取得的稿酬所得。

（11）其他所得。

2. 个人所得税的计税依据和税率的规定

（1）费用减除标准

①工资薪金所得，以每月收入额减除费用2000元后的余额（2008年3月1日前每月减除1600元），为应纳税所得额。

②个体工商户的生产经营所得，以每一纳税年度的收入总额，减除成本、费用以及损失后的余额，为应纳税所得额。成本、费用，是指纳税义务人从事生产、经营所发生的各项直接支出和分配计入成本的间接费用以及销售费用、管理费用、财务费用；损失是指纳税人在生产、经营过程中发生的各项营业外支出。

个人独资企业的投资者以全部生产经营所得为应纳税所得额；合伙企业的投资者按照合伙企业的全部生产经营所得和合伙协议约定的分配比例确定应纳税所得额，合伙协议没有约定分配比例的，以全部生产经营所得和合伙人数量平均计算每个投资者的应纳税额。上述生产经营所得包括企业分配给投资者个人的所得和企业当年留存的所得。

③对企事业单位的承包经营、承租经营所得，以每一纳税年度的收入总额，减除必要的费用后的余额，为应纳税所得额。每一纳税年度的收入总额，是指纳税义务人按照承包经营、承租经营合同规定分得的经营利润和工资、薪金性质的所得；所称的减除必要费用，是指按月减除2000元。

④劳务报酬所得、稿酬所得、特许权使用费所得、财产租赁所得，每次收入不超过4000元的，减除费用800元；4000元以上的，减除20%的费用，其余额为应纳税所得额。

⑤财产转让所得，以转让财产的收入额减除财产原值和合理费用后的余额为应纳税所得额。

⑥股息、利息、红利所得，偶然所得和其他所得，以每次收入额为应纳税所得额。

（2）附加减除费用适用的范围和标准：对在中国境内无住所而在中国境内取得

工资、薪金所得的纳税义务人和在中国境内有住所而在中国境外取得工资、薪金所得的纳税义务人，可以根据其平均收入水平、生活水平以及汇率变化情况确定附加减除费用，附加减除费用适用的范围和标准由国务院规定。国务院在发布的《中华人民共和国个人所得税法实施条例》中，对附加减除费用适用的范围和标准作了具体规定：

①附加减除费用适用范围包括：

A. 在中国境内的外商投资企业和外国企业中工作取得工资、薪金所得的外籍人员；

B. 应聘在中国境内的企业、事业单位、社会团体、国家机关中工作取得工资、薪金所得的外籍专家；

C. 在中国境内有住所而在中国境外任职或者受雇取得工资、薪金所得的个人；

D. 财政部确定的取得工资、薪金所得的其他人员。

②上述适用范围内的人员每月工资、薪金所得在减除 2000 元费用的基础上，再减除 2800 元。

③华侨和香港、澳门、台湾同胞参照上述附加减除费用标准执行。

【例 5－2】某外籍工程师，2010 年 7 月来华工作。在华工作期间境内企业每月支付其工资 10000 元，同年 9 月离境。此外籍工程师 8 月在我国应缴纳的个人所得税为多少？

解：$(10000-2000-2800)\times 20\%-375=665$（元）

（3）每次收入的确定。劳务报酬所得、稿酬所得、特许权使用费所得、利息股息红利所得、财产租赁所得、偶然所得和其他所得等七项所得都应该按次计算征税。由于扣除费用依据每次应纳税所得额的大小，分别规定了定额和定率两种标准，对“次”的界定是十分重要的。对上述七个项目的“次”具体规定如下：

①劳务报酬所得：

A. 只有一次性收入的，以取得该项收入为一次。例如从事设计、安装、装帧、制图、化验、测试等劳务，往往是接收客户的委托，按照客户的要求，完成一次劳务后取得收入。

B. 属于同一事项连续取得收入的，以一个月内取得的收入为一次。

【例 5－3】某演员为一企业做电视广告，一个月内分两次等额取得报酬，每次取得 30000 元，其应纳税所得额为多少？

解：应纳税额 $=60000\times(1-20\%)\times 30\%-2000=12400$（元）

②稿酬所得，以每次出版、发表取得的收入为一次。

A. 同一作品再版取得的所得，应视作另一次稿酬所得计征个人所得税。

B. 同一作品先在报刊上连载，然后再出版，或先出版，再在报刊上连载的，应视为两次稿酬所得征税。即连载作为一次，出版作为另一次。

【例 5－4】 国内某作家的一篇小说先在某晚报上连载 3 个月，每月取得稿酬 3600 元然后送交出版社出版，一次取得稿酬 20000 元。该作家因此需要缴纳个人所得税多少元？（稿酬所得适用 20% 的比例税率，并按应纳税额减征 30%）

解： $3600 \times 3 \times (1-20\%) \times 20\% \times (1-30\%) = 1209.6$（元）

$20000 \times (1-20\%) \times 20\% \times (1-30\%) = 2240$（元）

应缴纳的个人所得税合计 $= 1209.6 + 2240 = 3449.6$（元）

C. 同一作品在报刊上连载取得收入的，将连载完成后取得的所有收入合并为一次，计征个人所得税。

【例 5－5】 国内某作家的一篇小说在一家晚报上连载，3 个月的稿酬收入分别是 3000 元、4000 元和 5000 元。该作家 3 个月所获得稿酬应缴纳个人所得税为多少？

解： 应纳税额 $= (3000+4000+5000) \times (1-20\%) \times 20\% \times (1-30\%)$

$= 1344$（元）

D. 同一作品再出版和发表时，以预付的稿酬或分次支付稿酬等形式取得的稿酬收入，应合并计算为一次。

E. 同一作品出版、发表后，因追加印数而追加稿酬的，应与以前出版、发表时取得的稿酬合并计算为一次，计征个人所得税。

【例 5－6】 王某的一篇论文被收入某论文集出版，取得稿酬 5000 元，当年因添加印数而又取得追加稿酬 2000 元。上述王某所获稿酬应缴纳的个人所得税为多少？

解： 应纳税额 $= (5000+2000) \times (1-20\%) \times 20\% \times (1-30\%)$

$= 784$（元）

③特许权使用费所得，以某项使用权的一次转让所取得的收入为一次。一个纳税义务人，可能不只拥有一项特许权利，每一项特许权的使用权也可能不止一次向他人提供。因此，对特许权使用费所得的“次”的界定，明确为每一项使用权的每次转让所取得的收入为一次。如果该次转让取得的收入是分笔支付的，则应将各笔收入相加为一次的收入，计征个人所得税。

④财产租赁所得，以一个月内取得的收入为一次。

⑤利息、股息、红利所得，以支付利息、股息、红利取得的收入为一次。

⑥偶然所得，以每次收入为一次。

⑦其他所得以每次收入为一次。

（4）其他规定。

①个人将其所得通过中国境内的社会团体、国家机关向教育和其他社会公益事业以

及遭受严重自然灾害的地区、贫困地区捐赠，捐赠额未超过纳税义务人申报的应纳税所得额的30%的部分可以从其应纳税所得额中扣除。

②除偶然所得和经财政部门确定征税的其他所得用于资助非关联的科研机构和高校的研究开发经费，可以在下月或下次或当年计征个人所得税时，从应纳税所得额中扣除，不足抵扣的部分，不得结转。

③个人取得的应纳税所得，包括现金、实物和有价证券。所得为实物的，应当按照取得的凭证上所注明的价格计算应纳税所得额；无凭证的实物或者凭证上注明的价格明显偏低的，由主管税务机关参照当地的市场价格核定应纳税所得额。所得为有价证券的，由主管税务机关根据票面价格和市场价格核定应纳税所得额。

3. 应纳税额的计算

（1）工资、薪金所得应纳税额的计算。

应纳税额 = 应纳税所得额 × 适用税率 − 速算扣除数

= （每月收入额 − 2000元）× 适用税率 − 速算扣除数

【例5-7】某高校教师于2009年某月取得工资6000元，则其就这个月工资需要缴纳的个人所得税的数额为多少（参见表5-2）？

应纳税额 = （6000 − 2000）× 15% − 125 = 475（元）

【例5-8】某外商投资企业中工作的美国专家（假设为非居民纳税人），2009年5月取得由该企业发放的工资收入10000元人民币。请计算该专家这个月应纳个人所得税的数额为多少？

解：应纳税额 = ［100000 − （2000 + 2800）］× 20% − 375 = 665（元）

表5-2 **个人所得税税率表**（适用于工资、薪金所得）

级数	应纳税所得额	税率（%）	速算扣除数
1	不超过500元的	5	0
2	超过500元至2000元的部分	10	25
3	超过2000元至5000元的部分	15	125
4	超过5000元至20000元的部分	20	375
5	超过20000元至40000元的部分	25	1375
6	超过40000元至60000元的部分	30	3375
7	超过60000元至80000元的部分	35	6375
8	超过80000元至100000元的部分	40	10375
9	超过100000元的部分	45	15375

(2) 个体工商户的生产、经营所得应纳税额的计算。

应纳税额 = 应纳税所得额 × 适用税率 - 速算扣除数

或 = (全年收入总额 - 成本、费用以及损失) × 适用税率 - 速算扣除数

(3) 对企事业单位的承包经营、承租经营所得应纳税额的计算(参见表 5 - 3)。

应纳税额 = 应纳税所得额 × 适用税率 - 速算扣除数

或 = (纳税年度收入总额 - 必要费用) × 适用税率 - 速算扣除数

表 5 - 3　　个人所得税税率表(适用于个体工商业户的生产经营所得和对企事业单位的承包经营、承租经营所得)

级数	全年应纳税所得额	税率(%)	速算扣除数
1	不超过 5000 元的	5	0
2	超过 5000 元至 10000 元的部分	10	250
3	超过 10000 元至 30000 元的部分	20	1250
4	超过 30000 元至 50000 元的部分	30	4250
5	超过 50000 元的部分	35	6750

(4) 劳务报酬所得应纳税额的计算(参见表 5 - 4)。

每次收入不足 4000 元的:应纳税额 = 应纳税所得额 × 适用税率

或 = (每次收入额 - 800) × 20%

每次收入在 4000 元以上的:应纳税额 = 应纳税所得额 × 适用税率

或 = 每次收入额 × (1 - 20%) × 20%

每次收入的应纳税所得额超过 20000 元的:

应纳税额 = 应纳税所得额 × 适用税率 - 速算扣除数

或 = 每次收入额 × (1 - 20%) × 适用税率 - 速算扣除数

表 5 - 4　　个人所得税税率表(适用于劳务报酬所得)

级数	每次应纳税所得额	税率(%)	速算扣除数
1	不超过 20000 元的部分	20	0
2	超过 20000 元至 50000 元的部分	30	2000
3	超过 50000 元的部分	40	7000

【例 5 - 9】 某高校教师为某公司提供劳务,取得劳务报酬 20000 元,则其需要缴纳的个人所得税的数额为多少?

解： 应纳税额 = 20000 ×（1 − 20%）×20% = 3200（元）

【例 5 − 10】 某演员一次性获得表演收入 36000 元，其缴纳劳务报酬个人所得税为多少？

解： 应纳税额 = 36000 ×（1 − 20%）×30% − 2000 = 6640（元）

（5）稿酬所得应纳税额的计算。

每次收入不足 4000 元的：

应纳税额 = 应纳税所得额 × 适用税率 ×（1 − 30%）

或 =（每次收入额 − 800）×20% ×（1 − 30%）

每次收入在 4000 元以上的：

应纳税额 = 应纳税所得额 × 适用税率 ×（1 − 30%）

或 = 每次收入额 ×（1 − 20%）×20% ×（1 − 30%）

【例 5 − 11】 某高校教师某月获得稿费 20000 元，则其就这笔稿费需要缴纳的个人所得税为多少？

解： 应纳税额 = 20000 ×（1 − 20%）×20% ×（1 − 30%）= 2240（元）

（6）特许权使用费所得应纳税额的计算。

每次收入不足 4000 元的：应纳税额 = 应纳税所得额 × 适用税率

=（每次收入额 − 800）×20%

每次收入在 4000 元以上的：应纳税额 = 应纳税所得额 × 适用税率

= 每次收入额 ×（1 − 20%）×20%

【例 5 − 12】 某技术人员向某公司转让某项专有技术，获特许权使用费 12 万元，则其就这笔特许权使用费需要缴纳的个人所得税的数额为多少？

解： 应纳税额 = 120000 ×（1 − 20%）×20% = 19200（元）

（7）利息、股息、红利所得应纳税额的计算。

应纳税额 = 应纳税所得额 × 适用税率 = 每次收入额 ×20%

从 2007 年 8 月 15 日起，居民储蓄存款利息税率调为 5%，自 2008 年 10 月 9 日起暂免征收储蓄存款利息的个人所得税。

（8）财产租赁所得应纳税额的计算。

每次（月）收入不超过 4000 元的：

应纳税所得额 = 每次（月）收入 − 准予扣除项目 − 修缮费用（800 元为限）− 800 元

每次（月）收入超过 4000 元的：

应纳税所得额 =〔每次（月）收入 − 准予扣除项目 − 修缮费用（800 元为限）〕×

（1 - 20%）

应纳税额 = 应纳税所得额 × 适用税率

（9）财产转让所得应纳税额的计算。

应纳税额 = 应纳税所得额 × 适用税率

= （收入总额 - 财产原值 - 合理税费） ×20%

【例 5 - 13】某人建房一幢，造价 36000 元，支付费用 2000 元。该人转让房屋，售价 60000 元，在卖房过程中按规定支付交易费等有关费用 2500 元，其应缴纳的个人所得税税额的计算过程如下：

解：应纳税额 = （60000 - 36000 - 2000 - 2500） ×20% = 3900（元）

（10）偶然所得应纳税额的计算。

应纳税额 = 应纳税所得额 × 适用税率 = 每次收入额 ×20%

【例 5 - 14】假设小王在参加商场的有奖销售过程中，中奖所得共计 20000 元，则按照税法规定小王应缴纳个人所得税为多少？

答：小王应缴纳的个人所得税为 = 20000 ×20% = 4000（元）

4. 应纳税额计算中的几个特殊规定。

（1）个人兼职取得的收入应按照“劳务报酬所得”应税项目缴纳个人所得税；退休人员再任职取得的收入，在减除按个人所得税法规定的费用扣除标准后，按“工资、薪金所得”应税项目缴纳个人所得税。

（2）纳税人取得全年一次性奖金，单独作为一个月工资、薪金所得计算纳税，并按以下计税办法，由扣缴义务人发放时代扣代缴。先将雇员当月内取得的全年一次性奖金，除以 12 个月，按其商数确定适用税率和速算扣除数。如果在发放年终一次性奖金的当月，雇员当月工资薪金所得低于税法规定的费用扣除额，应将全年一次性奖金减除“雇员当月工资薪金所得与费用扣除额的差额”后的余额，按上述办法确定全年一次性奖金的适用税率和速算扣除数。

【例 5 - 15】罗某 2009 年每月基本收入 1600 元，年终奖金 5000 元，问：罗某年终奖金的应纳税额是多少？

解：罗某当月工资薪金所得与费用扣除额的差额 = 2000 - 1600 = 400（元）

罗某 12 月年终奖金应缴纳的个人所得税计算如下：

（5000 - 400） ÷ 12 = 383.33（元）

查表知，383.33 适用的税率为 5%，速算扣除数为 0。

则年终奖金应纳税额为：4600 × 5% = 230（元）

（3）员工接受实施股票期权计划企业授予的股票期权时，除另有规定外，一般不作为应税所得征税；员工行权时，其从企业取得股票的实际购买价（施权价）低于购买日公平市场价（指该股票当日的收盘价）的差额，是因员工在企业的表现和业绩情况而取得的与任职、受雇有关的所得，应按“工资、薪金所得”适用的规定计算缴纳个人所得税。对因特殊情况，员工在行权日之前将股票期权转让的，以股票期权的转让净收入，作为工资薪金所得征收个人所得税。

（4）个人通过招标、竞拍或其他方式购置债权以后，通过相关司法或行政程序主张债权而取得的所得，应按照“财产转让所得”项目缴纳个人所得税。

（5）企业购买车辆并将车辆所有权办到股东个人名下，其实质为企业对股东进行了红利性质的实物分配，应按照“利息、股息、红利所得”项目征收个人所得税。考虑到该股东个人名下的车辆同时也为企业经营使用的实际情况，允许合理减除部分所得，减除的具体数额由主管税务机关根据车辆的实际使用情况合理确定。上述企业为个人股东购买的车辆，不属于企业的资产，不得在企业所得税前扣除折旧。

（6）对企业为员工支付各项免税之外的保险金，应在企业向保险公司缴付时（即该保险落到被保险人的保险账户）并入员工当期的工资收入，按“工资、薪金所得”项目计征个人所得税，税款由企业负责代扣代缴。

（7）对商品营销活动中，企业和单位对营销业绩突出人员以培训班、研讨会、工作考察等名义组织旅游活动，通过免收差旅费、旅游费对个人实行的营销业绩奖励（包括实物、有价证券等），应根据所发生费用全额计入营销人员应税所得，依法征收个人所得税，并由提供上述费用的企业和单位代扣代缴。其中，对企业雇员享受的此类奖励，应与当期的工资薪金合并，按照“工资、薪金所得”项目征收个人所得税；对其他人员享受的此类奖励，应作为当期的劳务收入，按照“劳务报酬所得”项目征收个人所得税。

（8）保险营销员的佣金由展业成本和劳务报酬构成。按照税法规定，对佣金中的展业成本（比例暂定为40%），不征收个人所得税；对劳务报酬部分，扣除实际缴纳的营业税金及附加后，依照税法有关规定计算征收个人所得税。

（9）作者将自己的文字作品手稿原件或复印件拍卖取得的所得，以转让收入额减除800元（转让收入额4000元以下）或者20%（转让收入额4000元以上）后的余额为应纳税所得额，按照“特许权使用费”所得项目适用20%税率缴纳个人所得税。个人拍卖除文字作品原稿及复印件外的其他财产，应以其转让收入额减除财产原值和合理费用后的余额为应纳税所得额，按照“财产转让所得”项目适用20%税率缴纳个人所得税。个人财产拍卖所得适用“财产转让所得”项目计算应纳税所得额时，纳税人凭合法有效凭证（税务机关监制的正式发票、相关境外交易单据或海关报关单据、完税证明等），从其转让收入额中减除相应的财产原值、拍卖财产过程中缴纳的税金及有关合理费用。

5. 个人所得税的重要优惠政策

（1）免纳个人所得税的项目有：

①省级人民政府、国务院部委和中国人民解放军军以上单位，以及外国组织颁发的科学教育、技术、文化、卫生、体育、环境保护等方面的奖金。

②国债和国家发行的金融债券利息。

③按照国家统一规定发给的补贴、津贴。指按照国务院规定发给的政府特殊津贴和国务院规定免纳个人所得税的补贴、津贴。发给中科院和工程院资深院士每人每年1万元的津贴免征个人所得税。

④福利费、抚恤金、救济金、保险赔款、军人转业费、复员费。

⑤按照国家统一规定发给干部、职工的安家费、退职费、退休工资、离休工资、离休生活补助费。

⑥依照我国法律应予免税的各国驻华使馆、领事馆的外交代表、领事官员和其他人员所得。中国政府参加的国际公约以及签订的协议中规定免税的所得。

⑦对乡镇及以上政府或经县及以上政府主管部门批准成立的有机构、有章程的见义勇为基金或类似性质组织，奖励见义勇为者的奖金或奖品，经主管税务机关核准后免征个人所得税。

⑧企业和个人按照省级以上人民政府规定的比例提取并缴付的住房公积金、医疗保险金、基本养老保险金、失业保险金，不计入个人当期的工资、薪金收入，免予征收个人所得税。超过规定比例缴付的部分计征个人所得税。个人领取原提存的住房公积金、医疗保险金、基本养老保险时免征个人所得税。

⑨个人取得的教育储蓄存款利息所得以及国务院财政部门确定的其他专项储蓄存款或者储蓄性专项基金存款的利息所得，免征个人所得税。

⑩股权分置改革中非流通股股东通过对价方式向流通股股东支付的股份、现金等收入，暂免征收流通股股东应缴纳的企业所得税和个人所得税。股权分置改革过程中因非流通股股东向流通股股东支付对价而发生的股权转让，暂免征收印花税。

⑪对被拆迁人按照国家有关城镇房屋拆迁管理办法规定的标准取得的拆迁补偿款，免征个人所得税。对拆迁居民因拆迁重新购置住房的，对购房成交价格中相当于拆迁补偿款的部分免征契税，成交价格超过拆迁补偿款的，对超过部分征收契税。

⑫经国务院财政部门批准免税的所得。

（2）经批准可以减征个人所得税的情况有：

①残疾、孤老人员和烈属的所得。

②因严重自然灾害造成重大损失的。

③其他经国务院财政部门批准减税的。

（3）暂免征收个人所得税的所得有：

①外籍个人以非现金的形式或实报实销形式取得的住房补贴、伙食补贴、搬迁费、洗衣费；

②外籍个人按合理标准取得的境内、外出差补贴；

③外籍个人探亲费、语言训练费、子女教育费等，经当地税务机关审核批准为合理的部分；

④外籍个人从外商投资企业取得的股息、红利所得；

⑤个人举报、协查各种违法、犯罪行为而获得的奖金；

⑥个人办理代扣代缴税款手续，按规定取得的扣缴手续费；

⑦个人转让自用达5年以上并且是唯一的家庭居住用房取得的所得。

⑧对按《国务院关于高级专家离休退休若干问题的暂行规定》和《国务院办公厅关于杰出高级专家暂缓离休审批问题的通知》精神，达到离休、退休年龄，但因工作需要，适当延长离休、退休年龄的高级专家（指享受国家发放政府特殊津贴的专家、学者），其在延长离休、退休期间的工资、薪金所得，视同退休工资、离休工资免征个人所得税。

⑨对于仅在国际组织驻华机构和外国政府驻华使领馆中工作的外籍雇员，暂不征收个人所得税。在中国境内，若国际驻华机构和外国政府驻华使领馆中工作的外交人员、外籍雇员在该机构或使领馆之外，从事非公务活动所取得的收入，应缴纳个人所得税。

⑩符合下列条件之一的外籍专家取得的工资、薪金所得可免征个人所得税：

A. 根据世界银行专项贷款协议由世界银行直接派往我国工作的外国专家；

B. 联合国组织直接派往我国工作的专家；

C. 为联合国援助项目来华工作的专家；

D. 援助国派往我国专为该国无偿援助项目工作的专家；

E. 根据两国政府签订文化交流项目来华工作2年以内的文教专家，其工资、薪金所得由该国负担的；

F. 根据我国大专院校国际交流项目来华工作2年以内的文教专家，其工资、薪金所得由该国负担的；

G. 通过民间科研协会来华工作的专家，其工资薪金所得由该国政府机构负担的。

（4）对在中国境内无住所，但在境内居住1年以上、不到5年的纳税人，其来源于中国境外的所得，经主管税务机关批准，可以只就由中国境内公司、企业以及其他经济组织或者个人支付的部分缴纳个人所得税；居住超过5年的个人，从第6年起，应当就其来源于中国境内外的全部所得缴纳个人所得税。

（5）对在中国境内无住所，但在一个纳税年度中在中国境内居住不超过90日的纳税人，其来源于中国境内的所得，由境外雇主支付并且不由该雇主在中国境内的机构场所负担的部分，免予缴纳个人所得税。

6. 境外所得的税额扣除。税法规定，纳税义务人从中国境外取得的所得，准予其在应纳税额中扣除已在境外缴纳的个人所得税税额。但扣除额不得超过该纳税义务人境外所得依照我国税法计算的应纳税额。

税法规定的已在境外缴纳的个人所得税税额，是指纳税义务人从中国境外取得的所得，依照该所得来源国家或者地区的法律应当缴纳并实际已经缴纳的税额。

税法规定的依照本法规定计算的应纳税额是指纳税义务人从中国境外取得的所得，区别不同国家或者地区和不同应税项目，依照我国税法规定的费用减除标准和适用税率计算的应纳税额；同一国家或者地区内不同应税项目，依照我国税法计算的应纳税额之和，为该国家或者地区的扣除限额。

纳税义务人指中国境外一个国家或者地区实际已经缴纳的个人所得税税额，低于依照上述规定计算出的该国家或者地区扣除限额的应当在中国缴纳差额部分的税款；超过该国家或者地区扣除限额的，其超过部分不得在本纳税年度的应纳税额中扣除，但是可以在以后纳税年度的该国家或者地区扣除限额的余额中补扣，补扣期限最长不得超过5年。

7. 个人所得税自行申报纳税。为准备下一步向综合与分类相结合的混合税制过渡，2006年11月8日，国家税务总局正式发布《个人所得税自行纳税申报办法（试行）》（以下简称《办法》），加大对高收入者的征收力度。明确“年所得12万元以上的”纳税人自2007年一季度起须向税务机关申报个人信息。以前的单向申报将改为双向申报，原来由纳税人所在单位代为扣缴个人所得税，改为高收入者的工作单位和其本人都要向税务机关进行申报。

（1）自行办理纳税申报的五种情形：

①年所得12万元以上的；

②从中国境内两处或两处以上取得工资、薪金所得的；

③从中国境外取得所得的；

④取得应税所得，没有扣缴义务人的；

⑤国务院规定的其他情形。

依据申报办法，符合第①种情形的纳税人，即纳税人在一个纳税年度内取得的全部应税所得达到12万元，不论其平常取得的应纳税所得是否已由扣缴义务人扣缴税款，或是纳税人自己已向税务机关自行申报纳税过，年度结束后都应当再自行向税务机关办理纳税申报。具体而言，对于年所得12万元以上的纳税人，在纳税年度结束后3个月内，需申报其各项所得的年所得额、应纳税额、已缴（扣）税额、抵扣税额、应补（退）税额和相关个人基础信息。

符合第②至④种情形的纳税人，要进行日常申报纳税，即在取得应税所得时，就应当按照上述法规的相关规定，在规定的期限内向主管税务机关办理纳税申报并缴纳税款。第⑤种国务院规定的其他情形目前暂未明确，其纳税申报办法根据具体情形另行规定。

（2）计入“年所得”的项目。

①工资、薪金所得，是指未减除费用（每月2800元）及附加减除费用（每月2800元）的收入额。也就是与任职、受雇有关的各种所得（单位所发的工资单内外的所得），剔除按照国家统一规定发给的补贴、津贴以及“三险一金”以后的余额。

②个体工商户的生产、经营所得，是指应纳税所得额。即：实行查账征收的，按照每一纳税年度的收入总额减除成本、费用以及损失后的余额计算；实行定期定额征收的，按照纳税人自行申报的年度应纳税所得额计算，或按照其自行申报的年度应纳税经营额乘以应税所得率计算。“个人独资企业和合伙企业投资者的应纳税所得额，比照上述方法计算。”

③对企事业单位的承包经营、承租经营所得，按照每一纳税年度的收入总额计算。即：按照承包经营者、承租经营者实际取得的经营利润，加上从承包、承租的企事业单位中取得的工资、薪金性质的所得。

④劳务报酬所得，稿酬所得，特许权使用费所得，这三项所得是指未减除法定费用（每次800元或者每次收入的20%）的收入额。

⑤财产租赁所得，是指未减除法定费用（每次800元或者每次收入的20%）和修缮费用（每月不超过800元）的收入额。

⑥财产转让所得，是指转让财产的收入额减除财产原值和转让财产过程中缴纳的税金及有关合理费用后的余额，即应纳税所得额。

⑦利息、股息、红利所得，偶然所得和其他所得，以上三项所得均指不减除任何费用的收入额。

【例5-16】2006年，某纳税人全年取得工资收入144000元，国务院颁发政府特殊津贴2400元，国债利息10000元，企业债券利息5000元，稿酬所得6000元，保险赔款3500元，房屋出租收入12000元。个人按照规定缴纳了“三险一金”14000元，单位也按照规定为个人缴付“三险一金”28000元。

则该纳税人应申报的年所得为153000元，具体计算过程是：

工资收入144000元——个人按照规定缴纳的“三险一金”14000元+企业债券利息5000元+稿酬所得6000元+房屋出租收入12000元=153000元

国务院颁发的政府特殊津贴2400元、国债利息10000元、保险赔款3500元、单位为个人缴付的“三险一金”28000元不需计入年所得，个人按照规定缴纳的“三险一金”14000元可以从工资收入中剔除。

为了进一步明确相关问题，国家税务总局进一步下发了《关于明确年所得12万元以上自行纳税申报口径的通知》，规定如下：

⑧劳务报酬所得、特许权使用费所得。不得减除纳税人在提供劳务或让渡特许权使用权过程中缴纳的有关税费。

⑨财产租赁所得。不得减除纳税人在出租财产过程中缴纳的有关税费；对于纳税人一次取得跨年度财产租赁所得的，全部视为实际取得所得年度的所得。

⑩个人转让房屋所得。采取核定征收个人所得税的，按照实际征收率（1%、2%、3%）分别换算为应税所得率（5%、10%、15%），据此计算年所得。

⑪个人储蓄存款利息所得、企业债券利息所得。全部视为纳税人实际取得所得年度的所得。

⑫对个体工商户、个人独资企业投资者，按照征收率核定个人所得税的，将征收率换算为应税所得率，据此计算应纳税所得额。

合伙企业投资者按照上述方法确定应纳税所得额后，合伙人应根据合伙协议规定的分配比例确定其应纳税所得额，合伙协议未规定分配比例的，按合伙人数平均分配确定其应纳税所得额。对于同时参与两个以上企业投资的，合伙人应将其投资所有企业的应纳税所得额相加后的总额作为年所得。

⑬股票转让所得。以一个纳税年度内，个人股票转让所得与损失盈亏相抵后的正数为申报所得数额，盈亏相抵为负数的，此项所得按“零”填写申报表格。

（3）申报方式。年所得12万元以上的纳税人可采取多种灵活的方式办理纳税申报，既可以在地税机关的网站上进行申报，邮寄申报，也可以直接到地税机关办税服务厅进行申报，纳税人还可以委托有税务代理资质的中介机构或者他人代为办理纳税申报，或者采取符合主管税务机关规定的其他方式申报。

（4）申报时间。自2006年1月1日起，年所得12万元以上的纳税人，在纳税年度结束后3个月内，应当向主管税务机关办理纳税申报。也即，每年的公历1月1日至3

月31日期间的任何一天，纳税人均可办理纳税申报。以2006年为例，2006年年所得达到12万元的纳税人，应该在2007年1月1日至3月31日到主管地方税务机关办理纳税申报。

（二）企业所得税

2007年3月19日，十届全国人大五次会议上表决通过了《中华人民共和国企业所得税法》，并于2008年1月1日起施行，同时，1991年4月9日第七届全国人民代表大会第四次会议通过的《中华人民共和国外商投资企业和外国企业所得税法》和1993年12月13日国务院发布的《中华人民共和国企业所得税暂行条例》同时废止。

1. 纳税义务人。在中华人民共和国境内，企业和其他取得收入的组织（以下统称企业）为企业所得税的纳税人，依照规定缴纳企业所得税（个人独资企业、合伙企业不适用）。

2. 征税范围。企业所得税的纳税义务人分为居民企业和非居民企业。

居民企业应当就其来源于中国境内、境外的所得缴纳企业所得税。

非居民企业在中国境内设立机构、场所的，应当就其所设机构、场所取得的来源于中国境内的所得，以及发生在中国境外但与其所设机构、场所有实际联系的所得，缴纳企业所得税。

非居民企业在中国境内未设立机构、场所的，或者虽设立机构、场所但取得的所得与其所设机构、场所没有实际联系的，应当就其来源于中国境内的所得缴纳企业所得税。

3. 税率。外资企业将与内资企业缴纳统一的25%所得税，不再享有税收优惠。

非居民企业取得征税范围中第三种情况规定的所得，适用税率为20%。

4. 应纳税额的计算。企业每一纳税年度的收入总额，减除不征税收入、免税收入、各项扣除以及允许弥补的以前年度亏损后的余额，为应纳税所得额。企业发生的公益性捐赠支出，在年度利润总额12%以内的部分，准予在计算应纳税所得额时扣除。

企业的应纳税所得额乘以适用税率，减除关于税收优惠的规定减免和抵免的税额后的余额，为应纳税额。

5. 税收优惠

（1）国家对重点扶持和鼓励发展的产业和项目，给予企业所得税优惠。

（2）企业的下列收入为免税收入：①国债利息收入；②符合条件的居民企业之间的股息、红利等权益性投资收益；③在中国境内设立机构、场所的非居民企业从居民企业取得与该机构、场所有实际联系的股息、红利等权益性投资收益；④符合条件的非营利组织的收入。

(3) 企业的下列所得，可以免征、减征企业所得税：①从事农、林、牧、渔业项目的所得；②从事国家重点扶持的公共基础设施项目投资经营的所得；③从事符合条件的环境保护、节能节水项目的所得；④符合条件的技术转让所得。

(4) 符合条件的小型微利企业，减按20%的税率征收企业所得税。国家需要重点扶持的高新技术企业，减按15%的税率征收企业所得税。

(5) 民族自治地方的自治机关对本民族自治地方的企业应缴纳的企业所得税中属于地方分享的部分，可以决定减征或者免征。自治州、自治县决定减征或者免征的，须报省、自治区、直辖市人民政府批准。

(6) 企业的下列支出，可以在计算应纳税所得额时加计扣除：①开发新技术、新产品、新工艺发生的研究开发费用；②安置残疾人员及国家鼓励安置的其他就业人员所支付的工资。

二、流转税类

流转税类，是指以商品交换和提供劳务为前提，以商品流转额和非商品流转额为课税对象的税类。流转税类税种的税款可以由厂商或销售者通过提高商品、劳务价格的手段转嫁给消费者，在这种情况下，商品、劳务的消费者虽然没有直接向政府纳税，但却在购买商品、劳务的过程中间接地向政府缴纳了税款。

流转税类包括营业税、增值税和消费税。

（一）营业税

营业税是对在我国境内提供应税劳务、转让无形资产和销售不动产的行为为课税对象所征收的一种税。它属于单一环节的流转税。

1. 纳税义务人。营业税的纳税义务人为在我国境内提供应税劳务、转让无形资产或者销售不动产的单位和个人。

具体来说，境内劳务又有以下几个规定：

(1) 提供或者接受条例规定劳务的单位或者个人在境内；

(2) 所转让的无形资产（不含土地使用权）的接受单位或者个人在境内；

(3) 所转让或者出租土地使用权的土地在境内；

(4) 所销售或者出租的不动产在境内。

上面所说的应税劳务是指属于交通运输业、建筑业、金融保险业、邮电通信业、文化体育业、娱乐业、服务业税目征收范围的劳务。加工和修理修配劳务属于增值税的征税范围，因此不属于营业税的应税劳务。单位或个体经营者聘用员工为本单位或雇主提供的劳务，也不属于营业税的应税劳务。

2. 扣缴义务人。针对某些难以确定纳税人的具体情况，营业税法又规定了扣缴义务人，涉及到个人理财规划方面的主要有：

（1）境外单位或个人在境内发生应税行为而在境内未设有机构的，其应纳税款以代理人为扣缴义务人，没有代理人的，以受让者或购买者为扣缴义务人；

（2）单位或个人举行演出，由他人售票的，其应纳税款以售票者为扣缴义务人；

（3）个人转让专利权、非专利技术、商标权、著作权、商誉的，其应纳税款以受让者为扣缴义务人；

（4）财政部规定的其他扣缴义务人。

3. 税目。营业税的税目按照行业、类别的不同分别设置，包括交通运输业、建筑业、金融保险业、邮电通信业、文化体育业、娱乐业、服务业以及转让无形资产和销售不动产。

4. 税率。营业税按照行业、类别的不同分别采用不同的比例税率，其中：

（1）交通运输业、建筑业、邮电通信业、文化体育业的税率为3%；

（2）服务业、金融保险业、销售不动产、转让无形资产的税率为5%；

（3）娱乐业执行20%的税率。营业税纳税人兼有不同税目应税行为的，应分别核算不同税目的营业额、无形资产转让额以及不动产销售额；凡不分别核算的，税务机关将从高确定适用税率。

5. 计税依据。营业税的不同项目的计税依据也有所不同，具体如下：

（1）个人进行演出，以全部票价收入或者包场收入减去付给提供演出场所的单位、演出公司或者经纪人的费用后的余额为营业额。

（2）单位和个人销售或转让其购置的不动产或受让的土地使用权，以全部收入减去不动产或土地使用权的购置或者受让原价后的余额为营业额。个人销售或转让抵债所得的不动产、土地使用权的，以全部收入减去抵债时该项不动产或土地使用权作价后的余额为营业额。

（3）金融经纪业务和其他金融业务（中间业务）营业额为手续费（佣金）类的全部收入。

（4）代理业以纳税人从事代理业务向委托方实际收取的报酬为营业额。

6. 应纳税额计算。纳税人提供应税劳务、转让无形资产或者销售不动产，按照营业额和规定的税率计算应纳税额。计算营业税应纳税额的公式如下：

应纳税额 = 营业额 × 税率

应纳税额以人民币计算。纳税人以外汇结算营业额的，应当按外汇市场价格折合成人民币计算。

7. 起征点。对于经营营业税应税项目的个人，营业税规定了起征点。营业额达到或者超过起征点的应照章全额计算纳税，营业额低于起征点则免于征收营业税。营业税起征点的一般规定如下：

（1）按期纳税的起征点为月营业额1000～5000元；

（2）按次纳税的起征点为每次（日）营业额100元。

各省、自治区、直辖市人民政府所属地方税务机关可以在规定的幅度内根据当地实际情况确定本地区适用的起征点。

8. 减免税优惠。营业税的相关减免项目包括：

（1）个人（含外籍个人）从事技术转让、技术开发业务和与之相关的技术咨询、技术服务业务取得的收入，免征营业税。免征营业税的技术转让收入是指转让者将其拥有的专利和非专利技术的所有权或使用权有偿转让他人及提供与之相关的技术咨询、技术服务等所取得的收入。采取按产品销售比例提取收入等形式取得的“入门费”、“提成费”等作价方式取得的与技术转让有关的收入，均属于免征营业税的技术转让收入范围。技术转让合同中的商标使用费或类似性质的收入，不属于免征营业税的范围。因此，纳税人应正确合理地划分出合同中商标使用费等不予免税的收入。如不能准确合理划分，税务机关可按照不高于合同总价款50%的金额确定免征营业税的技术转让收入额。

（2）个人转让著作权，免征营业税；将土地转让给农业生产者用于农业生产，免征营业税。

（3）对个人按市场价格出租的居民住房，暂按3%的税率征收营业税。

（4）单位和个人提供营业税应税劳务、转让无形资产和销售不动产发生退款的，凡该项退款已经征收过营业税的，允许退还已征税款，也可以从纳税人以后的营业额中减除；单位和个人提供营业税应税劳务、转让无形资产和销售不动产时，因受让方违约而从受让方取得的赔偿金收入，应并入营业额中征收营业税；因财务会计核算办法改变，将已经缴纳过营业税的预收性质的价款逐期转为营业收入时，允许从营业额中减除。

（5）对纳入全国试点范围的非营利性中小企业信用担保、再担保机构，可由地方政府确定，对其从事担保业务的收入，3年内免征营业税。

（6）对从事个体经营的军队转业干部、城镇退役士兵和随军家属，自领取税务登记证之日起，3年内免征营业税。个体经营是指雇工7人（含7人）以下的个体经营行为，军队转业干部、城镇退役士兵、随军家属从事个体经营凡雇工8人（含8人）以上的，无论其领取的营业执照是否注明为个体工商户，军队转业干部和随军家属均按照新开办的企业、城镇退役士兵按照新开办的服务型企业的规定享受有关营业税优惠政策。

（7）对证券投资基金（封闭式证券投资基金，开放式证券投资基金）管理人运用基金买卖股票、债券的差价收入，免征营业税。

9. 纳税义务发生时间。营业税的纳税义务发生时间，为纳税人收讫营业收入款项或者取得索取营业收入款项凭据的当天。具体如下：

（1）转让土地使用权或者销售不动产，采用预收款方式的，其纳税义务发生时间为收到预收款的当天。

（2）单位或者个人自己新建建筑物后销售，其自建行为的纳税义务发生时间，为其销售自建建筑物并收讫营业额或者取得索取营业额凭证的当天。

（3）将不动产或者土地使用权无偿赠与他人，其纳税义务发生时间为不动产所有权、土地使用权转移的当天。

（4）会员费、席位费和资格保证金纳税义务发生时间为会员组织收讫会员费、席位费、资格保证金和其他类似费用款项或者取得索取这些款项凭据的当天。

（5）扣缴税款义务发生时间为扣缴义务人代纳税人收讫营业收入款项或者取得索取营业收入款项凭据的当天。

（6）建筑业纳税义务发生时间比较复杂，因此，分为以下几种具体情况。一是实行合同完成后一次性结算价款办法的工程项目，其纳税义务发生时间为施工单位与发包单位进行工程合同价款结算的当天；二是实行旬末或月中预支、月终结算、竣工后清算办法的工程项目，其纳税义务发生时间为月份结束与发包单位进行已完工程价款结算的当天；三是实行按工程形象进度划分不同阶段结算价款办法的工程项目，其纳税义务发生时间为各月份结束与发包单位进行已完工程价款结算的当天；四是实行其他结算方式的工程项目，其纳税义务发生时间为与发包单位结算工程价款的当天。

（7）金融机构的逾期贷款纳税义务发生时间为纳税人取得利息收入权利的当天。

10. 纳税地点。营业税的纳税地点原则上采取属地征收的办法，就是纳税人在经营行为发生地缴纳应纳税款。

（1）纳税人提供应税劳务，应当向应税劳务发生地的主管税务机关申报纳税。纳税人从事运输业务的，应当向其机构所在地主管税务机关申报纳税。

（2）纳税人转让土地使用权、销售不动产，应当向土地所在地或不动产所在地主管税务机关申报纳税。纳税人转让其他无形资产，应当向其机构所在地主管税务机关申报纳税。

（3）纳税人提供的应税劳务发生在外县（市），应向其应税劳务发生地主管税务机关申报纳税，如未向应税劳务发生地申报纳税的，由其机构所在地或居住地主管税务机关补征税款。

（4）纳税人承包的工程跨省、自治区、直辖市的，向其机构所在地主管税务机关申报纳税。

（5）扣缴义务人应当向其机构所在地主管税务机关申报缴纳其扣缴的营业税税款。

（二）增值税

增值税是对在我国境内销售货物或者提供加工、修理修配劳务以及进口货物的单位和个人，就其取得的货物或应税劳务的销售额，以及进口货物的金额计算税款，并实行税款抵扣的一种流转税。在实际操作中，采用间接计算的办法，即以商品货物的增值额为计税依据。所谓增值额，是指产品在某一阶段的销售额扣除投入的原材料、中间产品等物耗后的余额，它基本上相当于该阶段所创造的净产值。增值税一般是多环节课征的税种，商品货物经过一个流转环节（如产制、批发、零售）就要被征一次税，但由于它是以增值额为计税依据，这样就可以避免多环节课征的流转税存在的重复征税问题，从而有利于社会分工和专业化、协作化的发展。此外，增值税还有一个特点，即在商品的最终销售价格一定的情况下，其税负也是确定的，不会因生产方式或流转环节多寡的不同而不同，这样就有利于准确地办理出口退税。

1. 纳税义务人。根据《增值税暂行条例》的规定，凡在我国境内销售货物或者提供加工、修理修配劳务以及进口货物的单位和个人均为增值税的纳税义务人。其中单位包括：国有企业、集体企业、私营企业、股份制企业、其他企业和行政单位、事业单位、军事单位、社会团体及其他单位。

2. 征税范围

（1）一般规定。销售或进口的货物，货物是指有形动产，包括电力、热力、气体在内；提供的加工、修理修配劳务，加工指受托加工货物，即委托方提供原料及主要材料，受托方按照委托方的要求制造货物并收取加工费的业务，修理修配是指受托对损伤和丧失功能的货物进行修复，使其恢复原状和功能的业务。

（2）属于征税范围的特殊项目。货物期货（在实物交割环节纳税）、银行销售金银的业务、典当业的死当物品销售业务和寄售业代委托人销售寄售物品的业务、集邮商品的生产及邮政部门以外的其他单位和个人销售的集邮商品。

（3）属于征税范围的特殊行为。

①视同销售货物行为：

A. 将货物交付其他单位或者个人代销；

B. 销售代销货物；

C. 设有两个以上机构并实行统一核算的纳税人，将货物从一个机构移送其他机构用于销售，但相关机构设在同一县（市）的除外；

D. 将自产或者委托加工的货物用于非增值税应税项目；

E. 将自产、委托加工的货物用于集体福利或者个人消费；

F. 将自产、委托加工或者购进的货物作为投资，提供给其他单位或者个体工商户；

G. 将自产、委托加工或者购进的货物分配给股东或者投资者；

H. 将自产、委托加工或者购进的货物无偿赠送给其他单位或者个人。

②混合销售行为：混合销售行为即一项销售行为既涉及增值税应税货物又同时涉及非应税劳务（即应征营业税的劳务）。原则上应依据纳税人的营业主业判断是征收增值税还是营业税。对于从事货物生产、批发或零售为主，并兼营非应税劳务的增值税纳税人，发生混合销售行为，视同销售货物，应当征收增值税，其销售额为货物与非应税劳务的销售额合计。对于其他单位和个人的混合销售行为，视为提供非应税劳务，不征增值税，而征营业税。

③兼营非应税劳务行为：兼营非应税劳务行为即增值税纳税人在销售应税货物或提供应税劳务的同时，还从事非应税劳务（即营业税规定的各项劳务），且两者之间并无直接的从属关系。纳税人兼营非应税劳务，如果分别核算货物或应税劳务的销售额和非应税劳务的营业额，按各自适用的税率分别征收增值税和营业税。纳税人兼营非应税劳务，如果未分别核算或不能准确计算货物或应税劳务和非应税劳务的销售额，其非应税劳务销售额应与货物或应税劳务的销售额合并，一并征收增值税。

3. 一般纳税人和小规模纳税人。由于增值税的征管制度不同，增值税的纳税人又分为一般纳税人和小规模纳税人。其划分依据为经营规模大小及会计核算是否健全。

小规模纳税人的认定标准是：从事货物生产或提供应税劳务的纳税人，以及从事货物生产或提供应税劳务为主，并兼营货物批发或零售的纳税人，年应税销售额在50万元以下；从事货物批发或零售的纳税人，年应税销售额在80万元以下。该类纳税人的适用税率为3%。另外，财政部和税务总局规定，凡年应税销售额在80万元以下的小规模商业企业、企业性单位，以及从事货物批发或零售为主，并兼营货物生产或提供应税劳务的企业、企业性单位，无论财务核算是否健全，一律不得认定为增值税一般纳税人。

一般纳税人是指年应征增值税销售额（以下简称年应税销售额，包括一个公历年度内的全部应税销售额）超过增值税暂行条例实施细则规定的小规模纳税人标准的企业和企业性单位。其税率设有两档，基本税率为17%，低税率为13%。下列纳税人不属于一般纳税人：

（1）年应税销售额未超过小规模纳税人标准的企业；

（2）个人（除个体经营者以外的其他人）；

（3）非企业性单位；

（4）不经常发生增值税应税行为的企业。

4. 应纳税额计算。一般纳税人计算本月应纳增值税额采用当期购进扣税法，缴纳增值税时，可以按照税法规定的范围凭进货发票注明的税额，从当期的销项税额中抵扣购进货物或者应税劳务已缴纳的增值税额（即进项税额）。其计算公式为：

应纳税额 = 当期销项税额 - 当期进项税额

销项税额是指纳税人销售货物或者提供应税劳务，按照销售额和规定税率计算的增值税税额。该销项税额按照规定在销售额之外一并向购买方收取，其计算公式为：

销项税额 = 销售额 × 税率

【例 5 - 17】 某生产企业为增值税一般纳税人，适用增值税税率为 17%，2006 年 5 月有关生产经营业务如下：

（1）销售甲产品给某大商场，开具增值税专用发票，取得不含税销售额 80 万元。

（2）销售乙产品给某企业，开具普通发票，取得不含税销售额 25 万元。

（3）购进货物取得增值税专用发票，注明支付货款 60 万元、进项税 10.2 万元。

求： 该企业在 2004 年 5 月应缴纳的增值税额。

解： 计算销项税额：

（1）销售甲产品的销项税额：

80 × 17% = 13.6（万元）

（2）销售乙产品的销项税额：

25 × 17% = 4.25（万元）

计算进项税额：

（3）进项税额为 10.2 万元。

本月应纳增值税 = （1） + （2） - （3） = 7.65（万元）

5. 相关税收优惠

（1）纳税人销售自己使用过的属于应征消费税的机动车、摩托车、游艇，售价超过原值的，按照 4% 的征收率减半征收增值税；售价未超过原值的，免征增值税。

（2）个人（不包括个体经营者）销售自己使用过的除游艇、摩托车、汽车以外的货物免税。

6. 增值税的起征点。销售额未达到起征点的，免征增值税，该起征点的规定只适用于个人。起征点幅度一般规定如下：销售货物的起征点为月销售额 2000～5000 元；销售应税劳务的起征点为月销售额 1500～3000 元；按次纳税的起征点为每次（日）150～200 元。

7. 纳税期限。增值税的纳税期限分别为 1 日、3 日、5 日、10 日、15 日、1 个月或 1 个季度。纳税人以 1 个月或 1 个季度为一期纳税的，自期满之日起 10 日内申报纳税；以 1 日、3 日、5 日、10 日或者 15 日为一期纳税的，自期满之日起 5 日内预缴税款，于次月 1 日起 10 日内申报纳税并结清上月应纳税款。

（三）消费税

消费税是以特定消费品为课征对象所征收的一种税。它的课征主要着眼于个别消费品（一般为奢侈品）的消费行为，消费者只要购买了应税消费品，就要负担消费税。消费税的课征主要是为了调节收入分配，增强税制的累进性，以及限制一些有害商品的消费。

1. 纳税义务人。在中华人民共和国境内生产、委托加工和进口规定的应税消费品的单位和个人，是消费税的纳税人。其中，委托加工的应税消费品由受托方于委托方提货时代扣代缴（受托方为个体经营者除外），自产自用的应税消费品由自产自用单位和个人在移送使用时缴纳消费税。在中华人民共和国境内是指生产、委托加工和进口属于应当征收消费税的消费品的起运地或所在地在境内。

2. 纳税环节。消费税实行单一环节征收，一般在应税消费品的生产、委托加工和进口环节缴纳，以后的批发、零售等环节中不再缴纳消费税。

（1）生产环节。纳税人生产的应税消费品，由生产者于销售时纳税。其中自产自用的用于本企业连续生产的不纳税；用于其他方面的，于移送使用时纳税。委托加工的应税消费品，由受托方在向委托方交货时代扣代缴。

（2）进口环节。纳税人进口的应税消费品，由进口报关者于报关进口时纳税。

（3）零售环节。从 1995 年 1 月 1 日起，金银首饰消费税由零售者在零售环节缴纳。从 2002 年 1 月 1 日起，钻石及钻石饰品由生产、进口环节改为零售环节征税。

3. 征税范围。2006 年 4 月 1 日开始执行新的消费税政策，经调整的消费税变为 14 个税目，分别为：烟、酒及酒精、化妆品、贵重首饰及珠宝玉石、鞭炮、焰火、高尔夫球及球具、高档手表、游艇、木制一次性筷子、实木地板、成品油、小汽车、摩托车和汽车轮胎。

4. 税率。消费税采用比例税率和定额税率两种形式，以适应不同应税消费品的实际情况，如表 5－5 所示。

表 5－5　　消费税税目、税率表（2010 年版）

税　　目	税　　率
一、烟	150 元/标准箱（250 条）
1. 卷烟	
（1）甲类卷烟	56%加 0.003 元/支
（2）乙类卷烟	36%加 0.003 元/支
2. 雪茄烟	36%
3. 烟丝	30%
二、酒及酒精	
1. 白酒	20%加 0.5 元/500 克（或者 500 毫升）
2. 黄酒	240 元/吨
3. 啤酒	
（1）甲类啤酒	250 元/吨
（2）乙类啤酒	220 元/吨
4. 其他酒	10%
5. 酒精	5%
三、化妆品	30%
四、贵重首饰及珠宝玉石	
1. 金银首饰、铂金首饰和钻石及钻石饰品	5%
2. 其他贵重首饰和珠宝玉石	10%
五、鞭炮、焰火	15%
六、成品油	
1. 汽油	
（1）含铅汽油	1.40 元/升
（2）无铅汽油	1.00 元/升
2. 柴油	0.80 元/升
3. 航空煤油	0.80 元/升
4. 石脑油	1.00 元/升
5. 溶剂油	1.00 元/升
6. 润滑油	1.00 元/升
7. 燃料油	0.80 元/升
七、汽车轮胎	3%
八、摩托车	
1. 气缸容量（排气量，下同）在 250 毫升（含 250 毫升）以下的	3%
2. 气缸容量在 250 毫升以上的	10%

续表

税　目	税　率
九、小汽车	
1. 乘用车	
（1）气缸容量（排气量，下同）在1.0升（含1.0升）以下的	1%
（2）气缸容量在1.0升以上至1.5升（含1.5升）的	3%
（3）气缸容量在1.5升以上至2.0升（含2.0升）的	5%
（4）气缸容量在2.0升以上至2.5升（含2.5升）的	9%
（5）气缸容量在2.5升以上至3.0升（含3.0升）的	12%
（6）气缸容量在3.0升以上至4.0升（含4.0升）的	25%
（7）气缸容量在4.0升以上的	40%
2. 中轻型商用客车	5%
十、高尔夫球及球具	10%
十一、高档手表	20%
十二、游艇	10%
十三、木制一次性筷子	5%
十四、实木地板	5%

自2009年5月1日起，甲类香烟的消费税从价税率由原来的45%调整至56%，乙类香烟由30%调整至36%，雪茄烟由25%调整至36%。与此同时，原来的甲乙类香烟划分标准也进行了调整，原来50元的分界线上浮至70元，即每标准条（200支）调拨价格在70元（不含增值税）以上（含70元）的卷烟为甲类卷烟，低于此价格的为乙类卷烟。除烟产品生产环节的消费税政策有了较大改变，调整了计税价格，提高了消费税税率外，卷烟批发环节还加征了一道从价税，税率为5%。

5. 计税依据。消费税的计税依据采用从价计征、从量计征和从价从量复合计征。实行从价计税办法征税的应税消费品，计税依据为应税消费品的销售额。实行从量定额办法计税时，通常以每单位应税消费品的重量、容积或数量为计税依据。实行从价从量复合计征的应税消费品，计税依据为销售额及应税消费品的重量、容积或数量。消费税计税依据为不含增值税、含消费税的销售额，即纳税人销售应税消费品向购买方收取的除增值税税款以外的全部价款和价外费用。

6. 应纳税额计算

（1）从价计税时：应纳税额＝应税消费品销售额×适用税率；

（2）从量计税时：应纳税额＝应税消费品销售数量×适用税额标准；

(3) 复合计税时：应纳税额 = 应税消费品销售额 × 适用税率 + 应税消费品销售数量 × 适用税额标准

(4) 自产自用应税消费品用于连续生产应税消费品的，不纳税；用于其他方面的，有同类消费品销售价格的，按照纳税人生产的同类消费品销售价格计算纳税，没有同类消费品销售价格的，按组成计税价格确定：

组成计税价格 =（成本 + 利润）÷（1 - 消费税税率）

应纳税额 = 组成计税价格 × 适用税率

(5) 委托加工应税消费品的由受托方交货时代扣代缴消费税，按照受托方的同类消费品销售价格计算纳税；没有同类消费品销售价格的，按组成计税价格确定：

组成计税价格 =（材料成本 + 加工费）÷（1 - 消费税税率）

应纳税额 = 组成计税价格 × 适用税率

(6) 进口应税消费品，按照组成计税价格计算纳税。计算公式为：

组成计税价格 =（关税完税价格 + 关税）÷（1 - 消费税税率）

应纳税额 = 组成计税价格 × 消费税税率

(7) 零售金银首饰的纳税人在计税时，应将含税的销售额换算为不含增值税税额的销售额。

金银首饰的应税销售额 = 含增值税的销售额 ÷（1 + 增值税税率或征收率）

对于生产、批发、零售单位用于馈赠、赞助、集资、广告、样品、职工福利、奖励等方面或未分别核算销售的按照组成计税价格计算纳税。

组成计税价格 = 购进原价 ×（1 + 利润率）÷（1 - 金银首饰消费税税率）

应纳税额 = 组成计税价格 × 金银首饰消费税税率

7. 纳税义务发生时间

(1) 纳税人销售的应税消费品，纳税义务发生时间规定。

①纳税人采取赊销和分期收款结算方式的，其纳税义务的发生时间，为销售合同规定的收款日期的当天。

②纳税人采取预收货款结算方式的，其纳税义务的发生时间，为发出应税消费品的当天。

③纳税人采取托收承付和委托银行收款方式销售的应税消费品，其纳税义务的发生时间，为发出应税消费品并办妥托收手续的当天。

④纳税人采取其他结算方式的，其纳税义务的发生时间，为收讫销售款或者取得索取销售款的凭据的当天。

(2) 纳税人自产自用的应税消费品，其纳税义务的发生时间，为移送使用的当天。

（3）纳税人委托加工的应税消费品，其纳税义务的发生时间，为纳税人提货的当天。

（4）纳税人进口的应税消费品，其纳税义务的发生时间，为报关进口的当天。

8. 纳税地点的有关规定。纳税人销售的应税消费品及自产自用的应税消费品，除国家另有规定外，应当向纳税人核算地主管税务机关申报纳税。纳税人的总机构与分支机构不在同一县（市）的，应当分别向各自机构所在地的主管税务机关申报纳税。

纳税人到外县（市）销售或委托外县（市）代销自产应税消费品的，应事先向其所在地主管税务机关提出申请，并于应税消费品销售后，回纳税人核算地缴纳税款。委托加工的应税消费品，由受托方向所在地主管税务机关报缴消费税税款，但纳税人委托个体工商业户加工的应税消费品，一律于委托方收回应税消费品后在委托方所在地申报纳税。进口的应税消费品，由进口人或者其代理人向报关地海关申报纳税。

9. 纳税期限。消费税的纳税期限分别为1日、3日、5日、10日、15日、1个月或1个季度。纳税人的具体纳税期限，由主管税务机关根据纳税人应纳税额的大小分别核定；不能按照固定期限纳税的，可以按次纳税。纳税人以1个月或1个季度为一期纳税的，自期满之日起10日内申报纳税；以1日、3日、5日、10日或者15日为一期纳税的，自期满之日起5日内预缴税款，于次月1日起10日内申报纳税并结清上月应纳税款。

三、资源、财产税类

（一）资源税类

资源税类是对自然资源征税的税种的总称。我国属于资源税类的税种有城镇土地使用税、资源税等。这些税种主要是对土地资源和矿产资源征收的税种。

1. 城镇土地使用税。城镇土地使用税是以城镇土地为征税对象，以实际占用的土地单位面积为计税标准，按规定税额对拥有土地使用权的单位和个人征收的一种税。

（1）纳税义务人。根据《城镇土地使用税暂行条例》的规定，城镇土地使用税的纳税义务人，是指在城市、县城、建制镇、工矿区范围内使用土地的单位和个人。具体包括：

①拥有土地使用权的单位和个人；

②拥有土地使用权的单位和个人不在土地所在地的，其土地的实际使用人或代管人为纳税人；

③土地使用权未确定或权属纠纷未解决的，以实际使用人为纳税人；

④土地使用权共有的，共有各方都是纳税人，由共有各方分别纳税。

几个人或几个单位共同拥有一块土地的使用权，这块土地的城镇土地使用税的纳税人应是对这块土地拥有使用权的每一个人或每一个单位。他们应以其实际使用的土地面积占总面积的比例，分别计算缴纳土地使用税。

（2）征税范围。城镇土地使用税的征税范围，包括在城市、县城、建制镇和工矿区内的国家所有和集体所有的土地，不包括农村集体所有的土地。同时国务院决定自2007年1月1日起，将外商投资企业和外国企业（以下简称外资企业）纳入城镇土地使用税的征税范围。

城市是指经国务院批准设立的市。城市的征税范围为市区和郊区。

县城是指县人民政府所在地。

建制镇是指经省、自治区、直辖市人民政府批准设立的建制镇。

工矿区是指工商业比较发达，人口比较集中，符合国务院规定的建制镇标准，但尚未设立建制镇的大中型工矿企业所在地，工矿区须经省、自治区、直辖市人民政府批准。

建立在城市、县城、建制镇和工矿区以外的工矿企业不需缴纳城镇土地使用税。

由于城市、县城、建制镇和工矿区内的不同地方，其自然条件和经济繁荣程度各不相同，税法很难对全国城镇的具体征税范围做出统一规定。因此，国家税务总局在《关于土地使用税若干具体问题的解释和暂行规定》中确定："城市、县城、建制镇、工矿区的具体征税范围，由各省、自治区、直辖市人民政府划定。"

（3）计税依据。城镇土地使用税的计税依据是纳税人实际占用的土地面积。纳税人实际占用的土地面积，是由省、自治区、直辖市人民政府确定的单位组织测定的土地面积。具体办法是：

①凡已由省、自治区、直辖市人民政府确定的单位组织测定土地面积的，以测定的面积为计税依据；

②未经省、自治区、直辖市人民政府确定的单位组织测定土地面积的，但纳税人持有政府部门核发的土地使用证书的，以证书确认的土地面积为计税依据；

③尚未核发土地使用证书的，暂以纳税人申报的土地面积为计税依据，待核发土地使用证以后再做调整。

（4）税率。城镇土地使用税采用定额税率，即实行地区差别幅度税额。按大、中、小城市和县城、建制镇、工矿区分别规定每平方米土地使用税年应纳税额。国务院决定自2007年1月1日起，将城镇土地使用税每平方米年税额在原《条例》规定的基础上提高两倍，具体标准为：

①大城市1.5～30元；

②中等城市 1.2～24 元；

③小城市 0.9～18 元；

④县城、建制镇、工矿区 0.6～12 元。

大、中、小城市的划分以公安部门登记在册的非农业正式户口人数为依据，按照国务院颁布的城市规划条例中规定的标准确定。人口在 50 万人以上者为大城市；人口在 20 万～50 万人之间者为中等城市；人口在 20 万人以下者为小城市。

各省、自治区、直辖市人民政府应当在法定幅度内，根据市政建设情况、经济繁荣程度等条件，确定所属地区的适用税额幅度。

经省、自治区、直辖市人民政府批准，经济落后地区的土地使用税适用税额标准可以适当降低，但降低额不得超过规定的最低税额的 30%。经济发达地区土地使用税的税额适用标准可以适当提高，但必须报经财政部批准。

土地使用税规定幅度税额主要考虑到我国各地区存在着悬殊的土地级差收益，同一地区内不同地段的市政建设情况和经济繁荣程度也有较大的差别。把土地使用税税额定为幅度税额，拉开档次，而且每个幅度税额的差距规定了 20 倍。

（5）应纳税额的计算。城镇土地使用税的应纳税额可以通过纳税人实际占用的土地面积乘以该土地所在地段的适用税额求得。其计算公式为：

全年应纳土地使用税税额 = 实际占用应税土地面积（平方米）×适用税额

（6）税收优惠。税法规定免征城镇土地使用税的包括：

个人所有的居住房屋及院落用地，免税单位职工家属的宿舍用地，集体和个人办的各类学校、医院、托儿所、幼儿园用地。

免税单位无偿使用纳税单位的土地，免征城镇土地使用税。纳税单位无偿使用免税单位的土地，纳税单位应照章缴纳城镇土地使用税。纳税单位与免税单位共同使用、共有使用权土地上的多层建筑，对纳税单位可按其占用的建筑面积占总建筑面积的比例计征城镇土地使用税。

（7）纳税义务发生时间。城镇土地使用税实行按年计算，分期缴纳的征收方法，其纳税义务发生时间为：

①纳税人购置新建商品房，自房屋交付使用之次月起，缴纳城镇土地使用税；

②纳税人购置存量房，自办理房屋权属转移、变更登记手续，房地产权属登记机关签发房屋权属证次月起缴纳；

③纳税人出租、出借房产，自交付出租、出借房产之次月起缴纳；

④纳税人新征用的耕地，自批准征用之日起满一年时开始缴纳土地使用税；

⑤纳税人新征用的非耕地，自批准征用次月起缴纳土地使用税。

（8）纳税地点。城镇土地使用税应在土地所在地向其地方税务机关缴纳。

2. 资源税。资源税是对在我国境内从事应税矿产品开采和生产盐的单位和个人取得的级差收入征收的一种税。资源税的征税范围只限于矿产资源和盐。

（1）纳税义务人。资源税的纳税义务人是在中华人民共和国境内开采应税资源的矿产品或者生产盐的单位和个人。其中单位是指国有企业、集体企业、私营企业、股份制企业、其他企业和行政单位、事业单位、军事单位、社会团体及其他单位；个人是指个体经营者和其他个人；其他单位和其他个人包括外商投资企业、外国企业及外籍人员。中外合作开采石油、天然气的，只征收矿区使用费，暂不征收资源税。因此，中外合作开采石油、天然气的企业不是资源税的纳税义务人。

（2）征税对象。资源税税目、税额分为七大类，在税目下又设有若干个子目。税目与子目是根据资源税应税产品和纳税人开采资源的行业特点设置的。包括：原油、天然气、煤炭、其他非金属原矿、黑色金属矿原矿、有色金属矿原矿、盐。

（3）计税依据。资源税从量定额征收，其计税依据是课税数量。纳税人开采或者生产应税产品销售的，以销售数量为课税数量；纳税人开采或者生产应税产品自用的，以自用数量为课税数量。

（4）应纳税额的计算。资源税应纳税额，按应税产品的课税数量依照规定的税额计算。其计算公式为：

应纳税额 = 单位税额 × 课税数量

（5）纳税义务发生时间。

①纳税人销售应税产品，其纳税义务发生时间是：纳税人采取分期收款方式的，其纳税义务发生时间，为销售合同规定的收款日期的当天；纳税人采取预收货款方式结算的，其纳税义务发生时间，为发出应税产品的当天；纳税人采取其他结算方式的，其纳税义务发生时间，为收讫销售款或取得索取销售款凭证的当天。

②纳税人自产自用应税产品的，其纳税义务发生时间，为移送使用应税产品的当天。

（6）纳税地点。凡缴纳资源税的纳税人，都应向应税产品的开采或者所在地主管税务机关缴纳。扣缴义务人代扣代缴的资源税，应当向收购地主管税务机关申报。

（二）财产税类

财产税类是指以纳税人拥有或支配的财产为课征对象的一类税收。这种税收可以是对纳税人拥有的财产课税，也可以是对纳税人转移的财产课税。财产税类的计税依据为纳税人拥有的财产价值或纳税人转移的财产价值。

对纳税人拥有的财产课征的税收有两种形式：一是个别财产税，即对纳税人拥有的某些财产分别课税，这类财产税的课税对象一般为纳税人拥有的土地、房屋、机器设备等；二是一般财产税，又称财富税，它是对纳税人的全部财产（少数生活必需品可以免税）减去负债后的价值余额按照统一的税率表进行课征的一种财产税。

对纳税人转移的财产课征的税收主要有遗产税和继承税，我国暂未开征这两种税。

我国目前税制中的财产税类主要是房产税，房产税是以房产为征税对象，依据房产价格或房产租金收入向房产所有人或经营人征收的一种税。

（1）纳税义务人。按照《房产税暂行条例》的规定，房产税应由房屋的产权所有人缴纳，即由在中国境内拥有房屋产权的单位和个人缴纳。具体地讲：

①产权所有人，主要分为国家（全民）、集体和个人。产权属于国家所有的，由经营管理单位纳税；产权属于集体和个人所有的由集体单位和个人纳税。

②产权出典的，由承典人纳税。所谓产权出典，是产权所有人将房屋、生产资料等的产权，在一定期限内典给他人使用，而取得资金的一种融资业务。

③产权所有人、承典人不在房屋所在地的，或者产权未确定及租典纠纷未解决的，由房产代管人或者使用人纳税。其中：

A. 产权所有人。简称为“产权人”、“业主”或“房东”，是指拥有房产的单位和个人，即房产的使用、收益、出卖、赠送等权利归其所有。

B. 承典人。承典人是指以押金形式并付出一定费用，在一定的期限内享有房屋的使用、收益之权的人。

C. 代管人。代管人是接受产权所有人、承典人的委托代为管理房屋或虽未受委托而在事实上已代管房屋的人。

D. 使用人。使用人是直接在使用房屋的人。

（2）征税对象。房产税的征税对象是房产，包括与房屋不可分割的附属设施，但不包括独立于房屋之外的建筑物。

房地产开发企业建造的商品房，在出售前，不征收房产税；但对出售前房地产开发企业已使用或出租、出借的商品房应按规定征收房产税。

（3）征税范围。房产税的征税范围是位于城市、县城、建制镇和工矿区范围内的房屋，不包括农村房屋。

（4）计税依据。房产税的计税依据是房产的计税价值或房产的租金收入。按照房产计税价值征税的，称为从价计税，即按房产原值一次减除10%～30%后的余值计征；按照房产租金收入计税的，称为从租计税，即按房产出租的租金收入计征。

以房产联营投资，共担经营风险的，按房产余值为计税依据计征房产税；不承担经营风险，只收取固定收入的，应由出租方按租金收入计征房产税。融资租赁房屋的，以房产余值为计税依据计征房产税。

（5）税率。我国现行房产税采用的是比例税率。从价计征税率为1.2%，从租计征的税率为12%，对个人按市场价格出租的居民住房用于居住的，暂减按4%征收房产税。

（6）应纳税额的计算。

①从价计征的计算：

应纳税额 = 应税房产原值 ×（1 - 扣除比例）×1.2%

②从租计征的计算：

应纳税额 = 租金收入 ×12%

（7）税收优惠。

①法定免税。

A. 国家机关、人民团体、军队自用的办公用房和公务用房免征房产税。

B. 由国家财政部门拨付事业经费的单位本身业务范围内使用的房产免征房产税。

C. 事业单位自用的房产自实行自收自支的年度起，免征房产税3年。

D. 宗教寺庙、公园、名胜古迹的非营业用房产免征房产税。

E. 个人所有非营业用的房产免征房产税。

②财政部批准的免税。

A. 损坏、不堪使用的房屋和危险房屋，经有关部门鉴定，在停止使用后，可免征房产税。

B. 因企业停产、撤销而闲置不用的房产，经省、自治区、直辖市地方税务局批准可暂不征收房产税。

C. 大修停用半年以上的房产，经纳税人申请，税务机关审核，在大修期间可免征房产税。

D. 房管部门经租的居民住房，在房租调整改革之前收取租金偏低的，可暂缓征收房产税。

E. 高校后勤实体的房产，免征房产税。

F. 非营利性医疗机构、疾病控制机构和妇幼保健机构等自用的房产，免征房产税。

G. 营利性医疗机构自用的房产，自2000年起免征房产税3年。

（8）纳税义务发生时间。

①纳税人将原有房产用于生产经营，从生产经营之月起缴纳房产税。

②纳税人自行新建房屋用于生产经营的，从建成次月起缴纳。

③委托施工企业建设的房屋，从办理验收手续次月起缴纳。

④纳税人购置新建商品房，自房屋交付使用之次月起缴纳。

⑤购置存量房，自办理岗位权属转移、变更登记手续、房地产权属登记机关签发房屋权属证书之次月起缴纳。

⑥纳税人出租、出借房产，自交付出租、出借房产之次月起缴纳。

（9）纳税期限。房产税实行按年计算，分期（季度或半年）缴纳的征收办法。具体纳税期限由省、自治区、直辖市人民政府确定。

（10）纳税地点。房产税在房产所在地缴纳。房产不在同一地方的纳税人，应按房产的坐落地点分别向房产所在地的税务机关纳税。

四、目的、行为税类

目的、行为税类主要包括印花税、城市维护建设税及教育费附加、契税和车船使用税。下面分别介绍这几种税：

（一）印花税

印花税是对经济活动和经济交往中书立、使用、领受具有法律效力的凭证的单位和个人征收的一种税。

1. 纳税义务人。印花税的纳税义务人是在中国境内书立、使用、领受印花税法所列举的凭证并应依法履行纳税义务的单位和个人。

（1）立合同人。指合同的当事人。或者说对凭证有直接权利义务关系的单位和个人，但不包括合同的担保人、证人、鉴定人。各类合同的纳税人是立合同人。各类合同包括购销、加工承揽、建筑工程承包、财产租赁、货物运输、仓储保管、借款、财产保险、技术合同或具有合同性质的凭证。

（2）立据人。产权转移书据的纳税人是立据人。

（3）立账簿人。营业账簿的纳税人是立账簿人，是指设立并使用营业账簿的单位和个人。

（4）领受人。权利、许可证照的纳税人是领受人，是指领取或接受并持有该项凭证的单位和个人。

（5）使用人。在国外书立、领受，但在国内使用的应税凭证，其纳税人是使用人。

对应税凭证，凡由两方或两方以上当事人共同书立的，其当事人各方都是印花税的纳税人，应各就其所持凭证的计税金额履行纳税义务。

2. 征税范围。下列凭证为应纳税凭证：

（1）经济合同以及具有合同性质的凭证。包括：购销合同、加工承揽合同、建筑工程承包合同、财产租赁合同、货物运输合同、仓储保管合同、借款合同、财产保险合同、技术合同或者具有合同性质的凭证。

（2）产权转移书据，是指单位和个人产权的买卖、继承、赠与、交换、分割等所立的书据。包括财产所有权和版权、商标专用权、专利权、专有技术使用权等转移书据。

（3）营业账簿。是指单位或者个人记载生产经营活动的财务会计核算账簿。包括日记账簿和各明细分类账簿。可分为记载资金的账簿和其他账簿。所谓记载资金的账簿是指载有固定资产原值和自有流动资金的总分类账簿，或者专门设置的记载固定资产原值和自有流动资金的账簿；其他账簿，是指除上述账簿以外的账簿，包括日记账簿和各明细分类账簿。记载资金的账簿贴花，计税依据为“实收资本”与“资本公积”两项合计金额。

（4）权利、许可证照。包括政府部门发给的房屋产权证、工商营业执照、商标注册证、专利证、土地使用证等。

（5）经财政部确定征税的其他凭证。对于在我国境外书立、领受但在我国境内使用的凭证，在中国境内具有法律效力，受中国法律保护，也是印花税的征收范围。

3. 税目。印花税的税目共有13个，即：

（1）购销合同。包括供应、预购、采购、购销结合及协作、调剂、补偿贸易等合同。此外，还包括出版单位与发行单位之间订立的图书、报纸、期刊和音像制品的应税凭证，例如订购单、订书单等。

（2）加工承揽合同。包括加工、定做、修缮、修理、印刷、广告、测绘、测试等合同。

（3）建筑工程勘察设计合同。包括勘察、设计合同。

（4）建筑安装工程承包合同。包括建筑物、安装工程承包合同。承包合同，包括总承包合同、分包合同和转包合同。

（5）财产租赁合同。包括租赁房屋、船舶、飞机、机动车辆、机械、器具、设备等合同，还包括企业、个人出租门店、柜台等签订的合同。

（6）货物运输合同。包括民用航空、铁路运输、海上运输、公路运输的联运合同，以及作为合同使用的单据。

（7）仓储保管合同。包括仓储、保管合同，以及作为合同用的仓单、栈单等。

（8）借款合同。银行及其他金融组织与借款人（不包括银行同业拆借）所签订的合同，以及只填开借据并作为合同使用、取得银行借款的借据。银行及其他金融机构经营的融资租赁业务，指一种以融物方式达到融资目的的业务，实际上是分期偿还的固定资金借款，因此融资租赁合同也属于借款合同。

（9）财产保险合同。包括财产、责任、保证、信用保险合同，以及作为合同使用的单据。财产保险合同，分为企业财产保险、机动车辆保险、货物运输保险、家庭财产保险和农牧业保险五大类。

（10）技术合同。包括技术开发、转让、咨询、服务等合同，以及作为合同使用的单据。

（11）产权转移书据。包括财产所有权和版权、商标专用权、专利权、专有技术使用权等转移书据。“财产所有权”转移书据的征税范围，是指经政府管理机关登记注册的动产、不动产的所有权转移所立的书据，以及企业股权转让所立的书据。

（12）营业账簿。指单位或者个人记载生产经营活动的财务会计核算账簿。营业账簿按其反映内容的不同，可分为记载资金的账簿和其他账簿。

（13）权利、许可证照。包括政府部门发给的房屋产权证、工商营业执照、商标注册证、专利证、土地使用证。

4. 税率。印花税的税率有两种形式，即比例税率和定额税率。

（1）比例税率。在印花税的13个税目中，各类合同以及具有合同性质的凭证、产权转移书据、营业账簿中记载资金的账簿，适用比例税率。具体如下：

适用0.05‰税率的为“借款合同”；

适用0.3‰税率的为“购销合同”、“建筑安装工程承包合同”、“技术合同”；

适用0.5‰税率的是“加工承揽合同”、“建设工程勘察设计合同”、“货物运输合同”、“产权转移书据”、“营业账簿”税目中记载资金的账簿；

适用1‰税率的为“财产租赁合同”、“仓储保管合同”、“财产保险合同”；

“股权转让书据”。自2007年5月30日起，调整证券（股票）交易印花税税率。对买卖、继承、赠与所书立的A股、B股股权转让书据，由立据双方当事人分别按3‰的税率缴纳证券（股票）交易印花税。

经国务院批准，从2008年4月24日起，调整证券（股票）交易印花税税率，由3‰降至1‰。即对买卖、继承、赠与所书立的A股、B股股权转让书据，由立据双方当事人分别按1‰的税率缴纳证券（股票）交易印花税。

2008年9月19日起，经国务院批准，对证券交易印花税政策进行调整，由双边征收改为单边征收，税率保持1‰。即对买卖、继承、赠与所书立的A股、B股股权转让书据，由立据双方当事人分别按1‰的税率缴纳股票交易印花税，改为由出让方按1‰的税率缴纳股票交易印花税，受让方不再征收。

（2）定额税率。在印花税的税目中，权利、许可证照和营业账簿税目中的其他账簿，适用定额税率，均为按件贴花，税额为5元。

5. 计税依据的特殊规定

(1) 同一凭证，载有两个或两个以上经济事项而适用不同税目税率，如分别记载金额的，应分别计算应纳税额，相加后按合计税额贴花；如未分别记载金额的，按税率高的计税贴花。

(2) 应税凭证所载金额为外国货币的，应按照凭证书立当日国家外汇管理局公布的外汇牌价折合成人民币，然后计算应纳税额。

(3) 有些合同，在签订时无法确定计税金额，如技术转让合同中的转让收入，是按销售收入的一定比例收取或是按实现利润分成的；财产租赁合同，只是规定了月(天)租金标准而却无租赁期限的。对这类合同，可在签订时先按5元贴花，以后结算时再按实际金额计税，补贴印花。

(4) 应税合同在签订时纳税义务即已产生，应计算应纳税额并贴花。所以，不论合同是否兑现或是否按期兑现，均应贴花。

(5) 商品购销活动中，采用以货换货方式进行商品交易签订的合同，是反映既购又销双重经济行为的合同。对此，应按合同所载的购、销合计金额计税贴花。合同未列明金额的，应按合同所载购、销数量依照国家牌价或者市场价格计算应纳税额。

(6) 对纳税人以电子形式签订的各类应税凭证按规定征收印花税。

6. 应纳税额的计算

适用比例税率：应纳税额 = 计税金额 × 比例税率；

适用定额税率：应纳税额 = 凭证件数 × 固定税额。

7. 税收优惠

(1) 财产所有人将财产无偿赠给政府、社会福利单位、学校所立的书据免税。

(2) 国家指定的收购部门与村民委员会，农民个人书立的农副产品收购合同免税。

(3) 无息、贴息贷款合同免税。

(4) 经财政部批准免税的其他凭证免税。

8. 税款的缴纳。印花税的纳税办法包括自行贴花、汇贴或汇缴、委托代征。应当在书立或领受时贴花，具体指合同签订时，账簿启用时和证照领受时贴花。如果合同是在国外签订，并且不便在国外贴花的，应在将合同带入境时办理贴花纳税手续。

(二) 城市维护建设税及教育费附加

城市维护建设税是国家对缴纳增值税、消费税、营业税的单位和个人就其实际缴纳的“三税”税额为计税依据而征收的一种税。它具有附加税性质。

1. 纳税义务人。城市维护建设税以缴纳增值税、消费税、营业税的单位和个人为纳税义务人，包括缴纳增值税、消费税、营业税的国有企业、集体企业、个体经营者、机关、团体、部队等一切单位和个人。但对外商投资企业和外国企业缴纳的“三税”不征收城建税。进口货物的单位和个人对其进口货物应缴纳增值税，但不缴纳城建税。

海关对进口产品代征的消费税、增值税不征收城市维护建设税。

2. 计税依据。城建税的计税依据是纳税人实际缴纳的增值税、消费税、营业税税额之和，它没有独立的计税依据。

纳税人违反“三税”税法而加收的滞约金和罚款，是税务机关对纳税人违法行为的经济制裁，不作为城建税的计税依据，但纳税人在补查“三税”和被处以罚款时，应同时对其偷漏的城建税进行补税和罚款。

由于城建税是以“三税”实际缴纳的税额为计税依据同时征收，因而，减免“三税”时也同时减免城建税。但对出口产品退还增值税、消费税时，不退还已缴纳的城建税。

3. 税率。城建税按纳税人所在地的不同，设置了三档地区差别比例税率，即：

（1）纳税人所在地为市区的，税率为7%；

（2）纳税人所在地为县城、镇的，税率为5%；

（3）纳税人所在地不在市区、县城或镇的，税率为1%。

对于以下两种情况，应按缴纳“三税”所在地的规定税率计算缴纳城建税：

第一，由受托方代征代扣“三税”的单位和个人，其代征代扣的城建税按受托方所在地适用税率计算缴纳；

第二，无固定纳税地点的单位和个人（如流动经营者），在经营地缴纳“三税”的，其城建税按经营地适用税率计算缴纳。

教育费附加是对缴纳“三税”的单位和个人，就其实际缴纳的税额为计算依据征收的一种附加税。教育费附加的计征依据同城建税，其计征比率为3%。

（三）契税

契税是以所有权发生转移变动的不动产为征税对象，向产权承受人征收的一种财产税。

1. 征税对象。契税的征税对象是境内转移土地、房屋权属的行为。具体包括：

（1）接受国有土地使用权出让的行为。国有土地使用权出让是指使用者向国家交付土地使用权出让费，国家将国有土地使用权在一定年限内让与土地使用者的行为。

（2）接受土地使用权转让的行为，但不包括接受农村集体土地承包经营权的转让行为。土地使用权转让是指土地使用者以出售、赠与、交换或其他方式将土地使用权转移给其他单位和个人的行为。不包括农村集体土地承包经营权的转移。

（3）购买房屋的行为。房屋买卖是指房屋所有者将其房屋出售，由承受者交付货币、实物、无形资产或者其他经济利益的行为。

(4) 接受房屋赠与的行为。房屋赠与是指房屋所有者将其房屋无偿转让给受赠者的行为。

(5) 房屋所有者之间互相交换房屋的行为。房屋交换是指房屋所有者之间互相交换房屋的行为。

(6) 接受土地、房屋权属作价投资、入股的行为。

(7) 接受他人以土地、房屋权属抵债的行为。

(8) 以获奖方式承受土地、房屋权属的行为。

(9) 以预购方式或者预付集资建房款方式承受土地、房屋权属的行为。

2. 纳税义务人。在中国境内承受被转移土地、房屋权属的单位和个人。单位包括内外资企业、事业单位、国家机关、军事单位和社会团体。个人包括中国公民和外籍人员。

3. 计税依据。即不动产的价格，依不动产的转移方式、定价方法不同，契税计税依据有以下几种情况：

(1) 国有土地使用权出让、土地使用权出售、房屋买卖，以成交价格为计税依据。所谓成交价格是指土地、房屋权属转移合同确认的价格，包括承受者应交付的货币、实物、无形资产或者其他经济利益。

(2) 土地使用权赠与、房屋赠与，由征收机关参照土地使用权出售、房屋买卖的市场价格核定。

(3) 土地使用权交换、房屋交换，以所交换的土地使用权、房屋的价格差额为计税依据。

(4) 以划拨方式取得土地使用权，经批准转让房地产时，由房地产转让者补交契税。其计税依据为补交的土地使用权出让费或者土地收益。

为了防止纳税人隐瞒、虚报成交价格，税法规定对于成交价格明显低于市场价格并且无正当理由的，或者所交换土地使用权、房屋价格的差额明显不合理并且无正当理由的，征收机关可以参照市场价格核定计税依据。

(5) 采取分期付款方式购买房屋附属设施土地使用权、房屋所有权的，按合同规定的总价款计征契税；承受的房屋附属设施权属如为单独计价的，按照当地确定的适用税率征收契税。

4. 税率。契税实行3%～5%的幅度税率。实行幅度税率是考虑到我国经济发展的不平衡，各地经济差别较大的实际情况。具体执行多少由省、自治区、直辖市人民政府视本地区实际情况而定。

5. 应纳税额计算。契税采用比例税率。应纳税额的计算公式为：

应纳税额 = 计税依据 × 税率

6. 税收优惠

（1）国家机关、事业单位、社会团体、军事单位承受土地、房屋用于办公、教学、医疗、科研和军事设施的，免征契税；

（2）城镇职工按规定第一次购买公有住房，免征契税；

（3）因不可抗力灭失住房而重新购买住房的，酌情准予减征或免征契税；

（4）土地、房屋被县级以上人民政府征用、占用后，重新承受土地、房屋权属的，由省级人民政府确定是否减免；

（5）承受荒山、荒沟、荒丘、荒滩土地使用权，并用于农、林、牧、渔业生产的，免征契税；

（6）经外交部确认，依照我国有关法律规定以及我国缔结或参加的双边和多边条约或协定，应当予以免税的外国驻华使馆、领事馆、联合国驻华机构及其外交代表、领事官员和其他外交人员承受土地、房屋权属，免征契税。

税法规定，凡经批准减征或免征契税的纳税人，改变有关土地、房屋用途，不再属于减免税的范围，应当补缴已经减征、免征的税款。

7. 纳税时间。契税的纳税义务发生时间是在纳税人签订土地、房屋权属转移合同的当天，或取得其他具有土地、房屋权属转移合同性质凭证的当天。纳税人应自纳税义务发生之日起的10日内，向土地、房屋所在地的契税征收机关办理纳税申报，并在契税征收机关核定的时期内缴纳。

8. 纳税地点。契税在土地、房屋所在地的征收机关缴纳。

（四）车船税

《中华人民共和国车船税暂行条例》于2007年1月1日起实施，原车船使用税和车船使用牌照税同时停征。

1. 纳税义务人。在中华人民共和国境内，车辆、船舶（以下简称车船）的所有人或者管理人为车船税的纳税人，应当依照规定缴纳车船税。其中管理人，是指对车船具有管理使用权，不具有所有权的单位；车船管理部门，是指公安、交通、农业、渔业、军事等依法具有车船管理职能的部门。车船的所有人或者管理人未缴纳车船税的，使用人应当代为缴纳车船税。

2. 征税范围。车船税的征收范围，是指依法应当在车船管理部门登记的车船。同时《中华人民共和国车船税暂行条例实施细则》规定，在机场、港口以及其他企业内部场所行驶或者作业，并在车船管理部门登记的车船，应当缴纳车船税。

3. 适用税额。车船的适用税额，依照《车船税税目税额表》执行，见表5－6所示。

表5－6　　车船税税目税额表

税　目	计税单位	每年税额（元）	备　注
载客汽车	每辆	60～660	包括电车
载货汽车专项作业车	按自重每吨	16～120	包括半挂牵引车、挂车
三轮汽车低速货车	按自重每吨	24～120	
摩托车	每辆	36～180	
船舶	按净吨位每吨	3～6	拖船和非机动车驳船分别按船舶税额的50%计算

注：专项作业车、轮式专用机械车的计税单位及每年税额由国务院财政部门、税务主管部门参照本表确定。

4. 减免税优惠。下列车船免征车船税：

（1）非机动车船（不包括非机动驳船）；

（2）拖拉机；

（3）捕捞、养殖渔船；

（4）军队、武警专用的车船；

（5）警用车船；

（6）按照有关规定已经缴纳船舶吨税的船舶；

（7）依照我国有关法律和我国缔结或者参加的国际条约的规定应当予以免税的外国驻华使馆、领事馆和国际组织驻华机构及其有关人员的车船。

除以上规定者外，省、自治区、直辖市人民政府可以根据当地实际情况，对城市、农村公共交通车船给予定期减税、免税。

5. 纳税地点。车船税的纳税地点，由省、自治区、直辖市人民政府根据当地实际情况确定。跨省、自治区、直辖市使用的车船，纳税地点为车船的登记地。

6. 纳税时间。车船税的纳税义务发生时间，为车船管理部门核发的车船登记证书或者行驶证书所记载日期的当月。纳税人未按照规定到车船管理部门办理应税车船登记手续的，以车船购置发票所载开具时间的当月作为车船税的纳税义务发生时间。

五、关税

关税是对进出关境或国境的货物和物品征收的一种税。关境，又称税境或海关境域，海关合作理事会将其定义为“全面实施统一海关法令的境域”。它同国境是紧密相关但又有一定区别的。国境是指一个主权国家的领土范围，在通常情况下，一国的国境范围同关境的领域大小是一致的，货物（或物品）进出国境就是进出关境，就应征收关税。但是，两者也有不一致的时候：当一国的国境内设有自由港或自由贸易区时，关境的范围就小于国境，进出自由港或自由贸易区的货物不征关税；而当几个国家结成关税同盟时，由各同盟国家组成一个共同关境实施统一的关税法令和关税税则，同盟国彼此之间货物进出国境不征关税，只对来自和运往非同盟国家的货物进出共同关境时征收关税，这时关境就大于其成员国的各自国境。

1. 关税的分类。关税以通过关境的货物和物品的流向为标准，可分为进口关税（简称进口税）、出口关税（简称出口税）和过境关税（过境税）。我国目前的关税只包括进口税和出口税。

（1）进口税。进口税是关税中最主要的一种，它是对从国外运入的货物或物品所征收的一种关税。一般是在货物、物品进入国境或关境时征收，或在货物从保税区域中提出投入国内市场时征收。征收进口税可以起到保护国内产业和筹措财政收入的作用。

（2）出口税。出口税是对从本国出口的货物、物品所征收的一种关税。征收出口关税的主要目的是保护本国的稀缺自然资源，或限制、调控某些商品的出口以稳定其国际市场价格，或为财政目的，或为政治、军事方面的需要。

（3）过境税。过境税是对从外国运经本国国境或关境运往第三国的货物所征收的关税。由于过境货物不进入本国市场，对本国生产没有影响；所征税率又很低，财政意义不大；而加征该税将影响转口贸易，所以，现在世界上绝大多数国家都不征收过境税。

2. 征税对象。关税的征税对象是准许进出境的货物和物品。货物是贸易性的，物品是非贸易性的。进出境的货物和物品，通常是有形的实物商品。无形的商品如科学技术、文艺美术、专利发明等虽然具有很高的价值，也是国际间交易对象，但是海关无法对它们单独征收关税。只能在它们的价值体现在某种实物进出境时，才能对有关的实物或其载体征收关税，如书刊、文物、书画、录音、软盘等。近年来，电也被列为关税商品。虽然它也是无形的，但它是由电缆输送，并且是可以具体计量的，因此也成为了关税的征税对象。

3. 纳税义务人。关税的纳税义务人为进口货物的收货人、出口货物的发货人、进出境物品的所有人。

进出口货物的收、发货人是依法取得对外贸易经营权，并进口或者出口货物的法人或者其他社会团体。

进出境物品的所有人包括该物品的所有人和推定为该所有人的人。一般情况下，对于携带进境的物品，推定其携带人为所有人；对分离运输的行李，推定相应的进出境旅客为所有人；对以邮递方式进境的物品，推定其收件人为所有人；以邮递或其他运输方式出境的物品，推定其寄件人或托运人为所有人。

4. 关税的税目。我国进出口货物的税目和税率，由海关进出口税则规定。从1993年12月31日起，我国的进出口税则包括进口税则和出口税则两个部分。进口税则由归类总原则和进口税率两部分组成，出口税则只有出口税率表，但是进口税则中归类总原则也同样适用于出口税则。至2010年，《中华人民共和国进出口税则》税目总数为7923个。

5. 关税的税率

（1）进口关税税率。在我国加入WTO以后，为履行我国在加入WTO关税减让谈判中承诺的有关义务并享有应有的成员权利，从2002年1月起，我国进口税则设有最惠国税率、协定税率、特惠税率、普通税率共四栏税率。

（2）出口关税税率。为了体现既要奖励出口，又要控制盲目出口，并且征收出口关税的商品品种不宜过多的出口关税原则，我国对出口货物一般免征关税，只对盈利特别高的大宗出口商品，国际市场容量有限，盲目出口会在国外形成削价竞销的商品；国内紧俏、需大量进口的商品以及为保护国内资源需要控制出口的商品，才征收出口关税。

（3）关税税率的适用。进出口货物应当依照《海关进出口税则》规定的归类原则归入合适的税号，并按照适用的税率征税。其具体适用的规定如下：

①进出口货物，应当按照收发货人或者他们的代理人申报进口或者出口之日实施的税率征税。

②进口货物到达前，经海关核准先行申报的，应当按照装载此项货物的运输工具申报进境之日实施的税率征税；

③进出口货物的补税和退税，适用该进出口货物原申报进口或者出口之日所实施的税率。

（4）个人自用物品的进口税率。对非贸易性物品，依据《中华人民共和国海关关于入境旅客行李物品和个人邮递物品征收进口税办法》的规定，准许应税进口的旅客行李物品，个人邮递物品以及其他个人自用物品均由海关按照《入境旅客行李物品和个人邮递物品进口税税率表》征收进口税。

我国对应税个人自用物品征收进口税的具体税目和税率经过了多次调整。目前，进口税税率共设为四档，分别为10%、20%、30%和50%。

①适用第一档10%税率的物品主要包括书报、刊物、教育专用电影片、幻灯片、原版录音带、录像带、金、银及其制品、食品、饮料等；

②适用第二档20%税率的物品主要包括纺织品及其制成品、摄像机、摄录一体机、数码相机及其他电器用具、照相机、自行车、手表、钟表（含配件、附件）；

③适用第三档30%税率的物品为高尔夫球及球具、高档手表（系指完税价格10000元人民币以上的手表）；

④适用第四档50%税率的物品为烟、酒、化妆品。

海关总署公告，从2010年9月1日起，对个人邮寄物品应征进口税税额在人民币50元（含50元）以下的，海关予以免征。

第二节　与个人理财有关的税收政策

第一单元　金融投资税收介绍

金融投资是将货币转化为股票、债券、银行存款等金融资产的投资形式。个人通过金融投资，可以取得股息、红利、利息等收入。个人进行金融投资主要面临两种税收，即个人所得税和印花税。根据《营业税暂行条例实施细则》第三条的规定，非金融机构和个人买卖外汇、有价证券或期货，不缴纳营业税。

一、个人所得税

对于个人的金融投资所得，国家一般要按20%的比例税率对其征收个人所得税，而且在课税时不允许纳税人进行任何费用扣除。例如，某人一次取得5000元股息，则要缴纳1000元的个人所得税。这1000元的个人所得税由支付股息的企业单位代扣代缴。个人从事金融投资还需要注意以下税收规定：

1. 股份制企业以股票形式向股东个人支付应得的股息、红利（即派发红股），应以派发红股的股票票面金额为收入额，计算缴纳个人所得税；

2. 个人银行存款在1999年11月1日以后孳生的利息应按“利息、股息、红利所得”项目计征个人所得税，税率为20%；自2007年8月15日起减按5%的税率征收个人所得税；自2008年10月9日起暂免征收储蓄存款利息的个人所得税；

3. 个人在金融机构开设的用于购买股票的账户所取得的利息收入应缴纳个人所得

税；

4. 个人投资者从上市公司取得的股息红利所得，暂减按50%计入个人应纳税所得额，依照现行税法规定计征个人所得税；对持有B股或海外股（包括H股）的外籍个人，从发行该B股或海外股的中国境内企业所取得的股息（红利）所得，暂免征收个人所得税；

5. 对个人买卖有价证券（含国债，但不含股票）的所得要按财产转让所得缴纳个人所得税。按照税法规定，财产转让所得以个人每次转让财产取得的收入额减除财产原值和相关税、费后的余额为应纳税所得额。转让有价证券时的财产原值是指有价证券的买入价以及买入时按规定交纳的有关费用。当个人转让债权时，一般采用“加权平均法”确定其应予减除的财产原值和合理费用。计算公式为：

一次卖出某一种类的债券允许扣除的买价和费用 = 购进该种债券买入价和买进过程中缴纳的税费总和 ÷ 购进该种类债券总数量 × 一次卖出的该种类债券数量 + 卖出该种类债券过程中缴纳的税费

每次卖出债券应缴纳的个人所得税 =（每次卖出该种类债券的收入 - 该次卖出该类债券允许扣除的买价和费用）×20%

6. 对股票转让所得暂不征收个人所得税；

7. 对国债和国家发行的金融债券利息免征个人所得税；

8. 个人取得的教育储蓄存款利息所得免予征收个人所得税；

9. 对个人投资者从基金分配中取得的收入，暂不征收个人所得税。但基金取得股票的股息、红利收入，债券利息收入和储蓄存款的利息收入，要由上市公司、发行债券的企业以及银行在向基金支付上述收入时，代扣代缴20%的个人所得税；

10. 对个人投资者取得的申购和赎回基金单位取得的价差收入，也暂不征收个人所得税；

11. 个人炒卖外汇取得的所得，目前在实践中暂不对其课征个人所得税；

12. 个人购买储蓄性的寿险利息所得，目前在实践中也没有对其征税；

13. 股权成功转让后，转让方个人因受让方个人未按规定期限支付价款而取得的违约金收入，并入财产转让收入，按照“财产转让所得”项目计算缴纳个人所得税，税款由取得所得的转让方个人向主管税务机关自行申报缴纳。

14. 自2010年1月1日起，对个人转让限售股取得的所得，按照“财产转让所得”，适用20%的比例税率征收个人所得税。

15. 股权转让合同履行完毕、股权已作变更登记，且所得已经实现的，转让人取得的股权转让收入应当依法缴纳个人所得税；转让行为结束后，当事人双方签订并执行解除原股权转让合同、退回股权的协议，是另一次股权转让行为，对前次转让行为征收的个人所得税款不予退回。

16. 相关金融产品税收政策梳理：

（1）国债：我国税法规定，国债和国家发行的金融债券利息免税；

（2）基金：基金向个人投资者分配红利、个人投资者购买基金获得收益时不扣缴个人所得税，因为基金获得的股息、红利以及企业债的利息收入，已经由上市公司在向基金派发时代扣代缴了20%的个人所得税。

（3）信托产品：目前我国对信托产品本身收益暂无征税规定，而是按照现行的一般性税收政策对信托活动进行税务监管，并未考虑信托本身法律关系的特殊性及其表达方式、实践方式。具体表现为信托资产转移时按照"产权转移"征收营业税、印花税、契税等，是否要征收个人所得税则没有具体的规定。

（4）人民币理财产品、外汇理财产品在税法中没有明确的规定，但是在实际操作中，有些税务部门会按照"利息、股息、红利所得"征收个人所得税，并且还要求银行代扣代缴个人所得税。为规避税收风险，对该类金融产品的税收问题要仔细咨询银行，并询问当地税务部门。

（5）对于保险理财产品、分红型保险、投连险等收益型保险的所得，税法均没有明确的规定。国内的理财产品很多处于刚起步阶段，税法在这方面的空白一方面是为了促进该类产品的成长，另一方面，还提醒我们在投资理财产品时要密切关注税收政策的变动，选择适合的理财产品。但是对"保险赔款"，税法明确规定可以免税。

二、印花税

印花税是国家对单位和个人在经济交往中书立、使用、领受应税经济凭证征收的一种税。个人在金融投资中进行证券交易也会涉及到印花税问题。

为进一步促进证券市场的健康发展，经国务院批准，财政部决定从2007年5月30日起，调整证券（股票）交易印花税税率，由现行1‰调整为3‰。即对买卖、继承、赠与所书立的A股、B股股权转让书据，由立据双方当事人分别按3‰的税率缴纳证券（股票）交易印花税。2008年9月19日起，经国务院批准，对证券交易印花税政策进行调整，由双边征收改为单边征收，税率保持1‰。即对买卖、继承、赠与所书立的A股、B股股权转让书据，由立据双方当事人分别按1‰的税率缴纳股票交易印花税，改为由出让方按1‰的税率缴纳股票交易印花税，受让方不再征收。

第二单元　住房投资税收介绍

由于房屋价格一般具有上涨的趋势，所以个人购买房产是一种很好的投资渠道。特别是在通货膨胀比较严重的情况下，住房投资还可以使货币收入保值增值。作为一种投资方式，个人购买住房后可以将其出租取得租金收入，或等到住房升值后将其出售。在这个过程中，个人可能面临以下税收。

一、个人所得税

（一）出租住房应缴纳的个人所得税

1. 个人出租房屋取得的租金收入属于财产租赁所得，要缴纳个人所得税。财产租赁所得一般以个人每次（一般以一个月内取得的收入为一次）取得的收入，定额或定率减除规定的费用后的余额为应纳税所得额。即每次收入不超过 4000 元的，定额减除费用 800 元；每次收入在 4000 元以上的，定率减除 20% 的费用。

2. 个人在出租房屋过程中缴纳的印花税、房产税、营业税、城市维护建设税和教育费附加，可持完税（缴款）凭证，从房屋租赁收入中扣除。另外，还允许出租人扣除能够提供有效、准确的凭证，证明由其负担的该出租房屋实际开支的修缮费用（一般为房屋出租后或出租前不久发生的修缮费用）。但允许扣除的修缮费用以每次 800 元为限，一次扣除不完的，准予其在下一次继续扣除，直到扣完为止。

3. 自 2001 年 1 月 1 日起，对个人按市场价格出租的居民住房取得的所得，暂减按 10% 的税率征收个人所得税（原规定的税率为 20%）。

（二）出售自有住房应缴纳的个人所得税

1. 个人出售自有住房取得的所得属于财产转让所得，要依法缴纳个人所得税。财产转让所得以个人每次转让财产取得的收入额（即一件财产的所有权一次转让取得的收入）减除财产原值（购进价格和其他有关税费）和卖出财产时按照规定支付的税款、费用后的余额为应纳税所得额。财产转让所得适用的税率为 20% 的比例税率。

2. 为鼓励个人换购住房，国家对出售自有住房并准备在现住房出售后 1 年内按市场价重新购房的纳税人，视其重新购买住房的金额，对其出售现住房所应缴纳的个人所得税全部或部分地予以免税。具体办法为：

（1）个人出售现住房所应缴纳的个人所得税税款，应在办理产权过户手续前以保证金的形式缴纳给当地主管税务机关。主管税务机关在收取纳税保证金时要向纳税人开具“中华人民共和国纳税保证金收据”，并将保证金纳入专户存储。

（2）个人出售现住房后1年内重新购房（以现住房产权人或其配偶，或产权人夫妻双方名义重新购房）的，税务机关应按其购房金额的大小相应退还其纳税保证金。购房金额大于或等于原住房销售额（原住房为已购公有住房的，原住房销售额应扣除已按规定向财政或原产权单位缴纳的所得收益）的，应全部退还纳税保证金；购房金额小于原住房销售额的，应按照购房金额占原住房销售额的比例退还纳税保证金，余额作为个人所得税缴入国库。

（3）个人出售现住房后1年内未重新购房的，其所缴纳的纳税保证金不再退还，应全部作为个人所得税缴入国库。

（4）个人在申请退还纳税保证金时，应向主管税务机关提供合法、有效的售房、购房合同和主管税务机关要求提供的其他有关证明材料，经主管税务机关审核确认后方可办理纳税保证金的退还手续。

（5）跨行政区域出售、重新购买住房而且又符合退还纳税保证金条件的个人，应向纳税保证金缴纳地的主管税务机关申请退还纳税保证金。

3. 对个人转让自用5年以上、并且是家庭唯一生活用房取得的所得，免征个人所得税。

4. 根据《国家税务总局关于个人住房转让所得征收个人所得税有关问题的通知》（国税发［2006］108号）的规定，自2006年8月1日起，对住房转让所得征收个人所得税时，以实际成交价格为转让收入。对转让住房收入计算个人所得税应纳税所得额时，纳税人可凭原购房合同、发票等有效凭证，经税务机关审核后，允许从其转让收入中减除房屋原值、转让住房过程中缴纳的税金及有关合理费用。其中，转让住房过程中缴纳的税金是指：纳税人在转让住房时实际缴纳的营业税、城市维护建设税、教育费附加、土地增值税、印花税等税金；合理费用是指：纳税人按照规定实际支付的住房装修费用、住房贷款利息、手续费、公证费等费用。

纳税人未提供完整、准确的房屋原值凭证，不能正确计算房屋原值和应纳税额的，税务机关可对其实行核定征税，即按纳税人住房转让收入的一定比例核定应纳个人所得税额。具体比例由省级地方税务局或者省级地方税务局授权的地市级地方税务局根据纳税人出售住房的所处区域、地理位置、建造时间、房屋类型、住房平均价格水平等因素，在住房转让收入1%～3%的幅度内确定。

二、营业税

1. 为促进房地产市场健康发展，遏制投机炒作行为，国家对个人转让房地产营业税政策作出调整，自2010年1月1日起，个人将购买不足5年的非普通住房对外销售的，全额征收营业税；个人将购买超过5年（含5年）的非普通住房或者不足5年的普通住房对外销售的，按照其销售收入减去购买房屋的价款后的差额征收营业税；个人将购买超过5年（含5年）的普通住房对外销售的，免征营业税。销售不动产的税率为5%。

2. 个人出租住房，要按“服务业”税目中的“租赁业”缴纳营业税，计税依据为全部租金收入。“服务业”税目的税率为5%，但对个人按市场价格出租的居民住房暂按3%的税率征收营业税。对按政府规定价格出租的公有住房和廉租住房暂免征收营业税。

3. 个人以不动产投资入股，参与接受投资方利润分配、共同承担投资风险的行为，不征收营业税。在投资后转让其股权的也不征收营业税。

三、土地增值税

土地增值税是国家对有偿转让国有土地使用权及地上建筑物和其他附着物的产权并取得增值性收入的单位和个人征收的一种税收。根据我国的《土地增值税暂行条例》，个人有偿转让房地产，要就其取得的转让房地产的增值额缴纳土地增值税。这里的增值额是指纳税人转让房地产取得的全部收入（包括货币收入、实物收入和其他经济利益）减去扣除项目金额后的余额。所谓扣除项目金额包括：

1. 房屋及建筑物的评估价格；
2. 取得土地使用权所支付的地价款；
3. 按国家统一规定缴纳的有关费用；
4. 在转让环节缴纳的税金。

上述“评估价格”是指经当地税务机关确认的、由政府批准设立的房地产评估机构评定的房屋重置成本价乘以成新折扣率后的价格。纳税人在取得土地使用权时如果未支付地价款或不能提供已支付的地价款凭据的，则在计算转让房地产增值额时不能扣除地价款。“按国家统一规定缴纳的有关费用”中包括纳税人向评估机构支付的评估费用。“在转让环节缴纳的税金”是指在转让房地产时缴纳的营业税、印花税、城市维护建设税以及教育费附加。由于个人购入房地产再转让时其购入环节缴纳的契税已经包含在旧房及建筑物的评估价格之中，所以这笔契税在计算土地增值税时不能再作为与转让房地产有关的税金予以扣除。

土地增值税的税率采用四级超率累进税率。“超率”中的“率”是指增值额与扣除项目金额的比率。土地增值税税率如表5－7。

表 5-7　　土地增值税超率累进税率表

级数	增值额与扣除项目金额的比率	税率（%）	速算扣除系数（%）
1	不超过 50% 的部分	30	0
2	超过 50% ~100% 的部分	40	5
3	超过 100% ~200% 的部分	50	15
4	超过 200% 的部分	60	35

土地增值税的计算公式如下：

应纳税额＝增值额×适用税率－扣除项目金额×速算扣除系数

个人转让住房在一定情况下也可以享受土地增值税的减免优惠。税法规定：个人因工作调动或改善居住条件而转让原自有住房，经向税务机关申报核准，凡在转让的住房居住满5年以上的，免予征收土地增值税；居住满3年未满5年的，减半征收土地增值税；居住未满3年的，按规定计征土地增值税。

四、房产税

1. 按照1986年国务院颁布的《房产税暂行条例》，个人的非营业用房即居民的住房，免征房产税。

2. 对个人拥有的营业用房或出租的房产，要课征房产税。对于个人出租的房产，房产税的计税依据为租金收入，包括货币收入和实物收入。从2001年1月1日起，对个人按市场价格出租的居民住房，用于居住的，暂按4%的税率征收房产税（一般情况税率为12%）。

3. 从2010年开始，房产税改革的呼声越来越强烈，并且已有试点城市向中央呈报试点改革方案。相关业内人士表示，出于对调控楼市及增加地方政府税源的考虑，房产税新规会在不久的将来颁布，并且改革后的房产税可能与原有的房产税在征收范围、计税依据、税率等方面有很大的变动。我们会密切关注房产税的改革所带来的影响。

五、契税

1. 根据税法的规定，契税的纳税人为土地、房屋权属转移时承受权属的单位和个人，因此个人购买住房要缴纳契税。购买住房缴纳契税的计税依据为成交价格，即房屋权属转移合同上确定的价格。契税的税率为3% ~5%的幅度税率，由各省、自治区、直辖市政府在这个税率幅度范围内自行决定。

2. 个人购房后与他人进行房屋交换，如果交换的价格相同，免征契税；如果交换的价格不等，由多支付货币的一方就差价款的金额缴纳契税。例如，甲与乙换房，甲的房产价值为 100 万元，乙的房产价值为 120 万元，甲要向乙支付换房差价款 20 万元，如果税率为 3%，则甲同乙换房要缴纳 6000（200000 元 ×3%）元契税。

3. 城镇职工按规定第一次购买公有住房，免征契税。

4. 自 2008 年 11 月 1 日起，对个人首次购买 90 平方米以下普通住房的，契税税率暂统一下调到 1%。2010 年 10 月 1 日起，个人购买首套普通住房契税下调，对出售自有住房并在 1 年内重新购房的纳税人不再减免个人所得税。对个人购买普通住房，且该住房属于家庭（成员范围包括购房人、配偶以及未成年子女）唯一住房的，减半征收契税。

六、印花税

1. 根据《财政部　国家税务总局关于印花税若干政策的通知》（财税［2006］162 号），对土地使用权出让合同、土地使用权转让合同按产权转移书据征收印花税，对商品房销售合同也按照产权转移书据征收印花税，税率为 0.5‰。

2. 购房人与商业银行签订个人购房贷款合同时，要按“借款合同”税目缴纳印花税。该印花税的计税依据为借款金额，税率为 0.05‰。

3. 个人从国家有关部门领取房屋产权证时，要按“权利许可证照”税目缴纳印花税，该印花税为定额税，税率为每件 5 元。

4. 个人出租住房，签订房屋租赁合同，要按照租赁金额的 1‰缴纳印花税。税额不足 1 元的，按 1 元贴花。

5. 个人出售已购住房，签订产权转让书据，要按所载金额的 0.5‰贴花。

第三单元　退休养老计划

为退休后的生活在资金上提前做好准备，是个人理财的一项重要内容。为此，个人可以在银行进行以养老为目的的储蓄，但更主要的是参加各项养老金计划。养老金计划分为政府举办的公共养老金计划（基本养老保险计划）和雇主自愿为其职工举办的企业年金（补充养老保险）计划。

一、基本养老计划

从税收政策上看，国家对基本养老保险计划的缴费和养老金发放都是给予免征待遇的。国务院 1997 年颁发的《关于建立统一的企业职工基本养老保险制度的决定》中规定，每个企业都要为职工向社会统筹基金缴纳养老保险费，同时还要向职工的退休个人账户缴纳保险费；职工个人也要在就业期间向自己的退休个人账户缴纳保险费，最终缴费率为8%。对于企业向基本养老保险计划缴纳的保险费目前税法是允许在税前列支的，可以免缴企业所得税；职工个人向基本养老保险计划所作的缴费（工资总额的8%）目前也不计入个人应税所得，因此它可以免征个人所得税。另外，企业为职工缴纳的基本养老保险费中有一部分要记入职工的个人账户，形成个人养老金资产，这种缴费实际上已属于职工的实物津贴，但税法也给予其免税待遇。例如《个人所得税法》规定："企业和个人按照省级以上人民政府规定的比例提取并缴付的住房公积金、医疗保险金、基本养老保险金、失业保险金，不计入个人当期的工资、薪金收入，免于征收个人所得税。超过规定的比例缴付的部分计征个人所得税"。目前税法对退休职工领取的公共养老金也给予免税待遇。《个人所得税法》规定：按照国家统一规定发给干部和职工的安家费、退职费、退休工资、离休工资、离休生活补助费，免纳个人所得税；个人领取原提存的住房公积金、医疗保险金、基本养老保险金时，免予征收个人所得税。

二、补充养老计划

对于企业年金（补充养老保险）计划的税收政策目前国家还在研究制定阶段。从企业缴费环节看，目前税法只允许企业为全体雇员按国务院、省级人民政府规定的比例向补充养老保险计划的缴费在税前进行扣除（国税发［2003］45号文），其他情况下企业在基本养老保险以外为雇员投保补充养老保险的缴费均不允许在税前扣除。至于补充养老保险计划的基金投资收益和其发放的养老金，目前国家在企业所得税和个人所得税法中均没有明确的免税政策规定。例如，国家税务总局在对吉林省地方税务局《关于企业发放补充养老金征收个人所得税问题的批复》（国税函［1999］615号）中曾提到：对吉林省邮电系统将1998年实行工效挂钩以来形成的工资结余，以每人3000元的标准发放给在职职工和离退休人员，作为补充养老基金，根据现行个人所得税法和《财政部、国家税务总局关于住房公积金、医疗保险金、养老保险金征收个人所得税问题的通知》（财税字［1997］144号）的规定，职工取得的该项所得应按照"工资、薪金所得"应税项目计算缴纳个人所得税。

另外，根据《财政部 国家税务总局关于个人所得税有关问题的批复》（财税［2005］94号）规定，单位为职工个人购买商业性补充养老保险等，在办理投保手续时应作为个人所得税的"工资、薪金所得"项目，按税法规定缴纳个人所得税；因各种原因退保，个人未取得实际收入的，已缴纳的个人所得税应予以退回。从上述法规中可以看出，目前我国税法明确要求对企业年金计划发放的退休金要进行课税，只有政府基本养老保险计划发放的公共养老金才能享受免税待遇。

第四单元　其他相关税收政策

1. 对个人购买社会福利有奖募捐奖券、福利赈灾彩票及体育彩票一次中奖收入不超过10000元的暂免征收个人所得税，对一次中奖收入超过10000元的，应按税法规定全额征税。

2. 个人取得单张有奖发票奖金所得不超过800元（含800元）的，暂免征收个人所得税；个人取得单张有奖发票奖金所得超过800元的，应全额按照个人所得税法规定的“偶然所得”目征收个人所得税。

3. 个人取得拍卖收入征收个人所得税

（1）个人通过拍卖市场拍卖个人财产，对其取得所得按以下规定征税：

①根据《国家税务总局关于印发〈征收个人所得税若干问题的规定〉的通知》（国税发［1994］089号），作者将自己的文字作品手稿原件或复印件拍卖取得的所得，应以其转让收入额减除800元（转让收入额4000元以下）或者20%（转让收入额4000元以上）后的余额为应纳税所得额，按照“特许权使用费”所得项目适用20%税率缴纳个人所得税。

②个人拍卖除文字作品原稿及复印件外的其他财产，应以其转让收入额减除财产原值和合理费用后的余额为应纳税所得额，按照“财产转让所得”项目适用20%税率缴纳个人所得税。

（2）对个人财产拍卖所得征收个人所得税时，以该项财产最终拍卖成交价格为其转让收入额。

（3）个人财产拍卖所得适用“财产转让所得”项目计算应纳税所得额时，纳税人凭合法有效凭证（税务机关监制的正式发票、相关境外交易单据或海关报关单据、完税证明等），从其转让收入额中减除相应的财产原值、拍卖财产过程中缴纳的税金及有关合理费用。

（4）纳税人如不能提供合法、完整、准确的财产原值凭证，不能正确计算财产原值的，按转让收入额的3%征收率计算缴纳个人所得税；拍卖品为经文物部门认定是海外回流文物的，按转让收入额的2%征收率计算缴纳个人所得税。

4. 对职工个人以股份形式取得的量化资产仅作为分红依据，不拥有所有权的企业量化资产，不征收个人所得税。

本 章 总 结

本章分两部分对税收知识进行了较为全面的介绍。第一部分中讲述了税收的相关概念，包括税收法律关系的相关内容及税法的构成要素，并分别介绍了所得税，资源、财产税，目的、行为税，商品税的基本知识，使读者得以对我国的税制有个大致的了解。在第二部分里，从金融投资、住房投资、退休养老计划及其他相关税收政策四个方面介绍了与个人理财有关的税收政策。本章内容难度不大，但由于知识点繁多，且在理财规划中具有重要意义，因此需多多重视。

第六章

理财规划法律基础

学习目标

一名合格的理财规划师，必然具备各种不同领域的知识。法律在现代知识经济和文化经济社会里，重要性尤为突出，它是利益的望远镜、窥视镜，也是利益的最终保护屏障与武器。对于我国本土的理财规划师来说，只有了解熟悉我国的法律体系，才能更好地在我国法律规定的范围内执业，也只有掌握一定深度的法律知识，才能将委托人的“财”理得井然有序，并使之获得强有力的保护。因此，这一章构建了经济活动中常涉及的三部分基础法律知识，即基本的民事知识、基本的商事知识及基本的法律程序知识。通过这三部分知识的学习，理财规划师应当了解我国基本的法律准则，熟悉相关的法律条款，制定出合法有效的理财规划方案。

本章重点与难点

重点：

1. 了解民事权利
2. 掌握合同基础知识
3. 了解信托关系当事人的权利义务
4. 掌握个人独资企业与合伙企业的特点
5. 掌握公司治理结构基础知识

6. 熟悉三种企业的设立、运作、财务与分配以及解散清算的具体过程
7. 熟悉民事诉讼的基本流程
8. 了解公证制度的基本规定

难点：

1. 民事行为的成立和有效
2. 表见代理的界定
3. 婚姻继承中的财产问题
4. 信托与相关概念的区别
5. 三类知识产权的保护
6. 违约责任的承担方式
7. 有限责任公司与股份有限公司的区别

本章结构

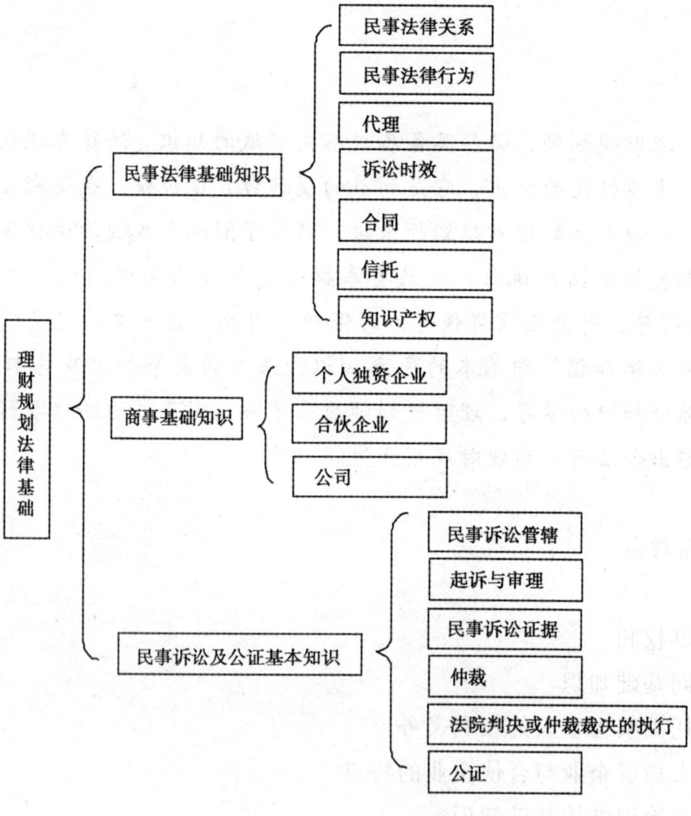

理财规划师理的是“财”，理的是利益。民法作为发展市场经济的基础性法律，也是一部理清利益、维护利益的基础法律。民商法不仅规范了我们生活中基本的婚姻、继承等人身关系，也规范了诸如财产的所有与流转关系、企业的经营活动行为等内容。这些法律规范，都与理财规划师的业务息息相关。本章对与理财规划师及其客户的利益密切相关的一些民事基本法律知识作了简单的介绍。除了民事行为与民事法律关系、合同等法律规定外，理财规划师要重点关注婚姻继承部分的法律知识，不仅仅是因为理财规划师在为客户制定具体的理财规划如婚姻家庭规划、子女教育规划时会频繁地利用到这部分知识来对客户的财产状况进行分析，重要的是，这部分知识有助于理财规划师降低所制作的理财规划建议书的法律风险。此外，在实务中，理财规划师常会遇到客户托付无形资产要求规划的情况，而理财规划师自身在执业过程中也会出具各类报告、图表等文件，这些都属于创造性的智力产品，会涉及知识产权的界定和有效保护的问题。因此，关于知识产权的法律知识也是理财规划师应当了解并掌握的。只有这样，理财规划师才能在为客户理财的同时，也能很好地处理自己与客户的关系。市场经济是法治经济，一个稳健的理财市场，法律对于理财的影响是深远的，为了更好地理解和开展理财业务，我们必须努力掌握法律知识。提到法律，我们自然会想起一个个的法律文件，像《民法通则》、《物权法》、《合同法》、《继承法》、《公司法》等等。这些法律文件构成了与我们理财相关的法律文件的主体。然而，法律是由一个个概念组成的，这些概念很抽象，似乎难以理解。其实，法律是用规范化、抽象化的语言对纷繁复杂的现实生活所作的概况与总结，尽管概念与条文背后的理论也许是艰深的，但通过概念所对应的、适用的具体实例进行分析就能对法律的全貌有一个实际的、具体的了解，能够指导理财规划师的职业行为与理财实践。“理论是灰色的，而生活之树常青”。当我们用无限的生活实例去解读生活中的法律概念时，我们就真正理解了民商法。在本书中，我们会通过讲解案例的方式使严谨的法律概念和条文通俗化，在理财和法律之间架起一座座桥梁。

第一节　民事法律基础知识

第一单元　民事法律关系

一、民事法律关系的概念及其构成

（一）民事法律关系的概念

民事法律关系是指由民事法律规范所调整的，平等主体间以民事权利和民事义务为内容的社会关系。民事法律关系本质上是由民事法律规范确认、保护的一定范围和内容的社会关系。民事法律关系与其他法律关系相比较，具有以下特征：

1. 民事法律关系是平等主体之间的社会关系。民法调整的社会关系以平等性为基本特征和根本属性，自然人、企业、事业单位、社会团体、国家机关甚至地方政府与国家最高权力机关作为民事主体时，其权利、义务地位都是平等的。

2. 民事法律关系主要是民事主体依自己的意志形成的法律关系。民事法律关系通常是民事主体依其意思，自由、自愿所形成的法律关系，意思自治、自由是民事法律关系区别于其他法律关系的又一重要特征。

3. 民事法律关系主体的权利义务通常是相互的。民事法律关系有物权法律关系、债权法律关系、婚姻家庭法律关系等。在这些法律关系中当事人间的权利与义务一般是相互的。从整体上看，每个民事主体既作为权利人享有权利，同时又作为义务人负有义务，这种针对同一主体的权利义务也是对等的。

（二）民事法律关系的构成

1. 民事法律关系的主体。民事法律关系的主体，简称民事主体，是指参与民事法律关系，享有民事权利、承担民事义务的人。我国民事主体包括自然人、法人，以及不具有法人地位的社团组织；在一定情况下，国家也可以成为民事主体。民事主体中享有权利的主体为权利主体，亦即权利人；负有义务的主体为义务主体，即为义务人。权利义务往往是相互的，因此民事法律关系可以是双方的、多方的。每一方民事主体可以是一人，也可以是两个以上的人。在理财规划服务关系中，法律关系的主体分别是理财规划师所在机构与客户。双方是平等主体之间的关系，应受民事法律规范的调整。

2. 民事法律关系的客体。民事法律关系的客体是指民事权利和民事义务所共同指向的对象。民事法律关系的客体主要有四类，即物、行为、智力成果、人身利益。特定情形下，某些权利也可以成为民事法律关系的客体，例如合同债权。不同类型的民事法律关系有不同的客体。一般来说，物、行为、智力成果和人身利益，分别是物权关系、债权关系、知识产权关系和人身权关系的客体。当然，每一项具体的民事法律关系，又有其具体的客体，例如理财规划服务合同的客体就是理财规划师为客户量身订制理财规划的行为。民事法律关系的客体既是产生民事权利与民事义务的依托，也是确认民事法律关系性质的重要依据。

3. 民事法律关系的内容。民事法律关系的内容是指民事主体所享有的民事权利和承担的民事义务。民事权利，是指法律所规定、保护的民事主体得以实现其民事利益的行为的范围。民事义务，是民事法律规范规定或主体间依法约定，义务人为特定行为以满足权利人利益的法律手段。例如，理财规划合同中理财规划师有根据客户的实际情况为客户制作理财规划建议书的义务，同时有请求客户支付相应费用的权利。民事法律关系与其他社会关系、其他法律关系的区别标志为其内容，即民事权利义务。民事法律关系的内容是民法所调整的社会关系的内容在法律上的反映。民事权利与义务，有些是民事法律规范直接规定的，有些是在法定范围内由民事主体平等协商约定的；不同的民事法律关系有不同的内容。

二、民事法律事实

民事法律事实是指可以引起民事法律关系的发生、变更和消灭的事实或客观现象。民事法律关系是由民事法律规范调整的，但民事法律规范的颁布、实施，只是为民事法律关系的发生、变更与消灭提供法律依据；它本身不能直接引起民事法律关系的发生、变更与消灭。民事法律关系的发生、变更与消灭，本质上是民法所调整的社会关系的发展变化。

（一）民事法律事实的分类

1. 行为事实。行为事实是指由人的行为所构成的事实。以行为的合法性为标准，可以将行为分为合法行为和违法行为。前者如依法订立合同、设立遗嘱，后者如侵权行为。以行为所反映意思的内容为标准，可将行为划分为表示行为和非表示行为，前者指行为人通过意思表示，目的在于设立、变更、消灭民事法律行为的行为。后者是指行为人主观上没有产生民事法律关系的意思，但依据法律的规定，客观上产生了法律效果的行为，例如发现埋藏物等。

2. 自然事实。自然事实是指非人的行为所构成的事实，又可分为事件和状态。事件是指某种客观现象的发生，例如，人的出生、死亡。状态是指某种客观现象的持续，例如，时间的经过等。

（二）民事法律事实构成

民事法律事实构成是指能引起民事法律关系发生、变更、消灭的一个或几个法律事实的总和。一般情况下，一个法律事实可以成为某个民事法律关系发生、变更、消灭的原因；但有的情况则需要几个法律事实同时具备，才能使某种民事法律关系发生、变更和消灭。如继承关系的发生，就要有被继承人死亡、被继承人留有遗嘱、继承人接受继承三个法律事实，缺少其中任何一个，继承关系都不能成立。

三、民事权利、民事义务和民事责任

（一）民事权利

民事权利是指民事法律规范赋予民事主体满足其利益的法律手段。民事权利有多种分类标准，通常我们按照权利内容的性质划分，可将民事权利分为财产权、人身权和综合性权利。财产权包括物权、债权，不具有专属性。人身权包括人格权与身份权，具有专属性。而综合性权利是指兼具财产权和人身权内容的权利，具有一定的专属性。这类权利一般有以下三个：知识产权（具有财产权与人身权双重性质）、继承权（其内容属财产权，但通常基于身份关系而取得）、社员权（如公司股东的股东权、合作社的社员权等）。理财规划业务所涉及的主要是知识产权、物权、债权和继承权。知识产权和继承权由于其特殊性质，会在后面的单元专门介绍。

1. 物权。物权是指物权人对特定物所享有的，以管理、收益、处分为内容的排他性财产权利。根据物权的权利主体是否是财产的所有人可以把物权分为自物权和他物权。自物权，也就是所有权，是指所有权人对自己所有的物依法进行占有、使用、收益和处分全面支配的物权。他物权是指所有权人外的人根据法律的规定或所有人的意思，而对他人所有的物享有的进行有限的支配的物权。他物权主要包括用益物权和担保物权。用益物权是指在他人之物上设定的以使用、收益为主要内容的权利。如我国《民法通则》规定的国有土地使用权、宅基地使用权等都属于用益物权。担保物权是指在债务人或第三人所有或经营管理的特定财物或权利之上设定，以担保债务的清偿为目的的物权。担保物权主要有：抵押权，即债权人对债务人或第三人提供的不移转占有而作为债务担保的财产，于债务人到期不履行债务时，依法享有的就担保财产变价并优先受偿的权利；质权是指债权人对债务人或第三人移转占有而供担保的动产或权利，依法就其价值优先受偿的权利；留置权是指按照合同约定占有债务人财产的债权人，于其债权未获清偿前，可留置该占有物以担保其债权的权利。在理财规划业务中，抵押权和质权是常常被利用到的，尤其是在为客户进行融资策划时，抵押权和质权知识随时都可能用得到。用益物权重在利用物的使用价值，担保物权则着眼于物的交换价值，不过二者也有交叉，典权就是具有用益物权和担保物权双重性质的一类物权，所谓典权是指支付典价，占有他人不动产而进行使用、收益的权利。我国《物权法》未规定典权，因此依据物权法定原则，我国现已不存在典权制度。

2. 债权。债权是特定当事人之间的一种民事法律关系。债权是权利人可以请求义务人为特定行为的权利。债务是义务人必须依债权人的请求为特定行为的义务。债权债务关系中，享有债权的一方是债权人，负有债务的一方是债务人。债的发生原因主要有四种：合同，侵权行为，不当得利和无因管理。合同是民事主体设立、变更和终止债权债务关系的合意。合同作为民事法律行为之一，同样以意思表示为核心，是当事人之间意思表示一致的结果。因合同而产生的债，称为合同之债。理财规划师代表所在机构与客户签订理财规划服务合同，则所在机构与客户之间即产生了合同之债。侵权行为是不法侵害他人非合同权利或者受法律保护的利益，因而行为人须就所产生损害承担责任的行为。一般侵权行为必须具备四个构成要件：须有加害行为，须有损害结果发生，加害行为和损害结果之间具有因果关系，行为人对该加害行为于作出行为之际具有过失。因侵权行为而产生的债，称为侵权行为之债。不当得利是指没有合法依据的一方取得利益，使另一方受到损害的行为。一方利益应当减少而未减少的，亦属于不当得利。有合法依据一方取得利益，或一方取得利益而另一方未受到损害的行为，均不构成不当得利。取得不当得利的一方依法负有返还的义务，这个义务就是取得不当得利一方的债务，该债务称为不当得利之债。无因管理是指没有法律规定或合同约定的义务，为避免他人利益受损失，自愿管理他人事务或为他人提供服务的行为。因无因管理行为而在管理人与本人之间产生的债权债务关系，就是无因管理之债。其主要内容是管理人享有请求本人偿还因管理事务而支出的必要费用的债权，本人负有偿还该项费用的债务。在理财规划业务中，可能涉及的债权债务关系主要是合同之债和侵权行为之债。理财规划师所在机构与客户之间是合同关系，如果理财规划师不依据合同约定履行，则所在机构将承担违约责任。理财规划师如果侵占客户的财产或其他利益，构成了侵权行为，则所在机构将被追究侵权责任。

（二）民事义务

民事义务是指民事法律规范规定或民事主体依法约定，义务人为一定行为以满足权利人利益的法律手段。民事义务是由民事法律规范规定的，或者是在不违反法律规定的前提下，由当事人协商决定的。义务人必须按照法律规定或约定，从事一定行为或不行为，以满足权利人的利益需要。义务人不履行或不完全履行义务，权利人有权直接向义务人请求履行，也可以提起诉讼，请求法院强制义务人履行，由义务人承担相应的民事责任。根据民事义务发生的依据不同，可将民事义务分为法定义务和约定义务。法定义务是指民事法律规范规定的民事主体应付的义务。约定义务通常是由当事人协商确定的，约定的义务须在法律许可范围之内。以民事义务人行为的方式为标准，可分为积极义务与消极义务。积极义务是指义务人应作出一定积极行为的义务，又称作为义务。包括给付财物、完成工作、提供劳务等。消极义务是指义务人所为的行为是消极行为或容忍他人的行为，又称不作为义务。例如，不侵害他人的物权、人身权的义务等。

（三）民事责任

民事责任是民事主体不履行民事义务而应承担的惩罚性法律后果。

1. 民事责任的特征

（1）民事责任以民事主体违反民事义务、侵害他人的民事权益为前提。这是民事法律责任的根本特征。民事义务是民事责任发生的前提，没有民事义务的违反就没有民事责任的产生。不论是法定义务还是约定义务，当事人都必须履行，否则就要承担民事责任，因此，义务与责任常常是紧密地联系在一起的。

（2）民事责任以补偿受害一方的损失为基本目的。这一特征表明民事责任“私”的性质，民法调整的社会关系是平等的，因此在一方当事人不履行义务或侵犯对方的权利时，民法规定违法行为人应对受害人承担同样的不利后果，以使受损害的平等地位得到恢复。因此，民事责任主要是一方当事人对另一方当事人的损失的补偿责任，一般不具有惩罚性。

（3）民事责任在法律允许的一定范围内可由当事人协商约定承担。这是由民法的平等、自愿原则所决定的。用协商的方式决定具体的民事责任或民事责任承担问题，有利于及时处理因民事责任产生的当事人之间的矛盾。但是，当事人协商的内容不能超出法律允许的范围。

2. 民事责任的种类

（1）合同责任。合同责任是指因违反合同约定的义务或违反合同法规定的义务而产生的责任。合同责任不仅仅指违约责任，还包括依据《合同法》的规定产生的其他不属于侵权责任的民事责任，如缔约过失责任、后合同责任等。在后面的合同基础部分我们将会介绍两种重要的合同责任，即违约责任和缔约过失责任，在此不再赘述。

（2）侵权责任。侵权行为是指行为人侵害他人物权、人身权等绝对权或其他合法利益，依法应承担民事责任的不法行为，以及依照法律的特别规定应当承担民事责任的其他侵害行为。而侵权责任是指民事主体就侵权行为而应承担的不利的、惩罚性的法律后果。侵权责任作为民事责任的一种，具有民事责任一般的特征，但又有不同于其他民事责任的特征：

第一，侵权责任是因违反法律规定的义务而应承担的法律后果。民事责任都是对民事义务违反的结果。从性质上来说，民事义务可以分为两种，一种是法律规定的义务，另一种是当事人的约定义务。违反前一种义务会构成侵权责任，违反后一种义务会构成违约责任。

第二，侵权责任具有强制性。侵权责任是法律规定的因侵犯他人绝对权如物权、人身权而必须承受的制裁与惩罚，以司法救济与强制为保障。侵权责任的形式、范围都由法律明确规定而不允许当事人协商改变，因而具有一定的强制性和制裁性。

第三，侵权责任主要是一种财产责任。侵权行为造成的损害往往能用金钱价值进行衡量，具体表现为一定数额的财产损失；因此其责任形式主要是财产责任，即行为人应以自己的相应财产对该损失承担一定的补偿或惩罚责任。

第四，侵权责任的主体具有广泛性。侵权的民事责任主体既可以是公民又可以是法人，一般是行为人自己。但在特殊情况下，侵权民事责任的主体还可能是与损害有关的人，甚至可以是无行为能力人。

案例 6-1：个体户张某、王某二人于 1999 年 10 月 1 日购得一辆“东风”牌二手卡车，从事长途运输业务，二人各出资人民币 3 万元。同年 12 月，张某驾驶这辆汽车外出联系业务时，遇到李某，李某表示愿意出资人民币 8 万元购买此车，张某和王某于是同李某签订合同，约定将汽车以人民币 8 万的价格卖给李某。后来李某反悔，不肯交付车款。第二年，王某开车撞伤行人刘某。

问题：张某和王某对卡车是什么权利？二人对李某有什么权利？李某应该承担什么责任？王某对刘某应该承担什么责任？

解析：张某、王某对卡车享有所有权。二人对按份投资购买卡车，共同从事运输业务，依法成立按份共有关系。按份共有又称分别共有，是指两个或两个以上的共有人按各自的份额对共有财产共同享有权利和分担义务的所有权制度；与共同共有相对。张某、王某对李某享有合同价款的请求权。相应地，李某对二人负有交付价款的义务。李某违约，应当承担违约责任。王某撞伤刘某，属于侵权行为，应该承担侵权损害赔偿责任，就是赔偿刘某所受到的损失。

第二单元　民事法律行为

一、民事行为和民事法律行为

民事行为是指民事主体作出的以确立、变更、终止民事权利义务关系为内容的行为。民事行为包括民事法律行为、可变更可撤销的民事行为、效力未定的民事行为、无效民事行为。民事法律行为，是民事主体基于意思表示设立、变更和终止民事权利和民事义务的合法行为。

二、民事法律行为有效的条件

（一）民事行为的成立

民事行为的成立要件，是指按照法律规定成立民事行为所必不可少的要素。民事行为的成立要件可分为一般成立要件和特别成立要件。

1. 一般成立要件。一般成立要件是指一切民事行为依法成立所必不可少的共同要件。它包括以下基本要素：

（1）意思表示中必须包含设立、变更或终止民事法律关系的意图，即是追求一定法律效果实现的“效果意思”；无效果意思，不成立法律行为。

（2）意思表示必须完整地表达所欲设立、变更或终止的民事法律关系的必要内容。内容残缺不全的意思表示，通常不能使法律行为成立。

（3）行为人必须以一定的方式，即“表示行为”，将其内心意思向外部、他人表示，并可以由他人客观地识别。无表示行为的意思、意思与表示行为不一致，或虽有表示行为但无法被他人所识别，均不能成立民事法律行为。

2. 特别成立要件。某些特别类型的民事行为的成立，除了具备一般成立要件外，还需具备特别成立要件，如合同行为的成立中，须具备当事人双方意思表示达成一致的特别成立要件。

（二）民事行为的生效

民事行为的生效是以民事行为成立为前提和基础的。通常，民事行为成立时即具有法律效力。但在特殊情况下也会有民事行为于成立之时尚不具备法律效力的情形，比如遗嘱行为，成立且具备有效要件后，并不马上生效，只有在遗嘱人死亡后，该遗嘱行为才发生法律效力。生效的民事行为，就是民事法律行为。民事法律行为的有效，指法律行为因符合法律规定而获得能引起民事法律关系设立、变更和终止的法律效力。法律行为有效，即是该行为获得了法律的确认与保护。根据法律行为的不同性质，法律规定了民事法律行为的一般有效要件和特别有效要件。

1. 一般有效要件。一般有效要件是指民事行为发生效力均需具备的要件，包括：

（1）行为人具有相应的行为能力。对于自然人，年龄在18周岁、精神正常，能够通过自己独立的行为行使民事权利和承担民事义务的公民；或者16周岁以上不满18周岁的，以自己的劳动收入为主要生活来源的公民，均为完全民事行为能力人。完全民事行为能力人，可以独立实施法律行为。10周岁以上的未成年人和不能完全辨认自己行为后果的精神病人为限制民事行为能力人。限制民事行为能力人可以进行与其年龄、智力相当的法律行为。不满10周岁的未成年人和不能辨认自己行为后果的精神病人，为无民事行为能力人。无民事行为能力人不能实施民事法律行为，应由他们的法定代理人代理民事行为。但在实际生活中，对于限制民事行为能力人和无民事行为能力人有以下几种例外：纯获利的行为，即接受奖励、赠与、报酬等民事法律行为；日常必需品的购买行为；其他与其年龄、智力相适应的法律行为。原则上法人仅在法律和章程规定的特定范围内有行为能力，但现实中，法人的行为不违反法律的强制性规定，以及章程中有关行为作出的相应程序性要求即为合法。

（2）行为人的意思表示要真实。意思表示真实是指行为人在意志自由，能认识到该意思表示的法律效果的前提下，内心意思与表示行为相一致的状态。以意思表示真实为法律行为的有效要件，是为了贯彻意思自治原则，维护民事流转的正常秩序。意思表示不真实即行为人的内心意思与表示行为不一致，分为主观不真实和客观不真实。前者是由于表意人自己的原因所致意思表示不真实，后者是由他人的原因所致意思表示不真实。

（3）不违反法律、行政法规或社会公共利益。民事行为要取得法律效力，必须符合法律的规定，否则只能成为无效的或可撤销的民事行为。这里的合法，不是指意思表示必须有具体的法律依据，而是指不能违反法律法规的强制性和禁止性规范，但对于法律、法规的任意性规范，当事人可以通过约定排除适用，并不违法。

2. 特别生效要件。在特殊情况下，法律行为除具备一般要件外，还须具备法定的特别要件，才能产生法律效力，如对于法律法规规定应当办理批准、登记等手续才能生效的合同，这里的批准、登记手续即是签订合同这一民事法律行为的特别生效要件。

三、无效民事行为

无效民事行为是指已经成立，但欠缺法定有效要件，以致行为人意欲的法律效果不能实现的民事行为。无效民事行为，也能产生一定的法律后果，但因其不符合法定有效要件，故法律对其作否定评价，以使行为人的愿望和意图不能实现。

（一）无效民事行为的分类

无效民事行为的类型以民事行为的有效要件为判断标准，不具备一般有效要件或法定的特别要件的民事行为即为无效民事行为。根据所欠缺的有效要件的不同，可将无效民事行为作如下分类。

1. 行为人不具有行为能力实施的民事行为。无民事行为能力人实施的民事行为有两种情况，一种是可以实施的民事行为，如纯获利益的行为和购买生活必需品的行为。无民事行为能力人实施的这两种行为是有效的，其他民事行为，依照法律规定应当由法定代理人代理，不能自己实施——无民事行为能力人所为依法不能实施的民事行为、限制民事行为能力人所为依法不能独立实施的民事行为无效。依法不能独立实施的行为分为三种情况：一是须得到法定代理人允许的行为，二是未经法定代理人允许的单方行为，三是未得到法定代理人允许的行为。得到法定代理人允许的行为，为有效民事行为；未得到法定代理人允许的合同行为，经过法定代理人追认后，该合同行为应属有效民事行为。而未得到法定代理人允许的单方行为，该民事行为无效。

2. 意思表示不真实的行为。意思表示不真实，并非法律行为无效的必然原因，相反，对于因主观原因造成的意思表示不真实，法律在一定条件下强令其生效，以惩戒不负责任的表意人。按照我国《民法通则》的规定，一方当事人以欺诈、胁迫或乘人之危等手段使对方违背真实意思所作的民事行为依法无效。而《合同法》从保护国家利益和平衡当事人利益出发，规定受欺诈、胁迫手段实施的合同行为并不当然无效，只有在该行为的结果损害国家利益时，该行为才绝对无效。如果未损害国家利益的，则应为可变更、可撤销的民事行为。在此，值得一提的是：广大考生应该特别注意《合同法》第五十二条——合同无效的法定情形——第一款的规定“一方以欺诈、胁手迫的手段订立合同，损害国家利益”。从立法者的意图来看：一方以欺诈、胁迫的手段订立的合同并非是当然无效的，合同行为当然无效的前提是其损害了国家利益；在未损害国家利益的大前提下，该合同行为是有效，但是受损害方有权请求人民法院或者仲裁机构变更或者撤销。在人民法院或者仲裁机构依法予以变更或撤销后，该合同行为才归于无效。在这一点上，民法通则与合同法的规定并非完全一致的，希望大家予以仔细的区分。

3. 恶意串通，损害国家、集体或者第三人利益的行为。这类民事行为，是指行为人双方为牟取不正当利益，互相勾结串通而实施的有损于国家、集体或者第三人利益的民事行为。恶意串通行为的构成要件为：（1）当事人双方在实施民事行为时有损害国家利益、集体利益或者他人利益的故意；（2）行为人双方在实施民事行为时有串通一气、互相勾结的行为；（3）该民事行为履行的结果损害了国家、集体或第三人的利益。

4. 以合法形式掩盖非法目的的民事行为。这类民事行为是指行为人为达到违法目的而为的，具备形式要件的民事行为。这类行为包括：（1）为达到违法目的而实施伪装的民事行为。如为逃避追赃或人民法院的强制执行，以伪装的买卖合同或者赠与合同隐匿财产。这类民事行为为无效民事行为。（2）为达到违法目的以伪装的民事行为掩盖真实的民事行为。伪装的民事行为应当无效；被伪装民事行为掩盖的真实的民事行为，如果不违反法律可以有效；如果违反法律。也应无效。

5. 违反法律或者社会公共利益的其他行为。违反法律的禁止性规定和强行规定的民事行为是当然无效的。损害公共利益的民事行为大致有：行为本身违反了社会公序良俗和公共利益；行为限制了他人和自己的权利能力或行为能力，违背了社会生活的基本准则，如约定永远不得结婚的合同就是无效的；行为本身不损害社会公共利益，但所附条件损害了社会公共利益，如与国家机关工作人员约定，由其履行职务而给予报酬的行为。

（二）无效民事行为的法律后果

无效民事行为所约定的义务尚未履行的话，就无需继续履行。如正在履行，应停止履行。对已经履行的部分，按下列原则处理：

1. 返还财产。民事行为无效致使受领财产一方丧失了占有该财产的法律依据，因而有义务将财产返还给相对人。如果财产已经不存在了，无法返还的，应折价赔偿。

2. 赔偿损失。民事行为无效后给对方或第三人造成损失的，还应当赔偿损失。

3. 追缴财产。这是公法上的责任。双方恶意串通，实施民事行为损害国家、集体或者第三人的利益，应当追缴双方已取得的或者约定取得的财产，分别收归国家、集体所有，或者返还给第三人。民事行为中如果仅是部分无效，那么其余部分依然有效。在双方民事行为无效后，该行为中关于争议解决的部分，仍然有效。

四、可变更、可撤销民事行为

可变更、可撤销民事行为，是指因行为人意思表示有缺陷，而依照法律的规定，可由当事人请求法院或仲裁机构予以变更或者撤销的已经生效的民事行为。可变更、可撤销民事行为在撤销前已经发生法律效力，这是其与无效民事行为的本质区别。可变更、可撤销的民事行为一经撤销，撤销溯及于行为的开始，自始无效。

（一）可变更、可撤销民事行为的类型

1. 因重大误解而实施的民事行为。重大误解是指行为人因对行为的性质、对方当事人、标的物的品种、质量、规格和数量等的错误认识，使行为的后果与自己的意思相悖，并造成较大损失的行为。这种基于错误认识的行为，行为人的表意虽然是自愿的，但却是违背本意的，所以该行为属于可撤销行为。

案例 6－2：甲汽车销售公司与乙汽车制造公司签订了一份轿车买卖合同。由于甲公司的业务员丁某对汽车型号不太熟悉，因此，在签订合同时，将甲公司原来想买的 B 型号轿车写成了 A 型号轿车。虽然乙公司提供的型号不是甲公司原想购买的 B 型号轿车，但 A 型号轿车销量也不错。甲公司按照合同约定提货并支付了货款。

问题：（1）丁某的行为属于《合同法》上的什么行为？其效力如何？（2）甲公司在支付货款后是否还能行使撤销权？

解析：

（1）丁某的行为属于重大误解的行为。重大误解行为是可撤销、可变更的民事行为。依据《合同法》第五十四条的有关规定，因重大误解而订立的合同，当事人一方有权请求人民法院或者仲裁机构变更或者撤销合同。最高人民法院《关于贯彻执行〈中华人民共和国民法通则〉若干问题的意见（试行）》规定：行为人因对行为的性质、对方当事人、标的物的品种、质量、规格和数量等的错误认识，使行为后果与自己的意思相悖，并造成较大损失的，可以认定为重大误解。本案中，丁某对购买标的发生了误解，并且价值巨大，应认定为重大误解，属于可撤销、可变更的合同行为。

（2）甲公司不能再行使撤销权。根据《合同法》第五十五条的有关规定，具有撤销权的当事人知道撤销事由后明确表示或者以自己的行为放弃撤销权的，撤销权消灭。本案中，甲公司在明知车型有错的情况下，仍按合同约定提货，并支付货款，应视为以自己的行为放弃了撤销权。

2. 显失公平的民事行为。显失公平的民事行为是指在有偿行为中，一方当事人利用优势或者利用对方经验不足，致使交易内容明显违反公平、等价有偿原则的，可以认定为显失公平。

案例 6－3：李某的父亲生前是一个集邮爱好者，去世时还留有几本邮票。李某对邮票从不感兴趣，李某觉得这些邮票不好处理。一日，李某的朋友刘某来吃饭，无意间发现了这几本邮票，刘某也是一集邮爱好者，他随即表示愿意全部购买，最后以 5000 元的价格将邮票全部买走，李某对这一价格也比较满意。事过不久，李某从父亲生前的一朋友处得知，他父亲所留的邮票中，有 5 张相当珍贵，可能每张都价值 5000 元；同时另一同事告诉他，刘某正在寻找买主。李某立即找到刘某，要求退还刘某的 5000 元钱，取回邮票，但刘某坚决不同意。双方协商不成，李某诉至法院，要求撤销合同，返还邮票。

问题：（1）李某与刘某之间买卖邮票的行为是什么性质的行为？（2）李某怎样行使撤销权？

解析：

（1）《民法通则》第四条规定：民事活动应当遵循自愿、公平、等价有偿、诚实信用的原则。在这一交易过程中，虽然当事人双方是平等自愿的，但是因为李某缺乏对邮票相关知识以及市场行情的了解，导致他对买卖标的物的价值有严重的误解，而刘某应该知道此邮票的价值仍以较低价格换取，显然违背了我国《民法》的基本原则。《民法通则》第五十九条规定：行为人对行为内容有重大误解及行为显失公平的，当事人可以请求人民法院对已成立的民事行为予以变更或撤销。因此，刘某与李某之间的买卖行为属可变更、可撤销的民事行为。

（2）对于可变更、可撤销的民事行为，由享有撤销权或变更权的当事人决定是否撤销或变更。本案中如果李某行使撤销权，该行为无效；如果李某不撤销也不变更，则该行为有效；如果李某要求变更价金条款，法院也应给予支持。因此，权利人李某要求撤销合同行为，返还邮票，人民法院应当支持。

3. 乘人之危的民事行为。乘人之危的民事行为是指一方当事人乘对方处于危难之机，为谋取不正当利益，迫使对方作出不真实的意思表示，严重损害对方利益的，可以认定为乘人之危。根据《合同法》第五十四第二款的规定，乘人之危订立合同，在不损害国家利益时为可撤销行为，否则应属无效。

4. 受欺诈、胁迫而实施的民事行为。欺诈是指一方当事人故意告知对方虚假情况，或者故意隐瞒真实情况，诱使对方当事人做出错误意思表示的，可以认定为欺诈行为。以给公民及其亲友的生命健康、荣誉、名誉、财产等造成损害，或者以给法人的荣誉、名誉、财产等造成损害为要挟，迫使对方作出违背真实的意思表示的，可以认定为胁迫行为。同上，基于《合同法》第五十四条第二款的规定，一方以欺诈、胁迫的手段使对方在违背真实意思的情况下订立的合同，在不损害国家利益时为可撤销行为，否则应属无效。

（二）可变更、可撤销的民事行为的变更、撤销

符合法律规定的可撤销民事行为，法律赋予受害人撤销权。撤销权人对可变更、可撤销的民事行为是否请求撤销、变更，由撤销权人自由选择，享有撤销权的是受害人。

1. 撤销权的行使。撤销权须以诉讼的方式行使。撤销权人可以在知道撤销事由后，以意思表示或行为明示放弃撤销权。同时，法律赋予侵害人变更权，变更权人可以依法消除原意思表示中的错误或者显失公平的成分，使之成为有效的民事法律行为。

2. 撤销权的行使期间。具有撤销权的当事人自知道或应当知道撤销事由之日起 1

年内没有行使撤销权的，撤销权消灭。

3. 行使撤销权的法律后果。民事行为一经撤销，自始无效。

五、效力未定的民事行为

效力未定的民事行为是指民事行为虽已成立，但其效力尚不确定，须经特定当事人的行为才能确定生效或不生效的民事行为。效力未定的行为与可撤销的民事行为不同，可撤销的民事行为在撤销前是有效的民事法律行为，而效力未定的民事行为在被追认前效力仍未确定，具有转变为有效和无效的两种可能。

（一）效力未定民事行为的类型

1. 无权处分行为。无权处分行为是指无处分权人以自己名义对他人权利标的所实施的处分行为，即非所有权人将他人的财产所有权予以处分。由于实施处分行为的人无处分权，因而该行为一般不发生效力，经权利人在法定期间内追认，才具有法律效力。

2. 无代理权的代理行为。没有代理权所为的代理行为对本人是没有效力的，只有本人事后追认才成为有权代理行为，对本人发生效力；本人作出追认前，该行为效力未定。

3. 债务承担。债务承担是指债的效力不变而由第三人承受债务的民事法律行为。由于该新债务人的清偿能力影响到债权人利益，故债务承担须经债权人同意才对债权人生效，在债权人同意之前，债务承担行为处于效力不确定状态。

4. 限制行为能力人待追认的行为。这是指限制民事行为能力人超越其民事行为能力范围的行为。这类行为经法定代理人追认，即具备法律效力，反之，则为无效民事行为。

案例 6－4：西集镇农民王某 1992 年出村工作，2000 年，王某父亲、母亲分别去世，在西集镇留有一处房屋。王某仅有一兄弟，2001 年王某兄弟在王某不知情的情况下，将父母留下的房屋赠与本村农民张某，签订赠与合同当时未办理房产登记手续。2005 年 2 月，王某回老家时候得知此事，便于 2006 年 10 月起诉要回该处房产。

问题：（1）王某兄弟的行为是否是无权处分？（2）王某与张某的赠与合同是否有效？

分析：

本案中，王某父母死亡后，没有留下遗嘱，按照法定继承，王某和其兄弟应平分遗产，在没有分割的情况下，该处房屋属于双方共有。王某 2001 年赠与该房屋，但是并未经登记机关登记过户，该房屋物权并未从王某和其兄弟处转移至张某。根据该赠与合同，张某只享有债权请求权，并不享有物权。王某兄弟的行为属于无权处分，他与张某的之间的赠与合同效力待定。根据我国《合同法》第五十一条规定，无处分权的人处分他人财产，经权利人追认或者无处分权的人订立合同和取得处分权的，该合同有效。2001 年王某兄弟未经王某同意将房屋赠与给张某的行为，属于效力待定的赠与合同，王某现主张不同意赠与合同，则该合同无效。

（二）效力未定民事行为的追认

在民事行为效力未定的情况下，权利人的追认可使该行为具备法律效力。由此可见，追认权属于形成权；追认行为无需相对人的同意即发生效力，属于单方法律行为。

（三）相对人的催告权与撤销权

不知道也不应当知道上述致使民事行为效力待定的事由的相对人，为“善意”相对人。为了平衡当事人的利益，法律赋予善意相对人催告权和撤销权。

1. 相对人的催告权。效力未定民事行为的相对人在得知其该民事行为有效力未定的事由后，可将该事由告知追认权人，并催告追认权人于法定期限内予以追认。追认权人经催告在法定期限内不确认的，视为拒绝追认。

2. 相对人的撤销权。相对人的撤销权，是指效力未定民事行为的相对人在追认权人未予追认之前行使撤销权，使效力未定的民事行为归于无效。相对人撤销其意思的表示，可以向追认权人表示，也可以向对方行为人表示，相对人撤销其意思表示后，效力未定民事行为自始无效。相对人行使撤销权须满足以下三个条件：（1）相对人撤销方式应采用明示的方式；（2）相对人应于追认权人未予追认之前撤销，追认权人追认后，相对人不得撤销；（3）只有善意相对人才享有撤销权。

第三单元　代　　理

一、代理的概念

代理是指代理人以被代理人的名义，在代理权限内与第三人实施法律行为，使该行为直接对被代理人发生法律效力的民事法律制度。

二、代理的适用范围

根据我国《民法通则》的规定，除依照法律规定或者双方当事人约定，应当由本人亲自进行的民事法律行为外，民事法律行为均可以适用代理。如买卖、承揽、租赁、债务履行、接受继承等，还有一些法律行为以外的行为也适用代理，如申报行为、申请行为、诉讼行为等。不得通过代理人进行的法律行为，主要是具有人身性质的行为和当事人约定应当由特定人亲自为之的行为。具有人身性质的行为主要是指立遗嘱、婚姻登记、收养子女等行为，后者主要是指有严格人身性质的债务，如受约演出，即不得代为出演。

三、代理的种类

（一）委托代理

委托代理是基于委托人的委托授权而发生的代理。委托合同与委托授权行为均为委托代理权发生的原因，委托合同是受托人与委托人之间订立的受托人以委托人的名义和费用在委托权限内为委托人办理委托事务的协议。委托合同是双方法律行为，须经双方协商一致才可成立，是委托代理的基础关系。但委托合同的成立和生效并不当然产生代理权，只有委托人做出委托授权行为后，代理权才发生。委托授权行为是委托人（被代理人）以委托的意思表示将代理权授予受托人（代理人）的行为，委托授权是委托代理产生的直接根据，它是单方法律行为，以委托人单方的意思表示即可成立。

（二）法定代理

法定代理是基于法律的直接规定而发生的代理。主要适用于被代理人为无行为能力人或限制行为能力人的情况，法定代理人可以是自然人（主要是被代理人的监护人）也可以是社会组织。

（三）指定代理

指定代理是基于法院或有关机关的指定行为发生的代理。“有关机关”指依法对被代理人的合法权益负有保护义务的组织，如未成年人所在地的居民委员会等。

四、代理证书

根据《民法通则》的规定，除非有法律的特殊规定外，委托代理授权可以采用书面形式，也可以采用口头形式。不过在实际操作中，为了交易安全，被代理人通常制作代理证书，来证明代理人的代理权及其权限范围。代理证书是向第三人证明代理人的代理权及其权限等内容的文件，是委托授权的书面形式。由于委托授权具有独立性，委托合同已经终止而代理证书未收回的情形下，持有者与第三人为民事法律行为应构成表见代理，行为效果仍归于被代理人。代理证书授权不明的，被代理人应当向第三人承担民事责任，并由代理人负连带责任。在某些情况下，由于工作职务关系或法律规定，授权行为是以一种默示的方式表现出来。如商店售货员，其售货行为系代理所在商店而为的，只要售货员公开站在商店的柜台出售商品，即表明了代理关系，没有商店的书面委托同样不能否认其代理权。理财规划师为客户提供理财规划服务，系代理所在机构的行为，属于委托代理行为，代理关系产生的基础系理财规划师与所在机构的工作职务关系，所以理财规划师所在机构不必为理财规划师专门出具书面的委托书。但是，理财规划师在办理客户委托的业务时，如果某一客户声称其委托的业务系代理他人所为，那么理财规划师应要求该人出具委托人的书面委托，必要时应核实委托书上委托人的签字是否真实。相应地，如因理财规划服务行为产生纠纷，客户提起诉讼，应以理财规划师所在机构为被告，而不是以理财规划师为被告。如果客户认为理财规划师有提供虚假或误导性信息的行为，并因此给其造成了损害，对理财规划师所在机构提起诉讼，法院可能将理财规划师追加为共同被告。

五、代理权的行使

（一）代理人的义务

代理权的行使本质上是代理人义务的履行。通过全面、适当履行义务即代理行为，代理人就实现了被代理人设立代理的目的。代理人负有如下义务：

1. 为被代理人的利益实施代理行为的义务。代理人应以对自己事务的注意，处理好被代理人的事务，以增进被代理人的利益。

2. 亲自代理的义务。被代理人基于对代理人知识、技能、信用的信赖而委托其为自己服务，因此，代理人必须亲自代理。非经被代理人同意或有特定事由，不得转代理。

3. 报告义务。代理人应将处理代理事务的一切重要情况向被代理人作忠实的报告，以使被代理人知道事务的进展以及自己财产的损益情况。

4. 保密义务。代理人在执行代理事务过程中知晓的被代理人的个人秘密和商业秘密，不得向外界泄露，或利用它们同被代理人进行不正当竞争。

（二）代理权的限制

1. 自己代理的禁止。自己代理的禁止是指代理人不能以被代理人的名义与自己进行民事活动，除非得到被代理人的事先同意或事后追认。

2. 双方代理的禁止，又称为同时代理，是指一个代理人同时代理双方当事人从事民事活动的情况。双方代理原则上无效，除非得到双方当事人的事先同意或事后追认。

3. 代理人的懈怠行为与诈害行为的禁止。代理人的懈怠行为，指代理人不履行勤勉义务，疏于处理或未处理代理事务，使被代理人设定代理的目的落空，并使其蒙受损失的行为。被代理人由此受到的损失，由代理人予以赔偿。代理人的诈害行为，指代理人与第三人恶意串通，损害被代理人利益的行为。被代理人受到损失的，由代理人和第三人负连带赔偿责任。

六、无权代理

（一）无权代理的概念

无权代理是行为人不具有代理权所实施的代理行为。包括以下情况：

1. 未经授权的代理，是指根本未经本人授权而实施代理的行为。

2. 超越代理权的代理，即代理人获得了被代理人的授权，但他实施的代理行为，不在被代理人的授权范围之内。他的代理行为中超越代理权限的部分，构成无权代理。

3. 代理权已终止后的代理，即代理人在被代理人授权的代理期限届满后继续实施代理的行为。就超过代理权存续期限后实施的代理行为，成立无权代理。一般情况下，无权代理对于本人不产生效力。但是通过本人的追认，可使无权代理行为中所欠缺的代理权得到补足，转化为有权代理，可发生法律效力。追认应以积极、明确的意思表示为之。本人在第三人行使催告权后，仍不作出追认的意思表示，法律规定此默示构成对无权代理行为的拒绝。

案例6-5：王某与华某（女）于1982年结婚。1995年王某的父亲在老家去世，王某一人奔丧回家，将父亲的后事料理完之后，王某将变卖房屋的18000元钱，连同父亲遗留的5000元钱一起用自己的账户存入银行。1997年，夫妇俩想在家乡开饭馆，华某主张租房，而王某则想买房，最后两人决定让刘某先给他们租3间房，如果有价格合适的房再通知他们。刘某得知一家饭馆正好要出卖，价钱也仅有同地段商品房的2/3，于是刘某没有通知王某夫妇就自己垫付2万元钱以王某的名义先买了下来。知道此事华某坚决反对，认为刘某的行为没有得到他们的授权，应由他自己承担后果；但是王某却同意，并从自己的存款中取出钱汇给刘某，并委托刘某以他的名义办理了产权过户手续。夫妇俩回家经营饭馆一年后，由于两人关系恶化，王某提出离婚。华某同意离婚，但主张房屋应有其一半产权。

问题：刘某的行为是否属于无权代理？

解析：刘某的行为是无权代理，因为王某夫妇只授权刘某租房，并没有要求他买房，刘某是超越代理权的无权代理。但是王某在后来以汇款和委托他办理过户手续的事实对刘某的行为予以了追认。王某的追认应该不仅仅对王某本人有效，对华某也同样有效。因为王某与华某是夫妻，刘某有理由相信其妻同意买房，而且华某在事后并没有表示反对，而是与王某一同回家以此房经营饭馆，其行为已经是对刘某无权代理的默认。

（二）表见代理

表见代理，又称表现代理，是指行为人没有代理权、超越代理权或者终止代理权后，仍有足以使第三人相信其有代理权的事实和理由，使善意第三人以此与行为人发生民事法律关系的，该法律行为对本人发生法律效力的法律制度。构成表见代理须具备以下条件：

（1）行为人无代理权却以本人的名义为民事行为；

（2）客观上有足以使相对人相信行为人有代理权的事实；

（3）相对人主观上无过错；

（4）行为人与相对人所为的民事行为具备生效要件。

常见构成表见代理的情形主要有以下几种：

1. 被代理人对第三人表示授权给行为人而实际上并未向行为人授予代理权或者在授权后又撤回其授权；

2. 被代理人交付证明文件给行为人，行为人以此证明文件与相对人实施民事行为；

3. 代理关系终止后，被代理人未收回代理证书，行为人以原委托授权书等代理证书与相对人实施行为；

4. 被代理人知道行为人为无权代理行为而不表示反对。

表见代理发生有权代理的效果，因为表见代理行为有效，被代理人应承受该代理行为的法律后果，即与善意相对人发生民事法律关系。但是表见代理毕竟仍为广义无权代理，因此相对人可以在本人追认前主张该代理为无权代理而撤销该民事行为，从而直接向无权代理人追究民事责任。

案例 6－6：张某是某企业的销售人员，随身携带盖有甲企业公章的空白合同书，便于对外签约。后张某因收取回扣被企业除名，但空白合同书未被该企业收回。张某得悉以前和公司有业务往来的乙公司需要一批货物，于是张某以此合同书与乙公司签订购销合同，得到货款后潜逃，后乙公司向法院起诉，要求甲企业交付货物。

问题：张某的行为是否构成表见代理？

解析：张某的行为即属于表见代理。表见代理是用来保护善意第三人的。第三人在不知张某被开除的情形下，盖有甲企业公章的空白合同书足以使第三人相信其有代理权限，故构成表见代理。另外，在本案件中，张某是甲企业销售人员，且与乙公司有业务往来，他持有企业的空白合同签约，乙公司不知他已经被除名。所以张某行为构成表见代理。甲企业应当承担张某所为行为的法律后果。

第四单元 诉讼时效

一、诉讼时效的概念

（一）诉讼时效的概念

诉讼时效，是某种法定事实状态经过特定时间而产生一定法律后果的法律制度。具体是指受到侵害的民事权利人在法定的时效期间内不行使相应的权利，时效期间届满后丧失获得法律强制保护的制度。诉讼时效是权利人行使请求权，请求人民法院保护其民事权利的法定时间时效期限。

（二）诉讼时效的特征

1. 诉讼时效属于法律事实。就时效对民事法律关系的效果而言，时效能导致权利的消灭，应属于法律事实。时效的期间经过不受当事人意志的控制，就此而言，时效属于事件。

2. 诉讼时效属于强制期间。诉讼时效期间由法律强行规定，当事人不得约定延长或者缩短诉讼时效期间、预先放弃诉讼时效利益。

3. 诉讼时效的适用具有被动性。当事人未提出诉讼时效抗辩，人民法院不应对诉讼时效问题进行释明及主动适用诉讼时效的规定进行裁判。

4. 诉讼时效仅适用于请求权。法律基于不同的价值取向，对不同类型的权利规定了不同的法定期间，如适用于支配型权利的取得时效，适用于形成权的除斥期间，适用于知识产权的期间等，而适用于请求权的就是诉讼时效。

当事人对下列债权请求权提出诉讼时效抗辩的，人民法院不予支持：

（1）支付存款本金及利息请求权。

（2）兑付国债、金融债券以及向不特定对象发行的企业债券本息请求权。

（3）基于投资关系产生的缴付出资请求权。

（4）其他依法不能适用诉讼时效规定的债权请求权。

二、诉讼时效的效力

诉讼时效的效力就是指诉讼时效届满所产生的法律后果。根据《民法通则》的规定，诉讼时效属于消灭时效，诉讼时效期间届满所产生的法律后果是消灭了权利人享有的胜诉权，即权利人丧失了获得法律强制保护的权利。诉讼时效届满，并不消灭实体权利。诉讼时效届满，权利人丧失“胜诉权”。但是，权利人基于民事法律关系所享有的民事权利（实体权利）仍然存在，所以，义务人在诉讼时效届满之后自愿向权利人履行义务的，权利人仍然有权接受，不受诉讼时效限制。诉讼时效届满，并不消灭起诉权。所以，权利人在超过诉讼时效期间后起诉的，人民法院仍应予以受理，不得以诉讼时效届满为由不予受理。因为诉讼时效是否已经届满，只有通过审判才能查明，其权利是否因诉讼时效届满而消灭，只有法院才有公力决断权。

三、诉讼时效的种类

根据我国《民法通则》的规定，诉讼时效分为普通诉讼时效、特殊诉讼时效和最长诉讼时效。

（一）普通诉讼时效

普通诉讼时效又称一般诉讼时效，是指一般情况下普遍适用的诉讼时效。根据我国《民法通则》的规定，普通诉讼时效的期间为两年。

（二）特殊诉讼时效

特殊诉讼时效是普通诉讼时效的对称，即法律所规定的某些特定民事法律关系的诉讼时效。特殊诉讼时效包括短期诉讼时效和长期诉讼时效。在我国现行法律上，诉讼时效期间在两年以下的为短期诉讼时效。《民法通则》第一百三十六条规定了下列民事法律关系的特别诉讼时效期间为 1 年：（1）身体受到伤害要求赔偿的；（2）出售质量不合格的商品未声明的；（3）延付或拒付租金的；（4）寄存财物被丢失或者损毁的。诉讼时效期间长于两年的为长期诉讼时效，如根据《合同法》的规定，因国际货物买卖合同和技术进出口合同争议提起诉讼或者申请仲裁的诉讼时效期间为 4 年，该 4 年即为长期诉讼时效。

（三）最长诉讼时效

权利的最长保护期限。《民法通则》第一百三十七条规定：诉讼时效期间从知道或者应当知道权利被侵害时起计算。但是，从权利被侵害之日起超过 20 年，人民法院不予保护。也就是说，当权利人不知或不应当知道权利已被侵害，自权利被侵害之日起超过 20 年的，其权利也失去法律的强制性保护。这 20 年期间不能中止、中断，属于不变期间。

四、诉讼时效期间的起算

（一）从已知或应知权利被侵害开始

《民法通则》第一百三十七条规定，诉讼时效期间从知道或者应当知道权利被侵害时起计算。但如何界定权利人已经知道或者应当知道其权利被侵害呢？在具体的司法实务中多采用如下几种确认方法：

1. 定有清偿期的债权，自期限届满时起算。当事人约定同一债务分期履行的，诉讼时效期间从最后一期履行期限届满之日起计算。

未约定履行期限的合同，依照《合同法》第六十一条、第六十二条的规定，可以确定履行期限的，诉讼时效期间从履行期限届满之日起计算。不能确定履行期限的，诉讼时效期间从债权人要求债务人履行义务的宽限期届满之日期计算，但债务人在债权人第一次向其主张权利之时明确表示不履行义务的，诉讼时效期间从债务人明确表示不履行义务之日起计算。

2. 附停止条件的请求权，自条件成就之时起算。

3. 返还不当得利请求权的诉讼时效期间，从当事人一方知道或应当知道不当得利事实及对方当事人之日期计算。

4. 管理人因无因管理行为产生的给付必要管理费用、赔偿损失请求权的诉讼时效期间，从无因管理行为结束并且管理人知道或应当知道本人之日起计算。本人因不当无因管理产生的赔偿损失请求权的诉讼时效期间，从其知道或者应当知道管理人及损害事实之日起计算。

（二）从权利被侵害时起算

《民法通则》第一百三十七条规定，从权利被侵害之日起超过20年的，人民法院不予保护。

五、诉讼时效的中止、中断和延长

诉讼时效一经开始，便向着终止的方向进行。但是，由于法定事由的出现，诉讼时效可以暂时不计算、重新计算或延长。对此，法律设有诉讼时效中止、中断和延长的规定。

（一）诉讼时效的中止

诉讼时效中止是指在诉讼时效进行期间，因发生法定事由阻碍权利人行使请求权，诉讼时效暂停计算，自法定事由消失之日起继续进行。

诉讼时效的中止的法定事由有不可抗力和其他障碍：

1. 不可抗力：是指不能预见、不能避免和不能克服的客观情况。如地震、罢工等。

2. 其他障碍：下列情形应认定为其他障碍：（1）权利被侵害的无民事行为能力人、限制民事行为能力人没有法定代理人，或者法定代理人死亡、丧失代理权、丧失行为能力；（2）继承开始后未确定继承人或者遗产管理人；（3）权利人被义务人或者其他人控制无法主张权利；（4）其他导致权利人不能主张权利的客观情形。

诉讼时效可以中止的时间为诉讼时效期间的最后6个月。诉讼时效中止后，中止时间不计入时效期间内，待中止事由消除后，时效期间继续进行，与已经过的时间合并计入总的时效期间。

（二）诉讼时效的中断

诉讼时效中断是指在诉讼时效进行期间，因法定事由，使已经经过的时效期间统归无效，待时效中断事由消除后，诉讼时效期间重新开始计算。诉讼时效中断的法定事由为：

1. 提起诉讼。既包括权利人向法院起诉的行为，也包括权利人具有相同性质的行为，如向有关行政机关提出保护权利的请求等。当事人一方向人民法院提交起诉状或者口头起诉的，诉讼时效从提交起诉状或者口头起诉之日起中断。

（1）法院在出现下列事项之一时，应当认定与提起诉讼具有同等诉讼时效中断的效力：①申请仲裁；②申请支付令；③申请破产、申报破产债权；④为主张利而申请宣告义务人失踪或死亡；⑤申请诉前财产保全、诉前临时禁令等诉前措施；⑥申请强制执行；⑦申请追加当事人或者被通知参加诉讼；⑧在诉讼中主张抵消；⑨其他与提起诉讼具有同等诉讼时效中断效力的事项。

（2）在出现下列情形时，也发生诉讼时效的中断。①权利人向人民调解委员会以及其他依法有权解决相关民事纠纷的国家机关、事业单位、社会团体等社会组织提出保护相应民事权利的请求，诉讼时效从提出请求之日起中断。②权利人向公安机关、人民检察院、人民法院保报案或者控告，请求保护其民事权利的，诉讼时效从其报案或者控告之日起中断。

2. 权利人之请求。指权利人于诉讼外主张其权利的意思表示，可向义务人或义务承担者主张。具有下列情形之一的，应当认定为“权利人提出请求”：（1）当事人一方直接向对方当事人送交主张权利文书，对方当事人在文书上签字、盖章或虽未签字、盖章但送交方能够以其他方式证明该文书已送达对方当事人的。对方当事人为法人或其他组织的，签收人可以是其法定代表人、主要负责人、负责收发信件的部门或者被授权的主体。对方当事人为自然人的，签收人可以是自然人本人、同住的具有完全行为能力的亲属或者被授权主体。（2）当事人一方以发送信件或者数据电文方式主张权利，信件或数据电文到达或者应当到达对方当事人的。（3）当事人一方为金融机构，依照法律规定或者当事人约定从对方当事人账户中扣收欠款本息的。（4）当事人一方下落不明，对方当事人在国家级或者下落不明的当事人一方住所地的省级媒体上刊登主张权利内容公告的，但法律和司法解释另有特别规定的，适用特别规定。

3. 义务人认诺。即义务人对权利人做出表示，承认其权利的存在，愿意履行义务。

关于义务人的同意需要注意以下的情形：

（1）义务人作出分期履行、部分履行、提供担保、请求延期履行、制定清偿债务计划等承诺或者行为的，应当认定为《民法通则》第一百四十条规定的当事人一方“同意履行义务”。

（2）对于连带债权人中的一人发生诉讼时效中断效力的事由，应当认定对其他连带债权人也发生诉讼时效中断的效力。对于连带债务人中的一人发生诉讼时效中断效力的事由，应当认定对其他连带债务人也发生诉讼时效中断的效力。

（3）债权人提起代位权诉讼的，应当认定对债权人的债权和债务人的债权均发生诉讼时效中断的效力。

（4）债权转让的，应当认定诉讼时效从债权转让通知到达债务人之日起中断。

债务承担情形下，构成原债务人对债务承认的，应当认定诉讼时效从债务承担意思表示到达债权人之日起中断。

（三）诉讼时效延长

诉讼时效延长是指人民法院查明权利人在诉讼时效期间确有法律规定之外的正当理由而未行使请求权的，适当延长已完成的诉讼时效期间。能够引起诉讼时效延长的事由，是由人民法院认定的。延长的期间，也是由人民法院依客观情况予以掌握。

案例 6－7：张某与刘某系朋友，1988 年 10 月 8 日，张某因家中买房向刘某借款人民币 2 万元。当时，张某向刘某写有借据，借据上写明在 1989 年 10 月 8 日以前还清。到还款时间，张某未向刘某还款，也未提及此事。因和张某关系很好，刘某也不好意思提及此事。直到 1994 年 2 月，刘某见张某既不还款，也从不提及此事，只好向张某说明他等钱用，希望张某尽快还他。谁料，张某却声称并无此事。刘某大怒，遂将张某诉至区人民法院，要求张某归还借款并支付逾期归还的利息。

问题：本案的诉讼时效应该怎么认定？

解析：本案的纠纷属于借款纠纷，应适用普通诉讼时效，期限为 2 年。诉讼时效是消灭时效，它是指权利人在法定期限内不行使权利，就丧失了请求人民法院保护其民事权益的权利的法律制度。我国《民法通则》第一百三十五条规定：“向人民法院请求保护民事权利的诉讼时效期间为 2 年，法律另有规定的除外。”根据诉讼时效的长短及适用范围，可把诉讼时效分为一般诉讼时效和特殊诉讼时效两类，其中特殊诉讼时效又可分为短期时效、长期时效、最长时效。在本案中，刘某虽有借据可以证明张某向其借款的事实，但他在还款期限届满后，既未向张某催还借款，又未向人民法院起诉，期间刘某享有的此项债权的诉讼时效，自 1989 年 10 月 8 日起一直在连续计算，至 1991 年 10 月 8 日时效期间已届满，其丧失请求人民法院保护其民事权益的权利。这里要强调的一点是，根据《民法通则》第一百三十五条的规定，时效期间届满以后，权利人丧失的是依诉讼程序强制义务人履行义务的权利；这种权利称为实体意义上的诉权，即胜诉权。权利人的实体权利并未随之丧失，失去的只是上述依诉讼获得司法保护的权利。时效届满以后，如果义务人主动履行义务，权利人可以接受；义务人在履行义务以后不得以时效届满为由，向人民法院起诉要求返还。

第五单元 合 同

一、合同的订立

合同是当事人之间设立、变更和终止民事权利义务关系的协议。合同作为民事法律行为的一种，也是以意思表示为核心，体现的是当事人之间的合意，是要约与承诺达成一致的结果。

（一）要约规则

1. 要约的构成要件。要约是希望与他人订立合同的意思表示。要构成一项要约，必须符合两个条件：内容具体确定；订立合同的意图，即表明一经受要约人承诺，要约人即受该意思表示约束；发出要约的人称为要约人，接受要约的人称为受要约人。

2. 要约与要约邀请。要约邀请是希望他人向自己发出要约的意思表示，常见的要约邀请为寄送的价目表、拍卖公告、招标公告及招股说明书。商业广告原则上是要约邀请，但如其内容符合要约规定的，视为要约。

案例 6－8：某果品公司因市场上西瓜脱销，向新疆某农场发出一份传真："因我市市场西瓜脱销，不知贵方能否供应。如有充足货源，我公司欲购十个冷冻火车皮。望能及时回电与我公司联系协商相关事宜。"农场因西瓜丰收，正愁没有销路，接到传真后，喜出望外，立即组织十个车皮货物给果品公司发去，并随即回电："十个车皮的货已发出，请注意查收。"在果品公司发出传真后，农场回电前，外地西瓜大量涌入，价格骤然下跌。接到农场回电后，果品公司立即复电："因市场发生变化，贵方发来的货，我公司不能接收，望能通知承运方立即停发。"但因货物已经起运，农场不能改卖他人。为此，果品公司拒收，农场指责果品公司违约，并向法院起诉。

问题：果品公司是否违约？是否要承担赔偿责任？

解析：果品公司不存在违约，因为此案双方发生纠纷的原因是农场没有理解要约和要约邀请的区别，其法律依据是《合同法》第十五条。果品公司给农场的传真是询问农场是否有货源，虽然该公司在给农场的传真中提出了具体数量和品种，但同时希望农场回电通报情况。因此，果品公司的传真具有要约邀请的特点。农场没有按果品公司的传真要求通报情况，在直接向果品公司发货后，才向果品公司回电的行为，因没有要约而不具有承诺的性质，相反倒具有要约的性质。在此情况下如果果品公司接收这批货，这一行为就具有承诺性质，合同就成立。但由于果品公司拒绝接收货物，故此买卖没有承诺，合同不成立。

3. 要约的生效、撤回与撤销。要约生效时间采用到达主义，“到达”的含义是指到达受要约人及其代理人可控制的范围内，至于受要约人及其代理人能否看到，则不考虑。要约的撤回是指使尚未生效的要约不生效的意思表示，撤回须先于或与要约同时到达受要约人。要约的撤销是指使已生效但未获承诺的要约失效的意思表示。撤销的意思表示须在要约到达受要约人之后，受要约人作出承诺之前到达受要约人。在理财规划业务中，客户所填写的申请书被视为要约，而理财规划师所在机构所寄送的价目表、说明书等为要约邀请。客户的申请一旦被理财规划师所在机构所接受，合同即告成立。

（二）承诺规则

承诺是受要约人同意要约的意思表示。承诺通知到达要约人时生效。承诺生效时合同成立。

1. 承诺构成要件。承诺人为受要约人。承诺原则上以通知的方式作出，依交易习惯或要约表明的，也可以以行为作出。承诺应与要约一致，对要约内容作出实质性变更的，为新要约。对要约做非实质性变更的，原则上构成承诺，除非要约人及时表示反对或者要约表明不得做任何变更的。

2. 承诺的撤回。承诺可以撤回。撤回的对象是已经发出但尚未生效的承诺。因此，承诺的撤回应先承诺于或与承诺同时到达要约人。

3. 承诺的生效与合同成立。承诺通知生效采用到达主义，以行为作出承诺的，作出行为时即生效。要约与承诺达成一致，合同即告成立。合同内容以承诺的内容为准。当事人采用合同书形式订立合同的，自双方当事人签字或盖章时合同成立。当事人采用信件、数据电文等形式订立合同的，可以在合同成立前约定以签订确认书为合同成立的条件，在此情形下签订确认书时合同即成立。在理财规划业务中，理财规划师代表所在机构接受客户的申请，即表示作出承诺。当然，在实际工作中，理财规划师在审查完客户的申请后，均与客户签订书面合同，约定双方的具体权利和义务。在这种情况下，合同于最后一方签字盖章完成之际成立。

（三）合同的形式和主要条款

如前所述，合同是双方要约与承诺达成一致的结果。而要约与承诺达成一致的方式可以表现为书面形式、口头形式或其他形式。但法律、行政法规规定采用书面形式的，应当采用书面形式。当事人约定采用书面形式的，也应从其约定。书面形式是指合同书、信件和数据电文（包括电报、电传、传真、电子数据交换和电子邮件）等可以有形地表现所载内容的形式。

案例6－9：甲企业与乙企业达成口头协议，由乙企业在半年之内供应甲企业50吨钢材。3个月后，乙企业以原定钢材价格过低为由要求加价，并提出，如果甲企业表示同意，双方立即签订书面合同，否则，乙企业将不能按期供货。甲企业表示反对，并声称，如乙企业到期不履行协议，将向法院起诉。

问题：双方当事人达成的口头协议有无法律效力？为什么？

解析：双方当事人达成的口头协议具有法律约束力。依据《合同法》第十条的规定，当事人订立合同可以采用口头形式，但法律、行政法规规定采用书面形式的，应当采用书面形式。买卖合同在《合同法》上属于不要式合同，不采取书面形式对买卖合同效力没有影响。依据《合同法》第四十四条的规定，依法成立的合同，自成立之时起生效。本案中双方当事人之间的买卖合同属于生效的买卖合同，双方当事人理应按照《合同法》合同必须严格遵守的规则，履行自己的合同义务。

一般说来，除即时结清的情况外，合同应采用书面形式。对于理财规划师而言，采用书面合同，并保存好书面合同的原件，对将来理财规划师处理与客户的关系具有重要的意义。尤其是理财规划师与客户发生纠纷时，完整的书面合同和相关文件有利于分清责任。理财规划服务合同条款主要包括当事人的名称或者姓名、住所、理财目标、工作内容、理财方案的交付方式和期限、理财费用、合同期限、违约责任、争议解决方法以及理财规划师所在机构的特别声明等。

二、合同的效力

合同系当事人意思表示一致的结果，具有法律约束力。因此，合同依法成立生效后，当事人应当全面、适当履行合同义务，不得擅自变更或解除合同，不得以任何理由拒绝履行。即使在履行合同的过程中发生了新的情况需要变更或解除合同，也必须依照《合同法》的有关规定办理。同时，合同效力还体现在违反合同应当承担违约责任。除了不可抗力等法定免责事由外，合同当事人不履行或者不完全履行合同时，必须承担违约责任，即按照法定和约定由违反合同的一方当事人向对方支付违约金或对守约一方当事人造成的损失支付赔偿金；此外，继续履行为可能的情形下，违约方可依守约方的要求继续履行，作为违约责任形式的一种。

（一）合同的成立与生效

根据《合同法》的规定，依法成立的合同，自成立时生效。其中，合同的成立，是指双方当事人依法对合同的内容进行协商并达成合意。合同成立的判断依据是合意是否达成。而合同生效，是指合同产生法律上的效力，具有法律上的约束力。通常合同依法成立之际，就是合同生效之时。二者在时间上是同步的。但是，《合同法》还规定，法律、行政法规规定应当办理批准、登记等手续生效的，合同经批准、登记后即生效。合同是否生效除受法律、法规关于登记的规定影响外，合同本身关于生效条件的约定也影响合同的效力。当事人对合同的效力可以约定附条件也可以约定附期限。

案例 6－10：某制衣厂（以下简称甲方）为生产高档毛衣向某机械厂（以下简称乙方）订购一套机织设备。双方本应按照约定签订书面合同，但由于乙方说没关系，表示肯定能够在两个月内送货上门，并安装调试至顺利生产，故双方没有签订书面合同。两个月后，乙方准时将设备送到甲方，并进行了安装调试。在安装完毕之后的试生产过程中，机器出现故障。甲方请乙方的专业人员又进行了两次调试，但故障仍未排除，于是，甲方以合同未采用法律规定的书面形式为由，要求认定合同不成立，并退货。

问题：甲方的要求认定合同不成立的请求有无法律依据？此案应如何处理？

解析：甲方的请求没有法律依据。在此案中，双方虽然没有按法律规定签订书面合同，但是合同当事人乙方已经履行了主要义务，而甲方也接受了（其法律依据是《合同法》第三十六条）因此双方达成的协议已经成立。至于机器没有调试成功，乙方应当继续调试。如果多次调试均不成功，设备的确存在质量问题，可以认为乙方没有按合同的要求履行，甲方可以请求换货；如果乙方的确不可能提供合格产品，也可以请求解除合同，但不能请求认定合同不成立。

（二）效力未定的合同

合同作为民事法律行为的一种，关于民事法律行为有效的条件当然也是合同生效的条件具体而言，限制民事行为能力人订立的合同、无权代理人订立的合同、法人的代表人或其他经济组织负责人越权签订的合同以及无处分权人签署的处分合同，均属于效力未定的合同。以下两种情形，相对人可以催告追认权人在法定期间予以追认。追认权人未作表示的，视为拒绝追认。合同被追认前，善意相对人亦有撤销权。具体如下：

(1) 限制行为能力人订立的合同，经法定代理人追认后，该合同有效，但纯获利益的合同或者与其年龄、智力、精神健康状况相适应而订立的合同，不必经法定代理人追认。(2) 行为人没有代理权、超越代理权或者代理权终止后以被代理人名义订立的合同，未经被代理人追认，对被代理人不发生效力，由行为人承担责任。法人或者其他组织的法定代表人、负责人超越权限订立的合同，除相对人知道或者应当知道其超越权限的以外，该代表行为有效。无处分权的人处分他人财产，经权利人追认或者无处分权的人订立合同后取得处分权的，该合同有效。

(三) 合同的无效和可撤销

合同是关于特定当事人之间债权、债务关系的协议，因此合同具有相对性，不涉及合同以外的第三人，所以合同自由原则是任何合同赖以存在的基础。但自由是在合法范围内的自由，如合同的约定违反法律和社会公共利益，或损害国家利益的，则合同无效。意思表示不真实，或合同的内容与当事人的真实意思表示不一致，则合同在一定的期限内可以撤销。撤销权应在期限届满前行使，自知道或者应当知道撤销事由之日起一年内没有行使撤销权，或知道撤销事由后明示放弃撤销权的，撤销权消灭。合同被宣告无效、被撤销的溯及力及于合同成立，即合同自始无效。

案例 6-11：某山区农民赵某家中有一花瓶，系赵某的祖父留下来的。李某通过他人得知赵某家有一清朝花瓶，遂上门索购。赵某不知该花瓶真实价值，李某用 1.5 万元买下。随后，李某将该花瓶送至某拍卖行进行拍卖，卖得价款 11 万元。赵某在一个月后得知此事，认为李某欺骗了自己，通过许多渠道找到李某，要求李某退回花瓶。李某以买卖花瓶是双方自愿的，不存在欺骗，拒绝赵某的请求。经人指点，赵某到李某所在地人民法院提起诉讼，请求撤销合同，并请求李某返还该花瓶。

问题：赵某和李某的买卖合同是否有效，为什么？

解析：合同无效。因为李某与赵某之间的合同属于显失公平的买卖合同，且显失公平系由于赵某欠缺交易经验所致，因此赵某有权依据《合同法》第五十四条的规定，请求法院撤销合同。买卖合同一旦被撤销，合同即自始没有法律约束力，依据《合同法》第五十八条的规定，赵某有权请求李某返还财产。

案例 6-12：某商场新进一种 CD 机，价格定为 2598 元。柜台组长在制作价签时，误将 2598 元写为 598 元。赵某在浏览该柜台时发现该 CD 机物美价廉，于是用信用卡支付 1196 元购买了两台 CD 机。一周后，商店盘点时，发现少了 4000 元，经查是柜台组长标错价签所致。由于赵某用信用卡结算，所以商店查出是赵某少付了 CD 机货款，找到赵某，提出或补交 4000 元或退回 CD 机，并退还商店 1196 元。赵某认为彼此的买卖关系已经成立并交易完毕，商店不能反悔，拒绝商店的要求。商店无奈只得向人民法院起诉，要求赵某返还4000元或CD机。

问题：商店和赵某的合同属于什么性质？应如何处理？

解析：商店和赵某之间的合同属于重大误解可撤销的合同。《合同法》第五十四条规定因重大误解订立的合同，当事人一方有权请求人民法院或者仲裁机构变更或撤销合同。《合同法》第五十八条规定：合同被撤销后，因该合同取得的财产，应当予以返还，基于上述理由，商店的诉讼请求有法律依据。本案中，当事人因对标的物的价格的认识错误而实施的商品买卖行为。这一错误不是出卖人的故意造成，而是因疏忽标错价签造成，这一误解对出卖人造成较大的经济损失。所以，根据本案的情况，符合重大误解的构成要件，应依法认定为属于重大误解的民事行为。赵某应将CD机返还给商店，由柜台组长对由此造成赵某的损失承担责任。

三、合同的履行

（一）合同的履行原则

合同的履行是指合同债务人全面、适当地履行完毕其合同债务，债权人依法受领而使合同债权完全实现。合同的履行是一个过程，即依约定使合同债权债务完全实现的过程。概括地说，合同的履行应坚持三个原则：诚实信用原则、全面履行原则和适当履行原则。诚实信用原则是指合同当事人本着真诚、真实、恪守信用的原则和精神，以善意的主观意识和行为方式正确行使自己的合同权利，履行自己的合同义务。全面履行原则即合同当事人原则上应依合同约定，全面地完成合同义务。适当履行原则也就是正确履行，是指合同当事人依合同约定，在主体、标的、时间、地点以及方式等方面均须适当。全面履行注重的是合同履行的“量”，而适当履行则是对合同履行的“质”的要求。全面履行和适当履行是一个统一的整体，都是遵守约定原则的具体内容，是对合同当事人履行合同的基本要求。当事人履行合同没有遵守约定，在一般情况下就构成违约，应承担违约责任。

案例6－13：某粮油公司（以下简称甲方）引进一套生产食用色拉油的设备，在还未开工时，2000年11月20日，某工厂（以下简称乙方）因年终将给职工分发一些福利用品，找到甲方购买色拉油。因该公司要一个月以后才能正式生产，所以它与乙方签订的合同明确规定在一个月后生效；而乙方也向甲方提出在12月30日前必须交货。到了12月30日，乙方未收到甲方的色拉油，便打电话询问，要求甲方最迟在2001年1月1日必须交货，否则即解除合同。甲方答复到时保证送货。但1月3日，甲方才将乙方需要的色拉油送到。乙方拒收，甲方认为乙方违约，向法院起诉，要求乙方收货并支付货款。

问题：甲方是否可以推迟交货？乙方是否违约？

解析：甲方不能推迟交货，应该按照约定履行合同。此案涉及附期限的合同，当事人之间的合同于合同签订后1个月生效，其法律依据是《合同法》第四十六条。合同约定的甲方交货期限是2000年12月30日，甲方未按时交货，构成迟延履行。并且在乙方确定的宽限期到来时仍未交货，乙方有权解除合同，拒收货物。所以乙方不构成违约。

（二）双务合同的履行

双务合同是当事人双方互负给付义务的合同。双务合同的特点在于合同双方当事人互为债权人和债务人，双方债务的履行具有关联性。根据《合同法》，当事人互负债务，没有先后履行顺序的，应当同时履行。一方在对方未履行或履行不符合约定时，有权拒绝其相应的履行请求，这在合同法理论上称为"双务合同的同时履行抗辩权"。同时履行抗辩权的效力在于拒绝对方当事人的履行请求，但不能消灭对方请求权。先履行抗辩权，是指当事人互负债务且有履行顺序的，先履行一方未履行的或履行不符合约定的，后履行一方有权拒绝其相应的履行要求。

案例6-14：甲乙两公司签订钢材购买合同，合同约定：乙公司向甲公司提供钢材，总价款500万元。甲公司预支价款200万元。在甲公司即将支付预付款前，得知乙公司因经营不善，无法交付钢材，并有确切证据可以证明。于是，甲公司拒绝支付预付款，除非乙公司能提供一定的担保，而乙公司拒绝提供担保。为此，双方发生纠纷并诉至法院。

问题：（1）甲公司拒绝支付余款是否合法？（2）甲公司行使的是什么权利？若行使该权利必须具备什么条件？

解析：

（1）甲公司拒绝支付余款是合法的。《合同法》第六十八条规定："应当先履行债务的当事人，有确切证据证明对方有下列情形之一的，可以中止履行：（一）经营状况严重恶化；（二）转移财产、抽逃资金，以逃避债务；（三）丧失商业信誉；（四）有丧失或者可能丧失履行债务能力的其他情形……"本案中甲公司作为先为给付的一方当事人，在对方于缔约后财产状况明显恶化，且未提供适当担保，可能危及其债权实现时，可以中止履行合同，保护权益不受损害。

（2）甲公司行使的是不安抗辩权。不安抗辩权的适用条件是：①须是同一双务合同所产生的债务，并互为对待给付。②该双务合同有履行顺序，且后履行期限届满。③应后履行债务的一方当事人，在合同依法成立之后，出现丧失或有可能丧失对待履行能力的情形。④后履行债务方未为对待给付或未提供适当的担保。

在理财规划业务中，如果委托人未支付理财服务费用，理财规划师可以代表所在机构行使同时履行抗辩权。在合同约定完成理财事务后支付费用的，如理财规划师有确切证据证明客户将不支付理财费用，理财规划师可以代表所在机构行使不安抗辩权，中止提供理财服务。

四、合同责任

（一）缔约过失责任

缔约过失责任是缔约过程中因过失导致合同不成立或无效的责任人，对因信赖合同成立或有效的一方所受损害承担的赔偿责任。缔约过失，是指在合同成立前的缔约过程中，因缔约人一方导致合同不成立或无效所具有的过失。缔约过失责任的构成要件应具备三个条件：

（1）违反先合同义务。先合同义务是依诚实信用原则所生，且存在于合同成立前之义务，其主要如各种说明、告知、注意、保护及忠实义务等。这种义务是法定的、消极的义务。

（2）造成信赖利益损失。即一方当事人因信赖合同成立和生效，但合同并未成立或无效而受到的损失。

（3）有缔约过失之存在。即违反了诚实信用原则所生之义务，即认为有过错。根据我国《合同法》的规定，缔约过失责任主要有下列类型：

①假借订立合同，恶意进行磋商。

②故意隐瞒与订立合同有关的重要事实或提供虚假情况。

③泄露或不正当使用商业秘密。

④其他。如因一方过错致合同被撤销、无效、不成立以及无权代理等。

（二）违约责任概述

违约责任以合同成立生效为前提，若合同不成立、不生效、无效、被撤销，纵使当事人有过失，对方有损失，也不发生违约责任，应为缔约过失责任。违约责任的构成要件即违约行为。违约行为表现为合同当事人对合同义务的不履行或不适当履行，其发生以合同关系存在为前提，因违反合同约定义务而构成违约责任。违约行为形态，是根据违约行为所违反合同义务的性质、特点而对其所作的分类。一般而言，违约行为可以分为不履行、逾期履行、不适当履行和受领迟延几类。我国《合同法》第一百零七条并未将过错作为违约责任的构成要件，实行严格责任原则。所谓严格责任原则，是指合同当事人不履行或不适当履行合同义务即承担违约责任。承担违约责任除了赔偿损失、实际履行等形式，还有两个比较常用的，即违约金和定金。后面我们将会详细论述。

案例6-15：某村委会与村民张某签订了荒山植树承包合同。合同规定，村委会负责给张某提供果树苗2000株和运输用车，张某每年向村委会上交承包费1000元，3年后荒山上的果树木所得归张某所有。合同签订后，张某如数上交了当年的承包费1000元，但村委会只提供了500株树苗，而且未提供运输用车，张某为了能赶在当年植树季节将树苗全部种下，只好自己购买高价树苗和租用其他车辆，比原计划多支付2000元。张某要求村委会赔偿因其不严格履行合同而给自己造成的经济损失，并继续提供运输用车。村委会拒绝赔偿，张某诉至法院。

问题：张某的诉讼请求有法律依据吗？此案应如何处理？

解析：我国《合同法》第一百零七条规定："当事人一方不履行合同义务或者履行合同义务不符合约定，应当承担继续履行、采取补救措施或者赔偿损失等违约责任。"根据这条法律规定，张某的诉讼请求有法律依据。村委会应当按合同的约定如数提供2000株树苗和运输用车，未提供即属违约，要承担相应的法律责任。村委会应赔偿张某因其违约而多支付的2000元，并继续为张某提供运输用车。

（三）违约的免责事由

1. 免责事由的概念。免责事由也称免责条件，是指当事人即使违约也不承担责任的事由。合同法上的免责事由可分为两大类，即法定免责事由和约定免责事由。法定免责事由是指由法律直接规定、不需要当事人约定即可援用的免责事由，主要指不可抗力；约定免责事由是指即合同免责条款中约定的事由。

2. 不可抗力。不可抗力是指不能预见、不能避免并不能克服的客观情况。不可抗力主要包括以下几种情形：（1）自然灾害，如台风、洪水、冰雹；（2）政府行为，如征收、征用；（3）社会异常事件，如罢工、骚乱。在不可抗力的适用上，有以下问题值得注意：（1）合同中是否约定不可抗力条款，不影响法律的直接适用；（2）不可抗力条款是法定免责条款，约定不可抗力条款如小于法定范围，当事人仍可援用法律规定主张免责；如大于法定范围，超出部分应视为另外成立了免责条款；（3）不可抗力作为免责条款具有强制性，当事人不得约定将不可抗力排除在免责事由之外。不可抗力的免责效力。因不可抗力不能履行合同的，根据不可抗力的影响，部分或全部免除责任。但有以下列外：（1）金钱债务的迟延责任不得因不可抗力而免除。（2）迟延履行期间发生的不可抗力不具有免责效力。不可抗力与意外事件。实际上，民法通则和合同法均未将意外事件作为免责条件。因此，多数学者主张意外事件不应该作为免责事由。

3. 免责条款。免责条款是指当事人在合同中约定免除将来可能发生的合同责任的条款，其所规定的免责事由即约定免责事由。免责条款不得免除、减轻当事人的应有义务，也不得排除故意或重大过失的责任。

（四）合同责任的形式

1. 继续履行。继续履行也称强制实际履行，是指违约方根据对方当事人的请求继续履行合同规定的义务的合同责任形式。继续履行是一种独立的合同责任形式，不同于一般履行。具体表现在：继续履行以违约为前提；继续履行体现了法的强制性；继续履行独立于其他责任形式。继续履行的内容表现为责任人继续按合同约定的履行义务，这一点与一般履行大致相同。继续履行的适用，因债务性质不同而不同：对于金钱债务，无条件适用继续履行。金钱债务只存在迟延履行，不存在履行不能，因此，应无条件适用继续履行的责任形式。对于非金钱债务，有条件适用继续履行，即原则上可以请求继续履行，但下列情形除外：（1）法律上或者事实上不能履行（履行不能）；（2）债务的标的不适用强制履行或者强制履行费用过高；（3）债权人在合理期限内未请求履行（如季节性物品之供应）。

案例 6-16：甲油料厂与某供销社订立一份农副产品供销合同，双方约定由供销社在1个月内向甲油料厂供应黄豆30吨，每吨单价1000元。在合同履行期间，乙公司找到供销社表示愿意以每吨1500元的单价购买20吨黄豆，供销社见其出价高，就将20吨本来准备运给甲油料厂的黄豆卖给了乙公司，致使只能供应10吨黄豆给甲油料厂。甲油料厂要求供销社按照合同的约定供应剩余的20吨黄豆，供销社表示无法按照原合同的条件供货，并要求解除合同。甲油料厂不同意，坚持要求供销社履行合同。

问题：（1）甲油料厂的要求是否有法律依据？（2）供销社能否只赔偿损失或者只支付违约金而不继续履行合同？

解析：

（1）甲油料厂要求供销社继续供货是有法律依据的。因为，双方合同约定由供销社供应甲油料厂黄豆30吨，现黄豆只供应了10吨，所以甲油料厂有权要求继续供货。

（2）订立合同的目的就在于通过履行合同获取预定的利益，合同生效后当事人不履行合同义务，对方就无法实现权利。如果违约方有履行合同的能力，对方（受损害方）认为实现合同权利对自己是必要的，有权要求违约方继续履行合同。违约方不得以承担了对方的损失为由拒绝继续履行合同，受损害方在此情况下，可以请求法院或者仲裁机构强制违约方继续履行合同。所以供销社不能只赔偿损失或者只支付违约金而不继续履行合同。

2. 采取补救措施。采取补救措施作为一种独立的合同责任形式，是指矫正合同不适当履行，使履行缺陷得以消除的具体措施。关于采取补救措施的具体方式，我国相关法律做了如下规定：（1）《合同法》第一百一十一条规定：修理、更换、重作、退货、减少价款或者报酬等；（2）《消费者权益保护法》第四十四条规定：修理、重作、更换、退货、补足商品数量、退还货款和服务费用、赔偿损失；（3）《产品质量法》第四十条规定：修理、更换、退货。应注意以下几点：（1）采取补救措施的适用以合同对质量不合格的合同责任没有约定或者约定不明确，而依《合同法》第六十一条仍不能确定合同责任为前提。（2）应以标的物的性质和损失大小为依据，确定与之相适应的补救方式。（3）受害方对补救措施享有选择权，但选定的方式应当合理。

3. 赔偿损失。赔偿损失，在合同法中指违约损害赔偿，是指违约方以支付金钱的方式赔偿受害方因违约行为所损失的财产或利益的责任形式。

（1）赔偿损失是最重要、应用最广泛的违约责任形式。

（2）赔偿损失的具体内容是支付金钱。

（3）赔偿损失是由违约方赔偿受害方因违约行为所遭受的直接损失。首先，赔偿损失是对违约所造成的损失的赔偿，与违约行为无关的损失不在赔偿之列。其次，赔偿损失是对守约方所遭受损失的一种补偿，而不是对违约行为的惩罚。

（4）赔偿损失责任具有一定的任意性。赔偿损失的确定方式有两种：法定损害赔偿和约定损害赔偿。法定损害赔偿是指由法律规定的，由违约方对受害方因违约而遭受的损失承担的赔偿责任。法定损害赔偿遵循完全赔偿原则和合理预见规则。

合理预见规则限制现实财产损失和可得利益损失赔偿总额，不适用于约定损害赔偿，是否或应否预见到可能的损失，应当根据缔约时的事实与情况加以判断。约定损害赔偿，是指当事人在订立合同时，预先约定一方违约时应当向对方支付一定数额的赔偿金或约定损害赔偿额的计算方法。它具有预定性、从属性、附条件性。

4. 违约金。合同所约定的，于一方违约时应向另一方支付的一定数额的赔偿金。违约金本质是约定的赔偿金。它是当事人在违约事实发生以前确定的（一般在订立合同时确定）。当事人没有约定违约金时，才适用赔偿金。约定的违约金与违约所致损失在数额上有差异的，当事人可以请求人民法院或者仲裁机构进行调整。同时，违约金不得超过法律规定的限额。

案例 6-17：甲公司与乙袜厂于某年 4 月 6 日签订了一份丝袜供应合同。合同规定：乙袜厂向甲公司供应丝袜 2 万双，总价款人民币 4 万元，同年 4 月 20 日交货，货到付款，合同有效期至同年 4 月 30 日止，双方若有违约应支付违约金。5 月 9 日，乙袜厂送来 2 万双丝袜。甲公司以交货已过合同有效期为由拒收货物。经乙袜厂再三请求，甲公司同意接受 2 万双丝袜。次日，甲公司销售人员将丝袜售出 5000 双，其余入库存放。6 月底乙袜厂电话催付货款，甲公司原签约人称，丝袜已卖出 5000 双，其余存在库中。同年 10 月 8 日，乙袜厂派人来收取货款，甲公司认为此批货系暂时代为保管，除已代售的 5000 双丝袜货款如数支付外，其余丝袜应由乙袜厂取回。但乙袜厂要求给付全部货款。

问题：（1）乙袜厂在履约过程中应承担什么违约责任？（2）甲公司在履行合同中是否应该承担违约责任？

解析：

（1）乙袜厂逾期交货，又未在发货前与甲公司协商，应认定乙袜厂违约。按照我国《合同法》的有关规定，甲公司起初拒收货物是有法律依据的。乙袜厂逾期交货，应按照合同的约定，向甲公司偿付逾期交货违约金。

（2）后甲公司同意接受乙袜厂迟延交付的货物并将部分货物出售，因此乙袜厂有权要求甲公司给付全部货款。甲公司逾期付款，应比照银行有关延期付款的规定向乙袜厂偿付逾期付款违约金。

5. 定金。定金是指当事人一方在合同未履行之前，在应履行给付数额内预先支付另一方一定数额金钱的担保形式。与违约金是在违约发生之后的偿付不同，定金是在合同履行之前的一种给付。债务人履行债务后，定金应当抵作价款或者收回。给付定金一方不履行债务的，无权要求返还定金；接受定金一方不履行债务的，应当双倍返还定金，此即定金罚则。定金具有预交违约金的性质；当事人既约定违约金，又交付定金的，违约时应依照公平原则由被违约人择一请求。被违约人可以选择有利的责任形式。

案例 6－18：某市朝阳玻璃制品厂（以下简称甲方）与某市天然气供应公司（以下简称乙方）签订了常年供气合同。合同规定，乙方每天向甲方供应生产用气 4000 立方米，如减少或停止供应须提前五天通知甲方做好准备。甲方按月结清天然气款。双方约定，甲方向乙方交付定金 5 万元。

合同签订后不久，随着用气单位的增多，天然气供应日趋紧张，有些用气单位向乙方许诺可以购买高价气。乙方为追求本单位的经济效益，要求甲方减少用气 2000 立方米，甲方不同意。乙方在未提前通知的情况下，单方突然停止向甲方供气，致使甲方生产设备受损，造成损失约 4 万元。甲方派人前去乙方交涉，要求其保证供气，并双倍返还其已交付的定金，乙方不同意。甲方遂向某市人民法院起诉，要求乙方继续履行合同，双倍返还其已交付的定金，赔偿其他损失。

问题：甲方的诉讼请求有无法律依据？本案应如何处理？

解析：甲方的诉讼请求有法律依据。其法律依据是《合同法》第一百一十五条。

在甲方支付定金、合同有效成立的前提下，乙方单方擅自要求减少供气，当甲方不同意时，又在不通知的情况下停止供气，造成甲方的设备损害，这是乙方违约，甲方有权要求乙方双倍返还定金，并继续履行合同。

五、合同变更和解除

（一）合同变更和解除的概念

合同的变更是指在合同有效成立后，合同当事人不变，仅改变合同的权利义务。合同的解除指合同成立生效后，因具备解除条件，或依合同当事人的意思表示而使合同终止。合同解除包括法定解除与约定解除。法定解除是指依法律直接规定的解除条件而解除合同关系。而约定解除则指当事人约定为一方或双方保留解除权的解除。

（二）合同变更和解除的条件

1. 合同变更的条件

（1）原本存在着有效的合同关系。

（2）合同内容发生变化，如标的物数量的增减，价格或酬金的增减以及期限的改变等。

（3）合同的变更需经当事人协商一致。

案例6－19：某银行于1995年10月5日向乙公司提供一年期人民币流动资金贷款，1996年10月5日到期。贷款合同订立时，丙公司向贷款银行出具信用保证书，保证期限为1996年10月4日至1997年10月3日。贷款到期后，乙公司没能偿还贷款。1996年12月20日，银行与乙公司签定一份协议，就该贷款的还款事宜做了安排，约定“还款期限：乙公司保证在1997年5月底前清偿全部贷款本息”。1997年5月底，乙公司没有还款，银行将乙公司与丙公司起诉到法院。法院判决：乙公司承担还款责任；丙公司不承担连带保证责任。

问题：1996年12月20日，银行与乙公司签定的协议属于什么性质？对保证人的保证责任产生什么影响？

解析：银行与乙公司签定的协议属于合同的变更，即合同的效力以变更后的为准。《担保法》第二十四条规定：“债权人与债务人协议变更主合同的，应当取得保证人书面同意，未经保证人书面同意的，保证人不再承担保证责任。保证合同另有约定的，按照约定。”所以，保证人不承担保证责任。

2. 合同解除的条件

（1）因不可抗力致使不能达到合同目的。

（2）迟延履行，又称债务人延迟，是指债务人能够履行，但在履行期限届满时却未履行的现象。这一解除条件因合同的性质不同而有不同的规定：①根据合同的性质和当事人的意思表示，履行期限在合同的内容上不是特别重要时，即使债务人在履行期限届满履行，也不至于使合同目的落空的，通常不允许在迟延履行时债权人立即解除合同，而由债权人向债务人发出履行催告，给债务人规定一个宽限期。债务人在该宽限期届满时仍未履行，债权人有权解除合同。②根据合同的性质和当事人的意思表示，履行期限在合同的内容上特别重要，债务人不于此期限内履行，就达不到合同的目的的，债务人未在履行期限内履行，债权人可以不经催告而径直解除合同。

（3）拒绝履行，又称毁约，是指债务人能够履行却明确向债权人表示不履行。此情形下，债权人可不经催告而径直解除合同。

（4）不完全履行，是指债务人虽已履行，但其履行不符合法律的规定或者合同约定。不完全履行可分为量的不完全履行和质的不完全履行。债务人以适当履行的意思提供标的物，而标的物的数量有所短缺的，属于量的不完全履行。债务人可补充履行，以使之符合合同目的，但在某些情形下，如果债务人不补充履行，或者补充履行也不能达到订约目的，债权人有权解除合同。债务人以适当履行的意思提供标的物，但标的物在品种、规格、型号等质量方面不符合法律的规定或合同的约定；或者标的物有隐蔽缺陷；或者提供的劳务达不到合同规定的水平，都属于质的不完全的履行。在这种情况下，多由债权人或法律给债务人一定宽限期，要求其消除缺陷或另行给付。如果在此期限内未能消除缺陷或另行给付，债权人可依解除权解除合同。

（5）债务人的过错造成合同不能履行。

案例 6－20：2000 年 3 月 15 日，某纺织厂与某服装厂签订一份布料买卖合同，双方约定：由纺织厂于 2000 年 4 月 15 日前提供真丝双绉面料 1000 米，服装厂于 5 月 20 日将 8 万元货款一次性全部支付。2000 年 4 月 15 日，服装厂通知纺织厂按合同约定的时间交货，纺织厂回函称：因设备老化，按时交付有一定困难，请求暂缓履行，服装厂因为要抢在夏季到来之前上市销售该批真丝服装，没有同意纺织厂迟延履行的要求。2000 年 4 月 25 日，因纺织厂没有履行合同，服装厂致函纺织厂，要求纺织厂最迟在 5 月 10 日前履行合同，否则解除合同。2000 年 5 月 20 日，纺织厂仍未履行合同，服装厂只好从别的渠道用每米 90 元的价格购买了真丝双绉面料 1000 米，总价款 9 万元，同时通知纺织厂解除合同，要求返还 8 万元货款及利息，并要求纺织厂赔偿误工损失及购买布料多支付的 1 万元价款。2000 年 8 月 10 日，纺织厂要求履行合同，称服装厂解除合同没有征得纺织厂的同意，因而合同没有解除，服装厂应当接受货物。在遭到拒绝后遂起诉至法院。

问题：（1）服装厂是否有权解除合同？（2）法院会不会支持纺织厂的主张？（3）服装厂能否要求损害赔偿？

解析：

（1）服装厂有权解除合同。依照《合同法》第九十四条规定，当事人迟延履行主要债务，经催告后仍不履行的，当事人可以解除合同。本案中，纺织厂迟延履行主要债务，在服装厂作出催告并提供了延长的履行期限内仍未履行，因此服装厂有权解除合同。

（2）法院不会支持纺织厂的主张。这涉及法定解除权应当如何行使的问题。依照《合同法》第九十六条的规定，当事人依照法律规定解除合同的，应当通知对方，合同自通知到达对方时解除。本案中，服装厂在解除合同时通知了纺织厂，纺织厂对此没有提出异议，依照法律的规定，合同自解除的通知到达纺织厂时就已经生效，不需要纺织厂的同意。因此纺织厂的主张，法院不能支持。

（3）服装厂可以要求损害赔偿。依据法律有关规定，解除合同与损害赔偿可以并存，当事人解除合同后如果有其他损失的仍可以要求赔偿损失。

（三）合同变更或解除的法律后果

1. 合同变更的法律后果。合同的变更原则上对将来发生效力，但不影响未变更部分以及已经履行的债务的效力，也不影响当事人要求赔偿损失的权利。

2. 合同解除的法律后果。合同解除后，尚未履行的，终止履行；已经履行的，根据履行情况和合同性质，可请求恢复原状或其他补救。合同解除效力溯及于合同成立之时，但除另有约定外，不溯及已履行部分，也不影响合同中结算和清理、争议解决条款的效力，不影响当事人请求损害赔偿的权利。

第六单元　信　　托

一、信托的概念和特征

（一）信托的概念

信托起源于13世纪英国的“尤斯制”，这种制度仿效罗马法的用役权以及信托遗赠的制度，以私有财产的管理和遗嘱的执行为其基本内容，被研究者认为是英国信托制度与现代信托的原型。

（二）信托的特征

信托是指委托人基于对受托人的信任以及一定的目的而将其财产权移转于受托人，

由受托人依其意愿进行管理、处分而使收益归于受益人或实现特定目的之行为。

1. 信托是一种理财手段——为第三人利益管理或者处分信托财产。信托是一种代人理财的手段和方法，举个例子来说，委托人甲可能希望将其财产留给他的子女。最简单的办法就是将财产直接交给他们，但这样做却可能存在着不利之处：首先，子女可能太小，没有能力管理财产，尤其是当该项财产具有重大价值或在性质上具有特别复杂性的情况下更是如此。如果是成年子女，该项财产则存在被他挥霍的可能，这是委托人不愿看到的结果。其次，简单的转移只是一种财产的赠与，但甲却可能希望留给其子女的只是该项财产上的收益。显然，赠与不具有这样的功能。最后，委托人还可能希望将该项财产由不同的人分享，如他希望该项财产由其妻子终生享用后再由其子女享用。在这种情况下，甲要考虑的不是立即将财产赠与其妻子或其子女，而是就该项财产做出在一定时间之内可以使其妻子或子女享用收益的安排。这样一来，甲就可以为了他的妻子或子女以信托的方式将财产转移给受托人乙，并由乙为丙（未成年子女或成年子女）对该项财产进行管理，或者，他可能以信托的方式将财产转移给乙以让其妻子丁终生受益，并在丁死后再由其子女丙受益。这里，丙、丁被称为受益人，乙则是为他人利益管理财产的受托人。由此可见，信托首先是一种理财手段。通过这种手段，委托人不是直接将财产交给他希望帮助的人，而是将财产转移给值得信任的具有理财能力的受托人去经营管理，并将从这种经营管理行为中产生的收益归属于受益人。

2. 信托的成立以信托财产移转为要件。委托人必须将信托财产转移给受托人；且必须赋予受托人充分的管理、处分权，具体表现为受托人应有权对信托财产进行占有、使用和处分，也包括利用信托财产投资。

3. 信托关系的存在以当事人之间的信任为基础。信托的发生以信托关系当事人之间的信任为基础。委托人基于对受托人的信任将财产转移给受托人，同样受托人也必须依诚实信用的方式为受益人的利益管理经营该项信托财产。在早期信托史上，当事人之间的这种信托关系主要依靠的是一种道德约束，缺乏法律上的强制性。现代信托有了法律上的约束，当事人之间的这种信托关系上升为一种法律规则，主要表现为受托人应承担受信义务，即进行管理、处分行为时必须履行忠实义务，以及以善良管理人的注意为标准的勤勉义务等。违反受信义务，受托人也将承担违约责任。

4. 信托目的是必备要素。信托的目的是委托人设立信托的预期，是信托的必备要素，决定着信托财产的管理模式和分配方法。信托一旦有效成立，信托财产即从委托人、受托人以及受益人的自有财产中分离出来，而成为一独立存在的财产，服从于信托目的。换言之，委托人通过设立信托达到信托目的，而受托人也按照信托目的来管理信托财产。信托目的信托目的是委托人和受托人的信托行为的依据；仅有信托财产的转移而无信托目的，也不能成立信托。按照信托的目的信托可分为三类：私益信托、公益信托和目的信托。

5. 信托由三方法律关系构成。一般的法律关系如合同是双方法律关系，如买卖、赠与、借贷等，而信托则表现为多方法律关系，典型的信托是由三方当事人构成的法律关系，即它是存在于委托人、受托人和受益人之间的一种关于财产的委托转移、管理处分以及收益享用所形成的财产关系。委托人是创设信托的人，其作用是将财产委托转移给受托人，设立信托；受托人是基于信托而持有财产的人，其作用是受让财产并承诺为管理处分。受益人即享受信托财产利益的人。

二、信托的作用机制

信托不仅可以实现财产管理、收益的目的，现代信托已由单纯的代人理财发展为集资金融通、财产管理、社会投资和社会公益服务等功能为一体的综合性金融制度，信托之所以能够在社会经济生活中产生如此效果，主要在于信托具有独特的作用机制：

1. 风险隔离。信托设立后，信托财产即从委托人财产中分离出来进入受托人名下，但受托人并不享有完全的所有权，财产的收益虽然由受益人接受但信托财产不归属受益人；信托财产因而成为独立于委托人、受托人和受益人三方的财产。委托人一旦将财产转移作信托，就失去了对该财产的所有权。这意味着进入信托的财产不会受到委托人所受风险的波及，避免债权人对信托财产的追索，保护信托财产不受侵犯，信托财产的独立使信托成为一种有效的风险隔离制度。

2. 第三方管理。信托设立后，受托人拥有财产的管理权，他既独立于转移信托财产的委托人，也独立于拥有信托财产收益的受益人，是一个独立的第三方主体，从而实现有效的第三方管理。这一机制的优点在于，一方面可以弥补自身管理能力的不足，使受益人获得比直接持有更高的收益，另一方面还可避免某些受益人对财产的滥用。具体而言，信托的第三方管理有如下三种情况：（1）积极管理。积极管理是指由受托人在财产管理中发挥主导作用，即其专业管理能力，以弥补委托人自身能力的不足。积极管理的最终目的是使受益人获得比自行持有财产更高的效率水平。（2）消极管理。消极管理是指受托人在信托中并不发挥积极作用，其存在仅仅是提供一种法律结构，以实现财产管理上的效用，如利用信托财产独立性特点对受托财产进行隔离保护，防止未成年受益人对财产的滥用等。（3）连续管理。信托内在的信托财产产权的特殊性可以实现对信托财产的长期稳定性管理，这种信托管理的连续性表现在两方面：一是信托不因缺少受托人而无法成立；二是已成立的信托不因受托人变更而影响其存续。

3. 权益重构。信托制度改变了一般财产权模式。信托设立后，委托人的财产权就分化为受托人的名义所有权和受益人财产受益权，即信托财产的管理权和受益权处于分离状态。受托人作为财产所有权人却仅能行使管理权，受益人享有收益权却无财产的处分权。在这种财产权结构下，如果信托合同条款允许，受托人即可对信托财产的分配和转移的形式进行灵活安排，比如受益时间的安排、受益额度的确定、受益人的选择、受益形式的调整等等。正是基于这种突出的权益重构功能，信托才真正具备了灵活多变的特性，从而可以实现复杂的财产管理目标。

三、信托关系的要素

（一）信托设立的依据

在我国信托需因一定的法律行为而设立，基于法律行为设立的信托是最普通、最常见的信托形式。这里的法律行为实际上就是指民事法律行为，就设立信托而言，委托人通过与受托人建立信托关系，其意愿就是使受托人为信托目的管理信托财产，并将其收益分配给受益人。设立信托作为民事法律行为，其外在形式主要表现为合同设立和遗嘱设立两种方式。

1. 基于合同设立的信托。当事人可以通过订立合同的方式设立信托。信托合同的在合同的订立、履行、变更、终止和合同责任等方面，均应遵守合同法的一般原则。由于合同法中没有关于信托合同的特别规定，因此，合同设立信托行为中合同法的适用即是适用其一般规则，信托合同的特别事项仍然需要适用信托法的规定。必须强调，信托法与合同法属于特别法与一般法的关系；据此关系，有关信托设立的规定应当首先适用信托法，信托法没有规定的才适用合同法。信托合同是设立信托的基本法律文件。它由委托人与受托人签订，以设立信托关系为内容。一般而言信托合同自成立时生效。法律、行政法规规定应当办理批准、登记手续生效的，从其规定。信托合同签订时，信托往往也告成立。但如果信托合同中约定，信托合同自签订之日起成立，而依据合同设立的信托自财产权转移至受托人之日起生效的，则信托合同成立生效在前，信托生效在后。信托合同是双方法律行为。信托关系虽然是由三方关系，即委托人、受托人和受益人构成，然而信托合同的当事人却只是委托人和受托人，受益人不是信托合同的当事人，而是信托合同的第三人，具有利害关系。信托的成立还以信托财产的有效移转为要件；财产的移转适用民法中有关财产移转的规定，如不动产的移转需办理相应的登记等。

2. 基于遗嘱设立的信托。信托可因当事人的遗嘱而设立。委托人可以通过立遗嘱的方式就自己的遗产设立信托，这种信托称为遗嘱信托。我国《信托法》第十三条规定：设立遗嘱信托，应当遵守继承法关于遗嘱的规定。遗嘱指定的人拒绝或者无能力担任受托人的，由受益人另行选任受托人；受益人为无民事行为能力人或者限制民事行为能力人的，依法由其监护人代行选任。遗嘱对选任受托人另有规定的，从其规定。遗嘱与合同同属于法律行为，但二者的性质与构成要件是不同的。遗嘱信托是单方法律行为。遗嘱人设立信托可以不需要征得受托人的同意，甚至遗嘱中没有出现受托人，遗嘱信托也不会因此发生无效。只要遗嘱信托符合法定的条件，就具有法律效力。而合同信托的成立则必须以委托人与受托人的合意为前提，如果没有受托人，就不可能有信托。遗嘱信托是要式法律行为，即必须采取法律规定的形式，否则将会使该信托设立无效。设立信托必须首先符合继承法上关于遗嘱形式要件的规定，否则，遗嘱信托将会发生无效的后果。

（二）信托目的

信托目的是指通过信托的实施所要达到的目的。信托目的是信托的必备要素，它决定着信托财产的管理模式和分配方法。委托人可以以各种各样的目的设立信托，如保全和管理财产、支付子女的生活费和学习费用、赡养老人、管理并支付退休金等。总体而言，信托的主要目的有三种：私益目的、公益目的以及非以人类为收益对象的特殊目的（如供养宠物）。信托目的实行自由原则，只要不违背法律和公序良俗，当事人可以基于任何目的设立信托。信托目的的自由化，使信托在实务上的适用极其广泛；它既可以适用于民事领域，也可以适用于商事领域，还可以适用于社会公益领域。

（三）信托主体

典型的信托是由三方当事人构成的法律关系。即它是存在于委托人、受托人和受益人之间的一种关于财产的委托转移、管理处分以及受益所形成的法律关系。

1. 委托人。委托人是将财产委托转移他人的人，是设立信托的人。一般来说，凡具有相应缔约能力的人都可以成为委托人。如果财产的合法所有权人是无行为能力或限制行为能力的人，那么在签订信托合同时就须由法定代理人来签订合同，或征得法定代理人的同意。委托人可以是一人也可以是数人。两个人和两个人以上的财产共有人也可以作为共同委托人，将其共有物信托给他人。当然，财产共有人中的某一人也可将自己在共有物中的份额信托给他人。

2. 受益人。受益人不是签订信托合同的当事人，因此，他无须具备有行为能力的条件。凡是具备权利能力的人都可以担当。受益人可能是现存或特定的，也可能是非特定或尚未存在的。

3. 受托人。受托人必须由具有法律上的完全民事行为能力的自然人或法人担任，不具备法律上的行为能力的人，如未成年人等，不能成为受托人。受托人必须是委托人充分信任的人（自然人或者法人）。实务中，为实现信托的功能、保护委托人的合法利益，受托人通常是具有办理信托业务能力，并取得认证资格的机构，如信托投资公司；或是具有一定专业技能条件的机构或个人，如会计师事务所、注册会计师、律师事务所及律师等等。例如，《商业银行个人理财业务管理暂行办法》中规定商业银行在向客户提供理财顾问服务的基础上，可以接受客户的委托和授权，并按照与客户事先约定的投资计划和方式进行投资和资产管理业务活动。此规定中的商业银行就是客户与银行发生的理财信托关系中的受托人。

（四）信托客体

信托客体即信托财产，是指委托人通过信托行为转移给受托人并由受托人按照信托目的进行管理、处分的财产，包括信托成立后，经受托人管理或处理而所得的新财产，如利息、红利和租金等。

1. 信托财产的范围。信托财产种类繁多，可以是动产（如金钱、有价证券等），也可以是不动产（如土地、房屋等），甚至还可以是无形财产权（如专利权、著作权等），但如果是专属于委托人的权利（如继承权）或受托人依法不得受让的权利，就不能作为信托财产。

2. 信托财产的特性

（1）可转让性。信托的成立以信托财产由委托人转移给受托人为前提条件。因此，信托财产的首要特征是可转让性，即信托财产必须是信托人能够独立支配的、可以转让的财产。信托财产的可转让性，首先要求信托财产在信托行为成立时必须客观存在；其次，信托财产在设立信托时必须由信托人合法所有；最后，法律、法规禁止或限制流通的财产，不能成为信托财产。

（2）独立性，也叫排他性，是指信托财产具有一种独立于其他财产之外的特性。主要表现在：信托财产与受托人的固有财产相互独立，不同委托人的信托财产或同一委托人的不同类别的信托财产相互独立，委托人的信托财产与其他财产相互独立。信托财产的独立性使得信托具有很好的风险隔离功能。设立信托后，信托财产已依法移转于受托人，因此信托期间，无论是委托人、受托人、受益人或以上任何一方的债权人，均不能任意支配信托财产。从而使信托财产不受债权人对信托财产的追索和破产清算、第三方的诉讼影响，从而实现风险隔离。但必须注意的是，信托财产必须合法，否则不能对抗司法追索。此外，受托人拥有的自有财产和信托财产，不能混用。不同的信托财产之间也不能相互混用、交易，以保持独立性，实现不同的信托目的。

3. 信托财产的管理

（1）分别管理。为了保证信托财产的独立性。这种独立性不仅表现在信托财产必须与受托人自己的自有财产分别管理，还表现在不同信托的财产也要分别管理。只有分别管理，才能保障各个受益人的利益。

（2）信托登记。为了便于受托人管理处分信托财产，信托财产通常是要移转为受托人所有，因此，移转时应对信托财产的财产权进行登记注册，以起到对外公示的目的；这样也可以达到维护信托财产独立性的目的。

（五）信托的变更与终止

信托关系一经成立，即对信托当事人发生法律拘束力。对于有效设立的信托，当事人就应当全面地履行各自的义务，任何一方当事人不得擅自变更或者解除信托关系。但这是就信托关系的一般原则而言，并非意味着信托关系就绝对不能变更或者解除。在特定情况下，法律也允许信托关系的变更和解除。

1. 信托的变更

（1）委托人的变更权。通常情况下，委托人可以通过在信托文件中保留变更权的方式，在约定的情形下行使变更权，否则，委托人不得变更信托。我国《信托法》第五十一条规定，有下列情形之一的，委托人可以变更受益人或者处分受益人的信托受益权：①受益人对委托人有重大侵权行为；②受益人对其他共同受益人有重大侵权行为；③经受益人同意；④信托文件规定的其他情形。

（2）受托人的变更权。原则上讲，受托人没有变更信托的权利，受托人则可以在授权范围内变更信托。该种授权可以是明示授权，也可以是默示授权。应当注意的是，受托人应在授权范围内履行受信义务，如果滥用信托管理权造成信托财产的损失或者使委托人、受益人受到损失，应承担相应的责任。

（3）受益人的变更权。原则上讲，受益人享有一定的变更信托的权利，因为受益人作为信托利益的享受者有权为其利益变更信托。但受益人变更信托必须符合一定的条件：其一，受益人必须具备民事行为能力。其二，如果受益人是多数人，则必须经过受益人全体同意，未经过受益人全体同意，不能变更信托。

2. 信托的终止

（1）信托终止的原因。信托可因信托文件所规定的终止事由的发生而终止。信托的设立属于民事法律行为，亦应遵从意思自治原则。信托的内容应由当事人在信托文件中协商约定。信托终止的事由当然也可以在信托文件中约定。信托终止的情形有如下几种情况：

①信托可因信托目的实现或者不能实现而终止。如果信托目的已经实现，信托自无继续存在的必要，信托自然因此终止；如果信托目的不能实现，信托同样也没有继续存在的必要，亦当因此终止。

②信托也可因信托期限届满而终止。当事人一般在信托文件中明确规定了信托的存在期限，如果该期限届满，信托自当终止。

③信托可因当事人协商同意解除而发生终止。信托一经成立生效，原则上当事人不得解除。因为信托一旦成立生效，受托人即基于信托享有管理、处分权，受益人也基于信托享有受益权，故当事人不得随意解除信托。但若当事人设立信托时在信托文件中保留了解除权，即可根据该保留行使解除权。据此，当事人如果需要行使解除权，则需要在信托文件中明文规定。此外，信托还可因法院的解除而终止。一般情况下，信托财产有独立性，不受其他请求追及；但在特殊情形下，法律规定法院可以解除信托。即当发生委托人所不知悉或不能预见的事情，致使信托的存在可能或者实质上损害信托目的之实现时，不仅当事人经法院允许可以解除信托，而且法院可以直接解除。

（2）信托终止的法律后果。信托终止，信托法律关系消灭。信托终止的效力只对将来发生，而不能溯及既往。这一点与信托的无效或者经撤销的信托不同。无效信托或者可撤销的信托一经确认为无效或者撤销，均发生自始无效的后果。信托终止后，信托财产的归属如何，可以按照不同的情况来确认。如果信托文件中明确规定了终止后信托财产的归属，应当遵从信托文件的规定。如果信托文件没有规定其归属，一般情况下信托终止后，信托财产应当归属于委托人或其继承人；但如果信托财产的全部利益均归于受益人时，则应当归属于受益人。关于信托财产的分配方式，应视具体情况。信托终止后，如果受益人是一人，则全部信托利益归属于该受益人；如果受益人是多数人，受托人应当根据信托条款进行分配。如果信托条款没有作出规定，则由受托人以合理的方式予进行分配。信托终止后，受托人应当立即对信托财产进行清算，并将其移转于财产归属人，并作出清算报告；清算报告经受益人和财产归属人承认后，受托人的任务即告解除。在清算期间信托财产上所发生的财产增值或者减损由信托财产承受或者负担，也就是说，信托终止后，在信托财产转移到权利归属人之前，信托视为继续存在，受托人仍然是信托财产的权利人。当然，这时的受托人只能从事与清算事务相关的一些活动，如收取债权、清偿债务、分配信托财产以及提交清算报告等事务。

四、信托与相近概念的区别

（一）信托与代理

两者具有很大的相似性，都是基于当事人之间的信任关系而产生的委托委托人委托受托人处理委托事务的法律机制，但两者存在着根本的不同：

1. 代理中的受托人（即代理人）只能在委托人（被代理人）的授权范围内从事代理行为。信托中的受托人是以自己的名义，在符合信托目的的基础上自由从事信托财产的管理与处分。

2. 代理中的受托人只能在委托人的授权范围内进行活动。信托中的受托人享有实施信托行为所必需的一切权限，且委托人和收益人不能随意干预受托人的活动。

3. 代理中的受托人不因代理而享有委托人的财产权，代理行为所获收益归于委托人。信托中的受托人虽然不能享有信托财产的受益权，但取得信托财产所有权。

4. 代理中代理人实施代理行为的法律后果由委托人承担。信托中的受托人实施信托行为的后果由受托人自行承担。

5. 代理只涉及委托人和受托人两方当事人，代理的委托事项可以包括法律所不禁止的一切事务，既可以是财产管理方面的，也可以是非财产管理方面的。而信托则除包括委托人、受托人双方当事人外，还有受益人作为第三人，信托事务只能是信托财产的管理、处分。

（二）信托与行纪

两者是很相似的法律制度，这种相似表现在：二者均以信任为基础；二者均以自己的名义处理事务；二者受托人所承担的义务基本相同。但二者仍然具有根本的不同，表现在：

1. 信托是一种特殊的财产管理制度，除委托人、受托人双方当事人外，还有受益人作为第三人，以及财产的管理、处分、投资、利益分配等各种事务。而行纪是一种特殊的贸易方式，只涉及行纪人和委托人双方当事人，其内容是行纪人在替委托人从事贸易活动。

2. 信托涉及的财产范围比较广泛，包括不动产、动产甚至包括无形资产。行纪所涉及的财产一般仅限于那些在特殊交易规则下进行交易的财产。

3. 信托是以委托人将信托财产交付给受托人并使受托人取得法律上的财产权为成立要件。行纪不以财产交付为成立要件，财产及所得收益归委托人所有。

4. 信托受托人在符合信托目的的前提下以其意志处理信托事务，享有自主权；在行纪关系中，受托人须服从委托人的指示，具有一定的依附性。另外，行纪是有偿的，信托可以是有偿的，也可以是无偿的。

（三）信托与赠与

赠与是财产所有人将财产无偿转移给他人所有的行为，尽管赠与也是涉及财产转移的财产制度，但赠与与信托的制度功能则完全不同，其差别表现在：

1. 赠与的财产所有权转移是以发生财产所有权的最终归属为目的的，而信托关系中的财产所有权的转移则是以管理并使他人受益为目的的。因此，信托受托人的信托财产权并不是完全的所有权，只是基于信托财产管理权。

2. 赠与只能简单地发生财产的转移，而不具有信托的财产管理机能。具体表现在：

（1）赠与不具有信托的长期规划功能。如果赠与人并不希望将财产立即交付给受赠人，而是要在受赠人达到一定年龄之后或者在若干年后再交付，或者在此期间赠与人只希望将财产上的收益赠给受益人，在这些情况下，就无法通过赠与达到目的。而信托则具有长期规划的功能。

（2）信托的空间远较赠与大。信托利益本身可分为本金和收益，赠与仅为赠与财产本身。

（3）信托设立时，受益人只要能够确定即可，而不必在信托设立时就存在，很显然，赠与不能如此。

（4）信托委托人利用信托文件的条款为自己保留对信托财产一定程度的控制权，或者通过控制受托人间接控制信托财产的管理、处分。而赠与一旦完成，即财产权完全转移后，赠与人不得再对赠与财产施予任何控制与影响。

（5）从一定意义上说，信托中受益人的法律保护要比受赠人完善得多。一方面，信托受托人为受益人管理信托财产而使信托财产保值增值更有保障；另一方面，受益人可因信托财产的独立性，免受债权人追索而使收益不受损失。相比之下，赠与在这两方面都较弱。

3. 赠与是无偿的，信托既可无偿，亦可有偿。

五、信托关系人的权利义务

信托委托人是原信托财产权人，通过将信托财产移转于受托人，从而达到对财产进行处分和管理的目的。受托人取得该信托财产权，但仅能管理、处分，受益人取得信托财产的受益权。由此来看，“受益人的权利和受托人的权利加起来等于是所有权。”上述信托法律关系中各权利的内容体现了信托的特点，反映了信托的本质属性。

（一）委托人的权利和义务

1. 委托人权利

（1）知情权。委托人有权了解其信托财产的管理运用、处分及收支情况，并有权要求受托人作出说明；委托人有权查阅、抄录或者复制与其信托财产有关的信托账目以及处理信托事务的其他文件。

（2）变更信托财产管理方法权。因设立信托时所未能预见之情事，致信托财产的管理方法不利于实现信托目的或者不符合受益人的利益时，委托人有权要求受托人变更该管理方法。

（3）撤销权、恢复原状请求权和赔偿损失请求权。受托人违反信托目的处分信托财产或者因违背管理职责、处理信托事务不当致使信托财产受到损失的，委托人有权申请人民法院撤销该行为，并有权要求受托人恢复原状或者予以赔偿。委托人应考量在信托文件中约定保留变更和撤销权的利弊，因为此保留会在一定程度上削弱信托的风险隔离功能，使信托财产可能在特定条件下受到追及。

（4）解任受托人权。受托人违反信托目的处分信托财产或者管理运用、处分信托财产有重大过失的，委托人有权依照信托文件的规定解任受托人，或者申请人民法院解任受托人。

2. 委托人义务

根据信托设立的基本要求，委托人应该承担的主要义务如下：

（1）财产转移的义务。委托人作为信托设立人负有将信托财产转移给受托人的义务。这是委托人的基本义务。信托的成立必须以财产权的有效转移为要件，使受托人成为信托财产权人，便于其管理、处分。

（2）保证信托财产合法性的义务。委托人负有类似权利瑕疵担保的义务，即保证其用以设立信托的财产是合法财产。

（3）不损害债权人利益的义务。即委托人设立信托不得损害其债权人的利益。

（4）支付报酬或费用的义务。信托可能是有偿的，也可能是无偿的，如果属于有偿信托，委托人有向受托人支付报酬的义务。委托人有补偿受托人处理信托事务中所垫付的有关费用或因正当处理信托事务所遭受的损失。

（二）受托人的权利和义务

1. 受托人权利

（1）受托人有报酬请求权。受托人是否有权取得报酬，取决于如下情况：其一，信托合同是否有明文约定，只有信托合同上由明文约定，受托人才享有报酬请求权，否则无权取得报酬。其二，受托人是否属于营业受托人，如果受托人属于营业受托人，自然是一种有偿信托。（2）优先受偿的权利。受托人因处理信托事务所支出的费用、对第三人所负债务，以信托财产承担。受托人以其固有财产先行支付的，有权以信托财产优先受偿。

2. 受托人义务

（1）为受益人的最大利益处理信托事务的义务。受托人应当遵守信托文件的规定，为受益人的最大利益处理信托事务。（2）诚实、信用、谨慎、有效管理信托财产的义务。受托人管理信托财产，必须恪尽职守，履行诚实、信用、谨慎、有效管理的义务。（3）不利用信托财产为自己谋取利益的义务。受托人除依照信托文件的规定取得报酬外，不得利用信托财产为自己谋取利益。（4）不混同信托财产和受托人固有财产的义务。受托人不得将信托财产转为其固有财产。受托人将信托财产转为其固有财产的，必须恢复该信托财产的原状；造成信托财产损失的，应当承担赔偿责任。（5）不擅自利用信托财产进行关联交易的义务。受托人不得将其固有财产与信托财产进行交易或者将不同委托人的信托财产进行相互交易的义务，除非信托合同另有规定或者经委托人或者受益人同意。（6）对信托财产作独立财务处理的义务。受托人必须将信托财产与其固有财产分别管理、分别记账，并将不同委托人的信托财产分别管理、分别记账。（7）保存处理信托事务完整记录的义务。受托人应当每年定期将信托财产的管理运用、处分及收支情况，报告委托人和受益人，并依法负有对委托人、受益人的情况及处理信托事务的情况和资料保密的义务。（8）向受益人支付利益的义务。受托人应依信托文件的规定向受益人承担支付信托利益的义务。

（三）受益人的权利和义务

1. 受益人权利

（1）享有信托受益权。受益人自信托生效之日起享有信托受益权。

（2）信托收益抛弃权。受益人可以抛弃收益权。抛弃收益权必须以明示为之，否则，意味着接受信托收益。因为收益权的取得并不以受益人的承诺为条件，所以，如果受益人表示沉默，法律上视为受益人接受受益权。在受益人抛弃受益权的情况下，会出现两种后果：其一，委托人在信托文件中约定保留了受益人重新指定权，则可据此重新指定受益人；其二，委托人没有保留上述权利，则该信托终止，因为信托无受益人则不能实现信托目的。

（3）转让信托受益权。受益人的信托受益权可以依法转让和继承。

2. 受益人义务。受益人的法律地位在信托法中被确定为是在信托中享有信托受益权的人，受益人主体及权利确立与信托文件的规定有关，信托文件无论是以信托合同或者是其他契约形式的法律文件表现，原则上契约当事人不能为第三人设定义务，第三人通常只能是单纯的受益人，而不能未经同意对其附加义务；根本而言，受益人的权利是由其法律地位决定的。

六、主要的个人信托类型

个人信托是信托关系中涉及个人的信托类型，是信托在个人财产事务管理领域的主要应用类型，目前常用的个人信托类型主要有：

1. 婚姻家庭信托。由婚姻关系的一方或双方作为委托人与受托人签订信托合同，委托人将一定财产委托于受托人，该财产独立于委托人的家庭财产，由受托人按照约定管理处分信托财产，以保证家庭或一方在未来遭受风险时，家庭及个人生活能够得到基本保障。这种信托一般具有家庭破产时保障家庭基本生活、规避离异配偶或其再婚配偶恶意侵占财产等作用。婚姻家庭信托根据防范的风险不同又可以分为：（1）风险隔离信托。风险隔离信托是为消解、防范婚姻家庭面临的财务风险而设立的。例如，为防止合伙制带来的无限连带责任风险，事先将一部分家庭财产通过信托实现与委托人其他财产的隔离，设立风险隔离信托后，一旦发生经营风险，置于信托保护之下的财产可以免予被追索的危险。(2) 不可撤销人生保全信托。该信托通常由婚姻的一方为配偶或子女设立，其目的在于当婚姻中的一方去世时仍能为配偶或子女提供生活保障。既可以保证在世配偶与子女的生活费用，又可以防止家庭财产被在世一方或其新配偶侵占或挪用。

2. 子女监护信托。父母或其他亲属作为委托人和受托人签订信托合同，委托人将财产移转于受托人，由受托人依约管理。受托人进行专业管理及信托规划，并依信托合同将收益给予受益人（子女），以确保其生活，或作为其养护、教育及创业之用。这种信托广泛运用于海外留学费用的给付、离异后子女的抚养和其他费用、子女未来教育及创业基金管理等。子女监护信托又可以分为：(1) 子女激励信托。子女激励信托是父母为子女设立，子女只有在取得特定的成绩后才可以获得父母交给受托人的财产。子女激励信托通过预先将奖励资金作为信托财产独立出来，使激励效果较普通的许诺式激励更为有效。(2) 离婚养育信托。离婚养育信托是由父母一方设立，以子女养育金为信托财产的个人信托品种。离婚养育信托通常与婚姻家庭信托同时采用，其目的在于使子女养育金置于信托隔离状态。此举的好处在于：对委托人而言，可以保证资金的安全性；对子女抚育方而言，可以消除其对资金能否稳定地获得的担忧。(3) 子女教育信托。子女教育信托是由父母设立，以子女教育金为信托财产的个人信托品种。这一信托品种的主要意义在于将子女教育金处于信托保护状态，防止家庭财务危机对子女教育形成不利影响。除此之外，受托人对教育金的直接管理还可以防止受益人对资金的滥用。对于人数不少的海外留学青少年而言，这一信托品种具有突出的意义。青少年往往还不具备足够自控能力，如果他们直接拥有大量资金将是一种巨大的风险，将教育资金置于信托之中则可以解决此类问题。

3. 遗产管理信托。委托人预先以立遗嘱或者订立遗嘱信托合同的方式，将遗产的分配规划，包括交付信托后遗产的分配、运用或信托财产的管理、收益的给付等，以合同形式确立下来，当遗嘱或合同生效时，再将信托财产移转于受托人，由受托人依据信托目的处分信托财产。这种信托的作用包括：帮助没有能力管理遗产的遗属管理财产；按遗嘱人生前愿望管理信托财产；合理分配遗产，避免遗产纷争等等。

4. 养老保障信托。委托人与受托人签订信托合同，委托人将资金转入受托人的信托账户，由其依照约定代委托人管理运用；信托合同中约定信托资金用于支付受益人（委托人自己或其配偶）未来的退休生活费用，受托人在信托关系存续期间依照信托合同实行妥善管理、适当分配，以实现退休后委托人维持一定生活品质的目标。这种信托是退休养老规划的有效工具，可以使委托人获得一般社会保障的同时，获得养老保障信托的收益，满足退休后的生活品质要求。

5. 人寿保险信托。人寿保险信托，即是将保险金作为信托财产交付信托。此种信托自19世纪初开始发展于美国，是保险与信托这两个制度的结合。除了满足美国信托业十分发达而产生的财富管理需求外，还能弥补保险的不足，尤其体现在对未成年子女的教养照顾的作用上：此种信托可让失去父母的子女在信托人和监护人的合作下，仍能依照被保险人生前安排获得保险金，并将保险金运用于其生活、教育等各方面，避免因不善管理保险金或保险金遭监护人不当挪用所产生的问题。

第七单元　知识产权

一、知识产权

（一）概念

知识产权是指权利人对其创造性智力成果所依法享有的专有权利。

（二）特征

知识产权作为民事权利之一种，相比较物权、债权等其他民事权利而言具有以下特征：

1. 无形性。知识产权的客体是一种无形的财产，它既不是物，也不是行为，而是一种智力成果。

2. 双重性。知识产权具有双重的内容，具有人身权和财产权的双重特性。

3. 专有性。知识产权专属于作者、发明人、设计人、发现人等权利主体。

4. 地域性。即知识产权是一种受地域限制的权利。一国法律所确认和保护的知识产权，只能在这个国家领域内有效。要得到其他国家的保护，必须按照其他国家的法律规定或者国际公约，经特定程序获得。

5. 时间性。即知识产权的保护是有一定期限的，一旦超过法律规定的有效期限，这一权利就自行消失，任何人都可以自由使用，且无需支付任何报酬。

二、著作权

（一）概念

著作权亦称版权，是指作者或者其他著作权人依法对文学、艺术和科学创作作品享有的各项专有权利的总称。著作权是知识产权的重要组成部分，它保护的是作者或其他著作权人对其作品的权益；亦称无形财产权，以区别于有形财产权。

（二）著作权的主体

著作权的主体是指在著作权法律关系中依法享受权利和承担义务的人。享有权利者即权利主体，通常指作品的作者，或者其他依法享有著作权的人；承受义务者即义务主体，一般包括著作权人以外的人。确认著作权法律关系主体，是明确作品著作权归属，实施著作权保护的前提和条件。根据我国《著作权法》，著作权主体可以为本国公民、法人、非法人单位以及外国人、国家；作品的性质不同，著作权归属的确认方法也不同。一般情况下，作品的著作权归属于其作者，即直接创作作品的人。如果没有相反的证明，应认定作品上署真名或者匿名的人为其作者。但在下列情况下，作品著作权的归属应依法确定：

1. 合作作品的著作权主体。合作作品，即指由两个或两个以上的公民合作创作的作品，其著作权属于合作人，称合著人。如果合作作品是统一不可分的整体，合著人即为著作权主体。如果合作作品是由几个独立的部分组成，则整个作品著作权归合著人享有，各个部分的作者对其创作部分享有著作权并可单独行使。

2. 集体作品的著作权主体。集体作品，即指期刊、年鉴、百科全书、词典等，其著作权主体为编辑人或出版人。但编辑人或出版人行使其著作权时，不得损害集体作品中各个独立部分作者的著作权。

3. 职务作品的著作权主体。职务作品，即指为完成法人或非法人单位工作任务所创作的作品，其著作权由作者享有，但法人或者非法人单位有权在其业务范围内优先使用。如果职务作品是利用法人或者非法人单位的物质条件创作，并由法人或者非法人单位承担责任的，作者享有署名权、受奖权，著作权的其他权利归法人或者非法人单位。

4. 委托作品的著作权主体。委托作品，其著作权的归属由受委托创作作品的作者与委托人通过合同约定。合同未作明确约定或者未订立合同的，著作权归受托人享有。

5. 演绎作品的著作权主体。演绎作品，即利用他人已发表的作品，进行编辑、改编、翻译、注释、整理而产生的新作品，其著作权主体为编辑、改编、翻译、注释、整理人。

6. 电影、电视、录像作品的著作权主体。电影、电视、录像作品，其导演、编剧、作词、作曲、摄影等作者享有署名权，著作权的其他权利由制片者享有。但作品中剧本、音乐等可以单独使用的，该剧本、音乐的作者可以单独享有著作权。

（三）著作权的客体

著作权的客体即作品，是指文学、艺术和科学领域内具有独创性并能以某种有形的形式复制的智力创作成果。

1. 受著作权法保护的作品。依照我国《著作权法》的规定，作品包括下列形式创作的文学、艺术和自然科学、社会科学、工程技术等作品：（1）文字作品；（2）口述作品；（3）艺术作品，包括音乐、戏剧、曲艺、舞蹈、杂技；（4）美术、建筑作品；（5）电影或以类似方法创作的作品；（6）图形、模型作品；（7）计算机软件等法律、法规规定的其他作品。

2. 不受著作权保护的作品。一般不受著作权保护的作品有以下几种：（1）立法机关所颁布的法律、法规或审判机关所作的裁决及其正式译文；（2）以政府名义发布的具有行政性质的文件、报告及其正式译文；（3）各种科学定律和公式、已公开的数据、技术指标和技术规范；（4）日历、表格、账簿、银行支票；（5）标语口号；（6）报纸、期刊、电台、电视台发表或者以其他方式传播的时事新闻；（7）著作权保护期届满后的作品；（8）违反国家法律、政策及社会公共利益的作品。

（四）著作权的内容

著作权的内容包括著作人身权和著作财产权两方面。著作人身权是指作者依据其创作作品而依法享有获得名誉、声望和维护作品完整性的权利。该权利由作者终生专有，不可转让、剥夺和限制。作者死后，一般由其继承人或者法定机构予以保护。根据我国《著作权法》的规定，著作人身权具体包括：发表权，即是否使作品公开发表的权利；署名权，即作品上署名，表明其作者身份的权利；修改权，即修改或者授权他人修改作品的权利；保护作品完整权，即保护作品不受歪曲、篡改的权利。著作财产权是作者或其他著作权人享有的以其作品和著作权获得财产性收益的权利。著作财产权主要有以下内容：表现作品以获得报酬权，作者可以通过行使复制、表演、展览、发行、摄制等活动表现其作品，以获得相应的报酬；演绎权，作者对自己作品进行演绎、再创作出新作品或者授权他人使用其作品演绎创作出新作品，均可获得报酬。演绎方式有改编、翻译、注释、编辑等。

（五）著作权的法律保护期限

著作权自作品完成创作之日起产生，并受著作权法的保护。作者的署名权、修改权、保护作品完整权永久存续。公民的作品，其发表权、使用权和获得报酬权的保护期为作者终生，并持续至其死亡后50年；合作作品的保护期截止于最后死亡的作者死亡后50年；法人或者非法人单位的作品及其享有著作权（署名权除外）的职务作品，其发表权、使用权和获得报酬权的保护期，以及电影、电视、录像和摄影作品的保护期，均为50年，从作品首次发表之日起算。

（六）著作权的使用许可

著作权人可以授权他人在一定期限和范围内以一定方式使用其作品或著作权。

1. 许可使用合同。除法律规定外，使用他人作品应当与著作权人订立著作权许可使用合同或者取得其认可。许可使用合同，应依照著作权法规定的主要条款订立，并采取书面形式。合同的有效期限不得超过10年，期满可以续订。

2. 专有许可。著作权的许可使用分为专有许可和非专有许可两种形式。专有许可即独占许可，被许可人对许可使用的作品在一定期限和范围内享有以特定的方式专有使用权。在合同约定的期限内，包括著作权人在内的其他任何人不得以同样的方式使用该作品。专有许可，一般适用于图书出版。

3. 非专有许可。非专有许可是非独占许可，著作权人可将其同一作品授权于两个以上的人使用。此情形下被许可人对该作品享有非专有使用权，其权利行使不得排斥著作权人和第三人。非专有许可，一般适用于翻译、改编等演绎作品或者报刊转载作品。

三、专利权

专利权是指国家依法授予专利申请人在一定期限内对其发明创造享有的独占权利。它往往是通过国家专利机关依法颁发的专利证书证明、确认的。专利的所有人和持有人统称为专利权人。

（一）专利权的主体

专利权的主体是指依法提出专利申请并取得专利权的个人和单位。主要有：

1. 职务发明人。职务发明的专利权属于发明人、设计人所在的单位。职务发明人是全民所有制单位的，专利权归国家所有，由该单位实际控制、具体行使；是非全民所有制单位的，专利权归该单位所有。所谓职务发明创造是指发明人、设计人在执行本单位任务，或者主要是利用本单位的物质条件所完成的发明创造。职务发明的专利申请权、实施权自然归属于发明人或设计的单位。发明人、设计人本人仅享有署名权和受奖权。实践中确定职务发明的专利权属是一个非常重要的问题；具体说，职务发明应符合以下标准：（1）在本职工作中作出发明创造的，“本职工作”应当理解为是发明人或设计人的职务范围，即工作责任范围，而不是单位的业务范围，也不是个人所学专业的业务范围。（2）履行本单位交付的任务所作的发明创造。（3）退职、退休或调动工作后1年内作出的，与其在原单位承担的本职工作或者分配的任务有关的发明创造。（4）主要利用本单位的物质条件所完成的发明创造，其中的“本单位的物质条件”，是指本单位的资金、设备、零部件、原材料或不向外部公开的技术资料等。而限制词“主要是”，意指所包括的两种情况：①完成发明创造所需要的物质条件的多数或主要部分是取自本单位；②本单位的物质条件对发明创造的完成起了主要作用。

2. 非职务发明人。非职务发明创造，一般是指在工作时间以外自由完成的发明创造。工作人员退职、退休、调动工作1年后作出的发明创造，也是非职务发明创造。非职务发明的专利权归申请的发明人或者设计人所有。

3. 共同发明人。共同发明创造，其专利权属于共同发明人或者共同设计人。共同发明人、共同设计人必须是对发明创造作出创造性贡献的人。只负责组织工作的人，只提供资金、设备、场地等物质条件的人，或者从事其他辅助性工作的人，不应当视为共同发明人或者共同设计人。

4. 外国人、外国企业或者外国其他组织。外国人、外国企业或者外国其他组织作出的发明创造在中国申请专利，在中国有经常居所或者营业场所的，可以享受国民待遇，成为专利权的主体；在中国没有经常居所或者营业场所的，可依照其所属国同中国签订的协议或者共同参加的国际条约，或者依照互惠的原则，给予国民待遇，成为专利权的主体。

5. 合法继受人。即通过各种合法的形式取得发明创造的所有权的人。如通过签订赠与合同、买卖合同、财产继承等形式获得专利权的人，但应注明发明人、设计人的姓名。继受取得专利权，当事人之间应当订立书面合同，并经专利局登记和公告后生效。

（二）专利权的客体

专利权的客体是指依法取得专利权的发明创造。我国可依法取得专利权的发明创造有：

1. 发明。发明是指对产品、方法或者对其改进所提出的新的技术方案。根据我国《专利法》的规定，授予发明的发明创造，应当具备两个条件：（1）发明必须是利用自然规律的结果。“自然规律”指自然界中存在的物理、化学的原理或定理，而不能是人的纯智力活动所产生的东西或人为规定的东西，如密码的编制方法、计算方法、财务、会计方法、游戏方法等都不能认为是发明。发明必须利用自然规律进行主观能动的创造性产物；科学发现作为对自然现象和规律的新认识，并不是创造，因此不能归为发明。（2）发明是具体的技术方案。它是解决某一课题的合理的手段，必须产生一定的技术效果。因此天然物的发现不能称发明，如陕北发现大型煤矿、渤海湾发现大型油田，这些都不能视作发明而申请专利。

2. 实用新型。实用新型是指对产品的形状、构造或者其两者结合所提出的适于实用的新的技术方案。根据我国《专利法》的规定，授予实用新型的发明创造，必须同时具备新颖性、创造性和实用性三个条件。应注意实用新型与发明的区别。第一，在范围上，实用新型不包括方法，也不包括不具有确定形状和立体结构的物品（如粉末、液体类产品）；第二，从创新水平看，取得实用新型专利的新技术方案不要求具备高度的创造性，而只要有实质性特点和进步即可。故实用新型是有“型”的小发明（如六棱铅笔）。

3. 外观设计。外观设计是指对产品的形状、图案、色彩或者其结合所作的富有美感并适于工业上应用的新设计。构成专利的外观设计必须符合下列条件：

（1）外观设计必须与产品相结合；

（2）外观设计必须能在产业上应用。如果设计不能用工业的方法复制出来，或者达不到批量生产的要求，就不是专利法意义上的外观设计；

（3）外观设计要富有美感。就是说它解决的是产品的视觉效果问题，而不是技术思想。我国采取的是“发明、实用新型和外观设计”合一的专利法立法模式，这是相当独特的；其他国家虽也有实用新型、外观设计等知识产权法律制度，但其专利法的规范范围有所差异，并不都将这三种发明创造一并纳入专利法中。发明人要以其发明、实用新型依法取得专利权，首先要满足“三性”即新颖性、创造性与实用性的要求。首先，新颖性，是指在申请日以前没有同样的发明或者实用新型在国内外出版物上公开发表过、在国内公开使用过或者以其他方式为公众所知，也没有同样的发明或者实用新型由他人向国务院专利行政部门提出过申请并且记载在申请日以后公布的专利申请文件中。同时，《专利法》又规定：“申请专利的发明创造在申请日以前六个月内，有下列情形之一的，不丧失新颖性：

（一）在中国政府主办或者承认的国际展览会上首次展出的；

（二）在规定的学术会议或者技术会议上首次发表的；

（三）他人未经申请人同意而泄露其内容的”。

其次，“创造性”是指同申请日以前已有的技术相比，该发明创造有突出的实质性特点和显著进步。具体而言，发明和实用新型的创造性要求有细微的不同；应视具体法律、行政法规而定。再次，“实用性”也就是说发明或实用新型必须能够投入实际使用或产业应用，并且产生积极效果。以上是针对发明和实用新型的，而外观设计则主要要求具备新颖性，富有美感并适于工业应用。以上内容是发明创造申请专利的实体性要求，程序性要求在“专利权的取得”作解读。

4. 不予授予专利权的情形。根据我国《专利法》规定，下列对象不予授予专利权：（1）科学发现；（2）智力活动的规则和方法；（3）疾病的诊断和治疗方法；（4）动物和植物品种，但其生产方法可授予专利权；（5）用原子核变换方法获得的物质。此外，对违反法律或公序良俗的发明创造，如赌具、吸毒用具等“发明”，也不能授予专利权。

（三）专利权的内容

专利权的内容是指专利权人的权利和义务。

1. 专利权人的权利。专利权人的权利也包括人身权利和财产权利，专利权人的人身权利是指发明人作为专利权人时所享有的与其人身不可分离、专属性的权利。我国《专利法》规定，发明人或者设计人有在专利文件中写明自己是发明人或者设计人的权利。这种专利人身权不得继承和转让，并且不因专利或者专利权的转让而消灭。专利权人的财产权利是指专利权人因取得专利而依法享有的以财产性收益为内容的权利。此类权利可依法转让和继承。根据我国《专利法》的有关规定，专利权人主要享有以下权利：（1）独占权。独占权，即专利权人在专利有效期限内，享有独占制造、使用和销售专利产品或者使用专利方法的权利。除法律规定外，任何单位或者个人未经专利权人许可，都不得实施其专利。（2）转让权。转让权，即专利权人享有将其专利申请权、专利权依法转让给他人的权利。转让时，双方须订立书面合同，经专利局登记和公告后生效。需要注意的是全民所有制单位转让专利申请权或专利权的，须经上级主管机关批准；中国单位或个人向外国人转让专利申请权或专利权的，必须经过国务院有关主管部门批准。（3）许可权。许可权，即专利权人有权许可他人实施其专利，并收取专利使用费。（4）标记权。标记权，即专利权人有权在专利产品或者该产品的包装上标明专利标记和专利号。目的是为了表明专利权人已获得专利权，防止其他单位或者个人的侵权行为。（5）排除侵犯权。排除侵犯权，即专利权人在自己的专利权受到侵犯时，有请求专利管理机关进行处理，或者向人民法院起诉的权利。

2. 专利权人的义务。专利权人在依法享受权利的同时，应当履行以下义务：（1）实施专利。即专利权人有义务实施或许可他人实施其专利。一项专利发明只有被实施才能转化为生产力，发挥其重要作用，反之则会影响到国家科技和经济的发展。因此，如果专利权人在专利申请之日起3年内不实施或其他专利的实施有赖于该专利的实施的，则其他任何人都可以请求专利局给予强制许可。（2）缴纳专利年费。即专利权人应定期付给专利局管理费。到期后至一定期限仍不缴纳年费，其专利权即被自动取消。（3）对职务发明创造的发明人或者设计人给予奖励。一项发明的奖金最少不低于200元；一项实用新型或外观设计的奖金不低于50元。专利实施后，享有专利权的单位还应从税后利润、专利转让费、使用费中提取一定比例作为报酬发放给发明人或设计人。

（四）专利权的取得

取得一项发明创造，除要求具备法律规定的实质条件外，还必须经过申请、审查和批准等法定程序，才能取得专利权。

1. 申请。申请发明或者实用新型专利的，应当提交请求书、说明书及其摘要和权利要求书等文件；申请外观设计专利的，应当提交请求书以及该外观设计的图片或者照片等文件，并且应当写明使用该外观设计的产品及其所属的类别。

2. 审查。专利局收到专利申请后，要对专利申请文件格式以及内容等进行初步审查，在此基础上对专利申请作实质审查。如对专利申请无异议或经审查异议不成立的，专利局应当作出授予专利权的决定，发给相应的专利证书，并予以登记和公告。两个以上的申请人分别就同样的发明创造申请专利的，专利权授予最先申请的人。自专利公告授予专利权之日起6个月内，任何单位或者个人认为该专利的授予不符合专利法的规定，都可以请求专利局撤销该专利权。专利局应当对该请求予以审查，并作出是否撤销的决定和予以公告。被撤销的专利权视为未申请，自然也不成立该“专利权”。

案例6－21：1997年11月至1998年3月间，原告李某自行研制开发了出租车显示报警器、防劫器。之后，原告将该报警器防劫器产品及相关资料交由被告王某申请专利。被告王某于1998年4月28日向中华人民共和国知识产权局申请专利，并于2000年2月12日获得专利证书，被授予实用新型专利权，但该专利公告中载明：设计人为原告李某、被告王某，专利权人为被告王某。2000年12月29日，中华人民共和国知识产权局给被告发来通知书，告知本案所涉的专利权因未交纳第3年度年费和滞纳金，依照《专利法》第四十七条规定，该专利权于2000年4月28日终止，并在专利公报上公布。

问题：李某是否应该对出租车显示报警器、防劫器享有知识产权？如果不能，他应该如何保护自己研制的技术？

解析：一项技术研制出来后，研制者并不当然享有自主知识产权；研制者应当以依法申请专利或采取保密措施等方式来取得该项技术的知识产权。由于原告让被告对该技术成果进行专利申请工作，被告将自己作为该技术的专利权人进行申请，而在专利公告中载明设计人为原告和被告。由于被告未按规定交纳专利年费，该出租车防劫防卫报警器的专利已终止，并已成为公知技术。虽然原告作为该技术的设计人应享有研制者的身份权，但由于该技术成果采用专利的保护方式，研制人并不必然依其身份享有专利权；该技术成果的专利权已由专利机关依法授予被告，原告以自己是研制者为由请求确认该技术成果权为其所有的诉讼请求无法得到支持；因此，法院判决驳回了原告要求确认出租车防劫器、报警器技术成果权为其所有的诉讼请求。知识产权作为无形财产权，权利人可享有财产性利益；研制人员研制出技术之后为保护其权益，应根据具体情况申请专利保护或者运用保密措施进行保护。本案李某采用了专利保护的方法，但在运用过程中出现了失误，即没有亲自审查、报送专利申请资料而轻信他人，导致技术成果的专利权被授予他人，并最终成为公众无偿使用的公知技术。公众取得了无偿使用权，除法定情形下任何人都不能剥夺；因此研制人也不能请求将该技术成果权确认为其所有了。

四、商标专用权

商标权是指商标注册人对其已注册商标依法享有的权利，了解商标权之前，先要了解什么是商标。

（一）商标

商标是商品和商业服务的标记，它一般用文字、图形、符号或者用文字和图形的组合来表示，并且将其置于商品表面、商品的包装或者服务的场所中。商标通常分为以下几类：商品商标是最常见的商标，生产经营者在生产、制造、加工、拣选或经销的有形商品上使用的标记，又分为制造商标、销售商标；服务商标是用以标示和区别无形商品即服务、劳务，适用这种商标的多为从事餐饮、宾馆等服务的经营者。如无特别规定，商标法关于商品商标的规定，适用于服务商标；集体商标是以团体、协会、其他组织名义注册，供其组织成员在商事活动中使用，以表明其组织成员资格的标志；证明商标是对某种商品、服务具有监督职责的组织所有的，用以许可该组织以外的主体在其符合特定标准的商品、服务上使用或标记的，以证明该商品、服务的特定品质的商标。

（二）注册商标

现行《商标法》规定，经商标局依法核准注册的商标为注册商标，注册商标权人享有注册商标专用权，受法律保护；使用注册商标应当标明“注册商标”或者注册标记。我国实行自愿注册原则，未注册商标可以使用但不受法律保护。我国对与国计民生休戚相关的少数商品商标实行强制注册。未经核准注册的不得在市场销售。根据有关规定，目前人用药品和烟草制品必须使用注册商标。对必须注册商标的该类商品，未经依法注册而生产、销售的，工商行政管理机关有权禁止其销售和广告宣传，封存或者收缴其商标标识，并可根据情节处以非法经营额10%以下的罚款。

（三）商标权的主体

商标权的主体即商标权人，是指可以申请商标注册并享有商标权的人。在我国，商标注册申请者必须是依法登记并能独立承担经济责任的企业、个体工商业者、具有法人资格的事业单位，以及符合规定的外国人或者外国企业。根据《商标法》的规定，企业、事业单位和个体工商业者，对其生产、制造、加工、拣选或者经销的商品，需要取得商标专用权的，应当向商标局申请商品商标注册；对其提供的服务项目、需要取得商标专用权的，应当向商标局申请服务商标注册。外国人或者外国企业在中国申请商标注册的，应当按其所属国和中国签订的协议或者共同参加的国际条约办理，或者按对等原则办理。

（四）商标权的客体

商标权的客体是指注册商标，包括商标使用的文字、图形或者其组合。注册商标必须具备法定的条件：（1）必须具备法律规定的构成要素，即由文字、图形或者文字与图形共同构成；（2）商标设计必须具备显著性，便于识别；（3）商标使用的不是法律禁用的文字、图形。同时，根据我国《商标法》及其实施细则的规定，商标不得使用下列文字、图形：（1）同中华人民共和国的国家名称、国旗、国徽、军旗、勋章相同或者近似的；（2）同外国的国家名称、国旗、国徽、军旗相同或者近似的；（3）同政府间国际组织的旗帜、徽记、名称相同或者近似的；（4）同“红十字”、“红新月”的标志、名称相同或者近似的；（5）本商品的通用名称和图形；（6）直接表示商品的质量、主要原料、功能、用途、重量、数量及其他特点的；（7）带有民族歧视性的；（8）夸大宣传并带有欺骗性的；（9）有害于社会主义道德风尚或者有其他不良影响的；（10）县级以上行政区划的地名或者公众知晓的外国地名，不得作为商标。但是，地名具有其他含义的除外；已经核准注册的使用地名的商标继续有效。如：“味精”牌挂面，“葡萄”酒和“桔子”糖等都是本行业通用的商品名称，也不能作商标；“健康”牌香烟，是夸大宣传并有欺骗性的也不能作商标。

（五）商标权的内容

商标权的内容是指商标权人依法享有的权利和应当承担的义务。

1. 商标权人的权利。（1）独占使用权。即商标一经核准注册，商标权人即享有在注册商标的范围内完全独占使用其商标的权利。他人未经许可不得在同一种商品或者类似商品上使用该注册商标或相近似的商标。（2）转让权。即商标权人有权依照法律规定将商标权转让给他人。商标权转让后，原商标权人的权利移转于现商标权人。（3）许可权。即商标注册人有权通过签订商标使用许可合同，许可他人使用该注册商标。被许可人对注册商标仅享有使用权，商标所有权仍属原商标注册人。（4）商标投资权。商标权人有权将其注册商标作价，作为出资以满足投资的目的。

2. 商标权人的主要义务。（1）确保使用商标的商品的质量。转让注册商标的，受让人应当确保使用该注册商标的商品质量；签订商标使用许可合同的，许可人应当监督被许可人使用其注册商标的商品质量，被许可人应当保证使用该注册商标的商品质量，并且必须在该商品上标明被许可人的名称和商品产地。（2）缴纳规定的各项费用。

（六）商标权的保护期限和保护范围

注册商标的有效期为10年，自核准注册之日起计算。有效期满，需要继续使用的，应当在期满前6个月内申请续展注册；在此期间未能提出申请的，可以给予6个月的宽展期；宽展期满仍未提出申请的，注销其注册商标。每次续展注册的有效期为10年，可连续申请续展。续展注册经核准后，予以公告。商标权的保护范围，以核准注册的商标和核定使用的商品为限。

案例6－22：江苏某药业有限公司成立于1995年8月18日，主要从事开发、生产、销售双歧某口服液、片剂、胶囊剂、颗粒剂及保健药品。该公司在其主要产品——双歧某口服液的外包装上，一直使用“三株菌＋中草药”字样。经查，使用在商标注册用商品国际分类第5类药品、医用营养物品上“三株”及图形商标，是济南三株药业有限公司的注册商标，注册号为第832040号，刊登在第540期《商标公告》上，其商标专用权受法律保护。江苏某药业有限公司在药品外包装上使用“三株菌＋中草药”文字的行为，涉嫌侵犯“三株”及图形商标专用权。1997年10月16日，商标局根据江苏省工商局来函及提供的材料做出批复，认为江苏某药业有限公司在口服液商品包装上使用的“三株菌＋中草药”文字，既不是商标，又不是商品名称，而是对该商品成份进行说明的文字，不构成侵犯“三株”及图形商标专用权的行为。

问题：江苏某药业有限公司是否侵犯了济南三株药业的“三株”及图形商标专用权？

解析：“三株”及图形商标是济南三株药业有限公司使用在药品上的注册商标，且有一定的知名度。江苏某药业有限公司作为一家药品生产企业，理应知道“三株”及图形商标，却未经商标注册人的许可，在药品外包装上使用了“三株菌＋中草药”文字，且其核心部分“三株菌”与“三株”及图形注册商标近似。通常来看，这具备了商标侵权的表象。但是，该药品的名称是双歧某口服液，“三株菌＋中草药”不属于商品名称的使用方式；“三株菌＋中草药”是由正常文字组成的，也不属于商品装潢之列。商标专用权是一项民事权利，其权利的效力有一定的范围，即不能妨碍社会公共利益，也不能排除他人的正常使用；即使这种使用与同一种或类似商品上注册商标相同或近似，商标权人也不能干涉。例如商标管理机关出于管理需要使用注册商标，新闻媒介出于宣传需要使用注册商标等情形，均不视为商标侵权行为。

在处理商标侵权案件中，对“正常使用方式”要有一个准确的判断。还以本案而言，假设“三株”及图形注册商标中的“三株”两个字体独特，“三株菌＋中草药”的“三株”两字与其相同或极其近似以致难以区别，则说明江苏某药业有限公司在主观上有过错，“三株菌＋中草药”文字不属于正常使用，其行为可以认定为商标侵权。假设双歧某口服液中不含有三株菌或实际含有的数量与标示不符，也可以排除“三株菌＋中草药”文字的正常使用，其行为可以认定为商标侵权。

案例6－23：江苏徐州某漆业公司系专业生产油漆的企业，所生产的“万通”牌白磁漆因质量优异而行销全国各地，在浙江省内更是占有可观市场。浙江某化工公司也系生产油漆的企业，为了迅速地打开市场，从1999年10月至2001年10月期间，未经徐州某漆业公司的许可，擅自委托他人印制标有徐州某漆业公司所有的WT变体图形注册商标和企业名称的油漆桶，并以此油漆桶灌入自己生产的白磁漆销往浙江省内外，致使徐州某漆业公司在该地区的销售额剧减，造成了一定的经济损失。2001年10月22日，浙江某工商行政管理局在浙江某化工公司现场查获其假冒WT变体图形注册商标的油漆空桶2000只和已灌装的假冒油漆427桶，并依法封存了查获的油漆空桶和假冒油漆。针对上述侵权行为，浙江某工商行政管理局依法作出罚款等处罚决定。此后，徐州某漆业公司多次与浙江某化工公司交涉，要求赔偿其经济损失，在双方交涉未果的情况下，2004年初，徐州某漆业公司于以侵犯其企业名称权为由将浙江某化工公司告上了法庭，请求法院判令被告公开赔礼道歉并赔偿经济损失96万元。

问题：什么是企业名称权？浙江某化工公司是否侵犯了徐州某漆业公司的企业名称权？

解析：企业名称权是企业对其使用或注册的营业区别标志依法享有的专用权，是受法律保护的一项重要的民事权利。假冒他人企业名称案件，是指因经营者在经营活动中擅自使用与其他经营者相同或相似的企业名称，使消费者误认为是其他经营者的商品产生纠纷的案件。本案中，被告为了利用原告已取得的一定的商誉给自己带来经济利益，未经原告的许可直接在生产产品的外包装上使用原告的企业名称即是典型的假冒他人企业名称案件。在我国，企业名称权依法受到保护。被侵权人在自我救济无效的情况下，可以寻求司法救济。司法救济手段包括主管机关实施行政制裁与受害人提起诉讼。行政制裁主要是指工商行政管理机关作为企业名称登记管理机关，通过责令侵权人停止侵权行为、罚款、没收非法所得等行政制裁手段来对企业名称权进行保护。权利人如果对行政机关的处罚决定不服，可以向人民法院提起行政诉讼，也可以直接向法院提起侵权诉讼。

本案中被告未经原告许可，在其产品外包装上使用了原告的企业名称和注册商标，在侵害原告企业名称权的同时，还侵害了原告的注册商标专用权，构成了对原告企业名称权和注册商标专用权的侵权竞合。企业名称权和商标专用权是平行的权利，不能互相吸收；受害人只能选择其中一种进行主张，否则将与民法中公平原则相抵触。具体而言，受害人应当根据法律的保护力度、举证能力及诉讼目的等因素来选择其中一个请求权进行主张，以求较佳的结果。本案中，原告既可选择《商标法》，亦可选择《反不正当竞争法》来保护自己的合法权益；在此，原告应充分考虑以上因素进行选择。

第二节　商事基础知识

第一单元　个人独资企业

个人独资企业，简称独资企业，是指由一个自然人投资，全部资产为投资人所有的营利性经济组织。其典型特征是个人出资、个人经营、个人自负盈亏和自担风险。个人独资企业法于1999年8月30日由第九届全国人大常委会第十一次会议通过并公布，自2000年1月1日起施行。该法第二条规定的独资企业的概念是：本法所称个人独资企业，是指依照本法在中国境内设立，由一个自然人投资，财产为投资人个人所有，投资人以其个人财产对企业债务承担无限责任的经营实体。

个人独资企业具有以下特征：

1. 仅由一个自然人投资。这是独资企业在投资主体上与合伙和公司的区别所在。我国合伙企业法规定的合伙企业的投资人尽管也是自然人，但人数为2人以上；公司则不仅需要2人以上联合投资，而且投资人不仅包括自然人还包括法人和各种法人组织。

2. 企业的建立与解散程序简单，仅需向工商部门登记即可。

3. 经营管理灵活自由。

4. 无需双重课税，个人独资企业只需交纳个人所得税。

5. 投资人以其个人财产对企业债务承担无限责任。这里包括三层意思：一是企业的债务全部由投资人承担；二是投资人承担企业债务的责任范围不限于其出资，其责任财产包括独资企业中的全部财产和其他个人财产；三是投资人对企业的债权人直接负责。也就是说，无论是企业经营期间还是企业因各种原因而解散时，对经营中所产生的债务如不能以企业财产清偿，则投资人须以其个人所有的其他财产清偿。

6. 企业生存缺乏可靠性，完全取决于业主个人的得失安危，企业寿命有限。

一、个人独资企业的设立

根据我国《个人独资企业法》的规定，我国对个人独资企业的设立，在立法上采取了准则主义，即只要符合法律规定的设立条件，企业即可直接办理工商登记，一般无须经过有关部门批准。

设立个人独资企业应当具备下列条件：

1. 投资人及企业住所。设立个人独资企业，其投资人只能是具有中华人民共和国国籍的惟一自然人，不包括外国的自然人；企业应当以其主要办事机构所在地为住所。

2. 有合法的企业名称。企业名称应当由行政区划、字号、行业依次组成，法律、法规另有规定的除外。企业只准使用一个名称，在登记主管机关辖区内不得与已登记注册的同行业企业名称相同或者近似。独资企业的名称中不得使用"有限"、"有限责任"等字样。

3. 有投资人申报的出资。一定的资本是任何企业得以存在的物质基础，独自企业也不例外。但由于投资人对企业债务承担无限责任，而并不是仅以出资额为限承担责任。因此《个人独资企业法》对出资的最低数额未作强制性规定。

4. 有固定的生产经营场所和必要的生产经营条件。

5. 有必要的从业人员。

二、个人独资企业的登记

（一）设立登记

设立个人独资企业，应当由投资人或者其委托的代理人向个人独资企业所在地登记机关申请设立登记。申请设立需提交下列文件：

1. 投资人签署的个人独资企业设立申请书。申请书应载明：(1) 企业的名称和住所；(2) 投资人的姓名和居所；(3) 投资人的出资额和出资方式；(4) 经营范围及方式。

2. 投资人身份证明。

3. 生产经营场所使用证明等文件。由委托代理人申请设立登记的，应当出具投资人的委托书和代理人的合法证明。

（二）变更登记

个人独资企业的变更是指个人独资企业存续期间登记事项发生的变更。如企业名称、企业住所、经营范围等方面发生的改变。个人独资企业应当在作出变更决定之日起15日内向原登记机关申请变更登记。个人独资企业登记事项发生变更时，未按个人独资企业法规定办理变更登记的，责令限期办理变更登记；逾期不办理的，处以2000元以下的罚款。

（三）注销登记

个人独资企业依法解散的，应当由投资人或者清算人于清算结束之日起15日内向原登记机关申请注销登记。

三、分支机构

个人独资企业的分支机构是指独资企业在住所地以外设立的从事业务活动的办事机构。分支机构是个人独资企业的一部分，其产生的民事责任应由个人独资企业承担。由于投资人以其个人财产对个人独资企业的债务承担无限责任，所以个人独资企业分支机构的民事责任实际上还是由投资人承担。

四、个人独资企业投资人的权利与责任

个人独资企业投资人对本企业的财产依法享有所有权。

所有权包括积极权能和消极权能，积极权能是指，占有、使用、收益、处分等权利；消极权能是指，排除他人干涉的权能。占有权，是指所有权权利主体对于财产的实际管理和支配的权利。使用权，就是指按照物的性能和用途对物加以利用，以满足生产、生活需要的权能。收益权，是指收取由原来的财产产生出来的新增经济价值的权能。处分权，指的是投资人对其财产在事实上和法律上的处置的权能。

个人独资企业投资人的责任是：在一般情况下，个人独资企业的投资人以其个人财产对企业债务承担无限责任。但如果个人独资企业在申请企业设立登记时明确以其家庭财产作为个人出资的，应当依法以家庭共有财产对企业债务承担无限责任。

五、个人独资企业的管理

个人独资企业可以采取两种形式进行管理：一种方式是投资人自行管理企业事务，即由投资人本人直接经营管理个人独资企业的经营事务；另一种方式是委托或者聘用其他具有民事行为能力的人负责企业的事务管理。采用这种方式的应当与受托人或者被聘用人签订书面合同，明确委托的具体内容和授予的权利范围。

六、个人独资企业的解散与清算

（一）个人独资企业的解散

个人独资企业的解散是指独资企业因出现某些法律事由而导致其民事主体资格消灭的行为。解散仅仅是个人独资企业消灭的原因，企业并非因解散的事实发生而立即消

灭。根据《个人独资企业法》第二十六条的规定，个人独资企业有下列情形之一时，应当解散：

1. 投资人决定解散。这是个人独资企业解散的任意原因。只要不违反法律规定，投资人有权决定在任何时候解散独资企业。

2. 投资人死亡或者被宣告死亡，无继承人或者继承人放弃继承。在投资人死亡或宣告死亡的情况下，如果其继承人继承了独资企业，则企业可继续存在，只需办理投资人的变更登记，但若出现无继承人或全部继承人均决定放弃继承的情形，独资企业失去继续经营的必备条件，故应当解散。

3. 被依法吊销营业执照。这是独资企业解散的强制原因。被处以吊销营业执照的处罚的原因包括独资企业提交虚假文件以欺骗手段取得登记情节严重的行为，涂改、出租、转让营业执照情节严重的行为；企业成立后无正当理由超过6个月未开业或开业后自行停业连续6个月以上的行为等。

4. 法律、行政法规规定的其他解散情形。

（二）个人独资企业的清算

个人独资企业的清算是处理解散企业未了结的法律关系的程序。个人独资企业解散后，可由投资人自行清算或者由债权人申请人民法院指定清算人进行清算。投资人自行清算的，应当在清算前15日内书面通知债权人，无法通知的，应当予以公告。债权人应当在接到通知之日起30日内，未接到通知的应当在公告之日起60日之内，向投资人申报债权。个人独资企业解散的，财产应按下列顺序清偿：

1. 所欠职工工资和社会保险费用；

2. 所欠税款；

3. 其他债务。

个人独资企业财产不足以清偿债务的，投资人应当以其个人的其他财产予以清偿。个人独资企业解散后，原投资人对个人独资企业存续期间的债务仍应承担清偿责任，但债权人在5年内未向债务人提出偿债请求的，则不继续承担清偿责任。

第二单元　合 伙 企 业

一、合伙企业的概念及特点

（一）合伙企业的概念

《中华人民共和国合伙企业法》第二条规定：本法所称合伙企业，是指自然人、法人和其他组织依照本法在中国境内设立的普通合伙企业和有限合伙企业。合伙企业分有限合伙企业和普通合伙企业。普通合伙企业由普通合伙人组成，合伙人对合伙企业债务承担无限连带责任。有限合伙企业由普通合伙人和有限合伙人组成，普通合伙人对合伙企业债务承担无限连带责任，有限合伙人以其认缴的出资额为限对合伙企业债务承担责任。

（二）合伙企业的特点

1. 合伙协议是合伙企业得以成立的法律基础，与公司是以公司章程为成立基础、具有公开的对外效力不同，合伙协议是处理合伙人相互之间的权利义务关系的内部法律文件，仅具有对内的效力，是调整合伙关系、规范合伙人相互之间的权利义务、处理合伙纠纷的基本法律依据，也是合伙契约性的体现。

2. 合伙企业须由全体合伙人共同出资、共同经营

（1）出资是合伙人的基本义务，也是其取得合伙人资格的前提。比公司灵活，合伙人除了可以现金、实物、土地使用权和知识产权等四种方式出资外，还可以劳务、技术、管理经验、商誉甚至不作为的方式出资，只要其他合伙人同意即可。

（2）合伙人共同经营也是合伙企业不同于公司的又一特征，公司的股东不一定都参与公司的经营管理，甚至不从事公司的任何营业行为，而合伙人必须共同从事经营活动，以合伙企业为职业和谋生之本。

（3）合伙企业从事的行为一般是具有经济利益的营业行为。合伙人成立合伙企业的目的都是为了营利，特别是依据合伙企业法成立的合伙企业，从事营利性行为，是一种营利性组织。

3. 合伙人共负盈亏，共担风险，对外承担无限连带责任这也是合伙企业与公司的主要区别之一。公司股东按其出资比例和所持股份分享公司利润，当公司资不抵债时，股东只以其出资额为限对公司债务承担责任，合伙人则既可按对合伙的出资比例分享合伙盈利，也可按合伙人约定的其他办法来分配合伙盈利，当合伙财产不足以清偿合伙债务时，合伙人还需以其他个人财产来清偿债务，即承担无限责任。

二、合伙企业设立的条件

根据《合伙企业法》第十四条的规定，设立合伙企业应具备以下条件：

1. 有不少于两人的合伙人，并且都为完全民事行为能力人，但并非所有的完全行为能力人都能成为合伙人，法律、行政法规禁止从事营利性活动的人，不得成为合伙企业的合伙人，包括：国家公务员、法官、检察官、警察。这次修改《合伙企业法》，删除了现行合伙企业法对合伙人范围的限制，允许所有的市场主体参与设立合伙企业。修

改后的《合伙企业法》第二条明确规定："本法所称合伙企业，是指自然人、法人和其他组织依照本法在中国境内设立的普通合伙企业和有限合伙企业。"

2. 有合伙协议。书面合伙协议经全体合伙人签名、盖章后生效。合伙协议是合伙企业得以成立的法律基础，是调整合伙关系、规范合伙人相互间的权利义务、处理合伙纠纷的基本法律依据。合伙协议的订立方式通常应当是书面形式，如果合伙人之间未订立书面形式的合伙协议，但事实上存在合伙人之间的权利义务关系，进行了事实上的合伙营业，仍然可以视为是合伙。

3. 有各合伙人实际缴付的出资。合伙人可以用货币、实物、土地使用权、知识产权或者其他财产权利出资。此外，经全体合伙人协商一致，合伙人也可以用劳务出资；合伙人应当按照合伙协议约定的出资方式、数额和缴付出资的期限，履行出资义务。如果合伙人违反了这一义务，即构成违约，其他合伙人可追究其违约责任。合伙人只能以其实际向合伙企业缴付的出资作为其出资份额，并据此享有权利和承担义务。合伙企业不存在法定最低注册资本的问题。

4. 有合伙企业的名称。合伙企业的名称应当符合企业名称登记管理规定的要求。合伙企业名称中不能有"有限责任"的字样，因为合伙人对外承担无限连带责任。而基于"公司"并不能表明企业的责任形式，在实践中，合伙企业可以在其企业名称中使用"公司"字样。

5. 有经营场所和从事合伙经营的必要条件。合伙企业的营业执照签发日期，为合伙企业成立日期。合伙企业领取营业执照前，合伙人不能以合伙企业的名义从事经营活动。合伙企业设立分支机构，应当向分支机构所在地企业登记机关申请登记，领取营业执照。

三、有限合伙

有限合伙是指由对合伙债务承担有限责任的有限合伙人和对合伙债务承担无限责任的普通合伙人共同组成的企业合伙形式。其中，有限合伙人以其认缴的出资额为限对合伙企业的债务承担责任。

大陆法系国家对于有限合伙的概念各有差异。法国民法典中并没有有限合伙的概念，而只有隐名合伙的规定，隐名合伙人以出资为限承担责任。而德国商法典则依次规定了普通商业合伙、有限合伙和隐名合伙。有限合伙中包括两种合伙人，即至少一个无限责任合伙人和一个有限责任合伙人，有限责任合伙人在其出资的范围内对合伙的债权人承担责任，而隐名合伙则是作为隐名合伙人的出资者与商业企业之间的一种契约，根据该契约，隐名合伙人负责向企业提供一定数额的资金，并相应的参与企业的盈利分配，分担企业的亏损，并且无须登记。英美法则把以合伙存在的有限合伙和两合公司一起统称为有限合伙，是指在按照某一州的法律由两个或者两个以上的人组成的合伙，其中包括一个或者一个以上的普通合伙人和一个或者一个以上的有限合伙人，这与德国商法典的有限合伙的概念是基本相同的。

（一）有限合伙人的权利

有限合伙人以不执行合伙企业事务为代价，获得对合伙企业债务承担的有限责任的权利。因此，在有限合伙企业中，有限合伙人的权利是受到一定的限制的，修改后的《合伙企业法》规定：有限合伙人不得以劳务对合伙企业出资；有限合伙人不执行合伙事务，不得对外代表有限合伙企业。

（二）有限合伙人有限责任保护的免除

有限合伙人对合伙企业债务承担有限责任也不是绝对的，当出现法定情形时，有限合伙人也对合伙企业承担法律责任。修改后的《合伙企业法》规定：第三人有理由相信有限合伙为普通合伙人并与之交易的，该有限合伙人对该笔交易承担与合伙人承担同样的责任，即对该笔债务承担无限连带责任。

（三）有限合伙企业中合伙人数的要求

《合伙企业法》第六十一条规定，有限合伙企业由两个以上50个以下合伙人设立；但是，法律另有规定的除外。这是为了防止利用有限合伙企业形式进行非法集资活动，体现了合伙企业人合性的特点，也为今后实践活动留有必要空间。

（四）有限合伙人和普通合伙人的区别

1. 普通合伙人不得同本企业进行交易，但是合伙协议另有约定或者全体合伙人另有约定的除外；有限合伙人可以同本企业进行交易，但是合伙协议另有约定的除外；

2. 普通合伙人不得自营或者同他人合营与本合伙企业相竞争的业务；有限合伙人可以，但是合伙协议另有约定的除外；

3. 普通合伙企业的合伙协议不得约定将全部利润分配给部分合伙人；有限合伙企业不得将全部利润分配给部分合伙人，但是合伙协议另有约定的除外；

4. 普通合伙人以其在合伙企业中的财产份额出质的，须经其他合伙人一致同意；未经其他合伙人一致同意，其行为无效；有限合伙人可以将其在有限合伙企业中的财产份额出质，但是合伙协议另有约定的除外。

（五）对有限合伙企业的公示要求

《合伙企业法》第六十二条规定，有限合伙企业名称中应当标明“有限合伙”字样，这是因为有新合伙人只对企业债务承担有限责任，所以需要保护交易相对人的利益而设定的条款。

（六）关于特殊的普通合伙

特殊的普通合伙企业是指以专门知识和技能为客户提供有偿服务的专业服务机构，这些服务机构可以设立为特殊的普通合伙企业。例如律师事务所、会计师事务所、医师事务所、设计师事务所等。特殊的普通合伙企业必须在其企业名称中标明"特殊普通合伙"字样，以区别于普通合伙企业。

1. 特殊的普通合伙企业的适用范围。修改后的《合伙企业法》规定，以专业知识和专门技能为客户提供有偿服务的专业服务机构，可以设立为特殊的普通合伙企业，适用《合伙企业法》关于特殊的普通合伙企业的责任规定。此外，《合伙企业法》只规范注册为企业的专业服务机构，而很多专业服务机构如律师事务所并未注册为企业，不适用《合伙企业法》的规定，但在责任形式上也可以采用《合伙企业法》规定的特殊的普通合伙的责任形式。因此，修改后的《合伙企业法》在附则中专门作出规定，非企业专业服务机构依据有关法律采取合伙制的，其合伙人承担责任的形式可以适用本法关于特殊的普通合伙企业合伙人承担责任的规定。

2. 对特殊的普通合伙企业的公示要求。特殊的普通合伙企业，其合伙人对特定合伙企业债务只承担有限责任，为保护交易相对人的利益，应当对这一情况予以公示。修改后的《合伙企业法》规定，特殊的普通合伙企业名称中应当标明"特殊普通合伙"字样。

3. 特殊的普通合伙企业合伙人的责任形式。这是特殊的普通合伙企业制度的最关键的内容，修改后的合伙企业法借鉴国外的立法经验，并结合我国实际，将其规定为：特殊的普通合伙企业，一个合伙人或者数个合伙人在执业活动中因故意或者重大过失造成合伙企业债务的，应当承担无限责任或者无限连带责任，其他合伙人以其在合伙企业中财产份额为有限承担责任。合伙人在执业活动中非因故意或者重大过失造成的合伙企业债务以及合伙企业的其他债务，由全体合伙人承担无限连带责任。

4. 对特殊的普通合伙企业债权人的保护。特殊的普通合伙企业，其合伙人对特定合伙企业债务只承担有限责任，对合伙企业的债权人的保护相对削弱。为了保护债权人的利益，修改后的《合伙企业法》专门规定了对特殊的普通合伙企业债权人的保护制度，即执业风险基金制度和职业保险制度。规定：特殊的普通合伙企业应当建立执业风险基金、办理职业保险；执业风险基金用于偿付合伙人执业活动造成的债务；执业风险基金应当单独立户管理；执业风险基金的具体管理办法由国务院规定。

5. 特殊的普通合伙企业实质上仍然是普通合伙企业，因此修改后的《合伙企业法》规定，特殊的普通合伙企业，《合伙企业法》未作规定的，适用本法关于普通合伙企业的规定。同时，修改后的《合伙企业法》规定，法律对有限合伙企业未做特殊规定的，适用《合伙企业法》关于普通合伙企业的一般规定。

四、合伙企业财产

（一）合伙企业财产的构成

合伙企业财产是指合伙企业存续期间，合伙人的出资和所有以合伙组织名义取得的收益和形成的资产，即出资财产和积累财产。通常包括以下两部分：

1. 合伙人的出资。合伙人可以用货币、实物、土地使用权、知识产权或者其他财产权利出资，经全体合伙人协商一致，也可以用劳务出资。当合伙人的出资转入合伙企业时，就构成合伙企业的财产。

2. 以合伙企业名义取得的收益。这些收益主要体现为合伙企业的营业利润、投资净收益及营业外收支净额。

（二）合伙企业财产的性质

合伙企业的财产只能由全体合伙人共同管理和使用；在合伙企业存续期间，除非有合伙人退伙等法定事由，合伙人不得请求分割合伙企业的财产。因此，合伙企业的合伙财产，具有共有财产性质，即由合伙人共同共有。对合伙财产的占有、使用、收益和处分，均应当根据全体合伙人的共同意志进行。

（三）合伙企业财产的管理与使用

合伙企业财产依法由全体合伙人共同管理和使用。具体表现为：

1. 在合伙企业存续期间，合伙人向合伙人以外的人转让其在合伙企业中的全部或者部分财产份额时，须经其他合伙人一致同意，且在同等条件下，其他合伙人有优先受让的权利。作为合伙人以外的人依法受让合伙财产份额后，经修改合伙协议即成为合伙企业的合伙人，新的合伙人依照修改后的合伙协议享有权利，承担责任。

2. 在合伙企业存续期间，合伙人之间可以转让在合伙企业中的全部或者部分财产份额，但应通知其他合伙人。

3. 在合伙企业存续期间，合伙人以其在合伙企业中的财产份额进行质押的，须经过其他合伙人一致同意。否则，出质行为无效，或者作为退伙处理；因此给其他合伙人造成损失的，还应依法承担赔偿责任。

4. 在合伙企业存续期间，除依法退伙等法律有特别规定的外，合伙人不得请求分割合伙企业财产；也不得私自转移或者处分合伙企业财产。但是，为了保护第三人的利益，如果合伙人私自转移或者处分合伙企业财产的，合伙企业不得以此来对抗不知情的第三人。

五、入伙与退伙

（一）入伙

入伙，是指在合伙企业存续期间，合伙人以外的第三人加入合伙，从而取得合伙人的资格。

1. 入伙的条件。全体合伙人同意（合伙协议可以另行约定），并且订立书面入伙协议。

2. 原合伙人的告知义务。原合伙人应该向新合伙人告知原合伙企业的经营状况和财务状况，因为入伙人入伙后对合伙企业入伙前的债务承担连带责任。但是入伙人不负有向原合伙人告知自己财务状况的义务，因为合伙企业的财产不会用于偿还合伙人个人的债务。

3. 入伙的新合伙人对入伙前合伙企业的债务承担无限连带责任。如果入伙协议约定入伙人对入伙前的合伙企业债务不承担无限连带责任，对合伙企业的债权人无效，但对内有效。除合伙协议另有约定外，入伙人与合伙人享有同等权利，承担同等责任。

（二）退伙

退伙，是指合伙人退出合伙企业，从而丧失合伙人的资格。主要分为三种情况：

1. 自愿退伙形式

（1）合伙协议约定了退伙事由出现。

（2）经过全体合伙人一致同意。

（3）发生合伙人难以继续参加合伙的事由（死亡、个人无能力承担债务等）。

（4）其他合伙人严重违反协议约定的义务。

另外还有一点需要注意的是，合伙人在不给合伙企业事务执行造成不良影响的情况下可以退伙，并且应当提前30天通知其他合伙人，如果违反《合伙企业法》第四十五、第四十六条的规定退伙，需要赔偿由此给企业造成的损失。

2. 除名退伙的情形

（1）未履行出资义务。

（2）因故意或者重大过失给合伙企业造成损失。

（3）执行合伙事务有不正当行为。

（4）发生合伙协议约定的是由。

需注意的是，还是要遵循一定程序，并且书面通知被除名人。

3. 法定退伙的情形

（1）作为合伙人的自然人的自然死亡或者被依法宣告死亡。

（2）个人丧失偿还债务的能力。

（3）作为合伙人的法人或者其他组织依法被吊销营业执照、责令关闭、撤销或者被宣告破产。

（4）法律规定或者合伙协议约定合伙人必须具有的相关资格丧失。

（5）合伙人在合伙企业中的全部财产份额被人民法院强制执行。

退伙的效果是指退伙时退伙人在合伙企业中的财产份额和民事责任的归属变动。分为两类情况：一是财产继承；二是退伙结算。关于财产继承，《合伙企业法》第五十一条规定，合伙人死亡或者被依法宣告死亡的，对该合伙人在合伙企业中的财产份额享有合法继承权的继承人，依照合伙协议的约定或者经全体合伙人同意，从继承开始之日起，即取得该合伙企业的合伙人资格。合法继承人不愿意成为该合伙企业的合伙人的，合伙企业应退还其依法继承的财产份额。合法继承人为未成年人的，经其他合伙人一致同意，可以在其未成年时由监护人代行其权利。这一法律规定，实际上对继承人取得合伙人资格规定了三项条件：（1）有合法继承权；（2）有合伙协议的约定或者全体合伙人的一致同意；（3）继承人愿意。至于退伙结算，除合伙人死亡或者被依法宣告死亡的情形外，应按照以下规定处理：（1）合伙人退伙的，其他合伙人应当与该退伙人按照退伙时的合伙企业的财产状况进行结算，退还退伙人的财产份额。退伙时有未了结的合伙企业事务的，待了结后进行结算。（2）退伙人在合伙企业中财产份额的退还办法，由合伙协议约定或者由全体合伙人决定。（3）合伙人退伙时，合伙企业财产少于合伙企业债务的，如果合伙协议约定亏损分担比例的，退伙人应当按照约定的比例分担亏损；如果合伙协议未约定亏损分担比例的，退伙人应当与其他合伙人平均分担亏损。合伙人退伙以后，并不能解除对于合伙企业既往的连带责任。退伙人对其退伙前已发生的合伙企业债务，仍然需要与其他合伙人共同承担连带责任。

六、合伙企业的解散与清算

（一）合伙企业的解散

合伙企业解散，就是各合伙人解除合伙协议，合伙企业终止活动；合伙企业解散后，必须经过清算程序，了结合伙事务。

合伙企业有下列情形之一时，应当解散：

1. 合伙协议约定的经营期限届满时，合伙人不愿继续经营的；
2. 合伙协议约定的解散事由出现；
3. 全体合伙人决定解散；
4. 合伙人已不具备法定人数；

5. 合伙协议约定的合伙目的已经实现或者无法实现；

6. 被依法吊销营业执照；

7. 出现法律、行政法规规定的合伙企业解散的其他原因。

（二）合伙企业的清算

合伙企业解散的结果是合伙的终止，但合伙宣布解散到最后终止有一个过程，中间的这个过程就是要对合伙的债权、债务进行清算，解决合伙与债权、债务人的关系及合伙人内部的关系。合伙清算结束后，如合伙办理了合伙企业登记的，应依法办理合伙企业的注销登记。

1. 通知和公告债权人。

2. 确定清算人。合伙企业解散，清算人由全体合伙人担任；未能由全体合伙人担任清算人的，经全体合伙人过半数同意，可以自合伙企业解散后15日内指定1名或者数名合伙人，或者委托第三人担任清算人；15日内未确定清算人的，合伙人或者其他利害关系人可以申请人民法院指定清算人。

3. 清算人的职责。清算人在清算期间履行下列职责：清理合伙企业财产；处理与清算有关的合伙企业未了结的事务；清缴所欠税款；清理债权、债务；处理合伙企业清偿债务后的剩余财产；代表合伙企业参与民事诉讼活动。

4. 财产清偿顺序。合伙企业财产在支付清算费用后，按下列顺序清偿：合伙企业所欠职工工资和劳动保障费用；合伙企业所欠税款；合伙企业的债务；返还合伙人的出资。合伙企业财产按上述顺序清偿后仍有剩余的，按照合伙协议约定的利润分配比例进行分配；合伙协议未约定利润分配比例的，则由合伙人平均分配。合伙企业清算时，如果全部财产不足清偿其债务，则必须由合伙人以个人的财产，按照约定的比例承担清偿责任；在合伙协议未约定比例的情况下，则由各合伙人平均承担清偿责任。

5. 清算结束。在清算期间，如果全体合伙人以个人财产承担清偿责任后，仍不足清偿合伙企业债务，则应当结束清算程序。

（三）合伙企业的破产

修改后的《合伙企业法》对合伙企业破产问题首次作出了明确规定，即合伙企业不能清偿到期债务的，债权人可以依法向人民法院提出破产申请，也可以要求普通合伙人清偿；合伙企业被依法宣告破产的，普通合伙人对合伙企业债务仍应承担无限连带责任。

七、合伙企业的事务执行

（一）合伙事务执行的形式

尽管法律规定各合伙人对合伙企业的事务执行享有平等的权利，但在实际生活中，却不是所有的合伙人都参加事务执行的。不同企业的情况千差万别，事务执行方式也各种各样。有鉴于此，合伙企业法明确规定合伙企业的事务执行形式，既可以由全体合伙人共同执行合伙企业事务，也可以由合伙协议约定或者全体合伙人决定，委托一名或者数名合伙人执行合伙企业事务。也就是说，合伙企业的事务执行方式有两种：一是合伙人共同执行；二是委托部分合伙人代为执行。共同执行，即是全体合伙人都参与事务执行的执行方式。这是直接体现合伙人平等，包括两种情况：第一，对经营管理中的有关问题由全体合伙人讨论决定后，委托某个或几个合伙人具体执行；第二，合伙人按照各自的分工分别执行。共同执行企业事务，各合伙人都可以对内负责管理事务，对外以合伙企业的名义从事经营活动，即根据合伙协议，由全体合伙人中的某一或几个代为执行合伙事务。

（二）合伙事务的决定

合伙事务的决定和合伙事务的执行是不同的，先有决定后有执行；合伙事务依法可由一名或数名合伙人执行，也可由全体合伙人执行，而合伙事务的决定并非都可以委托给部分合伙人决定。合伙企业的下列事务必须经全体合伙人一致同意：处分合伙企业的不动产；改变合伙企业名称；转让或者处分合伙企业的知识产权和其他财产权利；向企业登记机关申请办理变更登记手续；以合伙企业名义为他人提供担保；聘任合伙人以外的人担任合伙企业的经营管理人员；依照合伙协议约定的有关事项。我国《合伙企业法》对合伙企业中须经全体一致同意方能作出决定的事项规定的范围较广，其有利于保障合伙人之间的平等地位，防止因出资不同而产生的合伙人之间的歧视，其缺陷是不利于合伙企业决策的高效，进而对合伙企业的经营管理有一定的负面影响。

八、合伙企业的损益分配

合伙企业作为经营组织，既可能取得利润，又可能出现亏损，对其损益如何分配，是合伙企业至为重要的事项。

（一）合伙损益

合伙损益包括两方面的内容：

1. 合伙利润。是指以合伙企业的名义所取得的经济利益，它反映了合伙企业在一定期间的经营成果。合伙利润包括营业利润、投资净收益和营业外收支净额。

2. 合伙亏损。是指以合伙企业的名义从事经营活动所形成的亏损。合伙亏损是全体合伙人所共同面临的风险，或者说是共同承担的经济责任。

（二）合伙损益分配原则

根据我国《合伙企业法》第三十三条规定：合伙企业的利润分配、亏损分担，按照合伙协议的约定办理；合伙协议未约定或者约定不明确的，由合伙人协商决定；协商不成的，由合伙人按照实缴出资比例分配、分担；无法确定出资比例的，由合伙人平均分配、分担。

合伙协议不得约定将全部利润分配给部分合伙人或者由部分合伙人承担全部亏损。

（三）合伙损益分配的具体形式

《合伙企业法》第三十四条规定，合伙企业年度的或者一定时期的利润分配或者亏损分担的具体方案，由全体合伙人协商决定或者按照合伙协议约定的办法决定。

九、非合伙人参与经营

除合伙协议另有约定外，经全体合伙人一致同意，可以聘任合伙人以外的人担任合伙企业的经营管理人员。被聘任的合伙企业的经营管理人员应当在合伙企业授权范围内履行职务。被聘任的合伙企业的经营管理人员，超越合伙企业授权范围履行职务，或者在履行职务过程中因故意或者重大过失给合伙企业造成损失的，依法承担赔偿责任。

十、合伙企业与第三人的关系

即合伙企业的对外关系。其主要规定有：

1. 对外代表权的效力。执行合伙事务的合伙人行使对外代表权，这是基本的规则。据此，可取得对外代表权的合伙人分为三种情形：第一，全体合伙人均取得对外代表权；第二，部分合伙人取得对外代表权；第三，基本特别授权，一个或数个合伙人取得在单项事务上的对外代表权。无论采取何种形式，这些代表行为是对合伙企业本身具有法律效力，即由此带来的利益与风险，应由合伙人共同承受。

2. 对善意第三人的保护。合伙企业对合伙人执行合伙事务以及对外代表合伙企业权利的限制，不得对抗不知情的善意第三人。

3. 合伙企业的债务清偿。合伙企业对其债务，应先以其全部财产进行清偿；如企业财产不足清偿到期债务的，各合伙人须承担无限连带清偿责任。

4. 合伙人之间的债务分担与追偿。以合伙企业财产清偿合伙企业债务时，其不足部分，由各合伙人按照合伙协议分担亏损的比例，用其在合伙企业出资以外的财产承担清偿责任。如合伙协议未约定分担比例的，由合伙人平均分担。如合伙人实际支付的清偿数额超过其依照既定比例所应承担的数额的，该合伙人有权就超过部分，向其他未支付或未足额支付应承担数额的合伙人追偿。

5. 合伙人个人债务的清偿，不能损害其他合伙人和合伙企业的合法权益。

第三单元　公　　司

一、公司概述

（一）公司的概念

公司是依法设立，由若干法人或自然人共同出资组成，自主经营，自负盈亏，能够独立承担民事责任，享受民事权利，从事生产经营和服务性活动的营利性经济组织，是企业组织形式中最完善、最有效、最主要的形式。

（二）公司的基本特征

1. 公司具有法人资格。法人是与自然人并列的一类民事主体，能够以自己的名义从事民商事活动，并以自己的财产独立承担民事责任。我国的公司是企业法人。法人的基本特征一是"独立财产"；二是"独立责任"。独立财产是指公司股东一旦履行了出资义务，其出资标的物的所有权即转移至公司，构成公司的财产，公司对其享有"法人财产所有权"，股东对公司享有"股权"。公司的财产与股东个人的财产相分离。独立责任是指公司必须在自主经营的基础上自负盈亏，用其全部法人财产对公司债务承担责任，而股东仅以其对公司的出资额为限对公司承担责任，这就是股东有限责任原则。

2. 公司以营利为目的。所谓营利，就是获取经济上的利益。以营利为目的是公司与机关、事业单位和社会团体法人的主要区别所在。公司只有以营利为目的，实现公司利益最大化才能实现股东设立公司的目的。

3. 公司应依法成立。所谓依法成立包括三层含义：（1）公司成立应依据专门的法律，即《公司法》和其他有关的特别法律、行政法规；（2）公司成立应符合公司法规定的实质要件；（3）公司成立须遵循《公司法》规定的程序，履行规定的申请和审批登记手续。

（三）公司的分类

公司主要形式为有限责任公司、个人无限责任公司、合伙无限责任公司以及公开上市的股份有限公司等，其区别于非营利性的社会团体、事业机构等。

常见的分类方法还有以下几种：根据股东所承担的责任形式不同进行分类；根据公司的信用标准不同进行分类；根据股东对象不同和股票能否转让进行分类；根据公司的国籍进行分类；根据一个公司对另一个公司的控制和依附关系进行分类；根据公司内部管辖系统进行分类等较为常见的分类方法。

1. 以公司股东的责任范围为标准分类。以此标准，可将公司分为无限责任公司、两合公司、股份两合公司、股份有限公司和有限责任公司。

无限责任公司是指由两个以上股东组成，全体股东对公司债务负连带无限责任的公司。两合公司是指由部分无限责任股东和部分有限责任股东共同组成，对公司债务前者负连带无限责任，后者仅以出资额为限承担责任的公司。股份两合公司是指由部分对公司债务负连带无限责任的股东和部分仅以所持股份对公司债务承担有限责任的股东共同组建的公司。因这三种公司的固有缺陷，其数量已经很少，我国公司法未对这些公司作出规定。

股份有限公司是指由一定以上人数组成，公司全部资本分为等额股份，股东以其所持股份对公司承担责任，公司以其全部资产对公司债务承担责任的公司。在公司发展历史上，股份有限公司是在两合公司之后产生较早的公司形式。股份有限公司因其可以在社会上广泛筹资，股份可以自由转让，公司可以实行所有权与经营权分离的经营方式和分权制衡机制，以及股东有限责任等特点，特别适合于大型企业的经营，现今已成为十分重要的公司形式。我国公司法将股份有限公司作为最基本的公司形式之一予以规定。

有限责任公司是指股东仅以其出资额为限对公司承担责任，公司以其全部资产对公司债务承担责任的公司。在公司的发展史上，有限责任公司出现较晚，由于它较好地吸收了其他公司形式的优点并克服其不足，所以这种公司形式在世界各国得到了迅速发展。我国公司法也将有限责任公司作为一种主要公司形式予以确认。

2. 以股份转让方式为标准分类。以此标准，可将公司分为封闭式公司与开放式公司。封闭式公司又称不公开公司、不上市公司、私公司等，是指公司股本全部由设立公司的股东拥有，且其股份不能在证券市场上自由转让的公司。有限责任公司属于封闭式公司。开放式公司又称公开公司、上市公司等，是指可以按法定程序公开招股，股东人数无法定限制，股份可以在证券市场公开自由转让的公司。股份有限公司即属此类。

3. 以公司的信用基础为标准分类。以此标准，可将公司分为人合公司与资合公司以及人合兼资合公司。人合公司是指公司的经营活动以股东个人信用而非公司资本的多寡为基础的公司。人合公司的对外信用主要取决于股东个人的信用状况，故人合公司的股东之间通常存在特殊的人身信任或人身依附关系。无限责任公司是典型的人合公司。资合公司是指公司的经营活动以公司的资本规模而非股东个人信用为基础的公司。由于资合公司的对外信用和债务清偿保障主要取决于公司的资本总额及其现有财产状况，因此，为防止公司由于资本不足而损害公司债权人利益，各国法律都对资合公司的设立和运行做了较严的规定，如强调最低注册资本额、法定公示制度等。股份有限公司是典型的资合公司。人合兼资合公司是指公司的设立和经营同时依赖于股东个人信用和公司资本规模，从而兼有两种公司的特点。两合公司、股份两合公司和有限责任公司均属此类公司。

4. 以公司之间的关系为标准分类。以此标准，可将公司分为总公司与分公司、母公司与子公司。总公司又称本公司，是指依法设立并管辖公司全部组织的具有企业法人资格的总机构。总公司通常先于分公司而设立，在公司内部管辖系统中，处于领导、支配地位。分公司是指在业务、资金、人事等方面受本公司管辖而不具有法人资格的分支机构。分公司不具有法律上和经济上的独立地位，但其设立程序简单。我国《公司法》第十三条第一款规定，公司可以设立分公司，分公司不具有企业法人资格，其民事责任由公司承担。

母公司是指拥有其他公司一定数额的股份或根据协议，能够控制、支配其他公司的人事、财务、业务等事项的公司。母公司最基本的特征，不在于是否持有子公司的股份，而在于是否参与子公司业务经营。子公司是指一定数额的股份被另一公司控制或依照协议被另一公司实际控制、支配的公司。子公司具有独立法人资格，拥有自己所有的财产，自己的公司名称、章程和董事会，对外独立开展业务和承担责任。但涉及公司利益的重大决策或重大人事安排，仍要由母公司决定。我国《公司法》第十三条第二款规定：公司可以设立子公司，子公司具有企业法人资格，依法独立承担民事责任。

（四）公司与其他企业的区别

公司作为企业组织形式的一种，与其他形式的企业有着严格的区别。

1. 公司与独资企业的区别。（1）法律地位不同。公司必须具备法人资格，而独资企业一般不具备法人资格。（2）财产拥有权和支配权不同。公司财产与股东的财产在法律上是严格分开的。股东投资后，财产即属于公司，股东不再拥有支配权。独资企业的财产归企业主一人所有，并对企业财产拥有直接的控制权和支配权。（3）债务承担责任不同。公司的债务责任一般是有限的，公司以全部现有财产向债权人承担清偿债务的责任，股东仅以其投资额对公司承担责任。而独资企业的财产不足以清偿债务时，还要用出资者的个人财产来清偿债务。

2. 公司与合伙企业的区别。（1）成立基础不同。公司的成立是以公司章程为基础。公司章程成为共同的准则，具有法律约束力；同意章程即可投资加入公司。合伙企业则是以合伙协议为基础，合伙协议的确立需要出资人协商一致方可生效。（2）法律地位不同。公司具有法人资格，合伙企业一般不具有法人资格。（3）组织管理不同。公司设有专门的组织机构（如董事会）开展业务活动，股东只有决策权，一般不参与业务活动，而合伙企业的事务由合伙人共同管理，合伙人都有权参与企业的业务活动。（4）财产拥有权和支配权不同。公司财产与股东财产在法律上是严格分开的，合伙企业的财产则是与合伙人连在一起的，由合伙人直接控制和支配。（5）承担债务的责任方式不同。公司只以公司资产承担责任，不能要求股东以其个人财产来偿还公司债务；合伙企业除以企业资产清偿债务外，在出现资不抵债的情况时，合伙人还必须按照合伙协议的约定以个人财产承担企业的债务。

（五）公司的设立

公司设立是指公司设立人依照法定的条件和程序，为组建公司并取得法人资格而必须采取和完成的法律行为。公司设立不同于公司的设立登记，后者仅是公司设立行为的最后阶段；公司设立也不同于公司成立，后者不是一种法律行为，而是设立人取得公司法人资格的一种事实状态或设立人设立公司行为的法律后果。所以，公司设立的实质是一种法律行为，属于法律行为中的多方法律行为，但一人有限责任公司和国有独资公司的设立行为属于单方法律行为。

公司设立行为属于法律行为之一种，其成立要件、效力要件除了需要受民商事基本法如民法典、商法典的规制外，主要受公司法的规制。

1. 公司设立方式。公司设立的方式基本为两种，即发起设立和募集设立。

发起设立又称“同时设立”、“单纯设立”等，是指公司的全部股份或首期发行的股份由发起人自行认购而设立公司的方式。有限责任公司只能采取发起设立的方式，由全体股东出资设立。

募集设立又称“渐次设立”或“复杂设立”，是指发起人只认购公司股份或首期发行股份的一部分，其余部分对外募集而设立公司的方式。我国《公司法》第七十八条第三款规定：“募集设立，是指由发起人认购公司应发行股份的一部分，其余股份向社会公开募集或者向特定对象募集而设立公司。”

2. 公司设立登记。公司设立是指公司设立人依照法定的条件和程序，为组建公司并取得法人资格而完成的一系列法律行为的总称。由此可见，公司设立行为是由公司成立前的一系列准备工作所构成。这些准备行为主要包括：订立公司章程；决定公司种类、名称、经营范围、资本总额、出资方式；认缴股款；选择公司所在地；申请公司设立登记等。公司的设立因公司的种类及设立方式的不同而有所差异。相对来说，有限责任公司的设立要简单一些，股份有限公司的设立则要复杂一些。

（1）公司的名称。公司的名称相当于自然人的姓名，一个公司只能有一个名称。有限责任公司，必须在公司名称中标明有限责任公司字样；股份有限公司，必须在公司名称中标明股份有限责任公司字样。设立公司应当向公司登记机关申请公司名称的预先核准。经公司登记机关核准的公司名称，应当签发《企业名称预先核准通知书》。预先核准的公司名称可以有6个月的保留期，在保留期内，该名称不得用于经营活动，也不得转让。

（2）申请设立登记。公司设立人应当向其所在地工商行政管理机关提出申请。设立有限责任公司，股东的首次出资经依法设立的验资机构验资后，由全体股东指定的代表或共同委托的代理人向公司登记机关报送公司登记申请书、公司章程、验资证明等文件。法律、行政法规规定需要经有关部门审批的，应当在设立登记时提交批准文件，申请设立登记。以发起方式设立股份有限公司的，发起人首次缴纳出资后，应当选举董事会和监事会，由董事会向公司登记机关报送公司章程、验资证明等文件，申请设立登记。以募集方式设立股份有限公司的，由董事会在创立大会结束后30日内向公司登记机关报送公司登记申请书、创立大会的会议记录、公司章程、验资证明、法定代表人、董事和监事的任职文件及其身份证明、公司住所等文件，申请设立登记。以募集方式设立股份有限公司公开发行股票的，还应向公司登记机关报送国务院证券监督管理机构的核准文件。公司登记机关对符合公司法规定条件的，予以登记，发给公司营业执照。公司营业执照签发日期，为公司成立日期。公司经设立登记，一是取得法人资格；二是取得从事经营活动的合法身份；三是取得公司名称专用权。

（六）公司的章程

公司章程是指公司所必备的，规定其名称、宗旨、资本、组织机构等对内对外事务的基本法律文件。公司章程作为规范公司的组织和活动的基本规则，在公司存续期间具有重要意义。

1. 公司章程的概念。公司章程是指公司所必备的，规定其名称、宗旨、资本、组织机构等对内对外事务的基本法律文件。

2. 公司章程的订立。公司章程的订立通常有两种方式：一是共同订立，是指由全体股东或发起人共同起草、协商制定公司章程，否则，公司章程不得生效；二是部分订立，是指由股东或发起人中的部分成员负责起草、制订公司章程，而后再经其他股东或发起人签字同意的制订方式。公司章程必须采取书面方式，经全体股东或发起人同意并在章程上签名盖章才能生效。

（七）公司治理结构

公司治理结构是一种联系并规范股东（财产所有者）、董事会、高级管理人员权利和义务分配，以及与此有关的聘选、监督等问题的制度框架。简单地说，就是如何在公司内部划分权力。良好的公司治理结构，可解决公司各方利益分配问题，对公司能否高效运转、是否具有竞争力，起到决定性的作用。

我国公司治理结构是采用“三权分立”制度，即决策权、经营管理权、监督权分属于股东会、董事会或执行董事、监事会。通过权力的制衡，使三大机关各司其职，又相互制约，保证公司顺利运行。

现代公司治理结构其基本构成主要包括：股东（大）会、董事会、经理层和监事会。公司的组织结构模式体现了分权与制衡的思想。股东（大）会是公司最高权力机构，对公司一切最重大事务具有最后的决定权，其权力由股东或股东委托人直接行使；董事会是股东会闭会期间行使职权的常设权力机构，它依据股东会或股东大会的决议，对公司重大事项进行决策；总经理或经理层则执行董事会的决定，对公司日常经营进行领导和决策；而监事会则代表股东和员工对公司活动实行监督。这些领导层级之间的职权是分明的，同时又是相互制衡的，它们自上而下层层授权，自下而上又层层负责，每一层的职权都是有限的，又是受制约的。特别是监事或监事会的设置，使公司主要的核心领导层即董事和经理的行为受到很大的约束，以防止其损害国家、社会和公司利益的行为发生。因此说，公司制度是现代企业制度的集中体现，它高于以往和现存的任何一种企业制度。

1. 股东（大）会。股东是指公司资本的出资者或股份的持有者（在有限责任公司，股东是公司资本的出资者，在股份有限公司，股东是公司股份的持有者），是公司组织存续的基础。股东（大）会由全体股东组成，是公司的最高权力机构，对下列事项作出决议，行使职权：决定公司的经营方针和投资计划；选举和更换非由职工代表担任的董事、监事，决定有关董事、监事的报酬事项；审议批准董事会的报告；审议批准监事会或者监事的报告；审议批准公司的年度财务预算方案、决算方案；审议批准公司的利润分配方案和弥补亏损方案；对公司增加或者减少注册资本作出决议；对发行公司债券作出决议；对公司合并、分立、解散、清算或者变更公司形式作出决议；修改公司章程等。随着经济发展的需要，特别是从公司的营利目的及管理情况出发，股东会的职权已有所削弱。股东（大）会分定期会议（股份有限责任公司称为年会）和临时会议两种。定期会议每年召开一次，通常是在营业年终后召开。股东临时会议是不定期的会议，在出现法律规定的特定情形时才会召开。股东（大）会一般由董事会召集，董事长是大会的当然主席，主持股东（大）会。

2. 董事会和经理层。董事会是股东（大）会闭会期间行使职权的公司常设权力机构和经营管理决策机构，对外是公司进行业务活动的全权代表。一般来说，董事长是公司的法定代表人。董事由股东会选举产生，可以由股东或非股东担任。董事会对股东大会负责，行使下列职权：召集股东会会议，并向股东会报告工作；执行股东会的决议；决定公司的经营计划和投资方案；制订公司的年度财务预算方案、决算方案；制订公司的利润分配方案和弥补亏损方案；制订公司增加或者减少注册资本以及发行公司债券的方案；制订公司合并、分立、解散或者变更公司形式的方案；决定公司内部管理机构的设置；决定聘任或者解聘公司经理及其报酬事项，并根据经理的提名决定聘任或者解聘公司副经理、财务负责人及其报酬事项；制定公司的基本管理制度等。公司经理是董事会委任的公司最高经营管理负责人，同时也是在章程规定范围内的业务执行机关。公司经理由董事会聘任或解聘，对董事会负责，行使下列职权：主持公司的生产经营管理工作，组织实施董事会决议；组织实施公司年度经营计划和投资方案；拟订公司内部管理机构设置方案；拟订公司的基本管理制度；制定公司的具体规章；提请聘任或者解聘公司副经理、财务负责人；决定聘任或者解聘除应由董事会决定聘任或者解聘以外的负责管理人员；董事会授予的其他职权。经理还列席董事会会议。

3. 监事会。监事会是公司内部的监督机构，行使对公司的经营活动和经营管理的监督权。监事会向股东大会负责并报告工作，行使以下职权：检查公司财务；对董事、高级管理人员执行公司职务的行为进行监督，对违反法律、行政法规、公司章程或者股东会决议的董事、高级管理人员提出罢免的建议；当董事、高级管理人员的行为损害公司的利益时，要求董事、高级管理人员予以纠正；提议召开临时股东会会议，在董事会不履行公司法规定的召集和主持股东会会议职责时召集和主持股东会会议；向股东会会议提出提案；依照《公司法》第一百五十二条的规定，对董事、高级管理人员提起诉讼；公司章程规定的其他职权。监事也列席董事会会议，并对董事会决议事项提出质询或者建议。

（八）公司资本

公司资本也称为股本，它在公司法上的含义是指由公司章程确定并载明的、全体股东的出资总额。公司资本的具体形态有以下几种：

1. 注册资本。即狭义上的公司资本，是指公司在设立时筹集的、由章程载明的、经公司登记机关登记注册的资本。《公司法》第二十六条规定："有限责任公司的注册资本为在公司登记机关登记的全体股东认缴的出资额。"第八十一条规定："股份有限公司采取发起设立方式设立的，注册资本为在公司登记机关登记的全体发起人认购的股本总额。股份有限公司采取募集方式设立的，注册资本为在公司登记机关登记的实收股本总额。"

2. 发行资本。又称认缴资本，是指公司实际上已向股东发行的股本总额。发行资本可能等于注册资本，也可能小于注册资本。实行法定资本制的国家，公司章程所确定的资本应一次全部认足，因此，发行资本一般等于注册资本。但股东在全部认足资本后，可以分期缴纳股款。实行授权资本制的国家，一般不要求注册资本都能得到发行，所以它小于注册资本。

3. 认购资本。认购资本是指出资人同意缴付的出资总额。

4. 实缴资本。又称实收资本，是指公司成立时公司实际收到的股东的出资总额。

它是公司现实拥有的资本。由于股东认购股份以后，可能一次全部缴清，也可能在一定期限内分期缴纳。故而实缴资本可能等于或小于注册资本。

我国新修订的《公司法》对公司资本采纳了一定程度上的授权资本制，即允许公司成立时股东只实际缴付一定比例的认缴资本，其余认缴的资本在公司成立后的一定期限内缴清即可。所以，公司的注册资本等于公司成立时全体股东的认缴资本总额，但公司成立时的实缴资本可能小于注册资本。

（九）公司的公积金和公益金

1. 公积金。公积金又称公司的储备金，是指公司为增强自身财产能力，扩大生产经营和预防意外亏损，依法从公司利润中提取的一种款项，不作为股利分配的部分所得或收益。主要用于：弥补公司亏损，扩大公司生产经营，转增公司资本。

法定公积金，也叫强制公积金，是指按照法律规定的比例必须提取的公积金。公司分配当年税后利润时，应当提取利润的10%列入公司法定公积金。公司法定公积金累计额为公司注册资本的50%以上的，可不再提。公司的法定公积金不足以弥补上一年度公司亏损的，在依照规定提取法定公积金和法定公益金之前，应当先用当年利润弥补亏损。公司的公积金用于弥补公司的亏损，扩大公司生产经营或者转为增加公司资本。股份有限公司经股东大会决议将公积金转为资本时，按股东原有股份比例派送新股或者增加每股面值。但法定公积金转为资本时，所留存的该项公积金不得少于注册资本的25%。

任意公积金又称任意盈余公积金。公司在税后利润中提取法定公积金后，经股东会或者股东大会决议，可以提取任意公积金。任意公积金由公司自行决定提取与否以及提取多少，其用途可以由公司自行决定，没有法定限制。

2. 公益金。公益金，是指企业计提的专门用于职工福利设施的支出，如购建职工宿舍、托儿所、理发室等方面的支出。最新的公司法对公益金的提取比例不再做强制规定，公益金提取比例由公司董事会决定。

（十）公司利益的分配

公司经营的资本及其收益形成公司的财产。公司并不是公司利润的最终所得者，公司利益应依法定顺序分割。公司利益法定分配顺序如下：缴纳所得税；在公司已有的法定公积金不足以弥补上一年度公司亏损的情况下，弥补亏损；提取法定公积金（税后利润的10%）上限；提取法定公益金（税后利润的5%—10%）；经股东会决议，提取任意公积金；有限责任公司按照出资比例，股份有限公司按照股份比例，对股东支付股利。

（十一）公司的解散和清算

1. 公司的解散。公司解散是指已成立的公司基于一定的合法事由而使公司消灭的法律行为。

公司解散的原因有三大类：第一类是一般解散的原因；第二类是强制解散的原因；第三类是股东请求解散。

（1）一般解散的事由。《公司法》第一百八十一条规定，公司因下列原因解散：公司章程规定的营业期限届满或者公司章程规定的其他解散事由出现时（可以通过修改公司章程而存续）；股东会（股东大会）决议解散；因公司合并或者分立需要解散的；公司经营管理发生严重困难，继续存续会使股东利益受到重大损失，通过其他途径不能解决的，持有公司全部股东表决权10%以上的股东，可以请求人民法院解散公司。

（2）强制解散。公司法规定的强制解散公司的原因主要是依法被吊销营业执照、责令关闭或者被撤销。

2. 公司的清算

（1）成立清算组。公司解散时，除因合并或者分立者外，应当依法进行清算。根据《公司法》的规定，公司应当在解散事由出现之日起15日内成立清算组，开始清算。有限责任公司的清算组由股东组成，股份有限公司的清算组由董事或者股东大会确定的人员组成。逾期不成立清算组进行清算的，债权人可以申请人民法院指定有关人员组成清算组进行清算。人民法院应当受理该申请，并及时组织清算组进行清算。

（2）清算组的职权。根据《公司法》的规定，清算组在清算期间行使下列职权：①清理公司财产，分别编制资产负债表和财产清单；②通知、公告债权人；③处理与清算有关的公司未了结的业务；④清缴所欠税款以及清算过程中产生的税款；⑤清理债权、债务；⑥处理公司清偿债务后的剩余财产；⑦代表公司参与民事诉讼活动。

清算组在公司清算期间代表公司进行一系列民事活动，全权处理公司经济事务和民事诉讼活动。根据《公司法》规定，清算组成员应当忠于职守，依法履行清算义务。清算组成员不得利用职权收受贿赂或者其他非法收入，不得侵占公司财产。清算组成员因故意或者重大过失给公司或者债权人造成损失的，应当承担赔偿责任。

（3）清算工作程序：①登记债权。清算组应当自成立之日起10日内通知债权人，并于60日内在报纸上公告。债权人应当在接到通知之日起30日内，未接到通知之日起45日内，向清算组申报其债权。债权人申报债权，应当说明债权的有关事项，并提供证明材料。清算组应当对债权进行登记。在申报债权期间，清算组不得对债权人进行清偿。②清理公司财产，制定清算方案。清算组应当对公司财产进行清理，编制资产负债表和财产清单，制定清算方案。清算方案应当报股东会、股东大会或者人民法院确认。清算组在清理公司财产、编制资产负债表和财产清单后，发现公司财产不足清偿债务的，应当依法向人民法院申请宣告破产。公司经人民法院裁定宣告破产后，清算组应当将清算事务移交给人民法院。③清偿债务。公司财产在分别支付清算费用、职工的工资、社会保险费用和法定补偿金，缴纳所欠税款，清偿公司债务后的剩余财产，有限责任公司按照股东的出资比例分配，股份有限公司按照股东持有的股份比例分配。清算期间，公司存续，但不得开展与清算无关的经营活动。公司财产在未按上述规定清偿前，不得分配给股东。④公告公司终止。公司清算结束后，清算组应当制作清算报告，报股东会、股东大会或者人民法院确认。并报送公司登记机关，申请注销公司登记。公告公司终止。

二、有限责任公司

（一）有限责任公司的设立

1. 有限责任公司的设立条件。根据我国《公司法》第二十三条的规定，设立有限责任公司，应当具备下列条件：

（1）股东符合法定人数；

（2）股东出资达到法定资本最低限额；

（3）股东共同制定公司章程；

（4）有公司名称，建立符合有限责任公司要求的组织机构；

（5）有公司住所。

依照该条规定，要设立有限责任公司，应当具备的条件包括以下几个方面：（1）股东人数和资格符合法律规定。即不超过 50 人，股东可以是公民、法人或其他经济组织。（2）股东出资达到法定资本最低限额。有限责任公司的注册资本的最低限额为人民币 3 万元。特殊情况下，有限责任公司注册资本的最低限额需高于上述最低限额的，由法律、行政法规另行规定。（3）股东出资方式多样，除法律、行政法规规定不得作为出资的财产外，股东可以用货币估价并可以依法转让的非货币财产作价出资。全体股东的货币出资金额不得低于有限责任公司注册资本的 30%。（4）股东应当按期足额缴付出资额。以货币出资的，应当将货币出资足额存入准备设立公司在银行开设的账户；以非货币财产出资的，应当依法办理财产权的转移手续。股东缴纳出资后，必须经依法设立的验资机构验资并出具证明。（5）股东共同制定公司章程，全体股东应当在公司章程上签名、盖章。（6）其他条件：有公司名称，并建立符合法律规定的组织机构。有固定的生产经营场所和必要的生产经营条件。股东的首次出资经依法设立的验资机构验资后，由全体股东指定的代表或者共同委托的代理人向公司登记机关报送公司登记申请书、公司章程、验资证明等文件，申请设立登记。

2. 有限责任公司设立过程中的法律责任

（1）股东没有按期足额缴纳公司章程中规定的各自所认缴的出资额的，除应当向公司足额缴纳外，还应当向已按期足额缴纳出资的股东承担违约责任。（2）有限责任公司成立后，发现作为设立公司出资的非货币财产的实际价额显著低于公司章程所定价额的，应当由交付该出资的股东补足其差额；公司设立时的其他股东承担连带责任。

3. 有限责任公司的股权转让。有限责任公司的股东之间可以相互转让其全部或者部分股权。股东向股东以外的人转让股权，应当经其他股东过半数同意。其他股东半数以上不同意转让的，不同意的股东应当购买该转让的股权；不购买的，视为同意转让。经股东同意转让的股权，在同等条件下，其他股东有优先购买权。

有限责任公司有下列情形的，对股东会该项决议投反对票的股东可以请求公司按照合理的价格收购其股权：公司连续5年不向股东分配利润，而公司该5年连续盈利，并且符合《公司法》规定的分配利润条件的；公司合并、分立、转让主要财产的；公司章程规定的营业期限届满或者章程规定的其他解散事由出现，股东会会议通过决议修改章程使公司存续的。自股东会会议决议通过之日起60日内，股东与公司不能达成股权收购协议的，股东可以自股东会会议决议通过之日起90日内向人民法院提起诉讼。自然人股东死亡后，其合法继承人可以继承股东资格；但是，公司章程另有规定的除外。

（二）有限责任公司的组织机构

有限责任公司的组织机构包括股东会、董事会和监事会。股东会是公司的意思机关和最高权力机关，董事会是公司决策和管理机关，监事会是公司的监督机关。

1. 股东会

（1）法律地位。有限责任公司股东会是公司的权力机关，股东会由全体股东组成，公司的成立、变更、解散以及公司在生产经营中的重大的事项由股东会决定。

（2）股东会会议的召开。股东会会议分为定期会议和临时会议两种。定期会议的召开时间由公司章程规定，一般每年召开一次。代表1/10以上表决权的股东，1/3以上的董事，监事会或者不设监事会的公司的监事可以提议召开临时会议。股东会的首次会议由出资最多的股东召集和主持。以后的股东会，凡设立董事会的，股东会会议由董事会召集，董事长主持。不设董事会的有限责任公司，股东会会议由执行董事召集和主持。董事会或者执行董事不能履行或者不履行召集股东会会议职责的，由监事会或者不设监事会的公司的监事召集和主持；监事会或者监事不召集和主持的，代表1/10以上表决权的股东可以自行召集和主持。召开股东会会议，应当于会议召开15日以前通知全体股东。股东会对所议事项以书面形式一致表示同意的，可以不召开股东会会议，直接作出决定，并由全体股东在决定文件上签名、盖章。

（3）股东会的表决程序。股东会会议由股东按照出资比例行使表决权，即“资本多数表决”，股东会对公司修改章程、增加或者减少注册资本、分立、合并、解散或者变更公司形式的决议，必须经代表2/3以上表决权的股东通过方可作出。

2. 董事会（执行董事）及经理

（1）董事会的组成和职权。董事会是公司的业务执行机关，对股东会负责。董事会由股东会选出的董事组成。成员为3—13人；董事会设董事长1人，可以设副董事长。董事长为公司的法定代表人。股东人数较少和规模较小的有限责任公司，可以设一名执行董事，不设立董事会，执行董事是公司的法定代表人。董事任期由公司章程规定，但每届任期不得超过3年，可连选连任。董事任期届满未及时改选，或者董事在任期内辞职导致董事会成员低于法定人数的，在改选出的董事就任前，原董事仍应当依照法律、行政法规和公司章程的规定，履行董事职务。

（2）董事会会议的召开。董事会会议由董事长召集和主持，董事长不能履行职务或者不履行职务的，由副董事长召集和主持；副董事长不能履行职务或者不履行职务的，由半数以上董事共同推举一名董事召集和主持。董事会应当对所议事项的决定作成会议记录，出席会议的董事应当在会议记录上签名。

（3）经理。经理是董事会的助理机关，经理由董事会聘任或解聘，对董事会负责。经理列席董事会会议。

3. 监事会

（1）监事会的组成。经营规模比较大的有限责任公司设立监事会，成员不得少于3人，任期每届为3年，任期届满，可连选连任。监事会由股东代表和适当比例的职工代表组成，监事会的股东代表由股东会选出，职工代表由职工民主选举产生。股东人数较少和规模较小的，可以设1—2名监事，不设监事会。监事会设主席一人，由全体监事过半数选举产生。监事会主席召集和主持监事会会议；监事会主席不能履行职务或者不履行职务的，由半数以上监事共同推举一名监事召集和主持监事会会议。

（2）监事的职权。监事会或者监事的职权主要体现为对公司财务检查，对董事、经理职务行为予以监督等。为了便于监事行使职权，公司的董事、经理和财务负责人不得兼任监事。监事可以列席董事会会议，并对董事会决议事项提出质询或者建议。

（三）一人有限责任公司

1. 概念。一人有限责任公司简称“一人公司”、“独资公司”或“独股公司”，是指由一名股东（自然人或法人）持有公司的全部出资的有限责任公司。

一人有限责任公司由一个自然人设立，通常一个自然人只能投资设立一个一人有限责任公司。一人有限责任公司不能投资设立新的一人有限责任公司。一人有限责任公司的注册资本最低限额为人民币 10 万元。股东应当一次足额缴纳公司章程规定的出资额。一人有限责任公司应当在公司登记中注明自然人独资或者法人独资，并在公司营业执照中载明。

一人有限责任公司应当设有章程，章程由股东制定。一人有限责任公司不设股东会。股东作出公司的经营方针和投资计划决定时，应当采用书面形式，并由股东签名后置备于公司。一人有限责任公司应当在每一会计年度终了时编制财务会计报告，并经会计师事务所审计。一人有限责任公司的股东不能证明公司财产独立于股东自己的财产的，应当对公司债务承担连带责任。

2. 对股东资格要求。我国《公司法》对不得担任公司的高级管理人员（董事、监事、经理）作出明确规定，包括：无民事行为能力或者限制民事行为能力；因贪污、贿赂、侵占财产、挪用财产或者破坏社会主义市场经济秩序，被判处刑罚，执行期满未逾 5 年，或者因犯罪被剥夺政治权利，执行期满未逾 5 年；担任破产清算的公司、企业的董事或者厂长、经理，对该公司、企业的破产负有个人责任的，自该公司、企业破产清算完结之日起未逾 3 年；担任因违法被吊销营业执照、责令关闭的公司、企业的法定代表人，并负有个人责任的，自该公司、企业被吊销营业执照之日起未逾 3 年；个人所负数额较大的债务到期未清偿。公司如违反以上规定选举、委派董事、监事或者聘任高级管理人员的，选举、委派或者聘任行为是不具有法律效力的。同时注意这里提及的董事并不一定必须是股东，但董事只限于自然人，不包括法人。

（四）有限责任公司和股份有限责任公司高级管理人员的义务与责任

《公司法》从维护股东或投资者利益的角度出发，规定了有限责任公司和股份有限责任公司高级管理人员的义务与责任，分别是：董事、高级管理人员不得挪用公司资金或者擅自将公司资金借贷给他人，也不得将公司资金以个人名义或者以其他个人的名义开立账户存储，未经股东会、股东大会或者董事会同意，董事，高级管理人员不得将公司资金借贷给他人或者以公司财产为他人提供担保，未经股东会或者股东大会同意，董事、高级管理人员不得利用职务便利为自己或者他人谋取属于公司的商业机会，自营或者为他人经营与所任职公司同类的业务；董事、高级管理人员不得违反公司章程的规定或者未经股东会、股东大会同意，与本公司订立合同或者进行交易；董事、高级管理人员应当遵守公司章程，忠实履行职务，不得侵占公司的财产，不得接受他人与公司交易的佣金归为己有，不得利用职权为自己谋取私利；董事、高级管理人员不得擅自披露公司秘密；董事、监事、高级管理人员执行公司职务时违反法律、行政法规或者公司章程的规定，给公司造成损失的，应当承担赔偿责任；股东会或者股东大会要求董事、监事、高级管理人员列席会议的，董事、监事、高级管理人员应当列席并接受股东质询；

董事、高级管理人员应当如实向监事会或者不设监事会的有限责任公司的监事提供有关情况和资料，不得妨碍监事会或者监事行使职权。同时，《公司法》还规定董事、高级管理人员违反规定所得的收入应当归公司所有。

三、股份有限公司

（一）股份有限责任公司的设立

股份有限公司是资合性公司，其资本来源来自于两个方面：一是全部资本由发起人缴纳；二是由发起人缴纳一部分，其余部分由募集而来。相应的就产生了发起设立和募集设立两种股份有限责任公司的设立方式。发起设立，是指由发起人认购公司应发行的全部股份而设立公司。以这种方式设立公司的特点是：不向社会公开募集股份，设立公司简便，只要发起认足了股份就可以向公司登记机关申请设立登记，但它要求各个发起人有比较雄厚的资金。募集设立，是指由发起人认购公司应发行股份的一部分，其余股份向社会公开募集或者向特定对象募集而设立公司。以募集方式设立股份有限公司只需投入较少的资金，就能够从社会上聚集到较多的资金，从而使公司能够迅速聚集到较大的资本额。但是，由于募集设立涉及发起人以外的人，所以，法律对募集设立规定了较为严格的程序，以保护广大投资者的利益。

（二）股份有限公司的组织机构

股份有限责任公司的组织机构分为股东大会、董事会和监事会。

1. 股东大会

（1）股东大会的性质及其组成。股东大会为股份有限公司必须设立的机关，是股份有限公司的权力机关。股东大会由全体股东组成。股东大会分为定期会议和临时会议两种。定期股东大会应当每年召开一次。临时股东大会则应在有下列情况之一时两个月内召开：董事人数不足公司法规定的人数或者公司章程规定的人数的2/3时；公司未弥补的亏损达到股本总额的1/3时；单独或者合计持有公司10%以上股份的股东请求时；董事会认为必要时；监事会提议召开时；公司章程规定的其他情形。股东大会会议由董事会召集，董事长主持；董事长不能履行职务或者不履行职务的，由副董事长主持；副董事长不能履行职务或者不履行职务的，由半数以上董事共同推举一名董事主持。董事会不能履行或者不履行召集股东大会会议职责的，监事会应当及时召集和主持；监事会不召集和主持的，连续90日以上单独或者合计持有公司10%以上股份的股东可以自行召集和主持。

（2）股东大会的决议。召开股东大会会议，应当将会议召开的时间、地点和审议的事项于会议召开20日前通知各股东；临时股东大会应当于会议召开15日前通知各股东；发行无记名股票的，应当于会议召开30日前公告会议召开的时间、地点和审议事项。单独或者合计持有公司3%以上股份的股东，可以在股东大会召开10日前提出临时提案并书面提交董事会；董事会应当在收到提案后2日内通知其他股东，并将该临时提案提交股东大会审议。临时提案的内容应当属于股东大会职权范围，并有明确议题和具体决议事项。股东大会不得对前述通知中未列明的事项作出决议。股东出席股东大会会议，所持每一股份有一表决权。股东可以委托代理人出席股东大会会议。股东大会作出的决议，必须经出席会议的股东所持表决权过半数通过。但是，股东大会作出修改公司章程、增加或者减少注册资本的决议，以及公司合并、分立、解散或者变更公司形式的决议，必须经出席会议的股东所持表决权的2/3以上通过。对公司转让、受让重大资产或者对外提供担保等事项必须经股东大会作出决议的，董事会应当及时召集股东大会会议，由股东大会就上述事项进行表决。股东大会选举董事、监事，可以依照公司章程的规定或者股东大会的决议，实行累积投票制，即股东大会选举董事或者监事时，每一股份拥有与应选董事或者监事人数相同的表决权，股东拥有的表决权可以集中使用。股东大会应当对所议事项的决定做成会议记录，主持人、出席会议的董事应当在会议记录上签名。会议记录应当与出席股东的签名册及代理出席的委托书一并保存。

2. 董事会。董事会是股份有限公司必设的业务执行和经营意思决定机构，对股东大会负责。

董事会成员为5—19人。董事的产生有两种情况：在公司设立时，采取发起方式设立的公司，董事由发起人选举产生；采取募集方式设立的公司，董事由创立大会选举产生。在公司成立后，董事由股东大会选举产生。董事会设董事长1人，可以设副董事长。董事长和副董事长由董事会议全体董事的过半数选举产生。董事长召集和主持董事会会议，检查董事会决议的实施情况。副董事长协助董事长工作，董事长不能履行职务或者不履行职务的，由副董事长履行职务；副董事长不能履行职务或者不履行职务的，由半数以上董事共同推举一名董事履行职务。股份有限责任公司董事会的职权适用有限责任公司董事会职权的规定。股份有限公司的董事会会议分为定期会议和临时会议两种。董事会定期会议，每年度至少召开两次会议，每次应于会议召开10日以前通知全体董事和监事；代表1/10以上表决权的股东、1/3以上董事或者监事会，可以提议召开董事会临时会议。董事长应当自接到提议后10日内，召集和主持董事会会议。董事会召开临时会议，可以另定召集董事会的通知方式和通知时限。股份有限公司董事会会议应有过半数的董事出席方可举行。董事会作出决议，必须经全体董事的过半数通过。董事会决议的表决，实行一人一票。董事会会议，应由董事本人出席；董事因故不能出席，可以书面委托其他董事代为出席，委托书中应载明授权范围。董事会应当对会议所议事项的决定做成会议记录，出席会议的董事应当在会议记录上签名。董事应当对董事会的决议承担责任。董事会的决议违反法律、行政法规或者公司章程、股东大会决议，致使公司遭受严重损失的，参与决议的董事对公司负赔偿责任。但经证明在表决时曾表明异议并记载于会议记录的，该董事可以免除责任。

3. 经理。股份有限公司设经理，由董事会决定聘任或者解聘。有限责任公司经理职权的规定，适用于股份有限公司。公司董事会可以决定由董事会成员兼任经理。

4. 监事会。股份有限公司监事会适用有限责任公司监事会职权、任期的规定。董事、高级管理人员不得兼任监事。监事会设主席一人，可以设副主席。监事会主席和副主席由全体监事过半数选举产生。监事会主席召集和主持监事会会议；监事会主席不能履行职务或者不履行职务的，由监事会副主席召集和主持监事会会议；监事会副主席不能履行职务或者不履行职务的，由半数以上监事共同推举一名监事召集和主持监事会会议。监事会每6个月至少召开1次会议。监事可以提议召开临时监事会会议。监事会决议应当经半数以上监事通过。监事会应当对所议事项的决定做成会议记录，出席会议的监事应当在会议记录上签名。

（三）上市公司

上市公司是指其股票在证券交易所上市交易的股份有限公司。上市公司在1年内购买、出售重大资产或者担保金额超过公司资产总额30%的，应当由股东大会作出决议，并经出席会议的股东所持表决权的2/3以上通过。上市公司设董事会秘书，负责公司股东大会和董事会会议的筹备、文件保管以及公司股东资料的管理，办理信息披露事务等事宜。上市公司董事与董事会会议决议事项所涉及的企业有关联关系的，不得对该项决议行使表决权，也不得代理其他董事行使表决权。该董事会会议由过半数的无关联关系董事出席即可举行，董事会会议所作决议须经无关联关系董事过半数通过。出席董事会的无关联关系董事人数不足3人的，应将该事项提交上市公司股东大会审议。上市公司的设立须符合以下条件：股票经国务院证券监督管理机构核准已公开发行；公司股本总额不少于人民币3000万元；公开发行的股份达到公司股份总数的25%以上；公司股本总额超过人民币4亿元的，公开发行股份的比例为10%以上；公司最近3年无重大违法行为，财务会计报告无虚假记载。证券交易所可以规定高于前款规定的上市条件，并报国务院证券监督管理机构批准。

（四）独立董事制度

独立董事是指不在公司担任除董事外的其他职务，并与其所受聘的上市公司及其主要股东不存在可能妨碍其进行独立客观判断的关系的董事，2005年10月27日修订通过的《公司法》第一百二十三条规定：“上市公司设立独立董事，具体办法由国务院规定。”独立董事最根本的特征是独立性和专业性。所谓“独立性”，是指独立董事必须在人格、经济利益、产生程序、行使权力等方面独立，不受控股股东和公司管理层的限制。所谓“专业性”，是指独立董事必须具备一定的专业素质和能力，能够凭自己的专业知识和经验对公司的董事和经理以及有关问题独立地作出判断和发表有价值的意见。独立董事对上市公司及全体股东负有诚信与勤勉义务。独立董事应当按照相关法律法规、《关于在上市公司建立独立董事制度的指导意见》和公司章程的要求，认真履行职责，维护公司整体利益，尤其要关注中小股东的合法权益不受损害。独立董事应当独立履行职责，不受上市公司主要股东、实际控制人或者其他与上市公司存在利害关系的单位或个人的影响。独立董事原则上最多在 5 家上市公司兼任独立董事，并确保有足够的时间和精力有效地履行独立董事的职责。

1. 独立董事的任职资格。担任独立董事应当符合下列基本条件：（1）根据法律、行政法规及其他有关规定，具备担任上市公司董事的资格；（2）具有《关于在上市公司建立独立董事制度的指导意见》所要求的独立性；（3）具备上市公司运作的基本知识，熟悉相关法律、行政法规、规章及规则；（4）具有 5 年以上法律、经济或者其他履行独立董事职责所必需的工作经验；（5）公司章程规定的其他条件。一般建议应当聘请注册会计师和律师担任，当然具有丰富企业管理经验的权威人士也是适当的人选，独立董事及拟担任独立董事的人士应当按照中国证监会的要求，参加中国证监会及其授权机构所组织的培训，中国证监会将对独立董事的任职资格和独立性进行审核并有最终决定权。为了体现独立董事的“独立性”，在《关于在上市公司建立独立董事制度的指导意见》中规定了不得担任独立董事的几类情形：在上市公司或者其附属企业任职的人员及其直系亲属、主要社会关系（直系亲属是指配偶、父母、子女等；主要社会关系是指兄弟姐妹、岳父母、儿媳女婿、兄弟姐妹的配偶、配偶的兄弟姐妹等）；直接或间接持有上市公司已发行股份 1% 以上或者是上市公司前 10 名股东中的自然人股东及其直系亲属；在直接或间接持有上市公司已发行股份 5% 以上的股东单位或者在上市公司前 5 名股东单位任职的人员及其直系亲属；最近 1 年内曾经具有前 3 项所列举情形的人员；为上市公司或者其附属企业提供财务、法律、咨询等服务的人员；公司章程规定的其他人员；中国证监会认定的其他人员。

2. 独立董事的特别职权。由于独立董事在公司治理结构中的特殊地位，为了更好地发挥独立董事制度的优势，公司的独立董事被赋予了一些不同于公司内部董事的职权。如重大关联交易（指上市公司拟与关联人达成的总额高于 300 万元或高于上市公司最近经审计净资产值的 5% 的关联交易）应由独立董事认可后，提交董事会讨论；独立董事作出判断前，可以聘请中介机构出具独立财务顾问报告，作为其判断的依据。独立董事可以向董事会提议聘用或解聘会计师事务所，提请召开临时股东大会，提议召开董事会或独立聘请外部审计机构和咨询机构，还可以在股东大会召开前公开向股东征集投票权。独立董事还可以对提名、任免董事，聘任或解聘高级管理人员，公司董事、高级管理人员的薪酬问题，上市公司的股东、实际控制人及其关联企业对上市公司现有或新发生的总额高于300万元或高于上市公司最近经审计净资产值的5%的借款或其他资金往来，以及公司是否采取有效措施回收欠款问题及独立董事认为可能损害中小股东权益的事项，或者公司章程规定的其他事项发表其独立意见。

3. 上市公司与独立董事。上市公司应当保证独立董事享有与其他董事同等的知情权。凡须经董事会决策的事项，上市公司必须按法定的时间提前通知独立董事并同时提供足够的资料，独立董事认为资料不充分的，可以要求补充。当两名或两名以上独立董事认为资料不充分或论证不明确时，可联名书面向董事会提出延期召开董事会会议或延期审议该事项，董事会应予以采纳。上市公司向独立董事提供的资料，上市公司及独立董事本人应当至少保存5年。上市公司应提供独立董事履行职责所必需的工作条件。上市公司董事会秘书应积极为独立董事履行职责提供协助，如介绍情况、提供材料等。独立董事发表的独立意见、提案及书面说明应当公告的，董事会秘书应及时到证券交易所办理公告事宜。独立董事行使职权时，上市公司有关人员应当积极配合，不得拒绝、阻碍或隐瞒，不得干预其独立行使职权。独立董事聘请中介机构的费用及其他行使职权时所需的费用由上市公司承担。上市公司可以建立必要的独立董事责任保险制度，以降低独立董事正常履行职责可能导致的风险。

第三节　民事诉讼及公证基本知识

第一单元　民事诉讼管辖

一、级别管辖

级别管辖是指不同级别的法院管辖不同的案件。在我国，法院系统分为四级：基层人民法院、中级人民法院、高级人民法院和最高人民法院。基层人民法院主要设在县级行政单位所在地，中级人民法院主要设在地级市以上的城市，高级人民法院设在各省、自治区和直辖市，每个省、自治区和直辖市只设立一个高级人民法院，国家只有一个最高人民法院。除法律有特殊规定以外，基层人民法院管辖第一审民事案件，中级人民法院管辖重大涉外案件、在本辖区有重大影响的案件、最高人民法院确定由中级人民法院管辖的案件。高级人民法院管辖在本辖区有重大影响的第一审民事案件。最高人民法院管辖在全国有重大影响的案件以及最高人民法院认为应当由其审理的案件。

二、地域管辖

地域管辖是指以人民法院的辖区和案件的隶属关系确定同级人民法院之间在各自的区域内受理第一审民事案件的分工和权限。

地域管辖确定由同级法院不同辖区的哪个法院来管辖。在民事诉讼中，地域管辖的基本原则是“原告就被告”，即公民提起的民事诉讼，由被告住所地人民法院管辖。只有在特殊情况下，才适用“被告就原告”的原则，即原告对被告提起诉讼，由原告所在地人民法院管辖。因合同纠纷提起的诉讼，由被告住所地或者合同履行地人民法院管辖。合同双方当事人也可以在纠纷发生之前或纠纷发生之后诉讼之前，以书面的方式约定选择被告住所地、合同履行地、合同签订地、原告住所地、标的物所在地人民法院为诉讼的管辖法院，这称为“协议管辖”。协议管辖不得违反民事诉讼法对级别管辖和专属管辖的法律规定。

《民事诉讼法》中关于地域管辖的规定：

“第二十二条　对公民提起的民事诉讼，由被告住所地人民法院管辖；被告住所地与经常居住地不一致的，由经常居住地人民法院管辖。

对法人或者其他组织提起的民事诉讼，由被告住所地人民法院管辖。

同一诉讼的几个被告住所地、经常居住地在两个以上人民法院辖区的，各该人民法院都有管辖权。

第二十三条　下列民事诉讼，由原告住所地人民法院管辖；原告住所地与经常居住地不一致的，由原告经常居住地人民法院管辖：

（一）对不在中华人民共和国领域内居住的人提起的有关身份关系的诉讼；

（二）对下落不明或者宣告失踪的人提起的有关身份关系的诉讼；

（三）对被劳动教养的人提起的诉讼；

（四）对被监禁的人提起的诉讼。”

三、专属管辖

专属管辖是指法律强制规定某类案件只能由特定法院管辖，其他法院无权管辖，也不允许当事人协议变更管辖。与其他法定管辖相比，专属管辖具有优先性、排他性与强制性。

专属管辖排除了一般地域管辖和特殊地域管辖的适用。如《民事诉讼法》规定，因不动产纠纷提起的诉讼，由不动产所在地人民法院管辖等。在理财规划业务中，理财规划师所在机构及理财规划师与客户之间发生的纠纷一般为合同纠纷或侵权行为纠纷，适用法律关于合同纠纷和侵权纠纷管辖的规定。当然，除合同纠纷和侵权纠纷外，理财规划师所在机构及理财规划师与客户之间也可能产生其他类型的纠纷，应当根据纠纷的性质并结合民事诉讼管辖的基本原则来确定具体案件是否由法院管辖及由哪一级、哪个辖区的法院管辖。

第二单元　起诉与审理

一、起诉

起诉是指当事人就民事纠纷向人民法院提起诉讼，请求人民法院依照法定程序进行审判的行为。即请求法院通过审判，使被告人承担某种法律上的责任和义务。起诉须有明确的被告人、具体的诉讼请求和事实根据，还须属于受诉法院管辖范围。

人民法院审理的各种案件，是以公诉机关或者当事人的起诉为前提，如果没有人起诉，法院对任何案件都不主动审理。法院如果接受起诉，同意进行审理，称为受理。起诉的成立，标志诉讼中审判程序开始。

二、诉讼参加人

诉讼参加人指依法参加民事诉讼活动、享有诉讼权利、承担诉讼义务的人。即当事人以及与当事人地位相似的人。

诉讼参加人包括当事人和诉讼代理人。

三、审理

人民法院立案后，应当在法律规定的期限内开庭审理。人民法院审理民事案件，除涉及国家机密、个人隐私或者法律另有规定的以外，应当公开进行。离婚案件，涉及商业秘密的案件，当事人申请不公开审理的，可以不公开审理。中国法院审理案件实行“两审终审制”，一审法院审理后，当事人对判决不服，可以在15日内向上级人民法院提起上诉。如在15日内未提起上诉，则一审判决发生法律效力。当事人提起上诉的，一审法院的判决不发生法律效力。二审法院的判决为终审判决，当事人不能再提起上诉，但可以进行再审，再审不影响二审判决发生效力。

第三单元　民事诉讼证据

一、举证规则

一般说来，民事诉讼实行“谁主张，谁举证”的原则，如果主张的一方不能举证，则可能承担败诉的风险。在特殊情况下，对于一些特殊侵权行为的诉讼，实行举证责任倒置的原则。也就是说，由主张一方的对方举证证明主张的一方所述并不存在。理财规划师及所在机构与客户之间的纠纷，不外乎违约或者侵权行为纠纷。理财规划师在为客户提供服务过程中，应妥善保管相关的文件，尤其是在向客户交付制定的理财方案时，应要求客户签收；在依据理财规划服务合同的约定监督客户执行理财方案的过程中，应注意将所做的工作书面化，并由客户签收认可。在客户以侵权行为为由提起诉讼时，客户应承担举证责任，证明理财规划师或其所在机构有误导或其他侵权行为，并应证明该侵权行为给其造成了损害。

二、视听资料的证据效力

视听资料能否作为证据，目前存在争议。最初，司法实践中不承认未经对方当事人同意的录音的证据效力，但是最近司法实践对录音的证据效力的态度发生了变化。最高人民法院的民事证据规则规定，存有疑点的视听资料不能作为证据，而该规则同时还规定，“有其他证据佐证并以合法手段取得的、无疑点的视听资料或者与视听资料核对无误的复制件”可以作为证据，则又说明录音不能单独作为证据使用。无论如何，是否经过当事人同意，已经不再是视听资料是否可以作为证据的认定依据。

三、数个证据证明同一事实的效力顺序

国家机关、社会团体依据职权制作的公文证书的证明力一般大于其他书证；物证、档案、鉴定结论、勘验笔录或者经过公证、登记的书证，其证明力一般大于其他书证、视听资料和证人证言；原始证据的证明力一般大于传来证据；直接证据的证明力一般大于间接证据；证人提供的对与其有亲属关系或者其他密切关系的当事人有利的证言，其证明力一般小于其他证人证言。

第四单元 仲 裁

一、仲裁及仲裁机构的管辖权

仲裁亦称公断，是指由独立的第三方居中裁断当事人纠纷的行为。提起仲裁的人称为仲裁申请人，被提起仲裁的人称为被申请人。仲裁程序中没有第三人的概念。现代社会的仲裁主要是机构仲裁。仲裁机构是民间机构，不同于人民法院，对于民事主体纠纷的受理权限并不是直接来自于法律的规定，而是来自于争议当事方的授权。具体说来，如果争议双方在发生争议的合同中约定了有效的仲裁条款，或在争议发生后达成了书面仲裁协议，约定将争议提交仲裁机构仲裁，则仲裁条款或仲裁协议选定的仲裁机构对案件有管辖权。根据我国《仲裁法》的规定，仲裁协议的有效必须符合三个条件：有约定仲裁的意思表示；约定了仲裁事项；选定了仲裁机构。

二、仲裁庭的组成

审理案件的仲裁庭一般由 3 人组成，在独任仲裁的情况下由 1 人组成。在组成仲裁庭的 3 名仲裁员中，仲裁申请人指定 1 名，被申请人指定 1 名，首席仲裁员由双方共同指定，如双方就首席仲裁员的人选不能达成一致，则由仲裁委员会主席指定。在独任仲裁的情况下，独任仲裁员由双方协商确定，如双方就独任仲裁员的人选不能达成一致，则由仲裁委员会主席指定。仲裁裁决以仲裁庭多数意见作出，但少数意见应当记录在案。如无多数意见，则以首席仲裁员的意见作出。

三、仲裁裁决的效力

仲裁机构不同于法院，裁决也不同于法院的判决，仲裁裁决一经作出即发生法律效力。仲裁机构没有隶属关系，所以仲裁实行“一裁终局”制度，不能上诉。仲裁裁决作出后，当事人必须按照仲裁协议的约定履行相应的义务，任何一方不履行的，另一方可以申请法院强制执行。

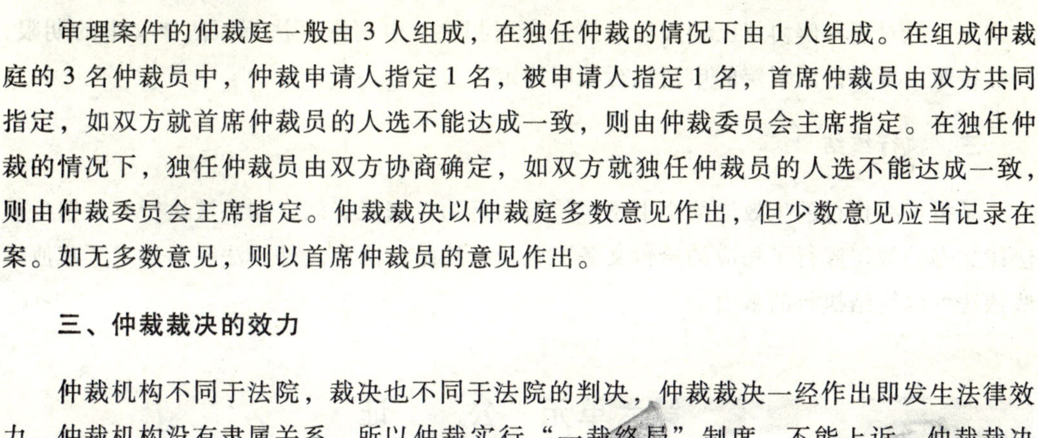

第五单元 法院判决或仲裁裁决的执行

一、执行期限

法律文书生效后，权利人向人民法院申请强制执行，必须在法律规定的期限内提出。民事案件申请执行期限一般为一年，双方是法人或其他组织的，期限为六个月。申请人超过执行期限申请执行的，申请人将丧失通过强制执行程序来实现自己债权的权利。申请执行期限制度的设立，目的在于促使权利人及时行使权利，督促义务人履行生效法律文书确定的义务，从而使生效法律文书所确定的内容尽快得以实现。

二、执行担保与和解

在执行中，如果第三人对于债务人的债务提供担保，则在债务人不能履行债务时，法院可以直接执行担保人的财产。在执行过程中，执行申请人与被执行人达成和解协议的，被执行人未履行或未全部履行协议约定的义务，申请人有权申请恢复执行原生效法律文书，但对于和解协议已经履行的部分应当扣除。申请恢复执行原法律文书的期限，仍然按照民事诉讼法规定的申请执行期限确定。

三、执行终结

是指正在执行的生效法律文书不再执行的行为。毫无疑问，如果被执行人依据生效法律文书的规定履行了相应的给付义务，则执行终结。除此之外，法律还规定了其他一些依法可以终结执行的事由。

第六单元 公 证

一、公证的定义及特征

公证是由国家专门司法证明机构依照法定程序进行的一种特殊的证明活动。

公证有以下特征：

1. 公证具有权威性、可靠性、广泛性和通用性，不受行业、国籍、职业、行政级别、地域的限制，因而有别于其他机关的证明。

2. 公证证明的对象是没有争议的法律行为，有法律意义的事件、文书。

3. 公证书在法律上具有特定的效力和普遍的法律约束力。公证书具有法律上的证据效力和强制执行效力。公证还是有些法律行为生效的形式要件，根据有关的法律、法规规定，必须办理公证的法律行为，在办理公证后才具有法律效力。公证书经外事机关和外国驻华使、领馆认证后，在国外具有法律效力。

4. 公证是一种非诉讼活动，是预防性的法律制度。公证机构通过其证明活动，预防纠纷发生，为解决纠纷提供可靠的证据。因此，公证的基本原则是“真实”与“合法”的统一。这是由公证的性质决定的。

二、公证的分类

（一）按公证使用的地域不同，分为国内公证和涉外公证

1. 国内公证是指公证机关根据我国公民、法人或其他组织的申请办理的，公证文书将在国内使用的公证事务。包括：国内经济公证和国内民事公证。

2. 涉外公证是指在申请公证的当事人、证明对象或公证书使用地诸因素中至少有一个以上涉外因素的公证事项，公证机关对于含有涉外因素的公证事项的真实性、合法性给予证明的活动。涉外公证分为涉外经济公证和涉外民事公证。

（二）按公证对象的性质不同分为证明法律行为、证明有法律意义的文书、证明法律事件、证明非争议性的权利和事实、强制执行证明等

证明法律行为是指能够引起民事权利义务关系产生、变更和消灭的行为。如签订合同、立遗嘱等。

证明有法律意义的文书，即在法律上具有一定意义的文件、证书等的总称。如印鉴的属实、毕业证书、放弃和接受权利的声明书等。

证明法律事件，即不以当事人的意志为转移而发生的能够引起法律关系产生、变更、消灭的事实。如出生、死亡、地震、旱涝灾害等。

证明非争议的权利和事实，即该项权利和事实是实际存在且又无异议，通过公证以确认这种权利和事实的真实性。如监护权、继承权、婚姻状况、亲属关系等。

强制执行证明，即由公证机构对于追偿债款、物品的文书。确实没有异议的，证明有强制执行的效力。

三、公证的效力

公证的效力，就是公证的效用，是指公证证明的适用范围和对人的法律上的约束力。公证的效力又称为“证书的效力”。公证在法律效力上具有以下几种：

1. 证据效力。证据效力是指公证书是一种可依据的证据，具有特殊的证明力，可

供接受者使用的可靠凭据，并可直接采用，而无须核查。

2. 强制执行效力。强制执行效力是指经过公证证明的追偿债款或物品的债权文书，当债务人不履行时，债权人可持该公证书直接向有管辖权的人民法院申请强制执行。

3. 法律行为生效的形式要件。根据法律的有关规定或依当事人约定，必须经公证证明的法律行为，经过公证机构公证后，就具有法律上的效力，否则，不具有法律效力。

四、公证机构

公证机构是由国家专门设立的、依法行使国家公证职权、代表国家办理公证事务、进行公证证明活动的司法证明机构。公证处由国家设立，具有独立的主体地位，办理公证业务及相关的法律事务。

（一）公证机构的业务范围

公证机构的业务范围即公证机关根据法律规定，办理公证法律事务的职业权限。根据我国《公证暂行条例》的规定，公证机关有 14 项基本业务：

1. 证明合同（契约）、委托、遗嘱；
2. 证明继承权；
3. 证明财产赠与、分割；
4. 证明收养关系；
5. 证明亲属关系；
6. 证明身份、学历；
7. 证明出生、婚姻状况、生存、死亡；
8. 证明文件上的签名、印鉴属实；
9. 证明文件的副本、节本、译本、影印本与原本相符；
10. 对于追偿债款、物品的文书，认为无疑义的，在该文书上证明有强制执行的效力；
11. 保全证据；
12. 保管遗嘱或其他文件；
13. 代当事人起草申请公证的文书；
14. 根据当事人的申请和国际惯例办理其他公证业务。

公证处相互之间没有任何上下等级关系。根据规定，公证处要接受司法行政相关的领导、管理和监督。

（二）公证机构的办事原则

1. 真实、合法性原则。此原则是公证活动应当遵循的核心原则。

真实是指公证文件中所证明的法律行为、有法律意义的文书、事实及其各项内容都是客观存在的或者是曾经发生过的事实，而不是虚假的、伪造的事实。

合法是指公证机关办理公证事项的内容、形式和程序都必须符合国家法律的规定。只有按照法律的规定办理公证文书，才能具有法律效力，否则就是非法和无效的。

真实原则和合法原则相互关联、密不可分。真实性是合法性的基础，隐藏事实、伪造证据，欺骗国家公证机关的行为本身就是违法的。

2. 法定与自愿相结合的原则。法定公证是指法律、法规、规章规定采用公证形式设立、变更的法律行为或须经公证证明的事实、文书，公民、法人必须申请办理公证，公证机关应依法给予公正。

自愿公正是指法律、法规、规章未规定应当采用公证形式的情况下，由公民、法人自行决定法律行为，有法律意义的文书和事实是否申请办理公证，公证机关根据当事人的申请办理公证。

3. 回避原则。公证人员不能办理与本人、配偶和他们的近亲属有利害关系的公证事项。根据我国《公证程序规则》的规定，回避“适用于接触该公证事项的翻译、鉴定人等有关人员”。

回避是为了维护公证活动秩序，保证公证机关正确行使国家公证职权，防止公证人员徇私舞弊、贪赃枉法而设立的一项重要的法律制度，是办理公证要遵循的重要原则之一。

4. 保密原则。公证机关的全体工作人员以及其他受公证处委托、邀请或因职务需要而接触公证事务的人，对其在公证活动中所接触的国家秘密或当事人的秘密，负有保守秘密的义务。

本章总结

法律是调整人们行为的规范，理财规划师及其所在机构都必须遵循。

本章对与理财规划活动相关的基本法律知识进行了阐述，内容的设计涵盖了实体和程序两大类法律制度，目的在于使理财规划师对其执业的法律背景有个大致的了解，熟悉法律流程，在现有法律允许的范围内开展业务，以防范法律风险，维护自身及客户的合法利益。

第七章

理财计算基础

学习目标

理财规划师通过本章的学习，应能掌握货币时间价值的相关计算，熟悉各种收益率的含义和计算方法以及风险的度量指标。在实际的理财规划过程中，知道如何用统计表和统计图以及统计量，并能利用概率的相关知识进行决策分析。

本章结构

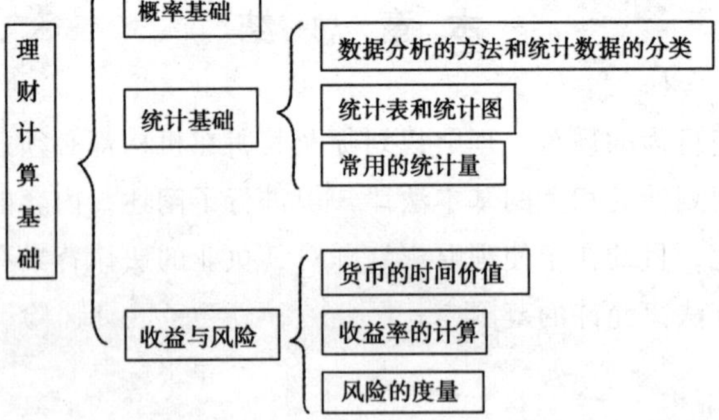

本章重点与难点

重点：

1. 利用等可能事件计算概率
2. 互补事件概率、概率的加法和乘法
3. 会解读几种常见的统计表和统计图
4. 计算几种常见的统计量
5. 投资风险和收益计算

难点：

1. 互补事件概率、概率的加法和乘法
2. 货币时间价值
3. 风险和收益的计算

理财规划师不是理论家，而是实践家，有人将理财说成是精打细算，虽然不准确，但是却反映了实际理财过程中，计算的重要性。

从理财的八大规划来看，几乎每个规划都或多或少地涉及计算，如果把理财原理比作大厦的基石，那么理财计算就好比大厦的钢筋结构，贯穿于整个大厦的始终。如果不会理财当中的相关计算，那么理财规划师将无法给客户出具理财规划建议书，更不用谈给客户提出合理的具有实践指导意义的理财建议。

因此，掌握理财的相关计算是一名合格的理财规划师必须具备的基本功，这一章列出了理财规划过程中常用的概率的相关计算、统计量的相关计算、货币时间价值的相关计算、风险和收益率的计算方法以及应用。通过本章的学习，理财规划师应能在实际工作中熟练地应用这些计算方法，为做理财规划打好基础。

第一节 概率基础

外汇的走势可能上涨也可能下跌。

一只股票当日的收盘价可能高于开盘价也可能低于开盘价。

物价指数高位运行，央行有可能加息也有可能不加息。

央行加息，股市可能上涨也可能下跌。

……

像这样带有不确定性的事件在日常生活中很多，这种不确定性发生的可能性也就是本节所要讲的概率。概率在理财规划中具有非常重要的作用，因为，几乎所有的金融决策结果都是不确定的。

在日常生活中，很多事件是否发生、以怎样的形式发生都带有不确定性，而本节所要讲解的“概率”则可以衡量事件发生与否、各种不同发生形式出现的可能性有多大。概率在理财规划中具有非常重要的作用，因为几乎所有的金融决策结果都是不确定的，这种不确定性往往又呈现一定的规律，这些规律需要我们进行统计、分析和总结。如果理财规划师能够知道不确定事件发生的可能性的大小或者说发生的概率，就可以利用这一结论更好地为客户进行理财规划。如物价指数高位运行，央行有可能加息也有可能不加息，那么作为理财规划师就需要判断加息的可能性即概率有多大。而如何去判断可能性的大小，则需要对大量的不确定性数据进行整理，并运用概率的原理来进行计算和分析得出结论。然后再利用该结论为客户提供理财建议，出具理财方案。

一、随机事件

（一）基本术语

随机试验：为了研究随机现象，就需要对客观事物进行观察，观察的过程就称为随机试验。随机试验具有以下三个特点：

1. 在相同的条件下可重复进行。

2. 每次实验的结果具有多种可能性，而且在试验之前可以知道试验所有可能的结果。

3. 在每次试验之前不能准确地知道这次试验将出现哪一种结果。

随机事件：随机试验的结果称为随机事件。

样本点：我们把随机事件的每个基本结果称为样本点。

样本空间：全体样本点的集合称为样本空间。

例如：我们拿一枚质地均匀的硬币抛 1 次，观察出现的结果，这个过程就称为随机试验。抛硬币出现正面是一个随机事件，抛硬币出现反面也是一个随机事件。假如我们考察的是抛两次硬币的随机试验，则出现的结果有（正，正），（正，反）（反，正），（反，反）四种，那么出现的结果（正，反）就称为一个样本点，样本点的全体则为｛（正，正），（正，反）（反，正），（反，反）｝，此集合就称为样本空间。

（二）事件的关系

事件的包含：假设事件 A 出现，导致事件 B 一定出现，则称事件 B 包含事件 A，也称事件 A 包含于事件 B。

事件的和：事件 A 和事件 B 至少有一个出现。

事件的积：事件 A 和事件 B 同时出现。

互不相容事件：事件 A 和事件 B 不可能同时出现。

对立事件：又称互补事件，事件 A 不出现，则事件 B 一定会出现。

独立事件：事件 A 的出现与否与事件 B 的出现没有任何关系。

例如：一次资格考试，某学员考试成绩在 90 分之上为事件 A，考试成绩在 60 分之上为事件 B。因为考生的成绩在 90 分之上，则肯定在 60 分之上，所以事件 B 包含事件 A。

某银行职员都有订报纸的习惯，假设职员订《体坛周报》为事件 A，职员订《经济观察报》为事件 B，那么订《体坛周报》或者《经济观察报》的职员，则称为事件 A 和事件 B 的和。

假设抛硬币两次，第一次出现正面为事件 A，第二次出现正面为事件 B，那么两次都出现正面，则为事件 A 和事件 B 的积。

一次资格考试，某学员的得分为 95 分为事件 A，得分为 96 分为事件 B，那么该学生不可能既得 95 分，又得 96 分，因此，事件 A 和事件 B 是互不相容事件。

假若抛一枚硬币，出现正面为事件 A，出现反面为事件 B，那么结果不出现正面，就肯定会出现反面，因此事件 A 和事件 B 为对立事件。

假若抛一枚硬币，抛两次，第一次抛出现正面为事件 A，第二次抛出现正面为事件 B，第二次出现正面还是反面与第一次抛硬币出现的结果没有关系。那么，事件 A 和事件 B 互为独立事件。

接下来的四个图是事件 A 和事件 B 的几种关系，如图 7－1、图 7－2、图 7－3、图 7－4 所示。

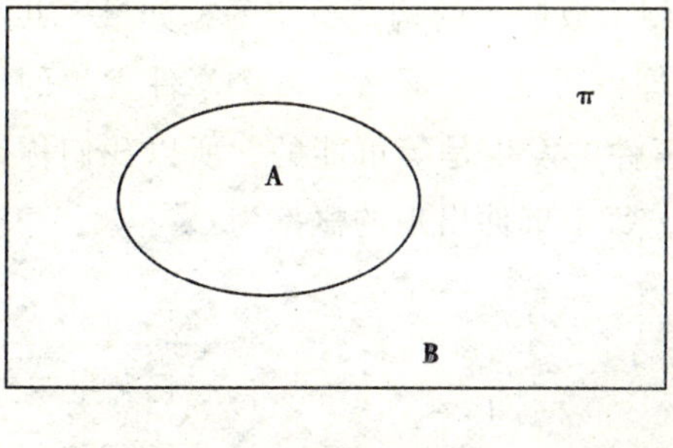

图 7－1

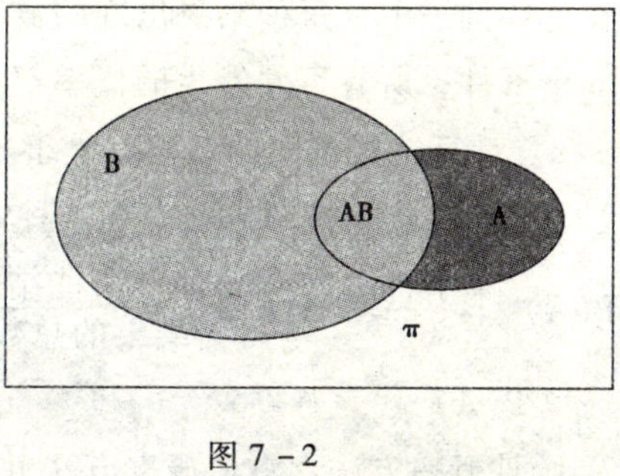

图 7－2

二、概率

概率是度量某一事件发生的可能性的方法。它的值介于 0（一定不会发生）和 1

（一定会发生）之间。概率分布是不确定事件发生的可能性（概率）的一种数学模型。

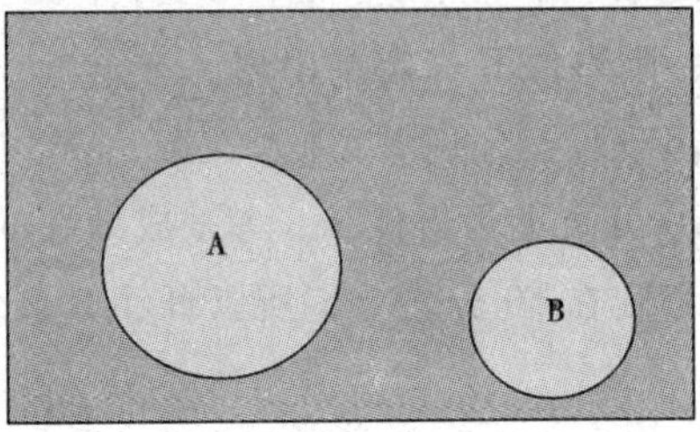

图 7－3

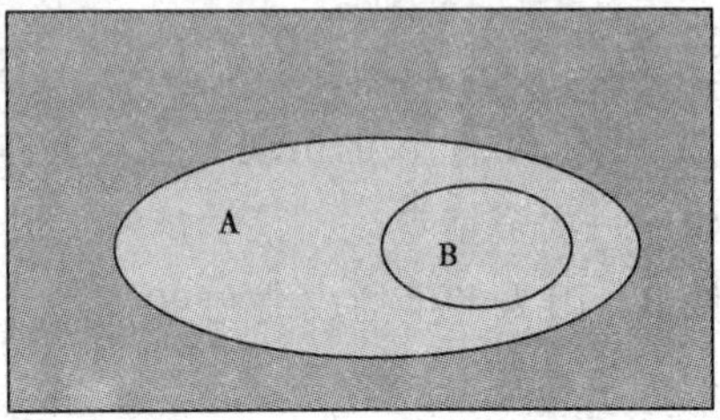

图 7－4

（一） 概率的应用方法

1. 古典概率或先验概率方法。在研究一般随机现象之前，我们先看看一类最简单的随机现象，它同时具有以下两个特征：一是在试验中它的全部可能结果只有有限个，并且这些事件是两两互不相容的；二是各事件的发生或出现是等可能的，即他们发生的概率都一样。这类随机现象的概率计算我们可以应用古典概率或先验概率方法。即我们可以应用逻辑判断来确定每种结果可能发生的概率。

假设扔一枚质地均匀的硬币，此时扔硬币出现的是这个硬币的正面还是反面具有等可能性。鉴于硬币的构造，可能结果的范围仅限于两种结果：正面或反面，并且出现正面或反面的可能是相等的，因此出现正面的概率是 0.5，出现反面的概率也是 0.5。硬币的扔掷是一次试验，样本空间是指两种可能的结果，即正面和反面，事件是指结果是正面还是反面。同样，投掷一枚质地均匀的六面骰子，试验是指骰子的投掷，骰子的六面构成了样本空间，事件是指最终朝上出现的那一面。

在这些例子中，每种结果出现的概率是由硬币或骰子的构造决定的，如果一共可能发生 n 个事件，所有事件发生的概率都相等（即等可能），那么，每个事件发生的概率都是 1/n。计算这些概率的基础就是事先知道事件的发生是等可能的，所以我们称之为“先验”或“古典”概率方法。在这种情况下，每个事件出现的概率为：

$$P(A)=\frac{\text{事件 A 中包含的等可能结果的个数}}{\text{等可能结果的总数}}$$

这里 P(A) 代表事件发生的概率，它介于 0～1 之间。

2. 统计概率方法。古典概率方法并不是放之四海而皆准的。在包括金融在内的很多领域中，我们并不能依赖过程的精确性来确定概率。例如，一个科学家也许不得不重复进行很多次的实验，来确定每种可能结果出现的概率。金融资产收益率结果的范围实际上是无限的，由此金融分析家就必须观察资产价格的很多次运动，以确定资产未来价格达到给定数值的概率。

在这种情况下，给定结果Z的概率P(Z)，是用Z出现的次数除以试验的总次数得到的比率来计算的，也就是说，试验的次数是人为控制的。这种方法通过分析事件的历史数据来确定未来事件发生的概率。用公式表示为：

$$P(Z)=\frac{Z\text{出现的次数}}{\text{试验的总次数}}$$

例如，我们设定一个由股价的100次连续的日运动构成的样本，这里每次运动与一个单独的事件类似，这样可以进行一个总数为100次的试验，从中寻找股价变化的规律。每次运动是一次事件，样本空间是实际上发生的给定数值的股价变化的序列，用这种通过观察发生频率的方法来寻找其内在的规律的方法被称为统计概率。

3. 主观概率方法。一些概率既不能由等可能性来计算，也不可能从试验得出。比如，某家上市公司明年盈利的概率有多大？央行最近三个月加息的概率有多大？但是根据常识、经验和其他相关因素来判断，理财规划师都可能说出一个概率。这种概率称为主观概率。可以认为主观概率是某人对某事件发生或者对某断言真实性的自信程度。

（二）基本概率法则

1. 互补事件的概率。如果一个事件出现，而另一个事件肯定不出现，那么这两个事件互为对方的互补事件。比如央行加息的概率是20%，那么不加息的概率就是1－20%＝80%。显然互补事件的概率和等于1。

2. 概率的加法。如果两个事件不可能同时发生，那么至少其中之一发生的概率为这两个事件概率的和。

我们想知道A或B发生的概率即概率的和，首先我们需要知道A和B是否是互不相容的。

（1）非互不相容事件概率的加法。如果试验的多个结果是可能同时出现的，我们使用一般的加法法则。在这种情况下的计算公式为：

$$P(A\text{或}B)=P(A+B)=P(A)+P(B)-P(AB)$$

法则背后的道理是一些事件可能包含A结果，一些事件可能包含B结果，一些事件可能同时包含两个结果。这样，因为我们想要知道结果A或B的概率，我们必须从A和B相加得到的结果中扣除两个结果同时发生的事件的概率，否则交集将会被计算两次，即计算A时一次和计算B时一次。

（2）互不相容事件概率的加法。如果两个事件是互不相容的，例如结果可能是A或B，但不可能是A和B同时发生，即P(AB)＝0，我们将应用特殊的加法法则，将每个事件的概率相加，以确定一事件或另一事件发生的概率。如果事件A和B是不相关的，则：

$P(A或B)=P(A+B)=P(A)+P(B)$

【例7-1】 假定《金融时报》100指数以0.55的概率上涨，以0.45的概率下跌。还假定在同一时间间隔内标准普尔500指数能以0.35的概率上涨，以0.65的概率下跌。再假定两个指数可能以0.3的概率同时上涨。那么同一时间《金融时报》100指数或标准普尔500指数上涨的概率是多少？

解析： 假设《金融时报》100指数上涨为事件A，标准普尔500指数上涨为事件B

$P(A)=0.55$　　　　　　$P(B)=0.35$

$P(A和B)=P(A\times B)=0.30$

$P(A或B)=P(A+B)=0.55+0.35-0.30=0.60$

3. 概率的乘法。我们想知道A和B同时发生的概率，首先我们需要知道A和B是否是相互独立的。

如果两个事件是相互独立的，那么这两个事件同时发生的概率就是这两个事件各自发生的概率的乘积。

（1）独立事件的乘法。当我们知道A的结果不影响B发生的概率时，我们就说两个事件就概率而言是独立的。这样就有：

$P(A/B)=P(A)$

A/B是指"给定事件B的条件下，事件A发生"。

如果事件是独立的，A和B发生的概率由下式给出：

$P(A和B)=P(A\times B)=P(A)\times P(B)$

【例7-2】 张先生和张太太夫妇准备进行基金投资，为了比较两人的投资能力，夫妇二人各自挑选了一只基金，已知市场中有300只基金可供选择，那么，张先生和张太太挑选的基金的综合排名都在这300只基金的前20名的概率是多少？

解析： 假设张先生挑选的基金的综合排名位于前20名的事件为事件A：

$P(A)=\frac{20}{300}$

假设张太太挑选的基金的综合排名位于前20名的事件为事件B：

$P(B)=\frac{20}{300}$

张先生和张太太挑选的基金的综合排名都位于前20名的事件记为事件A和事件B的积：

$P(A和B)=P(A)\times P(B)=\frac{20}{300}\times\frac{20}{300}=0.0044$

（2）不独立事件的乘法。如果事件之间是不独立的，A 和 B 发生的概率由 A 的概率 P(A) 和给定 A 发生的条件下 B 发生的条件概率来计算。这个条件概率表示为 P(B/A)。竖线应该读作“给定”，所以 P(B/A) 表示在给定 A 发生的条件下 B 发生的概率。

这样当 A 和 B 不独立时，A 和 B 发生的概率为：

$P(A和B)=P(A\times B)=P(A)\times P(B/A)$

也就是：

$P(B/A)=P(A\times B)/P(A)$

【例 7-3】假如在接下来的一段时期内金融时报 100 指数上涨的同时标准普尔 500 指数上涨的概率是 0.30。金融时报 100 指数上涨的概率是 0.55，标准普尔 500 指数上涨的概率是 0.35。那么，在给定金融时报 100 指数已经上涨的条件下，标准普尔 500 指数上涨的概率是多少？

解析：假设金融时报 100 指数上涨为事件 A，标准普尔 500 指数上涨为事件 B。

$P(A)=0.55\qquad P(B)=0.35$

因为 $P(A和B)=P(A\times B)=0.3=P(A)\times P(B/A)$

也就是：$0.30=0.55\times P(B/A)$

因此，条件概率：

$P(B/A)=0.30/0.55=0.5454$

第二节　统计基础

统计是处理数据的一门科学，简单地讲，统计学是收集、处理、分析、解释数据并从数据中得出结论的科学。对于理财规划师而言，统计学的知识在分析客户财务信息、进行投资规划、撰写理财规划建议书中具有重要作用。根据收集到的数据资料编成统计表、统计图的形式或者计算某些统计量指标，一方面可以帮助自己更好地掌握数据所包含的信息，快速作出理财决策，另一方面，理财规划师在给客户出具理财规划建议书时，如果能够合理地应用统计表、统计图和统计量指标，会使客户更容易理解、接受其出具的理财规划建议书。因此，掌握统计学基础知识是对理财规划师的基本要求。

在统计学当中，有几个基本的术语需要掌握：总体、个体、样本、样本量和统计量。

总体：包含所研究的全部个体（数据）的集合，它通常由所研究的一些个体组成。总体范围的确定有时比较容易。比如，要检验一批灯泡的使用寿命，这一批灯泡构成的集合就是总体；要统计一小区每一户人家的资产状况，那么小区所有住户的资产状况就是总体。但有时候，某些研究的总体的范围确定比较困难，比如，对于新推出的一种食品，要想知道大众是否认可，首先必须要弄清哪些人是消费的对象，也就是要确定构成该食品消费者这一总体。但事实上，我们很难确定哪些消费者消费了该食品，总体范围的确定就很复杂。所以当总体的范围难以确定时，可根据研究的目的来定义总体。

个体：总体中的每个元素称为个体。

样本：一般情况下在研究总体的特征时不会调查到所有的个体，因此经常从总体中抽取一部分个体作为一个集合进行研究，这个集合就是样本。抽样的目的是根据样本提供的信息推断总体的特征。

样本量：样本中个体的数目叫作样本量。

统计量：用来描述样本特征的概括性数字度量。它是根据样本数据计算出来的一个量，由于抽样是随机的，因此统计量是样本的函数。任何关于样本的函数，只要不含有未知参数，就可以作为统计量。我们所关心的统计量主要有样本平均数、样本标准差、样本比例等。由于样本是已经抽取出来的，所以统计量总是知道的。抽样的目的就是要根据样本统计量去估计总体参数。比如，用样本平均数去估计总体平均数，用样本标准差去估计总体标准差，等等。

例如，要研究 2006 年我国基金分红比率情况，从所有的基金公司中抽取 50 家作为研究对象，这里我国所有的基金公司就是总体，每一家基金公司就是个体，选取的 50 家基金公司就是样本，样本量为 50，而这 50 家基金公司的平均分红比率就是一个统计量。

第一单元　数据分析的方法和统计数据的分类

一、数据分析的方法

在统计中，数据分析所用的方法可分为描述统计方法和推断统计方法。描述统计研究的是数据收集、处理、汇总、图表描述、概括与分析等统计方法。推断统计是研究如何利用样本数据来推断总体特征的统计方法。比如，要了解一个国家的人口特征，不可能对每个人的特征一一进行测量；对产品的质量进行检验，一般来说都是破坏性的，不可能对每个产品进行测量。这就需要抽取部分个体即样本进行测量，然后根据获得的样本数据对所研究的总体特征进行推断，这就是推断统计要解决的问题。

二、统计数据的分类

统计数据是对现象进行测量的结果。比如，对经济活动总量的测量可以得到国内生产总值的数据；对股票价格变动水平的测量可以得到股票价格指数的数据，对人口的性别的测量可以得到男或女这样的数据。

按照所采用的计量尺度不同，可以将统计数据分为分类数据、顺序数据和数值型数据。

分类数据是指能归于某一类别的非数字型数据，它是对事物进行分类的结果，数据表现为类别，是用文字来表述的。比如，人口按照性别分为男、女两类，投资基金按投资风险与收益的不同分为成长型投资基金、收入型投资基金和平衡型投资基金等，这些都属于分类数据。为了便于统计处理，对于分类数据可以用数字代码来表示各个类别，比如用 1 表示“成长型投资基金”，2 表示“收入型投资基金”，3 表示“平衡型投资基金”，等等。

顺序数据是指能归于某一有序类别的非数字型数据。顺序数据虽然是类别，但这些类别是有序的。比如将产品分为一等品、二等品、次品等；一个人对某一事物的态度可以是非常同意、同意、中立、不同意、非常不同意，等等。同样的道理，对顺序数据也可以用数字代码来表示。

数值型数据是按数字尺度测量的，其结果表现为具体的数值。现实中所处理的大多数都是数值型数据。

按照统计数据的收集方法，可以将其分为观测数据和实验数据。观测数据是通过调查或观测而收集到的数据，这类数据是在没有对事物人为控制的条件下得到的，有关社会经济现象的数据几乎都是观测数据。实验数据是在试验中控制实验对象而收集到的数据。比如对一种新药疗效的实验数据，对一种新的农作物品种的实验数据。自然科学领域的大多数数据都是实验数据。

按照被描述的现象与时间的关系，可以将统计数据分为截面数据和时间序列数据。截面数据是在相同或近似相同的时间点上收集数据，这类数据通常是在不同的空间上获得的，用于描述现象在某一时刻的变化情况。比如 2009 年我国各地区的国内生产总值数据就是截面数据。时间序列数据是在不同时间上收集到的数据，这类数据是按时间顺序收集到的，用于所描述现象随时间变化的情况。比如 2000 ~ 2009 年我国的国内生产总值数据就是时间序列数据。

第二单元　统计表和统计图

统计表和统计图就是用各种图表的形式简单、直观、概括地描述统计数据的相互关系和特征。理财规划师不仅要能看懂统计表和统计图里所包含的信息，而且在实际理财生活当中，还要能根据已知的数据资料绘制部分统计图和统计表。

一、统计表

根据统计表的维数可以分为二维统计表和高维的统计表，三维或三维以上的统计表都可以称为高维统计表。对于什么是统计表的维数，可以通过下面的例子直观地进行理解。表 7－1 是某理财规划师根据收集的 130 位客户的学历、性别和月收入绘制的统计表。其中学历分为三个层次：高、中、低；性别分为男、女两类；而收入分为三类：2000元以下、2000～8000 元和 8000 元以上。因为表中涉及了三个变量，所以表的维数是三维。从表中大致可以看出收入和学历基本上是呈正相关关系的。如果要更加深入地研究这两个变量的关系，就要去掉性别这个变量。将每一类学历下的男女人数相加就得到了表 7－2。由于只剩下了收入和学历两个变量，所以这是个二维表。在这张表中可以清楚地看出学历和收入的相关关系，但是，低维的表格由于包含的信息较少，在进行分析时也受到一定局限。比如如果规划师想要分析性别和收入的关系，那么这张表就不适合要求了。对于计算机而言，一般情况下二维表格还可以被一些统计软件所接受，但是更高维数的表通常就不那么方便了。

表 7－1　　　　三维统计表

月收入	学历					
	高		中		低	
	男	女	男	女	男	女
2000 元以下	0	1	7	9	12	17
2000 元至 8000 元	15	15	11	10	6	4
8000 元以上	8	5	4	3	2	1

表 7－2　　　　二维统计表

月收入	学历		
	高	中	低
2000 元以下	1	16	29
2000 元至 8000 元	30	21	10
8000 元以上	13	7	3

此外，在理财规划中应用比较多的是个人/家庭财务报表，如资产负债表、收入—支出表，表 7－3、表 7－4 就是在理财规划中常用到的统计表。与企业财务报表不同的是，在个人财务报表方面，根据不同的个人、家庭财务状况，应用不同的财务报表，一

般没有固定的格式。

表 7-3　　　　家庭资产负债表

姓名		日期
资产		金额
金融资产	现金与现金等价物	
	其他金额资产	
金融资产小计		
实物资产	自住房	
	投资的房地产	
	机动车	
	家具和家用电器类	
	珠宝和收藏品类	
	其他个人资产	
实物资产小计		
资产总计		
负债		
负债	信用卡透支	
	消费贷款（含助学贷款）	
	创业贷款	
	汽车贷款	
	住房贷款	
	其他负债	
负债总计		
净资产（总资产 - 总负债）		

表 7-4　　　　家庭资产负债表

姓名			日期
一、收入			
		数量	占总收入比例
工资和薪金	姓名		
	姓名		
自雇收入（稿费及其他非薪金收入）			

续表

姓名			日期
一、收入			
		数量	占总收入比例
奖金和佣金			
养老金和年金			
投资收入	利息和分红		
	资本利得		
	租金收入		
	其他		
其他收入			
（Ⅰ）总收入			
二、支出			
		数量	占总收入比例
房子	①租金/抵押贷款支付（包括保险和纳税）		
	②修理、维护和装饰		
家电、家具和其他大件消费	购买和维护		
汽车	①贷款支付		
	②汽油及维护费用		
	③保险费、养路费、车船税等		
	④过路与停车费等		
日常生活开支	①水电气等费用		
	②通讯费		
	③交通费		
	④日常生活用品		
	⑤外出就餐		
	⑥其他		
购买衣物开支	衣服、鞋子及附件		
个人护理支出	化妆品、头发护理、美容、健身		
休闲和娱乐	①度假		
	②其他娱乐和休闲		
保险商业费用	①人身保险		
	②财产保险		
	③责任保险		
医疗费用	医疗费用		
其他项目			
（Ⅱ）总支出			
结余（或超支）[（Ⅰ）-（Ⅱ）]			

二、统计图

（一）直方图

直方图的纵坐标通常为数据的大小，因此，通过直方图可以看出数据分布的疏密、各组数据的大小以及差异程度。

直方图的纵坐标也可以是百分比，即频数除以样本量。显然用百分比得到的图形和用频数所得到的形状一样，只是单位不同而已。在理财规划方案制定中直方图运用较多，如图7-5所示。

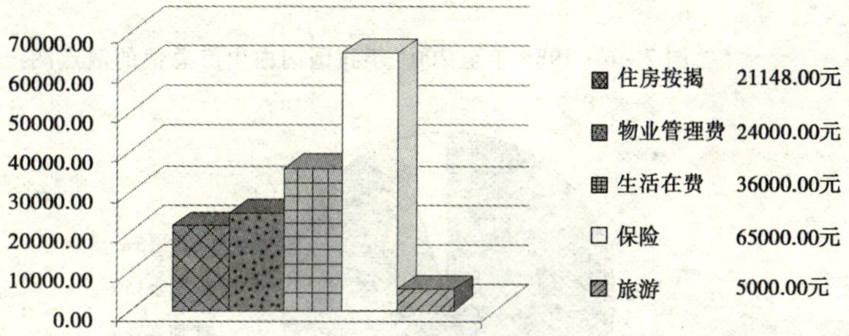

图7-5 某家庭支出分析

（二）散点图

散点图经常用来描述时间序列的数据，从散点图中可以看出统计量随着时间的变化趋势。图7-6就是我国1986年至2001年国内生产总值的散点图，从图形中可以看出，GDP每年都在增长，只是增长的速度不一样。

（三）饼状图

饼状图通常用来描绘总体中各个部分的比例。但是如果有太多的类别，饼状图就不是很直观了。图7-7和图7-8分别是某投资者资产配置的饼状图和某家庭保险开支分析图。

（四）盒形图

以1990年至1993年3年的英国《金融时报》指数的月度数据为例，来说明盒形图所反映的内容，有关数据如表7-5所示。盒子中间的横线是数据的中位数，它是将所有数据从小到大排列后排在中间的那个数。封闭盒子的上下横边为上下四分位数点，其意义为：数据中有四分之一的数目大于上四分位数，即盒子之上；另外有四分之一的

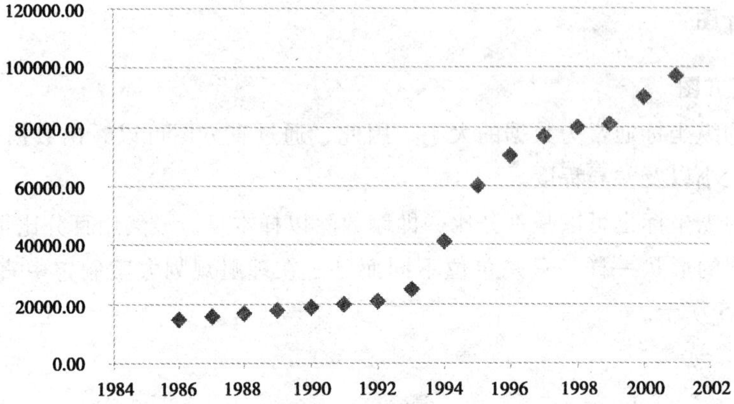

图 7－6　1986 年至 2001 年我国国内生产总值的散点图

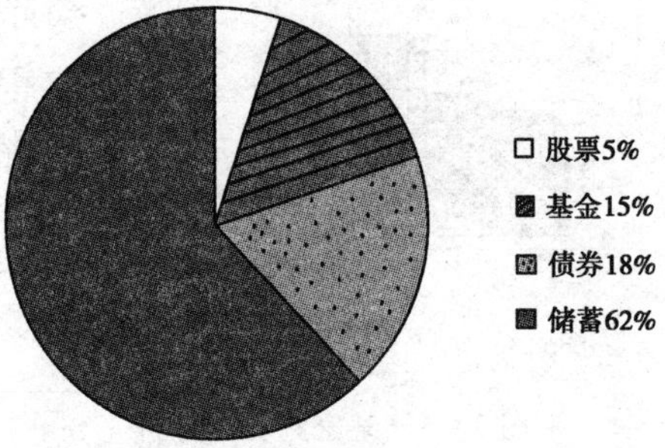

图 7－7　某投资者资产配置的饼状图

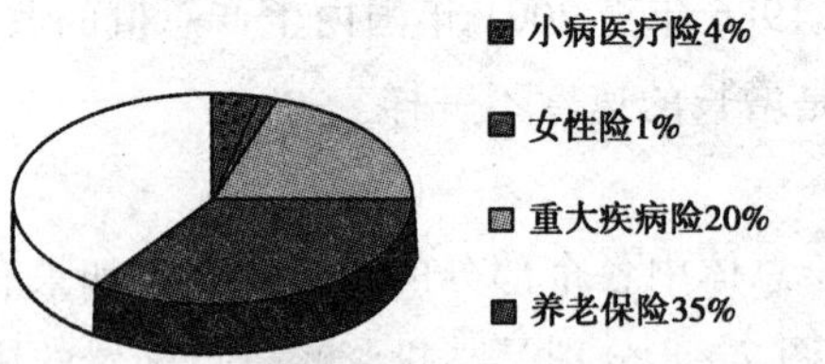

图 7－8　某家庭保险开支分析

数目小于下四分位数点，即盒子之下。因此有一半的数目在中间封闭的盒子内，另外一半在盒子之外。盒子外面各有两条纵向的线段，表明盒子外面点的分布。若干个盒子往往放在同一个图中进行比较。具体如图 7－9 所示。

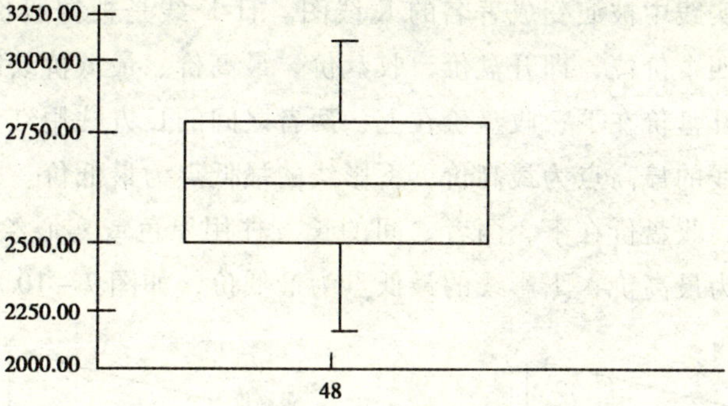

图 7－9 1990～1993 年《金融时报》指数盒形图

表 7－5　　1990 年至 1993 年《金融时报》指数

时间	指数	时间	指数
1990 年 1 月	2422.7	1992 年 1 月	2493.1
1990 年 2 月	2345.8	1992 年 2 月	2560.2
1990 年 3 月	2238.4	1992 年 3 月	2554.3
1990 年 4 月	2221.6	1992 年 4 月	2408.6
1990 年 5 月	2117.9	1992 年 5 月	2659.8
1990 年 6 月	2371.4	1992 年 6 月	2697.6
1990 年 7 月	2372	1992 年 7 月	2493.9
1990 年 8 月	2339	1992 年 8 月	2420.2
1990 年 9 月	2166.6	1992 年 9 月	2298.4
1990 年 10 月	2030.8	1992 年 10 月	2572.3
1990 年 11 月	2028	1992 年 11 月	2687.8
1990 年 12 月	2162.7	1992 年 12 月	2792
1991 年 1 月	2143.5	1993 年 1 月	2846.5
1991 年 2 月	2165.7	1993 年 2 月	2851.6
1991 年 3 月	2386.9	1993 年 3 月	2882.6
1991 年 4 月	2456.5	1993 年 4 月	2878.4
1991 年 5 月	2508.4	1993 年 5 月	2813.1
1991 年 6 月	2515.8	1993 年 6 月	2849.2
1991 年 7 月	2443.6	1993 年 7 月	2888.8
1991 年 8 月	2591.7	1993 年 8 月	2941.7
1991 年 9 月	2679.6	1993 年 9 月	3085
1991 年 10 月	2645.6	1993 年 10 月	3039.3
1991 年 11 月	2549.5	1993 年 11 月	3164.6
1991 年 12 月	2414.9	1993 年 12 月	3233.2

盒形图在投资实践中被演变成著名的K线图。日K线是根据股价（或者指数）一天的走势中形成的四个价位，即开盘价、收盘价、最高价、最低价绘制而成的。收盘价高于开盘价时，则开盘价在下，收盘价在上，两者之间的长方柱用红色或空心绘出，称之为阳线；其上影线的最高点为最高价，下影线的最低点为最低价。收盘价低于开盘价时，则开盘价在上，收盘价在下，两者之间的长方柱用黑色或实心绘出，称之为阴线，其上影线的最高点为最高价，下影线的最低点为最低价，如图7－10所示。

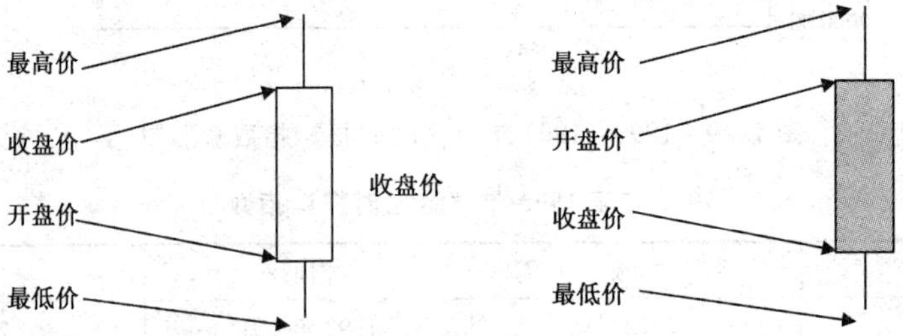

图7－10 K线图

第三单元 常用的统计量

本单元将介绍理财规划中常用的几个统计量：平均数、中位数、众数、方差、标准差、样本方差和样本标准差以及协方差和相关系数。

平均数是统计学中最常用的统计量，用来表明资料中各观测值相对集中较多的中心位置。在理财规划中，平均数被广泛用于金融产品、证券市场变化等市场分析。平均数主要包括算术平均数、几何平均数、中位数、众数，现分别介绍如下。

一、算术平均数

算术平均数是指资料中各观测值的总和除以观测值个数所得的商，简称平均数或均数，记为 $\bar{x}$。算术平均数可根据样本大小及分组情况而采用直接法或加权法计算。

算术平均数在日常的理财生活当中应用非常广。例如，在股票分析当中，有一个指标叫筹码集中度。衡量筹码集中度的一个指标就是该股票股东的平均持股数，投资者关心的是股票是分散地被众多的中小散户持有，还是集中地被少数大机构所持有，平均持股数越多，则该股票的筹码密度越大，说明集中地被少数大机构所持有，反之则越小，这里的平均持股数就是我们接下来要讲的以直接法求出的算术平均数。再比如我们分析一只股票机构建仓的成本价时，用到的就是下面要讲的加权平均数。

1. 直接法计算。主要用于样本含量 $n \leq 30$ 以下、未经分组资料平均数的计算。

设某一资料包含 n 个观测值：x_1、x_2、…、x_n，则样本平均数可通过下式计算：

$$\bar{X} = \frac{x_1 + x_2 + \cdots\cdots + x_n}{n} = \frac{\sum_{i=1}^{n} x_i}{n} \tag{1}$$

式中：$\sum$ —— 总和符号；$\sum_{i=1}^{n} x_i$ 表示从第一个观测值 x_1 累加到第 n 个观测值 x_n。当 $\sum_{i=1}^{n} x_i$ 在意义上已明确时，可简写为 $\sum x$，(1) 式即可改写为：

$$\bar{X} = \frac{\sum x}{n}$$

【例 7-4】 某只股票连续 5 天的收盘价分别为：7.25 元，7.29 元，7.36 元，7.26 元，7.27 元。那么该股票这 5 天收盘价的平均值为多少？

解析： 按直接法进行计算。

$$\bar{X} = (7.25 + 7.29 + 7.36 + 7.26 + 7.27) \times \frac{1}{5} = 7.286 \text{（元）}$$

2. 用加权法。在统计中计算平均数等指标时，对各个变量值具有权衡轻重作用的数值就称为权数。直接法计算的平均数默认样本的权重相等，都是 1，即如果以直接法计算平均数，认为样本的重要性相同。所以直接法计算的平均数是特殊的加权平均数。那么在计算若干个数量的平均数时，为了考虑到每个数量在总量中所具有的重要性不同可以给予不同的权数，这样的做法就叫加权。

加权平均数的计算公式如下：

$$\bar{X} = w_1x_1 + w_2x_2 + \cdots\cdots + w_nx_n$$

式中：x_n——第 n 组的组中值；

w_n——第 n 组的值在资料中所占的权重；

n——分组数。

【例 7-5】 投资者李先生持有两只股票，当天开盘时两只股票的市值分别为 70 万元和 30 万元，由于当天大盘暴跌，两只股票受大盘的影响，收盘时两只股票分别下跌了 7.5% 和 6.8%。李先生的股票当天平均下跌多少？

解析： 由于两只股票的投资额不一样，因此要求股票的平均下跌需要用加权法来进行计算。

按照加权平均数的计算公式求得：

$$\bar{X}=7.5\%\times\frac{70}{(70+30)}+6.8\%\times\frac{30}{(70+30)}=7.29\%$$

因此，当天李先生的股票平均下跌了7.29%。

二、几何平均数

前面介绍了算术平均数，以及算术平均数的应用，但是我们发现，假如求的是一段时间内的平均收益率，用算术平均数求解会有一个缺陷，即算术平均数采用的是单利原理进行计算，相当于假定了每一期的当期收益不进行再投资。而几何平均收益率采用复利原理，暗含的假设条件是各期的当期收益要进行再投资。因此，几何平均数主要应用在涉及跨期收益率以及增长率等方面的计算。

几何平均数的一般计算公式如下：

$$G=\sqrt[n]{x_1\cdot x_2\cdot x_3\cdots x_n}=(x_1\cdot x_2\cdot x_3\cdots x_n)^{\frac{1}{n}}$$

当已知各期的收益率情况，求跨期收益率时。

利用跨期收益率计算公式：

$$1+r=\sqrt[n]{(1+r_1)(1+r_2)(1+r_3)\cdots(1+r_n)}$$

式中：r——几何平均收益率，r_1，r_2，$r_3\cdots r_n$ 分别为第1、2、3…n期的增长率或收益率。

【例7-6】 某国内股票市场1997~2000年各年度的股票数见表7-6，试求其年平均增长率。

表7-6　　某国内股票市场各年度股票数与增长率

年度	股票数（只）	增长率（x）
1997	140	—
1998	200	0.429
1999	280	0.400
2000	350	0.250

求年几何平均增长率

$$\begin{aligned}r&=\sqrt[n]{(1+r_1)(1+r_2)(1+r_3)\cdots(1+r_n)}-1\\&=\sqrt[3]{(1+0.429)(1+0.400)(1+0.250)}-1\\&=0.3573\end{aligned}$$

即年几何平均增长率为0.3573或35.73%。

三、中位数

要衡量一组数据的相对集中位置，通常算术平均数能很好地解决，但是，当一组数据中出现个别的异常值时，或者数据是一个偏态分布时，用算术平均数来衡量一组数据的相对集中位置，将不能真实地反映数据的情况。

例如：两家基金公司各有7只同类型的基金，A公司的7只基金的收益分别是：17%、17%、18%、19%、19%、19%和20%。而B公司的7只基金的收益分别是：10%、10%、12%、12%、13%、14%和70%。比较两个公司的收益率情况。

如果通过计算平均数，则A公司为18.43%，而B公司为20.14%。这样，B公司的收益高，应该选择B。但是事实上A公司基金的收益情况普遍比B公司好些，因此，要寻找一个新的统计量来解决此类数据的中心位置的问题。而中位数恰好能避免这个问题。将资料内所有观测值从小到大依次排列，位于中间的那个观测值，称为中位数。当观测值的个数是偶数时，则以中间两个观测值的平均数作为中位数。中位数简称中数。

1. 当观测值个数n为奇数时，（n+1）/2位置的观测值，即x（n+1）/2为中位数；中位数 $=x_{(n+1)/2}$

2. 当观测值个数为偶数时，n/2和（n/2+1）位置的两个观测值之和的1/2为中位数，即

$$中位数=\frac{x_{n/2}+x_{(n/2+1)}}{2}$$

某些数据的变动对它的中位数影响不大，当一组数据中的个别数据变动较大时，可用它来描述其集中趋势。

【例7-7】 王先生按照“不要将鸡蛋放在同一个篮子里”的道理，在去年认购了9只基金。一年后，王先生发现，各基金的收益情况差别很大，收益率分别是65%、57%、32%、38%、46%、51%、61%、23%和12%。那么，王先生的基金组合里，基金收益率的中位数是多少？

解析： 首先将9只基金的收益率按照从大到小，或者从小到大的顺序排列如下：

65%、61%、57%、51%、46%、38%、32%、23%、12%

此例n=9，为奇数，

则：

$$中位数=x_{(n+1)/2}=x_{(9+1)/2}=x_5=46\%$$

【例7-8】 某股票市场随机抽取10只股票，其当日收盘价分别为7、8、8、9、11、12、12、13、14和14元，求其中位数。

解析： 由于题目中的数列已经是按照从小到大的顺序排列。

本例中，n = 10，为偶数，则：

$$中位数 = \frac{x_{n/2} + x_{(n/2+1)}}{2} = \frac{x_5 + x_6}{2} = \frac{11 + 12}{2} = 11.5（元）$$

四、众数

一组数据中出现次数最多的变量值称为众数。众数主要用于测度分类数据的集中趋势，一般情况下，只有在数据量较大的情况下，众数才有意义。众数是一个位置的代表值，它不受数据中极端值的影响。并且，众数不具有唯一性，一组数据可能有一个众数，也可以有多个众数，也可能没有众数。

【例 7－9】 某理财规划师在过去一年里给客户做了共 50 份理财规划建议书，部分客户做投资规划，部分客户做退休养老规划，部分客户做综合理财规划等等，为了能更好地开展下一年的工作，该理财规划师想统计在过去一年哪类规划做得最多。结果发现共有投资规划 25 份、综合理财规划 13 份、退休养老规划 4 份、子女教育规划 2 份和风险管理与保险规划 2 份，其他的规划每个一份。很明显，该理财规划师可以看出在他的客户群里，做投资规划的最多，因此，在往后的工作当中，可以有侧重地进行工作安排，以适应市场需求。众数反映的信息不多，又不一定惟一，因此在实际工作中的应用不如平均值和中位数普遍。

五、数学期望

早在 17 世纪，有一个赌徒向法国著名数学家帕斯卡挑战，给他出了一道题目：甲乙两个人赌博，他们两人获胜的机率相等，比赛规则是先胜三局者为赢家，赢家可以获得 100 法郎的奖励。比赛进行到第三局的时候，甲胜了两局，乙胜了一局，这时由于某些原因中止了比赛，那么如何分配这 100 法郎才比较公平？用我们概率论的知识，不难得知，甲获胜的概率为 1/2 +（1/2）×（1/2）= 3/4，或者分析乙获胜的概率为（1/2）×（1/2）= 1/4。由此引出了甲的期望所得值为 100 × 3/4 = 75 法郎，乙的期望所得值为 25 法郎。这个故事里出现了“期望”这个词，数学期望便由此而来。

本书中，我们讨论的都是最简单的离散型随机变量的数学期望。一个离散型随机变量的数学期望的值是试验中每次可能结果的概率乘以其结果的总和。换句话说，期望值是随机试验在同样的机会下重复多次的结果计算出的等同“期望”的平均值。

离散型随机变量的数学期望是随机变量的各可能值与其对应的概率乘积的和。如果用 X 表示离散型随机变量，E（X）表示其数学期望，并且 $P\{X = X_n\} = P_n$，那么

$$E(X) = \sum_{n=1}^{\infty} x_n p_n = x_1 p_1 + x_2 p_2 + \cdots + x_n p_n$$

【例 7－10】掷一颗六面的骰子得到点数的数学期望是多少？

解析：投一颗六面的骰子得到的可能的点数与数学期望如表 7－7 所示。

表 7－7

X_K （K=1.2.3.4.5.6）	1	2	3	4	5	6
P_K （K=1.2.3.4.5.6）	1/6	1/6	1/6	1/6	1/6	1/6

根据数学期望的公式得：

$$1 \times \frac{1}{6} + 2 \times \frac{1}{6} + 3 \times \frac{1}{6} + 4 \times \frac{1}{6} + 5 \times \frac{1}{6} + 6 \times \frac{1}{6} = 3.5$$

【例 7－11】理财规划师预计某种特定投资产品呈现 20% 的收益率的概率是 0.25，出现 10% 收益率的概率是 0.5，而出现 －4% 的收益率的概率是 0.25。那么该资产收益率的数学期望是多少？

解析：在本例中，p_1、p_2、p_3 分别为 0.25、0.5、0.25。x_1、x_2、x_3 分别为 20%、10%、－4%。代入数学期望的公式进行计算得：

$$20\% \times 0.25 + 10\% \times 0.5 + (-4\%) \times 0.25 = 0.09 = 9\%$$

因此，该资产收益率的数学期望为 9%。

六、方差和标准差

1. 方差。一组数据偏离其平均数的值（偏差）有正有负，如果进行求和运算则有时恰好相互抵消。要解决这个问题，方法不止一种，例如可取各个样本的偏差的绝对值再求和，这虽然能保证各个偏差为非负数，但出现了数学上不便于处理的绝对值问题。如果选用各个偏差的平方和来描述这组数据偏离其平均数的大小，那么不仅可以避免正、负相互抵消，而且在数学运算中也更便于处理。由于各个偏差的平方都是非负数，所以数据容量越大，平方和也就越大，显然各个偏差的平方和的大小，既与数据本身有关，也与数据的容量有关。为了消除数据容量的影响，我们借鉴研究加权平均数的方法，选用各个偏差的平方的平均数，来描述一组数据偏离其平均数的大小，这就是方差。

方差是随机变量的另一重要特征，它度量的是随机变量的波动程度。其定义为：$D(X) = E(X - E(X))^2$

如果 X 是离散型随机变量，并且 $p\{X = x_n\} = p_n$，那么

$$D(X) = \sum_{n=1}^{n} (x_n - E(X))^2 p_n$$

【例 7－12】 计算【例 7－11】中预期收益率的方差。

解析： 第一步，计算收益率的数学期望：

$20\% \times 0.25 + 10\% \times 0.5 + (-4\%) \times 0.25 = 0.09 = 9\%$

第二步，代入离散型随机变量的方差公式进行计算：

$(20\% - 9\%)^2 \times 0.25 + (10\% - 9\%)^2 \times 0.5 + (-4\% - 9\%)^2 \times 0.25 = 0.0073$

因此，收益率的方差为 0.0073。

2. 标准差。标准差是一组数值自平均值分散开来的程度的一种测量观念。一个较大的标准差，代表大部分的数值和其平均值之间差异较大；一个较小的标准差，代表这些数值较接近平均值。通常先计算出方差，而后再计算方差的平方根，那么方差的平方根就是标准差。

这个指标可以衡量预期收益率的波动程度，如果该数值偏大说明风险较大，反之则相反。

【例 7－13】 计算【例 7－11】中收益率的标准差

解析： 第一步，计算收益率的数学期望：

$20\% \times 0.25 + 10\% \times 0.5 + (-4\%) \times 0.25 = 0.09 = 9\%$

第二步，代入离散型随机变量的方差公式进行计算：

$(20\% - 9\%)^2 \times 0.25 + (10\% - 9\%)^2 \times 0.5 + (5\% - 9\%)^2 \times 0.25 = 0.0073$

第三步，计算标准差

$\sqrt{0.0073} = 0.085 = 8.5\%$

因此，收益率的标准差为 0.085 或者说收益率的标准差为 8.5%。

七、样本方差和样本标准差

1. 样本方差。与方差不同，样本方差是由各观测值到均值距离的平方和除以样本量减 1，而不是直接除以样本量，这就与随机变量数字特征中的方差的定义不同。用 S^2 表示样本方差，n 表示样本容量，则样本方差的公式可以写成：

$$S^2 = \frac{1}{n-1}\sum_{i=1}^{n}(x_1 - \bar{x})^2$$

【例 7－14】 某只股票连续五天的收盘价分别为：7.25 元，7.29 元，7.36 元，7.26 元，7.27 元。那么该股票这五天的样本方差是多少？

解析：

第一步：计算股票收盘价的数学期望

$\bar{x} = (7.25 + 7.29 + 7.36 + 7.26 + 7.27) / 5 = 7.286$

第二步，按照样本方差的计算公式，计算样本方差

$$S^2=\frac{1}{5-1}[(7.25-7.286)^2+(7.29-7.286)^2+(7.36-7.286)^2+(7.26-7.286)^2+(7.27-7.286)^2]=0.00193$$

因此，该只股票连续五天收盘价的样本方差为0.00193。

2. 样本标准差。样本标准差是样本方差的算术平方根。它度量的是样本中各个数值到均值距离的一种平均。样本方差和样本标准差都是衡量一个样本波动大小的量，样本方差或样本标准差越大，样本数据的波动就越大。

$$S=\sqrt{\frac{1}{n-1}\sum_{i=1}^{n}(x_1-\bar{x})^2}$$

【例7-15】 求【例7-14】中，股票连续五天收盘价的样本标准差？

解析：

第一步，计算股票收盘价的数学期望

(7.25+7.29+7.36+7.26+7.27) /5=7.286

第二步，按照样本方差的计算公式，计算样本方差

$$S^2=\frac{1}{5-1}[(7.25-7.286)^2+(7.29-7.286)^2+(7.36-7.286)^2+(7.26-7.286)^2+(7.27-7.286)^2]=0.00193$$

第三步，将样本方差转化成样本标准差

$\sqrt{0.00193}=0.04393=4.39\%$

因此，该只股票的样本标准差为4.39%。

八、协方差

方差衡量的是变量的观测值如何围绕其平均值分布，而协方差是用来表示两个变量是如何相互作用的。

在理财规划中，经常需要知道两个变量间如何相互作用。例如，在投资组合管理中，为了度量资产的投资组合的风险，需要知道组合中证券X的价格如何影响证券Y的价格。换句话说，我们需要知道每两个资产间的协方差和相关系数。

对于二元随机变量（X，Y），称数值E｛[X-E（X）][Y-E（Y）]｝为X和Y的协方差，记作cov（X，Y），即：

$$cov(X, Y)=E\{[X-E(X)][Y-E(Y)]\}$$

如果证券X的价格通常随证券Y的价格一起升（降），协方差就是正的；如果证券

X 的价格通常随着证券 Y 的价格上升（下降），反而下降（上升），协方差就是负的。如果两个证券独立运动，互不影响，则协方差为 0。而且，从公式可以看出，协方差的计算依赖于 X 和 Y 的观测值，因此，较大的协方差可能是由于有较高的观测值，而不一定反映变量之间联系程度的紧密性。

九、相关系数

相关系数是更广泛使用的度量两个变量之间的相关性程度的指标。它是对两个变量间线性关系的强弱和方向的度量，相关系数的大小不受观测值大小的影响，从而克服了协方差的一个弱点。

相关系数 ρ 的计算是通过用 X 和 Y 的协方差除以 X 和 Y 的标准差的乘积求得，用公式表示为：

$$\rho = \frac{\text{cov}(x, y)}{\sqrt{D(X)}\sqrt{D(Y)}}$$

相关系数的大小在 +1 和 -1 之间。如果 $\rho = 1$，则 x 和 y 有完全的正线性相关关系，如果 $\rho = -1$ 则两者有完全的负线性关系，如果 $\rho = 0$ 则称 X 和 Y 不相关。

在构建投资组合时，如果不同证券收益率的相关系数越小，风险分散化效应也就越强。证券收益率之间的相关性越高，风险分散化效应就越低，完全正相关的投资组合，不具有风险分散化效应。完全负相关的投资组合，分散风险的效果最好。

【例 7-16】 假设经过计算，两只股票收益率的协方差为 16，而两只股票的标准差分别为 5 和 4。求这两只股票收益率的相关性？

解析： 求两只股票的相关性，可以通过求解两只股票的相关系数

根据相关系数的计算公式得：

$$\rho = \frac{16}{5 \times 4} = 0.8$$

因此，这两只股票的相关系数为 0.8，说明这两只股票相关程度较高，而且呈正相关关系，即其中一只股票的价格上涨，另一只股票的价格也上涨，反之亦然。

第三节 收益与风险

在某种意义上，理财的目的就是使资产保值和增值，而要使资产做到保值和增值，收益率问题十分重要。如果资产要做到保值，则其收益率应为多少？期望资产在多大的程度上增值？

这都涉及收益率的计算问题。同时，收益率的获得是有一定的代价的，要么是以延迟消费为代价，要么以承担一定的风险为代价，所以在考虑收益率的同时也要衡量所承担的风险。

作为一名理财规划师，熟悉各种收益率计算方法和风险的度量方法，帮助客户选择投资产品是最基本的工作；同时，在给客户做投资组合时，如何确定投资组合的风险和收益，也是作为一名合格的理财规划师所需要具备的技能之一。

第一单元　货币的时间价值

货币的时间价值非常重要，涉及几乎所有的理财活动，有人称货币时间价值为理财的“第一原则”。在介绍风险与收益之前，我们有必要对货币的时间价值进行了解。

一、货币时间价值的概念

货币时间价值问题存在于我们日常生活中的每一个角落，我们经常会遇到这类问题，我们是花30万元买1幢现房，还是花27万元买1年以后才能入住的期房？我们若想买1辆汽车，是花20万元现金一次性购买，还是每月支付6000元，共付4年更合算呢？所有这些都反映一个简单的道理，即货币是具有时间价值的，今天的1元钱比明天的1元钱值钱。

1. 货币时间价值的定义。货币时间价值是指在不考虑通货膨胀和风险性因素的情况下，作为资本使用的货币在其被运用的过程中随时间推移而带来的一部分增值价值。它反映的是由于时间因素的作用而使现在的一笔资金高于将来某个时期的同等数量的资金的差额或者资金随时间推延所具有的增值能力。由此可见资金在不同的时点上，其价值是不同的。例如今天的100元和一年后的100元是不等值的。今天将100元存入银行，在银行利率10%的情况下，一年以后会得到110元，多出的10元利息就是100元经过一年时间的投资所增加了的价值，即货币的时间价值。显然，今天的100元与一年后的110元相等。由于不同时间的资金价值不同，所以，在进行价值大小对比时，必须将不同时间的资金折算为同一时间后才能进行大小的比较。

2. 货币时间价值的度量。衡量货币时间价值的大小通常是用利息，其实质内容是社会资金的平均利润。但是，我们在日常生活中接触到的利息，比如银行存、贷款利息，除了包含时间价值因素之外，还包括通货膨胀等因素。所以，我们分析时间价值时，一般以社会平均的资金利润为基础，而不考虑通货膨胀和风险因素。

需要明确的是货币时间价值是指货币在无风险条件下的增值比率。什么叫无风险，就信用理论来看，国家信用是最高，也就是说贷款给国家是没有风险的。因此，在美国，短期国债利率被作为货币时间价值的代表值。我国由于没有对外发行短期国债，因此可以用银行存款利率代替。

国债利率，银行存、贷款利率，各种债券利率，都可以看作投资报酬率，然而它们并非时间价值率，只有在没有风险和通货膨胀情况下，这些报酬才与时间价值率相同。由于国债的信誉度最高、风险最小，所以，如果通货膨胀率很低就可以将国债利率视同时间价值率。为了便于说明问题，在研究、分析时间价值时，一般以没有风险和通货膨胀的利息率作为货币的时间价值。

二、货币时间价值的计算

货币时间价值的计算方法有很多，如查表法、财务计算器法、EXCEL 表格法等。这些方法各有优点和缺点，但是无论是用哪一种方法进行计算，首先我们应该清楚货币时间价值计算的种类，然后才能针对不同的类型利用上述方法进行计算。

因为财务计算器相对于其他方法，有方便、快捷、功能强大、精确等特点。所以在本章货币时间价值的计算部分，我们先介绍货币时间价值计算的原理，然后用例题来讲解如何计算货币的时间价值，重点讲解财务计算器的计算方法。目前市场上，财务计算器主要有：德州仪器（TI）BA Ⅱ plus 这些财务计算器在货币时间价值的计算上功能大同小异。本书的讲解将以德州仪器（TI）的 BA Ⅱ plus 为代表。

利用财务计算器计算货币时间价值时，会用到一些变量，如表 7－8 所示。

表 7－8　　货币时间价值计算的几个常用变量

变量	按键	显示变量	类型
付款期数	N	N	输入/计算型
年利率	I/Y	I/Y	输入/计算型
现值	PV	PV	输入/计算型
付款额	PMT	PMT	输入/计算型
终值	FV	FV 年	输入/计算型
付款次数	2nd，I/Y	P/Y	输入型
年复利计算期数	↓	C/Y	输入型
期末付款	2nd，PMT	END	设置型
期初付款	2nd，ENTER	BGN	设置型

本书的最后附有财务计算器的操作使用说明。关于各个变量的具体功能及操作流程将在附录中作详细介绍。

下面，针对货币时间价值计算的类型，分别进行讲解。

在学习货币时间价值计算之前，我们先来了解“复利的 72 法则”，所谓“72”法则就是以 1% 的复利来计息，经过 72 年以后，你的本金就会变成原来的一倍。同理，以 6% 的复利来计息，那么只需经过 12 年后，本金就会翻一番。

（一）单利终值和现值的计算

所谓单利是只计算本金所带来的利息，而不考虑利息再产生的利息。下面我们分别来介绍单利终值和现值的计算方法。

1. 单利终值的计算。单利终值即指一定时期以后的本利和。

【例 7－17】现在的 1 元钱，年利率为 10%，如果按照单利进行计算，那么，这一元钱，在第一年年末、第二年年末和第三年年末分别为多少？

解析：现在的 1 元钱在第一年到第三年各年年末的终值可计算如下：

1 元 1 年后的终值 $=1\times(1+10\%\times1)=1.1$（元）

1 元 2 年后的终值 $=1\times(1+10\%\times2)=1.2$（元）

1 元 3 年后的终值 $=1\times(1+10\%\times3)=1.3$（元）

因此，可推算出单利终值的一般计算公式为：

$$V_n=V_0\times(1+i\times n)$$

式中：V_0——现值，即第 1 年初的价值；

V_n——终值，即第 n 年末的价值；

i——利率；

n——计息期数。

2. 单利现值的计算。单利现值指未来的一笔资金其现在的价值，即由终值倒求现值，一般称之为贴现或折现，所使用的利率为折现率。

【例 7－18】若年利率为 10%，如果按照单利进行计算，那么第一年年末、第二年年末和第三年年末的 1 元钱的现值分别是多少？

解析：从第一年年末到第三年年末每年年末的 1 元钱的现值可计算如下：

第一年年末 1 元钱的现值 $=\dfrac{1}{1+10\%\times1}=\dfrac{1}{1.1}=0.909$（元）

第二年年末 1 元钱的现值 $=\dfrac{1}{1+10\%\times2}=\dfrac{1}{1.2}=0.833$（元）

第三年年末 1 元钱的现值 $=\dfrac{1}{1+10\%\times3}=\dfrac{1}{1.3}=0.769$（元）

因此，可推算出单利现值的一般计算公式为：

$$V_0=V_n\times\frac{1}{1+i\times n}$$

式中：V_0——现值，即第 1 年初的价值；

V_n——终值，即第 n 年末的价值；

i——利率；

n——计息期数。

（二）复利终值和现值的计算

所谓复利即本金能产生利息，利息在下期也转作本金并与原来的本金一起再计算利息，如此随计息期数不断下推，即通常所说的“利滚利”。

1. 复利终值的相关计算。复利终值是在“利滚利”基础上计算的现在的一笔收付款项在未来的本利和。

【例 7-19】 现在的 1 元钱，年利率为 10%，如果按照复利进行计算，那么，这 1 元钱，在第一年年末、第二年年末和第三年年末分别为多少？

解析： 从第 1 年到第 3 年各年年末的终值可计算如下：

1 元 1 年后的终值 = 1 ×（1 + 10%）= 1.1（元）

1 元 2 年后的终值 = 1 × $(1+10\%)^2$ = 1.21（元）

1 元 3 年后的终值 = 1 × $(1+10\%)^3$ = 1.331（元）

因此，可推算出复利终值的一般计算公式为：$Vn = V_0 \times (1+i)^n$

式中：V_0——现值，即第 1 年初的价值；

V_n——终值，即第 n 年末的价值；

i——利率；

n——计息期数。

上式中，$(1+i)^n$ 称为复利终值系数。当计息期数较多时，为简化计算，在 i，n 已知的情况下，可通过查复利终值系数表求得。这样复利终值即为复利现值与复利终值系数的乘积。

下面我们通过一个例题，来介绍利用财务计算器如何在已知复利的情况下求终值。

【例 7-20】 李先生现在存入账户 5000 元，年复利 10%，20 年后，该账户中的金额为多少？

解析： 这是一个已知现值求终值的过程。

财务计算器的操作如下：

PV = 5000，I/Y = 10，N = 20，CPT，FV

操作	按键	显示
将所有变量设为默认值	2nd，[+/-]，ENTER	RST0.00
输入期数	20，N	N = 20.00
输入利率	10，I/Y	I/Y = 10.00
输入期初值（现值）	5000，+/-，PV	PV = -5000.00
计算终值	CPT，FV	FV = 33637.50

经过财务计算器的计算，FV = 33637.50

因此，20 年后该账户中的金额为 33637.50 元。

2. 复利现值的相关计算。复利现值是指未来发生的一笔收付款项其现在的价值。具体地说，就是将未来的一笔收付款项按适当的折现率进行折现而计算出的现在的价值。

【例 7－21】 若年利率为 10%，如果按照复利进行计算，那么第一年年末、第二年年末和第三年年末的 1 元钱的现值分别是多少？

解析：从第一年年末到第三年年末每年年末的 1 元钱的现值可计算如下：

$$1\text{ 年后 }1\text{ 元的现值}=\frac{1}{(1+10\%)}=\frac{1}{1.1}=0.909\ (\text{元})$$

$$2\text{ 年后 }1\text{ 元的现值}=\frac{1}{(1+10\%)^2}=\frac{1}{1.21}=0.82\ (\text{元})$$

$$3\text{ 年后 }1\text{ 元的现值}=\frac{1}{(1+10\%)^3}=\frac{1}{1.331}=0.751\ (\text{元})$$

因此，可推演出复利现值的一般计算公式为（也可按复利终值的计算公式直接推出）：

$$V_0=V_n\times\frac{1}{(1+i)^n}$$

上式中，字母含义同上。其中，$\frac{1}{(1+i)^n}$为复利现值系数。为方便计算，在 i，n 已知的情况下，可直接通过查复利现值系数表求得。复利现值亦可理解为复利终值与复利现值系数的乘积。

下面我们通过一个例题，来介绍利用财务计算器如何在已知复利的情况下求现值。

【例 7－22】 如果客户希望 20 年后银行账户中有 20000 元，年复利 10%，那么客户现在应往银行存入多少？

解析： 这是一个已知终值求现值的过程。

财务计算器的操作如下：FV = 20000，N = 20，I/Y = 10，CPT，PV

操作	按键	显示
将所有变量设为默认值	2nd，[+/-]，ENTER	RST0.00
输入期数	20，N	N = 20.00
输入利率	10，I/Y	I/Y = 10.00
输入期末余额（终值）	20000，FV	FV = 20000.00
计算现值	CPT，PV	PV = -2972.87

经过财务计算器的计算：PV = -2972.87

因此，客户现在应该往账户中存入 2972.87 元。

（三）年金

年金是指一定期间内每期相等金额的收付款项。按付款时点的不同分为后付年金和先付年金。后付年金也称普通年金，它是在每期期末等额的系列收款、付款的年金；先付年金也称预付年金，它是在每期期初等额的系列收款、付款的年金。通常不加说明即指后付年金。此外，还有永续年金和递延年金。永续年金是指无限连续的等额系列收款、付款的年金。递延年金指在开始的若干期没有资金收付，然后有连续若干期的等额资金收付的年金序列。

1. 后付年金终值和现值的计算。

（1）后付年金终值的相关计算，如图 7-11 所示。后付年金的终值是一定时期内每期期末收付款项的复利终值之和。从这个意义上说，年金终值实质上是复利终值的特殊形式。

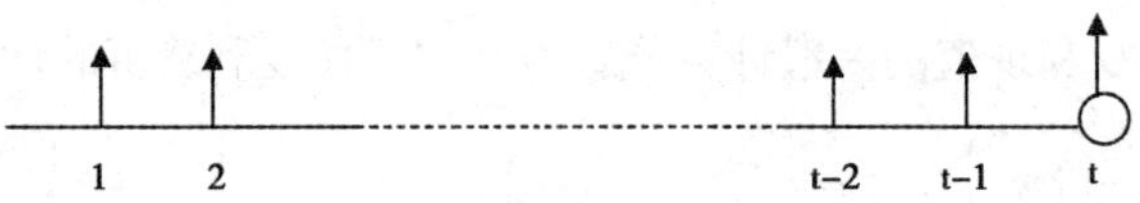

图 7-11 后付年金终值计算图

后付年金终值的一般计算公式为：

$$V_n = A \cdot \sum_{t=1}^{n} (1+i)^{t-1}$$

式中，字母的含义同上。其中，A 为每次收付款相等的金额，即年金；$\sum_{t=1}^{n}(1+i)^{t-1}$ 称作年金终值系数，可通过查表或通过财务计算器获得，这样，年金终值即为年金与年金终值系数的乘积。

银行储蓄存款中的零存整取即属典型的年金终值计算。此外，在保险、租赁等业务中，年金终值具有很广泛的应用。

【例 7-23】某客户为了筹集购房款项，每年年末向银行存入 10000 元，存期 5 年，年利率为 5%，其 5 年后到期的本息和为多少？

解析：这是一个已知后付年金求终值的过程。

财务计算器的操作如下：

PMT = 10000，N = 5，I/Y = 5，CPT，FV

操作	按键	显示
将所有变量设为默认值	2nd, [+/-], ENTER	RST0.00
输入期数	5, N	N = 5.00
输入利率	5, I/Y	I/Y = 5.00
输入年金	10000, [+/-], PMT	PMT = -10000.00
计算终值	CPT, FV	FV = 55256.31

经过财务计算器的计算：FV = 55256.31

因此，5 年后该客户得到的本息和为 55256.31 元

(2) 后付年金现值的相关计算，如图 7-12 所示。后付年金现值是一定时期内每期期末发生等额收付款项的复利现值之和。从这个意义上说，年金现值实质上是复利现值的特殊形式。

因此，可推演出后付年金现值的一般计算公式为：

$$V_0 = A \cdot \sum_{t=1}^{n} (1+t)^{-t}$$

式中字母的含义同上，其中，$\sum_{t=1}^{n} (1+t)^{-t}$ 称作年金现值系数，为简化计算，可通过查表求得。这样，年金现值的计算即为年金与年金现值系数的乘积。年金现值在资产的估价、租金的确定及保险业务中具有广泛的用途。

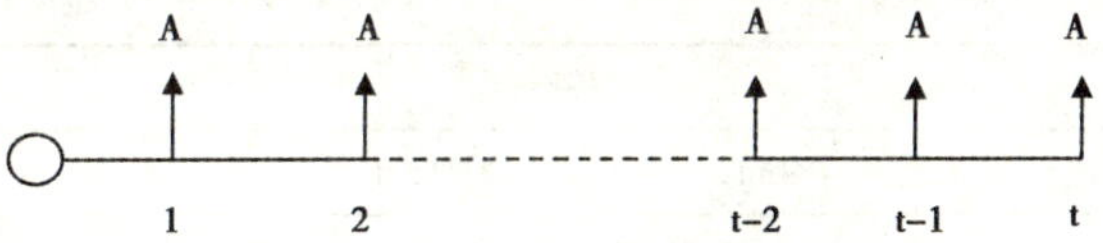

图 7-12 后付年金现值计算图

【例 7-24】 某投资项目于 2004 年初动工，设当年投产，从投产之日起每年得收益 40000 元，按年利率 6% 计算。预期该项目能投资 10 年，那么这未来 10 年的收益的现值为多少？

解析： 这是一个已知后付年金求现值的过程。

财务计算器的操作如下：

PMT = 40000，I/Y = 6，N = 10，CPT，PV

操作	按键	显示
将所有变量设为默认值	2nd，[+/-]，ENTER	RST0.00
输入期数	10，N	N = 10.00
输入利率	6，I/Y	I/Y = 6.00
输入年金	40000，PMT	PMT = 40000.00
计算现值	CPT，PV	PV = -294403.48

经过财务计算器的计算，求得：PV = 294403.48

因此，这未来 10 年收益的现值为 294403.48 元。

需要指出的是，上述复利终值、复利现值、普通年金终值和普通年金现值的四个计算公式是时间价值计算的基本公式。时间价值的大多数计算可以通过上述公式的变型应用或组合应用得以实现。

①偿债基金。偿债基金是指为了在约定的未来某一时点清偿某笔债务或积聚一定数额资金而必须分次等额提取的存款准备金。每次提取的等额存款金额即为年金（亦称偿债基金），而应清偿的债务（或应积聚的资金）即为年金终值，可见，偿债基金的计算实际也就是年金终值的逆运算。

【例 7-25】 某企业有一笔 5 年后到期的借款，数额为 2000 万元，为此设置偿债基金，年利率为 10%，到期一次还清借款。则每年年末应存入的金额为多少？

解析： 这是一个已知终值求后付年金的过程。

财务计算器操作如下：FV = 2000，I/Y = 10，N = 5，CPT PMT = ?

操作	按键	显示
将所有变量设为默认值	2nd，[+/-]，ENTER	RST0.00
输入期数	5，N	N = 5.00
输入利率	10，I/Y	I/Y = 10.00
输入期末余额（终值）	2000，FV	FV = 2000.00
计算年金	CPT，PMT	PMT = -327.59

经过财务计算器的计算求得：PMT = -327.59

因此，为了在 5 年后能有 2000 万元的资金还债，企业从现在开始连续 5 年，每年年末需要投入 327.59 万元的资金。

②年资本回收额。资本回收额是指在约定的年限内等额回收的初始投入资本额或等额清偿所欠的债务额。其中未收回或清偿的部分要按复利计息构成需回收或清偿的内

容。年资本回收额的计算也就是年金现值的逆运算。

【例 7－26】C 公司现借入 2000 万元，约定在 8 年内按年利率 12% 均匀偿还。则每年应还本付息的金额为多少？

解析：这是一个已知现值求年金的过程。

利用财务计算器操作如下：PV＝2000，I/Y＝12，N＝8，CPT PMT＝？

操作	按键	显示
将所有变量设为默认值	2nd，[＋/－]，ENTER	RST0.00
输入期数	8，N	N＝8.00
输入利率	12，I/Y	I/Y＝12.00
输入期初值（现值）	2000，PV	PV＝2000.00
计算年金	CPT，PMT	PMT＝－402.61

经过财务计算器的计算求得：PMT＝－402.61

因此，该公司每年需要还本付息的数额为 402.61 万元。

2. 先付年金终值和现值的计算。先付年金是指在一定时期内每期期初发生的系列相等的收付款项。

先付年金与后付年金并无实质性的差别，两者仅在于收付款时间的不同。

（1）先付年金终值的相关计算，如图 7－13 所示。

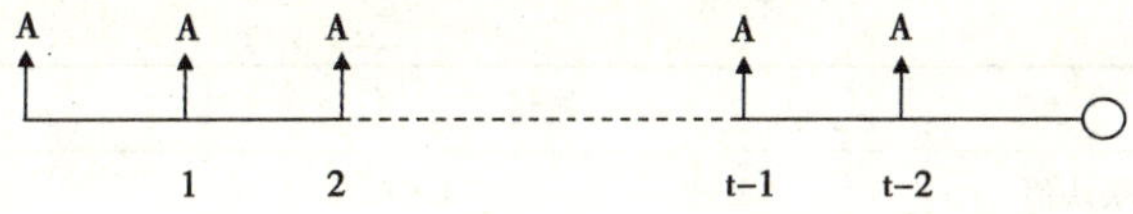

图 7－13 先付年金终值计算示意图

我们可通过对后付年金的计算公式进行简单的调整，即可得出先付年金的计算公式。先付年金终值的计算公式可表示为：

$$V_n = A \cdot \sum_{t=1}^{n} (1+i)^t$$

【例 7－27】王先生每年年初存入银行 2000 元，年利率 7%。5 年后本息和应为多少？

解析：这是一个已知先付年金求终值的过程。

财务计算器的操作如下：

首先将财务计算器设置成先付年金状态，输入参数：

PMT =2000，N =5，I/Y =7，CPT FV =？

操作	按键	显示
将所有的变量设为默认值	2nd，[+/-]，ENTER	RST0.00
将付款方式设置为期初付款	2nd，PMT，2nd，ENTER	BGN
退出设置，返回计算器标准模式	2nd，CPT	0.00
输入期数	5，N	N =5.00
输入年利率	7，I/Y	I/Y =7.00
输入年金	2000，[+/-]，PMT	PMT = -2000.00
计算终值	CPT，FV	FV =12306.58

经过财务计算器的计算，FV =12306.58

因此，5 年后本息和为 12306.58 元。

【例 7 -28】 小张计划开立一个存款账户，每年年初存入一笔金额。10 年后，他希望账户中有 150000 元，假设年利率为 5%，则每年年初需要往账户里存多少钱？

解析： 这是一个已知终值求先付年金的过程。

财务计算器的操作如下：

首先将财务计算器设置成先付年金状态，设置完后，输入参数：FV =150000，N =10，I/Y =5，CPT PMT =？

操作	按键	显示
将所有的变量设为默认值	2nd，[+/-]，ENTER	RST0.00
将付款方式设置为期初付款	2nd，PMT，2nd，ENTER	BGN
退出设置，返回计算器标准模式	2nd，	0.00
输入期数	10，N	N =10.00
输入年利率	5，I/Y	I/Y =5.00
输入终值	150000，FV	FV =150000.00
计算年金	CPT，PMT	PMT = -11357.80

经过财务计算器的计算：PMT = -11357.80

因此，客户现在应该往账户中存入 11357.80 元。

（2）先付年金现值的相关计算。同样，也可利用后付年金的现值来推导先付年金的现值。n 期先付年金现值和 n 期后付年金现值比较，两者的付款期数也相同，但先付年金现值比后付年金现值要少贴现一期，如图7－14所示。

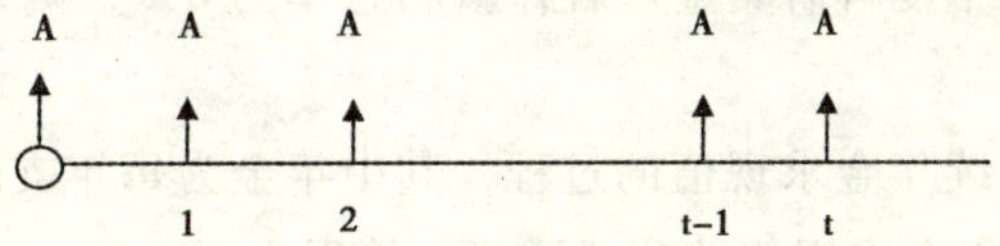

图7－14　先付年金现值计算示意图

为求得先付年金的现值，可在求出后付年金现值后，再乘以（1＋i），先付年金现值的计算公式如下：

$$V_n = A \cdot \sum_{i=1}^{n} K_j \times W_j$$

【例7－29】某企业租入B设备，若每年年初支付租金4000元，年利率为8%。5年的租金现值为多少？

解析：这是一个已知先付年金求现值的过程。

财务计算器的操作如下：

首先将财务计算器设置成先付年金状态，设置完后，输入参数：

PMT＝4000，N＝5，I/Y＝8，CPT PV＝？

操作	按键	显示
将所有的变量设为默认值	2nd，[＋/－]，ENTER	RST0.00
将付款方式设置为期初付款	2nd，PMT， 2nd，ENTER	BGN
退出设置，返回计算器标准模式	2nd，CPT	0.00
输入期数	5，N	N＝5，00
输入年利率	8，I/Y	I/Y＝8.00
输入年金	4000，[＋/－]，PMT	PMT＝－4000.00
计算现值	CPT，PV	PV＝17248.51

经过财务计算器的计算，PV＝17248.51

因此，该企业5年支付的租金的现值为17248.51元。

3. 永续年金现值的计算。永续年金是指无限期发生的等额系列收付款项。

我们可从一般年金的计算公式推导出永续年金的计算公式为：

$$V_n = A \cdot \frac{1}{i} (n \to \infty$$

【例 7－30】某学会准备存入银行一笔基金，预期以后无限期地于每年年末取出利息 16000 元，用以支付年度科研奖金。若存款利息率为 8%，则该学会应于年初一次存入的款项为多少？

解析：这是一个永续年金求现值的过程，其中年金为每年支取的利息 16000 元，折现率为 8%。代入永续年金求现值的公式进行计算得出：

16000 ÷ 8% ＝200000（元）

因此，该学会在年初应一次性存入款项 200000 元。

现实生活中，完全意义上的永续年金形式并不多见，对那些收付期限较长的年金，或者收付期限长到无法估计的情形，我们在计算时，把它近似地看作永续年金来处理。如某些基金、股利稳定的优先股股利、养老保险金支付、商誉等无形资产产生的收益等等，都可近似地看作永续年金问题。

4. 递延年金。递延年金指在开始的若干期没有资金收付，然后有连续若干期的等额资金收付的年金序列。在 m 年后的每年年末发生的年金，称为期末递延年金，在 m 年后的每年年初发生的等额年金，称为期初递延年金。

期末递延年金现值的现金流如图 7－15 所示，其计算过程如下：

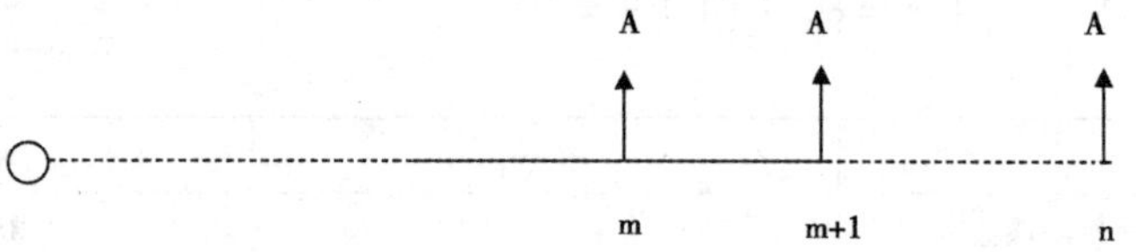

图 7－15 递延年金现值计算图

第一步，将 m 年后的每年年末发生的年金折现折到第 m 年年末。

$$V_m = \frac{A}{i}\left[(1+i) - \left(\frac{1}{1+i}\right)^{n-m}\right]$$

第二步，将第一步得出的结果从第 m 年末折现到当前：

$$V_0 = V_m \times \frac{1}{(1+i)^m} = \frac{A}{i}\left[1 - \left(\frac{1}{1+i}\right)^n\right] \times \frac{1}{(1+i)^m}$$

同理，期初递延年金的现值计算也可以采用同样的方法。如先将在第 m 年后的每年年初发生的 n 年年金 A 用期初公式折现到第 m 年，然后再从第 m 年折现到当前，即得：

$$V_0 = V_m \times \frac{1}{(1+i)^m} = \frac{A}{i}\left[(1+i) - \left(\frac{1}{1+i}\right)^{n-m}\right] \times \frac{1}{(1+i)^{m-1}}$$

【例 7－31】某客户目前 30 岁，决定到法定退休年龄 55 岁时退休，退休后在每年的年末将有一笔数额固定为10000元的退休收入，该客户预计退休后能生活20年，假设折现率为5%，那么求该客户的这笔退休收入的现值？

解析：由于从30岁到55岁之间没有现金流发生，从56岁到76岁这20年间每年有一笔等额10000元的资金流入。因此，是一个递延年金求现值的问题。

第一步，将55岁到76岁之间的每年10000元的收入折算到56岁初。

$$\frac{10000}{1+5\%}+\frac{10000}{(1+5\%)^2}+\cdots+\frac{10000}{(1+5\%)^{20}}=124622.10$$

第二步，将第一步算出来的56岁初折现到当前：

$$\frac{124622.1}{(1+5\%)^{25}}=36801.25$$

如果通过财务计算器，此题的计算就很简单了。

财务计算器的具体操作步骤如下：

第一步，后付年金现值的计算。

财务计算器的操作如下：

PMT=10000，N=20，I/Y=5，CPTPV=?

操作	按键	显示
将所有的变量设为默认值	2nd，[+/-]，ENTER	RST0.00
输入期数	20，N	N=20.0
输入年利率	5，I/Y	I/Y=5.00
输入年金	10000，PMT	PMT=10000.00
计算现值	CPT，PV	PV=-124622.10

经过计算，PV=-124622.10。

第二步，已知终值，进行现值的计算。

财务计算器的操作如下：

FV=124622.10，I/Y=5，N=25，CPT，PV=?

操作	按键	显示
将所有的变量设为默认值	2nd，[+/-]，ENTER	RST0.00
输入期数	25，N	N=25.00
输入年利率	5，I/Y	I/Y=5.00
输入终值	124622.10，FV	FV=124622.10
计算现值	CPT，PV	PV=-36801.25

经过财务计算器的计算：PV = -36801.25

所以，该客户的这笔退休收入的现值为36801.25元。

第二单元 收益率的计算

收益率是指投资金融工具所带来的收益与本金的比率，衡量各种投资工具的收益大小就需要计算各种收益率。对理财规划师来说，收益率的正确估计和计算是做好理财规划的重要一步。下面介绍投资者常用的收益率的含义以及计算方法。

一、预期收益率

（一）单个产品或单项投资的预期收益率

在金融产品的宣传折页上我们经常见到的一个词就是“预期收益率”，预期收益率是综合考虑未来可能发生的各种情况，并根据每种情况可能产生的结果及发生的概率来计算的收益率。投资者一定要注意，预期收益率并不是一个确定的收益率，因此预期收益率高并不意味着必然获得高收益。

投资者评估一个投资项目时，一般首先考虑的是其未来的预期收益率，以此判断是否需要进一步深入了解该投资项目。一般来讲，投资的未来收益是不确定的。为了对这种不确定的收益进行衡量，便于比较和决策，人们引入了期望收益或期望收益率这一概念。期望收益率的计算如下：

$$E(R) = \sum_{i=1}^{n} P_i R_i = P_1 R_1 + P_2 R_2 + \cdots + P_n R_n$$

式中，P_i——第i种收益发生的可能性，

R_i——第i种可能的收益率的大小。

【例7-32】有一个投资项目，在经济运行良好的环境中，该投资项目收益率为20%，而经济处于衰退时，收益率为-20%。如果经济仍然像现在一样运行，收益率是10%。根据有关预测，下一年经济状况运行良好，无通胀的概率为15%，经济衰退，高通胀的概率为15%，正常运行的可能性为70%。现在投资者需要知道该项目的预期收益率如何？

解析：根据题目的已知条件，经济运行状况与各种经济状况下的收益率的对应关系如表7-9所示。

表 7-9　　经济运行状况与收益率的对应关系

经济状况	概率	收益率
经济运行良好，无通胀	0.15	0.20
经济衰退，高通胀	0.15	-0.20
正常运行	0.70	0.10

预期收益率的计算公式中各参数的值分别如下：

P_1、P_2、P_3 分别为 0.15、0.15 和 0.7，R_1、R_2、R_3 分别为 0.2、-0.2 和 0.1。

因此，代入预期收益率的计算公式有：

$$E(R) = 0.15 \times 0.20 + 0.15 \times (-0.20) + 0.70 \times 0.10 = 0.07$$

即预期投资收益率为 7%，如果客户接受，则理财规划师可以推荐。

（二）投资组合的预期收益率

理财投资建议中通常会给客户配置一个投资组合，使该投资组合能达到某个收益率，那么这个收益率就叫投资组合的预期收益率。投资组合的预期收益率可能是客户要求的，也可能是理财规划师根据客户的情况以及市场的行情确定的，如果投资组合的收益率是客户要求的，那么理财规划师则需要根据市场单个产品预期收益率的情况配置一个投资组合，使其预期收益率满足客户的要求；如果客户对目前的金融市场和未来的金融市场都一无所知，完全依赖于理财规划师帮助其进行规划，那么理财规划师通常先根据客户的情况确定一个投资组合，再确定投资组合的预期收益率。

$$E(R) = \sum_{i=1}^{n} W_i R_i = W_1 R_1 + W_2 R_2 + \cdots + W_n R_n$$

式中：W_i——第 i 项投资在投资组合中的权重；

　　R_i——第 i 项投资的预期收益率。

【例 7-33】 理财规划师给客户做了一个投资组合如下，股票型基金 40%，债券型基金 30%，股票 20%，货币市场基金 10%。根据市场的走势，投资组合中的产品预期收益率情况分别如下：股票型基金 15%，债券型基金 6%，股票 20%，货币市场基金 2.5%。测算一下，理财规划师给客户做的投资组合的预期收益率是多少？

解析： 投资组合预期收益率的计算公式中各参数的值如下：

W_1、W_2、W_3、W_4 分别为 0.4、0.3、0.2 和 0.1，R_1，R_2，R_3，R_4 分别为 15%、6%、20% 和 2.5%。

代入投资组合预期收益率的计算公式：

$$E(R) = 40\% \times 15\% + 30\% \times 6\% + 20\% \times 20\% + 10\% \times 2.5\% = 12.05\%$$

因此，该投资组合的预期收益率为 12.05%。

二、净现值

净现值（NPV）等于所有的未来收入现金流的现值减去现在和未来支出现金流的现值的差额。如果一个项目的 NPV 是正数，说明收入现金流的现值大于支出现金流的现值，项目有正的收益，因此应该接受它；反之，如果一个项目的 NPV 是负数，就应该拒绝采纳它。

为什么要使用 NPV 作为投资项目评估的标准呢？这是因为接受 NPV 为正的项目符合投资人的投资目标，即投资收益为正，NPV 越大，投资收益越高。由于 NPV 方法在计算现值时考虑了相关的所有现金流，而且贴现率是使用的投资收益率，也是现金流的再投资收益率。因此，NPV 是较好的投资项目评估方法，投资项目的 NPV 越大越好。

净现值的计算公式为：

$$NPV = CF_0 + \frac{CF_1}{1+r} + \cdots + \frac{CF_t}{(1+r)^t}$$

式中：CF_0——期初的现金流；

r——投资收益率；

CF_t——第 t 期发生的现金流。

【例 7-34】 NPV 计算。投资项目 X 的初始投资为 1100 元，投资收益率为 10%，每年的收入和支出如表 7-10 所示，问该项目是否值得投资？

解析： 该项目 X 每年的现金流入和流出如表 7-10 所示。

表 7-10　　投资项目 X 每年的现金流入和现金支出

年度	收入（元）	支出（元）
1	1000	500
2	2000	1300
3	2200	2700
4	2600	1400

因此，项目 X 的净现值为：

$$\begin{aligned} NPV &= -C_0 + PV_0\ (CFs) \\ &= -C_0 + C_1/(1+r) + C_2/(1+r)^2 + C_3/(1+r)^3 + C_4/(1+r)^4 \\ &= -1100 + 500/1.1 + 700/1.1^2 + (-500)/1.1^3 + 1200/1.1^4 \end{aligned}$$

$=377.02>0$

三、内部收益率

内部收益率（IRR），又称内部回报率，它是使 NPV 为 0 的贴现率。当投资人要求的投资收益率小于 IRR 时，说明投资项目的 NPV 大于 0，项目可接受；当投资人要求的投资收益率大于 IRR 时，说明投资项目的 NPV 小于 0，项目应该被拒绝。因此，投资项目的 IRR 越大越好。使用 IRR 作为投资项目的决策标准具有简单直观的优点，易于被接受。但应该注意的是，在 IRR 的计算过程中，再投资的收益率假定为 IRR，而这一假定不符合实际情况（NPV 计算中再投资收益率为真实投资收益率）。另外，IRR 的计算要解一元多次方程，有时会出现多解和无解的情况。在互斥项目的选择时容易出现问题。因此，当 IRR 和 NPV 发生冲突时，投资项目的决策应该以 NPV 的结论为准。

内部收益率的计算公式为：

$$0=CF_0+\frac{CF_1}{1+IRR}+\cdots+\frac{CF_t}{(1+IRR)^t}$$

式中：CF_0——期初的现金流；

CF_t——第 t 期发生的现金流。

【例 7-35】 IRR 的计算。某投资项目具有如下现金流，如果投资人对该项目的要求投资收益率为 18%，该项目是否值得投资？

解析： 如下所示：

年度	现金流
0	-200
1	50
2	100
3	150

内部回报率的计算如下：

$NPV=0=-200+[50/(1+IRR)]+[100/(1+IRR)^2]+[150/(1+IRR)^3]$

解得 IRR 为 19.44%，大于 18%，因此该项目值得投资。

我们发现 NPV 的大小随投资收益率的变化而变化，投资人要求的投资收益率越大，NPV 越小。当投资收益率等于 IRR 时，NPV 为 0。

【例 7-36】 假设李先生现在有一投资项目每年的投资收益大概是 20%，经朋友介绍有另一投资项目，该项目未来的现金流情况预计如下：期初投入 10 万元，第一年年末再投资 2 万元，第二年年末将有利润分配 4 万元，第三年末将有利润分配 3 万元，第四年和第五年每年年末的利润分配为 5 万元。由于资金有限，李先生只能投资其中的一个项目，因此李先生十分困惑，不清楚该如何选择，因此请理财规划师为其提供建议。

解析：由于李先生的另一个项目我们已知的是收益情况，因此，要比较两个项目哪个更好，只能从收益上进行比较，如果要使李先生接受该项目，那么该项目的内部收益率至少要等于李先生目前已有的投资项目的收益率。如是，题目就变成了求解该项目的内部收益率。

内部收益率的计算，可以利用财务计算器 CF 键（现金流量表）的功能。

财务计算器现金流量表中各参数的输入如下：

CF0 = －100000，C01 = －20000，F01 = 1，C02 = 40000，F02 = 1，C03 = 30000，F03 = 1，C04 = 50000，F04 = 2。

操作	按键	显示
将所有的变量设为默认值	2nd，RESET，ENTER	RST0.00
选择现金流工作表	CF	CF0 = 0.00
输入期初的现金流	100000，[+/-]，ENTER	CF0 = －100000.00
输入第一笔现金流	↓，20000，[+/-]，ENTER	C01 = －20000.00
输入第一笔现金流发生的次数	↓	F01 = 1.00
输入第二笔现金流	↓，40000，ENTER	C02 = 40000.00
输入第二笔现金流发生的次数	↓	F02 = 1.00
输入第三笔现金流	↓30000，ENTER	C03 = 30000.00
输入第三笔现金流发生的次数	↓	F03 = 1.00
输入第四笔现金流	↓50000，ENTER	C04 = 50000.00
输入第四笔现金流发生的次数	↓2ENTER	F04 = 2.00
计算贴现率	IRR CPT	IRR = 10.72

经过财务计算器的计算，IRR = 10.72

因为该项目的内部收益率为 10.72%，小于李先生目前项目的投资收益率，因此李先生目前的投资项目比朋友介绍的投资项目更合适。

四、持有期收益率

持有期收益率描述的是以现在价格买进某金融工具，持有一段时间，然后以某个价格卖出，在整个持有期该金融工具所提供的平均回报率。它是使投资者在持有金融工具期间获得的各个现金流的净现值等于0的贴现率。

持有期收益率有一种特例，当所有的现金流发生在期初和期末，同时，持有的时间正好为1年时，持有期收益率的计算可以简化成下列公式来进行计算：

$$HPR_t = \frac{P_t + D_t - P_{t-1}}{P_{t-1}} = \frac{P_t + D_t}{P_{t-1}} - 1$$

式中：R_t——第t期的持有期收益率；

P_t——第t期证券的市场价格；

P_{t-1}——第t-1期证券的市场价格；

D_t——第t期发放的现金收入。

对于普通股来说，D_t为股利，而对于债券来说，D_t是支付的利息。改变时间间隔（可以以天、周、月或年计量时间），HPR可以计算任意一段时间某一投资工具的收益。

【例7-37】假设某投资者在2005年1月1日买进平价发行的面值100元的债券10000元，该债券票面利率为5%，每年末付息。2006年12月31日，由于想投资另一金融工具，该投资者将债券卖出，卖出价格为10560元，由于该投资者还有其他的投资项目，想比较哪个投资项目的平均回报率更高一些，因此想计算投资该债券的持有期收益率。

解析：按照持有期收益率的定义，我们可以将投资者持有该债券两年时间里发生的现金流找出来，首先，在2005年1月1日，因购买债券流出10000元，2005年12月31日流入500元的债券利息，2006年12月31日流入500元的债券利息和10560元的债券价格。

根据持有期收益率的定义，将所有的现金流折现，使净现值等于0，求贴现率。由于本题中的现金流是一系列非均匀的现金流，因此可以利用财务计算器上的CF功能进行计算。

财务计算器现金流量表中各参数的输入如下：

CF0 = -10000，C01 = 500，F01 = 1，C02 = 11060，F02 = 1

然后按财务计算器的IRR键，再按CPT键即可计算出IRR的值。

操作	按键	显示
将所有的变量设为默认值	2nd，RESET，ENTER	RST0.00
选择现金流工作表	CF	CF0 = 0.00
输入期初的现金流	10000，[+/-]，ENTER	CF0 = -10000.00

续表

操作	按键	显示
输入第一笔现金流	↓，500，ENTER	C01 = 500.00
输入第一笔现金流发生的次数	↓	F01 = 1.00
输入第二笔现金流	↓，11060，ENTER	C02 = 11060.00
输入第二笔现金流发生的次数	↓	F02 = 1.00
计算贴现率	IRR CPT	IRR = 7.70

经过财务计算器的计算，求得 IRR = 7.70

因此，该客户的持有期收益率为 7.7%。

【例 7－38】 李先生于某年年初购买了 10000 元 A 公司的股票，持有一年的时候，A 公司股票开始分红，李先生当初投资的这 10000 元股票分得的红利是 2000 元，分红完毕，李先生马上将手中的股票抛掉，除去税费，李先生这 10000 元股票卖得 11800 元，求李先生在这一年里持有该股票的持有期收益率？

解析： 由于李先生持有股票的时间为 1 年，而且收益都发生在持有期期末，因此，持有期的收益率计算就变得相对简单，可以直接用持有期间所获得的收益除以成本。

$$PRT_t = \frac{2000 + (11800 - 10000)}{10000} = 38\%$$

因此，李先生投资股票的持有期收益率是 38%。

五、到期收益率

到期收益率是衡量债券投资收益最常用的指标，它是投资者购买债券并持有至到期的前提下，使未来各期利息收入、到期本金收入现值之和等于债券购买价格的贴现率，或者说是使债券各个现金流的净现值等于 0 的贴现率。

到期收益率有两个暗含条件：一是它假设投资者将一直持有债券，直至债券到期为止；二是它假设各期的利息收入要在债券的剩余期限内进行再投资，并且再投资的收益率等于到期收益率。在其他因素相同的情况下，债券的持有期收益率越高，表明投资该债券获得的收益率越高，越具有吸引力。

如果用 P 表示债券的购买价格，Y 表示该债券的到期收益率，C 表示该债券每年支付的利息，T 表示该债券的到期期限，则到期收益率的公式可以描述为：

$$P = \frac{C}{1 + Y_{tm}} + \frac{C}{(1 + Y_{tm})^2} + \frac{C}{(1 + Y_{tm})^3} + \cdots + \frac{C}{(1 + Y_{tm})^n} + \frac{面值}{(1 + Y_{tm})^n}$$

【例 7－39】 某债券息票利息 8%，面值为 100 元，当前价格为 90 元，离到期还有

3 年，每年付息 1 次。那么，该债券的到期收益率为多少？

解析：按照到期收益率的计算公式，该债券的到期收益率的关系式为：

$$80=\frac{8}{1+Y_{tm}}+\frac{8}{(1+Y_{tm})^2}+\frac{8}{(1+Y_{tm})^3}+\frac{100}{(1+Y_{tm})^3}$$

财务计算器的操作如下：

PV = -90，PMT = 8，N = 3，FV = 100，CPT I/Y = ?

操作	按键	显示
将所有变量设为默认值	2nd，[+/-]，ENTER	RST0.00
输入年金	8，PMT	PMT = 8.00
输入现值	90，[+/-]，PV	PV = -90.00
输入期数	3，N	N = 3.00
输入终值	100，FV	FV = 100.00
计算年利率	CPT，I/Y	I/Y = 12.18

经过财务计算器的计算：I/Y = 12.18

因此，该债券的到期收益率为 12.18%。

六、当期收益率

当期收益率是息票债券到期收益率的近似值，由于计算相对比较容易，故报纸杂志经常使用。它的定义是年息票利息除以债券价格：

$$i_c=\frac{C}{P_b}$$

式中：i_c——当期收益率；

P_b——息票债券的价格；

C——年息票利息。

当债券价格等于面值时，当期收益率就等于到期收益率，而且，债券价格越接近其面值，当期收益率与到期收益率就越接近。

当期收益率的一般特征可以归纳如下：债券价格越接近债券面值，期限越长，则其当期收益率就越接近到期收益率；反之，债券价格越偏离债券面值，期限越短，则当期收益率就越偏离到期收益率。但是不论当期收益率与到期收益率的近似程度如何，当期收益率的变动总是暗示着到期收益率的同向变动。

【例 7-40】 某债券面值 100 元，息票利息 10%，每年付息，到期还本，客户以 98

元的价格从二级市场上买进该债券，求当期收益率？

解析：当期内投资该债券年息票利息为10元，当期债券的价格为98元。根据当期收益率的计算公式，有：

$$i_c = \frac{10}{98} = 0.1020 = 10.20\%$$

因此，债券的当期收益率为10.20%。

七、贴现收益率

在没有计算器和计算机的年代，国库券交易商发现，计算到期收益率这一利率指标非常困难。因而，他们对国库券利率的报价通常采用贴现率，这一做法，一直延续到今天。包括商业票据和银行承兑票据在内的纯贴现工具在市场上都用收益率而不是购买价格进行报价，用到的收益率就是贴现率（bank discount yield）。

$$r_{BD} = \frac{F - P_d}{F} \times \frac{360}{n}$$

式中：r_{BD}——年贴现率；

P_d——购买价格；

F——面值；

n——距离到期日的天数。

该收益率的计算有两个特点：

1. 使用面值的百分比收益$\frac{F - P_d}{F}$，而不是计算到期收益率时采用的购买价格的百分比收益（F/P_d）$/P_d$。

2. 按照一年360天而不是一年365天来计算年度收益率。

由于以上两个特点，债券的贴现率低于其以到期收益率表示的利率，低估的主要原因是没有采用购买价格的百分比收益率，而是采用了面值的百分比收益率。根据定义，贴现发行债券的购买价格总是低于面值，因而面值的百分比收益率必定小于购买价格的百分比收益率。债券的购买价格与面值之差越大，贴现收益率低估到期收益率的程度越大。

与到期收益率这一更精确的利率指标相比，贴现基础上的收益率较低，贴现发行债券的期限越长，前者的低估程度就越大。尽管贴现收益率不是一个能够准确反映利率的指标，但是它的变动总是表明到期收益率的同向变动。

在现实生活中，通常是已知贴现率，求贴现额。下列以票据贴现为例，票据贴现是指银行应客户的要求，买进其未到付款日期的票据，并向客户收取一定的利息的业务。具体程序是银行根据票面金额以及既定贴现率，计算出从贴现日到票据到期日这段时间的贴现利息，并从票面金额中扣除，余额部分支付给客户。票据到期时，银行持票据向票据载明的支付人索取票面金额的款项。

贴现额的计算公式为：

贴现付款额 = 票据面额 ×（1 - 年贴现率 × 未到期天数 ÷ 360 天）

贴现业务形式上是票据的买卖，但实际上是信用业务，即银行通过贴现间接贷款给票据金额的支付人。

【例 7 - 41】 面值为 100000 元的国债市场价格为 98500 元，距离到期日还有 120 天，计算银行贴现率。

解析： 本例中要求的银行贴现率应用贴现率的计算公式求解，其中，n = 120，F = 100000，P_d = 98500。

将上述参数值代入贴现率的公式计算得：

$$r_{BD}=\frac{1500}{100000}\times\frac{360}{120}=4.50\%$$

因此，该银行贴现率为 4.50%。

【例 7 - 42】 某客户持有面值为 50 万元的商业票据，距离到期期限还有 30 天，由于资金需求，因此到银行进行票据贴现，银行的商业票据贴现率为 6%，求该客户的贴现额。

解析： 求客户的贴现额，即求银行买进客户该债券的价格，或者说是客户将票据卖给银行能得到的资金额。利用贴现付款额的计算公式得：

$$500000\times\left(1-6\%\times\frac{30}{360}\right)=497500\text{（元）}$$

因此，客户得到的贴现额为 497500 元。

八、必要收益率

必要收益率也称必要回报率，是指投资者投资某投资对象所要求获得的最低的回报率，在完全有效的市场中，证券的期望收益率就是它的必要收益率。

投资人的投资收益率由三部分构成：（1）投资期的纯时间价值；（2）投资期间的预期通货膨胀率；（3）投资所包含的风险。

在没有通货膨胀和任何其他投资风险的情况下，投资人放弃消费而投资，获得的收益，就是货币的时间价值。如果投资者预期在投资期间将发生通货膨胀，他必将考虑通货膨胀对货币购买力的影响，要求得到通货膨胀的补偿。

在投资期内，除通货膨胀外，投资收益通常还会受到其他各种不确定性因素的影响。假如投资人对投资的将来收益不确定，那么他将要求对该不确定性进行补偿，即投资的风险补偿，也称为风险溢价。

由于未来可能发生通货膨胀而要求补偿的收益部分加上由于未来投资收益的不确定性而要求补偿的收益，合称为风险报酬。

那么以上三个部分的总和就称为必要收益率。用公式表示如下：

必要收益率 = 投资的纯时间价值 + 投资期间的预期通货膨胀率 + 投资所包含的风险所要求的补偿

由于投资的纯时间价值即无风险收益率，而通货膨胀率和投资所包含的风险要求的补偿可以看成是风险收益率。所以必要报酬率又可以写成：

必要收益率 = 无风险收益率 + 风险收益率

九、息票收益率

息票收益率又叫息票利率或者票面利率，票面利率是指证券票面上注明的利率，息票利率的大小通常是由证券的发行机构根据当时的市场利率确定，如果息票在发行时，息票利率与市场利率不一致，则会产生溢价发行和折价发行的问题。

第三单元　风险的度量

风险是指不确定性所引起的，由于对未来结果予以期望所带来的无法实现该结果的可能性。风险包括系统风险和非系统风险。其中系统风险又称市场风险，非系统风险又称特有风险。本单元主要介绍方差方法、变异系数主要的风险度量方法，其中，标准差和变异系数衡量的是总体风险的大小。

一、方差与标准差

该方法的计算原理在本章的概率统计部分已经进行了介绍，本节不再赘述。一般而言，方差越大，这组数据就越离散，数据的波动也就越大，风险也大；方差越小，这组数据就越聚合，数据的波动也就越小，风险也相对较小。对于股票投资，方差（或标准差）通常是对股票价格或收益率进行计算，由于股票投资的几乎所有风险都会反映到价格之中，因此，用方差度量的风险是单只股票或者股票组合的总体风险水平。

在对不同投资方案进行评价时，如果投资方案的期望值相同，则标准差大者投资风险大，标准差小者投资风险小；但如果不同投资方案的期望值不同，则以方差或标准差就无法衡量哪一个风险程度更大，这时就要用变异系数进行衡量。

【例 7－43】某投资者想投资农产品生产，现在有两个项目可以选择，这两个项目的产品都依赖于天气的好坏，根据气象部门的预测，天气好的概率为 50%，天气适中的概率为 30%，天气不好的概率为 20%。项目 X 和 Y 在各种天气情况下的收益情况如表 7－11 和表 7－12 所示。

表 7－11　　X 项目在各种天气情况下的收益率

X 产品	天气好	天气适中	天气不好
概率	0.5	0.3	0.2
收益率（%）	25	10	－25

表 7－12　　Y 项目在各种天气情况下的收益率

Y 产品	天气好	天气适中	天气不好
概率	0.5	0.3	0.2
收益率（%）	13	25	5

（1）分别计算 X 和 Y 产品的期望收益率：

X 的期望收益率是：$E(r)=25\%\times0.5+10\%\times0.3+(-25\%)\times0.2=10.5\%$

Y 的期望收益率是：$E(r)=13\%\times0.5+25\%\times0.3+5\times0.2=15\%$

（2）分别计算 X 和 Y 产品的方差和标准差：

X 的方差是：

$$D(x)=(25\%-10.5\%)^2\times0.5+(10\%-10.5\%)^2\times0.3+(-25\%-10.5\%)^2\times0.2=0.035725$$

X 的标准差是：

$$\sqrt{D(X)}=\sqrt{0.03573}=0.1890$$

Y 的方差是：

$$D(Y)=(13\%-15\%)^2\times0.5+(25\%-15\%)^2\times0.3+(5\%-15\%)^2\times0.2=0.0052$$

Y 的标准差是：

$$\sqrt{D(Y)}=\sqrt{0.0052}=0.0721$$

经过计算，Y 项目的预期收益比 X 项目高，同时，Y 项目的标准差比 X 的标准差小。因此，从风险收益的角度考虑，选择 Y 项目进行投资更合适。

二、变异系数

当进行两个或多个资料变异程度的比较时，如果度量单位与平均数相同，可以直接利用标准差来比较。如果单位或平均数不同时，比较其变异程度就不能采用标准差，而需采用标准差与数学期望的比值来比较。标准差与数学期望的比值称为变异系数。变异系数代表的是每一单位所承担的风险，从风险收益的角度来看，每一个单位收益承担的风险越小越好，因此，变异系数越小越好。

其计算和评价程序如下：

1. 预测各种可能的投资结果（随机变量）及其相应的概率；
2. 计算期望值；
3. 计算标准差；
4. 计算变异系数；
5. 评价。

变异系数的计算公式为：

$$变异系数=\frac{标准差}{数学期望}\times 100\%$$

【例 7－44】 已知 2005 年 A 股市场股票甲预期收益率为 19.6%，标准差为 0.105，B 股市场股票乙的预期收益率为 18.5%，标准差为 0.085，试问哪只股票在 2005 年里收益率的变异程度大？

解析： 变异系数是反映变异程度的指标，因此，只需计算两只股票各自收益率的变异系数。

$$股票甲的变异系数=\frac{0.105}{19.6\%}=0.536$$

$$股票乙的变异系数=\frac{0.085}{18.5\%}=0.459$$

经过计算，股票甲的收益率的变异系数大于股票乙，因此，股票甲的收益率变异程度大于股票乙。

注意，变异系数的大小，同时受平均数和标准差两个统计量的影响，因而在利用变异系数表示资料的变异程度时，最好将平均数和标准差也列出。

本章总结

计算是从事理财规划工作必备的基本技能之一。理财相关计算的内容非常庞杂，限于篇幅，本书不能详列。理财规划业务中涉及的计算内容、需要使用的计算方法也不限于以上内容，理财规划师需要在掌握基本方法的基础上，结合工作的侧重点，拓展相关知识和技能，使之发挥更好的效能。理财规划师必须学会使用财务计算器和常用的计算软件进行计算，在数据的收集、整理、展示、估计、计算、预测等步骤中，尽量做到准确、清晰，并使之成为各项理财规划的基础。

第八章

理财规划师的工作流程和工作要求

学习目标

通过本章学习，考生要掌握理财规划的基本工作程序及每一步骤具体的工作要求。

本章结构

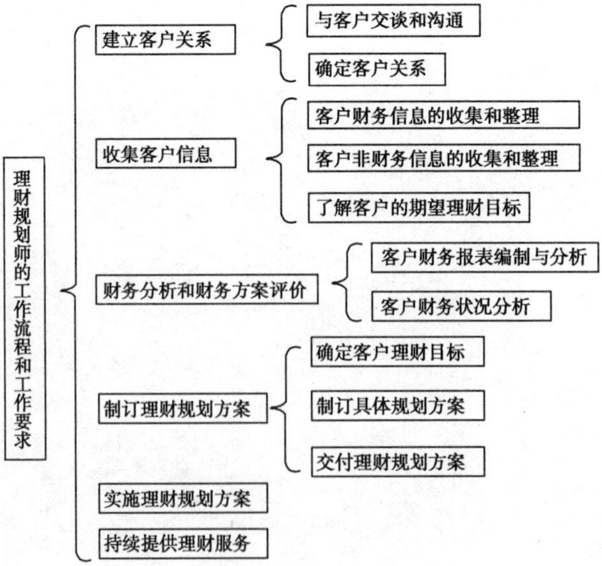

本章重点与难点

重点：

1. 签订理财规划服务合同的程序和需要注意的问题
2. 客户资产负债表和收入支出表的编制和分析
3. 预测客户财务发展趋势
4. 理财目标的内容、分类和确定原则
5. 理财规划方案的主要内容
6. 争端处理与解决的步骤

难点：

1. 理财规划服务合同的主要条款
2. 客户个性偏好分析模型和心理分析模型
3. 客户财务状况的比率分析

第一节　建立客户关系

第一单元　与客户交谈和沟通

建立客户关系的方式多种多样，不局限于电话交谈、互联网沟通、书面交流和面对面会谈等。在这些方式中，与潜在客户进行会谈和沟通是理财规划师建立客户关系最重要、最常用的方式，也是理财规划师工作的重要组成部分。理财规划师与客户进行会谈的目的，通常是为了掌握客户的基本情况，了解客户的理财目标、投资偏好及其他相关信息，寻求建立客户关系的可能性。因此，在很多情况下，理财规划师能否与客户建立业务关系，客户能否委托理财规划师所在机构为其提供理财服务，都直接受会谈效果影响。所以，理财规划师必须掌握与客户交流的基本方法和技巧，并在实际工作中不断总结和提高自己的沟通能力。

一、理财规划师的态度

在沟通过程中采取合适的态度是理财规划师赢得客户信任的第一步。理财规划师留给客户的第一印象至关重要。那么理财规划师应该用什么态度对待客户呢？

（一）尊敬

有些理财规划师误认为交流中最重要的是让客户看到自己的工作能力，因此理财规划师应当高高在上，保持专家的形象，让客户肃然起敬。事实上，尊敬和喜欢别人有一种循环效应。当你重视客户时，你的好感就会传递给他们，增强他们的信心，让他们自己觉得很重要，他们才会反过来尊敬你。理财规划师应该无条件地尊敬客户，也就是重视客户，把每个客户都当成独一无二的人来欣赏。

（二）真诚

真诚是指理财规划师应该以真面目示人，而不应当戴着面具，或者像演戏一样去装扮出所谓的专业理财规划师的形象。虽然理财规划师也是普通人，也有自己坚强和脆弱之处，但真诚的人总是值得信赖的。只要理财规划师能以开诚布公的态度来和客户沟通，他就能拉近双方的心理距离，被客户当成忠实可靠的人，愿意向他倾诉自己的问题。好的理财规划师总是发自内心地愿意帮助客户。这需要规划师清楚自己的感觉和思想，而且敢于坦诚地表达自己的想法，不怕表现出自己的弱点，对所有客户一视同仁，不故意在不同的客户面前展示自己不同的形象，而是保持自己的本性，说真话，尽职尽责，努力接近客户的内心。

（三）理解和包容

理解是指理财规划师准确地把握客户心理世界，让客户觉得规划师一直在倾听，跟着他的思路走，懂得他的感受。理财规划师必须站在客户的角度来看问题，而不受自己过去经历和思想的影响。要学会倾听的技巧，不但要听清字面的意思，还要听出字里行间的微妙感受——有些感受是客户不自觉地流露出来的，他可能自己都没有意识到。

客户需要理财规划是因为他需要帮助，他的生活并不完美。当客户谈自己的困惑和难题时，理财规划师应当怀着一颗包容的心，而且要让客户能感觉到他的包容。只有这样客户才能感到身心自由，因为他觉得他的倾诉不会遭到规划师批评和否定。而且，他会感到最终设定什么计划、制定什么目标和采取哪些行动都将由他自己决定，而不是理财规划师来决定。

只有当理财规划师发自内心地尊重每个客户的独特性，并且真心愿意帮助他，才可能真正理解和包容客户。当然，要理解和包容他人说起来容易做起来难，尤其是要接受那些同我们价值观、态度、社会地位明显不同的人们。但这是理财规划师必须做到的。因为如果客户感到没有被理财规划师所接受，那么他们之间的关系就永远不会成为一种平等的合作关系。

（四）自知

理财规划师很有必要清晰地认识自己，尤其是要认清自己的观点和态度。这种素质非常重要，因为理财规划师要根据客户自身的价值观来帮助客户作出决策，而不是根据规划师的价值观。理财规划师对自己了解得越多，他们就越能理解和评价自己的行为，进而学会控制自己，避免将自己的价值判断强加给客户。

理财规划师可以问自己下面的问题：

1. 当自己在某个客户面前感到不自在，或者总是不喜欢讨论某方面的问题时，我是不是意识到了自己的不自在？
2. 是否意识到自己的回避策略？
3. 是否能够真的对客户诚实？
4. 是否总觉得自己受会谈形势控制？
5. 是否总觉得如果客户能变好我就会更成功？
6. 我是不是总看到事情的负面，而对正面的、好的事情没有感觉？
7. 我能完全站在客户的角度看问题吗？我的观点、思想和感受会使我对人产生偏见吗？

这些问题都是理财规划师在开始工作时应当仔细考虑的。有很多理财规划师自认为自己的性格适合咨询工作，而从不屑于审视自己。与普通民众相比，“了解自己”对于理财规划师和其他咨询人员而言显得更加重要。彻底了解自己是理财规划师的一项重要职责。自知才能高效，但自知不同于自私，不是以自我为中心，也不是说理财规划师必须是一个完美的人。理财规划师也是人，当然有强项也有弱点，但是他必须清楚地知道自己的弱点，不让自己的弱点影响了咨询。

二、交流如何开始

首先，理财规划师应该选择一个合适的交流环境。好的环境能让双方心情舒畅，轻松自如。理财规划师应该选择较清净的环境来约见客户，避免噪音、电话的干扰，也不要同时跟两个客户谈不同的内容。会谈中会涉及客户的很多个人信息，尤其是财务方面的信息，客户不愿随便透露，而清净的环境能给客户一种安全感，减少戒心。

任何一种有计划和有目的的交流都需要事先安排好结构和流程，并且让双方都明白这个流程。理财规划中涉及的会谈往往都是比较正式的。在交流的一开始，理财规划师应该先向客户说明双方交流的目的和流程，这样能让客户有心理准备，更好地配合，提高交流的效率。开场白一般都是规划师先自我介绍一下，然后说明接下来的工作流程、使用什么样的讨论方式、将要占用多长时间，再客气地谈谈双方的合作关系，最后告诉客户通过交流可以期望得到什么结果。这个过程不必太长，最好是以一个清晰、直白的形式出现。

刚开始的时候，客户有可能不清楚该如何开始他们的谈话。理财规划师就应该根据实际情况引导他。例如，如果客户感到有些不安和紧张，理财规划师就得想想用什么方式开始谈话比较恰当。不论客户出现什么样的情绪反应，理财规划师都要仔细地捕捉到这些反应，决不能忽略它们，这一点很重要。例如一位客户可能对他的现状非常伤感，比如他马上要离婚了，理财规划师就要花些时间来讨论他的这些感受。如果这些感受没有得到释放的话，那么进一步的会谈将是没有意义的。

三、两种交流手段

交流是指把某条信息通过语言或者非语言形式传递给他人以引起他人的注意。语言和行为是交流的两种手段，理财规划师在与客户会谈中都会经常用到。下面我们谈谈这两种交流手段的特点。

（一）语言

1. 常用的语言交流形式。具体地说，在与客户交谈和沟通中，理财规划师经常会用到下面几种语言方式：

（1）解释。解释就是站在客观的立场上来说明问题的实际情况。有时客户被理财规划师的各种名词搞糊涂了，就会要求理财规划师作出解释。这时理财规划师的解释应当简洁、明了、易懂。注意不要长篇大论、空洞地解释，不要用居高临下的口气，也不要书生气十足地背诵书上的概念，应该平等、谦逊地对待对方，用通俗易懂的语言进行讲解和解释。

（2）安慰。安慰有助于打消客户的顾虑，振奋他的精神。比如理财规划师可以说："我会一直支持你，你什么时候需要帮助我都会尽全力的。"但是安慰只是一种暂时的策略，就像是别人在哭时你递上去的纸巾，可以擦眼泪，但并不能解决实际问题。理财规划师要根据情况采用合适的语气，不要让客户觉得自己很可怜。

（3）建议。很多客户会在交流中积极地向规划师寻求建议，希望规划师能替他们作出决定，解决他们的问题。在建立客户关系阶段，理财规划师必然也会给出一些建议。然而最好的建议就是客户"自我建议"。理财规划师应该少提建议，多引导客户自己想办法，并且让客户相信，如果双方建立了客户关系，理财规划师所在的金融咨询机构将会对客户信息进行系统的分析研究，给出全面合理的建议。无论是何种建议，都只有客户才有权决定是否执行。理财规划师不能剥夺客户制订和执行计划的自由和权利。

理财规划师提出建议时还应该选择恰当的时机。如果过早地给出建议，可能会因为客户的知识和能力有限，而使理财规划师的建议效果大打折扣。在给出建议之前最好先了解客户的处境和需求，然后再告诉他除了建议所给出的解决办法之外，还可以采用哪些别的办法。

（4）提问。理财规划师在提问时，问题不应该太多，只有那些为收集必要的信息而设计的问题，并且客户能答得上来的，才是该问的问题。但是，很多理财规划师以为自己的主要工作是面试或者询问客户，常常会问很多问题。这种一问一答的对话形式不但浪费时间，还让双方的交流陷入一个僵化的套路：客户等着理财规划师的问题，问题来了，他就答，答完了又等着下一个。这样客户很被动，觉得理财规划师好像比他高一等。这种不平等的交流过程很难让双方建立长期的合作关系。

理财规划师还应该选择合适的提问方式。首先，理财规划师提出的问题应当是开放式的，而不应该问封闭式的问题。封闭式问题会限制客户的选择范围，仅用“是”或“不是”就能答完，而开放式问题则可以引导客户想到相关的经历，引出他的观点、思想、判断和感受，更有利于建立良好的关系。其次，最好不要问原因式问题，比如“为什么您打算在60岁退休？”这样的问题显得理财规划师不同意客户的计划，客户就要为自己行为和思想辩解，而且容易使他产生戒备心理。另外，不要一连串地提问。同时提出两个、三个或者更多的问题会使客户来不及反应，客户往往只能答出其中的一个问题。所以，如果理财规划师要提问多个问题时，最好的办法是一个一个地问，在得到问题的圆满答复之后再问下一个问题。

（5）总结。在会谈快结束时，理财规划师很有必要来个总结，这样能把谈到的一系列零散的观点归纳起来，使客户放心理财规划师已经理解他们的意思，也可以帮助规划师再次检验自己的理解。如果是客户来总结，效果会更好，但这时客户应当对传递的信息和因此得到的结论负责。

2. 语言交流中需注意的问题。语言交流是人际交往中使用的最多的手段，也是理财规划师获取客户信息的主要途径。好的语言能使双方很快地建立信任，建立客户关系，甚至成为长期的朋友；而一句不适当的话可能就会使规划师永远的失去一位客户。下面列出一些语言交流中需要注意的问题。

（1）理财规划师要注意词语的特定意思。一个词语有多种意思，不同的人对同一个词会有不同的理解。尤其是一些时髦的词语，在特定的时间和人群中，意思可能会发生变化。理财规划师在与客户交流时，应该考虑对方的理解能力，根据客户的教育背景、工作和生活环境来选择合适的词语，以免客户误解。

（2）注意语速和长度。大量的信息会让客户应接不暇，使交流达不到效果。理财规划师不要长篇大论，应该给客户一些时间去理解，并注意客户的反应。

（3）避免主观臆断。人们总认为自己的话表达得很清楚了，对方也听明白了，交流完全没问题了，其实对方可能根本没懂。当理财规划师表述不清，意思模棱两可时，自己一般都没意识到，客户就只能用自己的想象去填补空白，得到的可能是错误的信息。

(4) 理财规划师亲切的话语有助于促进交流，巩固客户关系。亲切的语言要使用第一人称的代词：我、我们、我们的。比如“我很理解您对经济状况的担心”，显示了对客户的关心，让双方关系更加亲密。在提到理财规划师所在机构时，理财规划师应多使用“我们”，因为他是代表所在机构与在客户打交道，用“我们”会让客户感到理财规划师背后还有一个实力强大的团队。

(5) 不要使用“保证”、“肯定”、“必然”或其他具有承诺性质的措辞。这些措辞在法律上具有约束力。如果客户将来因投资而产生损失，或未达到理财规划师所承诺的收益，而客户又有证据证明理财规划师曾经使用了这些措辞，则理财规划师所在机构可能会被追究法律责任，信誉也因此会受到影响。所在机构承担责任后，可以追究理财规划师的责任。所以，理财规划师在与客户会谈或给客户提出理财建议时，应根据情况使用“估计”、“可能”和“一般情况下”等相对留有余地的措辞。

(6) 在介绍所在机构的业务能力和业务优势时，不得有直接或间接地贬损其他机构或理财规划师的语言。即使需要对比自己所在机构与其他机构的过往业绩、专业人员数量和市场知名度时，一定要使用客观的数据或有明确依据的事实，对于其他机构或理财规划师不如自己所在机构或个人之处，尽量少用评价性的语言，以免给客户造成贬损其他机构或理财规划师的印象。

(7) 避免使用命令语气。在谈到对客户的要求时，一定不要用生硬的口气，不能让客户有一种被命令的感觉。如“把您的保单拿来”、“您必须向我们提供真实信息”等，会让客户感到不舒服。可以改为“我们需要看一看您的保单”，“我们制订的理财方案是否适合您的实际情况，关键取决于我们掌握的您的信息是否准确，所以您的真实信息对我们至关重要”。

（二）行为

有专家指出，人们2/3的信息传递是通过非语言渠道进行的。客户的恐惧、焦虑、真诚、迷惑、愤怒、高兴、敌对、兴趣、关注等一系列的动作能反映出他们的感受和态度，同样，理财规划师的行为也能反映自己的内心。在理财规划过程中，行为是指除了所有语言以外的交流的方式。人们有时试图掩盖自己的真实想法，不愿意说出来，或者犹豫不决，而肢体语言仍然可以传达心理的感受。规划师掌握行为交流的技巧，不但可以更好的理解客户，而且可以运用这些技巧为自己表达感情，使双方关系更加融洽。

行为主要有两种：身体和噪音。具体包括：身体位置、身体运动、手势、面部表情、眼神、音量和音调。肢体语言比口头语言更单纯，更能反映人的真实感受。但是理财规划师要注意，客户的行为所表达的含义都应当在他的别的行为或语言中得到验证，规划师不要单纯凭其中一个指标就急于下结论。

1. 身体。要提高对客户行为的观察能力，理财规划师必须先明白身体究竟是怎么表达感情的。具体的说，客户身体的位置和动作传递的是什么信息。

（1）理财规划师应当首先注意客户整个身体的位置。舒适地直坐着通常表示客户是放松的；稍微向前倾，表明客户很感兴趣并且融入到了话题之中。如果表现得懒散并且远离理财规划师，可能是客户对话题不感兴趣或者不信任理财规划师，或者已经有些厌烦。

（2）理财规划师还应当注意客户胳膊和腿的位置和变化。如果客户的腿没有交叉并且胳膊放得很舒服，通常说明客户是放松的并且愿意继续交谈。如果双臂紧抱，则说明他们不信任理财规划师。年轻的女客户边说话边不停地捋头发，很可能是因为她紧张。

（3）客户的面部表情也值得注意，绝大多数人的表情是丰富的。如果客户的表情僵硬则表明他们紧张、害怕、愤怒，这些情绪将不利于双方建立客户关系。

（4）眼睛是心灵的窗户。如果客户的眼神游移不定，不敢接触理财规划师的目光，可能是由于害羞、紧张或者害怕。另一方面，如果客户不断地瞪着规划师，则意味着愤怒和敌对情绪。如果客户在谈话时环顾整个房间，或者在填表时不断地看墙和天花板，则表明他感到谈话索然无味。

2. 嗓音。嗓音包括音量和音调等方面。从音量和音调能看出说话人的感受，这种感受经常同他实际所说的话不同。这些都是理财规划师应当注意的。

四、交流的技巧

在交流过程正式开始了之后，理财规划师就会用到具体的交流技巧了，下面从关注客户、倾听客户诉说、对客户作出反应这三个方面来阐述。

（一）关注

与客户交流时，首先要做到保持注意力集中，这是出于尊敬客户的要求，也是理财规划师了解客户的前提。只有关注客户，才能赢得客户的尊重和信任。不论理财规划师的其他沟通技巧有多好，如果他不能够时时刻刻关注客户的各种语言或者非语言信息，那么他可能在一开始时就失去这位客户。关注的技巧可以用 SOLER 表示：

保持适当的距离（Squarely）：有机会与客户面对面地直接交流，比起打电话、发邮件来，与客户面对面地交流效果要好得多。因为动作可以传递出很多意思，表示你一直陪着对方，关心他，支持他，鼓励他说下去。而身体离得越远，这种交流也就越少了。

采取一种开放的姿势（Open）：张开臂膀、面带微笑地与客户交流，意味着接受客户，而手臂和双腿交叉则表示排斥对方。开放式的姿势能提高了双方交流的质量，减少客户的戒心。

向客户倾斜（Lean）：客户说话时，理财规划师最好能身体稍微前倾。这样能表示对客户的尊重和关注。而如果远离客户，身体向后，则会给人以居高临下的感觉，使客户紧张或者反感，不愿意说出自己的真实情况。

保持眼神的交流（Eye）：指谈话时应该注视着对方。有些规划师在交谈时很少看着客户，或者当客户看着他时，他会将目光移走，甚至"愣神"。这样客户会觉得自己不受重视，甚至认为这位理财规划师不够专业，不愿意与他建立长期的关系。眼神的交流应该是自然的，盯着客户看显然也是不合适的。

放松地去交流（Relaxed）：关注客户的同时要注意放松。如果理财规划师紧张或者动作生硬，客户会觉得他缺乏经验，不值得信任；而如果理财规划师说话自然流畅、手势恰当，就能把握好交流的整个过程，赢得客户。人时时刻刻都处在交流之中。理财规划师可以利用多种方式进行交流，如手势、姿势、眼神，等等。身体可能会传递本不想传递的内容，理财规划师应该努力让身体为自己代言，为更好地与客户沟通并最终建立客户关系服务。

（二）倾听

倾听也是一种交流。一个人的情感的流露有时是直接的，有些时候则是隐晦的。理财规划师必须注意到客户的声音、姿势、手势、面部表情还有语言等各方面的线索，抓住对方情感的细节。倾听与简单地听对方说话有很大的不同。倾听意味着领会到了说话人的意思，不但听懂了他的话，而且理解了他身体、表情和嗓音等形体语言传递出的感受。倾听别人和对别人作出恰当的反应，可以使理财规划师透过客户的言谈举止来洞察对方的内心世界，对于建立客户关系起着至关重要的作用。理财规划师不能忽视了倾听的交流方式，而应该把它当成一种重要的交流技巧来认真学习。

倾听不是那么容易做到的。很多人在别人说话时要么分心，要么总是在评判别人，对方还没说完，他们就早已得出了结论，因此会丢失后面的重要信息。倾听客户的诉说，需要理财规划师集中精力，密切关注。有时规划师可以把客户的意思用自己的语言再说一遍，这样能确定自己准确地理解了客户的话。必须注意，倾听不是要原封不动地重复对方的话，而是要设身处地地融入对方的内心世界，话里要包含你自己的思想。

即使再融洽的客户关系也有可能出现抵触的情况，而倾听能帮助理财规划师发现客户的抵触情绪。客户的不满可以通过显性的或者隐性的形式表现出来。显性的抵触比较容易看出来，也好控制。在客户出现明显的激动情绪时，理财规划师应当使他慢慢平静下来，等他变理智了再继续正题的讨论。而隐性的抵触不太明显，客户没有把他们的怒气表现在脸上，而且可能也没意识到自己在发脾气。怀着不满情绪的客户可能失约、迟到、讽刺、高傲、心不在焉等等。不论客户是为什么产生抵触情绪，理财规划师最好都不要把客户的行为理解成敌对情绪，而应该就事论事，或者让客户自己分析和解释。

（三）反应

在关注和倾听的过程中，理财规划师需要稍微作出些反应。既可以顺着客户的口气来引导客户说下去，也可以说出理财规划师自己的看法，使客户参与到问题的讨论当中。交流始终应该是双向的。这样客户才会觉得理财规划师准确理解了自己的意思，才会愿意把个人面临的种种问题说出来。

倾听中的反应有很多种，下面是几种典型的形式。

1. 最简单的反应方式是理财规划师无须语言，只要微笑或者点头就可以表示理解和赞同，客气地鼓励客户继续说下去。

2. 转述也可以增进交流。转述是用自己的语言把对方所说的重新表达出来。理财规划师要摆脱自己的思维方式，完全站在客户的角度进行判断。比如客户会这样说："我是一个理财盲，如何避税、如何对付通货膨胀都一窍不通，我真不知怎么才能把这个月的钱留到下个月。"理财规划师可以这样说："理财对你而言真是件难事，看起来你有点入不敷出。"客户听到这样的反应时，会感觉理财规划师真正明白了他意思，并且有兴趣将这个话题深入下去。

3. 客户说不清楚的时候，理财规划师可以问他一些问题，让他换一种说法，帮助理清思路，顺畅地表达出来。当然也有可能是理财规划师没听懂，因此可以这样问客户："不好意思，我不太明白您的话，您能详细解释一下吗？"

4. 理财规划师也可以谈自己对问题的看法，不完全顺着客户的意思。这一点可以通过前文提到的几种语言交流的方式来进行，包括解释、建议、提问等等。但是要注意，理财规划师的想法与客户的不同，客户不一定能接受。他们一定要考虑客户的理解能力和当时的情绪。如果在谈看法之前，理财规划师一直是关注着客户的，了解了他的情况，顺应他的情绪，双方已经建立了良好的关系，那么这时理财规划师用恰当的方式说出自己的想法，就不会让客户感到措手不及了。

第二单元　确定客户关系

通过与客户的交谈和沟通，理财规划师在确认客户有真实的理财需求，且客户建立了对理财规划师的信任并有意委托该理财规划师所在机构帮助其理财的情况下，就可以与客户签订理财规划服务合同。

一、签订理财规划服务合同

（一）理财规划服务合同的签订程序

1. 理财规划师应准备好合同文本。

2. 将合同交给客户，提醒客户认真阅读合同所有条款，并对客户理解有误或不理解的条款向客户作出详细解释，尽量避免日后因对合同条款理解上的分歧而产生法律纠纷。

3. 审查客户的身份，确认客户具有签订合同的行为能力。

4. 如客户对合同内容无异议，同意签署合同，则要求客户当面在相应的位置签字。如合同为多页，则要求客户在每一页上都要签字。签字完毕后，将合同收回盖章，然后将一份交给客户，并开具交费通知单，通知客户到收款部门交费，并告知客户在交费完毕后将其中一联交回。

（二）签订理财规划服务合同时应注意的问题

1. 签订合同应以所在机构的名义，而不能以个人的名义。

2. 理财规划师在向客户解释合同条款时，如果发现合同某一条款确实存在理解上的歧义，则应提请所在机构的相关部门进行修改。

3. 不得向客户作出收益保证或承诺，也不得向客户提供任何虚假或误导性信息。

4. 合同签订完毕后，理财规划师应将原件送所在机构档案管理部门存档，自己留存复印件，以免原件不慎丢失。

二、理财规划服务合同的形式和内容

（一）理财规划服务合同的形式

理财规划合同作为合同的一种，应符合《合同法》关于合同的一般规定。理财规划合同宜采用书面形式，而不宜采用默示形式和口头形式。一般说来，理财规划师提供理财规划服务均不是个人行为，而是代表理财规划师所在机构的行为，所以理财规划师所在机构都会备置格式合同，在确定客户的理财意向后，理财规划师都要代表所在机构与客户签订书面合同。

（二）理财规划服务合同的主要条款

根据理财规划服务的内容和理财规划合同的性质，理财规划合同主要包括以下条款：当事人条款、鉴于条款、委托事项、理财服务费用、陈述与保证、客户的权利与义务、理财规划师所在机构的权利与义务、违约责任、争议解决方式以及特别声明条款。下面我们逐一介绍理财规划合同的主要条款。

1. 当事人条款。“当事人条款”主要是列明合同的当事人各方的自然情况。在理财规划合同中，合同的当事人主要是客户和理财规划师所在机构。其中，客户主要是个人（自然人），也包括一些中小企业。在客户为个人的情况下，合同中应写明客户的姓名、地址、邮政编码、联系电话、传真和电子信箱等内容；在客户为中小企业的情况下，合同应写明企业名称、代表人、地址、邮政编码、联系电话、传真和电子信箱等。理财规划师所在机构一般是公司或合伙机构。如果是公司，应写明公司的名称、代表人、地址、邮政编码、联系电话、传真和电子信箱等；如果是合伙机构情况下，除地址、邮政编码、联系电话、传真和电子信箱等内容外，还应写明代表合伙人（负责人）的姓名。

2. 鉴于条款。“鉴于条款”并不是合同的必备条款，但是合同中设“鉴于条款”有利于清楚地表明双方的签约目的，在发生纠纷时，“鉴于条款”还可用以探究当事人的真实意思表示。当然，“鉴于条款”和“当事人条款”都不是合同主文中的内容，如“鉴于条款”与主文的内容相抵触，则以主文的内容为准。

3. 委托事项条款。“委托事项条款”是合同的核心内容，是约定客户委托理财规划师所在机构所办理事项的具体内容。通常，在理财规划合同中，“委托事项条款”都约定客户委托理财规划师所在机构根据客户提供的情况和客户的目标为客户制定理财方案，并协助客户执行理财方案。在“委托事项条款”中，一般还要约定具体承办委托事项的理财规划师，因为有时候客户是基于对理财规划师个人的信任才委托其所在机构提供理财服务，所以如果理财规划合同中未约定具体承办的理财规划师，而有时客户会提出这个要求，在这种情况下，在理财规划合同中仍要约定具体承办的理财规划师。

4. 理财服务费用条款。理财规划师代表所在机构为客户提供理财规划服务，向客户收取相应的费用是毫无疑问的，“理财服务费用条款”就是约定客户如何向理财规划师所在机构支付服务费的条款。该条款的内容包括理财服务费用的金额、支付方式、支付步骤以及接收账户。在对服务收费有国家规定的情况下，服务费的金额不得超过物价管理部门规定的幅度。支付方式是指以现金支付、支票或汇票支付，或以信用卡支付。支付步骤是指在分阶段支付理财服务费用的情况下，客户支付每一笔理财服务费用的时间和前提条件。接收账户是指理财规划师所在机构指定的接收理财费用的账户。在理财服务费用金额比较小的情况下，可以用现金支付，理财规划师可以根据所在机构的规定直接收取，不必要求客户向指定的账户汇款。

5. 陈述与保证条款。理财规划师能否为客户制定合适的理财方案，很大程度上取决于客户提供的信息是否真实。另一方面，理财规划师向客户所做的介绍和自己的执业资格必须是真实的，不能误导客户。所以，理财规划合同中有必要设置“陈述与保证条款”，规定客户承诺向理财规划师如实陈述事实，如因隐瞒真实情况、提供虚假或错误信息而造成损失，理财规划师所在机构及理财规划师本人均不承担任何责任；理财规划师所在机构及理财规划师本人亦承诺向客户提供真实信息，如因误导客户或提供虚假信息造成客户的损失，理财规划师所在机构及理财规划师本人应承担赔偿责任。

6. 当事人权利与义务。合同是约定当事人权利和义务的法律文件，因此合同中通常都要明确规定合同各方的权利和义务。客户的权利和义务主要包括客户有依据合同约定得到理财规划服务的权利，有要求理财规划师所在机构提供书面理财计划的权利，有要求理财规划师跟踪和指导理财计划执行的权利，有要求理财规划师及所在机构保密的权利；客户有义务提供真实信息，有义务配合理财规划师制定和执行理财计划，有义务依据合同约定交纳理财服务费。

理财服务合同系双务合同，一般说来一方的权利就是另一方的义务。相应地，理财规划师所在机构的权利主要是收取理财服务费用；理财规划师所在机构的义务主要是提供理财服务、提供书面理财计划、跟踪和监督理财计划的执行、严守客户秘密。

7. 违约责任。违约责任是对不履行或不依据合同约定全面履行合同约定义务的一方的惩罚。具体到理财规划合同而言，理财规划师所在机构如未履行或未全面履行合同约定的保密、提供理财服务、跟踪和指导理财服务的义务，则客户可以要求全部或部分退还已经交纳的理财服务费，并有权要求赔偿；对客户而言，如未提供真实信息，未依据合同约定交纳相应的理财服务费，则理财规划师所在机构可以拒绝提供或拒绝继续提供理财服务，并不退还已经交纳的费用。

8. 争议解决。理财规划师所在机构与客户有时会发生争议，这是难以完全避免的。所以，理财规划合同中应设置“争议解决”条款，约定在发生争议时，通过什么方式解决。争议解决方式主要包括协商、诉讼和仲裁。如通过协商能够解决，则可使双方均减少麻烦。如果通过协商仍不能解决，则要通过诉讼或仲裁的方式解决。诉讼和仲裁不能同时选择，如果选择了通过诉讼的方式解决争议，就不能在发生争议时提交仲裁机构解决；如果选择了仲裁，原则上不能再通过诉讼的方式解决争议，除非仲裁条款无效，或者在发生争议时一方向法院起诉，另一方不提异议且应诉答辩。需要注意的是，仲裁实行“一裁终局”制度，仲裁裁决一经作出，即发生强制执行效力，任何一方不得向法院起诉或上诉。

9. 特别声明条款。理财规划师所在机构在与客户签署理财规划合同时，通常是采用预先印制的或预先准备的合同，这种合同容易被认定为格式合同，格式合同在发生争议时通常会作出对格式合同提出人不利的解释。为最大限度防止格式合同的嫌疑，从而避免导致不利后果，理财规划合同中通常约定特别声明条款，由客户声明已经清楚阅读并全部理解合同条款，双方确认该合同不是格式合同。

（三）理财规划服务合同示范文本

编者特别声明：本书编者无意向任何个人或机构提供法律意见，因此本“理财规划服务合同”示范文本仅作为本教材内容的一部分，并非为任何机构或个人的具体业务而制定。编者强烈建议，凡拟在业务中参照、仿照或直接使用本示范合同文本者，应另行征询法律顾问的意见，本书编者对参照、仿照或直接使用本示范文本的任何个人或机构导致的损失概不负责。

理财规划服务合同（示范文本）

本合同由下列各方于______年______月______日于______签署：

甲方：××理财规划服务有限公司

代表人：××董事长

地址：北京市西城区阜成门内大街______号

电话：86－10－66666666

传真：86－10－88888888

电子信箱：chFPservice@ dongfanghuaer. com

乙方：孔林

地址：北京市海淀区皂君庙______号楼______单元______室

电话：86－10－55555555

传真：86－10－77777777

电子信箱：KongLin@ sohu. com

鉴于：

（1）甲方××理财规划服务有限公司（以下简称“甲方”）系依据中华人民共和国法律成立并依法存续的有限责任公司，为客户提供专业理财规划服务；

（2）乙方孔林（以下简称“乙方”）拟基于其自身财务现状委托甲方帮助理财；

（3）甲方同意接受乙方的委托，并指派专门的理财规划师具体承办乙方委托的事务。

因此，基于前述，双方达成合同如下：

第一条　委托事项

双方约定，甲方基于乙方的财务状况为乙方制订理财计划，协助乙方执行理财计划，并在执行过程中根据具体情况对理财计划进行必要的调整。

第二条　理财服务费用

• 双方约定，乙方就甲方提供的理财服务向甲方支付理财服务费______元人民币，并按照下列步骤分期支付：

（1）本协议签署之日，乙方向甲方支付______元人民币；

（2）甲方向乙方交付书面理财计划之日，乙方向甲方支付______元人民币。

• 甲方为乙方制订理财计划、协助乙方执行理财计划的过程中所发生的差旅费、交通费或查询费等费用均由乙方承担。

第三条 陈述与保证

• 甲方声明与保证如下：

（1）甲方是依据中华人民共和国法律成立并有效存续的有限责任公司，有资格提供理财规划服务；

（2）甲方所指定的具体承办理财规划事务的理财规划师具有相应的胜任能力，已经通过国家理财规划师职业资格考试，并取得执业证书；

（3）甲方及甲方指定的理财规划师勤勉尽责，以合理的谨慎处理乙方委托的事务；

（4）甲方及其指派的理财规划师保证对在业务过程中知悉的乙方的隐私或商业秘密不向任何个人或机构披露；

（5）甲方及其指派的理财规划师与在理财计划中所推荐的金融产品或服务的提供机构无雇佣关系或其他任何具有经济利益的合作关系，如此后发生前述任何一种或数种关系，则甲方将及时向乙方披露。

• 乙方声明与保证如下：

（1）乙方将按照本合同的约定及时交纳理财服务费；

（2）乙方向甲方提供与理财计划的制定有关的一切信息，并保证该信息真实准确；

（3）乙方为甲方协助其执行理财计划提供一切便利。

第四条 权利与义务

• 甲方享有下列权利：

（1）收取理财服务费；

（2）甲方对其制订的理财计划拥有知识产权，除乙方自己使用外，未经甲方许可，不得许可给任何第三方使用，或在报刊、杂志、网络或其他载体予以发表或披露；

（3）有权要求乙方提供真实信息。

• 甲方负有如下义务：

（1）制订和向乙方交付书面理财计划；

（2）协助乙方执行理财计划；

（3）就理财计划的执行进行跟踪，并根据具体情况适时加以改进；

（4）保守乙方的隐私和商业秘密；

（5）如实向乙方披露已经存在的或在业务过程中产生的冲突利益。

• 乙方享有下列权利：

（1）取得书面理财计划的权利；

（2）要求甲方协助执行理财计划的权利；

（3）要求甲方根据实际执行情况改进理财计划的权利；

（4）要求甲方保守隐私和商业秘密的权利；

（5）要求甲方披露冲突利益的权利。

• 乙方负有下列义务：

（1）依据合同约定及时交纳理财服务费的义务；

（2）向甲方提供真实信息的义务；

（3）为甲方协助其执行理财计划提供便利的义务。

第五条　违约责任

• 甲方的下列行为视为违约，乙方有权追究甲方的违约责任：

（1）甲方未按照本合同的约定交付书面理财计划的，经乙方催告后5个工作日内仍未交付的，乙方有权宣告解除合同，甲方应退还乙方交纳的理财服务费；

（2）如甲方未按照本合同约定协助乙方执行理财计划，则乙方可以宣告解除合同，并有权拒绝支付执行理财计划阶段应当交纳而尚未交纳的理财服务费，但无权要求退还取得本合同签署之日所交付的第一期理财服务费；

（3）如甲方违反本合同约定的保密义务，乙方有权宣告解除合同，甲方应全部退还所收取的理财服务费，造成乙方损失的，乙方有权向甲方追究赔偿责任；

（4）如甲方在存在利益冲突的情况下未及时向乙方披露，则乙方可宣告终止本合同，已经交纳的理财服务费甲方不予以退还，尚未交纳的不再交纳，如因此给乙方造成损失，乙方有权要求赔偿；

• 乙方的下列行为视为违约，甲方有权追究乙方的违约责任：

（1）如乙方未按照本合同约定交纳第一期理财服务费，甲方有权拒绝制定并交付理财计划；

（2）如乙方未按照本合同约定交纳其他任何一期理财服务费，则甲方有权拒绝履行约定的协助执行理财计划的义务；

（3）如乙方不提供真实信息或不提供其他协助，则甲方有权拒绝制订并交付理财计划，并有权拒绝协助执行理财计划。

第六条 争议解决

任何因本合同的解释及执行而产生的争议，应首先由双方通过友好协商和（或）经由中立第三方调解来解决。如争议未能于前述方式解决，则任何一方均有权将纠纷提交北京市仲裁委员会，依该会仲裁规则进行仲裁。

第七条 特别提示与声明

- 甲方特别提示，甲方系理财规划咨询服务机构，提供的仅仅是咨询服务，对乙方投资任何金融或实业工具均不做任何收益保证，甲方已极尽合理之注意义务防止所指派的理财规划师向客户做出任何收益保证或其他具有类似性质的承诺，如理财规划师做出该种保证或承诺，均非甲方的意思表示，乙方不宜信赖其保证或承诺，凡信赖理财规划师的该种保证或承诺而造成损失，甲方不承担任何责任。
- 乙方特别声明，本合同内容系双方逐一协商、谈判而达成，并非任何一方提出的格式合同。因本合同的解释发生歧义时，按照合同的文义以对双方平等的方式予以解释；
- 乙方特别声明，乙方完全知悉并理解甲方提供的仅仅是咨询服务，对理财计划中建议的投资方式和投资工具不做任何收益保证或其他类似性质的承诺，如承办的理财规划师作出该种保证或承诺，则不信赖该保证或承诺，如信赖该保证或承诺因此而造成损失，或因市场变化等原因造成投资损失，均不追究甲方任何责任。

第八条 其他

- 本协议一式两份，双方各执一份，具有同等法律效力；
- 本协议自双方签署之日起生效。

甲方：××（理财规划服务机构）

代表人：××董事长签章：

乙方：

孔林签章：

（四）保密合同的签署

鉴于理财规划行业在我国尚处于发展的初级阶段，客户对理财规划服务的认知、接受需要一个过程，而在这个过程中，取得客户的信任，打消客户的顾虑，让客户放心地接受理财规划服务机构提供的服务就显得尤为重要。通常，客户最大的顾虑来自于对其私人基本情况和财务情况信息是否可以得到严格保密的担心。所以，在理财规划服务机构和客户签订理财规划服务合同的同时一般还要单独再签署一份保密合同，保密合同的条款通常包括：当事人条款、鉴于条款、保密信息定义条款、双方权利与义务、违约责任、适用法律及管辖以及其他条款。下面逐一介绍保密合同的主要条款。

• 当事人条款。“当事人条款”主要是列明合同的当事人各方的自然情况。保密合同的当事人与理财规划合同的当事人相同，也是客户和理财规划师所在机构。参见上文理财规划合同的主要条款中对当事人条款的说明。

• 鉴于条款。与理财规划合同中的一样，保密合同中的“鉴于条款”也不是合同的必备条款，但是它有利于清楚地表明双方签约的原因、条件和目的。如果“鉴于条款”与主文的内容相抵触，则以主文的内容为准。

• 保密信息定义条款。理财规划机构同客户签订保密合同的目的，在于针对双方在履行理财规划合同的过程中向对方提供的不为第三人所知悉的信息予以保密。属于双方重要的义务之一。履行这一义务的前提，就要明确义务的范围即保密信息的范围。保密协议定义条款应当在理财规划服务机构与客户协商的基础上，针对理财机构提供的不同的服务来设计这一条款，通常，制定保密信息条款采取列举的方式，将几种常见的保密信息详尽列出，同时，实际中，还会有很多合同双方事前没有考虑到或无法预见的情况，这些情况一旦发生而合同又没有作规定，就会在当事人之间产生不必要的纠纷，因此，为了避免这样的情况在理财规划实施过程中发生，保密信息定义条款是开放式的条款，对未知的情况作概括的规定，比如使用“及其他形式”、“包括且不限于”、“另行约定”等字句。

保密信息包括了双方所持有并向对方提供的信息，应该将双方各自的保密信息分别定义。在界定客户所持有的保密信息时，要考虑客户是个人、家庭还是中小企业，最好从客户向理财规划机构透露信息的途经来定义；而界定理财规划师所在机构的保密信息时，从信息的内容上来定义比较合适，比如一般包括财务信息、开户银行资料、组织架构、股东资料以及公司知识产权等。

• 双方权利与义务条款。保密合同是约定当事人的与保密信息有关的权利和义务的法律文件，因此双方的权利与义务条款是保密合同的核心内容。同时，由于保密合同目的在于有效保护双方的保密信息，双方的权利与义务条款应该侧重于义务方面，限制双方的行为，防止保密信息被泄露和公开。

客户的义务主要包括保证其向理财规划师所在机构所提供信息内容的真实准确；所提供的信息在理财规划建议书的制定及执行过程中发生重大变化的，客户有及时告知理财规划师所在机构的义务；在对理财规划建议书的使用上，客户有不得擅自将公开发表、披露或许可给任何第三方使用的义务。

理财规划师所在机构的义务包括了机构自身的义务和它所指定的理财规划师和雇员的义务，主要是对客户信息妥善保存和谨慎使用的义务。在保密合同中，还应该详细列出各种例外的情况，即哪些保密信息可以公开，以及在什么条件下、以什么方式公开。

可以公开的信息主要包括在签署保密合同之时或之前已经属于理财规划师所在机构所有的保密信息，事先已经公开的信息，以及理财规划师所在机构从第三方或公开领域获得的信息。另外，理财规划师所在机构应法院或其他法律、行政管理部门要求而透露保密信息，应立即向客户方发出通知，并作出必要说明。这些例外情况是对保密信息定义条款的补充，是理财规划师所在机构免责的依据。由于保密合同只限制保密信息对外公开，并不限制其在当事人双方之间交流，因此合同中还应该写明理财规划师所在机构应保留正确的保密信息，并且应按客户的要求向其提供这类记录信息，容许客户检查和稽查，但对客户信息中涉及侵犯第三方知识产权的情况不负责任。保密是一种特殊的义务，需要双方长期履行。保密合同中一般规定保密义务不因合同及合同事项的中止、终止而解除。

• 违约责任。保密合同的违约责任是对不履行保密合同约定的条款一方的惩罚。由于保密信息涉及当事人的个人隐私、商业秘密和知识产权，违反保密合同将给对方造成严重的损失，尤其是精神和名誉方面的长期损害。因此，保密合同中需要订立违约责任条款，规定违约的一方应承担因自己的违约行为而给对方造成的损失。守约方有权采取要求其停止损害、实际履行、赔偿损失以及其他合理的救济措施。

• 解决争议条款。解决争议的方式，是指有关解决争议运用什么程序、适用何种法律、选择哪家检验机构或鉴定机构等内容。理财规划机构与客户在履行合同过程中发生纠纷时，双方可以按照约定的方法及程序来解决纠纷。解决争议条款包括：（1）双方协商条款；（2）交第三人调解条款；（3）仲裁条款，仲裁条款可排除诉讼；（4）提起诉讼条款，当事人要对受诉法院进行约定，选择的法院要与合同纠纷有一定联系，如：合同签订地、合同履行地等，并且当事人的约定不能违反法律的规定；（5）选择检验、鉴定机构条款；（6）法律适用条款，这一条款常适用涉外合同，不限于中国的法律。

保密合同双方可以从上述争议解决方式中选择适合于双方的方式。保密合同示范文本如下：

编者特别声明：本书编者无意向任何个人或机构提供法律意见，因此本“保密合同”示范文本仅作为本教材内容的一部分，并非为任何机构或个人的具体业务而制定。编者强烈建议，凡拟在业务中参照、仿照或直接使用本示范合同文本者，应另行征询法律顾问的意见，本书编者对参照、仿照或直接使用本示范文本的任何个人或机构导致的损失概不负责。

保密合同（示范文本）

本合同由下列各方于______年______月______日于______签署：

甲方：××理财规划服务有限公司

代表人：××董事长

地址：北京市西城区阜成门内大街______号

电话：86－10－66666666

传真：86－10－88888888

电子信箱：chFPservice@ dongfanghuaer. com

乙方：孔林

地址：北京市海淀区皂君庙______号楼______单元______室

电话：86－10－55555555

传真：86－10－77777777

电子信箱：KongLin@ Sohu. com

鉴于：

（1）甲方为乙方提供理财规划服务；

（2）在理财规划服务的实施过程中，甲乙双方向对方提供有关保密信息，且该保密信息属甲乙双方合法所有；

（3）甲乙双方希望对本合同所述保密信息予以有效保护。

双方对合同条款确认如下：

第一条　保密信息的定义

“保密信息”是指，乙方所持有的以口头、书面、数码或其他形式向甲方提供或透露的个人隐私或者商业秘密，包括且不限于：

（1）乙方的财务状况及家庭情况的相关资料文件；

（2）乙方通过面谈、电话交流和网络交流向甲方所提供的信息；

（3）乙方及家人接受甲方所进行的相关调查问卷的资料。

甲方所持有的以口头、书面、数码或其他形式向乙方提供或透露的商业机密、贸易机密、操作信息、技术信息以及所有不被公开知道的，或与商务或财务相关的信息，包括且不限于：

（1）财务信息、开户银行资料、组织架构、股东资料等；

（2）公司知识产权（不论是公司独自拥有的，或是和其他方共同拥有的，亦不论是现有的，或将来开拓发展的），包括但不限于公司或产品的商标，有关文档资料的著作权，专利及非专利技术、商业秘密等。

第二条 乙方权利与义务

• 乙方必须保证其向甲方所提供信息内容的真实准确；

• 在理财规划建议书的制定及执行过程中，乙方所提供的信息发生重大变化的，乙方应当及时告知甲方；

• 对甲方为其制定的理财规划建议书，乙方只得自己使用，未经甲方许可，不得许可给任何第三方使用，或在报刊、杂志、网络或其他载体予以发表或披露。

第三条 甲方权利与义务

• 甲方保证对乙方提供的保密信息予以妥善保存，至少采取适用于对自己保密信息同样的保护措施和审慎程度进行保密。

• 甲方对由于工作需要而知道保密信息的理财规划师或者其他雇员，应该告知该信息的机密性质并在甲方的指导下以机密的方式对待此类信息。

• 上述限制条款不适用于以下情况：

（1）在签署本合同之时或之前，保密信息已以合法方式属甲方所有；

（2）保密信息在通知给甲方时，已经公开或能从公开领域获得；

（3）保密信息是甲方从与其没有保密或不透露义务的第三方获得的；

（4）在不违反本合同项下约定责任的前提下，保密信息已经公开或能从公开领域获得；

（5）甲方应法院或其他法律、行政管理部门要求披露的信息（通过口头提问、询问、要求资料或文件、传唤、民事或刑事调查或其他程序）因而透露保密信息，在该种情况发生时，应立即向乙方发出通知，并作出必要说明。

• 甲方应保留与此合同有关的、正确的文件和档案，并且应按乙方的要求向乙方提供这类记录信息。

• 甲方应允许乙方在所有合理的时间检查和稽查所有与此合同相关的文件和档案。

• 乙方提供的保密信息，如涉及侵犯第三方知识产权的情况，甲方不对此侵权行为负责，且免于由此产生的索赔。

• 保密义务不因本合同及本合同事项的中止、终止而解除。

第四条 违约责任

未履行本合同项下的条款被视为违约。作出违约行为的一方应承担因自己的违约行为而给守约方造成的损失。守约方有权采取要求其停止损害、实际履行、赔偿损失以及其他合理的救济措施。

第五条 适用法律及管辖

• 本合同根据中华人民共和国法律解释。

• 任何因本合同的解释及执行而产生的争议，应首先由双方通过友好协商和（或）

经由中立第三方调解来解决。如争议未能于前述方式解决，则任何一方均有权将纠纷提交北京市仲裁委员会，依该会仲裁规则进行仲裁。

第六条　未经双方书面确认，任何一方不得变更或修改本合同，法律另有规定的除外。

第七条　本合同自双方签字盖章之日起生效。

第八条　本合同一式两份，双方各执一份。

甲方：××（理财规划服务机构）

代表人：××董事长

签章：

乙方：孔林

签章：

第二节　收集客户信息

理财规划师为客户制定的理财方案是否适合客户的实际情况，关键取决于理财规划师是否对客户的财务信息、与理财相关的非财务信息和客户的期望目标有充分的了解。而客户理财目标的形成，须在充分掌握客户财务信息和非财务信息的基础上，由理财规划师和客户经过充分的沟通共同确定。

可见，收集、整理和分析客户的财务信息和与理财有关的非财务信息，是制定理财方案的关键一步。如果无法收集到准确的财务数据，理财规划师就无法准确了解客户的财务状况和理财目标，也就不可能针对不同客户提出切实可行的理财方案。所以，各国的理财规划师协会或理财规划师职业资格认证机构在制定职业资格标准时，都将收集客户信息作为理财规划的基础，并将其视为理财规划的必要程序之一。

第一单元　客户财务信息的收集和整理

财务信息是指客户目前的收支情况、资产负债状况和其他财务安排以及这些信息的未来变化状况。

一、客户的收支情况

（一）客户收入

一般而言，客户的收入主要由经常性收入和非经常性收入构成，又可细分为工资薪金、自雇收入、奖金和佣金、养老金和年金、投资收入和其他收入等。显然，收入的高低和变动幅度将影响到客户风险承受能力的大小。相对而言，工资收入、养老金、年金收入比较稳定，而投资收入则有一定的波动性。投资收入来自于客户的投资。客户投资可分为实业投资、金融投资、不动产投资和艺术品投资几个方面。其中银行大额存单、本币或外币保底理财等金融投资收入相对稳定。奖金和佣金与客户就职的单位绩效和自身表现有很大关系。自雇收入来自于比如说客户的稿费或其他非薪金收入，这种收入大多是非经常性的，但如果这些收入的数量较大，也会对客户的财务状况产生影响。客户在提供这类信息时，不仅要提供已经实现的收入，还要计算已经承诺但尚未实际取得的收入。

需要说明的是，客户实际拿到手的收入一般都已经由支付单位代扣代缴了相应的税款，且客户只能对已经纳税后的收入有支配权，应当交纳的税款客户迟早要交纳。所以，此处所指客户收入，均为纳税后的收入。

客户的收入状况可以通过客户填写表 8－1 获得，需要说明的是，如果客户子女已经财务独立，则可不将子女的收入纳入统计之列。

表 8－1 **客户目前年收入**

客户目前年收入 单位：元

收入项目	本人	配偶	其他成员	总计
工资和薪金				
自雇收入（稿费及其他非薪金收入）				
奖金和佣金				
养老金和年金				
投资收入				
其他收入				
总收入				

（二）客户支出

客户支出主要包括客户经常性支出和非经常性支出。经常性支出主要是指生活中按期要支付的费用，例如客户的住房贷款按揭偿还。而非经常性支出主要是指客户的日常生活中不定期出现的费用支出，而且其金额也没有明确的标准。如客户为起诉某一侵权人而支付的律师代理费、去某地旅游而支付的旅游费用。当然，如果客户重视法律问题，一直聘请常年法律顾问，或者客户是个旅游爱好者，每年都有出游的计划，则这些法律服务费和旅游费用就算是经常性支出。所以，经常性支出和非经常性支出有时没有严格的界限，需要根据客户的具体情况加以区别。具体的支出情况，可以通过表 8－2 获得。

表 8－2　　　　客户目前年支出　　　　单位：元

项目		金额
房产	①租金/抵押贷款支付（包括保险和纳税）	
	②修理、维护和装饰	
家电、家具和其他大件消费	购买和维修	
汽车	①贷款支付	
	②汽油及维护费用	
	③保险费、养路费、车船税等	
	④过路与停车费等	
日常生活	①水电气等费用	
	②通讯费	
	③交通费	
	④日常生活用品	
	⑤外出就餐	
	⑥其他	
购买衣物	衣服、鞋子及附件	
个人护理	化妆品、头发护理、美容、健身	
休闲和娱乐	①度假 ②其他娱乐和休闲	
商业保险费用	①人身保险 ②财产保险 ③责任保险	
医疗费用	医疗费用	
其他项目		
总支出		

二、资产与负债情况

客户资产和负债情况是理财规划师衡量客户财务状况是否稳健的重要指标，因此在理财规划业务中，理财规划师必须清楚地了解客户的资产与负债状况，并且掌握资产负债未来可能发生的变化。

（一）资产

资产包括金融资产、实物资产和其他个人资产。其中金融资产可分为现金与现金等价物和其他金融资产两类，如表 8－3 所示。前者是指客户拥有的以现金形式或高流动性资产形式存在的资产，所谓高流动性资产主要是指各类银行存款、货币市场基金和人寿保险现金收入。其中货币市场基金因为具有良好的流动性且投资成本很低成为非常重要的现金等价物和现金规划工具。所谓的流动性要从产品的易变现性和变现后价值损失程度两方面来界定。其他金融资产是指客户由于投资行为而形成的资产，如各类股票和债券等。这类资产通常具有高收益伴随高风险的特点。实物资产主要不仅包括客户拥有的动产、不动产，还包括家庭的大件物品或其他价值较高的物品，如家电、家具、金银首饰等。实物资产通常是客户资产的主要组成部分，如表 8－4 所示。

表 8－3　　金融资产总表　　单位：元

项目	所有人或受益人	取得日期	初始金额	现值	年收益
现金与现金等价物					
现金					
活期存款					
定期存款					
其他类型银行存款					
货币市场基金					
人寿保险现金收入					
现金与现金等价物小计					
其他金融资产					
债券					
基金					

续表

项目	所有人或受益人	取得日期	初始金额	现值	年收益
期货					
外汇实盘投资					
人民币（美元、港币）理财产品					
保险理财产品					
证券理财产品					
信托理财产品					
其他					
其他金融资产小计					
金融性资产总计					

表 8-4 实物资产总表 单位：元

资产类型	资产原值	资产现值	净值
自住房			
投资的房地产			
机动车			
家具和家用电器类			
珠宝和收藏品类			
其他个人资产			
总计			

（二）负债

同样，可将客户负债初步分为个人负债和企业负债两部分。个人负债主要是指客户作为债务人的各种贷款负债。贷款负债可以分为信用卡透支、消费贷款、创业贷款、汽车贷款、住房贷款等。信用卡透支无需抵押或其他物的担保，和信用贷款在本质上是一致的，由于银行承担了较大的风险，所以利率一般较高。住房抵押贷款因有房产作抵押，利率较低。

企业贷款则是指客户负有连带偿还义务的贷款。与个人有关的企业贷款主要包括客户作为合伙人的合伙企业负债和客户作为担保人的企业债务。根据法律规定，合伙人对合伙企业的债务承担连带无限清偿责任，所以如客户作为合伙人的合伙企业不能清偿到期债务，客户本人要承担连带清偿责任。同样，客户如果为某企业借债提供担保，在该企业不清偿或不能清偿债务时，客户则负有代为清偿或连带清偿责任。

需要说明的是，在客户作为合伙人对合伙债务承担连带责任的情况下，客户可以就超过自己应承担的部分向其他合伙人追偿；而客户作为担保人的情况下，如果客户履行了保证责任，则客户可以向债务人追偿。所以，理财规划师在统计客户的企业负债时，应注意客户是否可能向其他人追偿。客户负债的具体情况，可以由客户填写的债务数据调查表获得，如表 8－5、表 8－6 所示。

表 8－5　　客户个人债务情况　　单位：元

项　　目	原负债总额	现负债金额	偿还情况		利率（%）
			偿还频率年	偿还方式	
信用卡透支					
消费贷款（含助学贷款）					
创业贷款					
汽车贷款					
住房贷款					
其他贷款					
合计					

表 8－6　　客户所负企业债务情况　　单位：元

企业负债项目	债务人	原负债总额	现负债总额年	利率（%）
合伙企业负债				
担保负债				
其他企业负债				
总计				

三、社会保障信息

社会保障信息主要指政府举办的养老社会保险计划和企业举办的补充养老保险计划。政府举办的社会保障计划包括养老保险、失业保险、基本医疗保险、工伤保险、生育保险和社会救济、社会福利计划。企业举办的补充养老保险计划，主要就是企业年金。

客户的养老保障还可以从另一个角度区分，即养老保障支出和收入两部分。如果客户已经退休，则每月获得一定的退休金收入和/或年金收入，同时不再有社会保障和/或年金支出。如果是尚未退休的客户，理财规划师就应当明确一些信息：

（1）客户退休后根据养老社会保险计划可以获得的退休金金额；

（2）客户根据企业年金计划可以享受的养老金金额；

（3）客户目前每年因养老社会保险计划而支出的金额；

（4）客户开始支付养老社会保险费的时间；

（5）客户以往每年支出的养老社会保险费金额；

（6）客户将来每年可能用于养老社会保险的支出金额；

（7）客户目前每年因企业年金计划而支出的金额；

（8）客户以往每年支出的用于企业年金计划的支出金额；

（9）客户将来每年因企业年金计划可能需支出的金额。

很多客户并不完全了解自己养老社会保险的支出情况，也不了解将来可能获得的金额。所以，理财规划师可以告诉客户，请所在机构负责劳动工资的部门协助填写该金额，或者由客户出具授权委托书，向相关劳动和社会保障部门提取。

社会保障的具体情况，参见表 8－7、表 8－8 和表 8－9。

表 8－7　　养老社会保险状况

参加人 内容	本人	配偶
开始支付时间		
当前年支出金额		
以往金额总额		
将来年支出金额		
退休后可获得金额		

表 8－8　　其他社会保险信息

项目 \ 参加人	本人	配偶
失业保险		
基本医疗保险		
工伤保险		
生育保险		

表 8－9　　企业年金

内容 \ 参加人	本人	配偶
持有人		
年支出金额		
参加日期		
以前年度支出金额		
未来年支出金额		
收益		
现值		
未来可享受金额		

四、风险管理

信息客户风险管理信息主要是指客户保险保障的情况。此处所称风险，主要是指可保风险，而风险管理主要就是针对这一类风险而采取的一定程度的安全保障措施。这些风险属于可保风险，因此可通过购买保险予以防范或转移。

在理财规划业务中，主要涉及的保险种类有：人身保险、财产保险和责任保险。在填写这些栏目时，客户需要详细说明所购买保险的名称、投保人、被保险人、保险公司、保单编号、投保金额和保险费，以帮助理财规划师做进一步的分析和进行理财规划。为慎重起见，理财规划师应要求客户提供保单复印件，在客户填写完毕后进行核对，或由理财规划师自己根据保单复印件自己填写，最后再要求客户确认。

理财规划师通过客户填写风险管理信息，并核对客户所填写的财产数据调查表和客户个人非财产信息，查明客户的财产是否已经有充分的保险覆盖，或虽无保险覆盖，但其财产有其他保障措施，风险已经得到了控制或转移；或者根据客户的个人情况，衡量客户所购买保险是否充分，是否有需要改进之处；或者根据客户的职业特点，了解客户是否存在职业责任等风险而尚未得到保险的有效覆盖。通过核对这些问题，理财规划师才有可能为客户制定正确的保险计划。

客户的风险管理信息可以通过下面几个表格获得，具体如表 8－10、表 8－11 和表 8－12 所示。

表 8－10　　人寿、伤残保险

被保险人	保险公司	保单编号	投保金额	保险费	备注
本人					
配偶					
未成年子女					
家庭其他成员					

表 8－11　　健康保险

被保险人	保险公司	保单编号	投保金额	保险费	备注
本人					
配偶					
未成年子女					
家庭其他成员					

表 8－12　　财产与其他保险

财产种类	保险公司	保单编号	投保金额	保险费	备注
住房					
家居财产					
汽车					
第三者责任					
职业责任					
其他					

五、遗产管理信息

人们在青壮年时期努力奋斗，其目的除在有生之年得以衣食无忧外，在死后为子女留下相当的遗产也是考虑因素之一。因此，如何以适当的方式将财产交予后代或由后代享受其利益，往往与投资和保险等规划同样重要，正因为如此，在国外遗产规划也是理财规划不可或缺的重要内容之一。中国人对死亡的避讳、没有开征遗产税、没有财产委托管理的历史传统，因此遗产问题往往不是被继承人关心的主要问题，所以遗产规划和遗产管理在理财规划中常常显得无足轻重。但是，随着中国开征遗产税的脚步声越来越近，财产的存在形式越来越复杂，财产委托管理的观念逐渐形成，遗产规划逐渐引起了人们的重视。所以，有必要引起理财规划师对遗产规划和遗产管理的重视。

结合中国目前的法律和实践，客户的遗产信息主要包括：（1）客户是否拟订了遗嘱；（2）遗嘱的形式和内容是否合法；（3）客户是否拟使用遗嘱信托的方式管理财产；（4）客户目前对遗产的分配安排有无疑问或要求，如表 8－13 所示。

表 8－13　　遗产管理信息

相关事项	本人	配偶
是否拟订了遗嘱		
遗嘱的形式和内容是否合法		
是否拟使用遗嘱信托管理遗产		
对目前的遗产分配安排有何疑问		

第二单元　客户非财务信息的收集和整理

非财务信息是指除财务信息以外与理财规划有关的信息，包括客户的社会地位、年龄、投资偏好、健康状况、风险承受能力和价值观等。非财务信息能够帮助理财规划师进一步了解客户，直接影响理财计划的制订。如果客户从事的是高危险的工作，则理财规划师在理财规划中就应当建议客户增加保险的购买；如果客户的工作状况不稳定，则理财规划师在制定理财方案时，应着重考虑客户现金准备的数量。所以，在收集客户信息时，理财规划师应提醒客户认真填写非财务信息的内容，非财务信息和财务信息对于理财方案的制定同等重要，切不可认为非财务信息不如财务信息重要而忽视或不认真填写。

一、客户个人基本非财务信息

个人非财务信息主要是指与理财规划有关的个人基本情况，此类信息内容虽然较为简单，对于理财规划师制定理财计划却至关重要。通过这些信息，理财规划师可以从侧面了解客户的财务现状，以及客户未来财务状况变化的可能性和变化程度，参见表8-14。个人信息主要包括以下几个方面：

（一）姓名和性别

客户的姓名和性别是客户基本信息中的“基本信息”，所以任何理财规划师收集客户信息时都会要求客户提供这些信息。理财规划师应该提醒客户，表格中填写的姓名必须与有效身份证件上的一致，而且填写名字时应清楚工整，不能用签字的方式填写姓名。客户的性别资料也很重要，不同性别的客户退休年龄是不同的，所以客户所需要购买的保险、收入变动情况和社会保障状况等都因此而不同，这在我国尤为明显。

（二）职业和职称

客户的职业和职称信息可以帮助理财规划师了解客户的收入水平和收入稳定程度。客户从事比较稳定的职业，收入也比较稳定，而客户如具有一定的职称，则收入可能相对较高，而且一旦工作变动，短期内找到新的工作的可能性比较大。所以，通过客户的职业和职称信息，理财规划师能判断客户的收入水平、稳定程度和未来收入增长情况，从而为客户设计消费支出规划具有重要的参考意义。

（三）工作的安全程度

工作安全程度主要是指客户所从事的工作对客户的生命和健康状况的影响。如果客户的工作危险性比较高，即使不容易造成死亡，也容易受伤，则理财规划师应重点关注客户的保险保障计划，建议客户在社会保障和劳动用工单位提供的保障之外，适当增加保险购买量。

（四）出生日期和地点

出生日期主要是衡量客户的年龄，而年龄对于帮助形成合理的理财目标，制订健全的社会保障计划和设计保险计划都有重要的意义。实践中，女士可能不愿意透露自己的年龄，但是理财规划师应向客户说明年龄状况对于理财规划的重要意义，请客户如实提供年龄信息。

（五）健康状况

健康状况方面的信息一般包括客户本人、配偶、子女（主要是财务尚未独立的子女）和家庭中需要客户给予财务支持的其他人的健康状况，这些人的健康状况信息对于理财规划师为客户制定保险计划和现金准备具有重要的影响。比如客户家庭中有经常生病的成员，需要现金或现金等价物等流动性强的资产数量就应高于一般家庭。

（六）子女信息

子女信息主要包括子女的数量、年龄、教育程度、健康状况和婚姻状况等，这些信息都会给客户的财务安排带来影响。一般说来，子女的数量越多且年龄越小，则教育规划在客户的理财规划中就相对重要，而如果子女健康状况较差，那么保险规划就显得相对重要。如果子女已经成年，且有相当高的收入，则客户不仅没有财务负担，可能在急需钱时还会得到子女的支持。如果子女尚未结婚，则客户可能要考虑子女结婚时要有一笔大的支出，尤其是在我国，理财规划师在为客户制订理财计划时，更有必要考虑这个问题。

（七）婚姻状况

婚姻状况信息一般包括未婚、已婚或再婚三种情况。了解婚姻状况信息的意义在于，婚姻状况对于理财规划师衡量客户的收入水平、收入变动情况和财务负担等有重要影响，理财规划师会根据不同的婚姻状况确定客户的现金准备、收入支出比例和理财目标。例如，对于有孩子而离异的客户，如果子女的归属和抚养义务由其承担，则对客户的财务状况产生一定的影响，理财规划师在设计理财计划时应考虑这一因素。对于未婚的青年来说，其理财目标之一就可能包括建立家庭，并为此置备房产和家居用品等。

（八）客户联系方式

理财规划师必须提醒客户认真详细填写联系方式，包括工作单位及所在地址、家庭住址、移动电话、固定电话和电子邮件，以及在因紧急情况无法联系到本人时，是否有替代联系人等，以便在需要时能迅速与客户取得联系。

表 8－14　　客户个人非财务信息调查表

项　目	本人	配偶	其他成员
姓名			
出生日期			
出生地点			
参加工作时间			
职业			
职称			
工作单位			
工作安全程度			
退休日期			
婚姻状况（已、未、离、再）			
健康状况			
家族病史			
家庭地址			
单位地址			
家庭电话			
单位电话			
移动电话			
电子邮件			

二、客户心理和性格特征分析

受不同文化、风俗、地域和社会背景的影响，人和人之间往往表现出巨大的不同，这就决定了理财规划师在工作中总要和类型不同甚至风格迥异的客户打交道。客户类型不同，就意味着理财观念的不同，敢于承担风险的客户会偏向证券投资，保守性的客户则会倾向于储蓄。理财规划师通过与客户交流和沟通，必须掌握客户心理和性格的基本特征，并根据客户的心理和性格特征选择适合客户的理财策略与建议，这样才能真正体现“以人为本”的服务特点。所以，理财规划师有必要掌握客户心理和性格特征的一般分类和归纳方法，并将这些知识应用于理财规划业务之中。

（一）客户的地域差异

在收集客户信息时，不同客户的地域差异同样不可忽略。“百里不同风，千里不同俗”，不同国家、地区甚至同一国家不同地域的人的理财观念、要求也各有特色。在理财观念的形成过程中，民族文化传承、社会经济环境与生活模式都起着重要作用，这种特定环境下形成的理财观念反过来会体现在客户的理财需求当中。在我国理财观念的地域差异上，东西部差异往往不算大，南北方差异却比较明显。北方人性情多厚重、强悍、豪爽，生活上不拘小节，在理财观念上对“开源”更为重视，日常生活中更看重目前的生活质量；南方人性情多柔婉、细腻、精明，生活上处处精心，财务上显得谨慎。体现在理财上通常表现为理财观念强，生活上要求精益求精。北方人多豪爽，理财上如果充分信任某人通常愿意全权委托。理财师面对北方客户时，首先要帮助客户树立正确的理财观念，在具体规划中，不仅要表现得专业化，更要展现自己良好的职业道德和素养。南方人多精明，善于精打细算，理财师面对南方客户时，要尤其注意理财产品的选择、比较，与客户一同分析选择更适宜的规划工具。当然，以上只是对南北方客户的差异进行的大致比较，并不能一概而论，我们一直强调理财规划方案是针对不同客户的个性化设计，虽然南北有别，但更要因人而异，理财规划师对不同客户要能够对症下药，设计适合客户的规划方案。

（二）客户个性偏好分析模型

Phillips 和 Bergquist（1999）认为：“所有的个体都在寻找一种能够实现生活意义和价值的方式。”这一理论是建立在马斯洛的自我价值实现理论上的，但又有很大发展。按照这一理论，可将客户分为四种类型：现实主义者、理想主义者、行动主义者和实用主义者。这四种类型客户的基本特征参见表 8 – 15。

表 8－15　　客户个性偏好分析模型中的四种客户类型

客户类型	现实主义者	理想主义者	行动主义者	实用主义者
性格特征	实事求是	个性化	有野心	灵活
	仔细	友善	愿意竞争	综合
	客观	大方	主动	无限制
	有节制	信任他人	积极行动	多样化
	独立	积极上进	有目标	合作
	理性	敏感	自信	因地制宜
	理性化分析问题	情绪化	自傲	明智
	准确	相信直觉	行动迅速	试探
	精细	仁慈	有决心	可通融
	有条理	善于接受新事物	精力充沛	适应性强
	理论性	热情	愿意承担风险	友善
	系统性	专注	强硬的	喜欢社交
	善于反省	谦虚	果断	谦虚
	拘谨	想象力丰富	有回应	有见地
	保守	有教养	热切	创造性
	明智	愿意帮忙	充满热情	谦让
	彻底	有同情心	有组织能力	开放
	有序	合作	有进取心	温顺
	节约	忠心	有控制能力	可调整
	谨慎	开放	勇敢	有洞察力
	讲究方法	愿意协助		权衡利弊
	注重细节	乐观		
	耐心	有回应		
	善于分析	善良		

显然，通过这一理论模型，理财规划师可以很方便地进行类型归属。但是，其“所有客户个体都在努力地实现自我价值”的理论假设显然与现实世界人们的生活理念有所区别，因此有可能对客户类型归属造成一定困难。

（三）客户心理分析模型

客户心理分析模型主要是指荣氏模型（1920）以及 Keirsey 和 Bates 模型（1984）。荣氏模型是瑞士心理学家卡尔·荣格（Carl Jung）在 1920 年提出的，他将人的心理分为四种基本类型：外在感应型、直觉型、思想型和内在感应型。在此基础上，David Keirsey 和 Marilyn Bates 又将个人性格划分为八种类型。表 8－16 和表 8－17 分别对荣氏模型以及 Keirsey 和 Bates 模型的个人心理类型特征进行了列举。

表 8－16　荣氏模型中四种心理类型的简略特征描述

类型	典型行为	办公室环境特点	衣着特点
直觉型	——高尚但有些冷漠，客观 ——常常改变主意或离题 ——有丰富的想象力，能想出许多新方法 ——在做决定和解决问题时有新思路并付诸行动 ——不会在原有的项目上止步不前，对新的项目更有兴趣 ——行动时会将未来可能发生的事情考虑在内	——习惯在布置办公室时发挥其丰富的想象，选择一些新型的家具	——难以预测 ——常常变换衣着式样，并且按照自己的理念和想象力选择十分新潮或是十分过时的穿着
思想型	——工作认真且有效率，但形象黯淡 ——说话语调缺乏变化 ——对表达要点简单变化 ——工作有序，办事准确 ——与人谈话时会询问交谈次序，比如“我们按照您的议程还是按我们议程开始”。 ——对解决问题和决定有相当的兴趣，同时谨慎的分析和权衡数据	——喜欢在一个整洁且不受干扰的环境下工作 ——办公室的家具摆设赏心悦目但较为传统	——保守，正义 ——服饰搭配协调但缺乏色彩和新意

续表

类型	典型行为	办公室环境特点	衣着特点
内在感觉型	——热情友善，有时过于热情 ——有时处理问题时不能区分工作事务和个人事务 ——有时会询问别人的福利状况 ——喜欢交谈 ——在做决定之前希望能够征求每个人的意见	——其办公室的摆设相当个性化，不喜欢正式的家具，而愿意选择家居化的办公室氛围 ——喜欢暖色、古生、大而有生气的植物和纪念品。不喜欢和家人一起拍正式照片，而对快照情有独钟	——着装十分个性化，随性选择，常常出人意料 ——喜欢色彩鲜艳，非正式的衣服。有许多感性的服装
外在感应型	——态度有时粗鲁且多变化 ——说话直接，目的明确，并希望别人和自己行动一致 ——习惯打断别人的话题和控制谈话内容。办公室杂乱无章 ——无耐性 ——通常独自决定一件事情，不喜欢考虑他人的意见	——不时会制造一些难以控制的混乱 ——办公桌通常大而乱 ——工作很忙，难以保持整洁 ——一直处于执行任务的紧张状态下，除非其配偶是思想类型的	——休闲而简单的服装设计受到人们的欢迎 ——希望穿着整洁而不夸张

Keirsey 和 Bates 根据不同的影响因素将荣氏模型的四种分类进一步细化，将客户的心理分成了八种类型：在表 8 - 17Keirsey 和 Bates 模型中对心理类型特征的描述。

表 8 - 17　　Keirsey 和 Bates 模型的心理特征描述

外向型	内向型	感官型	直觉型	思考型	感觉型	理智型	感知型
喜欢社交	不喜欢社交	经验主义	相信感觉	客观	主观	安定	不确定
见多识广	低沉	看重过去	着眼未来	有原则	重价值的	决定的	有待更多信息
外向	内敛	现实主义	投机主义	政治观念	社会价值	一成不变	灵活
相互作用	知识精深	努力	有灵感	法律观念	情有可原	事前计划	随时调整

续表

外向型	内向型	感官型	直觉型	思考型	感觉型	理智型	感知型
消耗精力	独立集中	实际	可能性	有准则的	亲密	生活循规蹈矩	任命的
对外部事物感兴趣	保留精力	实事求是	好高骛远	非个人的	个人	封闭	考虑各类情况
人际关系多样化	对内心作用有兴趣	讲究效用	花哨	公正	仁慈	目标明确	寻找财富
	人际关系有限	看重事实	幻想主义	分门别类	统一协调	有计划	自由自在
				标准化	非标准化	完整	突然发出
				批判	赞扬	目标坚定	尝试
				善于剖析	有同情心	全神贯注匆忙	允许新事物
				有所分配	全心全意	要求立即行动	时间充裕
							静观事态

（四）客户风险偏好

一般说来，客户风险偏好可以分为五种类型：保守型、轻度保守型、中立型、轻度进取型和进取型见表 8－18。这种分类是根据客户购买金融资产的种类及其组合来进行而确定的。

表 8－18　　客户投资偏好分类

类型	资产组合	增值潜力
保守型	成长性资产：30% 以下 定息资产：70% 以上	资产增值的可能性很小
轻度保守型	成长性资产：30% ~50% 定息资产：50% ~70%	资产有一定的增值潜力
中立型	成长性资产：50% ~70% 定息资产：30% ~50%	资产有一定增值潜力，资产价值亦有一定的波动
轻度进取型	成长性资产：70% ~80% 定息资产：20% ~30%	资产有较大的增值潜力，但资产价值波动较大
进取型	成长性资产：80% ~100% 定息资产：0 ~20%	资产增值潜力很大，资产价值的波动很大

第三单元　了解客户的期望理财目标

理财目标是指客户通过理财规划所要实现的目标或满足的期望。客户在寻求理财规划师帮助的同时，通常心目中有自己设想的期望目标。当然，一个合理的理财目标，绝不是客户一厢情愿的结果，是理财规划师根据客户的财务状况，综合客户的投资偏好、风险偏好和其他信息综合形成的。可以说，理财规划师帮助客户形成合理的理财目标是制定合适的理财方案的关键步骤之一，所以我们将制定形成理财规划目标作为流程中单独的一个环节来对待。那么，在收集客户信息阶段，理财规划师要做的就是了解客户的期望目标情况。下面以客户投资需求目标为例说明客户期望目标的收集。

投资需求和目标指的是客户对投资的收益要求，以及通过投资取得收益后，将把收益用于什么目的，如表 8－19 所示。对客户投资需求的了解，有助于理财规划师为客户制定有效的、适合客户自身情况的投资计划，并帮助理财规划师协调投资计划和其他计划之间的资产分配。

表 8-19 投资需求与目标

项目	期望达到、保持或需要的数量或比率	重要性（特别重要、重要和一般）
现金准备	人民币 万元	
综合投资需求	年收益率 %	
债券投资需求	年收益率 %	
保险投资需求	年收益率 %	
基金投资需求	年收益率 %	
股票投资需求	年收益率 %	
支出目标（1）	万元	
支出目标（2）	万元	

在要求客户填写期望投资收益率时，理财规划师应提请客户考虑通货膨胀的因素。

第三节 财务分析和财务方案评价

第一单元 客户财务报表编制与分析

一、编制个人资产负债表

个人资产负债表反映的是客户个人资产和负债在某一时点上的基本情况。在理财规划活动中，由于客户情况千差万别，需要关注的重点也各不相同，所以一般不对个人资产负债表的格式做具体规定，理财规划师可根据客户的家庭情况和工作习惯进行具体的格式设计。在这一点上，个人理财规划与公司理财显然大不相同。在实际工作中，理财规划师依据客户数据调查表中与此相关的资料，并加以必要的分析调整，便可编制出该客户的个人资产负债表。

二、编制个人收入支出表

收入支出表同样是一个重要的财务分析工具，对于帮助理财规划师了解客户的现金流信息很有意义。通过收入支出表的编制，理财规划师可以对客户在某一时期的收入和支出进行归纳汇总，为进一步的财务现状分析与理财目标设计提供基础资料。人们往往对收入支出表的重要性认识不足，为说明这一点，我们将收入支出表与资产负债表作一类比：一个人几天不进食还能维持生命，而如果血液流动停止的话，很快就会丧失生命。现金流就相当于人的血液。所以，收入支出表在某种意义上要比资产负债表显得更为重要。

通常情况下，客户的个人收入支出表分为三栏：收入、支出和结余（或超支）。收入支出表一般以 12 个月为一个编制周期。理财规划师可以通过对数据调查表的相关资料进行分析调整进而编制收入支出表。

客户资产负债表和收入支出表的详细内容参见本教程第二章。

第二单元　客户财务状况分析

一、资产负债表分析

个人资产负债表反映的是客户总的资产与负债情况，通过对个人资产负债表的分析，理财规划师可以全面了解客户的资产负债状况，而且能够掌握客户实际拥有的财富量。此外，通过对客户历年个人资产负债表的时间序列分析，可以找出客户资产负债情况的发展趋势和特点。因此，对客户个人资产负债表进行全面深入地分析，是理财规划师为客户制定理财方案的必要基础。

（一）资产情况分析

资产是指客户拥有所有权的各类财富。客户是否拥有所有权是判断一项财富是否属于客户资产的标准，有些物品虽然客户有权使用，但并不拥有其所有权，那么就不应被当成客户资产，例如，一个年轻客户租住的房屋就不能被认为是客户资产。

为真实地反映客户资产情况，我们必须为各类资产进行合理定价。与企业资产的定价模式不同，客户资产的价值应以当前市场公允价值为定价依据。显然，很多个人资产的当前价值与资产获得当时的价值差别会很大，如三年前购置的电器到现在通常已经贬值大半，而多年前购置的邮品则随时间的推移而日益增值。因此，只有按照当前市场公允价值对客户资产进行测算，理财规划师才能真实客观地对客户资产进行把握。

客户的金融资产按照其流动性高低分为现金与现金等价物和其他金融资产。现金与现金等价物类金融资产流动性很高，与之对应是其收益性很低，一般可作为客户现金规划的工具。其他金融资产类各个项目投资性特质较为明显，投资的本质特征在于风险、收益相伴而生，所以要根据客户的风险承受能力进行具体分析。

（二）负债情况分析

根据不同标准可对负债进行不同分类。按负债流动性大小，负债可分为流动负债和长期负债；依据偿债时间长短，负债可被分为短期负债、中期负债和长期负债三类。本书按照后一种方法将客户负债分为三类，即短期负债（1 年以下）、中期负债（1～5 年）和长期负债（5 年以上）。短期债务的大小是另一个需要重视的问题，短期债务需要客户在一年内偿还，因此客户为避免到期无法支付债务的情况出现，就必须保持足够的支付能力，这就对客户资产的流动性提出了要求。如果短期债务较多，理财规划师就应建议客户提高其资产流动性；如果短期债务较少，客户资产只须保持适当流动性即可满足要求。

对客户负债的测算应本着谨慎的原则进行，对于尚未确定数额的债务，理财规划师应帮助客户进行评估测算，并尽量选取较大的数值填入资产负债表中。坚持负债测算的谨慎性原则有助于理财规划师真实全面地了解客户负债情况。

（三）净资产分析

净资产是客户总资产减去负债总额后的余额，是客户真正拥有的财富价值。尽可能地积聚财富是人们的普遍心理，所以净资产一般为正值。如果客户的净资产为负，而且资产流动性很弱，那这个人实际上就破产了。

净资产越大，说明个人拥有的财富越多，所以，如何提高净资产规模通常是客户关注的重点问题。一般说来，扩大净资产规模的途径主要有：工资薪金增加或取得投资收益、接受馈赠或继承遗产、由于减税等原因使得部分债务得以免除等。

除了关注净资产规模外，理财规划师还应进行必要的结构比率分析，净资产数量大并不意味着客户的资产结构完全合理。如果某客户净资产占其总资产比例过大，就说明客户还没有充分利用财务杠杆去支配更多的资产，其财务结构仍有进一步优化的空间。而对于净资产占总资产比例较低的客户来说，理财规划师应当建议他们采取扩大储蓄投资的方式提高净资产比例；对于那些净资产接近负值的客户来说，如何尽快提高资产流动性并偿还债务才是当务之急；而对于那些比例适当的客户来说，说明他们的财务结构较好，应帮助客户继续保持。当然，由于客户的自然情况各不相同，客户净资产规模的合理与否的判定应具体分析。

二、收入支出表分析

收入支出表全面反映客户一定时期的收入与支出情况，客户资产负债情况的变化首先表现在现金流量的变化上。上节已提及，收入支出表从某种意义上看要比资产负债表重要得多，因此，理财规划师必须十分重视对收入支出表的分析。

（一）对客户的收入支出表进行分析的作用

1. 收入支出表能够说明客户现金流入和流出的原因。例如，是因偿还债务还是购买物品导致现金流出，是因工资发放还是投资分红导致现金流入。

2. 收入支出表可以深入反映客户的偿债能力。净资产占总资产比例高只是在理论上反映客户的偿债能力，但并不代表客户拥有实际的现金支付能力。只有对客户收入进行深入分析，才能真实掌握客户的现金支付能力，从而了解其实际偿债能力。

3. 收入支出表能够反映理财活动对财务状况的影响。资产负债表只能反映静态的财务状况，只有通过对现金流量的分析才能了解各类理财活动引发的现金变动情况，并把握客户财务状况的变化趋势。

（二）对客户的收入支出表进行分析应注意的问题

1. 理财规划师首先应该具体分析各收入支出项目的数额及其在总额中所占的比例。通过分项分析，理财规划师可以区分不同类型收支项目对客户财务状况的影响程度，由此充分了解客户现金流量的整体结构。此外，理财规划师还可以根据一般性数据对客户的收入支出项目是否异常作出经验判断并提出改进建议。如果某客户现金流入水平仅为中等，家庭成员数较少，但日常费用却较高，就说明该客户的日常消费高于正常水平，存在改进空间，理财规划师应建议其对日常开支进行适当控制。

2. 对客户财务状况影响较大的经常性项目应重点关注，这些项目可以通过对客户历年收入支出表的时间序列分析来发掘。如果分析表明金融投资对某客户影响巨大，那么理财规划师应根据宏观经济走势向客户作出针对性提示，经济不景气时应建议客户抛出金融投资工具，经济繁荣时则应当适度扩大投资。而对于非经常性项目，尽管有时可能数额较大，但由于未来发生的可能性很低，理财规划师应注意将其影响剔除。

3. 任何客户都应该努力保持正的净现金流量。如果客户的净现金流量为负值，则说明客户的财务状况欠佳，需要变现资产或者举借债务才能维持其正常的开支，如果这种情况持续的话，该客户的净资产规模将日益缩减直至破产。因此，理财规划师应特别注意帮助客户保持正的净现金流量。改善收支状况无非是通过增收与节支两种基本方法，理财规划师应根据客户具体情况制定重在增收、偏向节支或两者并重的理财方案。

三、客户财务状况比率分析

客户的个人资产负债表和收入支出表为理财规划师提供了丰富的数据，以这些数据为基础，理财规划师可以根据需要计算出很多不同意义的财务比率，并据此对客户的资产负债和现金流量情况进行深入分析，从而找出优化客户财务状况的措施，并最终实现客户的预期财务目标。

在实际工作中，理财规划师往往会发现可以用不同的方法对客户的财务状况进行优化，但是，要判断各种方法的可行性大小并作出最优选择，就需要理财规划师通过计算各种财务比率，对客户的资产负债表和收入支出表进行进一步分析。惟有如此，理财规划师才能提出客观科学的理财方案。

理财规划师在分析客户财务状况过程中经常运用的财务比率，通常可以利用客户资产负债表和收入支出表中相关数据计算得到。这些比率从不同方面反映了客户的财务状况及相关信息，理财规划时可以透过这些比率对客户的行为方式和心理特征进行分析，这对于保证理财方案的科学性和合理性具有十分重要的意义。常见的比率主要有结余比率、投资与净资产比率、清偿比率、负债比率、负债收入比率、流动性比率。具体内容参见《理财规划师专业能力》第六章内容。

四、预测客户财务发展趋势

（一）客户未来收入情况预测

通过收入支出表可知，客户的收入由经常性收入和非经常性收入共同构成。但出于谨慎的考虑，理财规划师应主要对经常性收入部分，即对客户工资薪金、奖金、利息和红利等项目的未来变化情况进行预测。

由于经常性收入项目多半有其固定的预测基础，理财规划师的工作重点是确定各种变化比率，如 GDP 增长率、通货膨胀率、投资收益率、利率和税率等等。不同的收入项目所面临的变化比率通常并不相同，工资通常与工资增长率相关，而投资收益则可能与投资收益率、利率、经济增长率等多个变化比率共同相关。理财规划师应根据各个收入项目的具体情况分别进行预测，并一一测定。但对于某些不能单纯依靠历史数据就能判定预测基础的项目来说，理财规划师则应该从多个角度进行综合的审慎判定。而非经常性收入由于并不固定，通常难以预测，对于确有可能在下年出现的非经常性收入项目，理财规划师应对其实现的可能性进行充分分析，谨慎地将其纳入未来收入预测中。

（二）客户未来支出情况预测

客户的支出由经常性支出和非经常性支出共同构成。与收入预测不同，理财规划师不仅应对经常性支出部分进行合理预测，还应充分考虑各种非经常性支出的未来情况。

在对经常性支出进行预测时，应对原有项目和新增项目分别进行预测。对于原有支出项目，理财规划师应根据需要增长情况、经济增长水平、通货膨胀率等相关因素参照历史数据进行测算；对于新增支出项目则应充分了解相关的市场信息，在参照客户具体情况后进行测定。对于非经常性支出，理财规划师应本着谨慎的原则进行测算，对于明确要出现的临时支出项目自然要完全纳入预测数据中，而对于存在一定发生可能性的支出项目也应尽量进行预测。

（三）资产负债情况预测

现金流入流出的结果是使客户资产负债情况发生变化的直接原因。在完成了客户未来收入和支出情况的预测后，理财规划师可以对客户的资产负债情况进行预测。

1. 规模预测。显然现金流入与资产增加相对应，现金流入必然表现为现金、银行存款或者股票债券投资收益的增加。但是负债同样也可能带来现金流入，因此单纯意义上的现金流入增加并不足以说明客户财务状况在向好的方向发展。在分析现金流入增加对客户资产负债情况的影响时，应注意区分客户的负债收入。

现金流出对资产负债情况的影响有两种：一种影响导致资产负债发生结构性变化而总体规模不变；一种影响导致资产负债规模减小。现金流出并不意味着资产减少，因为购买性支出在发生现金流出的同时会带来实物资产的增加，所以客户只会发生资产结构上的变化。而客户发生偿债支出时，才意味着客户资产规模缩小，但同时也缩减了负债规模。

2. 结构预测。理财规划师除应对客户资产负债的规模变化进行预测外，还应进一步地对资产负债结构变化进行预测。资产负债结构的变化主要取决于客户的收支结余情况、投资策略和偿债安排。

客户预计出现较高的净结余，则意味着客户的总资产与净资产将同时得到提高，而负债相对缩小，客户的清偿比率提高，财务状况趋好。而如果客户预计出现超支，则意味着客户财务状况将趋于恶化。

客户的投资策略可以对客户的资产结构进行调整，如果将大量现金类资产转为其他金融资产，则意味着客户的收益能力得到提高，同时应注意到，客户的流动比率和即付比率反而下降了，这意味着客户偿还短期债务的能力减小了。客户加大金融资产和不动产投资力度还可能带来一定的风险，对于保守稳健的客户来说，这尤其需要注意。

偿债安排同样也会对客户的资产负债情况产生影响。客户偿还债务必然会导致现金流出，资产减少。债务减轻后，客户的清偿比率相对提高，有助于提高客户财务状况。但是如果偿债安排不谨慎，使得客户需要面对突发的债务压力，在流动性不足的情况下，客户会被迫通过变现资产来偿债，这就意味着客户可能会发生额外的资产损失。因此，理财规划师在预测客户支出时，应结合客户的流动性状况进行合理偿债安排，以避免不必要的损失。

第四节 制订理财规划方案

第一单元 确定客户理财目标

一、理财目标的内容与分类

（一）理财目标的内容

人的一生有各种各样的目标，不同的人有不同的目标，即使同一个人在人生的不同阶段也会有不同的目标。理财目标也是人生目标的一种，对于不同的人，和处于不同人生阶段的同一个人，其理财目标也会不同。尽管如此，从一般的角度而言，人的理财目标无论做何种分类，都可以归结为两个层次：实现财务安全和追求财务自由。财务安全是指个人或家庭对自己的财务现状有充分的信心，认为现有的财富足以应对未来的财务支出和其他生活目标的实现，不会出现大的财务危机。一般来说，衡量一个人或家庭的财务安全，主要有以下内容：（1）是否有稳定、充足的收入；（2）个人是否有发展的潜力；（3）是否有充足的现金准备；（4）是否有适当的住房；（5）是否购买了适当的财产和人身保险；（6）是否有适当、收益稳定的投资；（7）是否享受社会保障；（8）是否有额外的养老保障计划。

当然，衡量个人财务安全标准要因人制宜、因地制宜和因时制宜，绝不能千篇一律。前述衡量标准仅仅是参考性的，具体的安全标准要根据客户的实际情况决定。

财务自由是指个人或家庭的收入主要来源于主动投资而不是被动工作。一般来说，个人或家庭的收入来自于两部分：一部分是工资薪金和其他与社会工作角色相关的收入如养老金、年金等；另一部分是个人或家庭进行金融投资或实业投资的投资所得。通常，个人参加社会工作获得工资薪金和其他相关收入除了实现自身价值之外也是维持正常生活所需，性质上往往带有一定的被动感受。同时，带来工资薪金类收入的工作更多体现为“给别人打工”，心理上的“成就感”受到一定制约。另外，工资薪金类收入的增长幅度和频率通常情况下都不会很大，所以通常仅能达到或争取达到财务安全的程度。而投资收入则完全具有主动争取更高收益的特质，投资带来的资金的积累效应如果得到实现，投资规模越做越大，投资水平越做越高，投资带给个人或家庭的收入也会越来越多，并逐步成为个人或家庭收入的主要来源。当投资收入可以完全覆盖个人或家庭发生的各项支出时，我们认为就达到了财务自由的层次，个人或家庭的生活目标相比财务安全层次下有了更强大的经济保障。

（二）理财目标的分类

前述理财目标的内容，是在一般意义上的概括，而不是依据一定标准进行的分类。下面我们介绍国际上对于个人理财目标的几种主要分类。

1. 按照实现时间进行分类。理财目标按照实现时间进行分类，可以划分为短期目标、中期目标和长期目标。

（1）短期目标。短期目标是指在短期内（一般在5年左右）就可以实现的目标。短期目标一般需要客户每年或每两年制定或修改。如将日常生活开支减少15%、装修房屋、购买手提电脑等。

（2）中期目标。中期目标是指一般需6—10年才可能实现的愿望。中期目标在制定后，一般不进行频繁的修改，只在必要的情况下才进行调整。比如，大学毕业生计划购买房产，接近退休年龄的客户安排退休金的投资问题等。

（3）长期目标。长期目标是指一般在10年以上的时间才能实现的愿望。如30岁的客户设定的退休保障目标。

需要说明的是，短期目标、中期目标和长期目标之间界限并不是绝对的，特别是短期目标和中期目标之间，界限更不是特别明显。此外，相同的理财目标对于不同的客户其分类可能也不相同。如购买汽车对于一个刚毕业的学生来说可能是中期目标，而对于一个中年客户而言，可能就是短期目标。

2. 按照重要性进行分类。按照理财目标的重要性划分，理财目标可以划分为必须实现的理财目标和期望实现的理财目标。

必须实现的目标是指，对于客户正常生活而言，必须要完成的计划；期望实现的理财目标是指，在保证客户正常生活水平的前提下，客户期望完成的计划。

一般情况下，客户必须实现的理财目标主要包括保证日常的衣食住行等与客户生存密切相关的支出。因客户必须实现的理财目标与客户的生存息息相关，因此在制订理财计划时应优先考虑。客户期望实现的理财目标有很多，比如环球旅游、购买豪华游艇等。比之于客户必须实现的理财目标而言，期望实现的理财目标是在所有必须实现的目标都满足后，再考虑其具体实现途径和步骤。所以，如果客户的财务实力还无法满足必须实现的理财目标，那么就需要对客户期望实现的目标进行调整。

二、理财目标的确定

（一）理财目标确定的原则

理财目标是制定理财计划所要实现的愿望。但是，理财目标并不是客户“一厢情愿”的结果，也不是理财规划师随意确定的计划。理财目标的确定，必须遵循一定的原则。

1. 理财目标必须具有现实性。理财目标是制订理财计划的基础，所以客户的理财目标必须具有现实性。如果确定的理财目标按客户情况根本无法实现，再好的理财计划也是空谈。比如，客户可用于投资的资金是 20000 元人民币，其理财目标之一是该笔资金在年底变成 200000 元人民币，这显然不现实。

2. 以改善客户财务状况，使之更加合理为主旨。实践中，一些客户仅重视投资目标，往往过于关注投资的高收益而忽略了从总体上改善财务状况。但是，客户总体财务状况的改善，往往能给客户带来更大的收益，而且相对于通过投资创造收益更具有稳健性和确定性。

3. 理财目标要具体明确。如前所述，理财目标是理财规划师制定理财计划的前提和基础，如果理财目标不具体、不明确，则理财规划师在制定理财计划时也会无所适从。理财目标的具体明确，主要体现在通过理财最终实现的客户财务状况究竟达到何种程度。理财目标越具体，越具有操作性，对于正确制定理财计划越有帮助。

4. 理财目标必须考虑客户的现金准备。在日常生活中，任何个人都会有意想不到的支出，如果没有现金准备的话，就会影响客户的正常生活。所以，现金准备是理财目标中不可或缺的内容之一，任何一个理财规划师为任何客户设计的理财方案中，理财目标都要有现金准备这一项，只不过不同的个人或家庭，其现金准备的具体金额不同。

5. 理财目标要兼顾不同的期限和先后顺序。一般说来，任何客户的理财目标都不止一个，而且这些目标也不可能同时实现。所以，理财规划师在区分客户短期、中期和长期目标的基础上，应再结合客户的具体情况对客户具体的理财目标按照重要程度和紧迫程度进行重新排列，从而在理财计划中确定实现的步骤。

（二）理财目标确定的步骤

1. 理财规划师应确保了解了客户的自然情况、财务状况，并且通过交流和沟通，已经了解了客户的风险偏好、投资需求和目标等主观判断信息。在确定客户的理财目标前，先征询客户的期望目标。

2. 理财规划师根据对客户财务状况及期望目标的了解初步拟定客户的理财目标后，应再次征询客户的意见并取得客户的确认。如果客户明确表示反对，理财规划师应要求客户以书面方式提出自己的理财目标。

3. 如果在制订理财方案的过程中，理财规划师拟对已确定的理财目标有所改动，必须对客户说明，并征得客户同意，以避免双方在以后的合作中出现纠纷。

第二单元　制订具体规划方案

理财规划方案内容主要包括现金规划、风险管理规划、家庭消费支出规划、税收筹划、投资规划、退休养老规划和财产传承规划等。

（一）现金规划

现金规划是一项活动，它是进行家庭或者个人日常的、日复一日的现金及现金等价物的管理。现金规划的核心是建立应急基金，保障个人和家庭生活质量和状态的持续性稳定。

（二）风险管理规划

风险管理是一个组织或个人用以降低风险的负面影响的决策过程；而风险管理规划则是指经济单位通过对风险的识别、衡量和评价，并在此基础上选择与优化组合各种风险管理技术，对风险实施有效控制和妥善处理风险所致损失的后果，以尽量小的成本去争取最大的安全保障和经济利益的行为。“天有不测风云”，所以人们需要对自己的家庭及个人进行风险管理规划，如购买保险来满足自己的安全需要。现代社会金融创新层出不穷，保险品种纷繁复杂。理财规划师进行风险管理规划的服务意在通过对客户经济状况和保障需求的深入分析，帮助客户选择最合适的风险管理措施规避风险。

（三）家庭消费支出规划

家庭消费支出规划主要是基于一定的财务资源下，对家庭消费水平和消费结构进行规划，以达到适度消费，稳步提高生活质量的目标。家庭消费支出规划主要包括住房消费规划、汽车消费规划以及信用卡与个人信贷消费规划等。

（四）教育规划

教育规划在中国家庭中主要是准备子女接受高等教育的费用。近年来，随着高等教育学费的逐年提高和整个社会重视知识氛围的形成，子女教育规划已经成为家庭理财规划中非常重要的一部分。

（五）税收筹划

税收筹划是帮助纳税人在法律允许的范围内，通过对经营、投资、理财等经济活动的事先筹划和安排，充分利用税法提供的优惠和差别待遇，以减轻税负，达到整体税后利润最大化的过程。

（六）投资规划

为客户制订合适的投资规划是理财规划师个人水平的充分体现，并不是单纯的投资规划收益越高，理财规划师的水平就越高，合适的投资规划是为不同客户或同一客户不同时期的理财目标而设计的，不同的理财目标要借助于不同的投资产品来实现。

（七）退休养老规划

退休养老规划是为保证客户在将来有一个自立、尊严、高品质的退休生活，而从现在开始积极实施的规划方案。退休规划核心在于进行退休需求的分析和退休规划工具的选择。退休规划的工具具体来说包括社会养老保险、企业年金、商业养老保险以及其他储蓄和投资方式。

（八）财产分配与传承规划

财产分配规划是指为了使家庭财产及其所产生的收益在家庭成员之间实现合理的分配而做的财务规划。财产传承规划是为了保证家庭财产实现代际相传、安全让渡而设计的财务方案，也就是遗产规划，是当事人在其健在时通过选择遗产管理工具和制订遗产分配方案，将拥有或控制的各种资产或负债进行安排，确保在自己去世或丧失行为能力时能够实现一定的目标，是从财务的角度对个人一生财产进行的整体规划。

第三单元　交付理财规划方案

一、理财方案的首次交付

理财规划师在设计出理财方案之后，应向客户交付整套方案的文本文件。

（一）制作文件文本

理财规划师应当认真制作整套文本。为便于客户对方案的阅读和理解，理财规划师应当对方案文本进行认真检查，避免出现语言表述和文字编排错误。

（二）交付方案文本

文件文本制作完毕后，理财规划师应与客户联系确定交付方案的时间地点。在整个会面过程中，理财规划师应注意以下几点：

1. 方案实施成本的重申。一般来说，在理财规划师与客户的沟通联系过程中，双方已就方案实施成本的有关问题进行了较充分的沟通，但出于谨慎考虑，在正式的理财方案中，理财规划师还需要向客户重申与方案实施相关的各项成本费用。在理财方案中，理财规划师应将理财方案实施各阶段涉及的成本费用一一列明。在重申的过程中，理财规划师要指导客户首先阅读反映各项成本的文件，并作出必要解释。

2. 协助客户理解理财方案。理财方案是理财规划师根据客户财务状况和财务目标凭借其深厚的专业功底精心“创制”的一系列规划的集合。对于通常是非专业人士的客户来说，完全吃透整套理财方案是一项难度很高的工作，因此，理财规划师有义务协助客户理解理财方案。在将理财方案交付客户后，理财规划师应简明扼要地对方案进行总括性介绍。在帮助客户建立起对方案的整体印象后，理财规划师方可开始对理财方案进行具体的分项说明。在方案说明过程中，理财规划师应根据情况主动引导客户提出问题并作出回答。对于方案重点问题则应当详细阐述，并提请客户一一确认。

3. 客户自行理解。虽然在与客户的交流过程中，理财规划师已经尽量对理财方案进行了较详细的阐释，但对于客户来说，仅仅通过几个小时的介绍是不能完全弄懂整套方案的。因此，理财规划师在向客户交付方案后，应该让客户自行对方案进行深入理解。当然，理财规划师应与客户约定一个自行阅读时间，以便有计划地开展下一步工作。客户在完成对理财方案的理解后，既可能完全认可方案，也可能对方案部分内容提出不同意见。客户对方案提出异议的原因是多方面的，可能是由于其他专业人士提出了不同意见，或者是由于客户通过进一步分析、研究理财方案后，对方案的内容表示不满意，也可能是由于客户对目标作了修正，还可能是由于双方了解不充分造成的理解差异。在这种情况下，理财规划师便应根据具体情况对理财方案进行相应修改。

二、理财方案的修改

客户对理财规划师最初制定的理财方案提出修改的要求，可能是出于理财规划师对客户的当前状况和理财目标有误解的原因，或者仅仅是客户对方案中的部分内容不满意。理财规划师要针对客户产生修改要求的不同原因，采取不同的措施对理财方案进行修订。

（一）根据其他专业人士的意见改进理财方案

我们在前面提到过，理财方案涉及税收规划、遗嘱、保险规划等专业内容，尽管理财规划师已经对客户作出解释，客户可能仍难以理解，而就该部分专业内容求助于他的律师、会计师或者承保人等。这些专业人士可能会从各自的职业角度出发，对理财方案提出一些意见。理财规划师要在确保客户知情并同意的情况下，根据这些人士的意见改进理财方案。

（二）根据客户意见修改理财方案

当客户进一步研究理财方案后，可能对理财方案的某一或某些方面不太满意，因而会要求理财规划师对原理财方案进行修改。这时，理财规划师首先要向客户表明态度，这并非理财规划师的专业意见，需要客户以书面形式证明修改是按照客户要求进行的；

其次，理财规划师要保留双方就修改内容所进行的讨论内容的详细记录；最后，理财规划师在收到客户签署书面证明后，对方案进行修改。之所以要求理财规划师按照上述复杂程序完成修改工作，目的在于分清双方的责任，有助于理财规划师维护自身的利益。不难想象，某些客户对自身情况认识不清，并且对理财知识缺乏了解，却固执地坚持自己的投资策略，而出现损失后可能会将投资失败归咎于理财规划师，从而引起纠纷。因此，理财规划师对于这种情况下的方案修改应特别注意。

（三）因理解差异而修改理财方案

当理财规划师对客户的当前状况或者理财目标出现了理解偏差，这也会导致客户对理财方案的不满，从而引起客户的修改要求。在这种情况下，理财规划师首先应该加强与客户的沟通，消除误解，并根据客户的要求和实际情况提出修改建议。修改完成后，理财规划师还应就修改建议请客户在此进行书面确认。

三、客户声明

当理财方案经过必要的修改最终交付客户后，客户相信自己已经完全理解了整套方案，并且对方案内容表示满意，此时理财规划师可以要求客户签署客户声明。这是理财规划师提供理财服务的必要程序，有助于明确责任。

一般来说，客户声明应包括如下内容：（1）已经完整阅读该方案；（2）信息真实准确，没有重大遗漏；（3）理财规划师已就重要问题进行了必要解释；（4）接受该方案。

当然，由于客户的差异性，客户声明并不局限于这些内容，可以根据不同客户的具体情况，适当进行必要的增补。

第五节　实施理财规划方案

一、取得客户授权

理财规划师按照客户提出的要求制定理财方案，并得到客户认可后。接下来要做的便是实施理财方案。理财方案的实施是整个理财规划中最具实质性的一个环节，执行的好坏决定着整个理财方案的效果。

理财方案的具体执行人可以是理财规划师，或是客户指定的其他专业人士，或是客户本人。究竟选择何人作为理财方案的执行者，关键要看理财服务合同中的相关规定，或者依据客户在理财方案制订完毕后是否就执行人选择问题进行了新的约定。通常情况下，客户会选择理财规划师作为理财方案的执行人，其原因在于：（1）理财规划师是整个方案的制订者，对客户的综合财务情况和理财方案最为了解；（2）方案在实施过程中可能会由于出现新情况而进行修改，所以直接选择理财规划师作为执行者对于客户来说无疑更为便捷。基于此，本书假定客户选择理财规划师为其理财方案执行人，如无特别注明，本章以下所提到的理财规划师即指方案执行人。取得客户授权是理财规划师开始实施理财方案的第一步。为明确理财规划师与客户之间的权利与义务，防止不必要的法律争端，理财规划师应取得客户关于执行理财方案的书面授权。客户授权应包括两方面的内容：代理授权与信息披露授权。

（一）代理授权

在理财方案的实施过程中可能会发生如下行为：股票债券投资、信托基金投资、不动产交易过户和保险买入与理赔等等。在已经确定理财规划师的情况下，这些具体事务的完成就应交给理财规划师，客户没有必要事必躬亲。为此，理财规划师必须取得客户关于相关事务的书面代理授权，对于某些非常重要的行为，还应取得特别代理授权。

取得客户代理授权的标志是获得代理证书。依据我国《民法通则》相关条款的规定，代理证书应载明理财规划师（即代理人）的姓名、代理事项、代理的权限范围、代理权的有效期限，并应由客户签名。在具体工作中，理财规划师在代理客户处理事务时，应出具代理证书以证明其代理行为的有效性。

在行使代理权时，理财规划师应注意以下两点：

1. 亲自行使代理权。客户之所以委托理财规划师为自己服务，是基于对理财规划师所具有的专业知识和信用的信赖，因此，理财规划师必须亲自处理相关事务才符合客户的意愿。

2. 忠实谨慎。理财规划师为客户代为处理相关事务，是为了实现客户的理财目标。因此，理财规划师在行使代理权时，必须从客户的利益出发，忠实谨慎地处理事务。如果理财规划师由于自己的疏忽导致客户的利益受损，根据《民法通则》相关规定应当赔偿客户的损失。

（二）信息披露授权

隐私权是重要的人身权利之一，任何一个文明社会都十分注重对个人隐私与个人信息的保护，理财规划师对此应认真关注。在方案的实施过程中，理财规划师必然会与很多其他人士打交道，比如和税务专家探讨纳税事宜，和保险专家会商险种选择等等。在沟通过程中，又必然会涉及客户姓名、家庭、财产、工作背景等个人信息的披露。如果理财规划师未经客户许可擅自将客户的个人信息泄漏，无疑会引起客户的不满，在某些情况下甚至会引起法律纠纷。

为避免出现此类不愉快事件发生，理财规划师必须取得客户书面的信息披露授权书，授权书中应对理财规划师可以对外披露客户信息的条件、场合、披露程度等必要内容进行规定。只有在取得客户授权书后，理财规划师方可在具体工作过程中依照授权谨慎使用客户个人信息。

二、客户声明

客户在签署授权书后，还应出具一份关于方案实施的声明。与客户出具的关于理财方案制定的声明不同，这一份声明是针对理财规划师而作出的，因此内容有所区别。

前一份声明重在强调客户理解并认可了理财方案，而此处的声明则重在强调客户同意由理财规划师去执行方案，并且理财规划师没有承诺实施效果。基于此，这份客户声明主要应包括以下几项内容：

1. 关于理财规划师资质的声明。客户应当声明对理财规划师有必要的了解，对其执行方案所必须具备的专业技能、经验和信誉充分认可。

2. 关于客户许可的声明。客户应当声明，基于对理财规划师的了解，完全同意由理财规划师对理财方案进行具体实施。

3. 关于实施效果的说明。客户应当声明，理财规划师并未对客户理财方案的实施效果作出任何收益保证。

4. 其他双方认为应当声明的事项。

三、具体实施

在完成上述两个工作步骤后，理财规划师就可以开始具体实施理财方案了，实施过程中要注意以下几方面的因素。

（一）时间因素

理财规划方案中的财务目标是一个复杂的集合体，既包括客户不同方向的财务目标（投资规划、保险规划、现金规划等），也包括客户的时间目标（短期目标、中期目标和长期目标）。为实现这些目标，通常又会有很多具体工作步骤，这就需要理财规划师对具体工作按照轻重缓急进行排序，即编制一个具体的时间计划，明确各项工作的前后次序。如此，方能提高方案实施的效率，有利于节约客户的实施成本。

（二）人员因素

如前所述，理财规划方案是一个复杂的整体方案，理财规划师虽然通常是理财专家，但也不可能做到面面俱到，因此单靠理财规划师自身是难以完成全部方案的实施工作。因此，方案实施计划还必须要确定人员安排，根据理财方案确定需要参加方案实施的人员。对于一个积极成长型方案，应当配备证券、信托、不动产等方面的投资专家；对于一个退休客户的方案，则可能需要配备保险专家或者税收专家。对于某些外部事务，可能还需要客户律师与会计师的参与配合。

（三）资金因素

理财，即意味着通过投资规划、现金规划、风险管理规划等子规划的实施对客户财务状况进行调整优化，这就必然涉及客户的资金运用。为提高资金使用效率进而增加方案实施效果，在考虑资金因素时应当注意以下几点：

1. 资金时效。按照理财方案要求进行的理财活动是考虑各种因素后综合制订的，因此按照预定执行时间付诸实施是保证理财效果的必要条件。因此，资金运用一定要考虑时间因素，务必要及时到位。另一方面，资金是时间价值很明显的资产，在运用时还应注意避免对资金的不合理占压。比如按照计划将购买一处房产，就必须对资金来源进行周密安排，首先明确是用银行存款还是证券变现资金，如果使用银行存款就应该预先对存款的期限结构进行调整，避免无谓的利差损失；如果使用金融资产变现收入，就应对变现时机进行必要预计，尽量在价格处于高位时卖出，而不能机械地等到付款义务发生时才匆匆变现。

2. 资金充足。要提高投资收益，不仅要抓住时机，还必须保证资金足够。量变是质变的必要条件，如果在资金使用时不能做到资金充足，就会导致预先的规划措施无法得到彻底贯彻，那么相关的规划意图就无法充分实现。因此，理财规划师必须在深入分析整套方案的基础上进行周密安排，明确每一个行动步骤所需要的资金规模，并确定资金首选来源和备选来源，将由资金带来的执行风险降至最低。

四、文件存档管理

在理财规划方案的具体实施过程中，必然会产生大量的文件资料，例如会议记录、财务分析报告、授权书、介绍信等等。理财规划师应当对这些文件资料进行存档管理。一般说来，理财规划机构的内部操作规程也会作出这样的规定。

在实施过程中，保存客户的记录和相关文件是相当重要的。一方面，这些标明了日期的资料记录了客户的要求和承诺、理财规划师或者所在公司向客户提供建议以及与整个业务过程相关的重要信息。如果以后发生了针对理财规划师或者所在公司的法律纠纷，这些资料就可以作为有力的证据，从而使理财规划师和所在机构免于承担不必要的法律责任。另一方面，这些信息是真实而详细的记录，很多内容可能将来还会反复使用，既可能用于方案实施之后给客户提供后续服务，也可以作为公司的经验加以总结和归纳，供以后的工作中研究学习。文件可以以书面形式保存，也可以以电子文档形式保存。特别重要的文件应该多保存一份，以防丢失。尤其是电子文档，在电脑故障或遭遇病毒时容易损坏。从事理财规划的公司一般都应当有专门的部门和人员来管理这些文件，以保证安全，方便查找。公司应将保存文件变成一种制度和程序，理财规划师也要养成保存资料的习惯。随着业务的扩大和客户的增多，这些文件逐渐积累成一个资料库，成为公司的一笔重要财富。

五、理财计划实施中的争端处理

在整个理财计划的执行过程中，理财规划师都需要与客户之间保持及时有效的沟通和协商。但是，尽管理财规划师在提供理财规划服务的过程中尽心尽力，由于各种原因客户仍然有可能对理财规划服务产生意见，或偶有抱怨，甚至产生争端。所以，掌握解决与客户之间争端的原则和途径，对理财规划师正确处理与客户的关系，保护自己及其所在机构的权益，都具有重要的意义。

（一）理财规划师处理、解决与客户之间争端的原则

无论客户对理财规划师的抱怨或者争端引起的原因何在，这种纠纷最终都应该得到妥善、合理的解决。但是争端的处理与解决不是没有条件的，争端的解决应该遵循一定的原则。这些原则包括：

1. 应该本着尊重客户的原则，诚恳耐心地听取客户意见；

2. 应该本着客观公正的原则，充分了解客户的观点和需求，当然这不表示必须接受其观点；

3. 应该遵循所在机构或者行业中已有的争端处理程序。在遵循这些原则的基础上，理财规划师应该非常熟悉所在机构内部的投诉处理与争端解决机制，只有这样才能够使自己灵活而有效地解决与客户之间存在的问题与矛盾，不至于使自己或者所在机构的信用和声誉受到损害，并在这个过程中积累经验与教训，作为以后开展理财规划业务的前车之鉴。

（二）争端处理与解决的步骤

一般说来，在理财规划师与客户签订合同的时候，应该列出专门的免责条款。一旦发生争端，理财规划师可以根据这些条款免除自己的责任，维护自己的权益。此外，合同中还应该明确双方发生争端之后，如何解决争端的条款。争端处理的步骤大致如下：

第一步，协商。争端发生后，理财规划师首先要做的事情就是与客户进行联系与沟通，明确而完整地了解客户产生抱怨的原因，以及客户提出的要求；然后耐心地解释客户的疑问或误解。无论争端的起因是否是因为理财规划师自身的失误或者疏忽，理财规

划师都应该积极地与客户商讨，寻找解决问题的方法，或者针对客户的困难对理财规划方案进行调整。

理财规划师应该尽量在这个阶段妥善解决争端，在双方权益都得到恰当而合理的维护的基础上，使双方都能最大程度的减少由此而带来的成本和精力的耗费。

第二步，调解。调解是由第三方居中协调解决争议的方法，与协商的区别在于，协商是发生争议的当事方之间直接解决纠纷，调解是由第三方分别与双方进行沟通，设法使双方达成一致。如果理财规划师代表所在机构与客户通过协商无法解决争议，可以请第三方出面调解。当然，理财规划师代表所在机构对外提供理财规划服务，面对很多客户，所以一旦与某一客户之间发生争议，由第三方居中协调解决未必有效率，可能会影响理财规划师处理其他业务。

第三步，诉讼或仲裁。如果客户和理财规划师双方经过反复的探讨与协商之后，客户仍然对争端处理的方法与结果表示不满，那么就只有按照理财规划合同的约定通过诉讼或仲裁解决这一争议。如果理财合同约定的争议解决方式是诉讼，或在理财规划合同中没有约定具体的争议解决方式，则任何一方均可向有管辖权的法院提起诉讼，通过诉讼加以解决。在中国，诉讼实行“两审终审制”，一审判决作出后，如果当事人不服，可以在收到判决后的15日内提起上诉。

如果在收到判决之日起的15日内未提起上诉，则发生法律效力。二审法院作出的判决是终审判决，一经作出即发生法律效力。如果理财规划合同中约定有有效的仲裁条款，则当事方应将这一争端提交给理财合同约定的解决争议的仲裁机构仲裁。仲裁机构根据当事人的申请和事实陈述进行裁断，最终作出裁决。仲裁裁决具有“一裁终局”的效力，任何一方不得也不可能上诉。在诉讼或仲裁程序中，能否胜诉的关键在于当事人是否能提供对自己有利的证据。因此，理财规划师在提供理财规划服务过程中所保存的所有记录可能会是对自己有利的证据，使理财规划师能够免除不应承担的责任，并使自身权益得到法律保障。

第六节　持续提供理财服务

理财服务不是一次性完成的，它除了包括上面提到的建立客户关系、收集客户信息、分析客户财务状况、制订理财方案、实施理财方案之外，还包括了交付方案之后对客户提供长期的服务。这是因为制订理财方案所依据的数据是建立在预测基础上的，对未来的预估不可能完全准确，这会导致方案的最终效果与当初的预定目标产生较大的差异。因此在完成方案后很长时期内，仍需要理财规划师根据新情况来不断地调整方案，帮助客户更好地适应环境，达到预定的理财目标。

理财规划师可以定期或不定期地为客户持续提供理财服务。

一、定期对理财方案进行评估

（一）适用情况

有很多相关因素是缓慢变化的，稍微一点变化对理财方案的整体效果不会产生太大的影响，但经过长时间的积累，细微的变化逐渐变大，会使原来的方案与现实情况严重脱节。这就需要理财规划师定期对理财方案的执行和实施情况进行监控和评估，了解阶段性的理财方案实施结果，以便及时与客户沟通，并对方案进行及时调整。定期评估是理财服务协议的要求，是理财规划师应尽的责任。

（二）评估频率

定期评估的频率可以在签订理财规划服务协议时由双方约定。一般来说，理财规划师每年需要对客户的理财规划方案评估两次，也可以是每季度一次、每年一次。评估的频率主要取决于以下几个因素：

1. 客户的资本规模。客户的资本规模越大，就越是经常需要对其理财规划方案进行监测和评估，因为资本规模较大，一旦决策建议错误，损失也大。对资产规模较小的客户可以适当降低评估频率。

2. 客户个人财务状况变化幅度。如果客户正处在事业的黄金时期，收入增长很快；或者正面临退休，就需要理财规划师经常评估和修改理财方案。反之，财务状况比较稳定的客户就可以相应减少评估次数。

3. 客户的投资风格。有些客户偏爱高风险高收益的投资产品，投资风格积极主动；而有些客户属于风险厌恶型的投资者，投资风格谨慎、稳健，注重长期投资。那么前者比后者更需要经常性的理财方案评估。显然，频率越高对客户越有利，也有助于建立公司和理财规划师个人的信誉和形象。但同时也增大了理财规划师的工作量，增加了理财方案的评估成本。

（三）评估步骤

对理财规划方案的评估实际上是对整个理财规划过程所有主要步骤的重新分析，所以对理财规划方案的评估过程与之前的方案制作过程有很多相似的地方。

1. 回顾客户的目标与需求。考察客户原来的理财目标，看看哪些目标有变化，各个目标的重要性和紧迫性有什么变化。

2. 评估当前方案的效果。根据原来的专项方案，分析到评估之日应该达到的财务目标。再评估当前实际达到的水平，看看与预定目标相比有多大差距，找出产生差距的原因。理财规划师应该实事求是，客观地评价原理财方案的效果，切不可一味地肯定自己的成绩，掩盖不足之处，否则容易引起客户的反感。

3. 研究环境的变化。分析自从上次评估以来，或者自从完成原来理财规划方案以来，哪些宏微观因素发生了变化，发生多大的变化，将来是否会继续变化，如何变化。研究这些变化对理财方案有什么影响，如何调整策略以应对这些变化和影响。

4. 考察在新情况下，原有的规划方案是否可以达到最终目标。如果达不到预定目标，则考虑如何修改方案，适应新情况。

5. 向客户解释新方案。与客户沟通，征求客户的意见。

6. 实施新方案。实施并预测这个新方案在下次评估时能达到的阶段性目标。

二、不定期的信息服务和方案调整

不定期的信息服务发生在出现某些突发情况时，主要包括下列情况：

1. 宏观经济的重要参数发生变化，比如政府公布预测的经济数据明显异于理财方案中的估计值，政府决定对某个金融领域进行大的改革或整顿，法律法规的修订，利率、汇率政策的突然调整等。

2. 金融市场中的重大变化。比如市场出现了适合客户的新的投资机会或者风险因素。

3. 客户自身情况的突然变动。比如客户可能因家中失窃导致原有资产数量大量减少、家庭主要收入来源者失业、家庭成员发生意外事故导致了大额的支出、客户改变买房买车的计划等等。

其中，前两种为外部因素的变化，第三种为客户自身因素的变化。

对于外部因素，理财规划师由于职业的优势，往往更早发现这些变化，也更能意识到这些变化能给客户带来什么影响。因此规划师应该主动联系客户，尽快通知，提醒客户采取正确的应对措施。对于客户自身情况的变化，一般是客户主动与理财规划师联系，寻求建议。这时理财规划师应该明白，客户主动询问是基于对理财规划师的信任，规划师应该耐心地对待客户，如果是客户家中发生了不幸的事情还应该注意说话的语气，表现出对客户的关心和理解。这对于理财规划师的信誉和公司的形象有着十分重要的意义。外部因素发生变化导致理财规划方案需要调整的情况比较多。理财规划师在经过审慎分析后判断，外在环境因素的变化对理财目标的实现并无实质性影响，而只是对具体资金运用产生时间性影响或较小的数额影响。在这种情况下，理财规划师一般只需要对执行计划进行调整修改即可。但在修改前，理财规划师应与客户进行必要的沟通。

计划调整完毕后，理财规划师还应及时对人员安排和资金运用计划作出相应调整。如果理财规划师在经过审慎分析后判断，外在环境因素的变化对理财目标的实现将产生重大影响，就有必要对整个方案进行修改。例如，央行决定提高利率，这就意味着投资成本增加，消费意愿降低，证券价格将趋于下降。此时如果理财方案建议客户积极进行股票投资，则客户的潜在收益就可能大受影响，因此就有必要对投资策略进行修改。

对方案进行调整应按照如下的程序进行：

1. 情况说明。理财规划师应该向客户出具书面意见，说明理财方案原先的设计依据发生了变化，新情况有可能导致客户预定财务目标无法顺利实现，因此完全有必要对理财策略和建议，乃至理财目标进行修订。

2. 会谈记录。理财规划师要详细记录双方就方案修改所进行的讨论内容。

3. 客户声明。客户应当出具书面声明，同意理财规划师根据新情况对理财方案进行修改。

4. 方案确认。理财规划师在方案修改完毕后，应及时与客户进行讨论沟通并取得客户签署的确认函。同时，理财规划师应该书面通知所属部门。

5. 修订执行计划。方案修改完毕后，理财规划师应根据修改内容对执行计划进行相应的调整。

本章总结

本章主要阐述了理财规划师的工作流程，包括建立客户关系、收集客户信息、分析客户的财务状况、制订理财规划方案、实施理财规划方案、持续提供理财服务。其中，分析客户财务状况和制订理财规划方案部分是难点，要重点掌握。当然，本章知识更多要在以后的工作实践中不断学习和加深理解。

附录

财务计算器操作指南

熟练使用财务计算器是理财规划师的必备技能之一，本书以德州仪器 BAII PLUS 学生版为操作对象，简要介绍财务计算器的基本操作方法。

财务计算器各按键的基本使用方法请参见所附说明书，本书结合理财业务实例，重点对财务计算器在理财规划业务中的具体使用方法做专门的介绍。

一、货币时间价值计算

储户存钱，会得到利息；企业贷款，要支付利息。生活中的这些现象都表明，使用或者贷出资金都是有偿的，这是因为货币有时间价值，货币价值随时间推移发生了增值。对于理财规划而言，货币时间价值是个基本的概念，它有助于理财规划师理解业务中涉及的现值、终值和年金等概念并加以准确运用。

利用财务计算器计算货币时间价值时，会用到一些变量。这些变量我们通过下表显示。

货币时间价值计算的几个常用变量

变量	按键	显示	变量类型
付款期数	N	N	输入/计算型
年利率	I/Y	I/Y	输入/计算型
现值	PV	PV	输入/计算型
付款额	PMT	PMT	输入/计算型

续表

变量	按键	显示	变量类型
终值	FV	FV	输入/计算型
年付款次数	2nd，I/Y	P/Y	输入型
年复利计算期数	↓	C/Y	输入型
期末付款	2nd，PMT	END	设置型
期初付款	2nd，ENTER	BGN	设置型
第一笔付款所属期次	2nd，PV	P1	输入型
最后一笔付款所属期次	↓	P2	输入型
余额	↓	BAL	自动计算型
已付本金	↓	PRN	自动计算型
已付利息	↓	INT	自动计算型

第一列所示为变量名称，第二列所示为这些变量在计算器上所对应的按键，第三列为按下相应的按键后计算器屏幕上所显示的符号，最后一列为变量类型。在变量类型中，输入型是指该变量需要计算器使用者输入内容。计算型是指由计算器计算出变量也就是使用者需要的计算结果。前五项变量既是输入型又是计算型。设置型变量是指该变量在计算器内部有默认值，但是使用者可以更改设置，以满足自己的计算需要。

在财务计算器中默认的值主要有以下几个：

1. 小数点的设置，财务计算器默认值为2位，假如设置成小数点后4位。

[2nd] [.] 显示 DEC = 2.00

4 [ENTER] 显示 DEC = 4.0000

[2nd] [CPT] 显示 0.0000

2. 先付年金的设置，财务计算器默认为后付年金。

[2nd] [PMT] 显示 END

[2nd] [ENTER] 显示 BGN

[2nd] [CPT] 显示 0.00

3. 年付款次数的设置，财务计算器默认值为1，假设将年付款次数设置为12。

［2nd］［I/Y］显示 P/Y = 1.00

12［ENTER］显示 P/Y = 12.00

［2nd］［CPT］显示 0.00

4. 年计息次数的设置，财务计算器的默认值为 1，假设将年计息次数设置为 12。

［2nd］［I/Y］显示 P/Y = 1.00

［↓］显示 C/Y = 1.00

12［ENTER］显示 C/Y = 12.00

［2nd］［CPT］显示 0.00

具体功能及操作流程将在后面的内容中作详细介绍。

（一）单笔现金流的终值、现值计算

复利是指将利息转化为本金并在此基础上再计算利息。例如，今天的 1 元钱，年利率为 10%，按复利计算在年末会增值为 1.1 元，第二年会增长到 1.21 元。用财务计算器计算终值和现值时，要对年利率、现值或终值赋值，通常是在已知某一些变量的情况下通过财务计算器计算其他变量（如已知年利率和本金，求终值），具体操作过程我们可以通过下面的例子说明。

案例 1：大约 350 年前，西方殖民者用大约价值 25 美元的饰品从印第安人手中换来了曼哈顿岛。这笔钱如果按 6% 的年复利计算，到今天将是多少？

操作	按键	显示
将所有变量设为默认值	2nd，［+/-］，ENTER	RST0.00
输入期数	350，N	N = 350.00
输入利率	6，I/Y	I/Y = 6.00
输入期初余额（现值）	25，［+/-］，PV	PV = -25.00
计算终值	CPT，FV	FV = 1.7988418×10^{10}

答案：到今天应约为 180 亿美元。

案例2： 小李现在存入人民币 5000 元，若年复利 10%，20 年后，该账户中的金额为多少？

操作	按键	显示
将所有变量设为默认值	2nd，[+/-]，ENTER	RST0. 00
输入期数	20，N	N = 20. 00
输入利率	10，I/Y	I/Y = 10. 00
输入期初余额（现值）	5000，[+/-]，PV	PV = -5000. 00
计算终值	CPT，FV	FV = 33637. 50

答案： 20 年后，该账户中的金额为人民币 33637. 50 元。

案例 3： 在年复利 8% 的情况下，老王如要想在第 5 年末取得 50000 元，则他现在要存入多少？

操作	按键	显示
将所有变量设为默认值	2nd，[+/-]，ENTER	RST0. 00
输入期数	5，N	N = 5. 00
输入利率	8，I/Y	I/Y = 8. 00
输入期末余额（终值）	50000，FV	FV = 50000. 00
计算现值	CPT，PV	PV = -34029. 16

答案： 老王现在要存入人民币 34029. 16 元。

案例 4： 小张希望 20 年后账户中有人民币 20000 元，若年复利为 10%，则他现在需要存入多少？

操作	按键	显示
将所有变量设为默认值	2nd，[+/-]，ENTER	RST0. 00
输入期数	20，N	N = 20. 00
输入利率	10，I/Y	I/Y = 10. 00
输入期末余额（终值）	20000，FV	FV = 20000. 00
计算现值	CPT，PV	PV = -2972. 87

答案：小张现在应存入人民币 2972. 87 元。

案例 5：我国居民活期存款年利率 0. 72%（利息税 20%），从 2005 年 9 月 21 号起将按季度计息（以往为按年计息），计算计息方式改变后 10 万元存款一年能获得的利息额？

操作	按键	显示
将所有的变量设为默认值	nd，[+/-]，ENTER	RST0. 00
将小数点设为 3 位	2nd，[·]，3，ENTER	DEC = 3. 000
返回计算器标准模式	2nd，CPT	0. 000
将每年的复利次数设为 4	2nd，I/Y，↓，4，ENTER	C/Y = 4. 000
返回计算器标准模式	2nd，CPT	0. 000
输入期数	1，N	N = 1. 000
输入期初余额（现值）	100000，PV	V = 100000. 000
输入利率	0. 576，I/Y	I/Y = 0. 576
计算终值	CPT，FV	FV = -100577. 245

答案：100577. 245 - 100000 = 577. 245 元。

因此，按现在计息方式一年后本息和为 100577. 245 元，存款年获得的利息额为 1. 245 万元。

注意：1. 对以前的赋值，理财计算器会自动保留，因此建议初学者每次计算时把所有的变量还原为默认值，重新赋值，以避免在使用不熟练的情况下，出现疏漏而导致计算结果有偏差；在熟练掌握后，则可根据个人习惯设定计算流程。

2. 利用财务计算器进行计算时，屏幕显示的数字前面会出现“＋”或“－”的符号，这并不表示该数字为普通数学意义上的正数或者负数，而是具有特殊的意义。“＋”代表现金流入，“－”代表现金流出，这也是财务计算器的默认状态，是对资金流方向的表示。因此，“＋”、“－”符号对计算所得结果不会产生影响，使用者只需要将所涉计算中现金流入流出的方向与“＋”、“－”符号对应起来即可。

（二）年金的终值、现值计算

年金的计算涉及变量较多，现实生活中情况也较为复杂，因此，计算时一定要细心谨慎。下面分别介绍使用财务计算器对期初年金、期末年金及房贷中所涉数字进行计算的具体操作方法。

案例 6：赵女士今年 30 岁，计划为自己设立一个风险保障账户，从今年开始，每年年末往该账户里存入 2 万元，设年利率为 6%，计算一下到赵女士 60 岁时，这笔风险保障金为多少？

操作	按键	显示
将所有的变量设为默认值	2nd，[+/-]，ENTER	RST0.00
输入期数	30，N	N＝30.00
输入每期付款项	20000，[+/-]，PMT	PMT＝－20000.00
输入利率	6，I/Y	I/Y＝6.00
计算终值	CPT，FV	FV＝1581163.72

答案：所以到赵女士 60 岁时这笔风险保障金约为人民币 158 万元。

案例 7：某公司需要一项设备，买价为人民币 2000 元，可用 10 年，若租，每年年初需付租金 200 元。假设其他条件一致，适用 7% 的利率，该公司是应该租还是应该买？

操作	按键	显示
将所有的变量设为默认值	2nd，[+/-]，ENTER	RST0. 00
将付款方式设置为期初付款	2nd，PMT，2nd，SET	BGN
返回计算器标准模式	2nd，CPT	0. 00
输入期数	10，N	N = 10. 00
输入每期付款项	200，[+/-]，PMT	PMT = -200. 00
输入利率	7，I/Y	I/Y = 7. 00
计算现值	CPT，PV	PV = 1503. 05

答案：未来10年的租金的现值比现在的买价要便宜，因此该公司租下此设备比较划算。

案例8：某保险公司推出退休基金计划后，小王决定每月投入人民币200元。如果年利率为7.5%，按月复利计息，每月月初付款，20年后他的账户余额为多少？

操作	按键	显示
将所有的变量设为默认值	2nd，[+/-]，ENTER	RST0. 00
将年付款方式设为12次	2nd，I/Y，12，ENTER	P/Y = 12. 00
将付款方式设置为期初付款	2nd，PMT，2nd，SET	BGN
返回计算器标准模式	2nd，CPT	0. 00
使用付款乘子输入总的付款次数	20，2nd，N，N	= 240. 00
输入利率	7. 5，I/Y	I/Y = 7. 50
输入每期付款项	200，[+/-]，PMT	PMT = -200. 00
计算终值	CPT，FV	FV = 111438. 31

答案：20年后他的账户余额为人民币11438. 31元。

案例9：李先生计划开立个人存款账户，每月月初存入一笔资金，10年后，李先生希望账户中有25000元人民币。年利率为5%，按季度复利计息，李先生每月应该存入多少？

注意：由于计算器会自动将 C/Y（年复利计算期数）和 P/Y（年付款次数）设为相等，因此，此处需要重新设置 C/Y 的值。

操作	按键	显示
将所有的变量设为默认值	2nd，[+/-]，ENTER	RST0.00
将每年的付款次数设为 12	2nd，I/Y，12，ENTER	P/Y = 12.00
将年复利次数设为 4	↓4，ENTER	C/Y = 4.00
将付款方式设置为期初付款	2nd，PMT，2nd，SET	BGN
返回计算器标准模式	2nd，CPT	0.00
使用付款乘子计算总存款次数	10，2nd，N，N	N = 120.00
输入年利率	5，I/Y	I/Y = 5.00
输入终值	25000，FV	FV = 25000.00
计算存款额	CPT，PMT	PMT = -160.51

答案：李先生每月应该存入 160.51 元。

案例 10：甲银行向某客户发放了一笔抵押贷款，贷款额为 75000 元，贷款期限 30 年，按月还款，月还款额为人民币 500 元，求银行向客户发放的该笔贷款的年利率为多少？

操作过程	按键	计算器显示
将所有变量设为默认值	2nd，[+/-]，ENTER	RST0.00
将年付款次数设为 12	2nd，I/Y，12，ENTER	P/Y = 12.00
返回计算器标准模式	2nd，CPT	0.00
使用付款乘子输入总付款期数	30，2nd，N，N	N = 360.00
输入贷款金额	75000，PV	PV = 75000.00
输入付款金额	50000，[+/-]，PMT	PMT = -500.00
计算年利率	CPT，I/Y	I/Y = 7.02

答案：该笔贷款的年利率为 7.02%。

案例 11：某客户以房产作为抵押，向银行贷款 75000 元，贷款期限为 30 年，贷款利率为 10%。如果按月还款，求每月付款额？

操作	按键	显示
将所有变量设为默认值	2nd，[+/-]，ENTER	RST0.00
将年付款次数设为 12	2nd，I/Y，12，ENTER	P/Y = 12.00
返回计算器标准模式	2nd，CPT	0.00
使用付款乘子输入付款期数	30，2nd，N，N	= 360.00
输入年利率	10，I/Y	I/Y = 10.00
输入贷款金额	75000，PV	PV = 75000.00
计算每期付款额	CPT，PMT	PMT = -658.18

答案：每月付款额为人民币 658.18 元。

案例 12：接案例 6，求每季付款额？

注意：计算器会自动将年复利次数（C/Y）与年付款次数（P/Y）设为一致。

操作	按键	显示
将年付款次数设为 4	2nd，I/Y，4，ENTER	P/Y = 4.00
返回计算器标准模式	2nd，CPT	0.00
使用付款乘子输入期数	30，2nd，N，N	= 120.00
计算每期付款额	CPT，PMT	PMT = -1977.13

答案：每季付款额为人民币 1977.13 元。

案例 13：某建筑公司购买一台设备，预计使用 10 年，每年可节约费用人民币

50000 元。假设年贴现利率为 10%，请按普通年金计算所节约费用的现值为多少？

操作	按键	显示
将所有变量设为默认值	2nd，[+/-]，ENTER	RST = 0.00
输入期数	10，N	= 10.00
输入每期付款利率	10，I/Y	I/Y = 10.00
输入付款额	50000，+/-，PMT	PMT = - 50000.00
计算现值（普通年金）	CPT，PV	PV = 307228.36

答案：节约费用的现值为人民币 307228.36 元。

案例 14：××市市民赵女士一家最近购买了一套总价人民币 60 万元的新房，首付 20 万元，贷款总额 40 万元，其中公积金贷款 10 万元，期限 10 年，年利率 4.5%，商业贷款 30 万元，期限 20 年，年利率 6%。如果均采用等额本息方式还款，公积金贷款部分每月还款额为多少元？商业贷款部分每月还款额为多少元？

公积金贷款部分：

操作	按键	显示
将所有的变量设为默认值	2nd，[+/-]，ENTER	RST0.00
将年付款次数设为 12	2nd，I/Y，12，ENTER	P/Y = 12.00
返回计算器标准模式	2nd，CPT	0.00
使用付款乘子输入付款期数	10，2nd，N，N	N = 120.00
输入贷款现值	100000，PV	PV = 100000.00
输入年利率	4.5，I/Y	I/Y = 4.50
计算	CPT，PMT	MT = - 1036.38

答案：公积金贷款部分每月还款额为人民币 1036. 38 元。

商业贷款部分：

操作	按键	显示
将所有的变量设为默认值	2nd，［+/-］，ENTER	RST0. 00
将年付款次数设为 12	2nd，I/Y，12，ENTER	P/Y = 12. 00
返回计算器标准模式	2nd，CPT	0. 00
使用付款乘子输入付款期数	20，2nd，N，N	N = 240. 00
输入贷款现值	300000，PV	V = 300000. 00
输入年利率	6，I/Y	I/Y = 6. 00
计算	CPT，PMT	PMT = -2149. 29

答案：商业贷款部分每月还款额为人民币 1036. 38 元。

案例 15：张先生购买了一套总价 100 万元的新房，首付 20 万元，贷款 80 万元，利率为 6%，期限为 20 年。如果采用等额本息方式，每月还款额为多少？

操作	按键	显示
将所有的变量设为默认值	2nd，［+/-］，ENTER	RST0. 00
将年付款次数设为 12	2nd，I/Y，12，ENTER	P/Y = 12. 00
返回计算器标准模式	2nd，CPT	0. 00
使用付款乘子输入付款期数	20，2nd，N，N	N = 240. 00
输入贷款现值	800000，PV	PV = 800000
输入年利率	6，I/Y	I/Y = 6. 00
计算	CPT，PMT	PMT = -5731. 45

答案：张先生每月还款额为人民币 5731. 45 元。

（三）生成分期付款计划

案例16：接附录（二）中案例15

若张先生在还款5年后，有一笔10万元的偶然收入，张先生计划用这10万元来提前归还部分贷款，提前还贷后，希望每月负担额保持原来的水平，但缩短还款期限，请为其设计提前还款安排？（用等额本息还款法）

操作	按键	显示
（接上）计算	CPT，PMT	PMT = -5731.45
利用分期付款表计算	2nd，PV	P1 = 1.00
将第一年第一期设为1	1，ENTER	P1 = 1.00
将第五年最后一期设为60	↓60，ENTER	P2 = 60.00
屏幕显示了第一年分期付款工作表的数字	↓ ↓ ↓	BAL = 679196.68 PRN = -120803.32 INT = -223083.68

注释：BAL = 贷款本金余额　　PRN = 已付本金　　INT = -已付利息

提前还贷后所剩余额：679196.68 - 100000 = 579196.68（元）

操作	按键	显示
将所有的变量设为默认值	2nd，[+/-]，ENTER	RST0.00
将年付款次数设为12	2nd，I/Y，12，ENTER	P/Y = 12.00
返回计算器标准模式	2nd，CPT	0.00
输入贷款现值	579196.68，PV	PV = 579196.68
输入年利率	6，I/Y	I/Y = 6.00
输入每月还款额	5731.45，[+/-]，PMT	PMT = -5731.45
计算	CPT，N	N = 141.10

答案：张先生需再用大约12年的时间即可还清剩余贷款。

二、现金流工作表

现金流工作表主要用于求解均匀与非均匀现金流问题。求解均匀现金流问题，可使用货币时间价值操作方法求解（参见前面讲解），这里主要介绍非均匀现金流的计算。

非均匀现金流主要是指时间间隔相同的不均匀现金流问题。现金流值既可以是现金流入（收到现金），也可以是现金流出（付出现金）。

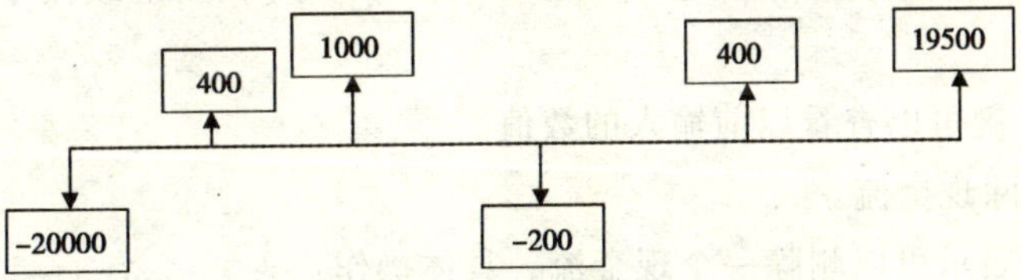

注意：所有的现金流问题都包含一个已知的初始现金流 CF_0

以下列表为计算中要使用到的变量（第一列）和相应的按键（第二列），计算器屏幕上相应的显示（第三列）及变量所属的类型。

计算机现金流工作表变量

变量	按键	显示	变量类型
初始现金流	CF	CF_0	输入型
第 n 笔现金流流量	↓	Cnn	输入型
第 n 笔现金流频次	↓	Fnn	输入型
折现率	NPV	I	输入型
净现值	↓ CPT	NPV	计算型
净终值	↓ CPT	NFV	计算型
回收期	↓ CPT	PB	计算型
折现回收期	↓ CPT	DPB	计算型
内部报酬率	IRR，CPT	IRR	计算型
再投资回报率	↓	RI	输入型
修正内部报酬率	↓	MOD	自动计算型

计算时，一般的操作步骤为：

第一步：输入现金流。

按 2nd，CLRWORK 键，清空现金流工作表。

1. 按 CF 键，输入初始现金流 CF_0 的值。

2. 按 ENTER 键，存储输入的 CF_0 值。

3. 要选择后几期的现金流变量，按↓键。

4. 根据需要输入 C01 的值，按下 ENTER 键储存该数值。

5. 继续按↓键，出现现金流的频次 F01。

6. 根据需要输入 F01 的值，按下 ENTER 键储存该数值。

7. 如需要选择其余现金流变量（比如 C02、F02 等），则继续按↓键，为其余的现金流变量赋值。

8. 按↓或↑键可以查看以前输入的数值。

第二步：删除现金流。

DEL 指示符表示可以删除一个现金流，具体操作：

1. 按↓或↑键到需要删除的现金流数值。

2. 依次按 2nd，DEL 键，该现金流和其发生的频次即被删除。

第三步：插入现金流。

INS 指示符表示可以插入一个现金流，具体操作：

1. 按↓或↑键，选择您想插入现金流的位置。例如，要插入第二期的现金流，选择 C02。

2. 依次按 2nd，INS。

3. 键入新的现金流值，然后按 ENTER 键输入新数值。

第四步：计算现金流。

1. 净现值 NPV 等于所有现金流的现值之和，包括现金流入（收到现金）和现金流出（付出现金）。净现值为正值，说明投资能够获利，净现值为负值，说明投资是亏损的。

2. 内部报酬率 IRR 是指使现金流的现值之和等于零的利率。

注意：

（1）计算内部报酬率 IRR 时，计算器内部进行了一系列复杂的迭代运算，因此计算器会过几秒钟甚至几分钟才能给出答案。

（2）内部报酬率 IRR 的可行解取决于现金流序列中现金流正负符号的改变次数。

3. 当现金流序列中没有正负符号的改变时，IRR 不存在。

4. 当现金流序列中仅有一次正负号改变时，IRR 存在惟一解。

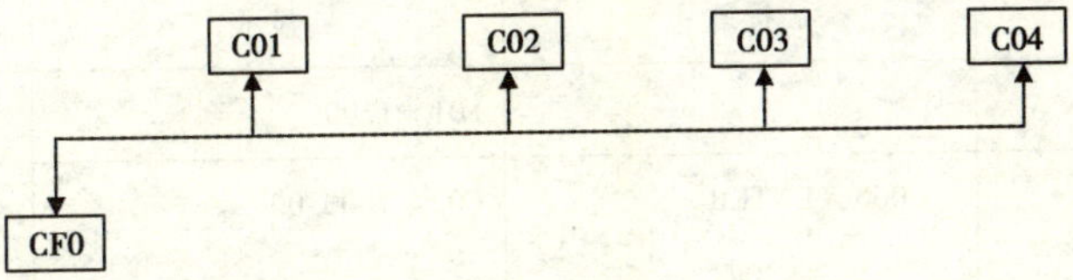

5. 当现金流序列中有两次或两次以上正负符号的改变时：

——至少存在一个解；

——可能解的个数不超过正负符号的改变次数；

当存在多个解时，计算器显示其中最靠近零的一个。由于所显示的解在财务上可能并没有意义，所以在使用 IRR 进行投资决策时，要格外留意正负符号改变次数大于一次的现金流。

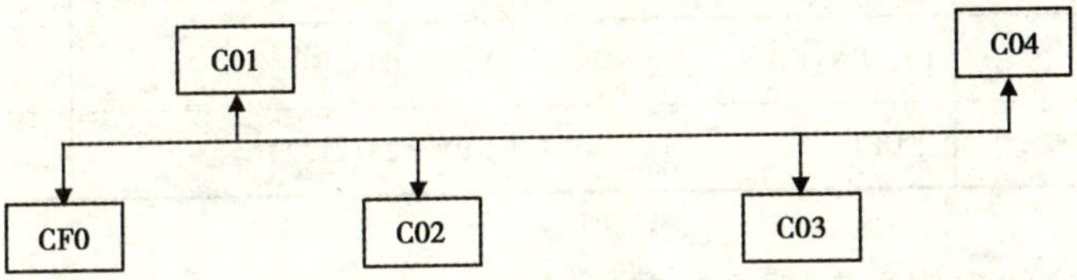

案例 17： Y 公司购买了一台机器，各年可节省的费用如下（年末数）。

年份	1990	1991	1992	1993
金额	人民币 5000 元	人民币 7000 元	人民币 8000 元	人民币 10000 元

假定贴现率为 10%，现金流现值是否超过原始成本人民币 23000 元？

变量	按键	显示	变量类型
将所有的变量设为默认值	2nd，RESET，ENTER	RST0.00	
选择现金流工作表	CF	CF0 = 0.00	
输入第一笔现金流	↓5000，ENTER	C01 = 5000.00	

续表

变量	按键	显示	变量类型
	↓	F01 = 1.00	
输入第二笔现金流	↓7000，ENTER ↓	C02 = 7000.00 F02 = 1.00	
输入第三笔现金流	↓8000，ENTER ↓	C03 = 8000.00 F03 = 1.00	
输入第四笔现金流	↓10000，ENTER ↓	C04 = 10000.00 F04 = 1.00	
进入利率变量	NPV	I = 0.00	
输入贴现率	10，ENTER	I = 10.00	
计算净现值	↓CPT	NPV = 23171.23	

答案：现金流的现值为人民币 23171.23 元，超过了机器原始成本，由此可以推断这是一项有利可图的投资。

案例 18：个体工商户小董投资人民币 7000 元购买一辆小型运输卡车，计划此项投资未来 6 年的年必要回报率为 15%。现金流情况如下表。求 NPV、IRR。

年份	现金流编号	估计现金流
购买	第一年投出 CF_0	7000
2	第二年收入 C01	3000
3~5	第三到第五年收入 C02	每年 5000
6	第六年残值收入 C03	4000

第一步：输入现金流数据

操作	按键	显示
选择现金流工作表	CF	CF0 = 0.00
输入初始现金流	7000，+/-，ENTER	CF0 = -7000.00
输入第二年现金流	↓3000，ENTER ↓	C01 = 3000.00 F01 = 1.00
输入第三年至第五年现金流	↓5000，ENTER ↓3，ENTER	C02 = 5000.00 F02 = 3.00
输入第六年现金流	↓4000，ENTER ↓	C03 = 4000.00 F03 = 1.00

第二步：计算净现值 NPV

操作	按键	显示
进入利率变量	NPV	I = 0.00
输入每期的利率	15，ENTER	I = 15.00
计算净现值	↓CPT	NPV = 7524.47

第三步：计算内部报酬率 IRR

操作	按键	显示
进入内部报酬率 IRR	IRR	IRR = 0.00
计算内部报酬率	↓CPT	IRR = 51.92

答案：NPV 为人民币 7524.47 元，IRR 为 51.92%。

以上通过例题来演示对财务计算器的实际操作，我们不难看出，财务计算器能够帮助理财规划师减少繁琐的计算过程，减轻工作量。不仅节约时间，而且计算准确。当然，对于初次使用计算器的人，刚开始还是难以掌握各个按键的功能和根据具体情况改变默认值等具体的程序，不过，经过一段时间的熟悉后，财务计算器会成为理财规划师为客户进行理财规划所必不可少的工具。

主要参考资料

1. 高鸿业著：《西方经济学》，中国经济出版社 1998 年版。

2. 吴易风、刘凤良、吴汉洪著：《西方经济学》，中国人民大学出版社 2000 年版。

3. 张宗新著：《投资学》，复旦大学出版社 2006 年版。

4. 李青云著：《信托税收政策与制度研究》，中国税务出版社 2006 年版。

5. 乔纳森·迈尔斯著：《股市心理学》，中信出版社 2010 年版。

6. 财政部注册会计师考试委员会办公室：《税法（2005 年度注册会计师全国统一考试辅导教材）》，经济科学出版社 2005 年版。

7. 中国注册会计师协会：《会计》，中国财政经济出版社 2005 年版。

8. 孙茂行著：《财务管理学》，中国人民大学出版社 2005 年版。

9. 罗绍德著：《非会计人员财务管理》，清华大学出版社 2005 年版。

10. 吴喜之著：《统计学：从数据到结论》，中国统计出版社 2004 年版。

11. 李连友著：《商务与经济活动中的统计学》，中国财政经济出版社 2005 年版。

12. 付英、王丰著：《国家司法考试高阶教程》（民法），当代世界出版社 2005 年版。

13. 魏振瀛著：《民法》，高等教育出版社、北京大学出版社 2007 年版。

14. 彭万林著：《民法学》，中国政法大学出版社 1999 年版。

15. 戴国强著：《货币金融学》，上海财经大学出版社 2001 年版。

16. 周大中著：《现代金融学》，北京大学出版社 1994 年版。

17. 陈彪如著：《国际经济学》，华东师范大学出版社 1995 年版。

18. 陈工孟、郑子云主编：《个人财务策略》，北京大学出版社 2003 年版。

19. 李向科著：《证券投资技术分析》，中国人民大学出版社 2004 年版。

20. 李曜主编：《证券投资基金学》，上海财经大学出版社 2002 年版。

21. 张洪涛主编：《保险学》，中国人民大学出版社 2002 年版。

22. 孙祁祥著：《保险学（第三版）》，北京大学出版社 2004 年版。

23. 应世昌编著:《新编财产保险学》,同济大学出版社2005年版。

24. Scott E. Harringon 和 Gregory R. Niehaus 著:《风险管理与保险》,清华大学出版社2005年版。

25. 布莱克、斯基博著:孙祁祥、郑伟等译,《人寿与健康保险》,经济科学出版社2003年版。

26. 缪里尔·L. 克劳福特著:周伏平译,《人寿与健康保险》,经济科学出版社2001年版。

27. 戴维·M. 达斯特著:李康等著译,《资产配置的艺术》,上海人民出版社2005年版。

28. 中国证券业协会编:《证券投资基金》,中国财政经济出版社2004年版。

29. 弗兰克·J. 法博齐著:俞卓菁译,《固定收益数学》,上海人民出版社2005年版。

30. 兹维·博迪等著:陈雨露等译,《投资学精要》,中国人民大学出版社、北京大学出版社2003年版。

31. E·迪姆森、P. 马什著:《投资收益百年史》,中国财政经济出版社2005年版。

32. 蔡福华著:《夫妻财产纠纷解析》,人民法院出版社2003年版。

33. 梅夏英著:《财产权构造的基础分析》,人民法院出版社2003年版。

34. 董经纬主编:《离婚中财产分割与子女抚养纠纷》,中国方正出版社2005年版。

35. 李善民、毛丹平著:《个人理财规划理论与实践》,中国财政经济出版社2003年版。

36. 张秀中等著:《税收筹划教程》,中国人民大学出版社2005年版。

37. 盖地著:《税务会计与税收筹划》,东北财经大学出版社2001年版。

38. 和平主编:《社会保障概论》,中国劳动和社会保障出版社2001年版。

39. 证券业从业资格考试统编教材:《证券投资分析》,中国财政经济出版社2006年版。

40. 吴晓求编:《证券投资学》,中国人民大学出版社2004年版。

41. 何孝星编:《证券投资理论与实务》,清华大学出版社2004年版。

42. 中国注册会计师协会:《税法》,经济科学出版社2006年版。

43. 约翰·C. 鲍格尔著:王晓峰编译,《共同基金常识——聪明投资者的新策略》,百家出版社2001年版。

44. 施天涛著:《商法学》,法律出版社2006年版。

45. 朱青:《养老金制度的经济分析与运作分析》,中国人民大学出版社2002年版。

46. 盖地：《纳税申报与税收筹划》，立信会计出版社 2000 年版。

47. 朱青：《养老金制度的经济分析与运作分析》，中国人民大学出版社 2002 年版。

48. 孙光德、董克用：《社会保障概论》，中国人民大学出版社 2001 年版。

49. 计金标：《税收筹划》，中国人民大学出版社 2004 年版。

50. 徐经长著：《财务会计学》，中国人民大学出版社 2003 年版。

51. 郭明瑞、房绍坤著：《继承法》，法律出版社 2003 年版。

52. 中国债券信息网 www. chinabond. com. cn。

53. 深圳证券交易所网站 www. sse. org. cn。

54. 上海证券交易所网站 www. sse. com. cn。

55. 北大法律信息网 www. chinalawinfo. com。

56. 中国民商法律网 www. mingshangfa. com。

57. 全国司法考试网 www. sifakaoshi. net。

58. 孙志浩："期权交易策略"，中国价值网，www. chinavalue. net/article/11286. html。

59. 石善冲等著：《行为金融学与证券投资博弈》，清华大学出版社 2006 年版。

60. 李国平等著：《行为金融学》，北京大学出版社 2006 年版。

61. 陈文雄："五大族群基金理财规划"，《现代保险日报》。

62. 安化网咨询中心 http：//news. anhua. net/Article. aspx？newsid = 10281

63. 凯恩斯：《就业利息与货币通论》，商务印书馆 1963 年版。

64. Hall and Tayler, "Macroecnomics", 2nd Ed., Norton Co., New York, 1988。

65. 蔡继明：《宏观经济学》，人民出版社 2003 年。

66. 高鸿业：《西方经济学（宏观部分）》，中国经济出版社 1996 年版。

67. 宋承先：《现代西方经济学（宏观经济学）》，复旦大学出版社 1999 年版。

68. 梁小民：《西方经济学》，中央广播电视大学出版社 2000 年版。

69. 斯蒂格利茨：《经济学》（第二版），中国人民大学出版社 2000 年版。

70. 中国注册会计师协会编：《税法》，经济科学出版社 2010 年版。

71. 汤贡亮主编：《中国税收发展报告——经济与社会转型中的税收改革》，中国税务出版社 2010 年版。

72. 蔡昌主编：《中国 18 个税种——纳税操作实务与案例精解》，中国经济出版社 2010 年版。